Preußisches
Kommunalbeamtenrecht.

Darstellung und Erläuterung

der gesamten, die Rechtsverhältnisse der Preußischen Kommunalbeamten regelnden

gesetzlichen und sonstigen Bestimmungen.

Von

Dr. jur. Georg Kautz, Regierungsrat. und **F. Appelius,** Landesassessor.

Berlin 1900.
J. J. Heines Verlag.

Vorwort.

Das Gesetz vom 30. Juli 1899, betreffend die Anstellung und Versorgung der Kommunalbeamten, enthält keine einheitliche Regelung der gesamten Rechtsverhältnisse der letzteren. Abgesehen davon, daß der Begriff des „Kommunalbeamten" im Sinne des Gesetzes nicht die Beamten aller Kommunalverbände umfaßt, regelt das Gesetz auch nicht alle Rechtsverhältnisse der von ihm berücksichtigten Beamten. Es schafft zwar durch feste Normen über Begründung der Beamteneigenschaft, Dauer des Anstellungsverhältnisses, Besoldung, Pensionierung, Witwen- und Waisenversorgung für die Kommunalbeamten im Sinne des Gesetzes, sichere Grundlagen ihres Rechtsverhältnisses, beläßt es aber hinsichtlich der Wahl, der Anstellung, der Bestätigung, des Kautionswesens, der Ehrenrechte, der staatsbürgerlichen Rechte, wichtiger Vermögensrechte und Rechtswohlthaten, der Amtspflichten, der Haftung in civilrechtlicher, strafrechtlicher und disziplinarer Beziehung bei den bestehenden gesetzlichen Bestimmungen.

Alle diese Bestimmungen zusammenzufassen und auf diesem Wege ein preußisches Kommunalbeamtenrecht zu schaffen, das für die Beamten auf der einen, für die vorgesetzten Dienst- und Aufsichtsbehörden auf der anderen Seite ein unentbehrliches, praktisches, nie versagendes Hand- und Nachschlagebuch bildet, ist der Verfasser ernste Aufgabe gewesen.

Zu dem Ende sind nach einer kurzen Einleitung über die Quellen des Kommunalbeamtenrechtes und den Begriff der Kommunalbeamten die gesamten Rechtsverhältnisse der letzteren in folgenden Hauptabschnitten zusammengefaßt: Die Anstellung der Kommunalbeamten, die Rechte der Kommunalbeamten, die Pflichten der Kommunalbeamten, Veränderung und Beendigung des Beamtenverhältnisses.

In diesen Hauptabschnitten sind sämtliche zu ihnen gehörenden gesetzlichen Bestimmungen und Verwaltungserlasse auf das sorgsamste gesammelt und an der Hand der gesetzgeberischen Materialien, der obersten Rechtsprechung und der Auslegung durch die Verwaltungsbehörden erläutert. Besonderer Wert ist auf die Hineinarbeitung der maßgebenden Vorschriften des Bürgerlichen Gesetzbuches und aller sonstigen neuen Justizgesetze gelegt worden, die so manche einschneidenden Aenderungen gegen das frühere Recht enthalten. Eine knappe systematische Darstellung verbindet das Gesamtmaterial und soll dessen Verständnis und dessen Anwendung erleichtern.

Ein Anhang wiederholt den Text des Kommunalbeamtengesetzes vom 30. Juli 1899, ein eingehendes Sachregister bildet den Beschluß.

Zu den auf dem Gebiete des Kommunalbeamtenrechtes so häufig auftauchenden Zweifels- und Streitfragen ist, soweit es der Raum zuließ, Stellung genommen worden. Manches hat zurückgestellt werden müssen, um das Buch nicht zu sehr anwachsen zu lassen und zu verteuern.

Die Sammlung, Sichtung und Erläuterung des reichen Materials war keine leichte Aufgabe. Mögen die praktischen Gesichtspunkte, von denen sich die Verfasser haben leiten lassen, der Praxis in dem erstrebten und erhofften Maße zu gute kommen, möge das Buch werden, was es sein soll: Ein Vademekum für jeden Kommunalbeamten, für alle beteiligten Staats- und Kommunalbehörden.

Charlottenburg und Düsseldorf im Juli 1900.

Dr. jur. Georg Kautz. J. Appelius.

Inhaltsverzeichnis.

Einleitung:

II. Besondere Bestimmungen § 5.

Abschnitt II. Die Rechte der Kommunalbeamten.

B. Vermögensrechtliche Rechte.

I. Während der Amtsführung (Diensteinkommen.)

II. Nach Beendigung des Dienstverhältnisses.

Verzeichnis der Abkürzungen.

A. A. = Ministerielle Ausführungsanweisung zum K. V. G. vom 12. Oktbr. 1899. M. Bl. S. 192.
A. N. J. u. a. V. = Amtliche Nachrichten des Reichs-Versicherungsamts.
Abg. H. = Abgeordnetenhaus.
A. L. R. = Allgemeines Landrecht für die Preuß. Staaten. (Rehbein u. Reinecke; Koch Kommentare.)
Art. = Artikel.
Ausf. Anw. = Ausführungsanweisung.
Ausf. Ges. = Ausführungsgesetz.
Ausf. Ges. Ger. Verf. Ges. = Preuß. Ausführungsgesetz zum Gerichtsverfassungsgesetz vom 24. 4. 78. (G. S. 230.)
Bek. = Bekanntmachung.
B. G. B. = Bürgerliches Gesetzbuch.
B. G. Bl. = Bundesgesetzblatt.
C. P. O. = Civilprozeßordnung in der Fassung vom 17. Mai 1898. (R. G. Bl. S. 256.)
Centr. Bl. = Centralblatt für das deutsche Reich.
C. Bl. U. V. = Centralblatt für die Unterrichtsverwaltung.
E. Bd. Entscheidungen Band.
E. G. und Einf. Ges. = Einführungsgesetz.
E. O. V. = Entscheidungen des Oberverwaltungsgerichts.
E. O. V. St. = Desgl. in Staatssteuersachen
Erl. = Erlaß.
G., Ges. = Gesetz.
G. S. = Gesetzsammlung für die Preuß. Staaten.
G. V. G. u. Ger. Verf. Ges. = Gerichtsverfassungsgesetz in der Fassung vom 20. Mai 1898 (R. G. Bl. S. 369).
H. H. = Herrenhaus.
J. u. A. V. = Invaliditäts- und Altersversicherung.
Instr. = Instruktion.
J. M. Bl. = Justizministerialblatt.
v. K. Ann. = v. Kamptz Annalen.
v. K. Jahrb. = v. Kamptz Jahrbücher.

Kab. O. = **Kabinetsordre.**
K. B. = **Kommunalbeamter.**
K. B. G. = **Kommunalbeamtengesetz** = **Gesetz betr. die Anstellung u. Versorgung der Kommunalbeamten vom 30. Juli 1899 (G. S. S. 141).**
Komm. Ber. = **Kommissionsbericht.**
Komp. G. H. = **Kompetenzgerichtshof.**
Kr. O. = **Kreisordnung.**
Kr. V. = **Krankenversicherung.**
L. G. O. = **Landgemeindeordnung.**
L. V. G. = **Landesverwaltungsgesetz.**
M. Bl. = **Ministerialblatt für die gesamte innere Verwaltung.**
Min. Erl. = **Ministerial-Erlaß.**
Mitt. aus d. Verw. d. dir. St. = Mitteilungen aus der Verwaltung der direkten Steuern.
O. Trib. = Entscheidungen des früheren Ober-Tribunales.
Prov. O. = Provinzialordnung.
Pr. V. Bl. = Preuß. Verwaltungsblatt.
R. G. = Entscheidungen des Reichsgerichts in Civilsachen u.
R. G. Str. = in Strafsachen.
R. G. Bl. = Reichsgesetzblatt.
R. E. = Revisionsentscheidung.
Rgl. = Reglement.
R. V. A. = Reichs-Versicherungsamt.
R. St. G. B. = Reichsstrafgesetzbuch.
Sten. Ber. = Stenographischer Bericht.
Sten. Verh. = Stenographische Verhandlung.
St. M. B. = Staatsministerialbeschluß.
St. O. = Städteordnung östl. = östliche, rh. = rheinische, hann. = hannoversche, Westf. = westfälische, schl. H. = schleswig holsteinische, h. n. = hessennassauische. Frkf. St. O. = Städteordnung für Frankfurt a. M.
Vd. = Verordnung.
Verf. = Verfügung.
Zust. G. = Zuständigkeitsgesetz.

Litteraturverzeichnis.

Bornhak: Im Verwaltungsarchiv (Carl Heymanns Verlag) Bd. VIII, Heft 1 u. 2. 1899. S. 1 ff.

Brüning: Die Preuß. Verwaltungsgesetzgebung für die Provinz Hannover. 2. Aufl. Hannover 1886.

Freytag: Das Gesetz betreffend die Anstellung und Versorgung der Kommunalbeamten v. 30. Juli 1899. Berlin 1900.

Fuisting: Die direkten Steuern. Bd. I. 4. Aufl. Berlin 1899.

v. Gerber: Grundzüge des deutschen Staatsrechtes. 3. Aufl. S. 136.

Harnisch: Rh. Gem. Ordn. 3. Aufl. Düsseldorf 1899.

Herrfurth: Das gesamte Preuß. Etats-, Kassen- und Rechnungswesen. Bd. II. Rechtsverhältnisse der Staatsbeamten. 2. Aufl. Berlin 1896.

Illing-Kautz: Handbuch für Preuß. Verwaltungsbeamte. 7. Aufl. Berlin 1898.

Jebens: Im Preuß. Verwaltungsblatt. Jahrg. XXI. Nr. 6 u. 7. 1899.

v. Kamptz: Annalen der Preuß. inneren Staatsverwaltung.
„ Jahrbücher.

Koch: Allg. Landrecht. 8. Aufl. Berlin, Leipzig 1884/6.

Kunze u. Kautz: Die Rechtsgrundsätze des Königl. Preuß. Oberverwaltungsgerichts. Bd. I u. II. Berlin 1897. Bd. III 1899.

Laband: Das Staatsrecht des Deutschen Reiches. 3. Aufl. Bd. II. Freiburg 1895.

Ledermann: Gesetz betreffend die Anstellung und Versorgung der Kommunalbeamten v. 30. Juli 1899 (Guttentag'sche Sammlung Nr. 22. Berlin 1899).

Leske: Vergleichende Darstellung des Bürgerlichen Gesetzbuches und des Preuß. Allgem. Landrechts. 2. Aufl. Berlin 1899.

Nöll: Das Kommunalabgabengesetz v. 14. Juli 1893. 3. Aufl. Berlin 1899.

Oppenhoff: Das Strafgesetzbuch. 4. Aufl. Berlin 1874.

Oertel: Die Städteordnung v. 30. Mai 1853. 3. Aufl. Liegnitz 1900.

Olshausen: Kommentar zum Strafgesetzbuch für das Deutsche Reich. 5. Aufl. Berlin.

Preuß. Verfassungsurkunde für den Preuß. Staat vom 31. Januar 1850. (G. S. S. 17.)

v. Rönne: Das Staatsrecht der Preuß. Monarchie. 5. Aufl. Dr. Philipp Zorn. Bd. I. Leipzig 1899.

Rosenthal: Bürgerl. Gesetzbuch. 4. Aufl. Graudenz 1900.

Schmidt: Westf. L. G. O.

Schoen: Das Recht der Kommunalverbände in Preußen. Jena 1897.

Schönbergs Handbuch.

Schulze: Preuß. Staatsrecht. Band I.

Seydel: Gesetz betreffend die Dienstvergehen der nichtrichterlichen Beamten und die Versetzung derselben auf eine andere Stelle oder in den Ruhestand. 2. Aufl. Berlin 1894.

v. Stengel: Preuß. Staatsrecht.

Steffenhagen: Handbuch der städtischen Verfassung und Verwaltung. Bd. I u. II. Berlin 1887/1888.

Verfassung des Deutschen Reiches vom 16. April 1871. (B. G. Bl. 1871. S. 63 ff.)

Einleitung.

§ 1. Quellen des Preußischen Kommunalbeamtenrechtes; der Begriff des Kommunalbeamten.

I.

Ebenso, wie für die Staatsbeamten überhaupt ist auch für die Kommunalbeamten keine einheitliche Regelung ihrer gesamten Rechtsverhältnisse ergangen. Auch das Gesetz betreffend die Anstellung und Versorgung der Kommunalbeamten v. 30. VII. 1899 (G. S. S. 141) regelt nur einen Teil ihrer Rechtsverhältnisse. Der Geltungsbereich des Gesetzes ist nach zwei Seiten hin beschränkt: es regelt weder die Rechtsverhältnisse der Beamten aller Kommunalverbände, noch auch alle Rechtsverhältnisse der Beamten innerhalb der von ihm berücksichtigten Kommunalverbände. In ersterer Hinsicht erstreckt das Gesetz sich auf Stadt- und Landgemeinden (Landbürgermeistereien, Aemter, Zweckverbände, Amtsbezirke — obwohl letztere ihres kommunalen Nebencharakters durch § 146 der L. G. O. v. 3. VII. 1891 (G. S. S. 233) entkleidet sind —) und Kreiskommunalverbände. Die Verhältnisse der Provinzialbeamten und der Beamten der Bezirksverbände der Regierungsbezirke Cassel und Wiesbaden, sowie des Lauenburgischen Kommunalverbandes berührt das Gesetz nur durch die allgemeinen Bestimmungen der §§ 1—7. Die noch vorhandenen kommunalständischen Verbände berücksichtigt es nicht.

Von dem örtlichen Geltungsgebiet sind die Hohenzollernschen Lande ausgeschlossen, weil das dortige Gemeindeverfassungsrecht einschließlich der dienstlichen Verhältnisse der Gemeindebeamten demnächst durch ein in Vorbereitung befindliches Gesetz im ganzen neu geordnet werden soll.

In zweiter Hinsicht regelt das Gesetz nur die sich auf Anstellung (Begründung der Beamteneigenschaft und Dauer des Anstellungsverhältnisses) und Versorgung (Besoldung, Pensionierung, Witwen- und Waisenversorgung) beziehenden Rechtsverhältnisse, nicht z. B. die verschiedenen Arten der Bestellung

(Wahl oder Anstellung), der Bestätigung, des Disziplinarrechtes, des Kautionswesens, Defektenverfahrens u. s. w. Für diese anderen Rechtsverhältnisse bleiben die hinsichtlich ihrer geltenden Bestimmungen in Kraft.

Diese befinden sich in erster Linie in den folgenden Provinzial-, Kreis-, Stadt- und Landgemeindeordnungen:

Provinzialordnungen:

1. für Ostpreußen, Westpreußen, Brandenburg, Pommern, Schlesien und Sachsen v. 29. VI. 1875 in der Fassung v. 22. III. 1881 (G. S. S. 234).
2. für Hannover v. 7. V. 1884 (G. S. S. 237);
3. für Hessen-Nassau v. 8. VI. 1885 (G. S. S. 242);
4. für Westfalen v. 1. VIII. 1886 (G. S. S. 254);
5. für die Rheinprovinz v. 1. VI. 1887 (G. S. S. 249);
6. für Schleswig-Holstein v. 27. V. 1888 (G. S. S. 191);
7. für Posen gilt die alte Provinzialordn. v. 27. III. 1824 (G. S. S. 141) in Verbindung mit dem Ges. v. 19. V. 1889 (G. S. S. 108) und der V. v. 5. XI. 1889 (G. S. S. 177).

Kreisordnungen:

1. für Ost- und Westpreußen, Brandenburg, Pommern, Schlesien, Sachsen v. $\frac{13.\ XII.\ 1872}{19.\ III.\ 1881}$ (G. S. S. 180);
2. für Hannover v. 6. V. 1884 (G. S. S. 181);
3. für Hessen-Nassau v. 7. VI. 1885 (G. S. S. 193);
4. für Westfalen v. 31. VII. 1886 (G. S. S. 217);
5. für Rheinprovinz v. 30. V. 1887 (G. S. S. 209);
6. für Schleswig-Holstein v. 26. V. 1888 (G. S. S. 139);
7. für Posen Kreisordnung v. 20. XII. 1828 in Verb. mit dem Ges. v. 19. V. 1889 (G. S. S. 108).

Städteordnungen:

1. für Ost- und Westpreußen, Posen, Schlesien, Brandenburg, Sachsen, Pommern v. 30. V. 1853 (G. S. S. 261);
2. für Neu-Vorpommern und Rügen v. 31. V. 1853 (G. S. S. 291);
3. für Westfalen v. 19. III. 1856 (G. S. S. 237);
4. für Rheinprovinz v. 15. V. 1856 (G. S. S. 406);
5. für Hannover v. 24. VI. 1858 (Hann. G. S. S. 141);
6. für Frankfurt a. M. v. 25. III. 1867 (G. S. S. 401).
7. für Schleswig-Holstein v. 14. IV. 1869 (G. S. S. 589);
8. für Hessen-Nassau v. 4. VIII. 1897 (G. S. S. 254);

Landgemeindeordnungen:

1. für Rheinprovinz v. 23. VII. 1845 (G. S. S. 523) in der Fassung v. 15. V. 1856 (G. S. S. 435);
2. für Westfalen v. 19. III. 1856 (G. S. S. 265);
3. für Hannover v. 28. IV. 1859 (Hann. G. S. S. 393);
4. für Ost- und Westpreußen, Brandenburg, Pommern, Posen, Schlesien und Sachsen v. 3. VII. 1891 (G. S. S. 233);
5. für Schleswig-Holstein v. 4. VII. 1892 (G. S. S. 155);
6. für Hessen-Nassau v. 4. VIII. 1897 (G. S. S. 301).

Eine wichtige Ergänzung dieser Ordnungen bildet das Zuständigkeitsges. v. 1. VIII. 1883 (G. S. S. 237), soweit seine Bestimmungen nicht in den neueren Ordnungen Aufnahme gefunden haben. Ebenso enthält das Ges. über die Allgemeine Landesverwaltung v. 30. VII. 1883 (G. S. S. 195) wichtige Vorschriften.

Die Disziplinarverhältnisse regelt das Disziplinarges. für die nicht richterlichen Beamten v. 21. VII. 1852 (G. S. S. 465). Von weiteren Gesetzen kommen neben dem Titel 10 Teil II des Allg. Landrechtes „von den Rechten und Pflichten der Diener des Staates", das Bürgerliche Gesetzbuch nebst Einführungs- und Preuß. Ausführungsges., die Civilprozeßordnung in der Fassung v. 17. V. 1898 nebst Ein- und Preuß. Ausführungsges., ferner das Reichs-Strafgesetzbuch neben anderen Gesetzen vornehmlich in Betracht.

Neben den Gesetzen erscheinen als wichtige Quellen für die Rechtsverhältnisse der Kommunalbeamten Verordnungen, Allerhöchste Kabinetts-Ordres, Ministerielle Verfügungen, Erlasse, Ausführungsanweisungen. Von letzterer ist insbesondere die zur Ausführung des Kommunalbeamtenges. am 23. X. 1899 (M. Bl. S. 192) ergangene von Bedeutung.

Endlich ist noch die Rechtsprechung der Gerichte und Verwaltungsgerichte zu erwähnen, der ein hoher Wert hinsichtlich der Entwickelung und Gestaltung der Beamtenrechtsverhältnisse eingeräumt werden muß.

Für die 1866 neu erworbenen Landesteile hat die Vd. v. 23. IX. 1867 (G. S. S. 1613) hinsichtlich der Regelung der Staatsdienerverhältnisse die bereits bestehenden (gesetzlichen und Verwaltungs-) Vorschriften für anwendbar erklärt. Für das Herzogtum Lauenburg ist dies durch Ges. v. 25. II. 1878 (G. S. S. 97 ff.) geschehen.

II.

Daraus, daß das K. B. G. nicht die Rechtsverhältnisse der Beamten aller Kommunalverbände regelt, folgt, daß der Begriff des Kommunalbeamten im Sinne dieses Ges. ein anderer ist, wie der allgemeine Begriff.

Außerhalb des Rahmens des Ges. versteht man unter Kommunalbeamten im weiteren Sinne die Beamten der Kommunalverbände d. h. aller derjenigen Verbände, die organisch in die Verfassung des Staates eingreifen, Zwecke zu erfüllen haben, die in direkter Beziehung zu den Aufgaben des Staates stehen oder die mit den sie vertretenden Organen sich als in die Verfassung des Staates organisch eingreifende, staatlichen Aufgaben näher stehende Behörden darstellen. (E. O. V. Bd. XX. S. 39; Bd. XVI. S. 154.) Das K. B. G. definiert den Begriff im § 1 Satz 1.

„§ 1. Als Kommunalbeamter im Sinne dieses Gesetzes[1]) gilt, wer als Beamter für den Dienst eines Kommunalverbandes (§§ 8 bis 22) gegen Besoldung angestellt ist.“ [2]) [3])

Anm. 1. Hierzu bemerkt die Ausf. Anw. in Art. I 1. b u. c, daß

1) nur die Beamten derjenigen Kommunalverbände, die in den §§ 8 bis 22 erwähnt sind, von dem Ges. betroffen werden, d. h. die Beamten der Stadt- und Landgemeinden, der rheinischen Landbürgermeistereien, der westfälischen Aemter, der Zweckverbände, Amtsbezirke, Kreise und — soweit die allgemeinen Bestimmungen (§§ 1 bis 7) in Betracht kommen — auch der Provinzen, der Bezirksverbände Cassel und Wiesbaden sowie des Lauenburgischen Landes-Kommunalverbandes (§ 22). Es bleiben also die Beamten der übrigen, in No. 2 des Erl. v. 30. IX. 1892 (M.-Bl. S. 285) genannten kommunalständischen und landschaftlichen Verbände von dem Anwendungsgebiet des Gesetzes ausgeschlossen.

2) Aber auch innerhalb dieser Kommunalverbände werden nicht alle Beamtenkategorien dem Ges. unterworfen, vielmehr bleiben unberührt die Verhältnisse derjenigen Beamten, die ohne Besoldung, also ehrenamtlich angestellt sind, oder die ihr Kommunalamt nur als Nebenamt verwalten. In die erstere Kategorie fallen auch diejenigen, die als Entgelt ihrer Dienstleistungen lediglich eine im wesentlichen zur Deckung ihrer Amtsunkosten bestimmte Barentschädigung erhalten. Die zweite Kategorie wird von denjenigen gebildet, deren Amt entweder im Hinblicke auf seine Art und seinen Umfang oder im Hinblicke auf den Umstand, daß es neben einem Hauptamte oder einer nichtamtlichen Hauptthätigkeit verwaltet wird, als Nebenamt anzusehen ist. Zu der letzteren Kategorie würden hiernach sowohl Inhaber solcher Aemter gehören, deren Verwaltung im Allgemeinen Zeit und Kraft eines Mannes nur nebenbei in Anspruch zu nehmen pflegt, auch als Kommunalbeamte, deren Hauptamt ein Staatsamt (z. B. Kreisausschuß-Sekretäre, die im

Hauptamt Kreis-Sekretäre sind), oder deren Hauptthätigkeit ein Handwerkerberuf ist (z. B. Nachtwächter, deren Hauptberuf das Schmiedehandwerk ist). Ein etwaiger Streit über das Vorhandensein dieser Voraussetzungen würde in dem durch § 7 des Ges. vorgeschriebenen Verfahren auszutragen sein, vorausgesetzt, daß es sich bei ihm um vermögensrechtliche Ansprüche des Beamten handelte. Fordert indessen der Beamte zunächst die Aushändigung einer Anstellungsurkunde (§ 1 Satz 2), so gilt für diesen Fall das zu Nr. 4 der Ausf. Anw. (vgl. Anm. 5 zu § 4 weiter unten) Gesagte.

3) Eine Sonderstellung im Systeme des Ges. nehmen die auf Probe, zu vorübergehenden Dienstleistungen oder zur Vorbereitung angenommenen Kommunalbediensteten ein. Auf diese Personen, die im Allgemeinen auch im Wege des civilrechtlichen Dienstmietsvertrages eingestellt werden könnten, findet das Ges., sofern ihnen von dem Kommunalverbande Beamtenqualität eingeräumt wird, nur insoweit Anwendung, als dies ausdrücklich vorgesehen ist (vgl. das Nähere unten in § 4 b).

Einbezogen in den Rahmen des Ges. sind nach Maßgabe des § 23 die Gemeindeforstbeamten.

Ueber den Unterschied zwischen Beamten und anderen Angestellten siehe unten § 4 Anm. 3. Anm. 2.

Vgl. das Nähere bei § 4 „Anstellung“. Anm. 3.

Die Kommunalbeamten sind als mittelbare Staatsbeamte Diener des Staates, wie die unmittelbaren Staatsbeamten.*) Die Stellung der unmittelbaren und der mittelbaren Staatsbeamten ist gegenüber dem Staate im Allgemeinen und von den aus der Eigenart des einzelnen Amtes sich ergebenden besonderen Pflichten abgesehen, als die gleiche anzusehen. (E. O. V. Bd. XIX S. 429.)

Das Amt aller Staatsdiener beruht nicht auf einem privatrechtlichen Vertrage, sondern ist ein öffentlichrechtliches Dienstverhältnis zum Zwecke der Ausübung staatlicher Funktionen. Es wird von beiden Seiten freiwillig begründet, sowohl von Seiten des Anstellenden, wie des Anzustellenden. Weder besteht für jenen die Pflicht, jeden als Beamten anzustellen, noch für diesen die Pflicht, — mit Ausnahme der auf dem Gebiete der Selbstverwaltung häufigen Ehrenämter — ein Amt anzunehmen. Der öffentlichrechtliche Charakter tritt auch darin hervor, daß der Beamte nicht bloß bestimmte vertragsmäßig übernommene Geschäfte auszuführen hat, sondern daß er sein Amt führt d. h. in einem bestimmt abgegrenzten Kreis von Staatshoheitsrechten alle dienstlichen Verrichtungen, die ein solches mit sich bringt, erledigen muß.

---

*) § 68. II. 10. A. L. R.'s.
„Alle Beamte des Staates, welche zum Militärstande nicht gehören, sind unter der allgemeinen Benennung von Civilbedienten begriffen.“

§ 69. „Dergleichen Beamte stehen entweder in unmittelbaren Diensten des Staates oder gewisser demselben untergeordneter Kollegien, Korporationen oder Gemeinen.“

Der Begriff der Kommunalbeamten deckt sich nicht mit dem der mittelbaren Staatsbeamten. Der letztere ist weiter: die Amtsvorsteher und die Beamten der Amtsbezirke, die Lehrer an höheren oder niederen Gemeindeschulen sind zwar mittelbare Staatsbeamte, aber keine Kommunalbeamten. (E. O. V. Bd. XIV S. 75., R. G. Bd. XXXVII S. 298, Min. Erl. v. 12. VI. 1858 M. Bl. S. 156.)

Der Begriff des Kommunalbeamten im Sinne des K. B. G., wie er vorstehend erläutert ist, ist den folgenden Abschnitten zu Grunde gelegt.

Die Gemeindeforstbeamten sind stets da besonders erwähnt, wo ihre Rechtsverhältnisse von den der anderen Kommunalbeamten abweichen.

Abschnitt I.

Die Anstellung der Kommunalbeamten.

A. Allgemeine Vorbedingungen.

§ 2.

1. Die Zugänglichkeit öffentlicher Aemter unter Einhaltung der von den Gesetzen festgestellten Bedingungen für alle dazu Befähigten ist durch Art. 4 der Preuß. Verf. vom 31. I. 1850 ausgesprochen: „Standesvorrechte finden nicht statt."
2. Die Befähigung zur Bekleidung öffentlicher Aemter ist nach dem Ges. v. 3. VII. 1869 (R. G. Bl. S. 292) vom religiösen Bekenntnis unabhängig.
3. Vorbedingung ist dagegen, daß der Bewerber im Besitz der Reichs- oder Staatsangehörigkeit nach Maßgabe des Ges. v. 1. VI. 1870 (B. G. Bl. S. 355) ist. Der Angehörige eines jeden Bundesstaates ist nach Art. 3 der Reichsverf. v. 16. IV. 1871 auch in Preußen als Inländer zu betrachten und demgemäß zu öffentlichen Aemtern unter denselben Voraussetzungen, wie der Einheimische zuzulassen.

   Er darf hierin weder durch die Obrigkeit seiner Heimat, noch durch die Obrigkeit eines anderen Bundesstaates beschränkt werden.

   Nach § 9 des Ges. v. 1. VI. 1870 vertritt eine von der Regierung oder von einer Zentral- oder höheren Verwaltungsbehörde eines Bundesstaates vollzogene oder bestätigte Bestallung (d. i. dauernde Berufung zu einem Amte) für einen in den mittelbaren Staatsdienst oder in den Kommunaldienst aufgenommenen Ausländer oder Angehörigen eines anderen Bundesstaates die Stelle einer Naturalisationsurkunde beziehungsweise Aufnahme-Urkunde, sofern nicht ein entgegenstehender Vorbehalt in der Bestallung ausgedrückt wird.

   Zur Anstellung von Ausländern bedarf es nach der Kab. O. v. 24. IV. 1834 (v. K. Jahrb. Bd. XLIII. S. 557; J. M. Bl. 1874 S. 375) auch jetzt der Genehmigung der Regierung.

Die früher für naturalisierte Ausländer erforderliche Genehmigung des Departementschefs (Kab. O. v. 17. X. 1847, M. Bl. S. 305) ist nach der Kab. O. v. 27. I. 1862 nicht mehr erforderlich. Doch müssen ihre Militärverhältnisse geregelt sein. Min.-Erl. v. 14. II. 1862 (M. Bl. S. 56).

4. Ein bestimmtes Lebensalter für die Anstellung ist nicht vorgeschrieben. Es kann jedoch ein solches (z. B. das 30 te) festgesetzt werden (z. B. durch Ortsstatut).

Nach § 810. II. 18. A. L. R.'s kann jemandem auch ein Amt vor erreichter Volljährigkeit übertragen werden, der Mangel des Alters hat auf die Verbindlichkeiten und Rechtskraft seiner Amtshandlungen keinen Einfluß.

Nach § 2 B. G. B's tritt die Volljährigkeit mit Vollendung des einundzwanzigsten Lebensjahres, d. h. mit Ablauf dessen letzten Tages ein.

Nach dem § 16 des Pensionsges. v. 27. III. 1872 in der Fassung des Ges. v. 31. III. 1882 (G. S. S. 133) bleibt die vor den Beginn des einundzwanzigsten Lebensjahres fallende Dienstzeit bei Feststellung der pensionsfähigen Dienstzeit außer Berechnung.

Nach § 107 B. G. B.'s bedarf der Minderjährige, wie bei jeder Willenserklärung, durch die er nicht lediglich einen rechtlichen Vorteil erlangt, so auch zur Uebernahme eines Kommunalamtes der Einwilligung seines gesetzlichen Vertreters.

5. Die Militärverhältnisse des Anzustellenden müssen geregelt sein (Kab. O. v. 31. X. 1872. v. K. Anm. S. 866; Min. Erl. v. 16. IV. 1828. v. K. Anm. S. 271).

6. Der Anzustellende muß insoweit selbständig sein, daß er nicht Unterstützungen aus öffentlichen Mitteln erhält.

7. Er muß ferner im Besitze der bürgerlichen Ehrenrechte und nicht zu einer Zuchthausstrafe verurteilt sein. Vgl. §§ 31 ff. R. St. G. B.'s.

§ 31. „Die Verurteilung zur Zuchthausstrafe hat die dauernde Unfähigkeit zum Dienste in dem deutschen Heere und der Kaiserlichen Marine, sowie die dauernde Unfähigkeit[1]) zur Bekleidung öffentlicher Aemter[2])[3]) von Rechtswegen zur Folge.

Unter öffentlichen Aemtern im Sinne dieses Strafgesetzes sind die Advokatur, die Anwaltschaft und das Notariat, sowie der Geschworenen- und Schöffendienst mitbegriffen".

Anm. 1. Mit der Rechtskraft des Urteils tritt auch der Verlust der bisher bekleideten öffentlichen Aemter von Rechtswegen ein.

Der Begriff des öffentlichen Amtes ist aus §§ 359 dahin zu erläutern, daß er eine (dauernde) Stellung bezeichnet, „vermöge der jemand dazu berufen ist, im Dienste des Reiches oder im mittel- oder im unmittelbaren Dienste eines Bundesstaates als Organ der Staatsgewalt für die Herbeiführung der Zwecke des Staats thätig zu sein. Anm. 2.

Ein Verlust der Würden und Titel tritt nicht ein. Wohl aber geht mit dem Amte der Anspruch auf Gehalt und spätere Pension verloren. Dagegen verliert der zur Zuchthausstrafe verurteilte pensionierte Beamte nicht hierdurch die Pension. (Oppenhoff, Anm. 12 zu § 31). Anm. 3.

§ 32. „Neben der Todesstrafe und der Zuchthausstrafe kann auf den Verlust der bürgerlichen Ehrenrechte erkannt werden, neben der Gefängnisstrafe nur, wenn die Dauer der erkannten Strafe drei Monate erreicht und entweder das Gesetz den Verlust der bürgerlichen Ehrenrechte ausdrücklich zuläßt, oder die Gefängnisstrafe wegen Annahme mildernder Umstände an Stelle von Zuchthausstrafe ausgesprochen wird.[1])

Die Dauer dieses Verlustes beträgt bei zeitiger Zuchthausstrafe mindestens zwei und höchstens zehn Jahre, bei Gefängnisstrafe mindestens ein Jahr und höchstens fünf Jahre."

Bei Meineid, schwerer Kuppelei und gewerbsmäßigem Wucher muß auf Verlust der bürgerlichen Ehrenrechte erkannt werden. Anm. 1.

§ 33. „Die Aberkennung der bürgerlichen Ehrenrechte bewirkt den dauernden Verlust der aus öffentlichen Wahlen für den Verurteilten hervorgegangenen Rechte, ingleichen den dauernden Verlust der öffentlichen Aemter, Würden, Titel,[1]) Orden und Ehrenzeichen."[2])

„Titel," bezeichnet nach Oppenhoff Anm. 10 zu § 33 eine durch höhere Verleihung zu erwerbende mit Rangstellung verbundene Benennung. Er umfaßt daher die Bezeichnung aller amtlichen Stellungen, nicht aber die einer wissenschaftlichen oder gewerblichen Thätigkeit. Anm. 1.

Wegen des Verlustes der Orden und Ehrenzeichen siehe Verf. v. 23. IV. 1875 (J. M. Bl. S. 105). Anm. 2.

§ 34. „Die Aberkennung der bürgerlichen Ehrenrechte bewirkt ferner die Unfähigkeit, während der im Urteile bestimmten Zeit

1. die Landeskokarde zu tragen;
2. in das Deutsche Heer oder in die Kaiserliche Marine einzutreten:
3. öffentliche Aemter, Würden, Titel, Orden und Ehrenzeichen zu erlangen;
4. in öffentlichen Angelegenheiten zu stimmen, zu wählen oder gewählt zu werden oder andere politische Rechte auszuüben;
5. Zeuge[1]) bei Aufnahmen von Urkunden zu sein;
6. Vormund, Nebenvormund, Kurator, gerichtlicher Beistand oder Mitglied eines Familienrats zu sein, es sei denn, daß es sich um Verwandte absteigender Linie handele und die obervormundschaftliche Behörde oder der Familienrat die Genehmigung erteile."

Anm. 1. 1) Auf die dauernde Unfähigkeit als Zeuge oder Sachverständiger eidlich vernommen zu werden, ist nach § 161 R. Str. G. B. nur bei Verurteilung wegen Meineids zu erkennen.

Anm. 2. 2) Weitere Folgen: C. P. O. § 858 Abs. 3; Gew. Ord. §§ 43, 57, 62, 83, 86, 100a, 106; Preß-Ges. §§ 5, 8; G. V. G. § 176; Rechtsanw. Ord. § 6; Krankenvers.-Ges. § 37; Inval.-Vers.-Ges. § 88.

§ 35. „Neben einer Gefängnisstrafe, mit welcher die Aberkennung der bürgerlichen Ehrenrechte überhaupt hätte verbunden werden können, kann auf die Unfähigkeit[1]) zur Bekleidung öffentlicher Aemter auf die Dauer von einem bis zu fünf Jahren erkannt werden.

Die Aberkennung der Fähigkeit zur Bekleidung öffentlicher Aemter hat den dauernden Verlust der bekleideten Aemter von Rechtswegen zur Folge."

Anm. 1. Auf Verlust der bürgerlichen Ehrenrechte und zeitige Unfähigkeit zur Bekleidung öffentlicher Aemter darf nicht nebeneinander erkannt werden — die eine Strafe schließt die andere aus, O. Trib. v. 18. II. 1874 (E. B. LXXII S. 329; R. G. Str. B. XXI S. 264).

§ 36. „Die Wirkung der Aberkennung der bürgerlichen Ehrenrechte überhaupt, sowie der Fähigkeit zur Bekleidung öffentlicher Aemter insbesondere, tritt mit der Rechtskraft des Urteils ein; die Zeitdauer wird von dem Tage berechnet, an dem die Freiheitsstrafe, neben welcher jene Aberkennung ausgesprochen wird, verbüßt, verjährt oder erlassen ist."

8. Der Anzustellende muß zu dem Amte befähigt*) sein.

a) Bei den höheren Beamten wird in der Regel die Befähigung zum Richteramt oder höheren Verwaltungsdienste gefordert.

b) Bei den Subaltern- (bzw. Unter-)beamten wird in der Regel vor der Anstellung eine Probezeit und die Ablegung einer Prüfung verlangt.

Während für die **Civilanwärter** die diesbezüglichen Bestimmungen in den Reglements oder Ortsstatuten zu treffen sind, kommen hinsichtlich der **Militäranwärter** die nachfolgenden Bestimmungen in Betracht.

α. Unbeschadet der in den einzelnen Bundesstaaten ergangenen weitergehenden Vorschriften**) hat der Bundesrat in seiner Sitzung

---

*) § 70. II. 10. A. L. R.'s. „Es soll Niemandem ein Amt aufgetragen werden, der sich dazu nicht hinlänglich qualifiziert und Proben seiner Geschicklichkeit abgelegt hat."

§ 71. „Wem die Besetzung der verschiedenen Arten von Civilbedienungen zukomme, wer zu dergleichen Bedienungen gelangen könne, und was für Vorbereitungen und Prüfungen dazu vorhergehen müssen, ist, nach Verschiedenheit der Fächer und Stufen solcher Bedienungen, durch spezielle Gesetze und Instruktionen bestimmt."

**) Vgl. das unten abgedruckte Preuß. Ges. v. 21. VII. 1892.

v. 28. VI. 1899 die — sich an die Vorschriften in den Ges. über die Pensionierung und Versorgung der Militärpersonen (§§ 58, 75, 77 des Ges. v. 27. VI. 1871 (R. G. Bl. S. 275) — § 10 des Ges. v. 4. IV. 1874 (B. G. Bl. S. 25). — Art. 12 des Ges. v. 22. V. 1893 (R. G. Bl. S. 171) anschließenden — **Grundsätze betreffend die Besetzung der Subaltern- und Unterbeamtenstellen bei den Kommunalbehörden, bei den Invaliditäts- und Altersversicherungsanstalten, sowie bei ständischen u. s. w. Instituten mit Militäranwärtern** [1]) erlassen. — Bek. v. 25. VII. 1899. Centr. Bl. S. 268.[2]) —

Nach § 58 des Militärpensionsges. v. 27. VI. 71 (R. G. Bl. S. 275). Haben die zur Klasse der Unteroffiziere und Gemeinen gehörenden Personen des Soldatenstandes Anspruch auf Invalidenversorgung, wenn sie entweder durch eine Dienstbeschädigung oder nach achtjähriger Dienstzeit invalide geworden sind. Haben sie eine Dienstzeit von mindestens 18 Jahren hinter sich, so wird der Nachweis der Invalidität nicht mehr gefordert. Unter diesen Voraussetzungen erhalten die Genannten bei guter Führung den Civilversorgungsschein und zwar Ganzinvalide neben der Pension, Halbinvalide — jedoch erst nach zwölfjähriger Dienstzeit — wahlweise statt der Pension. (§ 75 a. a. O.) Den Civilversorgungsschein erlangen auch Unteroffiziere, die nicht schon als invalidenversorgungsberechtigt anerkannt sind, durch zwölfjährige aktive Dienstzeit bei fortgesetzter guter Führung. (§ 10 des Ges. v. 4. IV. 74 R. G. Bl. S. 25). Den Schein erteilt diejenige Militärbehörde, die über den Anspruch auf Civilversorgung zu entscheiden hat. Anm. 1.

Die Erteilung des C. V. Scheines berechtigt den Inhaber dazu, eine Anstellung in den Stellen zu verlangen, die im Reichs- und Staatsdienste, bei Kommunen und Kommunalverbänden, bei den Invalidenversicherungsanstalten, bei ständischen und solchen Instituten, die ganz oder zum Teile aus Mitteln des Reiches, des Staates oder der Gemeinde unterhalten werden — ausschließlich des Forstdienstes — den Militäranwärtern vorbehalten sind. Ein Anrecht auf eine bestimmte Stelle giebt der Schein nicht.

Den Grundsätzen sind Erläuterungen beigefügt, die zu den einzelnen §§ als erläuternde Anmerkungen verarbeitet worden sind. Anm. 2.

§ 1. „Die Subaltern- und Unterbeamtenstellen bei den Kommunen und Kommunalverbänden, bei den Invaliditäts- und Altersversicherungsanstalten sowie bei ständischen oder solchen Instituten, welche ganz oder zum Teil aus Mitteln des Reichs, des Staates oder der Gemeinden unterhalten werden — ausschließlich des Forstdienstes —, sind unbeschadet der in den einzelnen Bundesstaaten bezüglich der Versorgung der Militäranwärter im Civildienst erlassenen weitergehenden Vorschriften,[1]) gemäß den nachstehenden Grundsätzen vorzugsweise mit Militäranwärtern zu besetzen.

Militäranwärter im Sinne dieser Grundsätze ist jeder Inhaber des Civilversorgungsscheins nach Anlage A der Grundsätze für die

Besetzung der Subaltern- und Unterbeamtenstellen bei den Reichs- und Staatsbehörden mit Militäranwärtern vom 7./21. März 1882 (Centr. Bl. S. 123).

Die Anstellungsberechtigung eines Militäranwärters beschränkt sich auf denjenigen Bundesstaat, dessen Staatsangehörigkeit er seit zwei Jahren besitzt. Invaliditäts- und Altersversicherungsanstalten sowie ständische Institute &c., deren Wirksamkeit sich auf mehrere Bundesstaaten erstreckt, sind zur Anstellung nur solcher Militäranwärter verpflichtet, welche in einem dieser Staaten die Staatsangehörigkeit besitzen."

Anm. 1. Vgl. das nachfolgende Ges. v. 21. VII. 1892.

§ 2. „Die Subaltern- und Unterbeamtenstellen in denjenigen Kommunen und Kommunalverbänden, welche weniger als 3000 Einwohner haben, unterliegen den nachstehenden Grundsätzen nicht. Den Landesregierungen bleibt vorbehalten, diese Bestimmung auf Landgemeinden und ländliche Gemeindeverbände mit weniger als 3000 Einwohnern zu beschränken."

§ 3. Ausschließlich mit Militäranwärtern sind zu besetzen, sofern die Besoldung der Stellen einschließlich der Nebenbezüge mindestens 600 Mark beträgt:

1. die Stellen im Kanzleidienst, einschließlich derjenigen der Lohnschreiber, soweit deren Inhabern die Besorgung des Schreibwerkes (Abschreiben, Mundieren, Kollationieren &c.) und der damit zusammenhängenden Dienstverrichtungen obliegt,
2. sämtliche Stellen, deren Obliegenheiten im Wesentlichen in mechanischen Dienstleistungen bestehen und keine technischen Kenntnisse erfordern.

Die Landesregierungen sind befugt, den Anteil der Militäranwärter an den Stellen unter Ziffer 1 auf die Hälfte, an den Stellen unter Ziffer 2 auf zwei Drittel zu begrenzen, falls die Eigenart der Landesverhältnisse oder der dienstlichen Anforderungen oder die Organisiation der einzelnen Verwaltungen den ausschließenden Vorbehalt unthunlich macht.

§ 4.[1]) Mindestens zur Hälfte mit Militäranwärtern sind zu besetzen die Stellen der Subalternbeamten im Büreaudienste (Journal-, Registratur-, Expeditions-, Kalkulatur-, Kassendienst und dergl.), jedoch mit Ausnahme

1. derjenigen Stellen, für welche eine besondere wissenschaftliche oder technische Vorbildung erfordert wird,
2. der Stellen derjenigen Kassenvorsteher, welche eigene Rechnung zu legen haben, sowie derjenigen Kassenbeamten, welche Kassengelder einzunehmen, zu verwahren oder auszugeben haben, und ferner derjenigen Beamten, welchen die selbständige Kontrolle des Kassen- und Rechnungswesens obliegt,

3. der Stellen der Büreauvorsteher[2]) bei den Invaliditäts- und Altersversicherungsanstalten und bei der Verwaltung von Städten mit mehr als 40000 Einwohnern, Anm. 1.

4. der Stellen der Subalternbeamten, welche bei Behörden, denen nach landesgesetzlicher Vorschrift Verrichtungen des Vormundschaftsgerichts, des Nachlaßgerichts oder des Grundbuchamts obliegen, in diesen Dienstzweigen als Büreaubeamte beschäftigt werden, oder welche nach landesgesetzlicher Vorschrift als kommunale Hilfsbeamte staatlicher Grundbuchämter bestellt sind."

Bei Berechnung der Zahl der den Militäranwärtern vorzubehaltenden Stellen sind diejenigen Stellen nicht in Betracht zu ziehen, bezüglich derer den Anstellungsbehörden freie Hand gelassen ist.

Unter „Büreauvorstehern" werden diejenigen Subalternbeamten verstanden, die an die Spitze eines Büreauorganismus gestellt sind. Die Vorsteher einzelner Büreauabteilungen fallen nicht unter den Begriff. Ebensowenig ist die einem Beamten zustehende Amtsbezeichnung maßgebend. Vielmehr sind hier sowohl, wie überhaupt die Stellenklassifikation nach den §§ 3 und 4, die dienstlichen Obliegenheiten der Stelleninhaber allein entscheidend. Anm. 2.

§ 5. „In welchem Umfange die nicht unter die §§ 3 und 4 fallenden Subaltern- und Unterbeamtenstellen mit Militäranwärtern zu besetzen sind, ist unter Berücksichtigung der Anforderungen des Dienstes zu bestimmen. In Zweifelsfällen ist unter sinngemäßer Zugrundelegung der für die Reichs- und Staatsbehörden jeweilig geltenden Verzeichnisse der den Militäranwärtern vorbehaltenen Stellen Entscheidung zu treffen.

§ 6. Insoweit in Ausführung der §§ 4 und 5 einzelne Klassen[1]) von Subaltern- und Unterbeamtenstellen den Militäranwärtern nicht mindestens zur Hälfte vorbehalten werden können, hat nach Möglichkeit ein Ausgleich in der Weise stattzufinden, daß andere derartige Stellen innerhalb derselben Verwaltung in entsprechender Zahl und Besoldung vorbehalten werden.

Enthält eine Klasse nur eine Stelle, und ist diese unter Berücksichtigung der Anforderungen des Dienstes zur Besetzung mit einem Militäranwärter geeignet, so braucht sie nur abwechselnd mit Militäranwärtern besetzt zu werden."

Unter einer „Klasse" ist die Gesamtheit der in einer Verwaltung beschäftigten Beamten zu verstehen, deren dienstliche Obliegenheiten ihrer Natur nach im Wesentlichen dieselben sind. Anm. 1.

§ 7. „Ueber die gegenwärtig vorhandenen, den Militäranwärtern vorbehaltenen Stellen werden nach Beamtenklassen (§ 6) geordnete Verzeichnisse angelegt.

Gleichartige Stellen, welche in Zukunft errichtet werden, sind in die Verzeichnisse[1]) aufzunehmen."

In die anzulegenden Verzeichnisse sind auch die nur im Wege des Aufrückens erreichbaren Stellen aufzunehmen. Dagegen brauchen Stellen, Anm. 1.

deren Inhaber — wenn sie auch in Pflicht genommen sein sollten — ihr Einkommen nicht unmittelbar aus der Kommunal- zc. Kasse beziehen (Privatgehilfen), nicht aufgenommen zu werden.

Die Verzeichnisse werden den Militärbehörden auf Wunsch mitzuteilen sein.

§ 8. „Die den Militäranwärtern vorbehaltenen Stellen können auch verliehen werden:

1. Inhabern des Civilversorgungsscheins[1]) nach Anlage A 1, B und C der Grundsätze für die Besetzung der Subaltern- und Unterbeamtenstellen bei den Reichs- und Staatsbehörden mit Militäranwärtern (Central-Blatt für das Deutsche Reich 1882 S. 123 und 1895 S. 17);
2. Offizieren und Deckoffizieren, welchen beim Ausscheiden aus dem aktiven Dienste die Aussicht auf Anstellung im Civildienste verliehen worden ist;
3. ehemaligen Militäranwärtern, welche sich in einer auf Grund ihrer Versorgungsansprüche erworbenen etatsmäßigen Anstellung befinden oder in Folge eingetretener Dienstunfähigkeit in den Ruhestand versetzt worden sind;
4. ehemaligen Militärpersonen, welchen der Civilversorgungsschein lediglich um deswillen versagt worden ist, weil sie sich nicht fortgesetzt gut geführt haben, und welchen gemäß einer von der zuständigen Militärbehörde ihnen später erteilten Bescheinigung eine den Militäranwärtern im Reichs- oder Staatsdienste vorbehaltene Stelle übertragen werden darf;
5. solchen Beamten und Bediensteten der betreffenden Verwaltung, welche für ihren Dienst unbrauchbar oder entbehrlich geworden sind und einstweilig oder dauernd in den Ruhestand versetzt oder entlassen werden müßten, wenn ihnen nicht eine den Militäranwärtern vorbehaltene Stelle verliehen würde, desgleichen solchen Beamten, welche in den Ruhestand versetzt worden sind, aber dienstlich wieder verwendet werden können; [2]).
6. sonstigen Personen, denen die Berechtigung zu einer Anstellung auf dem im § 10 Ziffer 7 der Grundsätze für die Besetzung der Subaltern- und Unterbeamtenstellen bei den Reichs- und Staatsbehörden mit Militäranwärtern (Anlage 1) [3]) vorgesehenen Wege ausnahmsweise verliehen worden ist."

Anm. 1. Dieser Schein berechtigt zur Anstellung bei Reichs- und allen oder nur bestimmten Staatsbehörden nach einer Militärdienstzeit und einer solchen bei einer Polizei- oder Schutztruppe in der Gendarmerie, im Landjägerkorps oder der Schutzmannschaft.

Anm. 2. Die Bestimmung unter Ziffer 5 soll den Kommunalbehörden zc. die Möglichkeit gewähren, solche Personen, die zur ferneren Verrichtung eines vielleicht anstrengenden Dienstes unfähig, oder die entbehrlich geworden sind, desgleichen solche Beamte, die bereits in den Ruhestand versetzt sind, in anderen Stellen noch zu verwenden, die an sich mit Militäranwärtern zu besetzen sein würden.

Diese Befugniß erstreckt sich in ihrem ersten Teile, wie der Ausdruck „Bedienstete" andeutet, auch auf die vermöge Privatvertrages zu dauernder Beschäftigung im Kommunal- rc. Dienste angenommenen Personen.

S. die Anlage am Schluße dieser Grundsätze. Anm. 3.

§ 9. „Stellen, welche den Militäranwärtern nur teilweise (zur Hälfte, zu einem Drittteil u. s. w.) vorbehalten sind, werden bei eintretender Erledigung in einer dem Anteilsverhältnis entsprechenden Reihenfolge mit Militäranwärtern oder Civilpersonen besetzt, und zwar ohne Rücksicht auf die Zahl der zur Zeit der Besetzung thatsächlich mit Militäranwärtern und Civilpersonen besetzten Stellen.

Wird die Reihenfolge auf Grund des § 8 unterbrochen oder wird infolge des § 8 Ziffer 5 eine ausschließlich mit Militäranwärtern zu besetzende Stelle mit einem Bediensteten der Verwaltung besetzt, so ist bei sich bietender Gelegenheit eine Ausgleichung herbeizuführen. Dabei sind Personen, deren Anstellung auf Grund des § 8 Ziffer 5 und 6 erfolgt, als Civilpersonen, Personen, deren Anstellung auf Grund des § 8 Ziffer 1 bis 4 erfolgt, als Militäranwärter in Anrechnung zu bringen.

§ 10.[1]) Die Militäranwärter haben sich um die von ihnen begehrten Stellen bei den Anstellungsbehörden zu bewerben.

Die Bewerbungen haben zu erfolgen:

a) seitens der noch im aktiven Militärdienste befindlichen Militäranwärter durch Vermittelung der vorgesetzten Militärbehörde;

b) seitens der übrigen Militäranwärter entweder unmittelbar oder durch Vermittelung des heimatlichen Bezirkskommandos, welches jede eingehende Bewerbung sofort der zuständigen Anstellungsbehörde mitteilt.

Militäranwärter sind zu Bewerbungen vor oder nach dem Eintritte der Stellenerledigung insolange berechtigt, bis sie eine etatsmäßige Stelle erlangt und angetreten haben, mit welcher Anspruch oder Aussicht auf Ruhegehalt oder dauernde Unterstützung verbunden ist. Bewerbungen um Stellen, welche nur im Wege des Aufrückens[2]) zu erlangen sind, werden jedoch hierdurch nicht ausgeschlossen."

Die Anstellungsbehörden werden durch die Landesregierungen bezeichnet. Diesen soll unbenommen sein, Zentralstellen einzurichten, an die sämtliche Bewerbungen ausschließlich zu richten sind, denen die Anstellungsbehörden die zu besetzenden Stellen mitzuteilen haben und die den Anstellungsbehörden die in Betracht zu ziehenden Bewerbungen mitteilen. Anm. 1.

Unter „etatsmäßigen Stellen", mit deren Erlangung die Befugnis zur weiteren Bewerbung gemäß dem letzten Abs. erlöschen soll, sind auch Stellen im Reichs- oder Staatsdienste, sowie im Dienste von Privat-Eisenbahngesellschaften, denen die Verpflichtung zur Anstellung von Militäranwärtern auferlegt worden ist, zu verstehen. Umgekehrt erlischt die Berechtigung zur Bewerbung um eine Stelle im Reichs- oder im Staatsdienste im Sinne des § 13 der Grundsätze für die Besetzung der Subaltern- und Unterbeamtenstellen bei den Reichs- und Staatsbehörden mit Militäranwärtern

(Centr.=Bl. 1882 S. 123) auch durch die Erlangung einer etatsmäßigen Stelle im Kommunal= ꝛc. Dienste. Sowohl hinsichtlich des Reichs= und Staatsdienstes als auch hinsichtlich des Kommunal= ꝛc. Dienstes handelt es sich hier nur um solche etatsmäßige Stellen, die „Anspruch oder Aussicht auf Ruhegehalt oder dauernde Unterstützung" gewähren. Auch ist vorausgesetzt, daß die etatsmäßige Anstellung erfolgt ist. Während der Probedienstleistung oder der Anstellung auf Probe besteht die Berechtigung zu Bewerbungen fort.

Anm. 2. Nach § 14 Abs. 3 ist den aus den Militäranwärtern hervorgegangenen Beamten Gelegenheit zu geben, die für das Aufrücken erforderliche Befähigung sich zu erwerben.

§ 11. „Ueber die Bewerbungen um noch nicht erledigte Stellen haben die Kommunal= ꝛc. Behörden Verzeichnisse nach Anlage 2 anzulegen, in welche die Stellenanwärter nach dem Datum des Einganges der ersten Meldung eingetragen werden. War die Befähigung noch durch eine Prüfung (Vorprüfung) nachzuweisen, so kann die Eintragung auch nach dem Tage des Bestehens der Prüfung erfolgen.

Bei der Besetzung erledigter Stellen sind unter sonst gleichen Verhältnissen Unteroffiziere, welche mindestens acht Jahre im Heere oder in der Marine aktiv gedient haben, in erster Linie zu berücksichtigen.[1])

Bewerbungen um noch nicht freigewordene Stellen sind alljährlich zum 1. Dezember zu erneuern, widrigenfalls dieselben als erloschen gelten."

Anm. 1. Innerhalb jeder der beiden Klassen der civilversorgungsberechtigten Stellenanwärter (vergl. Anm. 2 zu Anlage 2) ist bei der Einberufung die Reihenfolge in der Bewerberliste in Betracht zu ziehen. Die Anstellungsbehörden sind jedoch nicht unbedingt an die Innehaltung der Reihenfolge gebunden, sondern zu Abweichungen innerhalb jeder dieser beiden Anwärterklassen berechtigt, sofern diese Abweichungen nach ihrem pflichtmäßigen Ermessen durch dienstliche Rücksichten bedingt werden.

§ 12.[1]) „Stellen, welche mit Militäranwärtern zu besetzen sind, müssen im Falle der Erledigung, wenn keine Bewerbungen von Militäranwärtern für dieselben vorliegen, seitens der Anstellungsbehörde der zuständigen Vermittelungsbehörde (Anlage 3) behufs der Bekanntmachung mittelst Einreichung einer nach dem Muster der Anlage 4 aufzustellenden Nachweisung bezeichnet werden.

Ist innerhalb vier Wochen nach der Bekanntmachung eine Bewerbung bei der Anstellungsbehörde nicht eingegangen, so hat dieselbe in der Stellenbesetzung freie Hand."

Anm. 1. Gemäß Abs. 1 bedarf es der Einreichung einer Nachweisung nicht, wenn die Wiederbesetzung der Stelle durch einen Militäranwärter erfolgt, dessen Bewerbung schon vorlag. Jedoch ist die Einreichung nachzuholen, wenn die Stelle einem solchen Bewerber wegen ungenügender Befähigung (§ 15) oder aus sonstigen Gründen nicht übertragen wird.

§ 13. „Die den Militäranwärtern vorbehaltenen Stellen dürfen, außer in dem Falle des § 8, mit anderen Personen nicht besetzt werden, so=

fern sich Militäranwärter finden, welche zur Uebernahme der Stellen befähigt und bereit sind. Es macht dabei keinen Unterschied, ob die Stellen dauernd oder nur zeitweise bestehen, ob mit denselben ein etatsmäßiges Gehalt oder nur eine diätarische oder andere Remuneration verbunderk ist, ob die Anstellung auf Lebenszeit, auf Kündigung oder auf Widerruf geschieht.

Zu vorübergehender Beschäftigung können jedoch auch Nichtversorgungsberechtigte angenommen werden.

In Ansehung derjenigen dienstlichen Verrichtungen, für welche wegen ihres geringen, die volle Zeit und Thätigkeit eines Beamten nicht in Anspruch nehmenden Umfanges und der Geringfügigkeit der damit verbundenen Remuneration besondere Beamte nicht angenommen, welche vielmehr an Privatpersonen, an andere Beamte als Nebenbeschäftigung oder an verabschiedete Beamte übertragen zu werden pflegen, behält es hierbei sein Bewenden.

§ 14. Die Anstellungsbehörden haben darin freie Hand, welche ihrer Subaltern- und Unterbeamten sie in höhere oder besser besoldete Stellen aufrücken lassen wollen.[1])

Ebenso sind die Behörden in der Versetzung eines besoldeten Subaltern- oder Unterbeamten auf eine andere mit Militäranwärtern zu besetzende besoldete Subaltern- oder Unterbeamtenstelle nicht beschränkt. Wäre die auf solche Weise mit einer Civilperson besetzte Stelle mit einem Militäranwärter zu besetzen gewesen, so ist bei sich bietender Gelegenheit eine Ausgleichung herbeizuführen.

Es ist darauf Bedacht zu nehmen, daß den aus den Militäranwärtern hervorgegangenen Beamten, soweit es mit den Interessen des Dienstes vereinbar ist, Gelegenheit gegeben werde, die für das Aufrücken in höhere Dienststellen erforderliche Befähigung zu erwerben."

Bei Besetzung der den Militäranwärtern ausschließlich oder zum Teil vorbehaltenen Stellen, welche nur im Wege des Aufrückens erreicht werden können, dürfen bei sonst gleichen Voraussetzungen hinsichtlich der Qualifikation ehemalige Militäranwärter hinter anderen Angestellten nicht zurückgesetzt werden. Anm. 1.

§ 15. „Die Anstellungsbehörden sind zur Berücksichtigung von Bewerbungen nur dann verpflichtet, wenn die Bewerber eine genügende Befähigung für die fragliche Stelle beziehungsweise den fraglichen Dienstzweig nachweisen und in körperlicher sowie sittlicher Beziehung dafür geeignet sind.

Sind für gewisse Dienststellen oder für gewisse Gattungen von Dienststellen besondere Prüfungen (Vorprüfungen) vorgeschrieben, so hat der Militäranwärter auch diese Prüfungen abzulegen. Auch kann, wenn die Eigentümlichkeit des Dienstzweigs dies erheischt, die Zulassung zu dieser Prüfung oder die Annahme der Bewerbung überhaupt von einer vorgängigen informatorischen Beschäftigung in dem betreffenden Dienstzweig abhängig gemacht werden, welche in der Regel nicht über drei Monate auszudehnen ist. Ueber die Zulässigkeit einer informatorischen Beschäftigung entscheidet in Zweifelsfällen die staatliche Aufsichtsbehörde.

Die Anstellung eines einberufenen Militäranwärters kann zunächst auf Probe erfolgen oder von einer Probedienstleistung abhängig gemacht werden. Die Probezeit darf vorbehaltlich der Abkürzung bei früher nachgewiesener Befähigung in der Regel höchstens sechs Monate, für den Dienst der Straßen- und Wasserbauverwaltung, mit Ausschluß der im § 3 bezeichneten Stellen, ein Jahr betragen. Handelt es sich um Anstellungen im Büreau- insbesondere Kassendienste, so kann die Probezeit mit Genehmigung der staatlichen Aufsichtsbehörde unter Zustimmung der zuständigen Militärbehörde ausnahmsweise bis auf die Dauer eines Jahres verlängert werden. Während der Anstellung auf Probe ist dem Anwärter das volle Stelleneinkommen, während der Probedienstleistung eine fortlaufende Remuneration von nicht weniger als Dreiviertel des Stelleneinkommens zu gewähren.

Einberufungen zur Probedienstleistung dürfen nur erfolgen, insoweit Stellen (§ 13 Abs. 1) offen sind; eine Entlassung Einberufener wegen mangelnder Vakanz kann daher nicht stattfinden.

Spätestens bei Beendigung der Probezeit hat die Anstellungsbehörde darüber Beschluß zu fassen, ob der Stellenanwärter in seiner Stelle zu bestätigen, beziehungsweise in den Civildienst zu übernehmen oder wieder zu entlassen ist.

Die Art der Anstellung, namentlich auf Probezeit, Kündigung, Widerruf zc., regelt sich nach den landesrechtlichen Bestimmungen.

Nach erfolgter etatsmäßiger Anstellung wird der Civilversorgungsschein zu den Akten genommen.

§ 16. Welche Subaltern- und Unterbeamtenstellen und gegebenenfalls in welcher Anzahl dieselben gemäß den vorstehenden Grundsätzen den Militäranwärtern vorzubehalten sind, haben die Anstellungsbehörden festzustellen. Die aufgestellten Verzeichnisse sind der staatlichen Aufsichtsbehörde zur Genehmigung vorzulegen. Stellen, wegen deren eine solche Feststellung noch nicht stattgefunden hat, dürfen, insofern nicht Militäranwärter zur Anstellung gelangen oder das in diesen Grundsätzen bezüglich der Besetzung der Stellen mit Militäranwärtern vorgeschriebene Verfahren erledigt ist, nach dem 1. Oktober 1900 nur widerruflich besetzt werden. Die Anstellungsverhältnisse der Inhaber von solchen Stellen, welche gemäß den vorstehenden Grundsätzen den Militäranwärtern vorzubehalten, dagegen ohne Verletzung der bisherigen Bestimmungen an nicht Versorgungsberechtigte übertragen worden sind, bleiben hierdurch unberührt. Gleichfalls unberührt bleiben bereits erworbene Ansprüche von Militäranwärtern.

§ 17. Von der Besetzung der den Militäranwärtern vorbehaltenen Stellen haben die Anstellungsbehörden am Schlusse des Quartals den Vermittelungsbehörden ihres Bezirkes durch Zusendung einer Nachweisung nach dem Muster der Anlage 5[1]) Mitteilung zu machen.

Die Vermittelungsbehörden veranlassen eine entsprechende Bekanntmachung in der Vakanzenliste."

Anm. 1 hier nicht abgedruckt. Anm. 1.

§ 18. „Die Landes-Zentralbehörden haben darüber zu wachen, daß bei der Besetzung der den Militäranwärtern bei den Kommunalbehörden &c. vorbehaltenen Stellen nach den vorstehenden Grundsätzen verfahren wird.

Auf Beschwerden der Militäranwärter entscheiden die staatlichen Aufsichtsbehörden.

§ 19. Die §§ 25 und 29 der Grundsätze für die Besetzung der Subaltern- und Unterbeamtenstellen bei den Reichs- und Staatsbehörden mit Militäranwärtern finden sinngemäße Anwendung.

§ 20. Ansprüche, welche schon bei dem Inkrafttreten dieser Grundsätze erworben waren, werden durch dieselben nicht berührt." [1])

Es handelt sich hier nicht um erworbene Rechtsansprüche, sondern um Anwartschaften; so soll insbesondere ein erworbener Anspruch dann als vorhanden angenommen werden, wenn für gewisse Dienstzweige die Prüfung bestanden oder der Vorbereitungsdienst zum größeren Teile zurückgelegt ist. Anm. 1.

§ 21. „Die vorstehenden Grundsätze treten am 1. April 1900 in Kraft."

Anlage 1 (zu §§ 8 und 19).

Die Grundsätze für die Besetzung der Subaltern- und Unterbeamtenstellen bei den Reichs- und Staatsbehörden mit Militäranwärtern lauten in den hier in Betracht kommenden Stellen:

§ 10. Auch können die den Militäranwärtern vorbehaltenen Stellen verliehen werden:

1. bis 6. &c.
7. sonstigen Personen, welchen, sofern es sich um den Reichsdienst oder den Dienst der Landesverwaltung von Elsaß-Lothringen handelt, durch Erlaß des Kaisers, in anderen Fällen durch Erlaß des Landesherrn beziehungsweise Senats, ausnahmsweise die Berechtigung zu einer Anstellung verliehen worden ist. Dergleichen Verleihungen sollen jedoch nur für eine bestimmte Stelle oder für einen bestimmten Dienstzweig und auch nur dann beantragt werden, wenn ein besonderes dienstliches Interesse dafür geltend zu machen ist. Die Anträge sind, wenn die Anstellung im Reichsdienst oder im Dienste der Landesverwaltung von Elsaß-Lothringen erfolgen soll, unter Mitwirkung des Königlich preußischen Kriegsministeriums, wenn die Anstellung im Dienste eines Bundesstaates mit eigener Militärverwaltung oder in der Militärverwaltung desselben

erfolgen soll, unter Mitwirkung des zuständigen Kriegsministeriums zu stellen. In den übrigen Bundesstaaten hat den Anträgen eine Mitteilung an die oberste Militärbehörde desjenigen Ersatzbezirkes, innerhalb welches die Stelle besetzt werden soll, voranzugehen. Auch ist dieser Militärbehörde von den ergehenden Entscheidungen sowie von etwaigen ohne Antrag erfolgten Verleihungen der Anstellungsberechtigung Kenntnis zu geben.

§ 25. Im Falle der Eröffnung einer gerichtlichen Untersuchung gegen einen Militäranwärter ist der Civilversorgungsschein zu den Untersuchungsakten einzufordern. Führt die Untersuchung zu einem rechtskräftigen Erkenntnisse, welches auf die zeitige Unfähigkeit zur Bekleidung öffentlicher Aemter oder auf eine Strafe lautet, welche die dauernde oder zeitige Unfähigkeit zur Bekleidung öffentlicher Aemter von Rechtswegen zur Folge hat, so ist der Civilversorgungsschein unter Mitteilung der Urteilsformel derjenigen Militärbehörde zu übersenden, welche den Schein erteilt hat (§ 1). Anderenfalls ist der Civilversorgungsschein derjenigen Militärbehörde zu übersenden, bei welcher der Militäranwärter angestellt oder beschäftigt ist, Militäranwärtern aber, welche im Civildienste noch nicht angestellt oder beschäftigt sind, zurückzugeben.

§ 26. Der Civilversorgungsschein ist verwirkt, wenn gegen den Inhaber rechtskräftig auf eine Strafe erkannt worden ist, welche die dauernde Unfähigkeit zur Bekleidung öffentlicher Aemter von Rechtswegen zur Folge hat.

Lautet das rechtskräftige Erkenntnis nur auf zeitige Unfähigkeit zur Bekleidung öffentlicher Aemter oder auf eine Strafe, welche die zeitige Unfähigkeit zur Bekleidung öffentlicher Aemter zur Folge hat, so wird der Civilversorgungsschein nach Ablauf der Zeit, auf welche sich die Wirkung des Erkenntnisses erstreckt, zurückgegeben, zuvor jedoch von der Militärbehörde (§ 25) mit einem, den wesentlichen Inhalt des Erkenntnisses wiedergebenden Vermerke versehen. Die Anstellung des Inhabers in einer den Militäranwärtern vorbehaltenen Stelle ist lediglich dem freien Ermessen der beteiligten Behörden überlassen.

§ 27. Erfolgt das Ausscheiden aus der Stelle unfreiwillig aus anderen als den im § 26 bezeichneten Gründen, so sind dieselben in dem Civilversorgungsscheine zu vermerken, bevor dessen Rückgabe erfolgt.

Hat die unfreiwillige Entlassung eines Militäranwärters in Folge einer den Mangel an ehrliebender Gesinnung verratenden Handlung oder wegen fortgesetzt schlechter Dienstführung stattgefunden, so sind die Behörden zur Berücksichtigung des Anstellungsgesuches nicht verpflichtet.

§ 28. Erfolgt das Ausscheiden aus der Stelle freiwillig, aber ohne Pension, so ist dies gleichfalls in dem Civilversorgungsscheine zu vermerken, bevor dessen Rückgabe erfolgt.

§ 29. Der Civilversorgungsschein erlischt, sobald sein Inhaber aus dem Civildienste mit Pension (§ 13) in den Ruhestand tritt. Eine Rückgabe des Civilversorgungsscheins findet in diesem Falle nicht statt.

Verzeichnis der Vermittelungsbehörden.

Lfd. Nr.	Bundesstaat.	Vermittelungsbehörden.
1.	Preußen	a) Für d. Bez. des I. Armeekorps · Bezirkskomm. Braunsberg,
		b) „ II. „ „ Stettin,
		c) „ III. „ „ Potsdam,
		d) „ IV. „ „ Magdeburg,
		e) „ V. „ „ Neusalz a. O.,
		f) „ VI. „ „ II Breslau,
		g) „ VII. „ „ I Münster,
		h) „ VIII. „ „ Coblenz,
		i) „ IX. „ „ Schleswig,
		k) „ X. „ „ Hildesheim,
		l) „ XI. „ „ Marburg,
		m) „ XVII. „ „ Marienburg,
		n) „ XVIII. „ „ Fulda.
2.	Bayern	a) „ I. bayerischen Armeekorps: Bezirkskomm. II München,
		b) Für den Bezirk des II. bayerischen Armeekorps: Bezirkskommando Würzburg.
3.	Sachsen (Königreich) .	Landwehr-Bezirkskommando Dresden-Altstadt.
4.	Württemberg . . .	Königlich württembergisches Kriegsministerium zu Stuttgart.
5.	Baden	Bezirkskommando Karlsruhe.
6.	Hessen	Für den Bezirk der Großherzoglich hessischen (25.) Division: Bezirkskommando II Darmstadt.
7.	Mecklenburg-Schwerin	Für den Bezirk der 34. Infanterie-Brigade: Bezirkskommando Schwerin.
8.	Sachsen (Großherzgth.)	Bezirkskommando Marburg.
9.	Mecklenburg-Strelitz .	„ Schwerin.
10.	Oldenburg	a) Für das Fürstentum Birkenfeld: Bezirkskommando Coblenz,
		b) für das übrige Staatsgebiet: Bezirkskommando Hildesheim.
11.	Braunschweig . . .	Bezirkskommando Hildesheim.
12.	Sachsen-Meiningen .	„ Marburg.
13.	Sachsen-Altenburg . .	„ Magdeburg.
.	Sachs.-Coburg u. Gotha	„ Marburg.
15.	Anhalt	„ Magdeburg.
16.	Schwarzbg.-Sondersh.	„ Marburg.
17.	Schwarzbg.-Rudolstadt	„ Marburg.
18.	Waldeck	„ Marburg.
19.	Reuß ä. L. (Greiz) .	„ Marburg.
20.	Reuß j. L. (Gera) . .	„ Marburg.
21.	Schaumburg-Lippe . .	„ I Münster.
22.	Lippe	„ I Münster.
23.	Lübeck	„ Schleswig.
24.	Bremen	„ Schleswig.
25.	Hamburg	„ Schleswig.
26.	Elsaß-Lothringen . .	a) für den Bereich des XIV. Armeekorps (Bezirk Oberelsaß): Bezirkskommando Karlsruhe,
		b) für den Bereich des XV. Armeekorps (Bezirk Unterelsaß und die Kreise Saarburg u. Saargemünd im Bezirke Lothringen): Bezirkskommando Straßburg i. Els.,
		c) für den Bereich des XVI. Armeekorps (Bezirk Lothringen mit Ausnahme der Kreise Saarburg und Saargemünd): Bezirkskommando Metz.

β. Gesetz, betreffend die Besetzung der Subaltern- und Unterbeamtenstellen in der Verwaltung der Kommunalverbände mit Militäranwärtern.

Vom 21. Juli 1892 (G. S. S. 214)*)

§ 1. „Die Subaltern- und Unterbeamtenstellen[1]) in der Verwaltung der Kommunalverbände, jedoch ausschließlich der Forstverwaltung[2]) sind gemäß den nachstehenden Bestimmungen mit Militäranwärtern zu besetzen.

Militäranwärter im Sinne dieses Gesetzes ist jeder dem preußischen Staate angehörige und aus dem preußischen Reichsmilitärkontingente hervorgegangene Inhaber des Civilversorgungsscheins. Die unter preußischer Verwaltung stehenden außerpreußischen Kontingente und die Kaiserliche Marine sind in dieser Beziehung dem preußischen Kontingente gleichgestellt.“ [3])

Anm. 1. 1. „Welche solcher Stellen und in welcher Anzahl diese den Militäranwärtern vorzubehalten sind, ist nach § 14 des Ges. von den Kommunal-Aufsichtsbehörden festzustellen.

Die Auffassung, daß Personen, die in den gewerblichen Unternehmungen der Kommunalverbände beschäftigt werden, überhaupt nicht Beamte seien und ihre Stellen bei der Besetzung der Subaltern- und Unterbeamtenstellen der Kommunalverbände von vornherein ausscheiden, ist falsch. Die Eigenschaft von Gemeindebeamten und mittelbaren Staatsbeamten kann auch solchen im Dienste der Stadt stehenden Personen zukommen, die keinerlei obrigkeitliche Befugnisse ausüben, sondern lediglich in industriellen oder sonstigen rein wirtschaftlichen Betrieben der Stadtgemeinde thätig sind. Hieraus folgt nicht, daß alle diejenigen, die eine Gemeindebehörde zu Diensten innerhalb eines abgegrenzten Geschäftsbereiches beruft, allein schon aus diesem Grunde Gemeindebeamte sind. Die Besorgung der Geschäfte kann auch lediglich als privatrechtliche Verpflichtung durch Vertrag übertragen werden, und dies ist bei der Uebertragung von Geschäften in den gewerblichen Unternehmungen der kommunalen und weiteren Verbände nicht selten der Fall. Ob in Fällen dieser Art ein Beamten- oder ein privatrechtliches Dienstverhältnis besteht, ist in jedem einzelnen Falle eine wesentlich thatsächliche Frage, deren Beantwortung vornehmlich von der Würdigung derjenigen Umstände abhängt, in denen der Wille der Beteiligten einen erkennbaren Ausdruck gefunden hat. Vgl. E. O. V. v. 20. XI. 1891 (Bd. XXII. S. 67).

Welche Beamtenstellen als Subaltern- und Unterbeamtenstellen zu erachten sind, ist, sofern Zweifel in dieser Beziehung bestehen, im Allgemeinen aus der Analogie der Festsetzungen über die den Militäranwärtern im Preußischen Staatsdienste vorbehaltenen Stellen zu beantworten, insbesondere im Hinblick auf das durch den Erl. v. 30. VI. 1885 (M. Bl. S. 165) genehmigte Stellenverzeichnis und dessen Nachträge. Insoweit auf diesem

*) Hierzu ist eine Ausf. Anw. v. 30. IX. 1892 (M. Bl. S. 285) ergangen, die mit Rücksicht auf die „Grundsätze“ v. 28. VI. 1899 durch Min. Erl. v. 1. XII. 1899 (M. Bl. Nr. 11 S. 235) ergänzt worden ist. Die in Betracht kommenden Bestimmungen ergeben die folgenden Anmerkungen.

Wege zu einem Ergebnisse nicht zu gelangen ist, wird grundsätzlich davon auszugehen sein, daß diejenigen Stellen, deren Inhabern eine selbständige Verwaltung übertragen ist, zu den Subaltern- und Unterbeamtenstellen nicht zu rechnen sind. Es gilt dies z. B. von den Stellen der Vorsteher der Irren-, Heil- und Pflegeanstalten, der Blinden-, Taubstummen-, Besserungs- und Erziehungsanstalten, der kommunalen Kur- und Bade-Etablissements, ferner der Branddirektoren, Standesbeamten, Polizei-Inspektoren und -Kommissare.

Soweit das Gesetz auf Beamtenstellen überhaupt Anwendung findet, ist es unerheblich, ob die Stellen etatsmäßige oder nicht etatsmäßige sind, Ausf. Anw. Nr. 1.

2. Das Gesetz spricht nur von Beamten in der Verwaltung der Kommunalverbände. Es findet keine Anwendung auf die Stellen solcher Personen, die, wie dies z. B. in der Rheinprovinz und in Westfalen nicht selten der Fall ist, lediglich in einem persönlichen Dienstverhältnisse zu dem an der Spitze des Kommunalverbandes stehenden Beamten sich befinden und für die Besorgung von Geschäften in der diesem Beamten übertragenen kommunalen Verwaltung aus dem ihm bewilligten Kostenaversum besoldet werden, Ausf. Anw. Nr. 2.

Dagegen gehören gemäß § 1 Abs. 1 der Grundsätze und Min. Erl. vom 1. XII. 1899 hierher auch die Stellen in ständischen und solchen Instituten, die ganz oder zum Teil aus Mitteln der Gemeinde unterhalten werden.

Die Grundsätze über Militäranwärter gelten nicht für den Forstdienst. Anm. 2.

Der Forstversorgungsschein kann an gelernte Jäger bei fortgesetzt guter Führung und nach Bestehen der erforderlichen Fachprüfungen unter folgenden Bedingungen verliehen werden:

1. Nach Ablauf der 12jährigen Militärdienstzeit, wenn dieselbe mit 3 Jahren (bei Einjährig-Freiwilligen mit 1 Jahre) im aktiven Dienst, im übrigen aber in der Reserve abgeleistet ist;
2. Nach neunjähriger aktiver Militärdienstzeit, worunter jedoch mindestens 5 Jahre in der Unteroffiziercharge abgeleistet sein müssen;
3. Vor Ablauf der 12- bezw. 9jährigen Militärdienstzeit, unter der Bedingung der Brauchbarkeit zur Ausübung des Forstschutzdienstes, wenn die Betreffenden entweder im aktiven Dienste oder im Reserveverhältnisse durch unmittelbare Dienstbeschädigung bei Angriff oder Widersetzlichkeit von Holz- oder Wildfrevlern ganzinvalide geworden sind.
4. Nach Ablauf einer 12jährigen Dienstzeit unter der Bedingung der Brauchbarkeit zur Ausübung des Forstschutzdienstes, sofern die Betreffenden als dauernd halbinvalide anerkannt oder bei Ausübung des Forstschutzdienstes durch eigene Waffe, Sturz oder sonstige Beschädigung invalide geworden sind. (Heerfurth S. 104).

Vgl. Kab.-O. v. 23. IX. 1864 und Regulativ v. 1. XII. 1864 (G. S. S. 262); ferner hierzu § 39a des Geldverpflegungs-Reglements für das Preuß. Heer im Frieden in der Fassung der Kab. O. v. 20. III. 1885. (Armee-Vbbl. S. 68):

. . . .

2. „Die auf Forstversorgung dienenden Unteroffiziere dürfen zur Darlegung ihrer Befähigung für den Forstdienst einmal bis zu 6 Monaten mit sämtlichen Gebührnissen beurlaubt werden."

Der Begriff der Militäranwärter im Sinne dieses Ges. deckt sich nicht mit dem der Militäranwärter im Sinne des § 1 der Grundsätze v. 28. VI. 1899. Während nach dem Ges. v. 21. VII. 1892 (§ 1 al. 2) Anm. 3.

der Stellenanspruch eines Inhabers des Civilversorgungsscheins von der doppelten Bedingung abhängig war, daß er die Eigenschaft eines preußischen Staatsangehörigen besaß und aus dem preußischen Reichsmilitärkontingente hervorgegangen war, ist durch die „Grundsätze" des Bundesrates die letztere Bedingung fortgefallen und die erstere dahin abgeändert worden, daß der Inhaber des Civilversorgungsscheines, um in preußischen Kommunen u. s. f. den Anspruch auf Berücksichtigung bei Stellenbesetzung zu haben, zwei Jahre lang im Besitze der preußischen Staatsangehörigkeit sein muß. Ist hiernach im einzelnen Falle diese letztere Bedingung erfüllt, so ist es für den Anspruch des Betreffenden gleichgültig, ob er den Civilversorgungsschein in einem preußischen oder unter preußischer Verwaltung stehenden Militärkontingente bezw. in der Kaiserlichen Marine oder in dem bayerischen, sächsischen oder württembergischen Militärkontingente erdient hat. Hierdurch wird Nr. 3 der Anw. v. 30. IX. 1892 abgeändert. Nur hinsichtlich derjenigen Militäranwärter, welche den Civilversorgungsschein in einer militärisch organisierten preußischen Schutzmannschaft oder in der preußischen Gendarmerie erworben haben, bleibt es bei der Bestimmung des § 1 al. 2 des Ges. v. 21. III. 1892. Min. Erl. v. 1. XII. 1899 (M. Bl. Nr. 11 S. 235).

Die Anstellungsberechtigung ist hier nicht, wie im § 1 der Grundsätze davon abhängig, daß der Anwärter die Staatsangehörigkeit seit 2 Jahren besitzt.

§ 2. „Die Subaltern- und Unterbeamtenstellen in denjenigen Landgemeinden und ländlichen Kommunalverbänden, welche weniger als 2000 Einwohner haben, unterliegen den Vorschriften dieses Gesetzes nicht. Es können jedoch bezüglich der Kriegsinvaliden durch Königliche Verordnung, von welcher dem Landtage bei seinem nächsten Zusammentritt Mitteilung zu machen ist, die Subaltern- und Unterbeamtenstellen in diesen Landgemeinden und Kommunalverbänden der Vorschrift des § 1 unterworfen werden.

§ 3. Ausschließlich mit Militäranwärtern sind zu besetzen:[1])

1. die Stellen im Kanzleidienst, einschließlich derjenigen der Lohnschreiber[2]) soweit deren Inhabern die Besorgung des Schreibwerks und der damit zusammenhängenden Dienstverrichtungen obliegt,
2) sämtliche Stellen, deren Obliegenheiten im wesentlichen in mechanischen Dienstleistungen bestehen.[3])"

Anm. 1. Nach § 3 der Grundsätze sind ausschließlich mit Militäranwärtern die zu 1 und 2 gedachten Stellen zu besetzen, „sofern die Besoldung der Stellen einschließlich der Nebenbezüge mindestens 600 Mark beträgt".

Zu den Stellen im Kanzleidienste gehören auch diejenigen, deren Inhaber außer dem Schreibwerke nebenbei und im geringen Umfange auch sonstige Dienste zu besorgen haben, wogegen zu diesen Stellen diejenigen nicht gehören, deren Inhaber nur nebenbei auch zur Besorgung des Schreibwerkes und der damit zusammenhängenden Dienstverrichtungen herangezogen werden. Das Ges. hat dem Umstande Rechnung getragen, daß namentlich in den Verwaltungen der kleinen Kommunalverbände Kanzlei- und sonstiger Büreaudienst nicht immer scharf geschieden sind.

Anm. 2. Diese Vorschrift findet auf junge Leute keine Anwendung, die, was namentlich bei den Verwaltungen der Kommunalverbände vielfach zutrifft, zwar beim Schreibwerk etwa auch gegen eine mäßige Vergütung beschäftigt werden, indessen der Hauptsache nach doch nur, um für den späteren Dienst als Subalternbeamte vorbereitet zu werden. Es bedarf im Uebrigen keines Hinweises darauf, daß eine derartige Beschäftigung nicht dazu dienen darf, um Stellen, welche Militäranwärtern vorzubehalten sind, denselben thatsächlich zu entziehen. Ausf. Anw. Nr. 5.

Nach § 3 der Grundsätze sind ausschließlich mit Militäranwärtern zu besetzen: sämtliche Stellen, deren Obliegenheiten im wesentlichen in mechanischen Dienstleistungen bestehen und keine technischen Kenntnisse erfordern. Das Nichterfordernis der technischen Kenntnisse fehlt im § 3 des Ges. Es hat hierdurch jedoch keine Abweichung von den „Grundsätzen" herbeigeführt werden sollen, sondern es ist davon ausgegangen worden, daß Obliegenheiten, die im wesentlichen in mechanischen Dienstleistungen bestehen, überhaupt nicht technische Kenntnisse erfordern werden, daß somit die Voraussetzung des Nichterfordernisses von technischen Kenntnissen einer besonderen Hervorhebung im Gesetze nicht bedarf, Ausf. Anw. Nr. 6. Es gehört nicht hierher z. B. die Stelle eines Bediensteten, der dafür zu sorgen hat, daß die Heizvorrichtungen in einem mit Zentralheizung versehenen Gebäude stets gehörig funktionieren, wozu die Kenntnisse eines gelernten Schlossers nicht zu entbehren sind. Dagegen werden in der Regel hierher gehören die Stellen der Polizeisergeanten, Sten. Ber. H. H. 1891/92 S. 315 f; Ausf. Anw. Nr. 7, vergl. E. O. V. v. 2. V. 1894 (Bd. XXVI. S. 32). Anm. 3.

§ 4. „Mindestens zur Hälfte mit Militäranwärtern sind zu besetzen die Stellen der Subalternbeamten im Büreaudienst¹) jedoch mit Ausnahme

1. derjenigen Stellen, für welche eine besondere wissenschaftliche oder technische Vorbildung erfordert wird,
2. der Stellen derjenigen Kassenvorsteher, welche eigene Rechnung zu legen haben, sowie derjenigen Kassenbeamten, welche Kassengelder einzunehmen, zu verwahren oder auszugeben haben."

§ 4 des Ges. spricht — im Gegensatze zu § 5 — nur von den Stellen der Subalternbeamten im Büreaudienste. Es gehören hierin namentlich die Stellen im Journal-, Registratur-, Expeditions-, Kalkulatur- und Kassendienste. Anm. 1.

Von der Regel, wonach diese Stellen mindestens zur Hälfte mit Militäranwärtern zu besetzen sind, ist unter Ziffer 1 eine Ausnahme bezüglich derjenigen Stellen nachgelassen, für die eine besondere wissenschaftliche oder technische Vorbildung erfordert wird. Zu diesen letzteren Stellen sind diejenigen der Sekretäre in größeren Kommunal-Verwaltungen, insbesondere auch der Kreisausschuß-Sekretäre ebenso wenig zu rechnen, wie nach den „Grundsätzen" die Stellen der Sekretäre bei den Oberpräsidien und Regierungen. Dagegen werden die beregten Stellen, gleich den Stellen der Sekretäre bei den Oberpräsidien ꝛc., den Militäranwärtern nur im Wege des Aufrückens zugänglich zu machen sein. Ist die Möglichkeit des Aufrückens ausgeschlossen, weil — was bei den Kreisausschuß-Verwaltungen in der Regel der Fall sein wird — es an einer Klasse von Beamten fehlt, aus welcher aufgerückt werden kann, so muß nach § 6 Abs. 3 des Ges. eine Stelle der erwähnten Art den Militäranwärtern vorbehalten oder versagt bleiben, je nachdem sie, unter Berücksichtigung der Anforderungen des Dienstes, zur Besetzung mit einem Militäranwärter geeignet oder nicht geeignet ist.

Im Uebrigen ist, was insbesondere die Stadtsekretäre betrifft, dem Titel, der einem Beamten gegeben wird, eine entscheidende Bedeutung für die Frage, in welcher Weise die Bestimmungen des Ges. auf den Stelleninhaber in Anwendung zu bringen sind, nicht beizulegen; entscheidend sind die Funktionen, welche der Stelleninhaber zu erfüllen hat. Es ergiebt sich hieraus, daß die Stellen solcher Stadtsekretäre, die, wie es vielfach in kleineren Kommunalverbänden der Fall ist, vornehmlich mit den untergeordneten Geschäften im Büreaudienst beauftragt sind, nicht zu denjenigen gerechnet werden dürfen, die nur im Wege des Aufrückens zu erlangen sind, daß sie den Militäranwärtern vielmehr ohne eine solche Einschränkung zugänglich gehalten werden müssen.

Bezüglich der eigenartigen Stellen der Stadtsekretäre in der Provinz Hannover (§§ 41, 46, 56 der dortigen St. O., 24. VI. 1858) verbleibt es auch weiterhin dabei, daß sie den Militäranwärtern nicht vorzubehalten sind, Ausf. Anw. Nr. 8.

§ 5. „In welchem Umfange die nicht unter die §§ 3 und 4 fallenden Subaltern- und Unterbeamtenstellen mit Militäranwärtern zu besetzen sind, ist unter Berücksichtigung der Anforderungen des Dienstes und unter sinngemäßer Zugrundelegung der für die Reichs- und Staatsbehörden jeweilig geltenden Verzeichnisse über die den Militäranwärtern vorbehaltenen Stellen zu bestimmen.

§ 6. Insoweit die Ausführung der §§ 4 und 5 einzelne Klassen von Subaltern- und Unterbeamtenstellen den Militäranwärtern nicht mindestens zur Hälfte vorbehalten werden können, hat nach Möglichkeit ein Ausgleich in der Weise stattzufinden, daß andere derartige Stellen desselben Kommunalverbandes in entsprechender Zahl und Besoldung vorbehalten werden.

Unter einer Klasse im Sinne dieses Gesetzes ist die Gesamtheit der bei einem kommunalen Verbande beschäftigten Beamten zu verstehen, deren dienstliche Obliegenheiten ihrer Natur nach im wesentlichen dieselben sind.

Enthält eine Klasse nur eine Stelle, so bleibt dieselbe den Militäranwärtern vorbehalten oder versagt, je nachdem sie unter Berücksichtigung der Anforderungen des Dienstes zur Besetzung mit einem Militäranwärter geeignet oder nicht geeignet ist.

§ 7. Die den Militäranwärtern vorbehaltenen Stellen können verliehen werden:

1. an Offiziere und Deckoffiziere, welchen beim Ausscheiden aus dem aktiven Dienst die Aussicht auf Anstellung im Civildienst verliehen worden ist;
2. ehemaligen Militäranwärtern, welche sich in einer auf Grund ihrer Versorgungsansprüche erworbenen etatsmäßigen Anstellung befinden oder infolge eingetretener Dienstunfähigkeit in den Ruhestand versetzt worden sind;
3. ehemaligen Militärpersonen, welchen der Civilversorgungsschein lediglich um deswillen versagt worden ist, weil sie sich nicht fortgesetzt gut geführt haben, und welchen gemäß einer von der zuständigen Militärbehörde

ihnen später erteilten Bescheinigung eine den Militäranwärtern im Reichs- oder Staatsdienst vorbehaltene Stelle übertragen werden darf;

4. sonstigen Personen, denen die Berechtigung zu einer Anstellung landesherrlich verliehen worden ist;

5. solchen Beamten und Bediensteten[1]) des betreffenden Kommunalverbandes, welche für ihren Dienst unbrauchbar oder entbehrlich geworden sind und einstweilig oder dauernd in den Ruhestand versetzt werden müßten, wenn ihnen nicht eine den Militäranwärtern vorbehaltene Stelle verliehen würde."

Unter Bediensteten sind solche Personen zu verstehen, die durch Privatvertrag in den Kommunaldienst aufgenommen worden sind. Es soll den Kommunalverbänden die Möglichkeit gewährt werden, solche Personen, die zur ferneren Verrichtung eines vielleicht anstrengenden, besondere körperliche Tüchtigkeit erfordernden Dienstes untauglich geworden sind, in leichteren Stellen noch zu verwenden, die an sich mit Militäranwärtern zu besetzen sein würden. Macht ein Kommunalverband von dem ihm hiernach gewährten Rechte Gebrauch, so hat jedoch gemäß § 8 Abs. 2 die dort angeordnete Ausgleichung zu erfolgen, Ausf. Anw. Nr. 12. Anm. 1.

§ 8. „Stellen, welche den Militäranwärtern nur teilweise (zur Hälfte, zu einem Dritteil u. s. w.) vorbehalten sind, werden bei eintretenden Vakanzen in einer dem Anteilsverhältnis entsprechenden Reihenfolge mit Militäranwärtern oder Civilpersonen besetzt, und zwar ohne Rücksicht auf die Zahl der zur Zeit der Besetzung thatsächlich mit Militäranwärtern und Civilpersonen besetzten Stellen.

Wird die Reihenfolge auf Grund des § 7 unterbrochen oder wird infolge des § 7 Nr. 5 eine ausschließlich mit Militäranwärtern zu besetzende Stelle mit einem Bediensteten des Kommunalverbandes besetzt, so ist eine Ausgleichung herbeizuführen. Dabei sind Personen, deren Anstellung auf Grund des § 7 Nr. 4 und 5 erfolgt, als Civilpersonen, Personen, deren Anstellung auf Grund des § 7 Nr. 1 bis 3 erfolgt, als Militäranwärter in Anrechnung zu bringen.

In der Versetzung oder Beförderung eines besoldeten Subaltern- oder Unterbeamten auf eine andere nicht ausschließlich mit Militäranwärtern zu besetzende besoldete Subaltern- oder Unterbeamtenstelle desselben Kommunalverbandes sind die Kommunalverbände nicht beschränkt. Wäre die auf solche Weise mit einer Civilperson besetzte Stelle der bestehenden Reihenfolge nach mit einem Militäranwärter zu besetzen gewesen, so ist eine Ausgleichnng herbeizuführen." [1])

Abs. 3 des § 8, für den sich ein Vorgang in den Grundsätzen für die Besetzung der Subaltern- und Unterbeamtenstellen bei den Reichs- und Staatsbehörden mit Militäranwärtern nicht findet, soll den besonderen Interessen der Kommunalverbände Rechnung tragen, die es für diese Verbände mitunter wünschenswert machen, an die Innehaltung der Regel bei Besetzung einer Stelle nicht unter allen Umständen gebunden zu sein. Im Uebrigen kann es nicht zweifelhaft sein, daß, wenn Stellen den Militäranwärtern, beispielsweise zur Hälfte, vorbehalten sind und eine vakant gewordene Stelle, die nach der bestehenden Reihenfolge mit einem Militäranwärter zu besetzen Anm. 1.

sein würde, mit einer Civilperson besetzt wird, weil die Besetzung mit einem Militäranwärter mangels einer Bewerbung nicht ausführbar ist, die nächste frei werdende Stelle wiederum mit einer Civilperson besetzt werden darf, Ausf. Anw. Nr. 13.

§ 9. „Die Militäranwärter haben sich um die von ihnen begehrten Stellen bei den Anstellungsbehörden zu bewerben.

Sie sind zu Bewerbungen vor oder nach der Stellenerledigung so lange berechtigt, als sie noch nicht eine etatsmäßige Stelle erlangt und angetreten haben, mit welcher ein pensionsfähiges Diensteinkommen von mindestens 900 Mk. verbunden ist.[1].[2]). Bewerbungen um Stellen, welche nur im Wege des Aufrückens zu erlangen sind, werden jedoch hierdurch nicht ausgeschlossen."

Anm. 1. Nach erfolgter etatsmäßiger Anstellung des Militäranwärters ist der Civilversorgungsschein dem Militäranwärter abzunehmen und zu den Akten zu bringen. Die Anstellungsbehörden haben die Vermittelungsbehörden am Schlusse eines jeden Vierteljahres von den erfolgten Anstellungen durch Zusendung einer Nachweisung zu benachrichtigen. Die Vermittelungsbehörden veranlassen eine entsprechende Bekanntmachung in der Vakanzenliste.

Scheidet der Militäranwärter aus der ihm übertragenen Stelle freiwillig, aber ohne Anspruch auf Pension aus, so ist ihm der Civilversorgungsschein mit einem entsprechenden Vermerke zurückzugeben, Ausf. Anw. Nr. 17.

Ueber die Behandlung des Civilversorgungsscheines im Falle der Eröffnung einer gerichtlichen Untersuchung vgl. Anlage 1 §§ 25 bis 29 der oben abgedruckten Grundsätze.

Anm. 2. Darüber, ob die Stelle eine etatsmäßige, mit pensionsberechtigtem Diensteinkommen verbunden ist oder nicht, werden im allgemeinen Zweifel nicht bestehen, nötigenfalls sind den Anwärtern vor der Anstellung entsprechende Eröffnungen zu machen. Eine etwaige vorläufige und freiwillige Verzichtleistung eines Anwärters auf Pension ändert an der Eigenschaft der Stelle nichts. Min. Erl. v. 19. XI. 1894 (M. Bl. S. 215).

§ 10. „Bewerbungen um noch nicht freigewordene Stellen sind alljährlich zum 1. Dezember zu erneuern, widrigenfalls dieselben als erloschen gelten."[1])

Anm. 1. Bei der Benachrichtigung über die erfolgte Notierung sind die Militäranwärter auf die Bestimmung des § 10 mit dem Bemerken hinzuweisen, daß die Erneuerung behufs Vermeidung des angegebenen Nachteiles alljährlich bis zum 1. Dezember, das erste Mal bis zum 1. Dezember des auf die Notierung folgenden Kalenderjahres, bei der Anstellungsbehörde eingegangen sein muß, Ausf. Anw. Nr. 14.

§ 11. „Stellen, welche mit Militäranwärtern zu besetzen sind, müssen im Falle der Erledigung, und wenn keine Bewerbungen von Militäranwärtern für dieselben vorliegen[1]), seitens der Anstellungsbehörde der zuständigen Militärbehörde behufs der Bekanntmachung mittels Einreichung einer Nachweisung bezeichnet werden.

Ist innerhalb sechs Wochen[2]) nach der Bekanntmachung eine Bewerbung bei der Anstellungsbehörde nicht eingegangen, so hat dieselbe in der Stellenbesetzung freie Hand."

Die Kommunalbehörden haben Verzeichnisse derjenigen Militäranwärter anzulegen, die sich zu den mit Militäranwärtern zu besetzenden Stellen schon vor der Bekanntmachung der Erledigung dieser Stellen gemeldet haben. Bei Besetzung der Stellen ist auf derartige Meldungen — insofern das dienstliche Interesse nicht entgegensteht — thunlichst zu rücksichtigen, Ausf. Anw. Nr. 16. In Ausdehnung dieser Vorschrift und der Verf. 25. XI. 1898 (Min. Bl. 1899 S. 4) werden die Gemeinde- u. s. f. Behörden durch § 11 der Grundsätze für die Zukunft verpflichtet, Verzeichnisse über Bewerbungen von Militäranwärtern um noch nicht erledigte Stellen zu führen, auch darin in einem ersten Abschnitt die Bewerbung von Unteroffizieren nachzuweisen, die mindestens acht Jahre im Heere oder in der Marine aktiv gedient haben und deshalb ein Vorzugsrecht bei der Stellenbesetzung genießen sollen. Innerhalb jeder der hiernach zu bildenden Klassen der civilversorgungsberechtigten Stellenanwärter ist bei der Einberufung die Reihenfolge in der Bewerberliste in Betracht zu ziehen. Die Anstellungsbehörden sind jedoch nicht unbedingt an die Innehaltung der Reihenfolge gebunden, sondern zu Abweichungen innerhalb jeder dieser beiden Anwärterklassen berechtigt, sofern diese Abweichungen nach ihrem pflichtmäßigen Ermessen durch dienstliche Rücksichten bedingt werden. Weiterhin ist aus den den „Grundsätzen" des Bundesrates beigegebenen „Erläuterungen" hervorzuheben, daß bei Besetzung der den Militäranwärtern ausschließlich oder zum Teile vorbehaltenen Stellen, die nur im Wege des Aufrückens erreicht werden können, bei sonst gleichen Voraussetzungen hinsichtlich der Qualifikation ehemalige Militäranwärter hinter anderen Angestellten nicht zurückgesetzt werden dürfen. Endlich verändert sich das in Nr. 16 der Anw. v. 30. IX. 1892 befindliche Verzeichnis der zuständigen Militärbehörden dahin, daß für das V. und XVIII. Armeekorps das Bezirkskommando in Neusalz a. O. bezw. in Fulda kompetent ist. Min. Erl. v. 1. XII. 1899. (M. Bl. Nr. 11 S. 235). Anm. 1.

Vgl. auch Min. Erl. v. 21. X. 1895 (M. Bl. S. 241).

Nach § 12 der Grundsätze „4 Wochen". Anm. 2.

§ 12. „Die den Militäranwärtern vorbehaltenen Stellen dürfen, außer in dem Falle des § 7, mit anderen Personen nicht besetzt werden, sofern sich Militäranwärter finden, welche zur Uebernahme der Stellen befähigt und bereit sind. Es macht dabei keinen Unterschied, ob die Stellen dauernd oder nur zeitweise bestehen, ob mit denselben ein etatsmäßiges Gehalt oder nur eine diätarische oder andere Remuneration verbunden ist, ob die Anstellung auf Lebenszeit, auf Kündigung oder auf Widerruf geschieht.

Zu vorübergehender Beschäftigung als Hilfsarbeiter oder Vertreter können jedoch auch Nichtversorgungsberechtigte angenommen werden.[1]).

In Ansehung derjenigen dienstlichen Verrichtungen, für welche wegen ihres geringen, die volle Zeit und Thätigkeit eines Beamten nicht in Anspruch nehmenden Umfangs und der Geringfügigkeit der damit verbundenen Remuneration besondere Beamte nicht angenommen, welche vielmehr an Privatpersonen, an andere Beamte als Nebenbeschäftigung oder an verabschiedete Beamte übertragen zu werden pflegen, behält es hiermit sein Bewenden. Wenn sich jedoch Militäranwärter ohne Aufforderung zu solchen dienstlichen Verrichtungen melden, so sind dieselben vorzugsweise zu berücksichtigen.

§ 13. Die Anstellungsbehörden sind zur Berücksichtigung von Bewerbungen nur dann verpflichtet, wenn die Bewerber eine genügende Befähigung[1]) für die fragliche Stelle beziehungsweise den fraglichen Dienstzweig nachweisen. Darüber, ob der Bewerber genügende Befähigung besitzt, entscheidet auf Beschwerde die staatliche Aufsichtsbehörde.[2])

Sind für gewisse Dienststellen oder für gewisse Gattungen von Dienststellen besondere Prüfungen (Vorprüfungen)[3]) vorgeschrieben, so hat der Militäranwärter auch diese Prüfungen abzulegen. Auch kann, wenn die Eigentümlichkeit des Dienstzweiges dies erheischt, die Zulassung zu dieser Prüfung oder die Annahme der Bewerbung überhaupt von einer vorgängigen informatorischen[4]) Beschäftigung in dem betreffenden Dienstzweige abhängig gemacht werden, welche in der Regel nicht über drei Monate auszudehnen ist. Ueber die Zulässigkeit einer informatorischen Beschäftigung entscheidet die staatliche Aufsichtsbehörde.

Die Anstellung eines einberufenen Militäranwärters kann zunächst auf Probe erfolgen oder von einer Probedienstleistung abhängig gemacht werden. Die Probezeit darf vorbehaltlich der Abkürzung bei früher nachgewiesener Befähigung in der Regel höchstens sechs Monate, für den Dienst der Straßen- und Wasserbauverwaltung, mit Ausschluß der im § 3 bezeichneten Stellen, ein Jahr betragen. Handelt es sich um Anstellung im Büreau- oder Kassendienst, so kann die Probezeit mit Genehmigung der staatlichen Aufsichtsbehörde unter Zustimmung der zuständigen Militärbehörde ausnahmsweise bis auf die Dauer eines Jahres verlängert werden. Während der Anstellung auf Probe ist dem Anwärter das volle Stelleneinkommen, während der Probedienstleistung eine fortlaufende Remuneration von nicht weniger als Dreiviertel des Stelleneinkommens zu gewähren." [5])

Anm. 1. Die genügende Befähigung im Sinne des § 13 Abs. 1 begreift die ausreichende körperliche und geistige Befähigung in sich. Darüber, ob der Bewerber genügende Befähigung besitzt, entscheidet auf Beschwerde die staatliche Aufsichtsbehörde. Ausf. Anw. Nr. 19.

Anm. 2. Der Umstand, daß die Vorschriften im § 14 der Grundsätze in das Ges. nicht aufgenommen worden sind, darf nicht zu der Annahme führen, daß das Ges. etwa voraussetze, daß die aus Militäranwärtern hervorgegangenen Subaltern- und Unterbeamten im Kommunaldienste besonderen Beschränkungen hinsichtlich des Aufrückens in höhere Stellen unterworfen seien. Es wird vielmehr bei passender Gelegenheit und in geeigneter Weise darauf hinzuwirken sein, daß diesen Beamten Gelegenheit zur Erwerbung der Befähigung für das Aufrücken in höhere Dienststellen geboten wird. Im Uebrigen erscheint es nicht zweifelhaft, daß das Ges. auch in Ansehung der ehemaligen Militäranwärter den Kommunalverbänden freie Hand darin gelassen hat, welche ihrer Subaltern- und Unterbeamten sie in höhere oder besser dotierte Stellen aufrücken lassen wollen. Ausf. Anw. Nr. 20.

Anm. 3. Hat zur Beurteilung der Befähigung eine Prüfung stattgefunden, deren Ergebnis für den Bewerber ungünstig ausgefallen ist, so wird, — wenn keine besonderen Bedenken entgegenstehen — die Entscheidung der Aufsichtsbehörde nur auf der Grundlage des pflichtmäßigen Ermessens der Prüfungsbehörde erfolgen können. Bei den abzulegenden Prüfungen dürfen an die Militäranwärter keine höheren Anforderungen gestellt werden, als an andere Anwärter. Ausf. Anw. Nr. 19.

Stellenanwärter, die sich noch im aktiven Militärdienst befinden, werden auf Veranlassung der Anstellungsbehörde durch die vorgesetzte Militärbehörde für die Dauer der Probezeit bezw. informatorischen Beschäftigung abkommandiert. Ausf. Anw. Nr. 19. Die Annahme darf nur dann von einer informatorischen Beschäftigung abhängig gemacht werden, wenn die Eigentümlichkeit des Dienstzweiges dieses erheischt, nicht aber, wenn andere Rücksichten z. B. finanzielle Interessen der Kommunalverwaltungen, eine solche Beschäftigung wünschenswert erscheinen lassen. Anm. 4.

Für die unteren Stellen des Polizeidienstes ist sie im allgemeinen nicht erforderlich. Min. Erl. v. 31. XII. 1894. (M. Bl. 1895 S. 3.)

Bei informatorischer Beschäftigung haben die Kommunen garnichts zu leisten. Vgl. Best. v. 20. III. 1885 (M. Bl. S. 175), und wegen der Einkommensansprüche einberufener Militäranwärter § 58 der Friedensbesoldungsvorschrift v. 10. III. 1898. Anm. 5.

§ 14. „Welche Subaltern- und Unterbeamtenstellen und, gegebenen Falls, in welcher Anzahl dieselben gemäß den vorstehenden Bestimmungen den Militäranwärtern vorzubehalten sind, hat die Kommunalaufsichtsbehörde festzustellen. [1]). Gegen diese Feststellung ist die Beschwerde zulässig. Stellen, wegen deren eine solche Feststellung noch nicht stattgefunden hat, dürfen, insofern nicht Militäranwärter zur Anstellung gelangen oder das in diesem Gesetze bezüglich der Besetzung der Stellen mit Militäranwärtern vorgeschriebene Verfahren erledigt ist, bis zu der erfolgten Feststellung nur widerruflich besetzt werden. Die Anstellungsverhältnisse der Inhaber von solchen Stellen, welche gemäß den vorstehenden Bestimmungen den Militäranwärtern vorzubehalten, dagegen ohne Verletzung der bisherigen Bestimmungen an Nichtversorgungsberechtigte übertragen worden sind, bleiben hierdurch unberührt. Gleichfalls unberührt bleiben bereits erworbene Ansprüche von Militäranwärtern."

Zum Zwecke der gemäß § 14 des Ges. von der Kommunalaufsichtsbehörde zu treffenden Feststellung, welche Subaltern- und Unterbeamtenstellen und in welcher Anzahl sie den Militäranwärtern vorzubehalten sind, hat die Aufsichtsbehörde erster Instanz von den ihr unterstellten Kommunalbehörden ein nach Klassen (§ 6 Abs. 2 des Ges.) zu ordnendes Verzeichnis der sämtlichen Subaltern- und Unterbeamtenstellen zu erfordern, die am 1. X. 1892, als am Tage des Inkrafttretens des Ges., im Dienste des Kommunalverbandes vorhanden sind. Bei der Einreichung des Verzeichnisses hat die Kommunalbehörde sich darüber zu äußern, ob und bejahendenfalls, welche Stellen in ihrer Verwaltung noch außerdem bestehen, jedoch, weil lediglich auf Grund eines Dienstvertrages zu besetzen, in das Verzeichnis der Subaltern- und Unterbeamtenstellen nicht aufgenommen worden sind. Entstehendenfalls ist bezüglich dieser letzteren Stellen ein zweites Verzeichnis einzureichen. Nach stattgehabter Prüfung der Vorlagen sind sodann die weiteren Anordnungen im Sinne des Ges. zu treffen, Ausf. Anw. Nr. 21. Anm. 1.

Die Kommunalbehörden haben die Verzeichnisse fortzuführen und die eingetretenen Veränderungen den Kommunalaufsichtsbehörden anzuzeigen. Die

Die Fortführung muß in der Art erfolgen, daß aus den Verzeichnissen ersichtlich ist, ob bei Besetzung der Subaltern- und Unterbeamtenstellen des Kommunalverbandes nach den Bestimmungen des Ges. verfahren, insbesondere, ob in den geeigneten Fällen eine Ausgleichung herbeigeführt worden ist.

Die Kommunalaufsichtsbehörden sind verpflichtet, die in ihrem Verwaltungsbezirk für Militäranwärter ermittelten Stellen den zuständigen Militärbehörden auf Erfordern mitzutheilen, Ausf. Anw. Nr. 22.

Uebergangs- und Schlußbestimmungen.

§ 15. „Sind bei dem Inkrafttreten dieses Gesetzes Civilpersonen seit mindestens drei Jahren in Stellen, welche denselben nach dem bisherigen Rechte ohne landesherrliche Verleihung der Berechtigung zu einer Anstellung nicht hätten übertragen werden dürfen, so können die Civilpersonen in diesen Stellen belassen werden. Gehörten diese Stellen zu denjenigen, welche gemäß den Vorschriften des gegenwärtigen Gesetzes den Militäranwärtern teilweise vorbehalten sind, so müssen frei werdende Stellen den Militäranwärtern so lange und in ununterbrochener Reihenfolge übertragen werden, bis der den Militäranwärtern vorbehaltene Teil erfüllt ist.

§ 16. Das gegenwärtige Gesetz tritt am 1. Oktober 1892 in Kraft.

Mit diesem Zeitpunkte treten alle entgegenstehenden Bestimmungen insbesondere die Deklaration wegen Berücksichtigung invalider Militärpersonen bei Besetzung städtischer Posten vom 29. V. 1820 (G. S. S. 79), die Kabinettsordre, betreffend die Besetzung der Kämmereirendanten- und Kommunalkassenrendantenstellen, v. 1. VIII. 1835 (G. S. S. 179) und der Allerhöchste Erlaß, betreffend die Verpflichtung der Stadtgemeinden, in den neu erworbenen Landesteilen zur Besetzung der besoldeten städtischen Unterbedientenstellen mit versorgungsberechtigten Militärinvaliden, v. 22. IX. 1867 (G. G. S. 1667) außer Kraft.

Der Minister des Innern und der Kriegsminister sind mit der Ausführung dieses Gesetzes beauftragt und erlassen die hierzu erforderlichen Anordnungen und Instruktionen."

B. Besondere Vorbedingungen.

§ 3.

Außer den allgemeinen Vorbedingungen der Anstellung gelten bei bestimmten Beamten noch folgende besondere Vorbedingungen:

1) das Nichtvorliegen gewisser gesetzlich aufgestellter Hinderungsgründe,
2) die Wahl und eine damit eventuell verbundene Bestätigung.

Die Bestätigung ist ein Bestandteil des Aufsichtsrechtes und hat sich auf die Frage zu beschränken, ob der Gewählte zu dem Kommunalamte befähigt und geeignet erscheint, ob er den Erfordernissen seiner Stellung als Kommunal- und Staatsbeamter genügen werde.

Das Bestätigungsrecht ist unbeschränkt. Die Bestätigung kann nicht nur wegen mangelnder Qualifikation, sondern auch dann abgelehnt werden, wenn die Wahl unter unzulässigen Bedingungen erfolgt ist. Insbesondere kann auch die Gesetzmäßigkeit des Wahlverfahrens nachgeprüft werden. Eine Prüfung der Befähigung ist nicht ausgeschlossen. Vgl. Art. IX. der Min. Instr. v. 20. VI. 1853 (Min. Bl. S. 138). Doch soll sie gemäß Min. Erl. v. 5. V. 1868 (M. Bl. S. 153) im Wesentlichen nur mit Zustimmung oder auf Antrag des Gewählten erfolgen, um die Bedenken gegen seine Person zu beseitigen. Ebenso setzt die zu diesem Zwecke erfolgende Anordnung einer probeweisen Verwaltung der Stelle die Zustimmung des Gewählten und der kommunalen Vertretung voraus.

Die Bestätigung kann nicht interimistisch erfolgen, sondern muß vorbehaltlos geschehen. Die Aufsichtsbehörde hat nur das Recht, zu bestätigen oder die Bestätigung zu versagen. Versagungsgründe braucht sie nicht anzugeben.

I.

Nach den **Provinzialordnungen** werden der Landesdirektor (Landeshauptmann), die Mitglieder des Landesdirektoriums in Hannover (erster und zweiter Schatzrat) und die ihm zugeordneten oberen Beamten vom Provinziallandtage gewählt und zwar auf sechs bis zwölf Jahre. Der Landesdirektor (Landeshauptmann) bedarf der Bestätigung des Königs. §§ 87, 93, 47 öst. Prov. O. § 87 Hann. Prov. O.

II.

Im Gebiete der **Städteordnungen** gilt folgendes:

a. **gesetzliche Hinderungsgründe** für eine gültige Wahl sind folgende (§ 30 östl. St. O., § 30 Westf. St. O., § 29 Rh. St. O., § 33, H. R. St. O., § 29, Schl. H. St. O., § 26 Frankf. St. O.): „Mitglieder des Magistrats [Rh. Magistratspersonen — (Bürgermeister und Beigeordnete —)] können nicht sein:

1. diejenigen Beamten und die [H. R. vom Staate ernannten] Mitglieder derjenigen Behörden, durch welche die Aufsicht des Staats über die Städte ausgeübt wird (§ 76) [Rh. § 81, H. R. § 87].[1])
2. die Stadtverordneten, ingleichen Gemeinde-Unterbeamte [H. R. desgleichen die Gemeindebeamten, soweit diese nicht besoldete Magistratsmitglieder sind] [Frkf. alle sonstigen Gemeindebeamten] und in Städten über 10 000 Seelen die Gemeindeeinnehmer (§ 56, Nr. 6); [H. R. § 61 Nr. 6 Abs. 4]. [Rh. 2. die Gemeindeunterbeamten].

3. Geistliche,[2]) Kirchendiener[3]) und Lehrer an öffentlichen Schulen;[4])

4. die richterlichen Beamten,[5]) zu denen jedoch die technischen Mitglieder der Handels-, Gewerbe- und ähnlicher Gerichte [Rh. Handelsgerichte und Gewerbegerichte] nicht zu zählen sind;

5. die Beamten der Staatsanwaltschaft;

6. die Polizeibeamten;[6])

Vater, Sohn, Schwiegervater und Schwiegersohn [H. N. Großvater und Enkel] Bruder und Schwäger [Schl. H. offene Handelsgesellschafter] dürfen nicht zugleich Mitglieder des Magistrats [Rh. Magistratspersonen] sein.

Entsteht die Schwägerschaft [Schl. H. oder die Geschäftsassoziation] im Lauf der Wahlperiode, so scheidet dasjenige Mitglied aus, durch welches das Hindernis herbeigeführt worden ist [Schl. H. im anderen Falle das dem Lebensalter nach ältere Mitglied].

Vater und Sohn, Schwiegervater und Schwiegersohn, sowie Brüder dürfen nicht zugleich Mitglieder des Magistrats und der Stadtverordnetenversammlung sein.

(Oe. W. Rh.) Personen, welche die im Ges. v. 7. II. 1835 (G. S. S. 18) bezeichneten Gewerbe treiben, können nicht Bürgermeister sein. [H. N. Personen, welche das Gewerbe der Gast- und Schankwirtschaft betreiben, können nicht Bürgermeister sein. Die Aufsichtsbehörde ist befugt, hiervon Ausnahmen zuzulassen."]

Anm. 1. Das sind der Regierungspräsident, der Oberpräsident der Minister des Innern (Berlin) mit den ihnen beigegebenen Räten und Hilfsarbeitern, sowie die ernannten Mitglieder des Bezirksausschusses und des Provinzialrates, während die gewählten Mitglieder (als Ehrenbeamte) nicht hierher gerechnet werden können. Vgl. Min. Erl. v. 26. VI. 1881 bei v. Brauchitsch Bd. III. S. 41, 42, 12 Aufl. Anderer Meinung ohne Grund Schön S. 204 u. a.

Anm. 2. Geistliche sind nach § 59 II. (11 A. L. R.'s) diejenigen, die bei einer christlichen Kirchengemeinde zum Unterrichte in der Religion, zur Besorgung des Gottesdienstes und zur Verwaltung der Sakramente bestellt sind. Nach evangelischem Kirchenrechte entscheidet die Ordination. Wer ordiniert ist und ein in dem Organismus der ev. Landeskirche eingegliedertes Amt mit Bestätigung und unter Aufsicht der Kirchenbehörden versieht, gehört jedenfalls zu den Geistlichen. Vgl. E. O. V. Bd. XII. S. 133.

Anm. 3. Kirchendiener sind nach § 550 II. 11 A. L. R's. Personen, die zwar zum Dienste der Kirche, aber nur in mechanischen Verrichtungen oder weltlichen Angelegenheiten bestimmt sind, z. B. Küster und niedere Kirchenbediente, wie Organisten, Kantoren, Balgentreter, Totengräber, auch die gegen Gehalt oder Vergütung besonders (nicht im Ehrenamte) angestellten Kirchenrendanten, E. O. V. Bd. XVII. S. 124.

Anm. 4. Sowohl an den Elementar- wie den höheren Schulen.

Zu den richterlichen Beamten gehören nicht die Mitglieder der Gewerbe-, Handels-, Schiedsgerichte, auch nicht Rechtsanwälte und Notaren. Die letzteren können zum Bürgermeister und Syndikus gewählt werden, müssen sich nach Min. Erl. v. 22. III. 1842 (M. Bl. S. 54) jedoch verpflichten, weder für noch gegen Einwohner der Stadt Prozesse zu führen. Diese Bedingung muß die vorgesetzte Justizbehörde genehmigen. Anm. 5.

Zu den Polizeibeamten gehört auch der Landrat als Polizeiaufsichtsinstanz, desgl. der Kreissekretär als sein gesetzlicher Vertreter (E. O. V. Bd. XIII S. 78) und der Kreisdeputierte, wenn er zu der Zeit, wo die Wahl erfolgt, den Landrat vertritt (E. O. V. Bd. XXV S. 20); desgl. die Eisenbahnpolizeibeamten (E. O. V. Bd. XVI S. 73). Anm. 6.

Die bezeichneten Gewerbe sind der Kleinhandel mit Getränken, die Gast- und Schankwirtschaft, überhaupt die gewerbsmäßige Verabreichung von zubereiteten Speisen oder Getränken zum Genusse auf der Stelle gegen Bezahlung. Anm. 7.

Die Hann. St. O. bestimmt in §§ 49, 50 hierüber:

§ 49. „Ausgeschlossen von der Wahl zum Magistratsmitgliede sind diejenigen, welche

noch nicht 25 Jahre alt sind, in väterlicher Gewalt, unter Kuratel oder in Kost oder Lohn eines anderen stehen,

in Konkurs befangen sind, öffentliche Armenunterstützung erhalten oder im letzten Jahr erhalten haben, bis diese erstattet ist,

zu einer schweren Strafe verurteilt oder nach sonstigen gesetzlichen Bestimmungen zu öffentlichen Aemtern unfähig sind,

oder endlich wegen eines nach der öffentlichen Meinung entehrenden Verbrechens oder Vergehens bestraft worden, oder in Untersuchung gewesen sind, ohne außer Verfolgung gesetzt oder völlig freigesprochen zu sein."

§ 50. „Der Eintritt in den Magistrat wird durch Verwandtschaft oder Verschwägerung in den beiden ersten Graden nach civilrechtlicher Berechnung gehindert.

Dasselbe gilt hinsichtlich des Kämmerers.

Sind dergleichen Verwandte oder Verschwägerte zugleich gewählt, so ist derjenige allein zugelassen, welcher die meisten Stimmen hat. Bei gleicher Stimmenzahl entscheidet das Los. Eine nach Uebernahme der Stelle eingetretene Verschwägerung schließt jedoch nicht aus."

b. Bezüglich der **Wahl** und **Bestätigung** gilt folgendes:

α. Ueber die **Zusammensetzung des Gemeindevorstandes** § 29 öst. St. O., § 29 W. St. O., § 32 H. N. St. O., § 28 Rh. St. O.

„Der Magistrat besteht aus dem Bürgermeister [H. N. welcher in den Städten Kassel, Hanau, Marburg und Fulda, wie bisher, den Titel Oberbürgermeister führt], einem [H. N. oder mehreren] Beigeordneten oder zweiten Bürgermeister als dessen Stellvertreter, einer Anzahl von Schöffen (Stadträten, Ratsherren, Ratsmännern, und wo das Bedürfnis es erfordert, noch aus einem oder mehreren besoldeten Mitgliedern (Syndikus, Kämmerer,

Schulrat, Baurat rc.). Es gehören zum Magistrat in Stadtgemeinden von weniger als 2 500 Einwohnern 2 Schöffen

2 501—10 000	„	4 „
10 001—30 000	„	6 „

[W. Bei mehr als 30 000 Einwohnern treten für jede weiteren 20 000 Einwohner zwei Schöffen hinzu].

Oe. H. N.	30 001—60 000	Einwohnern	8 Schöffen
	60 001—100 000	„	10 „

Oe. Bei mehr als 100 000 Einwohnern treten für jede weiteren 50 000 Einwohner 2 Schöffen hinzu.

Oe. W. Wo die Zahl der Mitglieder des Magistrats bisher eine andere gewesen ist, verbleibt es bei dieser Zahl, bis durch statutarische Anordnung, welcher überhaupt abweichende Festsetzungen über die Zahl der Magistratsmitglieder vorbehalten werden, eine Aenderung getroffen ist.

[H. N. Durch statutarische Anordnung können abweichende Festsetzungen über die Zahl der Schöffen getroffen werden."]

[R. § 28. „Neben dem Bürgermeister sind zwei oder wo es das Bedürfnis erfordert, mehrere Beigeordnete zu wählen. Die Beigeordneten sind bestimmt, einzelne Amtsgeschäfte, welche der Bürgermeister ihnen aufträgt, zu besorgen, und diesen in Verhinderungsfällen und während der Erledigung des Amtes nach der mit Genehmigung des Regierungspräsidenten, von der Stadtverordneten-Versammlung festzusetzenden Reihenfolge zu vertreten."]

Hannov. St. O. § 39. „Der Magistrat bildet ein Kollegium und besteht aus einem Bürgermeister, zwei oder mehreren Senatoren und aus etwa durch das Ortsstatut zu bestimmenden sonstigen Mitgliedern."

Schl. H. St. O. § 28. „Der Magistrat bildet ein Kollegium und besteht aus dem Bürgermeister (oder Oberbürgermeister) einem Beigeordneten (oder zweiten Bürgermeister) als dessen regelmäßigen Stellvertreter, und aus mehreren Ratsverwandten (Stadträten, Ratsherren, Senatoren) über deren Zahl, Titel und etwaige Funktionen (Syndikus, Kämmerer) für jede Stadt in dem Ortsstatute das Nähere bestimmt wird. Das Amt des Beigeordneten kann von einem Ratsverwandten mit versehen werden. Ein Teil der Stellen der Ratsverwandten, ebenso die Stelle des Beigeordneten kann nach Festsetzung des Statuts besoldet sein, auch können für unbesoldete Magistratsämter festbestimmte Entschädigungen für Dienstunkosten im Statut ausgesetzt werden."

Frankf. St. O. § 38. „Der Magistrat besteht aus einem ersten Bürgermeister, einem zweiten (Beigeordneten) Bürgermeister als dessen Stellvertreter und soviel teils unbesoldeten, teils besoldeten Stadträten, wie die Stadtverordneten-Versammlung bei ihrem ersten Zusammentreten nach Verkündigung dieses Gesetzes mit Genehmigung der Regierung beschließen wird. Der so gefaßte Beschluß kann demnächst nur durch statutarische Anordnung abgeändert werden."

β. Ueber die **Wahl** gilt folgendes:

(§§ 31 östl. westl. St. O., § 30 Schl. H., § 30 Rh. St. O., § 34 H. N.).

„Der Beigeordnete und die Schöffen (§ 29) [Schl. H. die unbesoldeten Magistratsmitglieder] werden auf sechs Jahre, der [Schl. H. erste] Bürgermeister und die übrigen Magistratsmitglieder dagegen auf zwölf Jahre von der Stadtverordnetenversammlung gewählt. Auch können Beigeordnete mit Besoldung angestellt werden, [Rh. durch Beschluß der Stadtverordnetenversammlung] und erfolgt in diesem Falle deren Wahl gleichfalls auf 12 Jahre."

[H. N. § 34. „Der Bürgermeister und die Beigeordneten werden von der Stadtverordnetenversammlung und den unbesoldeten Mitgliedern des Magistrats in gemeinsamer Sitzung unter Leitung des Stadtverordnetenvorstehers (§ 41) auf zwölf, unbesoldete Beigeordnete auf sechs Jahre gewählt, die Wahlversammlung ist beschlußfähig, wenn mehr als die Hälfte der Wahlberechtigten anwesend ist."]

„Die übrigen besoldeten Magistratsmitglieder werden von der Stadtverordnetenversammlung auf zwölf, die Schöffen auf sechs Jahre gewählt."

(Oe. W. H. N.) „Alle drei Jahre [Sch. H. 30 in bestimmten Zeiträumen] scheidet die Hälfte der Schöffen [Schl. H. 30 ein Teil der unbesoldeten Ratsverwandten] aus und wird durch neue Wahlen ersetzt; [H. N. der Magistrat durch neue Wahlen ergänzt]. Die das erste Mal Ausscheidenden werden durch das Los bestimmt. Die Ausscheidenden können wieder gewählt werden. Wegen der außergewöhnlichen Ersatzwahlen kommt die Bestimmung § 21 zur Anwendung."

„Die Wahl der besoldeten Bürgermeister und Magistratsmitglieder kann auch auf Lebenszeit erfolgen."

[Rh. § 30. „Der Bürgermeister wird auf 12 Jahre, die Beigeordneten dagegen auf sechs Jahre von der Stadtverordneten-Versammlung gewählt. Auch können Beigeordnete durch Beschluß der Stadtverordneten-Versammlung mit Besoldung angestellt werden. Ihre Wahl erfolgt in diesem Falle auf zwölf Jahre."

„Die Wahl des Bürgermeisters und der besoldeten Beigeordneten kann auch auf Lebenszeit erfolgen."]

Hann. St. O. § 44. „Die Mitglieder des Magistrats werden auf Lebenszeit gewählt."

§ 53. „Die Magistratsmitglieder werden von den vorhandenen Magistratspersonen und einer gleichen Anzahl Bürgervorsteher in vereinigter Versammlung durch absolute Stimmenmehrheit erwählt."

§ 56. „Die Wahl des Stadtsekretärs, des Kämmerers, sowie der technischen Beamten geschieht nach den Vorschriften des § 53."

Frankf. St. O. § 41. „Der zweite Bürgermeister und die besoldeten Stadträte werden auf 12, die unbesoldeten auf 6 Jahre von der Stadtverordnetenversammlung gewählt. Alle 3 Jahre scheidet die Hälfte der unbesoldeten Stadträte aus und wird durch neue Wahlen ersetzt. Die das erste Mal Ausscheidenden werden durch das Los bestimmt. Die Ausscheidenden können wieder gewählt werden. Wegen der außergewöhnlichen Ersatzwahlen kommen die Bestimmungen im § 31 zur Anwendung."

W. St. O. § 55. Rh. St. O. § 52. „Der Gemeindeeinnehmer wird von den Stadtverordneten gewählt . . ."

„Die Wahl bedarf der Genehmigung der Aufsichtsbehörde."

γ. Ueber die **Bestätigung** gelten folgende Bestimmungen: (§§ 33 Oe. W. St. O., § 32 Rh. St. O., § 36 Hess. N. St. O.): „Die gewählten Bürgermeister, Beigeordneten [Oe. W. Schöffen und] besoldeten Magistratsmitglieder bedürfen der Bestätigung.[1]) Die Bestätigung steht zu:

1. dem Könige[2]) hinsichtlich der Bürgermeister und Beigeordneten in Städten von mehr als 10 000 Einwohnern.[3])
2. dem Regierungspräsidenten[4]) hinsichtlich der Bürgermeister und Beigeordneten in Städten, welche nicht über 10 000 Einwohnern haben, sowie hinsichtlich der Schöffen und der besoldeten Magistratsmitglieder in allen Städten ohne Unterschied der Größe.

[Rh. § 32, Schl. Hol. § 32. Die gewählten Bürgermeister und Beigeordneten bedürfen der Bestätigung. Die Bestätigung steht zu:

1. dem Könige in Städten von mehr als 10 000 Einwohnern;
2. dem Regierungspräsidenten in Städten, welche nicht über 10 000 Einwohner haben.]

Die Bestätigung[5]) kann von dem Regierungspräsidenten nur unter Zustimmung des Bezirksausschusses versagt werden. Lehnt der Bezirksausschuß die Zustimmung ab, so kann sie auf den Antrag des Regierungspräsidenten durch den Minister des Innern ergänzt werden.[5])

Wird die Bestätigung vom Regierungspräsidenten unter Zustimmung des Bezirksausschusses versagt, so kann sie auf den Antrag des Magistrats oder der Stadtverordneten-Versammlung von dem Minister des Innern erteilt werden.

Wird die Bestätigung von dem Regierungspräsidenten unter Zustimmung des Bezirksausschusses[5]) versagt, so schreitet die Stadtverordneten-Versammlung [H. N. Wahlversammlung] zu einer neuen Wahl. Wird auch diese Wahl nicht bestätigt, so ist der Regierungspräsident berechtigt, die Stelle einstweilen auf Kosten der Stadt kommissarisch verwalten zu lassen.

Dasselbe findet statt, wenn die Stadtverordneten [H. N. Wahlversammlung] die Wahl verweigern oder den nach der ersten Wahl nicht Bestätigten wieder erwählen sollten.

Die kommissarische Verwaltung dauert so lange, bis die Wahl der

Stadtverordneten-Versammlung [H. N. Wahlversammlung], deren wiederholte Vornahme ihr jederzeit zusteht, die Bestätigung (Oe. W. des Königs, beziehungsweise) des Regierungspräsidenten erlangt hat."

1) Für Staatsbeamte ist zur Uebernahme eines besoldeten oder unbesoldeten Kommunalamtes die Genehmigung der vorgesetzten Behörde erforderlich, St. M. B. v. III. 1851 (M. Bl. S. 109), die jederzeit zurückgezogen werden kann, Min. Erl. v. 23. IV. 1864 (M. Bl. S. 138). Anm. 1.

2) Bei der Wahl eines Gerichtsassessors zum Magistratsmitgliede soll vor der Bestätigung bei dem zuständigen Oberlandesgerichtspräsidenten angefragt werden, ob seiner Entlassung aus dem Justizdienste Bedenken entgegenstehen.

Die landesherrliche Entscheidung über Bestätigung oder Nichtbestätigung ist stets auch dann einzuholen, wenn der Regierungspräsident den Gewählten zur Bestätigung nicht für geeignet erachtet. Min. Erl. v. 12. III. 1860. (M. Bl. S. 71). Anm. 2.

Die servisberechtigten Militärpersonen des aktiven Dienststandes zählen hierbei nicht mit. M. Bl. 1872 S. 75. Anm. 3.

Zust. Ges. § 1 Abs. 1. In Berlin steht das Bestätigungsrecht hinsichtlich der Schöffen und der besoldeten Magistratsmitglieder dem Oberpräsidenten zu. §§ 42, 43, L. V. G.'s. Anm. 4.

Zust. Ges. § 13 Abs. 2, 3. Der in Berlin zuständige Oberpräsident bedarf zur Versagung keiner Zustimmung des Bezirksausschusses. L. V. G. §§ 42, 43, Anm. 5.

In Hannover ist die Bestätigung (§ 54 St. O.) wie in den alten Provinzen geregelt und zwar durch Erl. v. 8. V. 1867 (G. S. S. 728).

Nach der Frankf. St. O. ernennt der König den ersten Bürgermeister auf 12 Jahre; der zweite wird gewählt und unterliegt seiner Bestätigung, die übrigen Mitglieder des Magistrats bedürfen keiner Bestätigung (§§ 40 ff.).

In Neuvorpommern und Rügen wird der Bürgermeister in Gemäßheit des Schwedischen Patents v. 8. II. 1811 vom König auf Lebenszeit ernannt (Ges. v. 31. V. 1853 G. S. S. 291).

III.

Im Gebiet der Landgemeindeordnungen gilt folgendes:

§ 74 östl. L. G. § 74 Sch. H. § 45 H. N. „An der Spitze der Verwaltung der Landgemeinde steht (Oe. L. 9) der Gemeindevorsteher (Schulze, Scholze, Richter, Dorfrichter) [Sch. H. der Gemeindevorsteher (Lehnsmann)] [H. N. der Bürgermeister].

Dem Gemeindevorsteher [H. N. Bürgermeister] stehen zwei Schöffen (Schöppen, Gerichtsmänner, Gerichts- oder Dorfgeschworene) [Schl. H. steht ein Stellvertreter] [H. N. stehen zwei Schöffen] zur Seite, welche ihn in den Amtsgeschäften zu unterstützen und in den Behinderungsfällen zu vertreten haben."

§ 75 Oe. u. Schl. H. „Der Gemeindevorsteher und die Schöffen [Schl. H. die Stellvertreter] werden von der Gemeindeversammlung (Gemeindevertretung) aus der Zahl der Gemeindeglieder auf sechs Jahre gewählt. Nach dreijähriger Amtsdauer kann der Gemeindevorsteher auf weitere neun Jahre gewählt werden.

In Gemeinden mit mehr als 3000 Einwohnern [Schl. H. 2000 Einwohnern und in den Koogsgemeinden des Kreises Tondern] kann die Gemeindevertretung die Anstellung eines besoldeten Gemeindevorstehers beschließen. Die Wahl desselben erfolgt auf die Dauer von 12 Jahren und ist nicht beschränkt auf die Gemeindeglieder. Vater und Sohn, sowie Brüder dürfen nicht gleichzeitig Gemeindevorsteher und Schöffen (Sch. H. Stellvertreter) sein."

H. N. L. G. § 46. „Der Bürgermeister und die Schöffen werden von der Gemeindeversammlung (Gemeindevertretung) gewählt. Im Gemeinden mit kollegialischem Gemeindevorstande werden der Bürgermeister und der Beigeordnete von dem Gemeinderate und der Gemeindevertretung in gemeinschaftlicher Sitzung gewählt. In letzterem Falle ist die Versammlung beschlußfähig, wenn mehr als die Hälfte der Wahlberechtigten anwesend ist. In beiden Fällen beschränkt sich die Wahl auf Gemeindeglieder.

In Landgemeinden mit mehr als 1200 Einwohnern kann die Gemeindevertretung die Wahl eines besoldeten Bürgermeisters beschließen. Die Wahl erfolgt alsdann auf die Dauer von 12 Jahren und ist nicht auf Gemeindeglieder beschränkt.

Im übrigen wird der Bürgermeister auf acht Jahre gewählt. Der Beigeordnete und die Schöffen werden auf die Dauer von sechs Jahren gewählt.

Vater und Sohn, Schwiegervater und Schwiegersohn, Großvater und Enkel, Brüder und Schwäger dürfen nicht gleichzeitig Bürgermeister. Beigeordneter und Schöffen sein. Die Aufsichtsbehörde ist befugt, hiervon Ausnahmen zuzulassen.

Entsteht die Schwägerschaft im Lauf der Wahlperiode, so scheidet derjenige aus, durch welchen das Hindernis herbeigeführt worden ist.

Das Amt eines Beigeordneten und Schöffen ist mit einem besoldeten Gemeindeamt unvereinbar.

Personen, welche das Gewerbe der Gast- und Schankwirtschaft betreiben, können nicht Bürgermeister sein. Die Aufsichtsbehörde ist befugt, hiervon Ausnahmen zuzulassen."

§ 84 Oe., § 84 Schl. H., § 55 H. N. L. G. O. „Die gewählten Gemeindevorsteher und Schöffen [Schl. H. und Stellvertreter] [H. N. die gewählten Bürgermeister und Beigeordneten, sowie die Schöffen in denjenigen Landgemeinden, in denen ein kollegialischer Gemeindevorstand nicht besteht] bedürfen der Bestätigung durch den Landrat.

(Oe. Schl. H.) Vor der Bestätigung ist der Amtsvorsteher (Distriktskommissar) mit seinem Gutachten zu hören.

(Oe. Schl. H., H. N.) Die Bestätigung kann nur unter Zustimmung des

Kreisausschusses versagt werden. Dieser Zustimmung bedarf es auch dann, wenn der Wahl die Bestätigung wegen formaler Mängel des Verfahrens versagt wird."

Eine Wahl kommt auch bei den nach der östl. L. G., Schl. H. L. G. und Hess. Nass. L. G. gebildeten Zweckverbänden vor. K. L. G. §§ 128 ff. östl., Schl. H. L. G. §§ 100 ff. Hess. Nass. L. G.

Oe. § 132. Schl. H. § 132, H. N. § 104. „Das Statut muß enthalten:

. . . .

5. eine Bestimmung über die Wahl oder die sonstige Art der Berufung des Verbandsvorstehers, sowie über die Vertretung des Verbandes nach außen."

§ 133. (§ 105 H. N.) „Verbandsvorsteher können nur solche Personen sein, bei welchem die Voraussetzungen zur Uebernahme des Amtes als Gemeinde [H. N. Bürgermeister] oder Gutsvorsteher vorliegen."

§ 134. (§ 106. H. N.) „Die Wahl des Verbandsvorstehers bedarf, wenn der Gewählte nicht zugleich Gemeinde-, Guts- und Amtsvorsteher [H. N. Bürgermeister oder Gutsvorsteher] ist, der Bestätigung durch den Landrat unter sinngemäßer Anwendung der Bestimmungen des § 84 des Gesetzes [H. N. nach Maßgabe des § 55.]

Wird gegen die Gültigkeit der Wahl eines Verbandsvorstehers, welcher nach der vorstehenden Bestimmung einer besonderen Bestätigung nicht bedarf, Einspruch erhoben, so entscheidet hierüber die Versammlung der Verbandsmitglieder. Gegen den Beschluß findet die Klage im Verwaltungsstreitverfahren statt."

Hannov. L. G. § 22. „In jeder Gemeinde muß ein Vorsteher und ein Beigeordneter zu seiner Unterstützung und Vertretung sein.

Größere Gemeinden können mehrere Vorsteher und Beigeordnete haben.

Vorsteher und Beigeordnete sind Gemeindebeamte."

§ 25. „Nicht wählbar zu Gemeindebeamten sind solche Personen, welche die oben unter § 8[1]) Nr. 2 als Bedingungen des Stimmrechts Nichtansässiger angegebenen Eigenschaften nicht sämtlich besitzen oder sonst nach gesetzlicher Bestimmung zu öffentlichen Aemtern unfähig sind.

Jedoch können Pächter und Verwalter, welchen in Vertretung der betreffenden Güter ein Stimmrecht in der Gemeinde zusteht, mit Genehmigung der Obrigkeit auch ohne Wohnrecht in der Gemeinde zu Gemeindebeamten gewählt werden."

Anm. 1. Nach § 8 Nr. 2 gelten als stimmberechtigt alle Männer, die in der Gemeinde wohnberechtigt sind und in ihr einen eigenen Haushalt führen, sofern sie nicht zu schweren Strafen verurteilt, sonst unbescholten und selbständig sind.

Die Wahl der Gemeindebeamten steht nach § 22 Hann. Verf. G. v. 5. IX. 1848 der Gemeindeversammlung zu. Die Wahl der Gemeindebeamten ist nach § 22 zu bestätigen. Die Bestätigung steht nach § 31 der Hann. Kr. O. dem Landrate zu, kann jedoch nur unter Zustimmung des Kreisausschusses versagt werden.

Rh. L. G. § 72 (ersetzt durch Art. 20 des Ges. v. 15. V. 1856.) (§ 23 Kr. O.) „Der Gemeindevorsteher und dessen Stellvertreter (Beistand), sowie die Bezirks-, Dorf- oder Bauerschaftsvorsteher werden von dem Gemeinderate aus der Zahl der zur Ausübung des Stimmrechts befähigten Gemeindemitglieder auf die Dauer von sechs Jahren durch absolute Stimmenmehrheit gewählt. Der Vorsteher muß im Gemeindebezirke wohnen und die zu seinen Geschäften nötigen Kenntnisse besitzen.

Die Wahlen erfolgen nach näherer Vorschrift des der Kreisordnung für die Rheinprovinz beigefügten Wahlreglements.

Die Gewählten bedürfen der Bestätigung durch den Landrat.

Vor der Bestätigung ist der Bürgermeister mit seinem Gutachten zu hören.

Die Bestätigung kann unter Zustimmung des Kreisausschusses versagt werden.

Wird die Bestätigung versagt, so ist eine Neuwahl anzuordnen. Erhält auch diese die Bestätigung nicht, so ernennt der Landrat auf den Vorschlag des Bürgermeisters unter Zustimmung des Kreisausschusses einen Stellvertreter auf so lange, bis eine erneute Wahl die Bestätigung erlangt hat. Dasselbe findet statt, wenn keine Wahl zustande kommt.

Für Verhinderungsfälle des Gemeindevorstehers wird in gleicher Weise ein Stellvertreter (Beistand) gewählt, welcher dieselben Eigenschaften besitzen muß."

§ 78. „So weit zum Dienst der Gemeinden Unterbeamte und Diener erforderlich sind, werden diese, wenn sie zu bloß mechanischen] Dienstleistungen bestimmt sind, von dem Bürgermeister, nachdem der Gemeinderat mit seiner Erklärung über die Würdigkeit des Anzustellenden gutachtlich gehört worden ist, ernannt, sonst aber von dem Gemeinderat gewählt." [1])

Anm. 1. Rh. Kr. O. § 26. „Die Bestimmungen des § 23 — § 72 L. G. O. — finden bezüglich der Wahl und Bestätigung auch auf die Unterbeamten der Gemeiden, soweit deren Ernennung dem Landrat zustand, sowie auf die Unterbeamten der Landbürgermeistereien mit der Maßgabe Anwendnng, daß die Wahl der letzteren durch die Bürgermeistereiversammlung zu vollziehen ist."

§ 104. „Die Unterbeamten und Diener der Bürgermeisterei werden von der Bürgermeisterei-Versammlung gewählt. Besteht die Bürgermeisterei nur aus einer Gemeinde, so verbleibt es bei den Bestimmungen des § 78, welche auch im Uebrigen für die Wahl und Bestätigung der Unterbeamten und Diener der Bürgermeisterei, beziehungsweise für die Art und Weise ihrer Anstellung Geltung finden."

Westf. L. G. O. § 38. (In der Fassung des § 25 der Westf. K. O.) „Die Wahl des Vorstehers und dessen Stellvertreters erfolgt aus der Zahl der stimmberechtigten Gemeindemitglieder durch die Gemeinde-Versammlung auf sechs Jahre. Nach dreijähriger Dienstzeit kann der Gemeindevorsteher durch die Gemeinde-Versammlung auf zwölf Jahre gewählt werden. Die Wahl bedarf der Bestätigung durch den Landrat, welche nur unter Zustimmung des Kreisausschusses versagt werden kann. Wird die Bestätigung derselben versagt, so schreitet die Gemeinde-Versammlung zu einer neuen Wahl; wird auch diese nicht bestätigt, so ernennt der Landrat unter Zustimmung des Kreisausschusses einen Stellvertreter auf so lange, bis eine erneute Wahl die Bestätigung erlangt hat. Dasselbe findet statt, wenn keine Wahl zustande kommt.

Die Gemeindevorsteher und dessen Stellvertreter werden von dem Landrat oder in seinem Auftrage von dem Amtmann vereidigt."

§ 39. [1]) „Vorsteher können nicht sein:

1. die von der Staatsregierung ernannten Mitglieder der Aufsichtsbehörde;
2. Geistliche und Lehrer an öffentlichen Schulen;
3. die Mitglieder des Richterstandes und die Beamten der Staatsanwaltschaft;
4. die Polizeibeamten;
5. die zum stehenden Heere und die zu den Landwehrstämmen gehörenden Personen;
6. Personen, welche die in dem Gesetze vom 7. Februar 1835 (G. S. S. 18) bezeichneten Gewerbe betreiben."

(Vgl. d. entsprechenden Anm. zu den Bestimmungen d. St. O. oben S. 34.) Anm. 1.

§ 43. (In der Fassung des § 25 der Westf. Kr. O.) „Insoweit zum Dienste der Gemeinde Unterbeamte und Diener erforderlich sind, werden diese, wenn sie bloß zu mechanischen Dienstleistungen bestimmt sind, von dem Amtmann ernannt.

Ueber die Würdigkeit der anzustellenden Personen ist die Gemeindeversammlung zuvor mit ihrer Erklärung zu hören.

Auf andere Beamte der Landgemeinden finden die Bestimmungen wegen der Wahl und Bestätigung des Gemeindevorstehers (§ 38) Anwendung." [1])

Auch auf den Gemeindeerheber nach § 44 Abs. 3. Anm. 1.

§ 73. „Wegen der zum Dienste des Amts erforderlichen Unterbeamten und Diener und wegen des Amtseinnehmers finden die resp. Bestimmungen der §§ 43 und 44 Anwendung."

IV.

Die **Kreisordnungen** beschränken sich darauf, daß der Kreistag die Einrichtung von Kreisämtern, Zahl und Besoldung der Kreisbeamten zu beschließen und die Beamten des Kreises zu ernennen hat. (§§ 116 Nr. 7 und § 134 Nr. 3 der östl. Kr. O. und die entsprechenden Bestimmungen der übrigen Kreisordnungen.)

V.

Sämtliche **Polizeibeamte** und die **Feld- und Forsthüter** (mit Ausnahme der Ehrenfeldhüter) bedürfen der Bestätigung, die bei städtischen dem Regierungspräsidenten, bei ländlichen dem Landrate zusteht. § 4 Abs. 2 des Ges. v. 11. III. 1850 über die Polizeiverwaltung (G. S. S. 265), § 4 der Vd. v. 20. IX. 1867 (G. S. S. 1529), § 62 des Feld- und Forstpolizeiges. v. 1. IV. 1880 (G. S. S. 230).

Eine Ausnahme bildet § 89 Abs. 2 der Schl. H. St. O.: „Diejenigen von der Gemeinde anzustellenden Polizeibeamten, welche nur zu mechanischen Dienstleistungen verwendet werden, bedürfen die Bestätigung der Regierung nicht."

Die **Forstbeamten** werden gewählt. Der **Bestätigung** bedürfen sie nur: a) im Gebiete der durch § 23 Ziffer 2 K. B. G. aufrecht erhaltenen Verord. betr. die Verwaltung der den Gemeinden und öffentlichen Anstalten gehörigen Forsten in den Provinzen Westfalen, Cleve, Berg und Niederrhein v. 24. XII. 1816. (G. S. 1817. S. 57).

Die §§ 2, 3, 4, 6, 7 der Vd. lauten:

„§ 2[1] Den Gemeinden und öffentlichen Anstalten werden, Kraft dieser Verordnung, ihre Forstländereien zur eigenen Verwaltung überlassen. Sie sind jedoch dabei eben so, als bei der Verwaltung der übrigen Gemeindegüter, in höherer Instanz der Oberaufsicht der Regierungen unterworfen und müssen sich nach den Anweisungen derselben wegen eines regelmäßigen Betriebes und der vorteilhaftesten Benutzungsart genau richten. In der Regel sind die Forstländereien auch fernerhin dieser Bestimmung zu widmen. Wenn die Gemeinden, Korporationen oder öffentlichen Anstalten aber die Verwandlung ihres Forstlandes in Acker und Wiese für zuträglicher als die Benutzung zur Holzerziehung halten, so haben sie den deshalb gefaßten Beschluß mit Darstellung der rechtfertigenden Gründe der vorgesetzten Kreisbehörde bekannt zu machen, welche hierauf die Prüfung desselben vorzunehmen und die Entscheidung hierüber bei der betreffenden Regierung zu veranlassen hat.

Nähere Bestimmungen über die Verwaltung selbst.

§ 3. Die Gemeinden und öffentlichen Anstalten sind verpflichtet, die in ihrem Besitz befindlichen Forstländereien

1. nach den von der Regierung genehmigten Etats zu bewirtschaften;
2. solche Wälder und beträchtliche Holzungen, die nach ihrer Beschaffenheit und Umfang zu einer forstmäßigen Bewirtschaftung geeignet sind, durch gehörig ausgebildete Forstbediente administrieren zu lassen; auch können sie
3. außerordentliche Holzschläge, Rodungen und Veräußerungen nur mit Genehmigung der Regierung vornehmen.

Oberaufsichtsrecht der Regierungen.

§ 4. Die Oberaufsicht, welche die Regierungen über diese Güter und deren Verwaltung zu führen haben, ist zum Ressort der ersten Abteilung derselben gehörig. Sie beschränkt sich im Wesentlichen darauf, daß die Forsten, gleich jeder anderen Gattung des Gemeindevermögens, den öffentlichen Zwecken des Gemeinwesens erhalten und weder durch unwirtschaftliche Verwaltung zerstört oder sonst verschleudert, noch mit Hintenansetzung des fortwährenden Besten der Korporation und zum Vorteile einzelner Mitglieder oder Klassen derselben verwendet werden. Nach diesen Rücksichten haben sie daher auch die von den Gemeinden einzureichenden Forstetats und deren Anträge auf außerordentliche Holzschläge und Rodungen oder anderweitige Dispositionen über die Substanz selbst durch Sachverständige prüfen zu lassen und nach deren Befinden darüber zu bestimmen.

Bestimmung, ob zur zweckmäßigen Verwaltung die Anstellung eigener Forstbedienten notwendig ist.

§ 6. Ganz vorzüglich aber werden sie, mit Hinsicht auf Oertlichkeit und die individuelle Beschaffenheit der Kommunal- und Institutswaldungen, bestimmen, ob zu deren dem im § 4 angedeuteten Zwecke entsprechenden Bewirtschaftung die Anstellung eines eigenen Forstbedienten unumgänglich erforderlich sei, oder ob solche eben so gut und zweckmäßig durch die Gemeindeglieder ausgeführt oder nach den Wünschen der Gemeinden und öffentlichen Anstalten gegen eine angemessene Remuneration einem benachbarten Königlichen Forstoffizianten übertragen werden könne. Wenn die Regierung die Annahme eines eigenen gehörig ausgebildeten Forstbedienten nach den Umständen notwendig findet, so steht den Gemeinden und öffentlichen Anstalten die Wahl eines qualifizierten Sachverständigen zu. Sie haben aber dabei vorzugsweise auf die bisher schon angestellt gewesenen Forstbedienten, die zur Versorgung bestimmten Subjekte des Jägerkorps und die mit Versorgungsansprüchen entlassenen freiwilligen Jäger, wenn solche übrigens die erforderlichen Eigenschaften dazu besitzen, Rücksicht zu nehmen. Die gewählten Subjekte sind der Regierung vorzustellen, deren erste Abteilung ihre Prüfung durch Sachverständige zu veranstalten und sie, wenn sie tüchtig und geschickt befunden worden, als Kommunal- oder Institutsbeamte zu bestätigen hat, worauf solche in den ihnen übertragenen Posten eingewiesen werden können.

§ 7. Den Gemeinden und öffentlichen Anstalten liegt im Allgemeinen ob, die gegenwärtig ausschließlich bei ihren Waldungen angestellten Offizianten anderweit zu versorgen oder zu pensionieren, in sofern solche zu dem einen oder andern individuell geeignet befunden werden. Dahingegen teilt sich diese Verbindlichkeit pro rata zwischen dem Staate und den betreffenden Korporationen in Rücksicht derjenigen Forstbedienten, welche bisher für landesherrliche und Kommunalwaldungen zugleich angestellt waren, vorausgesetzt, daß ihre Tüchtigkeit zur Wiederanstellung, oder ihre Berechtigung zum Pensionsgenuß nachgewiesen und anerkannt worden."

b) Im Geltungsbereiche des weiter unten abgedruckten Ges. v. 12. X. 1897 (G. S. S. 411), betr. die Forstschutzbeamten im Reg. Bezirke Wiesbaden. Vgl. § 4 das.

C. Die Anstellung.

I. Allgemeine Bestimmungen.

§ 4.

a. Anstellung und Anstellungsurkunde.

§ 1 des K. B. G.'s lautet:

„**Als Kommunalbeamter im Sinne dieses Gesetzes**[1]) **gilt, wer als Beamter für den Dienst eines Kommunalverbandes (§§ 8 bis 22) gegen Besoldung angestellt ist. Die Anstellung erfolgt durch Aushändigung einer Anstellungsurkunde.**" [2—6])

Anm. 1. Ueber den Begriff des Kommunalbeamten im Sinne dieses Gesetzes vgl. oben § 1.

Anm. 2. 1. Der Begriff der „**Anstellung als Beamter**" ist, da feste gesetzlich bestimmte Merkmale hierfür nicht vorhanden waren, von der Rechtsprechung — insbesondere der des O. V. G.'s (O. V. Bd. XVIII S. 55) und des R. G. (E. in Zivils. Bd. XXXVII S. 225) — verschieden ausgelegt worden. Insbesondere hat das R. G. eine vom O. V. G. nicht geteilte Ansicht vertreten, daß sich die Anstellung auch stillschweigend, gegen den Willen der Beteiligten, vollziehen könne. Um der sich hieraus ergebenden Rechtsunsicherheit entgegenzutreten, hat das K. B. G. im Einklange mit dem Rechte der Reichsbeamten (vgl. § 4 des Reichsbeamtenges. v. 31. III. 1873 als Begriffsmerkmal zur unzweideutigen Feststellung des auf Anstellung gehenden Willens der Beteiligten die **Aushändigung** einer **Anstellungsurkunde** aufgestellt. Es hat somit an die Uebergabe der Anstellungsurkunde konstitutive Wirkung für die Anstellung der Kommunalbeamten geknüpft und damit die Annahme einer stillschweigenden, aus konkludenten Handlungen hergeleiteten Anstellung für die Zukunft ausgeschlossen. Vgl. Begr. zu §§ 1 und 2.

Die A. A. Art. I Nr. 2 bemerkt hierzu:

„Nach § 1 Satz 2 erfolgt die Anstellung der Kommunalbeamten fortan durch Aushändigung einer Anstellungsurkunde. Durch diese Fassung ist zum Ausdrucke gebracht, daß die Aushändigung der Anstellungsurkunde der die Beamteneigenschaft begründende formale Akt sein soll, sodaß es in Zukunft ausgeschlossen sein soll, diese Eigenschaft aus irgend welchen anderen Momenten, etwa aus der Art oder der Dauer der Beschäftigung, aus der Vereidigung u. s. f. zu folgern. Von besonderer Wichtigkeit wird das durch das Erfordernis der Anstellungsurkunde eingeführte wesentliche Unterscheidungsmerkmal für diejenigen Gruppen von Kommunalbediensteten werden, welche, wie die Funktionäre städtischer Betriebsverwaltungen, schon nach der bisherigen Praxis teils im Wege des privatrechtlichen Vertrages, teils in dem des öffentlich-rechtlichen Beamtenkontraktes angenommen zu werden pflegten."

2. Die Vorschrift in Satz 2 des § 1 bezieht sich aber nur auf die vom Tage des Inkrafttretens des Ges. ab anzustellenden Beamten, nicht auf die gegenwärtig im Dienst befindlichen. Unzweifelhaft wird aber eine Neuregelung (Neuanstellung) der Rechtsverhältnisse auch dieser Beamten nach dem 31. III. 1900 erfolgen können. Auch die A. A. glaubt in Ziffer 6 Art. 1 den Weg der Vereinbarung zur Lösung etwaiger Schwierigkeiten empfehlen zu müssen:

„Ihrem Wortlaut nach kann der Vorschrift des § 1 Satz 2 eine rückwirkende Kraft nicht beigelegt werden. Aus dieser Vorschrift kann demnach zur Entscheidung der Fragen, ob einer oder der andere der bereits vor Inkrafttreten des Ges. angenommenen Kommunalbediensteten als Beamter anzusehen und daher gemäß Satz 1 des § 1 der Wohlthaten der §§ 3 bis 6, 12 bis 15 teilhaftig zu machen sei, nichts entnommen werden. Wohl aber erscheint es angezeigt, gelegentlich der Einführung des Ges. Zweifel über die rechtliche Eigenschaft solcher Kommunalbediensteter im Wege der Vereinbarung zu erledigen. In diesem Sinne wird insbesondere auf die Magistrate (Bürgermeister) von Stadtgemeinden und im Bedürfnisfall auch auf die Vorstände sonstiger Kommunalverbände einzuwirken sein."

1. Darüber, **in welchem Umfange** von einem Kommunalverbande **Beamte anzustellen** sind und inwieweit er berechtigt ist, im Wege des Privatdienstvertrages die erforderlichen Kräfte anzunehmen, enthält das Ges. keine Bestimmung. Anm. 3.

Die Praxis der Verwaltungsbehörden und der Verwaltungsgerichte hat für das Kommunalbeamtenrecht als leitenden Grundsatz festgehalten, daß obrigkeitliche Funktionen ausschließlich von Beamten ausgeübt werden müssen, daß aber die Kommunen nicht verpflichtet sind, die zu technischen, wissenschaftlichen, künstlerischen oder die zu mechanischen Dienstleistungen benötigten Kräfte im Wege des öffentlichen Beamtenkontraktes anzustellen. (O. V. Bd. XX. S. 126, XXII. S. 67, XXVII. S. 431, Oertel, Kommentar zur Städteordnung, 3. Aufl. S. 393). Auch darin hat die Praxis nicht geschwankt, daß bei Beschäftigungsverhältnissen, die von vornherein zeitlich oder sachlich begrenzt, oder die auf Probe oder zur Vorbereitung eingegangen sind, dem Anstellungsverbande die Berechtigung zusteht, den Weg der privatrechtlichen Annahme statt desjenigen der Beamtenanstellung zu wählen, vorausgesetzt, daß obrigkeitliche Funktionen bei den zu übertragenden Geschäften nicht in Betracht kommen.

An diesen Grundsätzen ist um so mehr festzuhalten, als eine entgegengesetzte Stellungnahme der Bewegungsfreiheit der Kommunalverbände, insbesondere auf dem wichtigen Gebiete der kommunalen Betriebsverwaltungen, Fesseln anlegen würde, die ihre Konkurrenzfähigkeit gegenüber privaten Unternehmungen schädigen könnten.

Andererseits darf die hier gewährte Freiheit nicht zum Nachteil der Beamtenanwärter in der Richtung mißbraucht werden, daß denselben eine größere Zahl eigentlicher Beamtenstellen durch übermäßige Ausdehnung etwa der aushilfsweise eingegangenen privatrechtlichen Beschäftigungsverhältnisse entzogen würden. Um der letzteren Gefahr vorzubeugen, bedarf es indessen eines besonderen Rechtssatzes nicht, da die allgemeinen Vollmachten der Kommunalaufsichtsbehörden dazu hinreichen, die Neubegründung und ordnungsmäßige Besetzung von Beamtenstellen, welche sich im Organismus der Kommunalverwaltung als erforderlich ergeben, herbeizuführen. (Vgl. Begr. zu § 1.)

2. In Uebereinstimmung hiermit bemerkt die A. A. Art. I Nr. 5:

„In dieser Beziehung wird an dem bisher geltenden Grundsatze festzuhalten sein, daß obrigkeitliche Funktionen ausschließlich von Beamten ausgeübt werden müssen, daß aber die Kommunalverbände nicht verpflichtet sind, die nicht mit solchen Funktionen auszustattenden, besonders zu technischen, wissenschaftlichen, künstlerischen oder zu mechanischen Dienstleistnngen benötigten Kräfte im Wege des öffentlich-rechtlichen Beamtenkontrakts anzustellen. Hiernach bleibt es den Verbänden namentlich unverwehrt, die im Arbeiterverhältnis stehenden und die ausschließlich in Betriebsverwaltungen beschäftigten, nicht mit obrigkeitlichen Funktionen ausgestatteten Personen im Wege der civilrechtlichen Dienstmiete anzunehmen. So werden für die Dienste in städtischen Theatern, Museen, Badeetablissements, Gasanstalten, Schlachthöfen im allgemeinen Nichtbeamte angenommen werden können, während im einzelnen einem Schlachthofvorsteher, welchem die Befugnis zum Erlaß polizeilicher Verfügungen (z. B. betreffs der Verweisung minderwertigen Fleisches auf die Freibank) übertragen werden soll, Beamteneigenschaft eingeräumt werden muß. Zu den mechanischen, auch von Nichtbeamten wahrnehmbaren Dienstleistungen werden die Funktionen von Pförtnern, Dienern, Kopisten, Arbeitern und anderen ähnlich beschäftigten Personen unbedenklich gerechnet werden können. Auch werden solche Beschäftigungsarten, welche von vornherein zeitlich oder sachlich begrenzt — z. B. die Bearbeitung einer kommunalen Entwässerungsanstalt u. s. f. —, oder welche auf Probe oder zur Vorbereitung übertragen werden, nicht dem Beamten vorzubehalten, sondern zur privatrechtlichen Regelung freizugeben sein, sofern bei den betreffenden Geschäften obrigkeitliche Funktionen nicht in Betracht kommen.

Was die zulässigen Einwirkungen der Aufsichtsbehörden zur Herbeiführung einer den vorstehenden Ausführungen gemäßen Amtsorganisation in den Kommunalverbänden betrifft, so ist zunächst für das gesamte Gebiet der Ortspolizeiverwaltung an der durch das Polizeiges. v. 11. III. 1850 (Bd. v. 20. IX. 1867, Lauenb. Ges. v. 7. I. 1870) begründeten staatlichen Organisationsbefugnis festzuhalten. Aber auch darüber hinaus bleibt es Recht und Pflicht der Aufsichtsbehörde, die Wahrnehmung obrigkeitlicher Funktionen durch Beamte — nötigenfalls im Wege des Zwanges — durchzusetzen. In der Berechtigung der Aufsichtsbehörde zu denjenigen Maßregeln, welche erforderlich sind, um die Verwaltung in dem ordnungsmäßigen Gange zu erhalten, und in der weiteren durch § 11 festgestellten Berechtigung zur Regulierung unzulänglicher Beamtenbesoldungen ist weiterhin die Befugnis enthalten, auch für solche Funktionen, welche zwar nicht obrigkeitlicher Natur sind, aber aus organisatorischen Gründen von besoldeten Beamten wahrgenommen werden müssen, die Anstellung solcher zu verlangen. Hiernach wird es der Aufsichtsbehörde zustehen, zur Verwaltung umfangreicher, verantwortlicher und ständiger Sekretärsgeschäfte in einem größeren Kommunalverbande, welche bisher in unzulänglicher Weise durch Privatschreiber des mit einem Dienstunkostenpauschsatze bedachten Bürgermeisters versehen worden sind, die Anstellung eines besoldeten Büreaubeamten zu verlangen."

Die letzten beiden Sätze der A. A. hält Freytag S. 32 wohl nicht mit Unrecht für bedenklich. Erst die Rechtsprechung wird festzustellen haben, ob das Aufsichtsrecht in so ausgedehntem Maße gegeben ist.

3. Darüber, inwieweit es sich im gegebenen Falle um obrigkeitliche Funktionen handelt, d. h. um solche, die in die Verfassung des Staates organisch eingreifen und Zwecke zu erfüllen haben, die in direkten Beziehungen zu den Staatsaufgaben stehen (E. O. V. Bd. XX. S. 39), entscheiden zunächst die Kommunalbehörden selbst, dann die Aufsichtsbehörde und event. das O. V. G., wenn es sich um Anfechtung von Zwangsetatisierungen handelt.

4. Das Verhältnis der durch privatrechtlichen Dienstvertrag für den Kommunaldienst angenommenen Personen ist in Ermangelung anderweiter Vereinbarungen nach §§ 611—630 des B. G. B.'s zu beurteilen.

Anm. 4. Was die **Form der Anstellungsurkunden** anbelangt, so ist es erwünscht, daß sie, sofern es nicht schon anderweitig geschehen ist, durch das die Beamtenverhältnisse des Kommunalverbandes ordnende Ortsstatut (für die Provinz durch Reglement) festgestellt werde. Bei Erlaß und Genehmigung solcher genereller Bestimmungen werden die im folgenden Abs. aufgeführten Momente zu beachten sein.

Jedenfalls wird die Form möglichst einfach zu gestalten und so zu fassen sein, daß über den Beamtencharakter des Anzustellenden kein Zweifel obwalten kann.

Neben diesem wesentlichen Bestandteil der Anstellungsurkunden wird die Aufnahme der beobachteten Bestellungsformalitäten, der Anstellungsdauer, der Amtskompetenzen und etwaiger besonderer Verabredungen sich empfehlen. Hiernach würden die Anstellungsurkunden für einen städtischen Polizei-Inspektor und einen städtischen Büreau-Assistenten etwa so zu lauten haben:

a. Nach Vernehmung der Stadtverordneten-Versammlung und nach Bestätigung durch den Königlichen Regierungspräsidenten zu N. werden Sie hierdurch zum Polizei-Inspektor für die Stadtgemeinde X. und damit zum städtischen Beamten auf Lebenszeit ernannt.

Als Gehalt wird Ihnen ein Jahresbetrag von . . . . ℳ und Dienstkleidung nach Maßgabe des Reglements vom . . . . gewährt.

X., am . . . .

Der Magistrat.

b. Nach Vernehmung der Stadtverordneten-Versammlung werden Sie hierdurch zum Büreau-Assistenten in der Stadt X. mit Beamteneigenschaft ernannt. Ihre Anstellung erfolgt unter dem Vorbehalt dreimonatlicher Kündigung nach Maßgabe des Ortsstatus vom . . . .

Als Gehalt haben sie einen Jahresbetrag von . . . . . . zu beziehen.

X., am . . . .

Der Magistrat.

Die Regierungs-Präsidenten werden zu erwägen haben, ob es sich empfiehlt, für die ihrer Aufsicht unterstellten Kommunalverbände Muster von Anstellungsurkunden der einzelnen Beamtenkategorien zu erlassen, und im Bedürfnisfalle das Geeignete selbst oder — hinsichtlich der ländlichen Kommunalverbände — durch die Königlichen Landräte zu veranlassen haben. A. A. Art. I Nr. 3.

Der **Aushändigung der Anstellungsurkunde** wird als der einzigen und ausschließlichen Form der Anstellung künftig nicht nur seitens der Beamten, sondern auch seitens der Aufsichtsbehörden eine besondere Aufmerksamkeit zugewendet werden müssen. Anm. 5.

Die A. A. Art. I Nr. 4 sagt hierüber:

„Die Vorschrift des § 1 Satz 2 bezieht sich auf alle, vom Inkrafttreten des Ges. an anzustellenden besoldeten und nicht bloß im Nebenamt thätigen Beamten der unter 1b genannten Kommunalverbände, also auf gewählte und ernannte, obere und untere Beamte. Mit Rücksicht auf diese große praktische Bedeutung der Vorschrift und auf den Umstand, daß die erfahrungsmäßige Abneigung einzelner Gemeindebehörden in kleineren Stadt- oder Landgemeinden gegen schriftliche Aufzeichnungen zu schweren Schädigungen von Personen führen könnte, welche als Inhaber von Amtsstellen Anstellungsurkunden nicht erhalten haben, wird es nicht den anzustellenden Beamten allein überlassen werden dürfen, die Aushändigung solcher Urkunden zu betreiben. Vielmehr wird es erforderlich sein, daß die Regierungs-Präsidenten bezw. Landräte für die ihrer Aufsicht unterstehenden kleineren Kommunalverbände je nach Bedürfnis eine periodische oder Einzelkontrolle der korrekten Handhabung dieser gesetzlichen Vorschrift einrichten und überall dort, wo sie einen Inhaber einer Amtsstelle ohne Anstellungsurkunde finden, die Aushändigung einer solchen — gegebenen Falls mit den Zwangsmitteln des § 132 des L. V. G's. über die allgemeine Landesverwaltung herbeiführen.

Eine Klage auf Anstellung ist nicht gegeben. Gelangt ein ordnungsmäßig zu Stande gekommener Beschluß über Anstellung nicht zur Ausführung, so ist dagegen nur die Beschwerde im Aufsichtswege zulässig. Dasselbe findet im Falle der Versäumung der Aushändigung der Anstellungsurkunde statt.

Anm. 6. **Die Bestimmungen des § 1 finden, wie die allgemeinen Bestimmungen des K. B. G. überhaupt, auf alle Kommunalbeamten im Sinne des Ges. Anwendung, somit auch auf Kreiskommunal-Provinzialbeamte und insbesondere auch auf die im § 14 genannten Mitglieder der städtischen Gemeindevorstände.** Die von Ledermann S. 41 u. 87, Freytag S. 35, Jebens S. 70 vertretene Ansicht, daß die allgemeinen Bestimmungen des Ges. bei den letzteren, soweit Anstellung und Besoldung in Betracht kämen, nicht zur Anwendung gelangten, weil § 14 hinsichtlich ihrer die bestehenden Bestimmungen aufrecht erhalte, findet weder in der Begründung, noch in der A. A. eine Stütze. Es heißt in der Begr. S. 11:

„In engen Grenzen behandelt der Gesetzentwurf die Rechtsverhältnisse der dem Gemeindevorstand angehörenden Beamten in Stadtgemeinden, deren er, abgesehen von den allgemeinen Bestimmungen, nur bei der Einführung der Hinterbliebenenversorgung gedenkt."

Die A. A. sagt in Art. I Nr. 1c letzter Abs.:

„Während mit den aus dem Vorstehenden sich ergebenden Maßgaben die allgemeinen Bestimmungen des Ges. alle Beamtenkategorien der in demselben erwähnten Kommunalverbände betreffen, nehmen innerhalb der mit § 8 beginnenden besonderen Bestimmungen einzelne Beamtenklassen wiederum eine Sonderstellung ein; hierher gehören insbesondere aus dem Kreise der städtischen Beamten die Mitglieder des kollegialischen Gemeindevorstandes (Magistrats) sowie in Städten ohne kollegialischen Gemeindevorstand die Bürgermeister und deren Stellvertreter (Zweite Bürgermeister, Beigeordnete), auf deren Rechtsverhältnisse die besonderen Bestimmungen über städtische Beamte (§§ 8—17) nur im Umfange der §§ 14—17 Anwendung finden. Die übrigen Verschiedenheiten in der Behandlung einzelner Beamtenkategorien im Rahmen der besonderen Bestimmungen ergeben sich aus §§ 19 23, 25 Nr. 2"

und ferner in Art. I Ziffer 4:

„Die Vorschrift des § 1 Satz 2 bezieht sich auf alle, vom Inkrafttreten des Ges. an anzustellenden besoldeten und nicht bloß im Nebenamt thätigen Beamten der unter 1b genannten Kommunalverbände, also auf gewählte und ernannte, obere und untere Beamte."

Hieraus, insbesondere aus den Worten der A. A., dürfte deutlich erhellen, daß der § 14 K. B. G. nur eine Sonderstellung der städtischen Gemeindevorstände im Rahmen der über Beamte der Stadtgemeinden handelnden §§ 8—17 schaffen will. Die Anstellungsverhältnisse der Gemeindevorstände sind ihrem Entstehungsgrunde nach andere, wie die der übrigen Beamten der Stadtgemeinde nach § 8. Ihre Besoldungsverhältnisse (die Fragen, wer von ihnen und in welcher Höhe er zu besolden ist, wer bei dieser Festsetzung mitzusprechen hat) sind andere, wie die im § 11 geregelten der übrigen Beamten der Stadtgemeinden. Daher bedurfte es der besonderen Bestimmung des § 14. Hingegen stehen weder mit diesen Anstellungs-, noch mit den Besoldungsverhältnissen die allgemeinen Bestimmungen der §§ 1 und 3 (Gehaltszahlung) im Widerspruch. Die äußerlich die Anstellung unzweifelhaft erkennbar machende Aushändigung der Anstellungsurkunde ist durch § 14 nicht beseitigt, da sie etwas anderes ist, als der dort gemeinte Entstehungsgrund der Anstellung (wohl im Gegensatz zu dem Anstellungsbeschlusse).

Ebensowenig ist die nur einen Zahlungsmodus darstellende Bestimmung des § 3 über vierteljährliche Vorauszahlung des Gehaltes durch § 14, der nur die Festsetzung der Besoldungen meint, beseitigt.

Es wäre auch kein Grund abzusehen, weshalb gerade die Beamten des § 14 so ganz anders gestellt sein sollten, wie die übrigen Kommunalbeamten des Ges., zumal hinsichtlich der ihnen, was Anstellungsgrund und Besoldung betrifft, nahestehenden Provinzialbeamten die allgemeinen Bestimmungen nach § 22 unbeschränkt Anwendung finden.

Wenn Ledermann S. 87 meint, der im § 22 enthaltene Zusatz: „unbeschadet der allgemeinen Bestimmungen dieses Ges." hätte auch zu dem § 14 hinzugefügt werden müssen, wenn bei diesem die allgemeinen Bestimmungen gelten sollten, so ist dem entgegenzuhalten, daß an sich allgemeine Bestimmungen eines Ges. auch dem besonderen Teile gegenüber Anwendung finden, soweit ihre Anwendbarkeit nicht ausdrücklich ausgeschlossen ist, oder mit den Sonderbestimmungen im Widerspruche steht.

Der im § 22 gemachte Zusatz erscheint demnach als ein superfluum, welches nur der größeren Deutlichkeit halber hinzugefügt worden ist.

Auch die im § 14 genannten Beamten müssen mithin eine Anstellungsurkunde erhalten. Es wird Sache von Reglements, bezw. Statuten sein, zweifelsfrei die Person zu bezeichnen, die die Urkunde zu vollziehen hat. Vgl. M. Bl. 1869 S. 125.

b. Anstellung auf Probe.

§ 2 des K. B. G.'s lautet:

§ 2. „Die Rechtsverhältnisse der auf Probe, zu vorübergehenden Dienstleistungen oder zur Vorbereitung angestellten Kommunalbeamten unterliegen den Bestimmungen dieses Gesetzes nur insoweit, als dies ausdrücklich vorgesehen ist.[1]) Die Anstellung auch dieser Beamten erfolgt nach § 1 Satz 2.

Auf Personen, welche ein Kommunalamt nur als Nebenamt oder als Nebenthätigkeit ausüben oder ein Kommunalamt führen, das seiner Art oder seinem Umfange nach nur als eine Nebenthätigkeit anzusehen ist, findet dieses Gesetz keine Anwendung."[2])

1. Die Kommunalverbände **können** den auf Probe, zu vorübergehenden Dienstleistungen oder zur Vorbereitung angenommenen Personen die Eigenschaft von Kommunalbeamten geben. Dies kann jedoch nur durch Aushändigung einer Anstellungsurkunde geschehen. Sonst bleiben sie rein civilrechtlich angenommene Personen. Anm. 1.

Findet hingegen eine Anstellung statt, so gewährt das Ges. diesen beamteten Probisten (A. A. Art. I Ziffer 1c Abs. 2, Begr. zu §§ 1 und 2 letzter Abs.) zwar nicht die wichtigeren Beamtenansprüche, wie Pensionsrecht, Reliktenversorgung, Gnadenkompetenzen, wohl aber nach ausdrücklicher Vorschrift der betreffenden §§ die Anwendung der Bestimmungen über Verfolgung vermögensrechtlicher Ansprüche hinsichtlich der Zuständigkeit (§ 7) und über Reisekostenentschädigungen (§ 6); hinsichtlich der städtischen und ihnen gleichgestellten (§§ 19, 21) Probisten regelt § 10 im besonderen die Annahmebedingungen. (Vgl. das Nähere unten im § 5.)

In allen übrigen Beziehungen, insbesondere auch für das Gebiet des § 3 (vierteljährliche Vorauszahlung des Gehaltes) bleiben auch die beamteten Probisten von der Anwendung des Ges. ausgeschlossen. (Begr. S. 15).

2. In welchem Umfange Probisten als Beamte anzustellen sind oder nicht, ist den Kommunalverbänden überlassen.

Anm. 2. Vgl. über den Ausschluß der nebenamtlichen Beschäftigung von den Bestimmungen des Ges. oben § 1.

Die Worte: „oder ein Kommunalamt führen, das seiner Art oder seinem Umfange nach nur als eine Nebenthätigkeit anzusehen ist“, sind im Abg. H. der größeren Deutlichkeit wegen zugefügt worden, um erkenntlich zu machen, daß nicht nur diejenigen, die neben dem Kommunalamte ein Hauptamt führten oder einen Hauptberuf ausübten, sondern daß auch diejenigen, bei denen dies nicht der Fall ist, hinsichtlich ihrer als nur nebenbei und vorübergehend zu erachtenden kommunalen Beschäftigung nicht unter die Bestimmung des Abs. 2 des § 2 fielen. (Sten. Ber. Abg. H. S. 2406).

II. Besondere Bestimmungen über Anstellung.

§ 5.

1. für städtische Beamte.

(§§ 8, (16), 9, 10, 14, 17 des K. B. G's.)

a. § 8 lautet:

„Beamte der Stadtgemeinden.*)

§ 8. Die Anstellung der städtischen Beamten erfolgt, unbeschadet der Vorschriften in §§ 9 und 10, auf Lebenszeit. [1)—4)]

Für die Beamten der städtischen Betriebsverwaltungen findet Absatz 1 nur insoweit Anwendung, als die Stadtgemeinden dies beschließen.[5)]. Welche Verwaltungszweige zu den städtischen Betriebsverwaltungen zu rechnen sind, kann durch Ortsstatut festgesetzt werden. [6)—7)].

Anm. 1. Die Vorschriften der bestehenden Städteordnungen über die Anstellung der Gemeindebeamten, zu welchen Beamten jedoch in diesem Zusammenhange die Mitglieder der Magistrate und in den Städten ohne kollegialisch gebildeten Gemeindevorstand die Bürgermeister und deren Stellvertreter nicht gehören, weichen vielfach von einander ab, ohne daß innere Gründe hierfür erkennbar wären.

Gemäß § 56 Nr. 6 der östl. St. O. erfolgt die Anstellung der be=

---

*) Was unter Stadtgemeinden im Sinne des Ges. zu verstehen ist sagt § 16 des K. B. G.'s:

„Stadtgemeinden im Sinne dieses Gesetzes sind diejenigen Städte, welche nach einer Städteordnung verwaltet werden, einschließlich der im § 1 Abs. 2 der Städteordnung für die sechs östlichen Provinzen vom 30. Mai 1853 (Ges. Samml. S. 261) und der in § 94 ff. des Gesetzes, betreffend die Verfassung und Verwaltung der Städte und Flecken in der Provinz Schleswig-Holstein vom 14. IV. 1869 (Ges. Samml. S. 589), erwähnten Ortschaften und Flecken.“

Unter Städteordnungen im Sinne des § 16 sind sämtliche städtischen Gemeindeverfassungsgesetze zu verstehen.

regten Gemeindebeamten auf Lebenszeit, sofern es sich nicht um vorübergehende oder mechanische Dienstleistungen handelt.

Das Ges., betr. die Verfassung der Städte in Neuvorpommern und Rügen, v. 31. V. 1853 (G. S. S. 291) bestimmt im § 5 über die Besetzung erledigter Bürgermeisterstellen, überläßt dagegen die Regelung der Anstellung der sonstigen städtischen Beamten den Stadtrezessen.

Der Vorschrift im § 56 Nr. 6 a. a. O. entspricht diejenige im § 56 Nr. 6 der Westf. St. O., und diejenige im § 63 Nr. 6 des Gemeindeverfassungsges. für die Stadt Frankfurt a. M. v. 25. III. 1867 (G. S. S. 401).

Dagegen ist gemäß § 53 Nr. 6 der Rh. St. O. die Anstellung der Gemeindebeamten auf Lebenszeit den Beschlüssen der städtischen Behörden überlassen. Wie die Entstehungsgeschichte der St. O. erkennen läßt, beruht diese abweichende Bestimmung vornehmlich auf der in der Rheinprovinz in dieser Beziehung bis dahin bestandenen Uebung (Sten. Ber. Abg. H. 1856 S. 867 ff.).

Laut § 45 der Hann. St. O. werden die Stadtsekretäre und der Kämmerer auf Lebenszeit ernannt, indessen können für kleinere Städte Ausnahmen im Ortsstatute zugelassen werden. Das Dienstverhältnis der technischen Beamten ist durch das Ortsstatut zu regeln. Die sonstigen Dienstuntergebenen sind auf Lebenszeit, jedoch unter Vorbehalt der Dienstkündigung anzustellen, worüber das Nähere gleichfalls dem Ortsstatute vorbehalten ist.

Nach § 75 der Schl. H. St. O. werden von den städtischen Unterbeamten der Stadtkassierer und die sonstigen im Ortsstatute näher zu bezeichnenden, mit wichtigen Angelegenheiten betrauten städtischen Beamten auf Lebenszeit angestellt. „Die übrigen Unterbeamten werden für die wichtigeren, im Ortsstatute näher zu bezeichnenden Posten auf Lebenszeit für vorübergehende oder untergeordnete Dienstleistungen auf Kündigung angestellt.“ Dasselbe ist Rechtens im Kreise Herzogtum Lauenburg gemäß dem dort geltenden Ges., betr. die Verfassung und Verwaltung der Städte und Flecken, v. 16. XII. 1870 (Wochenbl. S. 521).

Die H. N. St. O. hat in § 61 Nr. 6 den Grundsatz lebenslänglicher Anstellung der nicht dem Magistrate angehörenden Gemeindebeamten dadurch wesentlich gemildert, daß sie sonstige Abweichungen sowohl im Wege des Ortsstatutes, als auch im Einzelfalle mit Genehmigung der Aufsichtsbehörde zuläßt, während sie für die Beamten städtischer Betriebsverwaltungen eine lebenslängliche Anstellung überhaupt nur insoweit vorsieht, als die Stadtgemeinden dies ausdrücklich beschließen.

Das K. B. G. hat im Anschlusse an die letztere Vorschrift einen Ausgleich des bisherigen Rechtszustandes darin gefunden, daß zwar grundsätzlich die Anstellung auf Lebenszeit festgesetzt, indes dieser Grundsatz in einer dem Bedürfnis entsprechenden Weise eingeschränkt wird. Während die nur zu mechanischen Dienstleistungen bestimmten Beamten von dem Grundsatze der Anstellung auf Lebenszeit an sich nicht ausgeschossen werden, wird den Gemeinden die Möglichkeit geboten, sowohl diese wie auch andere Beamte kündbar anzustellen.

Die A. A. Art. III Nr. 1 sagt hierüber folgendes:

„Mit den §§ 8 ff. bezweckt das Ges. bei grundsätzlicher Festhaltung des in dem größten Teile der Monarchie heute geltenden Prinzips der lebenslänglichen Anstellung städtischer Beamten doch die Möglichkeit zu eröffnen, den Kreis der kündbar anzustellenden Beamten über die Schranken der für die östlichen Provinzen, für die Provinz Westfalen und die Stadt Frankfurt a. M. erlassenen Städteordnungen hinaus zu erweitern, soweit dies das Bedürfnis der Städte nach freierer Beweglichkeit verlangt. Während in dem bezeichneten Teile des Staatsgebiets bisher nur die zu vorübergehenden oder zu mechanischen Dienstleistungen bestimmten Beamten auf Kündigung angestellt werden durften, will das Ges., welches die erstere Beamtengruppe unter besondere Bestimmungen (§§ 2, 10) stellt, den Gemeinden die Berechtigung verleihen, neben den mechanischen noch andere Funktionen des Amtsorganismus durch kündbare Beamte versehen zu lassen. In dem hiernach veränderten Umfange soll das Anstellungsprinzip der angeführten Städteordnungen fortan allgemein zur Geltung gelangen."

Anm. 2. Welche gesetzlich zulässigen Abweichungen von dem Grundsatze der Anstellung auf Lebenszeit möglich sind, bestimmen die §§ 9 und 10. (Siehe das Nähere unten unter b.)

Die Bestimmung des § 8 bezieht sich nicht auf im § 14 genannte Magistratsmitglieder bezw. Bürgermeister und deren Stellvertreter. Für diese kommen die nach den bestehenden Bestimmungen maßgebenden Vorschriften (vgl. unter c.) in Betracht. § 8 bezieht sich ferner nicht auf Probisten (§ 2) und städtische Gemeindeforstbeamte.

Anm. 3. Eine Altersgrenze ist für die lebenslängliche Anstellung nicht vorgeschrieben. Es ist Sache der nach § 9 zugelassenen, die Abweichungen vom Grundsatze lebenslänglicher Anstellung enthaltenden Ortsstatute, eventuell eine Altersgrenze einzuführen, vor deren Erreichung die Gemeinden eine Anstellung auf Lebenszeit nicht vorzunehmen brauchen. Vgl. Begr. S. 18 des Kom. Ber. des H. H. S. 9 f.

Anm. 4. Auf diejenigen, die überhaupt nicht als „Beamte" von den Stadtgemeinden angestellt zu werden brauchen, bezieht sich der § 8 selbstverständlich nicht.

Anm. 5. Der im Abs. 1 aufgestellte Grundsatz der lebenslänglichen Anstellung gilt nicht für die **Beamten der städtischen Betriebsverwaltungen.** Hier ist umgekehrt die Anstellung „nicht auf Lebenszeit" die Regel. Die Anstellung auf Lebenszeit bildet die Ausnahme, sie erfolgt nur soweit, als die Stadtgemeinden dies beschließen, wozu indessen ein gewöhnlicher Gemeindebeschluß genügt, der in jedem Einzelfalle für einen einzelnen Beamten einer bestimmten Betriebsverwaltung gefaßt werden kann.

Diese besondere Behandlung der Beamten der Betriebsverwaltungen ist geschehen, weil die Möglichkeit, auch solche Beamte in Gemäßheit des § 9 Abs. 1 durch ortsstatutarische Bestimmung von der Anstellung auf Lebenszeit auszuschließen, dem Bedürfnisse bei der oft plötzlichen Entwickelung von Betriebsverwaltungen nicht genüge. Es sei vielmehr eine Notwendigkeit, die gesamte Beamtenschaft der Betriebsverwaltungen von dem Grundsatze der Anstellung auf Lebenszeit schon im Ges. selbst auszunehmen. Es liege das auch im Interesse der Beamten selbst, da die Gemeinden weit leichter bereit sein würden, sie an Stelle rein civilrechtlicher Annahme als Beamte anzustellen, wenn die Kündbarkeit von vornherein gesetzlich festgelegt sei. Vgl. Komm. Ber. H. H. S. 12.

Das Verhältnis der Betriebsbeamten zur Stadtgemeinde kann daher ein dreifaches sein: entweder werden sie als Beamte überhaupt nicht, sondern im Wege des Dienstvertrages angenommen, oder sie werden als Beamte und zwar entweder auf Lebenszeit oder auf Kündigung bezw. auf Zeit angestellt.

Anm. 6. Ueber den **Begriff der städtischen Betriebsverwaltungen** gingen in der Kommission die Meinungen sehr auseinander.

Man fügte deshalb, indem man von einer gesetzlichen Regelung des Begriffes selbst absah, dem Abs. 2 den zweiten Satz hinzu. (Komm. Ber. S. 12 und 13), insbesondere um durch die fakultative ortsstatutarische, der Genehmigung der Aufsichtsbehörde bedürfende (vgl. unten Anm. zu § 17) Festlegung des Begriffes der Betriebsverwaltung den Gerichten gegenüber die Grundlage der Anstellung verbindlich zu machen.

Der Kommissionsbericht giebt auf Seite 13ff. eine auch für die Zukunft wertvolle Ausführung über den Begriff der Betriebsverwaltung.

„Eine zutreffende Begrenzung des Kreises der Betriebsverwaltungen wird nicht vom Worte „Betrieb" ausgehen können, da dieses, wie die Ausdrücke „Schulbetrieb, Anstaltsbetrieb" u. a. m. zeigen, an sich vieldeutig ist. Auf den entscheidenden Gesichtspunkt wird man vielmehr nur gelangen, wenn man die Betriebsverwaltung in den richtigen Gegensatz stellt. Dieser aber wird in dem Begriff der „obrigkeitlichen und der sonstigen, mit den wesentlichen gemeindlichen Aufgaben verbundenen Verwaltung" zu finden sein, so daß sich hier ein ganz ähnlicher Gegensatz ergiebt, wie er von der Wissenschaft (vergl. z. B. Laband in Hirth's Annalen 1873 S. 412ff. und Staatsrecht des Deutschen Reiches, 2. Aufl. Bd. II S. 854ff.) für den staatlichen Vermögensbesitz in der Unterscheidung von Finanz- (d. h. zufälligem, werbendem, wirtschaftlichem) Vermögen und Verwaltungs-Vermögen (d. h. für Erfüllung der Staatszwecke wesentlichem, erforderlichem Vermögen) ausgebildet ist. Und der Grundgedanke ist dabei ein ähnlicher, wie er von anderer Seite dahin formuliert ist: es komme darauf an, ob die betreffende Verwaltung auch als eine rein private gedacht und von der Gemeinde an private Unternehmer übertragen werden könne.

Allerdings ist durch alles das nur ein im allgemeinen Richtung gebender Ausgangspunkt gewonnen, da auch die gegensätzlichen Begriffe der dem Staat oder der Stadt wesentlichen Verwaltungszweige und des Verwaltungsvermögens fließende und schwankende sind. Immerhin wird die Erörterung einzelner Fälle unter diesem Gesichtspunkt erheblich erleichtert sein, und zwar bietet hierbei ein Vergleich mit verwandten staatlichen Verhältnissen den besten Anhalt. In dieser Beziehung ist außer den Darstellungen der Finanzwissenschaft (vgl. z. B. v. Scheel in Schönberg's Handbuch Bd. III — über die Erwerbseinkünfte des Staates —) vor allem auf den Netto-Voranschlag für die Staats-Einnahmen und Ausgaben zu verweisen, wie er seit dem Bericht der Budget-Kommission des Abg. H. über die Finanzlage des Preußischen Staates v. 25. IV. 1894 dem Entwurf des Staatshaushalts-Etats in einer Anlage zum Vorbericht alljährlich beigelegt wird. In diesem Netto-Voranschlage werden im Gegensatz zur Steuerverwaltung und zu den anderen Zweigen der eigentlichen Staatsverwaltung als „Betriebsverwaltungen" folgende aufgeführt: Domänen, Forsten, Lotterie, Seehandlung, Münze, Berg-, Hütten- und Salinen-Verwaltung und Eisenbahnen.

Man wird hiernach, und bei Mitberücksichtigung der Betriebsverwaltungen des Reiches, namentlich der Reichspost, ohne Weiteres nach der Negative hin sagen können, daß die Charakterisierung eines Verwaltungszweiges als Betriesverwaltung durch folgende Momente nicht ausgeschlossen wird — und es ist dies wichtig, hervorzuheben, weil darüber vielfach Unklarheit herrscht —:

1. der Betrieb kann sehr wohl in erster Linie aus Gründen des öffentlichen Interesses geführt werden, während die Gewinnerzielung nur mehr oder weniger nebensächlich, ja vielleicht gar nicht bestimmend ist;

2. auch Monopol und Benutzungszwang kann mit dem Betriebe verbunden sein;

3. es ist nicht von Bedeutung, ob einzelne der im Betriebe angestellten Personen obrigkeitliche Funktionen auszuüben haben.

Seitens der Herren Vertreter der Kgl. Staatsregierung wurde anerkannt, daß eine Betriebsverwaltung unter im übrigen gegebenen Bedingungen auch dann als vorhanden anzusehen sei, wenn nicht finanzielle, sondern öffentliche Interessen allgemeinerer Art (Gesundheitspflege, Verkehrsförderung u. s. w.) für Uebernahme und Führung des Betriebes entscheidend seien, ebensowenig sei es von Bedeutung, ob der Betrieb mit Monopol oder Anschlußzwang verbunden sei und ob einzelne im Betriebe angestellte Beamte obrigkeitliche Funktionen auszuüben hätten. Andererseits sei Art und Umfang der Verwaltung in weitem Umfange dafür entscheidend, ob sie als Betriebsverwaltung angesehen werden könne, und es sei daher allerdings möglich, daß derselbe Verwaltungszweig in einer Stadt als Betriebsverwaltung anzuerkennen sei, in einer anderen dagegen nicht. In dieser Beziehung gehöre vor allem zu einer Betriebsverwaltung, daß sie ein besonderes Personal besitze und daß nicht etwa — wie oft in kleineren Städten — obrigkeitliche Beamte nur im Nebenamte dabei beschäftigt seien. Auch müsse Art und Umfang des Betriebes ein solcher sein, daß ein gesondertes wirtschaftliches Unternehmen als vorhanden angesehen werden könne: so werde eine Kanalisation nur dann als Betriebsverwaltung gelten können, wenn sie selbständige technische Einrichtungen besitze, z. B. mit Spüleinrichtungen oder Pumpstationen oder Rieselfeldern oder Klärbecken verbunden sei. Mit den hieraus sich ergebenden Vorbehalten würden als Betriebsverwaltungen insbesondere zu bezeichnen sein: Bahnunternehmungen jeglicher Art, Fuhrparks, Hafenanlagen und Lagerhäuser, Gas-, Wasser- und Elektrizitätswerke, Markthallen, Schlacht- und Viehhöfe, Kur- und Badeverwaltungen (Schwimm-, Brause- und andere Badeanstalten), Theater- und Konzert-Unternehmungen u. a. m.

Aus der Kommission heraus wurde noch auf andere, zum Teil erst in neuerer Zeit in den Kreis städtischer Verwaltung hineingezogene Unternehmungen hingewiesen, welche unter sonst geeigneten Umständen als Betriebsverwaltungen anzusehen sein würden: Forst- und Immobiliarverwaltung, insoweit ihr wirkliches Finanzvermögen unterstellt sei; Banken, Sparkassen, Versicherungsanstalten und Pfandhäuser, soweit sie gesonderte Verwaltung hätten; Aichämter und Wagstellen; Einrichtungen zur Begießung und Reinigung der Straßen, zur Abfuhr und Beseitigung (Verbrennung) von Hauskehricht und Fäkalien, zur Desinfektion von Wohnungen und Mobilien; Anstalten für Kranken- und Rekonvaleszentenpflege, für Massage und Heilgymnastik; Stadtparks, zoologische Gärten und öffentliche Vergnügungsetablissements; Anstalten für Arbeitsvermittlung und Beherbergung von Stellesuchenden; Friedhofsverwaltungen und Einrichtungen für Leichenbestattung; Organisationen für Uebernahme von Bau- und anderen Arbeiten (Pflaster, Gärtnerei u. a. m.) in eigener Regie; alles dies mit dem Vorbehalt, daß nur Beispiele genannt und andere Unternehmungen keineswegs ausgeschlossen sein sollten.

Seitens der Kgl. Staatsregierung wurde auch diesen Beispielen gegenüber darauf hingewiesen, daß die Entscheidung nur aus Art und Umfang der Verwaltung im einzelnen Fall entnommen werden könne."

Die A. A. Art. III Nr. 2 äußert sich hinsichtlich der Anwendung des Begriffs der Betriebsverwaltung wie folgt:

„Bei Anwendung des § 8 Abs. 2 wird seitens der Stadtgemeinden mit um so größerer Vorsicht zu verfahren sein, als der Begriff der städtischen Betriebsverwaltungen durch Theorie und Praxis bisher noch keine feste Umgrenzung gefunden hat, und als Meinungsverschiedenheiten einerseits der städtischen Verwaltungen und andererseits der in Streitfällen mit der Entscheidung befaßten Gerichte hier zu schweren Schädigungen der Stadtgemeinden führen können. Daher wird seitens der Regierungs-Präsidenten auf die in § 8 a. a. O. vorgesehene ortsstatutarische Regelung dieser Frage in denjenigen Fällen hinzuwirken sein, in welchen Zweifel über die Eigenschaft einer städtischen Betriebsverwaltung obwalten können.

Für die nähere Feststellung dieses Begriffs wird davon auszugehen sein, daß in erster Linie die gewerblichen Unternehmungen der Stadtgemeinden zu den Betriebsverwaltungen zu rechnen sind, wobei es auf die Frage, ob den Unternehmungen ein Monopol oder ein Benutzungszwang eingeräumt ist, nicht ankommt. Auch wird die Thatsache, daß bei einem Unternehmen die Gewinnerzielung hinter Gesichtspunkte öffentlicher Interessen zurücktritt, nicht schon an sich die Annahme einer Betriebsverwaltung ausschließen. Gleichgültig ist ferner, ob einzelne im Betriebe angestellte Beamte obrigkeitliche Funktionen auszuüben haben (wie unter Umständen Schlachthof-Vorsteher in städtischen Viehhöfen, vgl. Art. I Nr. 5). Mit diesen Maßgaben wird eine städtische Betriebsverwaltung im Sinne des § 8 Abs. 2 im allgemeinen dort angenommen werden können, wo ein abgesondertes wirtschaftliches Unternehmen oder eine abgesonderte wirtschaftliche Verwaltung der Stadt mit eigenem Personal besteht. Das Erfordernis des eigenen, von den übrigen städtischen Beamtengruppen verschiedenen Personals ergiebt sich aus der Erwägung, daß andernfalls eine gesonderte Rechtsstellung dieses Personals ausgeschlossen sein würde. Da die hier verlangte Absonderung der Betriebsverwaltungen von den übrigen städtischen Verwaltungszweigen nur bei einem erheblicheren Umfange der ersteren zuzutreffen pflegt, wird es im Einzelfalle für die Entscheidung über die Voraussetzungen der Betriebsverwaltung auf Art und Umfang derselben ankommen; so wird z. B. eine Kanalisation nur dann als Betriebsverwaltung gelten können, wenn sie mit Rücksicht auf selbständige, nach wirtschaftlichen Grundsätzen zu leitende technische Einrichtungen, z. B. auf die Verwendung von Rieselfeldern u. s. f., ein wirtschaftliches Unternehmen mit abgesonderter Verwaltung darstellt.

Mit den aus dem Vorstehenden sich ergebenden Vorbehalten würden als Betriebsverwaltungen insbesondere zu verzeichnen sein: Bahnunternehmungen, Fuhrparks, Hafenanlagen, Lagerhäuser, Gas-, Wasser-, Elektrizitätswerke, Markthallen, Schlacht- und Viehhöfe, Kurverwaltungen, Badeanstalten, Museen, Theater, Konzertunternehmungen, zoologische Gärten u. a. m."

Die Bestimmungen der §§ 8—10 betreffen, da das Gesetz rückwirkende Kraft nicht hat (vgl. oben Anm. 2 zu § 4), nur die nach Inkrafttreten des Ges. anzustellenden Beamten. Anm. 7.

Die A. A. Art. III. Nr. 3 bemerkt hierzu, den zur Zeit des Inkrafttretens bereits vorhandenen Beamten gegenüber:

„Auch hier wird indessen die Einführung des Ges. eine passende Gelegenheit bieten, die im Gebiete der Städteordnungen für die östl. Provinzen, für Westfalen und Frankfurt a. M. vielfach hervorgetretenen Zweifel über Lebenslänglichkeit oder Kündbarkeit der Anstellung städtischer Beamten, von deren Dienstleistungen es nicht klar feststand, ob sie mechanischer bezw. vorübergehender Natur wären, dadurch zu beseitigen, daß im Wege der Vereinbarung zwischen Stadtgemeinden und Beamten entweder eine Deklaration des bisherigen Rechtsverhältnisses erfolgt oder das bisherige Dienstverhältnis aufgelöst und eine neue Anstellung nach Maßgabe dieses Ges. vorgenommen wird. Die Königlichen Regierungspräsidenten werden sich eine Einwirkung auf die Stadtverwaltungen in dieser Richtung angelegen sein zu lassen haben."

b) § 9 K. B. G. lautet:

§ 9. „Abweichungen[1]) von dem Grundsatze der Anstellung auf Lebenszeit (§ 8 Abs. 1) können durch Ortsstatut[2]) oder in einzelnen Fällen mit Genehmigung der Aufsichtsbehörde[3]) festgesetzt werden.[4])

Soweit hiernach eine Anstellung auf Kündigung zulässig ist, darf die Kündigung nur auf Grund eines Beschlusses des kollegialischen Gemeindevorstandes (Magistrats) oder, wo ein solcher nicht besteht, eines aus dem Bürgermeister und den Beigeordneten (Schöffen, Ratmänner) gebildeten Kollegiums erfolgen.“ [5]) [6])

Anm. 1. **„Abweichungen“.** Man hat in der Komm. des H. H. (Komm. Ber. S. 10, 11) die Frage erörtert, ob man bestimmte Abweichungen, die gestattet sein sollen, gesetzlich festlegen solle. Man hat indes davon Abstand genommen, da man der ortsstatutarischen Regelung, die besser den örtlichen Verhältnissen gerecht werden könne, den Vorzug gab. Als besondere Abweichungen wurden als zulässig anerkannt, die Bestimmung eines bestimmten Dienst- und Lebensalters als Voraussetzung der lebenslänglichen Anstellung und ferner die Anstellung von technischen Beamten nach Analogie der Magistratsmitglieder auf eine bestimmte Reihe von Jahren mit Pensionsberechtigung für den Fall der Nicht-Wiederernennung (Komm. Ber. S. 10, Sten. Verh. H. H. S. 141).

In diese Kategorie gehören z. B. Stadtbauräte, Stadtbaumeister, Stadtschulräte, -inspektoren, Stadtärzte, Obergeometer, Polizeiinspektor, Polizeikommissare, Hafendirektor, Straßenbahndirektor, Gasdirektor, Oberingenieur.

In Uebereinstimmung hiermit führt die A. A. Art. III Nr. 1 aus:

„Zu dem Ende werden die mit der Genehmigung von Abweichungen vom Prinzip der lebenslänglichen Anstellung städtischer Beamten betrauten Behörden, d. h. bei ortsstatutarischer Regelung die Bezirksausschüsse, in Einzelfällen die Regierungspräsidenten (§ 9 Abs. 1, Art. II Nr. 3 a. E.), die Genehmigungsanträge der Stadtgemeinden einer wohlwollenden Prüfung nach der Richtung zu unterwerfen haben, ob die Wünsche der Kommunen durch die lokalen Verhältnisse begründet sind. Insbesondere werden für die Zulassung von Abweichungen folgende Gesichtspunkte zu beachten sein:

a) Für Dienstleistungen, welche nach den Ausführungen in Art. I Nr. 5 auch von Nichtbeamten wahrgenommen werden können, insbesondere also für solche rein technischer, wissenschaftlicher, künstlerischer oder mechanischer Natur wird die Anstellung von Beamten auf Lebenszeit nicht verlangt werden können.

b) Auch wird die Anstellung auf Lebenszeit abhängig gemacht werden dürfen von der Erreichung eines gewissen Lebensalters (etwa des dreißigsten) allein oder in Verbindung mit der Zurücklegung einer mehrjährigen Dienstzeit in der Stadt.

c) Bezüglich der Frage, inwieweit etwaigen Anträgen auf kündbare Anstellung von Polizei-Exekutivbeamten zu entsprechen sein wird, bleibt unter anderem zu prüfen, welche Garantien für eine sachgemäße, gerechte Ausübung des Kündigungsrechts aus der Gesamtlage der städtischen Verhältnisse zu entnehmen sind.

d) Die Abweichung wird auch in einer Anstellung auf bestimmte Zeit, etwa mit Pensionsberechtigung für den Fall nicht erfolgender Wiederernennung, bestehen können, sofern ein derartiges lokales Bedürfnis nachgewiesen wird.“

Die auf Kündigung angestellten Beamten haben übrigens in derselben Weise, wie die lebenslänglich angestellten, nach Maßgabe des § 13 Pensionsanspruch.

Anm. 2. **„Ortsstatut“** vgl. unter e Anm. zu § 17.

Anm. 3. **Aufsichtsbehörde** ist der Regierungspräsident, in Berlin: Oberpräsident, Beschwerde-Instanz der Oberpräsident, in Berlin der Minister des Innern, § 7 Zust. Ges.

Eine besondere Form ist nicht vorgeschrieben, es genügt einfacher Gemeindebeschluß. Anm. 4.

1. Gegenüber der in weiterem Umfange erfolgten Zulassung von kündbaren Anstellungen und der in § 12 eingeführten Pensionsgewährung auch für derartig angestellte Beamte, hat sich das Bedürfnis nach einer Kautel gegen eine mißbräuchliche Anwendung des Kündigungsrechtes durch die Anstellungsbehörde geltend gemacht. Diesem Bedürfnisse dient die Vorschrift in § 9 Abs. 2, die entsprechend der für unmittelbare Beamte bestehenden Bestimmung (§ 5 Nr. 6 der Reg. Inst. v. 23. X. 1817 — G. S. S. 248 —) für die Kündigung einer Plenarentscheidung des kollegialischen Gemeindevorstands oder der ad hoc zu einem Kollegium zusammentretenden Bürgermeister und Beigeordneten fordert. Begr. zu § 10. Einer Mitwirkung der Stadtverordneten bedarf es also nicht. Anm. 5.

2. **Als Rechtsmittel gegen die Gesetzmäßigkeit der Kündigung** kommt die Beschwerde im Aufsichtswege in Betracht. Die Aufsichtsbehörde wird aber nicht zur Nachprüfung der Gründe einer an sich zulässigen Kündigung, sondern nur dann zum Einschreiten berechtigt sein, wenn der Beamte behauptet, daß die Kündigung überhaupt rechtlich unzulässig gewesen oder daß der Kündigungsbeschluß nicht ordnungsgemäß ergangen sei. Werden dabei vermögensrechtliche Ansprüche streitig, so ist der im § 7 des K. B. G. geordnete Instanzenzug einzuschlagen.

Allein auch in diesem Verfahren ist eine Nachprüfung der Kündigungsgründe nicht zulässig, jene vielmehr auf die Prüfung der rechtlichen Zulässigkeit der Kündigung beschränkt. Vgl. R. G. Bd. III. S. 91.

Zu erwägen dürfte sein, ob das Gericht nicht wenigstens dann Abhilfe schaffen kann, wenn die Behörde das Kündigungsrecht dazu mißbraucht hat, um einem dienstunfähig gewordenen Beamten, dessen Entlassung nicht durch andere Gründe veranlaßt worden, das Pensionsrecht abzuschneiden. Vgl. R. G. Bd. III S. 31.

c. § 10 K. B. G. hinsichtlich der **Beschäftigung auf Probe** lautet:

§ 10.[1)] „Der Anstellung kann eine Beschäftigung auf Probe vorangehen. Dieselbe darf in der Regel die Dauer von zwei Jahren nicht übersteigen. Eine Ausdehnung der probeweisen Beschäftigung ist nur mit Genehmigung der Aufsichtsbehörde[2)] zulässig.

Im übrigen[3)] hat bei Beamten, welche probeweise oder zu vorübergehenden Dienstleistungen oder zum Zwecke der Vorbereitung beschäftigt werden, die Regelung[4)] der Annahmebedingungen vor dem Antritt der Beschäftigung zu erfolgen.

Durch die vorstehenden Bestimmungen wird § 13 des Gesetzes, betreffend die Besetzung der Subaltern- und Unterbeamtenstellen der Kommunalverbände mit Militäranwärtern, vom 21. Juli 1892 (Gesetz-Samml. S. 214) nicht berührt.“[5)].

Der Entwurf zu § 10 sah nur eine einjährige Probezeit und die Genehmigung der Aufsichtsbehörde für eine Verlängerung bis zu 2 Jahren vor. Im Abs. 2 war eine ortsstatutarische Regelung der Annahmebedingungen vorgesehen. Anm. 1.

Diese Bestimmung erschien zu weit gehend und dem Interesse thunlichster Verminderung des Schreibwerks geradezu widerstreitend.

Ebenso erschien die Erwähnung ortsstatutarischer Bestimmungen überflüssig, da für eine Mitwirkung des Bezirksausschusses keine zwingenden Gründe vorhanden seien und — wie bisher — eine einfache Beschlußfassung der Gemeindeorgane durchaus genügt.

Die Vertreter der Staatsregierung wiesen darauf hin, daß bei einer solchen Veränderung der Bestimmungen über die Probezeit die Uebelstände einer unterschiedlichen Behandlung der Militär- und Civilanwärter noch zunehmen würden. Die Mehrheit der Kommission hielt dies jedoch für das kleinere Uebel und der § 10 wurde demnach entsprechend abgeändert. Komm. Ber. H. H. S. 15.

Anm. 2. **Aufsichtsbehörde** ist nach A. A. Art. III. Nr. 4 a. E. die mit der laufenden Aufsicht betraute Instanz, also der Regierungspräsident.

Anm. 3. Die Worte des Abs. 1 „der Anstellung kann eine Beschäftigung auf Probe vorausgehen" und des Abs. 2 „Beamte, welche beschäftigt werden," lassen es fraglich erscheinen, ob es sich im Abs. 1 nicht um eine probeweise Annahme vor der Anstellung und im Abs. 2 um bereits zur Probe nach Maßgabe des § 1 K. B. G. angestellte Beamte handelt. Es liegt jedoch wohl nur eine Ungenauigkeit des Ausdrucks im Abs. 1 vor, denn die Zeitbestimmung des Abs. 1 muß sinngemäß in gleicher Weise auf angestellte, wie nichtangestellte, Probisten Anwendung finden. Die Begr. zu § 2 (S. 14) bezieht auch auf die Probisten, denen Beamtenqualität beigelegt ist, sowohl die Regelung der Annahmebedingungen, wie die Zeitgrenze. Auch die Anknüpfung des zweiten Abs. an den ersten mit den Worten „im übrigen" läßt darauf schließen, daß sowohl die Angestellten, wie die nichtangestellten Probisten in beiden Absätzen gleich behandelt werden sollen, daß mit „der Anstellung" im Abs. 1 die endgültige Anstellung d. h. der Zeitpunkt gemeint ist, wo es sich entscheiden soll, ob aus dem Probisten — mag er schon angestellt sein oder nicht — ein auf Lebenszeit oder auf Kündigung anzustellender Beamter werden soll, daß endlich vor jedem Antritte einer probeweisen Beschäftigung eine Regelung der Annahmebedingungen erfolgen soll.

In Uebereinstimmung hiermit scheint auch die A. A. Art. III Nr. 4 zu stehen:

„Die Bestimmung des § 10 al. 2 soll einen im Interesse sowohl der Stadtgemeinden als auch der Beamten liegenden Zwang zur völlig klaren und erschöpfenden Regelung der Annahmebedingungen vor Antritt der zur Probe, zu vorübergehenden Dienstleistungen oder zur Vorbereitung einzugehenden Beschäftigungsverhältnisse herbeiführen. Ihre Durchführung wird insbesondere denjenigen Streitigkeiten vorbeugen, welche über die Frage entstanden sind, ob das Beschäftigungsverhältnis eines Büreauhilfsarbeiters oder eines sonstigen zur Aushilfe angenommenen Beamten ein lediglich vorübergehendes sei oder nicht. Zu dem Ende wird die in § 10 al. 2 vorgeschriebene zuvorige Regelung der Annahmebedingungen bei vorübergehenden Dienstleistungen den Gegenstand der Beschäftigung und die voraussichtliche Dauer derselben neben den vermögensrechtlichen Momenten zu umfassen haben."

Als Beamte müssen Probisten angestellt werden, wenn ihnen obrigkeitliche Funktionen übertragen werden. (Vgl. oben § 4 Anm. 3 zu § 1 des K. B. G.)

Vgl. im übrigen oben § 4, Anm. zu § 2 des K. B. G.

Anm. 4. Durch **Gemeindebeschluß** ohne Genehmigung der Aufsichtsbehörde, falls nicht etwa die probeweise Beschäftigung länger als 2 Jahre dauern soll.

Anm. 5. Wegen der **Militäranwärter** vgl. oben § 2.

d. § 14 des K. B. G. lautet im Absatz 1, der hier allein von Interesse ist:

§ 14. „Betreffs der Anstellung,[1]) Besoldung und Pensionierung der Mitglieder des kollegialischen Gemeindevorstandes (Magistrats), sowie in Städten ohne kollegialischen Gemeindevorstand der Bürgermeister und deren Stellvertreter (zweite Bürgermeister, Beigeordnete),[2]) bewendet es bei den bestehenden Bestimmungen[1]) mit der Aenderung, daß die Pension vom vollendeten 12. Dienstjahre ab bis zum 24. Dienstjahre alljährlich um $^1/_{60}$ steigt."

Wegen der bestehenden Bestimmungen über die Vorbedingungen zu einer gültigen Anstellung vgl. oben § 3, II. Anm. 1.

Auch die allgemeinen Bestimmungen des K. B. G. finden auf diese Beamten Anwendung, vgl. oben § 4 Anm. 6 zu § 1 des K. B. G. Anm. 2.

e) § 17 des K. B. G. betreffend Neuvorpommern und Rügen lautet:

§ 17. „Die in den vorstehenden Bestimmungen vorgesehenen Ortsstatuten[1]) unterliegen auch in den Städten von Neuvorpommern und Rügen der Genehmigung des Bezirksausschusses."[2])

Ortsstatute beruhen auf Gemeindebeschlüssen. § 11 Oest. St. O. u. Westf. St. O., § 10 Rh. St. O., §§ 17—18 Schl. Holst. St. O., §§ 1—3 Hann. St. O., § 13 Hess. N. St. O., § 3 Frankf. St. O. Sie bedürfen der Genehmigung des Bezirksausschusses, in Berlin des Oberpräsidenten §§ 16 Abs. 3 Zust. Ges.; 43 L. V. G. Gegen die Versagung der Genehmigung ist Beschwerde an den Provinzialrat, in Berlin an den Minister des Innern zu richten. (§§ 121. 43. L. V. G.) Die bestätigende Behörde hat nicht nur die Gesetzmäßigkeit, sondern auch die Zweckmäßigkeit des Ortsstatuts zu prüfen. Ist das Statut bestätigt, so ist den Gerichten gegenüber die Prüfung der Frage der Zweckmäßigkeit entzogen; sie haben nur zu prüfen, ob das Statut gesetzmäßig zustande gekommen ist. Anm. 1.

Diese Bestimmung war im Interesse der Einheitlichkeit notwendig, da das St. Verf. Ges. f. Neuvorpommern und Rügen v. 3. V. 1853 (G. S. S. 291) Ortsstatuten nicht kennt, sondern nur Stadtrezesse, die Kgl. Genehmigung erfordern. Anm. 2.

2. Die Beamten der Bürgermeistereien in der Rheinprovinz und der Aemter in Westfalen.

Hier kommen in Betracht die §§ 19 und 20 K. B. G.'s.

§ 19.[1]) „Die Vorschriften der §§ 8—15[2]) dieses Gesetzes finden auf die Beamten der Bürgermeistereien in der Rheinprovinz und der Aemter in der Provinz Westfalen, sowie im Umfange der §§ 12—15 auch auf die Gemeindeeinnehmer in diesen Provinzen mit folgenden Maßgaben sinnentsprechende Anwendung:

1. die Anstellung der Bürgermeister und Amtmänner, sowie die Festsetzung der Besoldung und Dienstunkostenentschädigung für diese Beamten und die Gemeindeeinnehmer (Amtseinnehmer) erfolgt nach den bisherigen Vorschriften;[3])
2. im Falle der Pensionierung kommt bei der Berechnung der Dienstzeit auch die Zeit in Anrechnung, während welcher der

zu pensionierende Beamte bei anderen Bürgermeistereien (Amtsverbänden) oder Landgemeinden innerhalb der betreffenden Provinz angestellt gewesen ist;

3. **an Stelle des Bezirksausschusses tritt überall der Kreisausschuß."**

Anm. 1. **Die §§ 19 u. 20 behandeln ausschließlich die Rechtsverhältnisse der rhein. Landbürgermeistereien und der westf. Aemter.** Daß für diese Beamten die für städtische Beamte vorgesehenen Versorgungsansprüche festgesetzt sind, wird mit der erhöhten Leistungsfähigkeit der Landbürgermeistereien und Aemter begründet.

Anm. 2. 1. Es finden also die hier interessierenden Vorschriften des § 8 (lebenslängliche Anstellung), des § 9 (Ausnahmen vom Grundsatze der lebenslänglichen Anstellung nach Ortsstatut oder Genehmigung der Aufsichtsbehörde, Kündigungsbeschluß), des § 10 (Probeanstellungen, Regelung der Annahmebedingungen) auf alle Beamten der Landbürgermeistereien der Rheinprovinz und der Aemter in Westfalen mit Ausnahme der Bürgermeister, der Amtmänner und nach § 20 auch der besoldeten Beigeordneten statt.

Die Anstellungsbedingungen dieser Beamten richten sich nach den bestehenden Bestimmungen (vgl. Anm. 3).

2. Ueberall da, wo nach den §§ 8—10 eine Mitwirkung des Bezirksausschusses erforderlich ist, tritt an dessen Stelle der **Kreisausschuß**, gegen dessen Beschluß Beschwerde an den Bezirksausschuß gegeben ist, § 121 ff. L. V. G.

3. Auf sämtliche Beamte der Landbürgermeistereien und der Aemter finden die allgemeinen Bestimmungen des K. B. G., insbesondere § 1 (Aushändigung der Anstellungsurkunde) Anwendung.

Anm. 3. Ueber die bisherigen Vorschriften vgl. Rh. L. G. § 103 in der durch § 24 Rh. Kr. O. gegebenen Fassung:

„Für jede Landbürgermeisterei wird von dem Oberpräsidenten ein Bürgermeister auf Lebenszeit ernannt.

Zu dem Amte eines Bürgermeisters sollen an erster Stelle angesehene Personen in dem Bürgermeistereibezirke, insbesondere größere Grundbesitzer, berufen werden. Das Amt soll zunächst denjenigen übertragen werden, welche dasselbe als ein unentgeltlich zu verwaltendes Ehrenamt zu übernehmen in der Lage sind. Ein Bürgermeister mit Besoldung soll nur angestellt werden, wenn ein geeigneter Ehrenbürgermeister nicht zu gewinnen ist.*)

Die Ernennung erfolgt auf Grund von Vorschlägen des Kreisausschusses, welche dieser nach Anhörung der Bürgermeisterei-Versammlung zu machen hat. Falls der Oberpräsident den sämtlichen Vorschlägen des Kreisausschusses keine Folge geben will, so bedarf es hierzu der Zustimmung des Provinzialrates. Lehnt der Provinzialrat die Zustimmung ab, so kann dieselbe auf Antrag des Oberpräsidenten durch den Minister des Innern ergänzt werden.

Wenn für die Besetzung einer erledigten Bürgermeisterstelle Vorschläge nicht gemacht worden sind, oder den gemachten Vorschlägen keine Folge gegeben wird, so kann die Verwaltung derselben nach eingeholter Aeußerung der

---

*) Der ernannte Ehrenbürgermeister muß das Amt übernehmen, soweit kein Ablehnungsgrund (Rh. Kr. O. § 25 und Zust. Ges. § 27)[3]) vorliegt. Er unterliegt dem Ordnungsstrafrechte des Landrates nicht und ist im Verbande der Landbürgermeistereien in den Kreistag und in den Kreisausschuß wählbar, während dem besoldeten Bürgermeister, falls er nicht im Wahlverbande der Städte gewählt ist, dieses Recht gemäß § 50 Rh. Kr. O. nicht zusteht. E. O. V. Bd. XVIII S. 7.

beteiligten Bürgermeisterei-Versammlungen, sowie des Kreisausschusses auch dem Bürgermeister einer benachbarten ländlichen oder städtischen Bürgermeisterei übertragen werden. Die Uebertragung erfolgt in diesem Falle auf Widerruf und ist aufzuheben, sobald für die betreffende Bürgermeisterei nach Maßgabe der Vorschriften im dritten Absatze ein geeigneter Ehrenbürger in Vorschlag gebracht wird.

Der definitiven Ernennung eines besoldeten Bürgermeisters soll in der Regel eine die Dauer eines Jahres nicht übersteigende kommissarische Beschäftigung vorangehen. Die kommmissarische Verwaltung der Bürgermeisterei wird im übrigen von dem Oberpräsidenten angeordnet.

Für jede Bürgermeisterei sind vom Oberpräsidenten in gleicher Weise zwei oder, wo es das Bedürfnis erfordert, mehrere Beigeordnete zu bestellen, inbetreff deren die wegen Vorschlag und Ernennung der Bürgermeister geltenden Bestimmungen entsprechende Anwendung finden, das Amt derselben dauert sechs Jahre, nach deren Ablauf sie wieder ernannt werden können. Die Beigeordneten sind bestimmt, einzelne Amtsgeschäfte, welche der Bürgermeister ihnen aufträgt, zu besorgen, und diesen in Behinderungsfällen und während der Erledigung des Amtes nach der unter ihnen von dem Landrate*) festzusetzenden Reihenfolge zu vertreten."

Ferner Westf. L. G. §§ 69—71.

„**§ 69** Abs. 1. Für jeden Amtsbezirk (§ 4) wird ohne Unterschied, ob derselbe aus einer oder aus mehreren Gemeinden besteht, ein Amtmann und mindestens ein Stellvertreter (Beigeordneter) desselben bestellt.

§ 70. Die Stelle des Amtmanns ist als ein Ehrenamt, mit welchem nur eine feste Entschädigung für Dienstunkosten verbunden ist, einem angesehenen und vorzugsweise aus den größeren Grundbesitzern auszuwählenden Eingesessenen zu übertragen.**) ***)

---

*) Vgl. Just. Ges. § 24 Abs. 1.

**) Vrgl. hierzu Westf. Kr. O. § 27: „Die Stelle des Amtmanns ist ein Ehrenamt, welches einem angesehenen und vorzugsweise aus den größeren Grundbesitzern auszuwählenden Amtseingesessenen übertragen werden soll. Ein Amtmann mit Besoldung soll nur angestellt werden, wenn ein geeigneter Ehrenamtmann nicht zu gewinnen ist. — Den Amtmann ernennt auf Grund der Vorschläge des Kreisausschusses, welche dieser nach Anhörung der Amtsversammlung zu machen hat, der Oberpräsident. Falls der Oberpräsident den sämtlichen Vorschlägen des Kreisausschusses keine Folge geben will, so bedarf es hierzu der Zustimmung des Provinzialrates. Lehnt der Provinzialrat die Zustimmung ab, so kann dieselbe auf Antrag des Oberpräsidenten durch den Minister des Innern ergänzt werden. Die kommissarische Verwaltung des Amts wird von dem Oberpräsidenten angeordnet.

Ueber die Festsetzung der Besoldung beziehungsweise der Dienstunkostenentschädigung der Amtmänner beziehungsweise der Ehrenamtmänner beschließt der Kreisausschuß nach Anhörung der Amtsversammlung (§ 32 Nr. 4 des Gesetzes über die Zuständigkeit der Verwaltungs- und Verwaltungsgerichtsbehörden vom 1. August 1883).

Die nach § 36 des letzteren Gesetzes dem Landrate, in der Beschwerdeinstanz dem Regierungspräsidenten zustehende Befugnis zur Verhängung von Ordnungsstrafen gegen die Amtmänner wird bezüglich der Ehrenamtmänner dem Kreisausschuß, in der Beschwerdeinstanz dem Bezirksausschuß übertragen.

Inbetreff der Beigeordneten finden die wegen Vorschlag und Ernennung der Amtmänner geltenden Bestimmungen entsprechende Anwendung."

***) Auch der Ehrenamtmann muß das Amt übernehmen, soweit kein Ablehnungsgrund (W. Kr. O. § 8 Abs. 7) vorliegt. Er untersteht nicht der

§ 71. Ein Amtmann mit Besoldung soll nur angestellt werden, wenn ein geeigneter Ehrenamtmann nicht zu gewinnen ist. Derselbe wird vom Ober-Präsidenten ernannt, welcher dabei zunächst auf geeignete Eingesessene des Amts Rücksicht zu nehmen hat.

Zu der Stelle eines besoldeten Amtmanns soll, der Regel nach, keiner definitiv ernannt werden, welcher sich nicht zu derselben bereits durch eine kommissarische Verwaltung des Amts als tüchtig bewährt hat; eine solche kommissarische Verwaltung darf in der Regel die Dauer eines Jahres nicht überschreiten."

Hinsichtlich der Wahl der Unterbeamten und Diener vgl. oben § 3 III.

b) § 20 K. B. G. lautet:

§ 20.[1]) „Für die Bürgermeistereien in der Rheinprovinz und die Aemter in der Provinz Westfalen kann die Anstellung besoldeter Beigeordneter durch die Bürgermeisterei- oder Amtsversammlungen beschlossen werden. Die Art der Ernennung und die Bedingungen der Anstellung regeln sich nach den die Landbürgermeister oder Amtmänner betreffenden Bestimmungen." [2])

Anm. 1. Die Begr. (S. 25) führt hierzu aus: „Weiterhin hat sich in der Praxis das Bedürfnis herausgestellt, den Bürgermeister oder Amtmann, namentlich in großen industriellen Bürgermeistereien bezw. Aemtern, von den stellenweise übermäßig gesteigerten Dienstpflichten durch Zulassung der Anstellung besoldeter Beigeordneter, wie solche bisher nur für die Städte dieser Provinzen anerkannt war, zu entlasten." Bisher waren nur unbesoldete Beigeordnete zugelassen.

Anm. 2. Hierüber vgl. oben unter a Anm. 3.

3. Die Beamten der Landgemeinden, Zweckverbände und Amtsbezirke.

Ueber die Anstellungsverhältnisse dieser Beamten bestimmt § 18 K. B. G.

§ 18.[1]) „Die Anstellungs-, Besoldungs- und Pensionsverhältnisse der Beamten der Landgemeinden, sowie die Ansprüche der Hinterbliebenen dieser Beamten auf Witwen- und Waisengeld können durch Ortsstatut geregelt werden.[2]) Hierbei gelangt für die Rheinprovinz und die Provinz Westfalen § 19 Nr. 2 zur Anwendung.

Kommt ein derartiges Statut in größeren Landgemeinden, für welche nach ihren besonderen örtlichen Verhältnissen ein Bedürfnis ortsstatutarischer Regelung (Abs. 1) besteht,[3]) insbesondere städtischen Vororten, Industrieorten, Badeorten u. s. w. nicht zustande, so kann auf Antrag der Aufsichtsbehörde der Kreisausschuß beschließen, ob und inwieweit die Bestimmungen der §§ 8—10 und 12—15 dieses Gesetzes auf die Beamten oder einzelne Klassen der Beamten derselben entsprechende Anwendung zu finden haben. Bei Anwendung der vorgedachten Bestimmungen tritt an die Stelle

---

Disziplinargewalt des Landrates und ist, im Gegensatze zu dem besoldeten Amtmanne, in den Wahlverbänden der größeren Grundbesitzer, sowie der Amtsverbände zum Mitgliede des Kreistages wählbar. (W. Kr. O. § 50.)

des Bezirksausschusses der Kreisausschuß. Der Beschluß des Kreisausschusses bleibt so lange in Geltung, bis durch Ortsstatut (Abs. 1) eine anderweite Regelung getroffen ist.[4])

Auf Antrag der Beteiligten oder der Aufsichtsbehörde[5]) beschließt der Kreisausschuß[6]) über die Festsetzung der Besoldungen und sonstigen Dienstbezüge der Landgemeindebeamten.

Die vorstehenden Bestimmungen gelten auch für die Beamten der Amtsbezirke und der auf Grund der §§ 128 ff. der Landgemeindeordnung für die sieben östlichen Provinzen vom 3. Juli 1891 (G. S. S. 233), §§ 128 ff. der Landgemeindeordnung für die Provinz Schleswig-Holstein vom 4. Juli 1892 (G. S. S. 155), §§ 100 ff. der Landgemeindeordnung für die Provinz Hessen-Nassau vom 4. August 1897 (G. S. S. 301) gebildeten Zweckverbände."

Bisheriger Rechtszustand: Anm. 1.

1. Die Landgemeinden in den östlichen Provinzen, Schleswig-Holstein und Hessen-Nassau sind befugt, die Anstellung besoldeter Gemeindebeamten für einzelne Dienstzweige oder Dienstverrichtungen zu beschließen. (§§ 117. 118. östl. L. G. und Schl. Holst. L. G., § 81 H. N. L. G.)

2. Nach den §§ 22—24 und 35 des Hann. Land-Gem. Verf.-Ges. gelten als „Gemeindebeamte" nur die Vorsteher und deren Beigeordnete, die ihre Stellen ehrenamtlich zu verwalten haben. „Daneben können zur Wahrnehmung einzelner Geschäfte (Rechnungsführung, Forstverwaltung u. s. w.) besondere Anstellungen erfolgen. Die Verhältnisse dieser Angestellten sind im einzelnen Falle festzustellen. Ferner sind Gemeindediener (Nachtwächter, Feldhüter, Boten) nach Bedürfnis mit Kündigungsvorbehalt anzunehmen."

3. Gemäß den §§ 38, 40, 44, 70—73 der Westf. L. G. O. und § 25 Abs. 3, 27 und 28 der Westf. Kr. O. haben die Gemeindevorsteher, die auf eine bestimmte Reihe von Jahren zu wählen sind, ihr Amt als Ehrenamt zu verwalten. Die Gemeindeeinnehmer werden auf Lebenszeit angestellt und erhalten Besoldung. Im übrigen regeln sich Zeitdauer der Anstellung und Besoldungsverhältnisse für die Beamten der Gemeinden von Fall zu Fall.

4. In den Landgemeinden der Rheinprovinz ist das Amt der Gemeindevorsteher stets Ehrenamt. Im Uebrigen werden die Bedingungen der Anstellung von Fall zu Fall geregelt. (§§ 75. 78. 79. 99. Rh. L. G.) Art. 20, 21 Rh. Gem. Verf. Ges. v. 15. V. 1856; Rh. Kr. O. §§ 26, 27).

5. Für die Zweckverbände gemäß §§ 128 ff. Oe. G. O. und den entsprechenden Bestimmungen der Schlesw. Holst. und H. N. G. O. und für die Amtsbezirke (§§ 47 ff. Oe. Kr. O. fehlt es, abgesehen von der in § 69 Abs. 2 Oe. Kr. O. vorgesehenen Remuneration für den kommissarischen Amtsvorsteher (vgl. Art. 4 Nr. 5 der Min. Instr. v. 18. VI. 1873 — M. Bl. S. 153 —), an gesetzlichen Bestimmnngen über die Anstellung besoldeter Beamter. Indessen ist es unbestritten, daß eine solche Anstellung nicht ausgeschlossen sein sollte (vgl. wegen der besoldeten Amtsverbandsbeamten Min. Erl. v. 20. III. 1894 — Min. Bl. S. 99 —).

Nunmehr **können** die Landgemeinden pp. die Anstellungsverhältnisse ihrer Beamten durch ein vom Kreisausschusse zu geneh- Anm. 2.

migendes (§ 31 Abs. 1 Zust. Ges.) Ortsstatut regeln. Die Regelung ist also in erster Linie in ihr Belieben gestellt. Kommt ein solches im Bedürfnisfalle nicht zu Stande, dann kann die Aufsichtsbehörde nach Absatz 3 mittels Antrages beim Kreisausschusse eingreifen und die Anwendung der §§ 8—10 (Anstellung auf Lebenszeit, ortsstatutarische Regelung der Ausnahmen von diesem Grundsatze, Kündigungsbeschluß, Probezeiten, Regelung der Annahmebedingungen für Probisten) beschließen lassen.

Die A. A. Art. V Nr. 1 sagt hierüber folgendes:

„§ 18 Abs. 2 und 4 geben den Kreisausschüssen die Befugnis, in größeren Landgemeinden, ländlichen Zweckverbänden und Amtsbezirken, für welche nach ihren örtlichen Verhältnissen ein Bedürfnis ortsstatutarischer Regelung der Anstellung und Besoldung ihrer Beamten besteht, diese Regelung nach den für städtische Beamte geltenden Bestimmungen auch gegen den Willen der Verbände auf Antrag der Aufsichtsbehörde herbeizuführen. Für die Ausführung dieser Bestimmung werden diejenigen Landgemeinden und ländlichen Verbände in Betracht kommen, welche, wie gewisse städtische Vororte, Industrie-, Badeorte u. s. f., durch Einwohnerzahl und Bedeutung den Stadtgemeinden gleich- oder nahekommen. Die Höhe der Einwohnerzahl wird nicht in mechanischer Weise zu bestimmen, vielmehr werden für die Anwendbarkeit der Bestimmung die Verhältnisse des Einzelfalls sowohl im Hinblick auf die Gesamtlage des ländlichen Kommunalverbandes als auch auf die Beziehungen desselben zu den Stadtgemeinden der betreffenden Gegend maßgebend sein müssen."

Anm. 3. Darüber, ob ein Bedürfnis vorliegt, entscheidet die Beschlußbehörde (Kreis- bezw. Bezirksausschuß) [Anm. 5].

Anm. 4. Diese Regelung muß natürlich dem von dem Kreisausschusse festgestellten Bedürfnisse in vollem Umfange gerecht werden.

Anm. 5. „Aufsichtsbehörde", d. i. der Landrat als Vorsitzender des Kreisausschusses, in höherer und letzter Instanz der Regierungspräsident (§ 24 Zust. Ges.)

Anm. 6. Gegen den Beschluß ist nach § 121 L. V. G. Beschwerde an den Bezirksausschuß gegeben.

4. Die Kreiskommunal- und Provinzialbeamten.

a. Die Kreiskommunalbeamten.

§ 21. K. B. G.[1]) „Auf die Rechtsverhältnisse der Kreiskommunalbeamten finden die Vorschriften in §§ 8—15 entsprechende Anwendung,[2]) an Stelle der ortsstatutarischen Regelung tritt die der Genehmigung des Bezirksausschusses[3]) unterliegende Beschlußfassung des Kreistages."

Anm. 1. Die Kreisordnungen beschränken sich hinsichtlich der hier fraglichen Beamtenverhältnisse darauf, dem Kreistage die Beschlußfassung über die Einrichtung von Kreisämtern und die Bestimmung der Zahl und Besoldung der Kreisbeamten zu überlassen (§ 116 Nr. 7 der Oe. Kr. O. und die entsprechenden anderen Bestimmungen der übrigen Kr. Ord.) § 21 kommt den vielfachen Wünschen der Beamten und den Anregungen der Provinzialbehörden, die über die städtischen Beamten gegebenen Vorschriften auf die Kreiskommunalbeamten auszudehnen, im Interesse sowohl der Kreiskorporationen als auch der Kreisbeamten entgegen. Würden doch anderenfalls Exemplifikationen der zurückgesetzten Beamten auf die städtischen Verhältnisse zum Schaden des kreiskommunalen Dienstes nicht ausbleiben und diesem nur die minderwertigen Elemente sich zuwenden.

1. Es gelten für diese Beamten in Zukunft die Grundsätze der §§ 8—10 über lebenslängliche Anstellung, über Regelung — und zwar durch Beschluß des Kreistages — der Ausnahmen von diesem Grundsatze, über Kündigungsbeschluß, über Probedienste und die Regelung der Annahmebedingungen hierfür. Anm. 2.

2. Die A. A. bemerkt in Art. VI Nr. 1 hierzu:

„Da auf die Rechtsverhältnisse der Kreiskommunalbeamten die für die städtischen Beamten gegebenen Vorschriften entsprechende Anwendung zu finden haben, beziehen sich die zu den letzteren Vorschriften oben gemachten Ausführungen auch auf die Kreisbeamten. Bei den Anträgen auf Genehmigung der gemäß § 9 al. 1 von den Kreistagen zu beschließenden Abweichungen von dem Grundsatze der lebenslänglichen Beamtenanstellung werden die Bezirksausschüsse die individuellen Verhältnisse der einzelnen Kreise zu berücksichtigen in der Lage sein."

3. Als Kreiskommunalbeamte kommen in Betracht: Der Kreisausschußsekretär, die Beamten der Kreiskommunalkasse und des Kreisausschußbüreaus. Ihre Anstellung erfolgt nunmehr seitens des Kreisausschusses mittelst Anstellungsurkunde (§ 1 K. B. G.), die allgemeinen Bestimmungen des K. B. G. gelten selbstverständlich auch für Kreiskommunalbeamte.

Hiergegen ist nach § 121 L. V. G. die Beschwerde an den Provinzialrat zulässig. Anm. 3.

b. Die Provinzialbeamten.

§ 22 K. B. G. „Hinsichtlich der Provinzialbeamten und der Beamten der Bezirksverbände der Regierungsbezirke Cassel und Wiesbaden, sowie der Beamten des Lauenburgischen Landeskommunalverbandes bewendet es, unbeschadet der allgemeinen Bestimmungen dieses Gesetzes, bei den bestehenden Vorschriften." [1] [2])

Die Rechtsverhältnisse der Provinzialbeamten und der Bezirksbeamten in den Regierungsbezirken Cassel und Wiesbaden werden gemäß §§ 96, 120 Abs. 3 der Oe. Pr. O., §§ 69, 93 Abs. 3 der H. N. Pr. O. durch ein der Genehmigung des Ministers des Innern unterliegendes Reglement des Provinzial-(Kommunal-) Landtages geordnet. Diese Grundlage für die Regelung des Rechtes der Provinzialbeamten, auf der sich im allgemeinen bereits eine vorbildliche Fürsorge für die Klasse der Kommunalbeamten aufgebaut hat, ist beibehalten worden. Wesentlich aus diesem Grunde haben die allein auf die Provinzialbeamten sich mitbeziehenden allgemeinen Bestimmungen des Ges. in ihren §§ 3 und 5 anderweite Festsetzungen vorbehalten. Da auch § 4 für die Provinzialbeamten voraussichtlich nirgends neues Recht schaffen wird und die Vorschrift des § 6 bereits jetzt für sie erfüllt sein wird, so wird als Neuerung nur § 7 in Verbindung mit der Bestimmung in § 1 in Betracht kommen. Anm. 1.

In jeder einzelnen Provinz ist auf Grund der betr. Pr. O. ein besonderes Reglement über die dienstlichen Verhältnisse erlassen worden. Dieses muß nun den allgemeinen Bestimmungen des K. B. G. angepaßt werden. Anm. 2.

5. Die Gemeindeforstbeamten.

Die städtischen und ländlichen Gemeinden sind hinsichtlich der Anstellung der Gemeindeforstbeamten nicht an die für Gemeindebeamte nach dem K. B. G. geltenden Bestimmungen gebunden, weil § 23 die Anwendung der §§ 8—10 ausschließt.

§ 23 lautet in den hier interessierenden Nr. 1 und 2.

„Die Rechtsverhältnisse der Gemeindeforstbeamten unterliegen der Regelung durch das vorliegende Gesetz mit folgenden Maßgaben:

1. die §§ 8 bis 10 bleiben außer Anwendung;[1] [2]
2. die Verordnung,[3] betreffend die Verwaltung der den Gemeinden und öffentlichen Anstalten gehörigen Forsten in den Provinzen Westfalen, Cleve, Berg und Niederrhein v. 24. XII. 1816 (G. S. 1817 S. 57), § 15 des Ges. v. 14. VIII. 1876[4] (G. S. S. 373) und das Ges., betreffend die Forstschutzbeamten der Gemeinden und öffentlichen Anstalten im Regierungsbezirk Wiesbaden u. s. f., v. 12. X. 1897 (G. S. S. 411) bleiben unberührt."

Anm. 1. Die A. A. bemerkt hierzu in Art. VII. Nr. 1 u. 2.

„Die Gemeindeforstbeamten werden durch das Gesetz prinzipiell den übrigen Gemeindebeamten gleichgestellt; es erlangen also auch für sie die allgemeinen Bestimmungen und die für die Beamten der einzelnen Kommunalverbände gegebenen besonderen Bestimmungen Geltung. Indessen findet diese Gleichstellung nur mit den aus folgenden Nummern ersichtlichen Maßgaben statt:

Die betreffs der Anstellung gegebenen Vorschriften des Ges. (§§ 8—10) sollen von der Anwendung auf Forstbeamte im gesamten Geltungsgebiete des Ges. ausgeschlossen bleiben. Eine Konsequenz dieser Thatsache ist, daß auch im Wege der Statutoktroyierung nach § 18 al. 2 die §§ 8 bis 10 auf die Forstbeamten größerer Landgemeinden nicht ausgedehnt werden dürfen. Der Ausschluß der §§ 8 bis 10 hat indessen nicht etwa irgendwelche Verschlechterung der äußeren Lage der Gemeindeforstbeamten zur Folge; vielmehr will er nur die zur Zeit über Art und Dauer ihrer Anstellung geltenden anderweiten Regeln unberührt lassen."

Anm. 2. 1. Die Gemeinden können daher ihre Gemeindeforstbeamten lebenslänglich oder auf Zeit oder auf Kündigung anstellen, wobei aber die allgemeinen Bestimmungen des Ges. (insbesondere auch § 1 „Aushändigung der Anstellungsurkunde") Anwendung finden.

2. Eine Ausnahme hiervon findet nur für die Forstschutzbeamten im Regierungsbezirk Wiesbaden statt, die auf Lebenszeit anzustellen sind (siehe das Gesetz in Anm. 5.)

3. Ist hiernach, insoweit nicht die in § 23² aufrecht erhaltenen Gesetze ein Anderes vorschreiben — vgl. z. B. vorstehend unter Nr. 2 — die Bestimmung über die Anstellung der Forstbeamten den Gemeinden überlassen, so ist doch, da die Forstaufsicht in der allgemeinen Kommunalaufsicht inbegriffen ist, der Kommunalaufsichtsbehörde die Möglichkeit gegeben, die Anstellung der

Forstbeamten als Gemeindebeamte in der Form des § 1 des K. B. G. jedenfalls dann zu erzwingen, wenn die Obliegenheiten der betr. Stellen beamtlicher, bezw. obrigkeitlicher Natur sind.

Wegen des bisherigen abweichenden Rechtszustandes vgl. E. O. V. Bd. XXVII. S. 296, 304.

4. Bei Besetzung der Stellen der Gemeindeforstbeamten haben die Gemeinden nicht auf Militäranwärter Rücksicht zu nehmen, da die für diese erlassenen Vorschriften sich auf den Forstdienst nicht beziehen, Bundesratsbeschl. v. 25. VII. 1899 (vgl. oben § 2.)

Die über die Anstellung der Forstversorgungsberechtigten bei allen dazu geeigneten Kommunalforststellen bestehenden Bestimmungen sind enthalten in der Kab. O. v. 23. IX. 1864 und dem Regulativ v. 1. XII. 1864 (G. S. S. 262.)

Die nähern Vorschriften über das Verfahren bei Besetzung der Gemeindeforstbeamtenstellen giebt der Min. Erl. v. 9. IV. 1880 (M. Bl. S. 119), im Teil III abgeändert durch Min. Erl. v. 1. II. 1887 (M. Bl. S. 47.)

Hiernach haben die Forstversorgungsberechtigten ausschließlichen Anspruch auf die Stellen mit mehr als 750 Mark Einkommen. Die Anstellung soll in der Regel gleich endgültig erfolgen. Für längere Probezeit ist ministerielle Genehmigung erforderlich.

Die Gemeindebehörden haben von jeder Veränderung in dem Einkommen einer Forststelle, sowie von dem Eingehen oder von der neuen Schaffung einer solchen, wie von jeder Vakanz und Wiederbesetzung der Regierung Anzeige zu machen.

Der Min. Erl. v. 22. I. 1891 (M. Bl. S. 19) hat in Abänderung vom Teil III bestimmt, daß Forstversorgungsberechtigte und Reservejäger im Gemeindeforstschutze auch über die Probezeit hinaus provisorisch angestellt werden können, ohne daß von ihnen eine Aufgabe ihrer Ansprüche auf Anstellung im Staatsdienst verlangt werden kann.

Ueber die Ausbildung, Prüfung und Anstellung für die unteren Stellen des Forstdienstes und des Militärdienstes im Jägerkorps (Staatsdienst) gilt die Circ. Verf. v. 1. II. 1887 (M. Bl. S. 24) und v. 12. X. 1897 (M. Bl. S. 237.)

Vgl. den Text der Vd. oben § 3. V, S. 44 f. Anm. 3.

§ 15 des Ges. v. 14. VII. 1876 hob die Vd. v. 24. XII. 1816 für Sachsen auf, wobei es sein Bewenden behält. Anm. 4.

Gesetz, betr. die Forstschutzbeamten der Gemeinden und öffentlichen Anstalten im Regierungsbezirke Wiesbaden mit Ausschluß des vormals Landgräflich Hessen-Homburgischen Gebietes und des Stadtkreises Frankfurt a. M. v. 12. X. 1897: Anm. 5.

§ 1. „Die Gemeinden und öffentlichen Anstalten sind verpflichtet, für den Schutz ihrer Waldungen durch genügend befähigte Personen ausreichende Fürsorge zu treffen.

§ 2. Diejenigen Gemeinden und öffentlichen Anstalten, deren Waldungen zu klein zur Anstellung eines eigenen Forstschutzbeamten sind, haben sich, soweit die örtlichen Verhältnisse nicht entgegenstehen, mit anderen Wald besitzenden Gemeinden und öffentlichen Anstalten zur gemeinschaftlichen Anstellung eines Forstschutzbeamten zu vereinigen.

Falls über die Bildung gemeinschaftlicher Schutzbezirke eine Verständigung unter den Beteiligten nicht erzielt wird, entscheidet der Regierungspräsident nach Anhörung des Kreisausschusses, wenn mehrere Kreise beteiligt sind, der Kreisausschüsse, sowie, wenn ein Stadtkreis beteiligt ist, des Bezirksausschusses.

Mit Zustimmung der beteiligten Waldbesitzer (Staat, Gemeinden und öffentlichen Anstalten) können vereinzelt liegende Flächen von Staatswald derartigen gemeinschaftlichen Schutzbezirken angeschlossen oder vereinzelt liegende Gemeinde- oder Anstaltswaldungen fiskalischen Schutzbezirken angeschlossen werden.

§ 3. Die Besetzung der Stellen erfolgt:

a) bei Städten durch den Magistrat, oder, wo ein solcher nicht besteht, durch den Bürgermeister nach Anhörung der Stadtverordnetenversammlung,

b) bei Landgemeinden mit kollegialischem Gemeindevorstand durch diesen,

c) bei den übrigen Landgemeinden durch den Bürgermeister nach Anhörung der Gemeindeversammlung (Gemeindevertretung),

d) bei öffentlichen Anstalten durch deren verfassungsmäßige Vertretung.

Wird bei gemeinschaftlichen Schutzbezirken unter den Beteiligten über die Besetzung der Stelle eine Verständigung nicht erzielt, so entscheidet der Regierungspräsident.

§ 4. Die Forstschutzbeamten der Gemeinden und öffentlichen Anstalten bedürfen der Bestätigung durch den Regierungspräsidenten und sind nach vorwurfsfreier Ablegung einer einjährigen Probedienstzeit auf Lebenszeit anzustellen.

Ausgeschlossen von der Anstellung auf Lebenszeit bleiben diejenigen Beamten, deren Zeit und Kräfte durch die ihnen übertragenen Geschäfte nur nebenbei in Anspruch genommen werden, oder welche nur für ein seiner Natur nach vorübergehendes Geschäft angenommen worden sind.

Darüber, ob eine Forstschutzbeamtenstelle eine solche ist, daß sie die Zeit und Kräfte eines Beamten nur nebenbei in Anspruch nimmt, entscheidet mit Ausschluß des Rechtsweges der Regierungspräsident nach Anhörung des Kreisausschusses, wenn mehrere Kreise beteiligt sind, der Kreisausschüsse, sowie, wenn ein Stadtkreis beteiligt ist, des Bezirksausschusses.

§ 5. Im Staats-, Gemeinde- oder Anstaltsdienste bereits lebenslänglich angestellt gewesene Forstschutzbeamte können von den Gemeinden oder öffentlichen Anstalten, ohne Ablegung der sonst erforderlichen Probedienstzeit lebenslänglich angestellt werden.

§ 15. Die beim Inkrafttreten dieses Gesetzes bereits seit länger als Jahresfrist in derselben Stellung befindlichen Forstschutzbeamten, deren Gesamtjahreseinkommen sich einschließlich der Nebeneinnahmen auf mindestens 400 Mark beläuft, sind, falls sie nicht ausdrücklich darauf verzichten, als lebenslänglich angestellt anzusehen.

§ 6.

D. Der Diensteid.

Die Staatsbeamten, unmittelbare und mittelbare, haben nach Art. 108 der Preuß. Verf. Urk. dem Könige den Eid der Treue und des Gehorsams zu leisten und die gewissenhafte Beobachtung der Verfassung zu beschwören. Dieser Eid, den jeder neu angestellte Beamte zu leisten hat, stellt eine Bekräftigung der Erfüllung der Amtspflichten dar, die die Anstellung für den Beamten begründet hat. Die Vereidigung erfolgt bei der Einführung des Beamten.

I.

Die Form des Diensteides ist durch die nachfolgende Allerh. Vd. v. 6. V. 1867 (G. S. S. 715) [1] vorgeschrieben:

§ 1. „Die Formen des Diensteides, welcher von den im unmittelbaren oder im mittelbaren Staatsdienst stehenden Beamten[1]) fortan zu leisten ist, wird dahin festgestellt:

Ich, N. N., schwöre zu Gott, dem Allmächtigen und Allwissenden, daß Seiner Königlichen Majestät von Preußen, meinem Allergnädigsten Herrn, ich unterthänig, treu und gehorsam sein und alle mir vermöge meines Amtes obliegenden Pflichten nach meinem besten Wissen und Gewissen genau erfüllen, auch die Verfassung gewissenhaft beobachten will, so wahr mir Gott helfe u. s. w. Dem Schwörenden bleibt es überlassen, den vorstehend festgestellten Eidesworten die seinem religiösen Bekenntnis entsprechende Bekräftigungsformel[3]) hinzuzufügen.

Bei den im mittelbaren Staatsdienst stehenden Beamten tritt denselben diejenige Eidesnorm hinzu, mittels deren diese Beamten sich, den bestehenden Bestimmungen und den besonderen Verhältnissen gemäß dem unmittelbaren Dienstherrn zu verpflichten haben.

§ 2. Der im § 1 gedachte Eid verpflichtet den Schwörenden nicht nur für die zur Zeit der Eidesleistung von ihm bekleideten, sondern auch für alle ihm etwa später zu übertragenden Aemter."[4])

Nach der Vd. v. 22. I. 1867 (G. S. S. 132) und dem St. M. B. v. 31. X. 1867 (M. Bl. S. 326) gilt dasselbe auch in den neuen Provinzen. Anm. 1.

Nr. 2 des letzteren lautet:

2. „Bei der Vereidigung wird denjenigen, welche den Eid zu leisten haben, dessen Formel dahin vorgelesen:

> Sie schwören bei Gott, dem Allmächtigen und Allwissenden, daß Sie Seiner Majestät dem Könige treu und gehorsam sein und die Verfassung gewissenhaft beobachten wollen.

Der Schwörende erhebt hierauf die Schwurfinger und spricht die Worte: Ich (Vor- und Zuname) schwöre es, so wahr mir Gott helfe."

Nach dem Min. Erl. v. 21. III. 1882 (M. Bl. S. 139) haben auch die auf Probe oder nur zeitweise angestellten Beamten, sofern sie nicht nur zur augenblicklichen Aushilfe angenommen sind, den Eid zu leisten. Anm. 2.

Die Bekräftigungsformel lautet bei dem evangelischen Bekenntnisse: „So wahr mir Gott helfe, durch Jesum Christum zur Seligkeit" (§ 334 der Kriminal-Ordnung von 1805); bei dem katholischen. „So wahr mir Gott helfe und sein heiliges Evangelium" (Kab. O. v. 8. VIII. 1835. G. S. S. 182). Anm. 3.

Ueber die Eide der Juden bestimmt das Ges. v. 15. III. 1869 (G. S. S. 484):

§ 1. „Die Eide der Juden werden mit der Eingangsformel: „Ich schwöre bei Gott, dem Allmächtigen und Allwissenden" und mit der Schlußformel: „So wahr mir Gott helfe" geleistet, von Männern unter Erhebung der rechten Hand, von Frauen unter Auflegung dieser Hand auf die Brust.

§ 2. Die Belehrung über die Wichtigkeit des Eides und die Eidesabnahme selbst erfolgt durch die für letztere je nach der Art des Eides zuständige Behörde.

§ 3. Inwiefern hierbei ein Rabbiner oder jüdischer Gelehrter zuzuziehen, bleibt dem Ermessen der Behörde anheimgestellt.

§ 4. Die für die Eidesleistung der Juden eingeführten sonstigen besonderen Förmlichkeiten und Vorschriften werden aufgehoben."

Anm. 4. Nach dem Inhalt des § 2 sind die Kab. O. v. 5. XI. 1833 (G. S. S. 291) wegen der Diensteide und die Kab. O. v. 10. II. 1835 die Verpflichtung der Beamten betreffend (v. Kamptz Ann. Bd. XIX S. 9) als aufgehoben zu erachten. Vergl. auch Min. Erl. v. 19. XI. 1867 (M. Bl. S. 327) und v. 26. X. 1888 (M. Bl. S. 191). Letzterer lautet: „Das Königliche Staatsministerium hat unter dem 8. d. M. beschlossen, daß, nachdem nunmehr alle Civilbeamten aus Anlaß der Thronwechsel den Diensteid nach der Formel der Verordnung v. 6. V. 1867 (G. S. S. 715) geleistet haben oder leisten werden, die durch allerh. Ordre v. 10. II. 1835 angeordnete Verweisung auf den geleisteten Diensteid bei Einführung in ein anderes Amt allgemein in Wegfall zu kommen hat."

Die Gemeindeforstbeamten haben, wie alle Gemeindebeamten den Diensteid zu leisten.

Ein besonderer Eid besteht für die Forstschutzbeamten, sofern sie eine Anzeigegebühr nicht empfangen; nach §§ 23, 24 des Forstdiebstahlsges. v. 15. IV. 1878 (G. S. S. 222), falls sie ein für allemal beeidigt werden sollen. Bei ihren Vernehmungen als Zeuge oder Sachverständiger genügt dann der Hinweis auf den Eid, der bei dem Amtsgericht des Wohnsitzes zu leisten ist und dahin lautet:

Daß der Beamte die Zuwiderhandlungen gegen das Forstdiebstahlsgesetz, „welche den seinem Schutze gegenwärtig anvertrauten oder künftig anzuvertrauenden Bezirk betreffen, gewissenhaft anzeigen, bei seinen gerichtlichen Vernehmungen über dieselben nach bestem Wissen die reine Wahrheit sagen, nichts verschweigen und nichts hinzusetzen, auch die ihm obliegenden Schätzungen unparteiisch nach bestem Wissen und Gewissen bewirken" werde.

Die Ableistung des Eides ist Voraussetzung für die Berechtigung zum Waffengebrauch (siehe unten § 10).

Zu den zur Eidesleistung berechtigten Forstschutzbeamten gehören nach § 23 a. a. O. diejenigen, die

„2. vom Waldeigentümer auf Lebenszeit oder nach einer vom Landrat bescheinigten dreijährigen tadellosen Forstdienstzeit auf mindestens 3 Jahre mittels schriftlichen Vertrages angestellt sind oder

3. zu den für den Forstdienst bestimmten oder mit Forstversorgungsschein entlassenen Militärpersonen gehören.

In den Fällen der Nr. 2 u. 3 ist die Genehmigung des Bezirksausschusses erforderlich."

Wird diese Genehmigung zurückgezogen, so hört nach § 25 Abs. 2 die Wirkung der Beeidigung auf; desgleichen, wenn eine die Unfähigkeit zur Bekleidung öffentlicher Aemter nach sich ziehende Verurteilung des Beeidigten ergeht.

II.

Ueber das Verfahren bei Ableistung der Diensteide enthält die Vd. v. 26. X. 1799 wegen zweckmäßigerer Einrichtung der Eidesleistungen (Rabe, Bd. V. S. 586) folgende, noch heute gültige Bestimmungen:

§ 4. Bei solchen Offizianten, von welchen man nach ihrer Erziehung und Bildung mit Sicherheit nicht voraussetzen kann, daß sie von dem Zweck, der Wichtigkeit und den Folgen eines Diensteides hinlängliche Kenntnisse haben, muß ihnen bei der Vorladung zur Verpflichtung ein gedrucktes Formular der dieser Verordnung beigefügten Vorhaltung zugefertigt, auch vor der Eidesleistung Nachfrage gehalten werden, ob dessen Inhalt von ihnen reiflich erwogen worden, damit, wenn dieses nicht geschehen sein sollte, die Vorhaltung nachgeholt werden kann.

§ 5. Die Eidesformel muß jedem Offizianten vor der wirklichen Eidesleistung zum Durchsehen zugestellt oder vorgelesen werden. Insofern darin auf eine besondere Instruktion oder gesetzliche Vorschriften wegen der zu beobachtenden Amtspflichten Bezug genommen wird, muß Erkundigung eingezogen werden, ob der zu Vereidende sich von deren Inhalt hinlängliche Kenntnis verschafft habe, und nötigenfalls die Vereidigung so lange ausgesetzt werden, bis dieses bewirkt worden.

§ 6. Der bisherige Gebrauch, dem Schwörenden den Diensteid durch einen Sekretarium stückweise vorlesen und von ersterem in gleicher Art nachsagen zu lassen, muß so viel als möglich abgestellt, und die Eidesformel dem Schwörenden eingehändigt werden, um sie selbst langsam und vernehmlich abzulesen. Nur in den seltenen Fällen, wo der Schwörende Geschriebenes nicht mit der erforderlichen Fertigkeit lesen kann, muß Vorlesung und Nachsprechung erfolgen, jedoch dafür gesorgt werden, jede Unverständlichkeit zu vermeiden und nicht durch unzeitiges Abbrechen der Worte den Sinn zu verdunkeln.

§ 8. Es müssen daher die Eidesabnahmen nur solchen Personen anvertraut werden, welche durch bewährte Rechtschaffenheit, sowie durch Ernst und Würde im Aeußeren, auf besondere Achtung von Seiten des Schwörenden gegründeten Anspruch machen können.

§ 10. Die nach Verschiedenheit des Glaubensbekenntnisses des Schwörenden gesetzlich eingeführten Beteuerungsformeln und sonst zu beobachtenden Ceremonien dürfen nicht abgekürzt oder verändert werden."

Die zu § 4 dieser Vd. beigefügte Vorhaltung bei Diensteiden lautet:

„Der Diensteid ist bestimmt, den Schwörenden feierlich angeloben zu lassen, daß er in treuer Wahrnehmung seines Amtes und strengster Erfüllung der ihm obliegenden Pflichten nicht allein den Vorschriften der Gesetze, sondern auch der inneren Stimme des Gewissens überall Folge leisten wolle. Die Erinnerung, diesen Eid geleistet zu haben, soll und wird jeden rechtschaffenen Mann bewegen, die übernommenen Verbindlichkeiten nicht allein so zu erfüllen, wie er es vor seinem Landesherrn und den vorgesetzten Behörden, sondern auch wie er es vor dem höchsten Richter verantworten kann. Wer seiner eidlichen Zusage stets eingedenk bleibt, wird auch dann, wenn kein anderer Zeuge, als sein eigenes Gewissen gegen ihn auftreten könnte, jeder Gelegenheit zur Versuchung widerstehen und sich durch Menschenfurcht, Parteilichkeit, Gewinnsucht oder andere unlautere Absichten nicht abhalten lassen, überall mit unerschütterlicher Rechtschaffenheit zu handeln.

Bei jeder Eidesleistung wird Gott angerufen, den Meineid zu strafen und die genaue Befolgung der übernommenen Verpflichtung zu belohnen. Die feste Überzeugung von der göttlichen Allwissenheit, Allgegenwart, Gerechtigkeit und Allmacht muß Jeden abhalten, sich Vernachlässigungen seiner angelobten Dienstpflicht zu erlauben, vielmehr auch die kleinste Abweichung von der erhaltenen Instruktion auf das sorgfältigste zu verhüten.

Wer sich solchergestalt als ein gewissenhafter redlicher Diener des Königs beträgt, und mit unwandelbarer Treue unermüdeten Diensteifer verbindet, kann sich des göttlichen Segens und unausbleiblicher Belohnung in dieser oder jener Welt versichert halten, wird auch bei jeder Gefahr oder Widerwärtigkeit den Trost und die Beruhigung genießen, die nur allein ein unverletztes Gewissen gewähren kann. Auf gleiche Art wird auch von Seiten der vorgesetzten Behörden derjenige stets rühmlichst ausgezeichnet werden, dessen Dienstführung zeigt, daß er sich bei jeder Gelegenheit seinem eidlichen Angelöbnisse gemäß beträgt und sich dadurch würdig macht, dem Landesherrn zur weiteren Beförderung oder sonst zu erwartenden Gnadenbezeugung empfohlen zu werden. Dahingegen haben diejenigen, welche die feierlich beschworenen Dienstpflichten vernachlässigen oder sich soweit vergehen, der ihnen erteilten Instruktion frevelntlich entgegen zu handeln außer der allgemeinen Verachtung auch die in den Gesetzen den pflichtvergessenen Offizianten angedrohten harten Strafen zu gewärtigen, welche nach Verhältnis des beträchtlicheren oder geringeren Verschuldens, ohne Nachsicht und Ansehen der Person, an ihnen unausbleiblich werden vollzogen werden."

Ueber die Vereidigung der Beamten ist ein Protokoll aufzunehmen, das er zu unterzeichnen hat; die Protokolle sind stempelfrei (Ges. v. 31. VII. 1895. § 4h G. S. S. 413; Ges. v. 26. III. 1873. §§ 2 u. 3 G. S. S. 131.)

III.

Die Wirkung der Ableistung des Diensteides ist nicht etwa die Begründung des Beamtenverhältnisses. Dieses wird durch die Anstellung gemäß § 1 K. B. G. begründet. Der Diensteid stellt, wie die nachfolgende Kab. O. v. 11. VIII. 1832 (G. S. S. 204) zeigt, nur einen religiösen Antrieb zu erhöhter Pflichterfüllung dar.

„Aus dem Berichte des Staatsministeriums vom 19. July d. J. habe ich ersehen, daß einzelne Gerichtshöfe die Anwendung der Strafgesetze wegen Amtsvergehen und Verbrechen, von dem Nachweise des geleisteten Amtseides abhängig machen. Da diese Ansicht unrichtig ist, ein jeder öffentlicher Beamter vielmehr ebenso wie ein Privatbeamter mit der Uebernahme des ihm anvertrauten Amtes die Pflichten desselben in ihrer ganzen Ausdehnung zugleich mit übernimmt, und die Ableistung eines Amtseides, wo ein solcher überhaupt erforderlich ist, nur ein religiöser Antrieb zu erhöheter pflichtmäßiger Aufmerksamkeit und zu gewissenhafter Erfüllung seiner Obliegenheiten für ihn sein soll; so setze ich hierdurch nach dem Antrage des Staatsministeriums für den ganzen Umfang meiner Staaten und mit ausdrücklicher Aufhebung aller diesen Vorschriften etwa entgegenstehenden Bestimmungen fest:

1. Ein Jeder, dem ein öffentliches Amt von der betreffenden Behörde provisorisch oder definitiv anvertraut wird, übernimmt dadurch alle mit diesem Amt verbundenen Pflichten.

2. Läßt er sich ein Amtsvergehen oder Verbrechen zu Schulden kommen, so finden die darauf angeordneten Strafen ihre Anwendung, ohne Unterschied, ob er einen Amtseid geleistet hat oder nicht."

(vergl. diesbezüglich auch Urt. des Ob. Tribunals v. 20. Jan. 1868. Striethorst Archiv Bd. 71 S. 35.)

Mit dieser Auffassung und diesen Bestimmungen stehen auch die nachfolgenden Vorschriften des § 359 R. St. G. B. im Einklang:

„Unter Beamten im Sinne dieses Strafgesetzes[1]) sind zu verstehen alle im Dienste des Reiches oder in unmittelbarem oder mittelbarem Dienste eines Bundesstaates auf Lebenszeit, auf Zeit oder nur vorläufig angestellte[2]) Personen, ohne Unterschied, ob sie einen Diensteid[3]) geleistet haben oder nicht."

D. h. des ganzen Strafgesetzbuches. Anm. 1.

Wesentlich für den Beamtenbegriff ist die Anstellung. Sie muß in gesetzlicher Weise unter Beobachtung der vorgeschriebenen Förmlichkeiten, nach R. B. G. § 1 mithin durch Aushändigung der Anstellungsurkunde, erfolgt sein. Darüber, wer als Beamter anzustellen ist, d. h. als Organ der Staatsgewalt unter öffentlicher Autorität für die Herbeiführung der Zwecke des Staates thätig sein kann (Oppenhoff, Anm. 3 zu § 359), vergl. das nähere unter Anstellung (oben § 4). Anm. 2.

Die mittels Aushändigung der Anstellungsurkunde Angestellten sind Beamte, auch wenn sie keinen Diensteid leisten; umgekehrt sind die nicht Angestellten, selbst wenn sie die gewissenhafte Erfüllung ihrer Pflichten eidlich angelobt haben, keine Beamte. Anm. 3.

Die Ableistung des Diensteides hat aber insofern eine Wirkung, als von ihr ab die Dienstzeit gerechnet wird (§ 13 des Pens. Ges. v. 27. III. 1872, G. S. S. 268). Vergl. das nähere unten im § 16.

Eine fernere Wirkung der Ableistung des Diensteides enthält § 155 R. Str. G. B.'s

„Der Ableistung eines Eides wird gleich geachtet, wenn

3. ein Beamter eine amtliche[1]) Versicherung[2]) unter Berufung auf seinen Diensteid abgiebt."

„**Amtliche**" Versicherung, d. h. sie muß einen Gegenstand der amtlichen Thätigkeit betreffen. Anm. 1.

Ob sie mündlich oder schriftlich abgegeben wird, ist gleichgültig. Anm. 2.

§ 7.

E. Die Amtskautionen.

I.

Allgemein geregelt war das Kautionswesen nur für die unmittelbaren Staatsbeamten und zwar durch das Ges. v. 25. III. 1873 (G. S. S. 125). Für Kommunalbeamte galt dieses Ges. nicht. Es blieb jedem Kommunalverbande überlassen, zu bestimmen, mit welchen Gemeindeämtern die vorherige[1]) Bestellung einer Amtskaution zu verbinden, wie hoch die Kaution zu bemessen sei u. s. w. Vielfach hat man die Bestimmungen des Ges. von 1873 analog angewendet. Auch jetzt, nachdem dieses Ges. durch Ges. v. 7. III. 1898 (G. S. S. 19) mit der im § 2 bestimmten Maßgabe[2]) aufgehoben worden ist, ist für die Kommunalbeamten weder die für sie bestehende Kautionspflicht fortgefallen, noch ist es ausgeschlossen, daß die Kautionsbestellung nach den Grundsätzen des Ges. v. 25. III. 1873 erfolgt [Min. Erl. v. 23. IX. 1872, M. Bl. S. 252 und v. 18. V. 1898, M. Bl. S. 122].

Die Kommunalverbände, die zur Abschaffung der Dienstkautionen schreiten wollen, haben selbständig nach Lage ihrer Verhältnisse die Zweckmäßigkeit einer solchen Maßregel zu prüfen. Sie müssen hierbei mit besonderer Vorsicht vorgehen und vor Allem erwägen, daß die Gründe, die zur Aufhebung der Beamtenkautionen im Staatsdienste geführt haben, in erster Linie der Gesichtspunkt der Selbstversicherung des Staates gegen die Gefahr der Amtsdefekte, für die Kommunalverbände bei dem ungleich kleineren Kreise ihrer Beamten nicht Platz greifen. Von diesen Erwägungen aus haben die Kommunalaufsichtsbehörden, insoweit sie bei den Beschlußfassungen der Gemeindeorgane pp. über die Beamtenkautionen mitzuwirken haben, einen Beschluß über Aufhebung der Kautionspflicht zu prüfen und dabei vornehmlich in Betracht zu ziehen, ob die Einrichtung des Kassenwesens des Kommunalverbandes genügende Sicherheiten für die Vermeidung von Defekten darbietet.

---

[1]) „vorherige" dies folgt aus § 83 II 10 A. L. R.'s. „Wer einem Kassenbedienten die Kasse übergiebt, ehe und bevor die Amtskaution desselben berichtigt worden, ist für allen daraus entstehenden Schaden verhaftet."

[2]) § 2 besagt:

„Unberührt bleibt die Verpflichtung der Gerichtsvollzieher und der Hypothekenbewahrer im Geltungsbereiche des Rheinischen Rechts zur Bestellung von Amtskautionen. Durch Beschluß des Staatsministeriums kann für diese Beamten an Stelle der in den §§ 4—12 des Gesetzes vom 25. März 1873 (G. S. S. 125) vorgeschriebenen Art der Kautionsbestellung eine andere Form der Sicherheitsleistung, insbesondere die Uebernahme einer Gesamthaftung durch eine Vereinigung von Beamten zugelassen werden."

II.

Von besonderen für Kommunalbeamte erlassenen Vorschriften sind folgende zu erwähnen:

a) Für die Provinzialbeamten hat gegebenenfalls der Provinziallandtag die kautionspflichtigen Beamten zu bestimmen und die Bestellung der Kaution durch Reglement festzusetzen.

b) Für die Kreisbeamten würde dem Kreistag dieses Recht zustehen.

c) Für die städtischen Gemeindebeamten hat nach § 56 Nr. 6 öst. St. O., § 61 Nr. 6 H. N. St. O., § 63 Nr. 6 Frankf. St. O. der Magistrat die von den Gemeindebeamten zu leistenden Kautionen nach Anhörung der Stadtverordnetenversammlung zu bestimmen.

Nach § 55 Westf. St. O. bestimmen die Stadtverordneten die vom Gemeindeeinnehmer, sowie von anderen Gemeindebeamten zu leistenden Kautionen.

Nach § 120 Hannov. St. O. ist der Kämmerer und nach § 75 Abs. 5 der Schlesw. Holst. St. O. der Stadtkassierer zu einer Kaution verpflichtet.

In der Rh. St. O. gilt dasselbe, wie in Westfalen, mit dem Zusatze, daß die Festsetzung der Kaution für den Gemeindeeinnehmer der Genehmigung der Aufsichtsbehörde bedarf (§ 52).

d) Von den Landgemeindeordnungen haben die von Westfalen und der Rheinprovinz entsprechende Bestimmungen. Nach § 44 Westf. L. G. O. u. § 79 Rh. L. G. O. ist die Kaution des Gemeindeeinnehmers nach Vernehmung der Gemeindeversammlung durch die Aufsichtsbehörde — Landrat — festzusetzen. Nach § 80 Rh. L. G. O. sind für die Steuerkasse und für die Gemeindekasse besondere Kautionen zu bestellen.

e) Hinsichtlich der Beamten der kommunalen Sparkassen gilt Nr. 18 des Regl., die Einrichtung des Sparkassenwesens betr., v. 12. XII. 1838 (G. S. 1839 S. 5).

„In jedem Statut ist auch wegen . . . . der dabei zu beschäftigenden Personen . . . . und der von ihnen zu leistenden Kautionen . . . . die erforderliche Bestimmung aufzunehmen . . . . “.

Abschnitt II.

Die Rechte der Kommunalbeamten.

A. Persönliche Rechte.

§ 8.

a. Titel, Rang.

I. Allgemeines.

Mit dem einem Beamten übertragenen Amte sind bestimmte persönliche Vorrechte verbunden; das sind die Rechte auf Titel und Rang (§ 8), Amtszeichen und Uniform (§ 9), Waffengebrauch (§ 10).

Die Titel, die den unmittelbaren Staatsbeamten durch die Bestallung[1]) verliehen werden, finden auf die Kommunalbeamten keine Anwendung. Indes können diese Titel vom Könige als Auszeichnung besonders verliehen werden. Nach der Verord. v. 27. X. 1810 (G. S. S. 9) Abschn. III Nr. 6 ist die Verleihung von Titeln, die den Rats-Charakter geben (z. B. Geheimer Regierungsrat) stets an die Allerhöchste Genehmigung gebunden. Patente über solche Verleihungen sind stempelfrei. Min. Erl. v. 31. XII. 1896. (M. Bl. 1897 S. 24).

Die Strafe der Dienstentlassung zieht nach § 16 des Disziplinarges. den Verlust des Titels von selbst nach sich (vgl. das nähere unten § 37).

Die in ehrenhafter Weise entlassenen Beamten dürfen ihre Amtstitel auch später beibehalten. M. Erl. v. 2. II. 1843 (M. Bl. S. 25) — über die unbefugte Führung von Titeln siehe unten § 9 I 3.

Die Kommunalverbände sind zur Verleihung von auszeichnenden Titeln nicht berechtigt, M. Erl. v. 2. II. 1863 (M. Bl. S. 50). Eine Ausnahme bildet der weiter unten erwähnte § 34 öst. St. O. u. H. N. St. O. Sie sind ferner nicht be-

---

[1]) § 84. II. 10. A. L. R.'s.

„Titel und Rang, welche mit einem Amt verbunden sind, werden nebst den davon abhängenden Vorrechten, schon durch die darüber ausgefertigte Bestallung verliehen".

rechtigt, Titel, die ein Staatsamt bezeichnen, zu verleihen. Solche Titel eignen sich nicht zur Verleihung an Kommunalbeamte. Min. Erl. v. 7. XI. 1878 (M. Bl. 1879 S. 2). Sie sind aber befugt, ihren Beamten gewisse Amtsbezeichnungen beizulegen, die mit dem Amte als solchem verbunden, zur Bezeichnung der übertragenen Obliegenheiten hergebracht sind (Titel im weiteren Sinn). E. O. V. Bd. VI S. 52ff.

Soweit die Verleihung von Titeln an Städtische Beamte, abgesehen von den unten unter II c erwähnten, in Frage kommt, steht der Stadtverordnetenversammlung ein gesetzliches Mitwirkungsrecht nicht zu. Es empfiehlt sich jedoch ihre Anhörung.

II.

Gesetzlich ist als Amtsbezeichnung

a) für die **Provinzialbeamten** in den Prov. Ordnungen nur die des Landesdirektors (=hauptmannes) festgesetzt, während die Titel der übrigen oberen Beamten Landesräte, Landesbauräte, Landessyndikus, vom Könige mittels Erl. v. 20. I. 1877 genehmigt sind (Min. Erl. v. 4. II. und 29. X. 1877, Min. Bl. S. 37 u. 280). Andere Titel z. B. die der Landesassessoren, Landessekretäre u. s. w. werden vom Provinziallandtage durch die über die dienstlichen Verhältnisse zu erlassenden Reglements bestimmt.

b) Die Titel der **Kreiskommunalbeamten,** z. B. Kreisausschußsekretär, setzt der Kreistag fest (§ 116 Ziff. 7 öst. Kr. O.). Ueber die Titel „Kreiskommunalbaumeister", „Kreiswegebaumeister" vergl. M. Bl. 1879 S. 2. Nach dem Min. Erl. v. 4. VIII. 1880 (M. Bl. S. 272) darf den angestellten Kreisbaubeamten fortan ausschließlich der Titel „Kreisbaumeister" beigelegt werden.

c) In den **Stadtgemeinden** kommt hinsichtlich der Verleihung auszeichnender Titel in Betracht

§ 34 Abs. 2 öst. St. O. und H. N. St. O.

„Magistratsmitgliedern, welche ihr Amt mindestens neun Jahre[1]) mit Ehren bekleidet haben, kann in Uebereinstimmung mit der Stadtverordnetenversammlung von dem Magistrate das Prädikat „Stadtältester" verliehen werden."

Die Amtsdauer braucht nicht ununterbrochen neun Jahre gewährt zu haben. Min. Erl. v. 4. IV. 1835. (v. Kamptz Ann. XIX. S. 435). Anm. 1.

Als Amtsbezeichnungen kennen die Städteordnungen für die Mitglieder des Magistrates: Bürgermeister, zweiter Bürgermeister oder Beigeordneter, Schöffe (§ 29 öst. St. O. u.

Westf. St. O., § 32 H. N. St. O. § 28, Schl. Holst. St. O., § 39 Hann. St. O., die Rh. St. O. kennt nur **Bürgermeister** und **Beigeordnete** (§ 28).

Der Titel Oberbürgermeister wird durch Allerhöchste Verleihung erworben.

Nach § 32 H. N. St. O. soll jedoch der Bürgermeister in den Städten Cassel, Hanau, Marburg und Fulda, wie bisher, den Titel Oberbürgermeister führen.

Die Titel der Schöffen: Stadträte, Ratsherren, Ratsmänner, Syndikus, Kämmerer, Schulrat, Baurat rc. erfordern ortsstatutarische vom Bezirksausschusse bestätigte Beschlüsse, die der Genehmigung der Aufsichtsbehörde bedürfen. (Kab. O. v. 5. II. 1873 M. Bl. S. 59). Die Titel „Syndikus“ rc. sind auch in Städten ohne Magistratsverfassung zulässig. Der Titel „Stadtbaurat“ ist nicht auf die Bautechnischen Mitglieder des Magistrates beschränkt. Nach dem Min. Erl. v. 15. II. 1873 (M. Bl. S. 59) setzt die Verleihung des Titels „Stadtrat“ eine Stadt von mindestens 10000 Civileinwohnern, der Titel „Ratsherr“ eine solche von 5000 voraus. Der Titel „Ratmann kann in Städten mit geringerer Einwohnerzahl verliehen werden. Diese Titel sind nur während der Amtsdauer zu führen.

d) Im Gebiet der **Landgemeindeordnungen** kommen als gesetzliche Titel: Gemeinde- (Guts-) Vorsteher, Schöffe, Bürgermeister in Hessen-Nassau und Rheinprovinz, und Amtmann in Westfalen in Betracht.

III.

Die Einteilung der Kommunalbeamten in **Rang- oder Dienstklassen** ist Sache von Reglements, bezw. Ortsstatuten oder Beschlüssen der einzelnen Verbände. Diese Einteilung ist von Wichtigkeit für die Festsetzung von Tagegeldern, Reisekosten, Umzugsgeldern, Wohnungsgeldzuschuß.

In den Rangklassen der unmittelbaren Staatsbeamten nach der Vd. v. 7. II. 1817 (G. S. S. 61) und nach dem Hof-Rang-Reglement v. 19. I. 1878 sind nur einzelne Kommunalbeamte genannt: Oberbürgermeister von Berlin (II. Rangklasse), Landesdirektor (-hauptmann III. Rangklasse), Landesrat, Landesbaurat (IV. Rangklasse).

§ 9.

b. Amtsabzeichen, Amtskleidung (Uniform) Orden und Ehrenzeichen.

I. Allgemeines.

1. Das Recht auf Amtsabzeichen und auf Amtskleidung

ist teils mit dem Amte selbst verbunden, teils ist es ein persönliches Recht des jedesmaligen Inhabers, das ihm besonders verliehen werden muß. In welchen Fällen das der Fall ist, siehe unter II.

Beamte, die die Berechtigung zum Tragen einer Staatsuniform besitzen, sind nach dem Allerh. Erl. v. 6. X. 1824 (v. Kamptz Jahrbuch Bd. XXIV. S. 311) verpflichtet, bei öffentlichen feierlichen Gelegenheiten und, wenn sie vor dem Landesherrn erscheinen, die Uniform anzulegen; ebenso bei Reisen seiner Majestät, Nr. 9 der Best. v. 29. VII. 1890 (bei Illing-Kautz 7. Aufl. Bd. I S. 285.)

Nach dem Erl. v. 29. VII. 1889 (M. Bl. S. 158) dürfen Civiluniformen, die übrigens bei dienstlichen Handlungen der Civilbeamten nicht durch besonders verliehene Militäruniformen ersetzt werden dürfen, nach dem Ausscheiden aus dem Staatsdienste ohne Allerhöchste Genehmigung nicht mehr getragen werden.

Die Kosten der Amtszeichen und Uniformen können die Kommunalverbände und Gemeinden selbst tragen, anderenfalls müssen die Beamten sich jene auf eigene Kosten anschaffen. Min. Erl. v. 5. II. 1836 (v. Kamptz Ann. Bd. XX. S. 130.)

Nach dem Ges. über die Polizeiverwaltung v. 11. III. 1850 (G. S. S. 265) haben die Gemeinden die Kosten der Uniformen der Polizeibeamten (auch der Königlichen) als Kosten der örtlichen Polizeiverwaltung zu tragen. E. O. V. Bd. XII S. 38.

2. Das Recht, **Orden, Ehrenzeichen** und sonstige Auszeichnungen zu verleihen, steht nach Art. 50 der Preuß. Verf. Urk. dem Könige zu. Alle Anträge wegen Erwirkung von Auszeichnungen sind durch den Oberpräsidenten vorzulegen.

Zur Anlegung verliehener außerpreußischer Orden ist die Genehmigung des Königs einzuholen.

3. Von strafrechtlichen Bestimmungen kommen hier die §§ 360, 33, 34, R. Str. G. B.'s in Betracht:

§ 360. „Mit Geldstrafe bis zu 150 Mark oder mit Haft wird bestraft

8. Wer unbefugt eine Uniform[1]) eine Amtskleidung, ein Amtszeichen, einen Orden[2]) oder ein Ehrenzeichen[2]) trägt oder Titel,[2]) Würden ..... annimmt .....“

Hierunter fällt nicht der Fall, wenn ein Beamter zum Tragen der Uniform an sich berechtigt ist, diese aber zu Zeiten und Gelegenheiten trägt, wo seine Dienstinstruktion ihm das Tragen nicht gestattet. Anm. 1.

Unter diese Strafbestimmung fällt auch die Führung ausländischer Orden, Ehrenzeichen und Titel, wenn die erforderliche landesherrliche Genehmigung nicht vorliegt. Anm. 2.

§ 33 R. St. G. B.'s

„die Aberkennung der bürgerlichen Ehrenrechte bewirkt ...... den dauernden Verlust der öffentlichen Aemter, Würden, Titel, Orden und Ehrenzeichen,"

sowie ferner nach § 34 St. G. B.

„die Unfähigkeit, während der im Urteil bestimmten Zeit ....

3. öffentliche Aemter, Würden, Titel, Orden und Ehrenzeichen zu erlangen." (Vergl. oben § 2 Ziff. 7).

II.

Amtsabzeichen und **Amtskleidungen** kommen in folgenden Fällen vor:

1. Hinsichtlich der Provinzialbeamten ist nur für den Landesdirektor (=hauptmann) eine besondere Uniform (Galarock mit reicher Silberstickerei und blauem Kragen, Beinkleider mit breitem Silberstreifen, Dreimaster und Degen) vorgeschrieben.
2. Für städtische Gemeinde-Verwaltungsbeamte ist hinsichtlich der Amtsabzeichen der Mitglieder der Gemeindebehörden die Kab. O. v. 9. IV. 1851 (als Anlage zu dem Min. Erl. v. 15. IV. 1851 M. Bl. S. 86, 87, veröffentlicht) maßgebend. Die Amtszeichen bestehen in Ketten und Medaillen, wie solche nach Form und Gepräge durch Kab. O. v. 10. XII. 1847 (durch Min. Erl. v. 1. II. 1848 Min. Bl. S. 34 bekannt gemacht) festgesetzt worden sind. Sie sind verschieden für die Bürgermeister und die Magistratsmitglieder, sowie für die Stadtverordneten und deren Vorsteher. Die Bürgermeister und Vorsteher tragen doppelte Kette. Die Medaillen tragen auf der Vorderseite das Stadtwappen und die Bezeichnung als Magistratsmitglied oder Stadtverordneter, auf der Rückseite das Brustbild Friedrich Wilhelms III. oder die Inschrift „Friedrich Wilhelm König von Preußen, Gründer der Städteordnung".

   Während früher die Annahme der Amtszeichen jeder Stadt überlassen blieb, ist durch die oben erwähnte Kab. O. v. 9. IV. 1851 die jedesmalige Verleihung seitens des Königs nach bestimmten Grundsätzen entweder dem Amte oder dem Amtsinhaber zur Regel gemacht.

   Die Amtsketten und Medaillen können nicht nur den obengenannten Beamten, sondern auch den Bezirksvorstehern, den Beisitzern der Deputationen und Kommissionen und sogar einzelnen Gemeindebeamten für besondere Berufstreue und wahren Bürgersinn als Auszeichnung verliehen werden.

3. Bei ländlichen Gemeindeverwaltungsbeamten kommen folgende Amtsabzeichen vor.

a) Die Landbürgermeister in der Rheinprovinz und die Amtmänner in Westfalen dürfen bei Ausübung ihres Amtes einen Adler aus Silber oder silberähnlichem Metall, der auf der linken Brustseite des Rockes oder an der Kopfbedeckung anzuheften ist, oder auch eine Uniformmütze aus dunkelblauem Tuche mit dunkelblauem Sammetstreifen und der Preußischen Kokarde, über der der vorbezeichnete Adler zu befestigen ist, anlegen.

Allerh. Erl. v. 17. X. 1887 (bei Harnisch, Rh. Gem. Ordn., 3. Aufl.; S. 12) Schmidt, Westf. L. G. O. S. 136).

b) Dasselbe ist für die Amtsvorsteher vorgeschrieben, Allerh. Erl. v. 25. XI. 1878 und Min. Erl. v. 17. XII. 1878 (M. Bl. 1879 S. 1).

c) Als Amtsabzeichen der Gemeindevorsteher kommen die Schulzenstäbe und Armbinden in den Provinzialfarben mit den preußischen Landesfarben vor in Brandenburg, Ost- und Westpreußen, Pommern, Posen, Sachsen und Schlesien (hier sind gelbseidene mit den preußischen Farben versehene Armbinden üblich). Vgl. für Schlesien Instr. v. 1. V. 1804, Kab. O. v. 1. X. 1841 und 26. III. 1842 § 34 der Best. v. 29. X. 1855 (M. Bl. 1856 S. 36); für Brandenburg Kab. O. v. 1. V. 1843 (M. Bl. 1855 S. 136), für die Grafschaft Schwedt Best. v. 29. X. 1855 (M. Bl. 1856 S. 6, 232) §§ 31 bezw. 32; für die anderen genannten Provinzen Kab. O. v. 27. XI. 1854 (M. Bl. 1855 S. 136).

4. Ueber die Uniformen der städtischen Polizeibeamten bestimmt der Min. Erl. v. 13. X. 1895 (M. Bl. S. 226) folgendes:

„Zusammenstellung der Vorschriften über die Uniformierung und Bewaffnung der städtischen Polizeibeamten des Exekutivdienstes. [1]—[4].“

I. Polizeisergeanten.

1. Der Waffenrock, nach militärischem Schnitt gearbeitet, ist von dunkelblauem Tuch mit einer Reihe Wappenknöpfen von gelbem Metall, karmoisin-

[1]) Die vorgeschriebene Polizeidienstuniform kann auch von denjenigen Magistrats-Mitgliedern, denen die Polizeiverwaltung speziell und für ihre Person übertragen ist, angelegt werden. Min. Erl. v. 31. III. 1836 (v. Kamptz Ann. XX S. 158).

[2]) Dagegen sind Bürgermeister derjenigen Städte, in denen die Ausübung der Polizei den Magistraten nur vermöge der Städteordnung obliegt, zur

roter Einfassung und ganz karmoisinrotem, vorn abgerundetem Stehkragen. Der Rock hat brandenburgische Aermelaufschläge von dunkelblauer Farbe mit karmoisinroter Einfassung. Auf dem Waffenrocke befinden sich Achselklappen von karmoisinrotem Tuch ohne Einfassung mit dem kleinen Königl. Wappenschilde. Die Achselklappen sind von gleicher Form und Größe wie die Achselklappen des Militärs und ebenso wie diese auf dem Rocke zu befestigen.

Wo mehrere Sergeanten vorhanden sind, müssen die Achselklappen mit fortlaufenden, unter dem Wappenschilde anzubringenden Nummern von gelbem Metall versehen werden.

Bei warmer Witterung kann anstatt des tuchenen Rocks ein leichter aus weißem Drill von gleichem Schnitte wie jener mit einer Reihe Wappenknöpfe von gelbem Metall und den vorgeschriebenen Achselklappen getragen werden.

Tragung der Polizeiuniform nicht berechtigt und noch weniger verpflichtet. Min. Erl. v. 4. VIII. 1836 (v. Kamptz Ann. XX S. 158).

³) Sind die Bürger=, bezw. Oberbürgermeister persönlich mit der Handhabung der Ortspolizei betraut, so ist in Bezug auf die Anlegung einer Uniform bei dem Minister des Innern in jedem Falle anzufragen (Min. Erl. v. 31. III. 1836 a. a. O.).

⁴) Wegen des Uniformtragens der Exekutivbeamten im Dienste vgl. Min. Erl. v. 18. I. 1882 (M. Bl. S. 35).

Nach den bestehenden Vorschriften haben die Beamten der ausübenden Polizei bei den Königl. und städtischen Polizeiverwaltungen im Dienste stets Uniform zu tragen, wenn ihnen nicht ausnahmsweise das Tragen von Civilkleidern aus dienstlichen Gründen befohlen oder gestattet ist. Das Tragen der Uniform, wenn es ordnungsmäßig geschieht, ist wesentlich dazu geeignet, das persönliche Ansehen des betreffenden Beamten zu erhöhen und gewährt überdies den Vorteil, demselben im Verkehre mit dem Publikum die Pflichten seiner Stellung als Organ der Staatsverwaltung stets gegenwärtig zu halten, Es ist indeß die Wahrnehmung gemacht worden, daß in manchen Städten, namentlich den mittleren und kleineren, Unterbeamte der exekutiven Polizei hinsichtlich einer sauberen und ordentlichen Dienstkleidung den an sie zu stellenden Ansprüchen nicht immer genügen und wohl auch infolgedessen in ihrer äußeren Erscheinung eine straffe Haltung vermissen lassen. Ich nehme daher Veranlassung, die Aufmerksamkeit der Provinzial=Verwaltungsbehörden darauf zu lenken, wie wichtig es ist, daß die polizeilichen Exekutivbeamten ihren Dienst in vorschriftsmäßiger und ordentlicher Dienstkleidung verrichten. Ein integrierender Teil der Uniform ist der Helm. Ich darf wohl voraussetzen, daß schon jetzt bei den Königlichen und bei den größeren städtischen Polizeiverwaltungen die Exekutivbeamten, wenn sie sich im Dienste an Sonn- und Festtagen öffentlich zeigen, sowie überall, wo sie mit einer größeren Menschenmenge amtlich zu verkehren haben, wie auf Märkten, bei Ueberwachung von Versammlungen, Festlichkeiten und öffentlichen Vergnügungen, auf den Bahnhöfen ꝛc., den Helm anlegen. In dieser Beschränkung kann auch an die Exekutivbeamten der mittleren und kleineren Städte die Anforderung des Helmtragens gestellt werden, zumal nicht anzunehmen ist, daß durch die Anschaffung des Helms den betreffenden Gemeinden oder Beamten eine zu große Kostenlast aufgebürdet würde.

2. Die Beinkleider nach militärischem Schnitt gearbeitet, sind von grauem Tuche, karmoisinroter Biese, oder von weißem Drill ohne Biese.

3. Der Mantel ist von dunkelgrauem Tuch in der Form des Militärpaletots mit zwei Reihen Wappenknöpfen von gelbem Metall. Der zehn Centimeter breite Umschlagkragen ist auf der äußeren Seite von karmoisinrotem, auf der inneren von dunkelblauem Tuch.

Der Mantel ist so lang, daß er die Knie bedeckt, sein Futter ist von grauer Farbe.

Auf dem Mantel befinden sich Achselklappen, die denjenigen auf den Waffenröcken vollständig gleichen.

4. Die Halsbinde ist von schwarzer Serge, mit Kattun gefüttert und zum Zuschnallen eingerichtet.

5. Der Helm ist von schwarz lackiertem Leder mit Vorder- und Hinterschirm, die Naht hinten schwarz, die Spitze aus Messing, kurz, gereift, oben abgestumpft und nach unten in vier messingene Bügel auslaufend, die mit je einer, oben mit einem messingnen Stern verzierten Schraube an dem Helm befestigt werden. Der Vorderschirm ist mit Messing eingefaßt, der Hinterschirm hat keine Einfassung.

An der Vorderseite des Helms befindet sich ein Wappenadler von Messing mit dem Königlichen Namenszug (W) und der Krone. Der Helm ist mit Schuppenketten von Messing versehen; unter der Schuppenkette und mit ihr an der rechten Seite des Helms befestigt wird das Preußische National von schwarzem Leder mit weiß gemaltem Reifen getragen.

6. Die Mütze ist von dunkelblauem Tuch in der Form der Offiziermützen, sie ist unmittelbar über dem Schirm mit einem Streifen von gleichfarbigem Tuche versehen, der von zwei, etwa zweiundeinhalb Centimeter von einander entfernt zu haltenden, karmoisinroten Biesen eingefaßt wird. Um

---

Es wird sich aber außerdem empfehlen, an Orten, an welchen ein größerer Verkehr stattfindet, über das vorstehend bezeichnete Maß hinauszugehen und allen polizeilichen Exekutivbeamten das Tragen des Helms, insbesondere auch bei dem Patrouillieren auf den öffentlichen Straßen und Plätzen zur Pflicht zu machen, da erfahrungsmäßig der Helm wesentlich dazu beiträgt, das Ansehen und das Selbstgefühl des Beamten zu heben.

Durch Min. Erl. v. 29. XI. 1886 (M. Bl. S. 246) ist im Einvernehmen mit dem Justizminister bestimmt,

daß die Polizeibeamten ihre Helme vor Gerichts- und sonstigen öffentlichen Behörden beim Erscheinen in dienstlichen Angelegenheiten aufzubehalten, beim Erscheinen in Privatangelegenheiten als Parteien oder Zeugen aber abzunehmen haben.

Andere Kopfbedeckungen als Helme sind vor den bezeichneten Behörden stets abzunehmen.

Das dienstliche Erscheinen bei Verhandlungen öffentlicher Behörden ist zu denjenigen Anlässen zu rechnen, bei welchen Polizei-Exekutivbeamte auch in kleineren Orten der Regel nach von dem Helm Gebrauch zu machen haben.

den oberen Rand der Mütze läuft ein karmoisinroter Vorstoß. Vorn in der Mitte des Streifens wird die Preußische Kokarde mit weiß gemaltem Reifen und darüber oberhalb des Streifens das kleine Königl. Wappenschild getragen.

7. Als Seitengewehr wird ein Säbel an einem Unterkoppel getragen. Säbel und Unterkoppel gleichen den bei den Schutzmännern der Königlichen Polizeiverwaltung eingeführten. (Der Säbel der Schutzmänner ist der altpreußische, früher für die Gemeinen und Unteroffiziere der Infanterie vorgeschriebene. Er wird an einem um die Hüften zu schnallenden Unterkoppel von schwarzem Leder mit zwei Riemen getragen.)

An dem Säbel wird ein kleines Portepee von Gold mit blauer Seide mittels eines mit Gold durchwirkten ledernen Riemens befestigt.

II. Polizeiwachtmeister.

1. Der Waffenrock gleicht demjenigen der Sergeanten mit dem Unterschiede, daß an Stelle der Achselklappen Achselstücke von karmoisinrotem Tuch getragen werden, die den Achselklappen an Breite gleich, ringsum mit anderthalb Centimeter breiten goldenen Tressen eingefaßt und in der Mitte mit dem kleinen Königlichen Wappenschilde versehen sind.

Auch die Wachtmeister können bei warmer Witterung den für die Sergeanten vorgesehenen weißen Drillrock — jedoch mit den für sie bestimmten Achselstücken tragen.

2. Die Beinkleider gleichen denen der Sergeanten.

3. Der Mantel gleicht ebenfalls dem der Sergeanten, trägt aber auf den karmoisinroten Achselklappen keine Nummer, sondern nur das Königliche Wappenschild.

An den inneren Seiten des Mantelkragens sind, etwa zwei Centimeter vom Kragenschlusse entfernt, schmale goldene Borten von der Größe anzubringen, wie sie von den Unteroffizieren der Armee in schwarzweißer Farbe getragen werden.

4. Die Halsbinde gleicht denjenigen der Sergeanten.

5. und 6. Helm und Mütze gleichen den Kopfbedeckungen der Sergeanten mit Ausnahme dessen, daß die weißen Reifen im Nationale und der Kokarde von Metall sind.

7. Das Seitengewehr und das dazu gehörige Unterkoppel hat den genannten Ausrüstungsstücken, wie sie von den Wachtmeistern der Königlichen Polizeiverwaltungen getragen werden, mit dem Unterschiede zu entsprechen, daß die Waffe etwas breiter und wuchtiger ist, und daß der Griff, die Schnallen und Beschläge von gelbem Metall sind. (Der Säbel der Königlichen Polizeiwachtmeister ist der frühere krumme Infanterieoffizier-Säbel (Füsilieroffizier-Säbel) in schwarzer Lederscheide. Der Säbel wird an einem Unterkoppel von schwarzem Leder mit zwei Tragriemen entweder an einem Haken hoch aufgehängt oder an den Riemen so getragen, daß er die Erde nicht berührt.)

Das Portepee ist etwas größer als das der Sergeanten, dem es sonst gleichkommt.

Sind die Wachtmeister berechtigt, das silberne Offiziers-Portepee zu tragen, so hat es dabei sein Bewenden.

III. Polizeikommissare.

1. Der Waffenrock ist dem der Wachtmeister in Schnitt und Farbe gleich, hat jedoch schwedische Aermelaufschläge mit karmoisinrotem Tuch; die Aufschläge und der Kragen sind mit goldener Stickerei in Form einer Säge geziert.

Abgesehen von feierlichen Gelegenheiten und sonstigen besonderen Anlässen dürfen die Kommissare anstatt des Waffenrocks einen mit den Zeichen ihres Grades (Epauletten — Achselstücken) versehenen Ueberrock aus dunkelblauem Tuch und Aermelaufschlägen aus demselben Stoffe, platten Knöpfen aus gelbem Metall, karmoisinrotem Kragen und gleichfarbigen Vorstößen um die Aermelaufschläge und an den Taschenleisten tragen, der in Form und Schnitt dem Ueberrock der Offiziere von der Armee nachgebildet ist.

Im Büreaudienste, insbesondere bei warmer Witterung, kann anstatt des tuchenen Waffenrocks oder Ueberrocks ein Rock aus weißem Drill getragen werden, der in Form und Schnitt dem Ueberrocke entspricht und mit denselben Knöpfen und Rangabzeichen wie dieser zu versehen ist.

Auf dem Waffenrocke, dem Ueberrocke und dem Drillichrocke sind Epauletts mit karmoisinrotem Grunde, auf dem sich das kleine Königliche Wappenschild befindet, und mit vergoldeten, gereiften Halbmonden zu tragen. Die Schieberstücke der Epauletts sind mit goldener Tresse besetzt; die Epauletthalter bestehen aus goldener, mit blauer Seide durchwirkter Borte.

Anstatt der Epauletts können Achselstücke von goldener Tresse auf karmoisinrotem Tuche getragen werden, die in der Mitte mit dem kleinen Königlichen Wappenschilde versehen sind. Die Breite der Achselstücke beträgt etwa 4 cm.

2. u. 3. Beinkleider und Mantel gleichen demjenigen der Wachtmeister mit dem Unterschiede, daß der Mantel mit Achselklapppen und Kragenabzeichen nicht versehen ist.

4. u. 5. Helm und Mütze gleichen den Kopfbedeckungen der Wachtmeister, jedoch ist sämtliches Messingwerk am Helm vergoldet.

6. Das Seitengewehr und das dazu gehörige Unterkoppel gleichen demjenigen der Wachtmeister, jedoch ist das Unterkoppel mit Löwenkopfbeschlägen aus Messing versehen.

Das Portepee und das daran befindliche Band sind von Gold mit blauer Seide durchwirkt.

Sind die Kommissare aktive Offiziere des Beurlaubtenstandes der Armee oder sind sie aus der Armee mit der Berechtigung zum Tragen der Offiziersuniform ausgeschieden, so können sie anstatt des goldenen das silberne Offiziers-Portepee tragen.

IV. Polizeiinspektoren.

Die Uniform und Bewaffnung der Inspektoren unterscheidet sich von derjenigen der Kommissare in folgenden Punkten:

1. Der Kragen am Waffenrock ist vorn eckig, Kragen und Aermelaufschläge sind mit der Stickerei der Rangklasse der Inspektoren in Gold versehen.

2. Die Epauletts haben anstatt des karmoisinroten goldenen Grund, die Achselstücke sind etwa 5 cm breit und mit zwei Sternen aus Silber (weißem Metall) versehen, von denen der eine oberhalb, der andere unterhalb des Königlichen Wappenschildes angebracht ist.

Besondere Bemerkungen.

1. Berittene Polizeibeamte dürfen hohe Stiefel mit angeschnallten Sporen tragen.

2. Ueberall da, wo und soweit ein Bedürfnis hierzu hervortritt, kann der Minister des Innern auf Antrag des Regierungs-Präsidenten gestatten, daß die Bewaffnung der Polizeibeamten durch Revolver vervollständigt wird. Zum Auftragen der gegenwärtig in Gebrauch befindlichen Uniform- und Bewaffnungsstücke, welche den neuen Vorschriften nicht entsprechen, kann insbesondere in wenig leistungsfähigen Gemeinden eine entsprechende Frist gewährt werden. Den oberen Exekutivbeamten der Polizeiverwaltungen auf dem Lande, insbesondere in volkreichen ländlichen Gemeinden, in den Vororten größerer Städte ꝛc. kann auf Antrag dieser Verwaltungen von den Regierungspräsidenten gestattet werden, die Dienstkleidung der städtischen Polizeibeamten derselben Kategorie zu tragen."

Ueber einzelne Vorschriften über die Uniformierung und Bewaffnung der städtischen Polizeibeamten des Exekutivdienstes sind Zweifel entstanden, zu deren Beseitigung der Minister des Innern folgendes bestimmt hat:

„1. Sämtliche Knöpfe des Waffenrocks sind Wappenknöpfe. Auf der farbigen Zeichnung, die der Zusammenstellung jener Vorschriften beigegeben ist, ist das Wappen auf den Knöpfen des Aermelaufschlags zum Waffenrock für Sergeanten und Wachtmeister nicht dargestellt worden, weil dies bei der Kleinheit der Zeichnung mit Schwierigkeiten verknüpft gewesen wäre.

2. Die Beinkleider und Mäntel sind aus dunkelgrauem Tuche zu fertigen, das in der Farbe möglichst dem Stoffe zu gleichen hat, aus dem bisher die Mäntel für die Mannschaften der Infantrie gefertigt wurden.

3. Der Königliche Namenszug (W) und die Krone im Wappenadler des Helmes sind nicht aus weißem, sondern, wie auch die farbige Zeichnung zeigt, aus gelbem Metall herzustellen.

4. Die Form der Helmspitze ist auf der Zeichnung richtig wiedergegeben. Die messingenen Bügel sind von gleicher Länge und so zu bemessen, daß der vordere nur bis zum Wappenadler reicht.

5. Das goldene Portepee der oberen Beamten ist in der Weise mit blauer Seide zu durchwirken, wie das silberne Portepee der Offiziere von der Armee mit schwarzer Seide durchwirkt ist."

5. Die Uniform der ländlichen Exekutiv- und Polizeibeamten richtet sich nach folgenden Bestimmungen:

a) Nach der Kab. O. v. 30. V. 1874 (Min. Erl. v. 26. VI. 1874, Illing-Kautz, 7. Aufl. Bd. I S. 468) ist den ländlichen Gemeinden und Polizeiverwaltungen gestattet, ihre unteren Exekutivbeamten, wie Polizeidiener, Boten, Exekutoren (Feldhüter) mit einer aus einem blauen Ueberrocke mit zwei Reihen blauer Knöpfe (es genügen metallene in blauem Farbenscheine, Min. Erl. v. 19. III. 1877 M. d. J. II 1758, Illing-Kautz, Bd. I S. 469), mit stehendem blauen Kragen und einer blauen Militärmütze mit der Preuß. Kokarde bestehenden Dienstkleidung und mit einem Seitengewehr zu versehen.

In der Rheinprovinz galt in dieser Beziehung der Min. Erl. v. 24. VII. 1845. (Min. Bl. S. 297), der für Polizeidiener und -Sergeanten die jetzt in dem oben mitgeteilten Min. Erl. v. 13. X. 1895 festgesetzte Uniform vorschrieb. Der Min. Erl. v. 27. IX. 1877, M. d. J. II 7374 (bei Illing-Kautz Bd. I S. 469) gestattet diese Uniform auch fernerhin noch für die ländlichen Polizeiexekutivbeamten.

b) Die Möglichkeit der Einführung der Dienstkleidung städtischer Polizeibeamte ist durch die folgende Kab. O. v. 7. II. 1894 (M. Bl. S. 42) gegeben:

„Ferner genehmige Ich, daß den unteren Exekutivbeamten der Polizeiverwaltungen auf dem Lande auf Antrag dieser Verwaltungen von den Regierungspräsidenten in geeigneten Fällen gestattet werde, die Dienstkleidung der städtischen Polizeibeamten anstatt der durch die Kab. O. v. 30. V. 1874 vorgeschriebenen zu tragen."

6. Besondere Uniformen tragen die Kommunalforstbeamten. Allerh. Erl. v. 11. X. 1899 (M. Bl. S. 203) bestimmt,

„daß die Forstbeamten der Kommunalverbände und öffentlichen Anstalten, deren Waldungen unter Staatsaufsicht stehen, soweit sie a) auf Lebenszeit angestellt sind, b) zu den für den Forstdienst bestimmten oder mit dem Forstversorgungsschein entlassenen Anwärtern aus dem Jägerkorps gehören, eine Walduniform nach dem Muster der der Staats-Forstbeamten mit folgenden unterscheidenden Merkmalen zu tragen haben: 1. an dem Rocke sind Achselschnüre von grauem Kameelgarn anstatt der grünen der Staats-Forstbeamten und grüne Knöpfe nach dem anbei zurückfolgenden Muster, 2. an der Kopfbedeckung (Hut oder Mütze) vorn über der Kokarde anstatt des fliegenden Adlers der Königlichen Beamten ein Wappenadler von Messing mit dem Königlichen Namenszuge (W) und der Krone, wie er für die städtischen Polizeibeamten des Exekutivdienstes vorgeschrieben ist, anzubringen. Sämtlichen zum Tragen dieser Uniform berechtigten Kommunal- und Anstalts-Forstbeamten ist auch das Tragen der Litewka, wie Ich sie für die Staats-Forstbeamten zugelassen habe, gestattet, jedoch mit der Maßgabe, daß auch bei der Litewka an die Stelle der grünen Achselstücke und der Wappenknöpfe der Staats-Forstbeamten graue Achselstücke und grüne Knöpfe treten. Den nicht zum Tragen der Uniform berechtigten Beamten, die aber nach § 23 Ziffer 2 des Forstdiebstahl-Ges. v. 15. IV. 1878 doch ein für alle Mal gerichtlich beeidigt werden können, d. h. solchen Personen, die keine Anzeigegebühr erhalten und nach bescheinigter dreijähriger tadelloser Forstdienstzeit auf mindestens drei Jahre mittels schriftlichen Vertrages mit dem Waldschutze betraut sind, will Ich das Tragen der Litewka ohne Achselstücke und des Diensthutes oder der Dienstmütze gestatten. Im übrigen bestimme Ich, daß denjenigen Beamten, denen seither das Tragen einer Uniform gestattet war, das Auftragen der bisherigen Uniformen ohne Zeitbeschränkung erlaubt bleibt sowie, daß denjenigen zur Zeit im Dienst befindlichen Beamten im Regierungsbezirk Wiesbaden, welchen nach dem Allerh. Erl. v. 21. VII. 1869 das Recht verliehen worden ist, die Walduniform der Königlichen Forstschutzbeamten zu tragen, dies Recht bis auf weiteres zu belassen ist. Für die übrigen Beamten, insbesondere für diejenigen, die auf Grund des Ges. v. 12. X. 1897, betreffend die Forstschutzbeamten der Gemeinden und öffentlichen Anstalten im Regierungsbezirk Wiesbaden (G. S. S. 411), angestellt werden, haben die vorstehenden allgemeinen Uniformvorschriften ohne weiteres in Kraft zu treten.

Als „Kommunalverbände" im Sinne obiger Bestimmungen haben nicht nur die Stadt- und Landgemeinden, die Kreise und Provinzen zu gelten, sondern auch die in den alten Provinzen noch bestehenden kommunalständischen Verbände und die landschaftlichen Verbände in der Provinz Hannover, die Bezirksverbände der Regierungsbezirke Kassel und Wiesbaden, der Hohenzollernsche und der Lauenburgische Landeskommunalverband, die Hohenzollernschen Amtsverbände, die Bürgermeistereien in der Rheinprovinz und die Aemter in der Provinz Westfalen. Das in dem Allerhöchsten Erlasse erwähnte Muster für die Knöpfe ist ein dunkelgrüner, an der Oberfläche mäßig gewölbter, fein geriffelter Hornknopf von 2,5 Centimeter Durchmesser mit metallener Oese an der Unterfläche."

7. Bezüglich der Amtsabzeichen der von Stadt- oder Land-

gemeinden angestellten **Feldhüter** rc. gelten folgende Bestimmungen:

a. § 65 des Feld- und Forstpolizei-Gesetzes v. 1. IV. 1880 (G. S. S. 230).

„Die Feldhüter, Ehrenfeldhüter oder Forsthüter müssen ein Dienstabzeichen bei sich führen und bei Ausübung ihres Amtes auf Verlangen vorzeigen."

b. Nach dem Min. Erl. v. 12. V. 1880 (M. Bl. S. 187ff.) können diese Dienstabzeichen, deren Bestimmung den Gemeinden überlassen ist, entweder in einer Uniform oder in einem anderen amtlichen Abzeichen (Dienstmütze, Brustschild mit Adler rc.) bestehen. Neben der Uniform braucht ein besonderes Abzeichen nicht mehr getragen zu werden.

§ 10.

c. Das Recht zum Waffengebrauche.

Den Polizei-Exekutiv- sowie den Forstbeamten steht, damit sie in der Lage sind, die Befolgung der in Ausübung ihres Amtes getroffenen Anordnungen im Falle eines Widerstandes zu erzwingen, das Recht zur Seite, von ihren Waffen Gebrauch zu machen.

Ueber dieses Recht gelten folgende Bestimmungen:

1. Hinsichtlich der Polizei-Beamten schreibt der Min. Erl. v. 13. VII. 1823 (v. Kamptz Ann. Bd. VII. S. 643) vor:

„Nachdem durch die Gendarmerie-Instr. v. 30. XII. 1820 § 28[1]) bestimmte Vorschriften über den Gebrauch der Waffen bei Widersetzlichkeiten rc. erlassen worden, bedarf es der früher beabsichtigten besonderen Bd. auf deren Erlaß das Kgl. Polizei-Präsidium in dem Bericht vom 18. v. M. anträgt, nunmehr weiter nicht.

Denn es leidet keinen Zweifel, daß die in gedachtem § 28 der Instr. für die Gendarmerie enthaltenen Vorschriften auch auf die exekutiven Polizei-Beamten anwendbar, letztere mithin vollkommen berechtigt sind, in allen den in § 28 der Gendarmerie-Instr. v. 30. XII. 1820 gedachten Fällen in eben dem Maße, wie dies den Gendarmen gestattet ist, sich der Waffen zu bedienen.

Ich veranlasse daher das Kgl. Polizei-Präsidium, die demselben untergeordneten Polizei-Beamten hiernach anzuweisen; jedoch sind in denjenigen Fällen, in welchen die Einschreitung des Militärs vorgeschrieben, die deshalb erlassenen Bestimmungen zu berücksichtigen."

§ 28 der Dienstinstr. für die Gendarmerie v. 30. XII. 1820 (G. S. 1821 S. 10) lautet: Anm. 1.

„Die Gendarmen sind befugt, auch ohne Autorisation der vorgesetzten Behörde, sich der ihnen anvertrauten Waffen zu bedienen:

a. wenn Gewalt oder Thätlichkeit gegen sie selbst, indem sie sich in Dienstfunktion befinden, ausgeübt wird;

b. wenn auf der That entdeckte Verbrecher, Diebe, Schleichhändler u. s. w. ihren Aufforderungen, um zur nächsten Obrigkeit geführt zu werden, nicht ohne thätlichen Widerstand Folge leisten und vielmehr sich der Beschlagnahme der Effekten oder Waren und Fuhrwerke oder ihrer persönlichen Verhaftung mit offener Gewalt oder mit gefährlichen Drohungen widersetzen.

c. Wenn sie auf andere Art den ihnen angewiesenen Posten nicht behaupten, oder die ihnen anvertrauten Personen nicht beschützen können.

Es liegt ihnen jedoch auch in diesen Fällen ob, die Waffen nur, nachdem gelinde Mittel fruchtlos angewandt sind, und nur, wenn der Widerstand so stark ist, daß er nicht anders, als mit bewaffneter Hand überwunden werden kann und auch dann noch mit möglichster Schonung zu gebrauchen."

In demselben Sinne, wie der Min. Erl. v. 13. VII. 1823 haben sich der Min. Erl. v. 10. III. 1824 (in Verbindung mit der Kab. O. v. 3. XII. 1823) (v. Kamptz Ann. Bd. VIII. S. 202) und der Allerh. Erl. v. 4. II. 1854 (M. Bl. S. 69) ausgesprochen.

Ueber die **Befugnis der Polizeibeamten, von Schußwaffen Gebrauch zu machen**, spricht sich ein Min. Erl. v. 22. XI. 1877 (M. d. J. II 10960) aus:

„Der Königlichen Regierung eröffne ich auf den Bericht vom 6. d. M., daß ich, da Schußwaffen nicht zu denjenigen Waffen gehören, deren Tragen den Polizeibeamten durch die bestehenden allgemeinen Vorschriften erlaubt worden ist, Anstand nehmen muß, die Polizeibeamten zum Gebrauche von Schußwaffen bei Ausübung ihres Amtes in derselben Weise zu ermächtigen, in welcher ihnen das Recht des Waffengebrauchs gesetzlich zusteht. Uebrigens finde ich nichts dagegen zu erinnern, wenn diejenigen Polizeibeamten, welche nach Lage der Sache, bei Ausführung der ihnen erteilten Aufträge in offenbarer Lebensgefahr sind, sich für den Fall der Notwehr mit einer Schußwaffe versehen, zu welcher ein Revolver sich vorzugsweise eignen dürfte. Die Polizeibeamten werden für den Gebrauch dieser Waffe nach denselben Grundsätzen verantwortlich bleiben, nach welchen jeder andere für die im Augenblick der Notwehr und Selbstverteidigung gewählten Mittel der Abwehr verantwortlich bleibt."

Hiernach dürfen die Polizeibeamten sich in den in dem Erlasse bezeichneten Fällen nur mit Vorwissen ihrer vorgesetzten Behörde mit Schußwaffen versehen.

2. Hinsichtlich der **Forstbeamten** kommt zunächst in Betracht das **Ges. über den Waffengebrauch der Forst- und Jagdbeamten** v. 31. III. 1837. (G. S. 1837 S. 65.)[1]).

Anm. 1. In Neuvorpommern und Rügen eingeführt durch Vd. v. 18. V. 1839 (G. S. S. 215), im Oberamtsbezirke Meisenheim durch Vd. v. 13. V. 1867 (G. S. S. 700), in der Enklave Kaulsdorf durch Vd. v. 25. VI. 1867 (G. S. S. 729), den **neuen Landesteilen** durch Vd. v. 25. VI. 1867 Art. I. Lit. F. (G. S. S. 923).

„§ 1. Unsere Forst- und Jagdbeamten, sowie die im Kommunal- oder Privatdienste stehenden, wenn sie auf Lebenszeit angestellt sind, oder die Rechte der auf Lebenszeit angestellten haben, nach Vorschrift des Gesetzes vom 7. Juni 1821 § 20[1]) vereidigt und mit ihrem Diensteinkommen nicht auf Pfandgelder, Denunziantenanteil oder Strafgelder angewiesen sind, haben die Befugnis, in ihrem Dienste zum Schutze der Forsten und Jagden gegen Holz- und Wilddiebe, gegen Forst- und Jagdkontravenienten, von ihren Waffen Gebrauch zu machen:[2])

1. wenn ein Angriff auf ihre Person erfolgt, oder wenn sie mit einem solchen Angriffe bedroht werden;
2. wenn diejenigen, welche bei einem Holz- oder Wilddiebstahl, bei einer Forst- oder Jagdkontravention auf der That betroffen, oder als der Verübung oder der Absicht zur Verübung eines solchen Vergehens verdächtig in dem Forste oder dem Jagdreviere gefunden werden, sich der Anhaltung, Pfändung oder Abführung zu der Forst- oder Polizeibehörde, oder der Ergreifung bei versuchter Flucht thätlich oder durch gefährliche Drohungen widersetzen.

Der Gebrauch der Waffen darf aber nicht weiter ausgedehnt werden, als es zur Abwehrung des Angriffes und zur Ueberwindung des Widerstandes notwendig ist.

Der Gebrauch des Schießgewehrs als Schußwaffe ist nur dann erlaubt, wenn der Angriff oder die Widersetzlichkeit mit Waffen, Aexten, Knütteln oder andern gefährlichen Werkzeugen, oder von einer Mehrheit, welche stärker ist als die Zahl der zur Stelle anwesenden Forst- oder Jagdbeamten, unternommen oder angedrohet wird. Der Androhung eines solchen Angriffs wird es gleich geachtet, wenn der Betroffene die Waffen oder Werkzeuge nach erfolgter Aufforderung nicht sofort ablegt, oder wieder aufnimmt."

An Stelle dieser Vorschrift gilt jetzt § 24 des Forstdiebstahlsges. v. 15. IV. 1878 (G. S. S. 222): Anm. 1.

„§ 24. Die Beeidigung erfolgt bei dem Amtsgerichte, in dessen Bezirk der zu Beeidigende seinen Wohnsitz hat, dahin:

daß er die Zuwiderhandlungen gegen dieses Gesetz, welches den seinem Schutze gegenwärtig anvertrauten oder künftig anzuvertrauenden Bezirk betreffen, gewissenhaft anzeigen, bei seinen gerichtlichen Vernehmungen über dieselben nach bestem Wissen die reine Wahrheit sagen, nichts verschweigen und nichts hinzusetzen, auch die ihm obliegenden Schätzungen unparteiisch nach bestem Wissen und Gewissen bewirken werde.

Eine Ausfertigung des Beeidungsprotokolls wird den Amtsgerichten mitgeteilt, in deren Bezirke der dem Schutze des Beeidigten anvertraute Bezirk liegt." (Vgl. oben § 6 I a. E.)

Die Widersetzlichkeit gegen Forst- und Jagdbeamte wird nach §§ 117—119 R. Str. G. B. bestraft (vgl. unten § 27). Die Befugnis zum Waffengebrauche greift nur im Forste Platz oder da, wo ein im Forst betroffener Wilddieb außerhalb davon verfolgt wird — (Erk. Ob. Trib. v. 11. IX. 1861. Oppenhoff Rechtspr. Bd. I S. 527), bezw. wenn der Frevler sich außerhalb der Forst der Abführung zur Forst- oder Polizeibehörde widersetzt. Erk. Komp. G. H. v. 22. XI. 1851 (J. M. Bl. 1853 S. 351). Anm. 2.

„§ 2. Die Beamten müssen, um sich der Waffen bedienen zu dürfen, in Uniform, oder mit einem amtlichen Abzeichen versehen sein." [1]).

Anm. 1. Nur die Königlichen Beamten dürfen über dem Schirm der Dienstmütze einen Königlichen Adler und einen Hirschfänger nach der Verf. v. 18. VI. 1837 (v. Kamptz Ann. Bd. XXI S. 347) tragen. Die zum Waffengebrauche befugten Beamten tragen dabei den Adler vergoldet mit ausgebreiteten Flügeln, während die nicht zum Waffengebrauche befugten an Stelle des Adlers ein kleines Wappenschild des schwarzen Adlers im weißen Felde mit der Krone darüber tragen. Kab. O. v. 30. XI. 1853 (M. Bl. 1854 S. 1).

Ueber die Abzeichen der Kommunalforstbeamten vgl. § 10 der unten abgedruckten Instr. v. 21. XI. 1837 und Anm. 2 dazu.

„§ 3. Der Forst- oder Jagdbeamte, der hiernach von seinen Waffen Gebrauch gemacht und jemand dadurch verletzt hat, ist verpflichtet, so weit es ohne Gefahr für seine Person geschehen kann, dem Verletzten Beistand zu leisten, und wenn er auf jemand geschossen hat, nachzuforschen, ob derselbe dadurch verletzt sei. Ist es erforderlich, so muß der Beamte dafür sorgen, daß der Verletzte zum nächsten Orte gebracht werde, wo die Polizeibehörde für die ärztliche Hilfe und für die nötige Bewachung Sorge zu tragen hat.

Die Kurkosten sind erforderlichen Falls, und zwar hinsichtlich Unserer Forsten und Jagden, von der Forst- und Jagdverwaltung, hinsichtlich der andern Forsten und Jagden aber von den Forst- und Jagdberechtigten vorzuschießen, welche den Ersatz von dem Verletzten und den Teilnehmern des Frevels, oder von den Beamten, je nachdem die Anwendung der Waffen gerechtfertigt befunden worden ist, oder nicht, verlangen können.

§ 4. Auf die Anzeige, daß jemand von einem Unserer Forst- oder Jagdbeamten (§ 1) im Dienste durch Anwendung der Waffen verletzt worden, hat das Gericht des Orts,[1]) wo die Verletzung vorgefallen ist, mit Zuziehung eines Ober-Forstbeamten den Thatbestand festzustellen und zu ermitteln, ob ein Mißbrauch der Waffen stattgefunden habe. Das Gericht ist schuldig, hierbei auf die Anträge Rücksicht zu nehmen, welche der Ober-Forstbeamte zur Aufklärung der Sache zu machen für notwendig erachtet."

Anm. 1. D. i. der Amtsrichter, jedoch gemäß § 163 R. Str. P. O. nur bei Gefahr im Verzuge. Anderenfalls ist die Anzeige an die Staatsanwaltschaft zur weiteren Veranlassung abzugeben.

„§ 5. Werden in Ansehung eines Forst- oder Jagdbeamten, der nicht zu Unsern Beamten gehört, die im § 4 vorgeschriebenen Ermittelungen erforderlich, so ist hinsichtlich der standesherrlichen Forstbeamten statt des im § 4 erwähnten Ober-Forstbeamten, der standesherrliche Oberbeamte für die Polizei, oder in Ermangelung eines solchen, der Kreis-Landrat, hinsichtlich aller andern Forstbeamten aber in jedem Falle der Kreis-Landrat bei der Ermittelung zuzuziehen.

§ 6. Nach beendigter vorläufigen Untersuchung sind die Akten an das betreffende Gericht [1]) einzusenden, welches die Verhandlungen, sobald sie als vollständig befunden worden, der Regierung zur Erklärung über die Einleitung der gerichtlichen Untersuchung mitteilt."

Jetzt an die Staatsanwaltschaft, § 156 St. Pr. O. Anm. 1.

„§ 7. Nach Eingang dieser Erklärung beschließt das Gericht über die Eröffnung der Untersuchung[1]). Wird diese gegen die Ansicht und den Widerspruch der Regierung beschlossen, so muß die Sache nach den über die Kompetenzkonflikte zwischen den Gerichten und Verwaltungsbehörden erteilten Vorschriften erledigt werden." [2])

Nach Antrag der Staatsanwaltschaft, § 196 ff. St. Pr. O. Anm. 1.
Gemäß Ges. v. 13. II. 1854 (G. S. S. 86). Anm. 2.

§ 8.[1]).

§ 8 fällt weg, weil die französische Justizverwaltung nicht mehr besteht. Anm. 1.

„§ 9. Mit der Verhaftung eines des Waffenmißbrauchs beschuldigten Forst- oder Jagdbeamten darf nur verfahren werden, wenn die vorgesetzte Dienstbehörde darauf anträgt, oder wenn die Eröffnung der gerichtlichen Untersuchung definitiv feststehet." [1])

Jetzt in jedem Stadium des Verfahrens. Maßgebend sind lediglich §§ 112—126 Str. P. O. Anm. 1.

„§ 10.[1]) Gegen den Forst- oder Jagdbeamten, welcher angeklagt ist, seine Befugnis zum Gebrauch der Waffen überschritten zu haben, können die Angaben des Verletzten, der Teilnehmer an dem Holz- oder Wilddiebstahl, an der Forst- oder Jagdkontravention, und solcher Personen, die schon wegen Widersetzlichkeit gegen Forst- oder Jagdbeamte oder wegen Wilddiebstahls zu einer Strafe, oder wegen Holzdiebstahls und Forstkontraventionen zu einer Kriminalstrafe verurteilt worden sind, für sich allein keinen zur Anwendung einer Strafe hinreichenden Beweis begründen."

Die hier gegebenen Beweisregeln sind nicht mehr maßgebend. Jetzt entscheidet das Gericht nach freier Ueberzeugung, § 260 Str. P. O. Anm. 1.

„§ 11. In Ansehung der Strafe der Forst- und Jagdbeamten, welche des Mißbrauchs der Waffen schuldig befunden worden, behält es bei den bestehenden Vorschriften sein Bewenden.[1]).

Vgl. unten § 27. Anm. 1.

„§ 12. Für die Eigentümer, Besitzer und Inhaber von Forsten oder Jagdgerechtigkeiten, sowie für die Förster, Waldwärter und Jäger, welche die im § 1 bezeichneten Eigenschaften nicht besitzen, wird durch dieses Gesetz an den bestehenden Vorschriften über die Selbsthilfe und Notwehr nichts abgeändert." [1])

Auf Feldhüter (Forsthüter) im Sinne des § 62 des Feld- und Forstpolizeiges. v. 1. IV. 1880 (G. S. S. 230) findet das Ges. über den Waffengebrauch keine Anwendung. Anm. 1.

Zu dem Ges. ist die folgende Instr. v. 21. XI. 1837 wegen des Waffengebrauches der Kommunal- und Privat-Forst-

und Jagdoffizianten (v. Kamptz Ann. Bd. XXI. S. 349) ergangen:

„§ 1. Die Bestimmungen des § 1 des Ges. finden auch auf die zur Verstärkung des Forstschutz-Personals angenommenen Hilfsaufseher Anwendung, wenn die im Eingange des angeführten Paragraphen festgesetzten Erfordernisse bei ihnen vorhanden und sie bei Ausübung ihrer Funktionen mit Dienstkleidung oder einem Abzeichen versehen sind.

§ 2. Die Kommunal- und Privat-Forst- und Jagdoffizianten dürfen sich ihrer Waffen nur bedienen, wenn sie sich innerhalb des ihnen zur Verwaltung oder zum Schutze überwiesenen Forst- oder Jagdreviers befinden.

§ 3 ist durch Min. Erl. v. 1. IX. 1897 (M. Bl. S. 193) aufgehoben worden. Der § 4 hat folgende Fassung erhalten:

„Beim Gebrauch der Waffen müssen die Forst- und Jagdbeamten sich stets vergegenwärtigen, daß solcher nur soweit stattfinden darf, als die Erfüllung des bestimmten Zwecks, die Holz- oder Wilddiebe oder die Forst- und Jagdkontravenienten bei thätlichem Widerstande oder gefährlichen Drohungen unschädlich zu machen, es unerläßlich erfordert. In der Regel sind daher die Waffen nicht gegen fliehende Frevler zu gebrauchen. Legt indessen ein auf der Flucht befindlicher Frevler auf erfolgte Aufforderung die Schußwaffe nicht sofort ab, oder nimmt er dieselbe wieder auf und ist außerdem nach den besonderen Umständen des einzelnen Falles in dem Nichtablegen oder Wiederaufnehmen der Schußwaffe eine gegenwärtige drohende Gefahr für Leib und Leben des Forst- und Jagdbeamten zu erblicken, so ist Letzterer auch gegen den Fliehenden zum Gebrauch seiner Waffe berechtigt. In jedem Falle sind die Waffen nur so zu gebrauchen, daß lebensgefährliche Verwundungen soviel, als möglich vermieden werden. Deshalb ist beim Gebrauch der Schußwaffe der Schuß möglichst nach den Beinen zu richten und beim Gebrauch des Hirschfängers der Hieb nach den Armen des Gegners zu führen. Uebrigens muß beim Gebrauch der Schußwaffe die größte Vorsicht angewendet werden, damit durch das Schießen nicht dritte Personen verletzt werden, welche ohne Teilnahme an einer Kontravention sich zufällig in der Schußlinie oder in deren Nähe befinden. In dieser Hinsicht ist besonders dann Aufmerksamkeit nötig, wenn nach einer Richtung geschossen wird, in der sich eine Landstraße oder ein bewohntes Gebäude befindet. Auch ist der Gebrauch der Schußwaffe überhaupt in der Nähe von Gebäuden zur Verhütung von Feuersgefahr möglichst zu vermeiden."

§ 5. Es begründet keinen Unterschied, ob der Vorfall, der zum Gebrauch der Waffen Veranlassung giebt, sich bei Tage oder zur Nachtzeit ereignet.

§ 6. Da nach dem Gesetz von der Schußwaffe nur dann Gebrauch gemacht werden darf, wenn der Angriff mit Waffen, Aexten, Knütteln oder anderen gefährlichen Werkzeugen, oder von einer Mehrzahl, welche stärker ist, als die zur Stelle anwesenden Forst- und Jagdoffizianten, unternommen wird: so berechtigen Drohungen, welche nicht von der Art sind, daß sie sofort ausgeführt werden können, und bloß wörtliche Beleidigungen zum Waffengebrauch nicht.

§ 7. Da es für die Polizeiverwaltung von Interesse ist, wem die durch den § 1 des Gesetzes zugestandene wichtige Befugnis anvertraut wird, und da überdies der § 3 des Gesetzes den Waldbesitzern und Jagdberechtigten selbst Kostenvertretungen auferlegt: so haben diejenigen Kommunen und Privatpersonen, welche ihren Forst- und Jagdoffizianten die Befugnis, sich in den betreffenden Fällen der Waffen zu bedienen, beigelegt wissen und sie zu dem Ende mit einer Dienstkleidung oder einem Abzeichen versehen wollen, hiervon zuvor der kompetenten Polizeibehörde[1]) Anzeige zu machen."

Es wird dies in den meisten Fällen der Landrat sein. Die Polizeibehörde hat keine förmliche Konzession über Verstattung des Waffengebrauches auszufertigen, sondern sich auf die Bescheinigung zu beschränken, daß die Anzeige erfolgt sei und daß sich gegen die Qualifikation des betr. Beamten sowie gegen die gewählten Dienstabzeichen nichts zu erinnern gefunden habe, Min. Erl. v. 30. III. 1841 (M. Bl. S. 95). Anm. 1.

Jagdpolizeibehörde ist der Landrat, § 103 Zust. Ges.

„§ 8. Mit dieser Erklärung ist zugleich die Benennung der Personen, welchen die Verwaltung oder der Schutz der gleichfalls genau zu bezeichnenden Forst- oder Jagdreviere übertragen ist, und ebenso die Beschreibung der gewählten Dienstkleidungen oder Abzeichen zu verbinden.

§ 9. Sofern gegen die in dieser Art benannten Personen sich in irgend einer Art erhebliche Bedenken herausstellen, ist die Polizeibehörde befugt, denselben den Gebrauch der Waffen zu untersagen.

§ 10. Die Kommunal- und Privatforst- und Jagdoffizianten müssen in dem Augenblick, wo sie sich der Waffen bedienen, entweder mit einer Dienstkleidung, die ihre Bestimmung hinlänglich erkennen läßt, oder mit einem Abzeichen versehen sein, welches letztere nur in einem metallenen Schilde von wenigstens drei Zoll Breite und Höhe mit einer in oben erwähnter Art der Polizeibehörde namhaft zu machenden Bezeichnung bestehen und entweder an der Kopfbedeckung, auf der Brust oder dem Oberarm, oder auch an der Koppel des Hirschfängers getragen werden kann."[1])

Das zu wählende Abzeichen kann bei Kommunalforstbeamten nicht in dem Königl. Adler bestehen, auch ist bei ihnen das Tragen eines Hirschfängers nicht als unerläßlich nötig zu betrachten. Ueberhaupt ist bei den Worten des Ges. stehen zu bleiben, das alternativ entweder Uniform (Dienstkleidung) oder ein Abzeichen vorschreibt. Min. Erl. v. 21. XI. 1837 (v. Kamptz Ann. Bd. XXI S. 352). Anm. 1.

§ 11. „Erinnerungen der Polizeibehörde gegen die Zulässigkeit oder Zweckmäßigkeit der gewählten Dienstkleidungen oder Abzeichen haben die Waldeigentümer und Jagdberechtigten zu berücksichtigen. Findet sich bei denselben nichts zu erinnern, so ist deren Beschreibung in denjenigen

Polizeibezirken, wo die betreffenden Forst- oder Jagd-Reviere belegen, von der Orts-Polizeibehörde öffentlich bekannt zu machen.

§ 12. So oft ein Forst- oder Jagd-Offiziant von den Waffen Gebrauch gemacht hat, auch wenn eine Verletzung unzweifelhaft nicht erfolgte, ist derselbe verpflichtet, unverzüglich der Orts-Polizeibehörde und demnächst seiner Dienstherrschaft, sofern aber der Sitz der ersteren von dem Orte, wo der Vorfall sich ereignet, entfernter sein sollte, als die Wohnung der letzteren, zuerst dieser, davon Anzeige zu machen. Die Orts-Polizeibehörde hat hierauf sofort dem Landrat des Kreises Bericht zu erstatten, damit derselbe dasjenige, was ihm nach § 4 und 5 des Gesetzes obliegt, wahrnehmen kann.

§ 13. Wenn eine Verletzung vorgefallen ist, so sind die Forst- oder Jagd-Offizianten, es mögen nun ihrer mehrere oder ein einzelner zur Stelle sein, schuldig, den Verwundeten dahin zu geleiten, wo er ärztliche Hilfe, Pflege und Bewachung findet, und, wenn sie hierzu allein nicht im stande sind oder solches für sie mit Gefahr verknüpft sein würde, dazu Hilfe herbeizuholen, demnächst aber ohne allen Verzug der Orts-Polizeihörde davon Anzeige zu machen.

Bis dahin, daß die Orts-Polizeibehörde die Sorge für den Verwundeten übernommen hat, liegt dieselbe dem betreffenden Forst- oder Jagd-Offizianten und beziehungsweise dessen Dienstherrschaft ob."

B. Vermögensrechtliche Rechte.

I. Während der Amtsführung.

Das Diensteinkommen.

§ 11.

1. Allgemeines über das Diensteinkommen.

Das Diensteinkommen ist eine Gegenleistung für die Amtsthätigkeit. Entsprechend dem öffentlich-rechtlichen Charakter des Beamtenverhältnisses wird der Beamte — soweit nicht Inhaber von Ehrenämtern in Frage kommen — nicht für einzelne Dienstverrichtungen gelöhnt, sondern das Diensteinkommen stellt eine Entschädigung für seine gesamte Amtsthätigkeit dar. Diese Entschädigung trägt gleichzeitig entsprechend den dem Beamten durch die Uebertragung des Amtes erwachsenen Pflichten nach außen den Charakter eines standesgemäßen Unterhaltes während und nach der Amtsführung. (E. O. V. Bd. XII S. 45, 56, Bd. XIV. S. 100 R. G. Bd. XXXVII S. 160; Laband Bd. I S. 477 ff.). Aus dieser Natur des Diensteinkommens folgt, daß das Gehalt — der wesentlichste Teil des Diensteinkommens während der Amtsführung — auch in Krankheitsfällen und Fällen der Beurlaubung fortgezahlt wird (siehe das Nähere unter Urlaub und Stellvertretung), und nur unter bestimmten gesetzlichen Voraussetzungen entzogen werden kann. Es hat die Natur einer dem Beamten für die Dauer seines Amtes zugebilligten Rente, die — mangels gesetzlicher Vorenthaltungsgründe — solange fortdauert, wie das Amt selbst. Aus der Natur des Diensteinkommens folgen auch die nach Beendigung des Dienstverhältnisses entstehenden Ansprüche auf Pension und Hinterbliebenenversorgung.

Das Diensteinkommen während der Amtsführung besteht neben dem Gehalte oder der Besoldung im engeren Sinn (vgl. § 12; Gehaltszahlung § 13) auch in Gewährung von Pauschalsummen für Dienstaufwand; ferner in Gewährung von Dienstwohnungen, Wohnungsgeldzuschuß, Umzugskosten (§ 14) und Reisekostenentschädigung (§ 15).

Für diejenigen Beamten, die ihr Amt im Ehrenamte d. h. unentgeltlich führen, ist regelmäßig nur Anspruch auf Ersatz barer Auslagen gegeben. Dies ist im Gebiete der Städte-Ordnungen der Fall bei unbesoldeten Magistratsmitgliedern (Schöffen, Stadträten, Ratsherren u. s. w.), den Stadtverordneten, den Bürgervorstehern in Hannover (§ 80 Hann. St. O.), im Gebiete der Landgemeindeordnungen, wo das Ehrenamt vorherrschender ist, bei den Schöffen, den Stellvertretern der Gemeindevorsteher, bei den Mitgliedern des Gemeindevorstandes. Andererseits können nichtbesoldeten Beamten feste Entschädigungsbeträge zugebilligt werden, entweder durch Ortsstatut oder durch besondere seitens der Aufsichtsbehörde zu genehmigende Beschlüsse. Dies ist im Gebiet der Städteordnungen der Fall hinsichtlich der nichtbesoldeten Beigeordneten, Senatoren in Hannover, Bürgermeister und Beigeordneten in Hessen-Nassau, Magistratsmitglieder in Schleswig-Holstein; im Gebiet der Landgemeindeordnungen hinsichtlich der nichtbesoldeten Gemeindevorsteher, der kommissarischen Gemeinde- und stellvertretenden Gutsvorsteher (östl. L. G. u. Schl. Holst. L. G. O. §§ 86, 87—117, 118, 127), Bürgermeister und Beigeordneten in Hess. Nass. (§ 57 L. G. O.), der rheinischen und westfälischen Gemeindevorsteher und Ehrenbürgermeister bezw. Ehrenamtmänner, der hannoverschen Gemeindebeamten. Rh. L. G. O. § 75, 103. Rh. K. O. § 24 Abs. 6. Westf. L. G. O. §§ 40, 70, 71. W. K. O. § 27 ff. Hann. L. G. §§ 24, 35, 36.

Diejenigen Beamten, die ihr Amt als Ehrenamt versehen, fallen, wie die A. A. Art. I 1c ausführt, nicht unter die Bestimmungen des K. B. G.'s. (Vgl. oben § 1).

§ 12.

2. Das Gehalt; die Besoldung im engeren Sinne.

Die Frage der Besoldung ist nach zwei Richtungen hin zu erörtern. Es ist zu prüfen, welche Kommunalbeamten überhaupt zu besolden sind und wer für die Festsetzung der Besoldungen zuständig ist.

I.

Ueber die Besoldung der **Provinzialbeamten** beschließt gemäß den Prov. Ordn. der Provinziallandtag mittels des über die dienstlichen Verhältnisse der Provinzialbeamten zu erlassenden Reglements, die mehr oder minder von einander abweichen und auf die im einzelnen hier nicht eingegangen werden kann. (§§ 41, 96 östl. u. s. w. Prov. O.)

Die Bestimmungen des K. B. G. kommen hinsichtlich der Besoldungsverhältnisse der Provinzialbeamten nach der Vorschrift des § 22 nicht zur Anwendung.

II.

Beamte der Stadtgemeinden.

1. Ueber die Frage, wer von diesen Beamten besoldet sein muß, enthält das K. B. G. keine Bestimmung. Es bewendet daher bei den bestehenden Bestimmungen, die im § 14 hinsichtlich der Mitglieder des kollegialischen Gemeindevorstandes (Magistrats), sowie in Städten ohne kollegialischen Gemeindevorstand hinsichtlich der Bürgermeister und deren Stellvertreter (zweite Bürgermeister, Beigeordnete) sogar ausdrücklich aufrecht erhalten sind.

Im Geltungsgebiet der Oe. St. O. (§ 64), Westf. St. O. (§ 64), Rh. St. O. (§ 58), H. N. St. O. (§ 69), Frankf. St. O. (§ 71) sind die Gehälter der besoldeten Bürgermeister, besoldeten Beigeordneten bezw. zweiten Bürgermeister, besoldeten Magistratsmitglieder (Syndikus, Kämmerer, Schulrat, Baurat ꝛc.), sowie aller übrigen besoldeten Gemeindebeamten (Subaltern- und Unterbeamten) in einem Normaletat einzustellen, der vom Magistrat (— vom Bürgermeister in der Rheinprovinz und Hessen-Nassau —) entworfen und von den Stadtverordneten durch Beschluß festgestellt wird.

Die Aufstellung des Normaletats ist aber fakultativ.

Bei ganzem oder teilweisem Nichtvorhandensein des Normaletats wird die Besoldung vor der Wahl festgesetzt.

In Hannover sind der Bürgermeister, Syndikus, die rechtskundigen Senatoren (Magistratsmitglieder), der Kämmerer, die Sekretäre stets fest besoldet.

Die Untergebenen des Magistrates dürfen neben oder statt der Besoldung auch Gebühren beziehen (§§ 43—48 St. O. § 16 Zust. Ges.).

Die Vorschriften der §§ 41 Abs. 3 und 47 der Hann. St. O., wonach die Zahl, sowie das Diensteinkommen der städtischen Beamten durch Ortsstatut bestimmt sein mußte, sind durch § 25 Abs. 1 K. B. G.'s, das einen Zwang zum Erlaß derartiger Ortsstatute überhaupt nicht kennt, ausdrücklich aufgehoben worden.

Die H. R. St. O. zieht hinsichtlich der Besoldung der Bürgermeister eine Grenze, insofern sie in Städten von mehr als 1200 Einwohnern eine Besoldung erhalten sollen, in Städten unter 1200 Einwohnern erhalten können.

Nach der Schl. Holst. St. O. können nach Ortsstatut die Stellen der Beigeordneten und eines Teiles der Ratsverwandten (Ratsherren, Stadträte, Senatoren) besoldet sein.

2. Die Festsetzung der Besoldungen durch Gemeindebeschluß unterliegt nur bezüglich der Bürgermeister, Beigeordneten und Magistratsmitglieder der Genehmigung des Bezirksausschusses (§ 16 Zust. Ges.) [in Berlin des Oberpräsidenten] (§§ 42, 43 L. V. G.), aber nur vor der Wahl. Besteht zwischen den beiden städtischen Kollegien Meinungsverschiedenheit, so tritt nicht das in Oe. St. O. § 36, bezw. Zust. Ges. § 17[1] geordnete Verfahren ein, sondern es gilt die vom Magistrate in Aussicht genommene Erhöhung der Ausgabe als abgelehnt. Soweit aber im Aufsichtswege die Fassung eines Beschlusses überhaupt zu veranlassen ist oder bei Weigerung der Stadtgemeinde die Zwangsetatisierung der festgestellten Leistung zu erfolgen hat, ist gemäß Zust. Ges. §§ 7, 19 der Regierungspräsident zuständig. Vgl. Oertel, Städteordnung, 3. Aufl. S. 509.

Bewilligungen von pensionsberechtigten oder nicht pensionsberechtigten Gehaltszulagen, Gratifikationen, Remunerationen an Bürgermeister und Magistratsmitglieder während der Amtsdauer bedürfen keiner Genehmigung. Denn der Bezirksausschuß beschließt über Genehmigung von Gemeindebeschlüssen nur soweit, als in den Gemeindeverfassungsgesetzen der Regierung eine solche Genehmigung vorbehalten ist. Nach § 64 Abs. 3 der Oe. St. O. unterliegt zwar die Festsetzung der Besoldungen in allen Fällen der Genehmigung. Damit sind die Fälle des § 64 Abs. 1 und 2 gemeint (Bestehen eines Normaletats für alle oder einzelne oder gar keine Besoldungen); von einer Genehmigung für Gehaltszulagen während der Amtsdauer ist im Abs. 3 nicht die Rede. Die anscheinend entgegengesetzte Auffassung des O. V. G.

in E. O. V. Bd. XIII, S. 179, wo eine wenigstens stillschweigende Genehmigung der Aufsichtsbehörde zu einer Gehaltszulage darin gefunden wird, daß sie durch Einsendung des Etats von der Gehaltszulage Kenntnis erhalten und nicht widersprochen habe, kann nur so aufgefaßt werden, daß sie Kraft ihres allgemeinen Aufsichtsrechtes unangemessenen Gehaltszulagen entgegentreten könne. Dieses Recht ist auf den Bezirksausschuß nicht übergegangen. Er hat nicht zu beaufsichtigen, sondern in bestimmten Fällen zu genehmigen. Die Entscheidung des O. V. G. kann ihm ein anderes Recht um so weniger vindiziert haben, als eine stillschweigende Genehmigung des Bezirksausschusses, der da, wo es das Ges. vorschreibt, zu beschließen hat, überhaupt nicht in Frage kommen könnte.

Die Besoldungen der übrigen Gemeindebeamten bedürfen überhaupt keiner Genehmigung.

3. Die Frage, ob auch die Aufsichtsbehörde — der Regierungspräsident — ein Recht zur Einwirkung auf **die Höhe der Besoldungen** habe, ist nach dem bisherigen Rechtszustande bejaht worden. Man erachtete es als das Recht und die Pflicht der Aufsichtsbehörde, die zu einer zweckmäßigen Verwaltung erforderliche Bewilligung angemessener Besoldungsbeträge für alle besoldeten Beamten zu verlangen, also auch bezüglich derjenigen, deren Gehälter hinsichtlich ihrer Festsetzung von keiner Genehmigung des Bezirksausschusses abhängig sind.

Hinsichtlich der Bürgermeister und der besoldeten Magistratsmitglieder folgte dies Recht für die östlichen Provinzen aus der Bestimmung des § 64 öst. St. O., bezüglich der übrigen städtischen Gemeindebeamten folgerte die zur Ausführung der St. O. erlassene Instr. v. 20. VI. 1853 Nr. X dies Recht aus dem § 78 St. O., und zwar nach der herrschenden Ansicht auch in Fällen, wo die Aufsichtsbehörde das Gehalt eines Beamten nach seiner Anstellung anderweitig zu normieren für nötig halte.

Die übrigen St. O. St. O. enthielten teils dieselbe positive Bestimmung (§ 64 West. St. O. u. Nr. VIII der Instr. v. 19. III. 1856); § 71 Frankf. St. O., § 50 Rh. St. O., § 69 H. N St. O.; teils folgerte man das Recht des Reg. Präs. aus seinem Aufsichtsrechte rücksichtlich ordnungsmäßiger Verwaltung der Stadtgemeinde.

In diesen Rechtszustand war durch eine Entsch. des O. V. G. v. 1. V. 1894 (Bd. XXVII S. 77) eine gewisse Unsicherheit hineingetragen worden, indem hier im Gegensatze zu Nr. X der Instr. v. 20. VI. 1853 die Zwangsetatisierungsverfügung eines Regierungspräsidenten für unzulässig erklärt wurde, durch die während der Dienstzeit eines städtischen Beamten dessen Gehalt gegen den Willen der Stadtgemeinde erhöht werden sollte. Die Gründe dieses Erkenntnisses führten sogar an der Hand der Entstehungsgeschichte der St. O. aus, daß ein Mitwirkungsrecht der Aufsichtsbehörde bei der Festsetzung der Besoldungen für andere städtische Beamte als Magistratsmitglieder habe ausgeschlossen werden sollen. Eine Ausnahme von diesen Grundsätzen sei nur für die Polizeibeamten auf Grund des § 4 des Polizeiges. v. 11. III. 1850 — (vergl. auch Erk. des Komp. G. H. v. 5. IV. 1856 — M. Bl. S. 122 —) und im Geltungsbereich der Vd. v. 24. XII. 1816 (G. S. 1817 S. 57) auch für die Gemeindeforstbeamten zuzulassen, deren Gehälter auf Grund der angezogenen Spezialgesetze auch während der Dienstzeit durch die Aufsichtsbehörde erhöht werden dürften, wenn sie sich als unauskömmlich erwiesen.

Das **K. B. G.** hat die Rechtsunsicherheit beseitigt und die Frage der Einwirkung der Aufsichtsbehörde folgendermaßen geregelt:

§ 11.[1])

„Der Aufsichtsbehörde[2]) kann in Fällen eines auffälligen Mißverhältnisses[3]) zwischen der Besoldung und den amtlichen Aufgaben der Beamtenstelle[4]) verlangen, daß den städtischen Beamten die zu einer zweckmäßigeu Verwaltung angemessenen und der Leistungsfähigkeit der Stadtgemeinde entsprechenden Besoldungsbeträge bewilligt werden, insoweit nicht die Besoldung der betreffenden Stelle durch Ortsstatut festgesetzt ist. Im Falle des Widerspruchs der Stadtgemeinde erfolgt die Feststellung der Besoldungsbeträge durch Beschluß des Bezirksausschusses.[5])

Betreffs der Polizeibeamten bewendet es bei der Bestimmung im § 4 Absatz 1 Satz 1 des Gesetzes über die Polizeiverwaltung vom 11. März 1850 (Gesetz-Samml. S. 265), § 4 Absatz 1 der Verordnung vom 20. September 1867 (Gesetz-Samml. S. 1529), § 5 Absatz 1 des Lauenburgischen Gesetzes vom 7. Januar 1870 (Offizielles Wochenblatt S. 13).[6]) [7])"

1. § 11 findet nach A. A. Art. IV 1. auf die Mitglieder des Gemeindevorstandes des § 14 d. h. auf die besoldeten Magistratsmitglieder, die Bürgermeister, und deren Stellvertreter (zweite Bürgermeister, Beigeordnete) **keine** Anwendung, weil es hinsichtlich dieser Beamten bei den bestehenden Vorschriften bewendet. Anm. 1.

Der bisherige Rechtszustand der Ausübung des Aufsichtsrechts des Regierungspräsidenten bleibt daher unverändert. Er kann diesen Beamten gegenüber nach wie vor nur vor Besetzung der Stelle verlangen, daß eine angemessene Besoldung mit ihr verbunden werde. Eine Erhöhung während der Dienstzeit hat nur den Erfolg, daß bei demnächstiger, anderweiter Besetzung die höheren Beträge gezahlt werden. Dem bereits angestellten Beamten erwächst ein Anrecht auf die Erhöhung nicht (Min. Erl. v. 22. VI. 1848 M. Bl. S. 193; 11. IX. 1847 M. Bl. S. 250; 14. V. 1861 M. Bl. S. 116; 28. VI. 1861 M. Bl. S. 162; 6. VI. 1862 M. Bl. S. 245; E. O. V. Bd. XXVII S. 77). Wegen Gehaltszulagen während der Amtsdauer s. oben S. 101.

Kommt die Stadtgemeinde dem Verlangen der Aufsichtsbehörde um angemessene Erhöhung der Besoldung nicht nach, so ist der Regierungspräsident befugt, wenn die Leistungen der Stadtgemeinde von der Behörde innerhalb der Grenzen ihrer Zuständigkeit festgestellt sind, die Eintragung in den Etat, bezw. die Feststellung der außerordentlichen Ausgabe zu verfügen (§ 19 Zust. Ges.).

Gegen die Zwangsetatisierung ist der Stadtgemeinde die Klage bei dem O. V. G. gegeben (§§ 19, 21 Zust. Ges.). Der Rechtsweg ist selbst dann ausgeschlossen, wenn eine Ueberschreitung des Aufsichtsrechtes behauptet wird. Erk. Komp. G. H. v. 13. XI. 1858 (M. Bl. 1859 S. 121).

2. Hinsichtlich der übrigen Beamten der Stadtgemeinden bestimmt § 11 des Gesetzentwurfes im Abs. 1 folgendes:

„Die Besoldungen der städtischen Beamten müssen auskömmliche sein. Die Aufsichtsbehörde kann, in der Regel aber nur vor Besetzung einer Stelle, verlangen, daß die zu einer zweckmäßigen Verwaltung angemessenen Besoldungsbeträge bewilligt werden."

Diese Bestimmung enthielt einerseits ein sehr weitgehendes Eingriffsrecht, andererseits ein solches „in der Regel" nur vor Besetzung der Stelle. Beides ist nicht Gesetz geworden.

a) Das Eingriffsrecht ist an ganz bestimmte Voraussetzungen gebunden:

  α) Es darf zunächst kein die Besoldung der betreffenden Stelle regelndes Ortsstatut vorliegen. Dadurch daß die Stadtgemeinden ein solches mit Genehmigung des Bezirksausschusses erlassen, können sie sich der Einwirkung der Aufsichtsbehörde entziehen.

  β) Es muß ein „auffälliges Mißverhältnis" zwischen der Besoldung und den amtlichen Aufgaben der Stelle vorliegen.

  γ) Die Stadtgemeinde muß leistungsfähig sein, höhere Besoldungsbeträge bewilligen zu können.

b) Die beiden letzten Voraussetzungen sind Thatfragen, die zunächst von der Aufsichtsbehörde und im Streitfalle im Beschlußverfahren entschieden werden müssen. Fehlt eine der beiden Voraussetzungen z. B. die Leistungsfähigkeit, so hat die Aufsichtsbehörde trotz Vorliegen des Mißverhältnisses kein Recht, die Feststellung höherer Besoldungen zu verlangen. Denn wie die A. A. in Art. IV Nr. 1 ausführt, soll die Vorschrift des § 11 der Aufsichtsbehörde die Handhabe bieten, unter den im ersten Abs. bezeichneten Voraussetzungen unzulängliche Beamtengehälter im Wege einer Beschlußfassung des Bezirksausschusses auf die angemessene Höhe zu bringen. Ueber den Rahmen dieser Voraussetzungen hinaus ist von einer Mitwirkung der Aufsichtsbehörden bei der Festsetzung der Beamtengehälter abzusehen.

c) Nach dem Wortlaut des § 11 ist das Recht der Aufsichtsbehörde nicht bloß vor, auch nicht „in der Regel“ nur vor, sondern auch, nachdem die Stelle bereits besetzt ist, gegeben.

D. i. der Regierungspräsident (in Berlin der Oberpräsident § 42 L. V. G.'s). Anm. 2.

Vergl. Anm. 1. Anm. 3.

Der § 11 bezieht sich, abgesehen von den in § 14 genannten, — vergl. Anm. 1 — nicht auf die Beamten, die nur auf Probe, zu vorübergehenden Dienstleistungen oder zur Vorbereitung angestellt sind (§ 2), denn er enthält keine diesbezügliche Bestimmung, was nach § 2 zwecks Anwendung der Fall sein müßte. Anm. 4.

§ 11 Abs. 1 bezieht sich ferner nicht auf die Polizeibeamten des Abs. 2 und nicht auf gewisse Gemeindeforstbeamten, vergl. Anm. 6 u. 7.

1. Gegen den Beschluß des Bezirksausschusses, der nicht nur die Recht- und Gesetzmäßigkeit, sondern auch die Notwendigkeit und Zweckmäßigkeit des Verlangens der Aufsichtsbehörde einschließlich des Vorliegens der gesetzlichen Voraussetzungen (Mißverhältnis, Leistungsfähigkeit) zu prüfen hat, ist nach § 121 L. V. G.'s binnen zwei Wochen die Beschwerde an den Provinzialrat gegeben. In Berlin tritt nach § 43 Abs. 3 L. V. G.'s an die Stelle des Bezirksausschusses der Oberpräsident, gegen dessen Beschluß Beschwerde an den Minister des Innern zusteht. Anm. 5.

2. Erst auf Grund des rechtskräftigen Feststellungsbeschlusses kann der Regierungspräsident bei fernerer Weigerung der Gemeinde die zwangsweise Eintragung in den Etat gemäß Zust. Ges. § 19 anordnen. Die hiergegen zulässige Klage bei dem O. V. G. hat sich dann auf die Prüfung der Recht- und Gesetzmäßigkeit der Verfügung zu beschränken.

§ 4 Abs. 1 Satz 1 des Ges. über die Polizeiverwaltung v. 11. III. 1850 (G. S. S. 265) lautet: Anm. 6.

„Ueber die Einrichtungen, welche die örtliche Polizeiverwaltung erfordert, kann der „Regierungs-Präsident“ besondere Vorschriften erlassen.“

Ebenso lauten § 4 der Vd. v. 20. IX. 1867 u. § 5 des Lauenb. Ges. v. 7. I. 1870. Der § 11 Abs. 1 bezieht sich nach A. A. Art. IV Nr. 1 nicht auf die exekutiven städtischen Polizeibeamten (Polizeiinspektoren, -Kommissare, -Sergeanten pp.), da hinsichtlich der Angemessenheit der Besoldungen dieser Beamten dem Regierungspräsidenten ein unbeschränktes Prüfungsrecht nach §§ 3 u. 4 des Ges. v. 11. III. 1850 zusteht (Min. Erl. v. 6. IV. 1862, M. Bl. S. 245, E. O. V. Bd. XXVII S. 77), ohne daß er an die einschränkenden Bestimmungen des § 11 Abs. 1 K. B. G.'s oder an einen Feststellungsbeschluß des Bezirksausschusses gebunden ist. Auch eine ortsstatutarische Regelung kann hieran nichts ändern.

Der § 11 Abs. 1 gilt auch hinsichtlich der städtischen Forstbeamten mit Ausnahme der in Rheinland und Westfalen. Denn § 23 Ziff. 2 hält die Vd. betr. die Verwaltung der den Gemeinden und öffentlichen Anstalten gehörigen Forsten in den Provinzen Westfalen, Cleve, Berg und Niederrhein v. 24. XII. 1816 (G. S. 1817 S. 57) aufrecht. Nach dieser Vd. steht dem Regierungspräsidenten das unbeschränkte Recht zu, zweckentsprechende Gehaltsregulierung zu verlangen (E. O. V. Bd. XXVII S. 77, A. A. Art. VII Ziffer 3). Vgl. Text der Vd. oben § 3 a. E. Anm. 7.

III.

Ueber die Besoldung der **Kreiskommunalbeamten** beschließt nach § 116[6] der östl. Kr. O. der Kreistag.

Nach § 21 K. B. G. findet auf die Rechtsverhältnisse dieser Beamten auch der oben unter II erläuterte § 11 Anwendung. Nur greift bei den Kreiskommunalbeamten die im § 11 erwähnte ortsstatutarische Festsetzung der Besoldung einer Beamtenstelle nicht Platz. § 21 ersetzt diese Festsetzung durch diejenige des Kreistages, dessen Beschlüsse der Genehmigung des Bezirksausschusses unterliegen.

Im übrigen ist auch hier unter den Voraussetzungen des § 11 die Aufsichtsbehörde befugt, die Festsetzung angemessener Besoldungen zu verlangen. (vgl. die Anm. zu § 11.)

Im Beschlußverfahren entscheidet der Bezirksausschuß; gegen dessen Beschlüsse ist Beschwerde an den Provinzialrat gegeben (§ 121 L. V. G.)

IV.

Die Beamten der **Land-Bürgermeistereien** in der Rheinprovinz und der **Aemter** in der Provinz Westfalen.

1. Nach § 19[1] K. B. G's. erfolgt die Festsetzung der Besoldung und Dienstunkostenentschädigung für die Bürgermeister, Amtmänner und die Gemeindeeinnehmer (Amtseinnehmer) nach den bisherigen Vorschriften.[1]).

Anm. 1. Nach § 103 Rh. L. G. O. (s. oben S. 62) ist, wenn ein geeigneter Ehrenbürgermeister nicht zu finden, ein Bürgermeister mit Besoldung anzustellen. Der Gemeindeerheber kann nach § 79 a. a. O. Remuneration erhalten.

Der Kreisausschuß beschließt über Festsetzung der Besoldung und Dienstunkostenentschädigung für Bürgermeister und der Remuneration für Gemeindeerheber nach Anhörung der Bürgermeisterei-Versammlung bei jedem Stellenwechsel. Rh. Kr. O. § 24 Abs. 6. Zust. Ges. § 32 Nr. 4.

Nach § 40 Westf. L. G. O. hat der Gemeindevorsteher Anspruch auf Dienstunkostenentschädigung. Falls geeignete Ehrenamtmänner nicht zu gewinnen sind, so können Amtmänner mit Besoldung angestellt werden. (§§ 70, 71 W. L. G. O. § 27 ff. W. Kr. O.) Nach § 44 W. L. G. O. hat der Gemeindeeinnehmer regelmäßig Anspruch auf Remuneration.

Ueber die Festsetzung der Besoldung der Amtmänner, bezw. der Remuneration der Gemeindeeinnehmer beschließt nach Anhörung der Amts- bezw. Gemeindeversammlung auch hier der Kreisausschuß. Zust. Ges. § 32 Nr. 4.

2. Ueber die Besoldung aller übrigen Beamten wird regelmäßig — soweit nicht Ortsstatute die Besoldung der Beamtenstellen regeln — ein Normaletat von der Bürgermeisterei- bzw. Amtsversammlung aufgestellt und vom Kreisausschuß genehmigt. Rh. L. G. O. § 107, W. L. G. O. §§ 46, 47, Zust. Ges. §§ 31, 32[4].

3. Nach § 19 Abs. 1 K. B. G. finden für alle diese Beamten (zu 1 u. 2) die Bestimmungen des oben unter II erörterten § 11 sinnentsprechende Anwendung. Unter den

Voraussetzungen des § 11 hat auch hier die Aufsichtsbehörde das Recht, die Festsetzung angemessener Besoldungen zu verlangen. (Vgl. die Anm. zu § 11).

Nur tritt gemäß § 19 Ziffer 3 im Beschlußverfahren an die Stelle des Bezirksausschusses der Kreisausschuß, gegen dessen Beschluß Beschwerde an den Bezirksausschuß zusteht. (121, 122 L. V. G's.)

4. Die Ausdehnung der für Stadtgemeinden geltenden Bestimmungen des K. B. G. auf die rheinischen Landbürgermeistereien und die westfälischen Aemter hat nach Art. V Ziff. 1 der A. A. ihren Grund in der größeren Leistungsfähigkeit der Verpflichteten. Diese und ein in der Praxis hervorgetretenes Bedürfnis hat auch Anlaß zu dem § 20 gegeben, der — was namentlich für große industrielle Bürgermeistereien und Aemter von Bedeutung ist — die Möglichkeit der Entlastung der Bürgermeister und Amtmänner durch Zulassung der Anstellung besoldeter Beigeordneter giebt:

§ 20 K. B. G.

„Für die Bürgermeistereien in der Rheinprovinz und die Aemter in der Provinz Westfalen kann die Anstellung besoldeter Beigeordneter durch die Bürgermeisterei- oder Amtsversammlungen beschlossen werden.[1]) Die Art der Ernennung und die Bedingungen der Anstellung regeln sich nach den die Landbürgermeister oder Amtmänner betreffenden Bestimmungen."

Bisher war nur die Anstellung unbesoldeter Beigeordneter möglich. (Rh. L. G. O. § 103. Rh. Kr. O. § 24. West. L. G. O. § 69. W. Kr. O. § 27.) Anm. 1.

V.

Für die übrigen, nicht unter Nr. IV. fallenden **Beamten der Landgemeinden,** die **Beamten der Zweckverbände** und **Amtsbezirke** gilt folgendes:

1. Bisheriger Rechtszustand: a) Nach der östl. L. G. O. § 75 kann in Gemeinden von mehr als 3000 Einwohnern [2000 Schl. H. L. G. O. § 75 — 1200 H. N. L. G. O. § 46] die Gemeindevertretung die Anstellung von Gemeindevorstehern (— in H. N. Bürgermeistern —) mit Besoldung beschließen.

Auch kann die Landgemeinde für einzelne Dienstzweige und -Verrichtungen die Anstellung besoldeter Gemeindebeamten beschließen und es kann durch das vom Kreisausschusse (§ 31 Zust. G.) zu bestätigende Ortsstatut über deren Gehaltsverhältnisse Bestimmung getroffen werden. Auf Antrag der Beteiligten beschließt der Kreisausschuß über die Festsetzung der Besoldungen und sonstigen Dienstbezüge der Gemeindebeamten. (§§ 117 u. 118 öst. L. G. O. u. Schl. Holst. L. G. O., §§ 81, 83 H. N. L. G. O.)

b) Die Hann. L. G. O. unterscheidet zwischen Gemeindebeamten (Vorsteher und Beigeordnete) (§ 22), sonstigen Angestellten zur Wahrnehmung einzelner Geschäfte (Rechnungsführung, Forstverwaltung) (§ 23) und Gemeindediener (Nachtwächter, Feldhüter, Boten) (§ 24). Nur die Gemeindebeamten haben ihr Amt als Ehrenamt zu versehen, sie erhalten eine angemessene Vergütung „für nötige Wege" außerhalb des Gemeindebezirkes oder statt Vergütung eine mäßige Besoldung durch Gemeindebeschluß. Gebühren beziehen sie nicht. (§§ 35, 36.)

Die Genehmigung der Festsetzungen der Besoldungen durch den Kreisausschuß ist erforderlich, wenn die letzteren sich als dauernde Lasten im Sinne des § 42 Nr. 6 darstellen, die übernommen werden; ferner stets bei den Besoldungen der Gemeinderechnungsführer und der sonstigen Angestellten. (§ 42 Nr. 9.)

Ob die Festsetzungen der Besoldungen für Gemeindebeamten und Gemeindediener, die sich nicht als bleibende Lasten darstellen, der Genehmigung des Kreisausschusses bedurften, war bisher streitig. Vgl. Brüning, die Preuß. Verw. Gesetzgeb. f. d. Prov. Hannover Anm. 4 zu § 32 des Zust. Ges. (S. 302).

c.) Für die Zweckverbände, die gemäß §§ 128 ff. Oe. L. G. O. und den entsprechenden Bestimmungen der Schl. Holst. und H. N. L. G. O. gebildet sind, und für die Amtsbezirke (§§ 47 ff. Oe. Kr. O. fehlt es, abgesehen von der in § 69 Abs. 2 Oe. Kr. O. vorgesehenen Remuneration für den kommissarischen Amtsvorsteher (vgl. Art. 4 Nr. 5 der Min. Instr. v. 18. VI. 1873 — M. Bl. S. 153 —), an gesetzlichen Bestimmungen über die Anstellung besoldeter Beamter. Indessen ist es unbestritten, daß eine solche Anstellung nicht ausgeschlossen sein sollte (vgl. wegen der besoldeten Amtsverbandsbeamten den Min. Erl. v. 20. III. 1894 — Min. Bl. S. 99 —).

2. Nunmehr gilt

a.) **§ 18 K. B. G.,**

Abs. 1. „Die . . . . . Besoldungs- . . . . Verhältnisse der Beamten der Landgemeinden . . . . . . können durch Ortsstatut [1]) geregelt werden. . . . . . .

Abs. 2. Kommt ein derartiges Statut in größeren Landgemeinden, für welche nach ihren besonderen örtlichen Verhältnissen ein Bedürfnis ortsstatutarischer Regelung (Abs. 1) besteht, insbesondere städtischen Vororten, Industrieorten, Badeorten u. s. w. nicht zu stande, so kann auf Antrag der Aufsichtsbehörde der Kreisausschuß beschließen, ob und inwieweit die Bestimmungen der §§ 8—10 und 12—15 dieses Gesetzes auf die Beamten oder einzelne Klassen der Beamten derselben entsprechende Anwendung zu finden haben. Bei Anwendung der vorgedachten Bestimmungen tritt an die Stelle des Bezirksausschusses der Kreisausschuß. Der Beschluß des Kreisausschusses bleibt solange in Geltung, bis durch Ortsstatut (Abs. 1) eine anderweite Regelung getroffen ist.[2])

Abs. 3. Auf Antrag der Beteiligten oder der Aufsichtsbehörde[3]) beschließt der Kreisausschuß[4]) über die Festsetzung der Besoldungen und sonstigen Dienstbezüge[5]) der Landgemeindebeamten.[6])

Abs. 4. Die vorstehenden Bestimmungen gelten auch für die Beamten der Amtsbezirke und der auf Grund der §§ 128 ff. der Landgemeindeordnung für die sieben östlichen Provinzen vom 3. Juli 1891 (G. S. S. 233), §§ 128 ff. der Landgemeindeordnung für die Provinz Schleswig-Holstein vom 4. Juli 1892 (G. S. S. 155) §§ 100 ff., der Landgemeindeordnung für die Provinz Hessen-Nassau vom 4. August 1897 (G. S. S. 301) gebildeten Zweckverbände." [7])

In erster Linie ist es den Gemeinden freigestellt, die Besoldungsverhältnisse ihrer Beamten durch ein — vom Kreisausschusse zu genehmigendes (§ 31 Abs. 1 Zust. Ges.) — Ortsstatut zu regeln. Kommt ein solches nicht zu stande, dann ist die Aufsichtsbehörde nach Abs. 3 befugt, mittels Antrages beim Kreisausschusse einzugreifen. Anm. 1

Die A. A. Art. V Nr. 1 sagt folgendes:

„§ 18 Abs. 2 und 4 geben den Kreisausschüssen die Befugnis, in größeren Landgemeinden, ländlichen Zweckverbänden und Amtsbezirken, für welche nach ihren örtlichen Verhältnissen ein Bedürfnis ortsstatutarischer Regelung der Anstellung und Besoldung ihrer Beamten besteht, diese Regelung nach den für städtische Beamte geltenden Bestimmungen auch gegen den Willen der Verbände auf Antrag der Aufsichtsbehörde herbeizuführen. Für die Ausführung dieser Bestimmung werden diejenigen Landgemeinden und ländlichen Verbände in Betracht kommen, welche, wie gewisse städtische Vororte, Industrie-, Badeorte u. s. f., durch Einwohnerzahl und Bedeutung den Stadtgemeinden gleich- oder nahekommen. Die Höhe der Einwohnerzahl wird nicht in mechanischer Weise zu bestimmen, vielmehr werden für die Anwendbarkeit der Bestimmung die Verhältnisse des Einzelfalls sowohl im Hinblick auf die Gesamtlage des ländlichen Kommunalverbandes als auch auf die Beziehungen desselben zu den Stadtgemeinden der betreffenden Gegend maßgebend sein müssen."

Darüber, ob ein Bedürfnis vorliegt, hat entscheidend nur die Beschlußbehörde (Kreis- resp. Bezirksausschuß, vgl. Anm. 4) zu befinden.

Diese Regelung muß natürlich dem von dem Kreisausschusse festgestellten Bedürfnisse in vollem Umfange gerecht werden. Anm 2.

Aufsichtsbehörde, d. i. der Landrat als Vorsitzender des Kreis- Anm. 3.

ausschusses, in höherer und letzter Instanz der Regierungspräsident (§ 24 Zust. Ges.).

Anm. 4. Gegen den Beschluß steht nach § 121 L. V. G. Beschwerde an den Bezirksausschuß zu.

Anm. 5 Sonstige Dienstbezüge: Dienstunkostenentschädigungen, Tagegelder, Reisekosten u. s. w.

Anm. 6. Die Anwendung des § 11 K. G. B. ist hier nach ausdrücklicher gesetzlicher Vorschrift nicht zulässig, vgl. A. A. Art. V, Ziffer 1, Abs. 2 a. E.: „Die über die Besoldungsfeststellung handelnde Vorschrift des § 11 ist deshalb von einer Uebertragung auf die ländlichen Beamten ausgenommen worden, weil es nicht in der Absicht liegt, die weitergreifende, für alle dem Ges. unterliegenden Landgemeindebeamten gedachte Bestimmung des dritten Abs. des § 18 im Falle der Statutoktroyierung für die davon betroffene Beamtenklasse auszuschließen."

Anm. 7. Vergl. wegen der Zweckverbände und Amtsbezirke oben unter V 1 a. E.

b) Für **Hessen-Nassau** sind durch § 25 Abs. 2 Nr. 2 des K. B. G.'s die §§ 81 ff. der H. N. L. G. O. aufrecht erhalten. Diese lauten, soweit sie hier in Betracht kommen:

„**§ 81.** Die Landgemeinden sind befugt, die Anstellung besoldeter Gemeindebeamten für einzelne Dienstzweige oder Dienstverrichtungen zu beschließen.

Ueber die Besoldungs- und Pensionsverhältnisse dieser Beamten kann durch Ortsstatut Bestimmung getroffen werden.

§ 82. Hat eine Gemeinde die Wahl eines besoldeten Bürgermeisters beschlossen (§ 46 Abs. 2), so kann die Aufsichtsbehörde verlangen, daß die zu einer zweckmäßigen Verwaltung angemessenen Besoldungsbeträge bewilligt werden.

§ 83. Auf Antrag der Beteiligten oder der Aufsichtsbehörde beschließt der Kreisausschuß über die Festsetzung der Besoldungen und Dienstbezüge der Bürgermeister und sonstigen Gemeindebeamten."

VI.

Die Besoldungsverhältnisse der **Gemeindeforstbeamten.**

1. Bisheriger Rechtszustand: a) Nach § 7 des Ges. betr. die Verwaltung der den Gemeinden und öffentlichen Anstalten gehörigen Holzungen in den Provinzen Preußen, Brandenburg, Pommern, Posen, Schlesien und Sachsen v. 14. VIII. 1876 (G. S. S. 373) ist der Eigentümer der Holzungen verpflichtet, für deren Schutz und Bewirtschaftung durch genügend befähigte Personen ausreichende Fürsorge zu treffen.

Kommt der Waldeigentümer (Gemeinde) der Verpflichtung des § 7 trotz geschehener Aufforderung nicht nach, so ist nach § 10

der Regierungspräsident befugt, die zur Erfüllung der Verpflichtung erforderlichen Handlungen durch einen dritten ausführen zu lassen, den

Betrag der Kosten vorläufig zu bestimmen und im Wege der Exekution von dem Verpflichteten einzuziehen.

In diesen Bestimmungen war eine Befugnis, von Forstaufsichtswegen die angemessenere Dotierung einer Forstschutz- oder Forstverwaltungsstelle zu verlangen, nicht gegeben. (E. O. V. Bd. XXVII S. 77, 296, 304.)

b) In den Provinzen Westfalen, Cleve, Berg und Niederrhein regelte die Verwaltung der den Gemeinden gehörigen Forsten die Vd. v. 24. XII. 1816 (G. S. 1817 S. 57). Darnach stand der Aufsichtsbehörde uneingeschränkt das Recht zu, vor und nach der Stellenbesetzung angemessene Besoldungsbeträge seitens der Gemeinden durchzusetzen. (E. O. V. Bd. XXVII S. 82 u. 301; Min. Erl. v. 6. VI. 1862. Min. Bl. S. 245.)

c) Die Vd. v. 4. VII. 1867 (G. S. S. 1129) regelte die Organisation der Forstverwaltung in den neu erworbenen Gebietsteilen.

d) Im Regierungsbezirke Wiesbaden galt für die Forstschutzbeamten der Gemeinden das Ges. v. 12. X. 1897. (G. S. S. 411.)

Ueber die Besoldungsverhältnisse enthält § 6 folgende Bestimmungen:

„Die Festsetzung der Besoldungen unterliegt in allen Fällen der Genehmigung des Bezirksausschusses.

Dieser entscheidet auch, falls bei gemeinschaftlichen Schutzbezirken über die Festsetzung der Besoldungen eine Verständigung unter den Beteiligten nicht erzielt wird. Der Regierungspräsident kann verlangen, daß angemessene Besoldungsbeträge bewilligt werden, und im Falle der Weigerung die Eintragung des Betrages in den Haushalts-Etat verfügen. Gegen diese Verfügung steht den beteiligten Gemeinden und Anstalten die Klage bei dem Oberverwaltungsgericht offen. Die Besoldung gemeinschaftlicher Beamten (§ 2) ist von den Waldbesitzern mangels anderweiter Vereinbarung nach Maßgabe der Fläche der beteiligten Waldungen aufzubringen."

Diesen Rechtszustand ergänzt **§ 23 des K. G. B.** in folgender Weise:

„Die Rechtsverhältnisse der Gemeindeforstbeamten unterliegen der Regelung durch das vorliegende Gesetz mit folgenden Maßgaben:

1. die §§ 8 bis 10 bleiben außer Anwendung;[1])
2. die Verordnung, betreffend die Verwaltung der den Gemeinden und öffentlichen Anstalten gehörigen Forsten in den Provinzen Westfalen, Cleve, Berg und Niederrhein, vom 24. Dezember

1816 (G. S. 1817 S. 57), § 15[2]) des Gesetzes vom 14. August 1876 (G. S. S. 373) und das Gesetz, betreffend die Forstschutzbeamten der Gemeinden und öffentlichen Anstalten im Regierungsbezirk Wiesbaden u. s. f. vom 12. Oktober 1897 (G. S. S. 411)[3]) bleiben unberührt;

3. . . . ."

Anm. 1. Da die übrigen Bestimmungen des K. B. G. Anwendung finden, so ist dadurch, was die Besoldungsverhältnisse betrifft, eine völlige Gleichstellung der städtischen und ländlichen Forstbeamten mit den übrigen Beamten der Stadt- oder Landgemeinde bewirkt.

Somit gilt auch für die städtischen Gemeindeforstbeamten der oben unter II erörterte § 11 Abs. 1 K. B. G., dessen Anwendung nur in Rheinland und Westfalen ausgeschlossen ist (vgl. oben II Anm. 7). Denn die Vd. v. 24. XII. 1816, wonach der Aufsichtsbehörde die uneingeschränkte Befugnis zusteht, auf angemessener Besoldung der Gemeindeforstbeamten zu bestehen, ist durch § 25[2] aufrecht erhalten. Dasselbe besorgt A. A. Art. VII[2]. Auf die Besoldungsverhältnisse der ländlichen Forstbeamten findet § 18 K. B. G. Anwendung.

Anm. 2. § 15 cit. hebt die Geltung der Vd. v. 24. XII. 1816 für Sachsen auf.

Anm. 3. Vgl. den in Betracht kommenden § 6 oben unter VI 1d.

§ 13.

3. Gehaltszahlung.

I. **Bisheriger Rechtszustand.** Allgemeine Vorschriften über die Termine, zu denen die Gehaltszahlung zu erfolgen hatte, bestanden bisher für Kommunalbeamte nicht. Dies war Sache ortsstatutarischer Regelung. Derartige Vorschriften enthielt nur das Ges. v. 6. II. 1881 (G. S. S. 17) für die unmittelbaren Staatsbeamten, das im § 1 die vierteljährliche Zahlung im voraus festsetzte. Dieser Bestimmung ist der § 3 des K. B. G.'s nachgebildet.

II. **§ 3**[1]) lautet: „Die Zahlung des Gehalts an Kommunalbeamte erfolgt in Ermangelung[2]) besonderer Festsetzungen[3]) vierteljährlich im voraus." [4])

Anm. 1. § 3 steht unter den für alle Beamten des K. B. G. geltenden allgemeinen Bestimmungen des Ges. Abgesehen von den auf Probe, zu vorübergehenden Dienstleistungen oder zur Vorbereitung angestellte Beamten des § 2, die den Bestimmungen des K. B. G.'s nur insoweit unterliegen, als dies ausdrücklich vorgesehen ist, findet die Vorschrift des § 3 nach der Begründung auf den im § 1 umschriebenen Beamtenkreis Anwendung. Zu diesem gehören auch die im § 14 genannten Magistratsmitglieder, Bürgermeister und ihre Stellvertreter. Wenn der § 14 bestimmt, daß es hinsichtlich der Besoldung dieser Personen bei den bestehenden Bestimmungen bewenden solle, so sind hiermit nur die Bestimmungen über die Fragen, wer besoldet sein soll und wie die Besoldungen festgesetzt werden, gemeint, nicht aber die die Art der Gehaltszahlung betreffenden. Weder aus der Begründung noch aus der A. A. ist etwas für die Ansicht zu entnehmen, daß auf die Beamten des § 14 nicht die allgemeinen Bestimmungen, insbesondere hier der die Gehaltszahlung betreffende § 3, Anwendung finden sollten. Es ist auch nicht zu ersehen, wie gegenüber der offenbaren Tendenz des Ges., in den allgemeinen Vorschriften die für alle Beamten des Ges. maßgebenden Bestimmungen festzulegen, gegenüber dem kleinen Beamtenkreise des § 14 eine Ausnahme zu machen sein soll, während doch sogar den Provinzialbeamten gegenüber, deren obere Beamte den Beamten des § 14 hinsichtlich ihrer Anstellungs-Besoldungs-Pensionsverhältnisse außerordentlich nahestehen, nach § 22 K. B. G. die allgemeinen Bestimmungen uneingeschränkte Anwendungen finden (vgl. im übrigen oben Anm. 6 zu § 4a).

Man wird hiernach den § 3 auch den Beamten des § 14 gegenüber zur Anwendung zu bringen haben. And. Ansicht Freytag S. 35, Ledermann S. 46; Oertel S. 515.

Die in Beamten-Petitionen bekämpften Worte: „in Ermangelung besonderer Festsetzungen" wurden allseitig für zweckmäßig erachtet, weil örtliche Gewöhnungen auch andere Zahlungsarten, insbesondere monatliche Zahlungen für alle oder einzelne Beamtenklassen empfehlenswert erscheinen lassen könnten. Komm. Ber. H. H. S. 5, 6. Anm. 2.

Die in §§ 3 und 5 vorbehaltenen „besonderen (anderweiten) Festsetzungen" haben den Charakter von Verwaltungs-, nicht von Verfassungsvorschriften und können daher ebensowohl in der Form von Verwaltungsregulativen als in der Form von Ortsstatuten erlassen werden. Für die Provinzial- und die ihnen gleichgestellten Beamten bewendet es natürlich bei § 96 der Pr. O. und den dieser Bestimmung nachgebildeten Vorschriften. Uebrigens werden die obenerwähnten Festsetzungen ebensowohl im Wege der Vereinbarung getroffen werden können. A. A. Art. II Nr. 1. Anm. 3.

Ueber den Begriff des Gehaltes als Teil des Diensteinkommens vgl. oben § 11. Ueber Entziehung und Einbehaltung unten § 37. Ueber Weiterzahlung bei Urlaub, Einberufung zum Militärdienst u. s. w. unten § 32. Ueber Uebertragbarkeit, Pfändbarkeit, Aufrechnung, Verjährung der Gehaltsansprüche unten § 23. Ueber Kommunalsteuerprivilegien unten § 22. Anm. 4.

§ 14.

4. Dienstwohnung, Wohnungsgeldzuschuß, Umzugskosten.

I.

Allgemeine Vorschriften über die Gewährung von Dienstwohnungen, Wohnungsgeldzuschuß und Umzugskosten an Kommunalbeamte bestehen nicht. Eine Gewährung in dieser Hinsicht kann nur auf Grund besonderer Festsetzung: freier Vereinbarung im Einzelfalle, ortsstatutarischer oder reglementarischer Regelung, erfolgen.

II.

Das K. B. G. berührt diesen Gegenstand überhaupt nur in dem § 5, der von dem Belassen der hinterbliebenen Familie eines verstorbenen Beamten in dessen Dienstwohnung handelt (vgl. hierüber § 17 III).

Werden Vereinbarungen über Wohnungsgeldzuschuß und Umzugskosten getroffen, so wird die Höhe des Jahresbetrages des Wohnungsgeldzuschusses sich zweckmäßig nach der Stellung der Orte in den verschiedenen Servisklassen, wie sie für unmittelbare Staatsbeamte gelten, richten können. Welchen Betrag der einzelne Beamte an Wohnungsgeldzuschuß und Umzugskosten zu erhalten hat, dafür wird maßgebend sein, welcher Dienstklasse (wenn solche bestehen) er angehört.

Vorbildlich für die Gemeinden und Kommunalverbände werden die Bestimmungen und Sätze des für unmittelbare Staatsbeamte geltenden Ges. betr. die Gewährung von Wohnungsgeldzuschüssen v. 12. V. 1873 (G. S. S. 209) und der Vd. betr. die Umzugskosten der Staatsbeamten v. 24. II. 1877 (G. S. S. 15) sein dürfen.

§ 15.

5. Reisekostenentschädigung.

I. Bisheriger Rechtszustand.

Allgemeine Vorschriften über Entschädigungen für Dienstreisen der Kommunalbeamten haben bisher nicht bestanden.

Besondere Vorschriften enthalten zwei Min. Erl., welche Vergütungen für mittelbare Staatsbeamte für Dienstreisen in Staatsdienstangelegenheiten z. B. als Vorsitzender einer Voreinschätzungskommission, als Polizeiverwalter, für Beiwohnung bei Musterungen und Aushebungen (§§ 61—70 der Wehrordnung) festzusetzen:

a. Min. Erl. v. 5. II. 1872 (M. Bl. S. 75), dahin gehend, daß die Bürgermeister der Städte von mehr als 10000 Einwohnern bei Reisen in Staatsdienstangelegenheiten die Tagegelder und Reisekostensätze der Polizeidirektoren der größeren Städte beanspruchen können.

b. Min. Erl. v. 14. VI. 1876 M. d. J. I B. 3988 (bei Illing-Kautz Bd. I S. 153) auf Grund des § 10 des Ges. v. 24. III. 1873, wonach die Bürgermeister in Städten unter 10000 Einwohnern und die Landbürgermeister der Rheinprovinz die Sätze des § 1[6] und § 4 I. 2 u. II. 2. des Ges. v. 24. III. 1873 (15. IV. 1876) im allgemeinen beanspruchen können, und nur in besonderen Fällen höhere Sätze z. B. seitens der Landbürgermeister in größeren Gemeinden, liquidiert werden können, soweit dies früher üblich gewesen.

Im übrigen war es Sache der Kommunalverbände, ihren Beamten durch Gemeindebeschluß, Ortsstatut oder Reglement Anspruch auf Entschädigung wegen der Dienstreisen zu geben.

Daß solche Festsetzungen nur nach innen rechtsverbindliche Kraft hätten, nicht aber nach außen, insbesondere nicht dem Justizfiskus gegenüber, wenn Kommunalbeamte auf Grund des § 14 der Gebührenordn. v. 30. VI. 1878 (R. G. Bl. S. 173) als Zeugen und Sachverständige Anspruch auf Gebühren nach Maßgabe der für ihre Dienstreisen geltenden Vorschriften erheben, ist früher vielfach in der Rechtsprechung angenommen worden (vgl. Zeitsch. f. Poliz. u. Verw. Beamte 1896 S. 227 ff.)

Dieser Ansicht ist das R. G. in dem Beschlusse v. 15. II. 1898 (R. G. Bd. XLI. S. 363) entgegengetreten, indem es die rechtsverbindliche Kraft der auf Grund gesetzlicher Bestimmung erlassenen Reglements pp. der Kommunalverbände bei Bemessung der Gebühren für Zeugen und Sachverständige in Gemäßheit der Gebührenordnung anerkannte.

II.

Der Entwurf des K. B. G. machte sich die Rechtsansicht des R. G. zu eigen, ging aber noch einen Schritt weiter, indem er den Erlaß dieser Vorschriften nicht in das Belieben der Kommunalverbände gestellt wissen wollte, sondern einen obligatorischen Anspruch auf Tagegelder und Reisekosten feststellte.

§ 6 des Entwurfes lautete:

„Kommunalbeamte, einschließlich der im § 2 Abs. 1 erwähnten, erhalten bei Dienstreisen außerhalb ihres Amtsbezirks Tagegelder und Reisekosten. Ueber die Höhe derselben können die Kommunalverbände Vorschriften erlassen. Kommen solche in Fällen, in welchen ein Bedürfnis der Regelung besteht, nicht zu Stande, so kann die Aufsichtsbehörde die erforderlichen Vorschriften erlassen, welche so lange in Geltung bleiben, bis anderweite, dem Bedürfnis genügende Bestimmungen seitens der Kommunalverbände getroffen sind."

Die Begründung führt zur Rechtfertigung der Bestimmungen im zweiten Satze des § 6 folgendes aus:

„Auf dem Gebiete der Entschädigung für Dienstreisen ist die im Kreise der Kommunalbeamten vielfach gewünschte Reglementierung nach dem Vorbilde der für die unmittelbaren Staatsbeamten geltenden gesetzlichen Vorschriften, also jetzt des Ges. v. 21. VI. 1897 (G. S. S. 193), deswegen besonders schwierig, weil die diesen letzteren Vorschriften zu Grunde liegende Klassifizierung der Beamten dem Rechte der Kommunalbeamten fremd ist. Aber auch abgesehen von dieser Schwierigkeit würde eine einheitliche Regelung der Materie für alle Kommunalverbände die tiefgehenden örtlichen und finanziellen Verschiedenheiten unberücksichtigt lassen. Vielmehr ist für die Normierung der Entschädigungssätze die statutarische oder reglementarische

8*

Festsetzung innerhalb der einzelnen Verbände der passendste Weg. Dementsprechend überläßt der Entwurf, nachdem er in dem ersten Satze des § 6 den Kommunalbeamten, hier einschließlich der in § 2 Abs. 1 gedachten, gegen die Kommunalverbände allgemein einen Anspruch auf Tagegelder und Reisekosten für Dienstreisen außerhalb ihres Amtsbezirks eingeräumt hat, in dem zweiten Satze die Festsetzung der Höhe den von den Verbänden zu erlassenden Vorschriften."

Die Fassung des § 6 ist nicht Gesetz geworden.

Die Bestimmung, wonach Kommunalbeamte bei Dienstreisen außerhalb ihres Amtsbezirkes Tagegelder erhalten mußten, erschien als ein unnötiger Eingriff in die Freiheit der Kommunalverbände. Es seien Fälle denkbar, z. B. bei Dienstreisen an die Grenze des Amtsbezirkes und kurz darüber hinaus, wo es nicht nötig sei, Reisekosten zu gewähren. Deshalb sei der Entwurf dahin abgeändert worden, daß die Kommunalverbände die Reisekosten feststellen können, aber nicht dazu gezwungen seien. Nur da, wo ein Interesse der Regierung vorliege, z. B. in den Fällen, in denen Kommunalbeamte als Zeugen vor Gericht erscheinen müssen, lege die Regierung Wert darauf, daß sie einen Zwang ausüben könne. Stenog. Ber. des H. H. S. 140.

III.

Diesen Erwägungen wurde Raum gegeben und der § 6 des K. B. G. wie folgt, beschlossen:

§ 6.

„Ueber die Art[1]) und Höhe[1]) der Reisekostenentschädigung, welche den Kommunalbeamten, einschließlich der im § 2 Abs. 1 erwähnten,[2]) bei Dienstreisen[3]) zugebilligt werden sollen,[4]) können[5]) die Kommunalverbände Vorschriften[6]) erlassen.[7]) Kommen solche in Fällen, in welchen ein Bedürfnis[8]) der Regelung besteht, nicht zu Stande,[8]) so kann die Aufsichtsbehörde[9]) die erforderlichen Vorschriften erlassen,[10]) welche solange in Geltung bleiben,[11]) bis anderweite Bestimmungen seitens der Kommunalverbände getroffen sind."

Anm. 1. **„Art und Höhe."** Es ist den Kommunalverbänden überlassen, ob sie Tagegelder und Reisekosten, ob sie Pauschalsätze für einzelne oder alle Dienstreisen eines Beamten festsetzen oder nur die entstehenden Kosten auf Grund besonderer Rechnung erstatten wollen, ob ferner solche Entschädigungen für Reisen innerhalb oder außerhalb ihres Amtsbezirkes, über oder unter zwei Kilometer bewilligt und ob bei gewissen Dienstreisen die Transportmittel von der Gemeinde gestellt oder auf ihre Kosten beschafft werden sollen. Da, wo für die Kommunalbeamten bestimmte Rangklassen untereinander bestehen, — z. B. bei den Provinzialverwaltungen und in größeren Städten — empfiehlt sich eine Anlehnung an die Grundsätze des für unmittelbare Staatsbeamten geltenden Ges. v. 21. VI. 1897 (G. S. S. 193) im Reglement oder

Statut. Das gleiche gilt von dem in Ausführung des Ges. ergangenen Min. Erl. v. 1. IX. 1897 (M. Bl. S. 148) und des St. M. B. v. 25. X. 1898 über die Benutzung von Kleinbahnen bei Dienstreisen, bezw. dem dazu ergangenen Min. Erl. v. 25. XII. 1898 (M. Bl. 1899 S. 20.)

§ 6 findet somit auf alle Kommunalbeamten des K. B. G. ohne Einschränkung Anwendung. Die im § 2 Abs. 1 erwähnten sind die auf Probe, zu vorübergehenden Dienstleistungen und zur Vorbereitung angestellten Beamten. Anm. 2.

Wird der Begriff einer „Dienstreise" streitig, so muß eventuell der im § 7 festgesetzte Rechtsweg betreten werden (vgl. unten § 20). Anm. 3.

„sollen", es muß natürlich richtig heißen „soll". Anm. 4.

Ob aus diesem Zwischensatze ein obligatorischer Anspruch der Kommunalbeamten gefolgert werden kann, erscheint sehr zweifelhaft. Dagegen spricht, daß die entsprechenden Vorschriften in das Belieben des Kommunalverbandes gestellt sind, welches nur in besonderen Bedürfnisfällen von der Aufsichtsbehörde durchkreuzt werden kann. Dies wird unterstützt durch die Entstehungsgeschichte des § 6 (vgl. oben unter II), die ziemlich deutlich erkennen läßt, daß der obligatorische Anspruch des Entwurfes nicht beibehalten werden sollte. A. M. Ledermann S. 56f., dagegen ebenso Freytag in ausführlicherer Begründung S. 47ff.

„können." Das fakultative Recht der Kommunalverbände zum Erlaß solcher Bestimmungen findet nur eine Grenze in dem Rechte der Aufsichtsbehörde aus Satz 2 dieses §. Anm. 5.

Der Aufsichtsbehörde steht aber kein direkter Zwang auf den Kommunalverband zu. Sie kann nur im Bedürfnisfalle die erforderlichen Vorschriften erlassen und die zu ihrer Ausführung notwendigen Mittel zwangsweise in den Etat einstellen. Gegen ihre Entscheidung ist die Beschwerde, gegen die Zwangsetatisierung die Klage bei dem O. V. G. zulässig. Im letzteren Falle kann aber nicht mehr die Bedürfnisfrage, sondern nur das gesetzmäßige Vorgehen der Aufsichtsbehörde geprüft werden.

„Vorschriften." (Vgl. Anm. 7.) Anm. 6.

Durch einfachen Gemeindebeschluß ohne Genehmigung der Aufsichtsbehörde, Statut oder Reglement. Vgl. A. A. Art. II Ziffer 1: Anm. 7.

„Auch die in § 6 erwähnten „Vorschriften" der Kommunalverbände über Art und Höhe der Reisekostenentschädigungen können sowohl als Regulative wie als Ortsstatute erlassen werden."

Ob ein Bedürfnis vorliegt ist Thatfrage, die die Aufsichtsbehörde unbeschadet der Beschwerde zu prüfen und zu entscheiden hat. Der Fall eines vorliegenden „Bedürfnisses" kann auch dann gegeben sein, wenn bereits Vorschriften der Kommunalverbände bestehen, jedoch nach Ansicht der Aufsichtsbehörde unzureichend sind. Ein **„nicht zu Standekommen"** von Vorschriften liegt auch dann vor, wenn der Kommunalverband sich weigert, vorhandene Bestimmungen in der von der Aufsichtsbehörde für nötig und dem Bedürfnis entsprechend befundenen Weise zu ändern. Anm. 8.

Wollte man annehmen, daß das Recht der Aufsichtsbehörde nur dann gegeben wäre, wenn überhaupt Vorschriften nicht bestehen, so würde der Kommunalverband es in der Hand haben, durch Erlaß ganz unzulänglicher Bestimmungen das Recht der Aufsichtsbehörde illusorisch zu machen. Ebenso Freytag S. 50, Oertel S. 514; a. M. Ledermann S. 59).

Aus denselben Gründen müssen auch die von der Aufsichtsbehörde erlassenen Vorschriften so lange in Geltung bleiben, bis der Kommunalverband die von der Aufsichtsbehörde für nötig und dem Bedürfnisse entsprechend befundenen Vorschriften erlassen hat.

Anm. 9. **Aufsichtsbehörde** ist hier wie z. B. auch in § 9 al. 1 die mit der laufenden Kommunalaufsicht betraute Staatsbehörde, nicht die zur Mitwirkung bei dieser Aufsicht berufene Selbstverwaltungsbeschlußbehörde; für Städte mithin der Regierungs-Präsident, nicht der Bezirksausschuß. A. A. Art. II Nr. 3.

Anm. 10. **„Vorschriften erlassen."**

Wenn auch angesichts der großen örtlichen Verschiedenheiten davon abgesehen werden muß, für das Gebiet der Monarchie Grundlinien behufs einer einheitlichen Regelung dieser Materie zu ziehen, so wird doch thunlichst auf die Vermeidung weitgehender Abweichungen der Vorschriften innerhalb der einzelnen Regierungsbezirke hinzuwirken und dieser Gesichtspunkt überall dort zur Geltung zu bringen sein, wo wegen der gewählten ortsstatutarischen Form oder wegen erforderlich gewordener Feststellung der Aufsichtsbehörde (§ 6 Satz 2) staatliche Mitwirkung erforderlich wird.

Uebrigens werden die kommunalen Vorschriften bestimmen können, für welche Dienstreisen Entschädigungen gewährt werden, und ob die letzteren in Reisekosten und Tagegeldern oder in ungetrennten Sätzen bestehen sollen; auch Pauschalentschädigungen werden zugelassen werden dürfen.

Unzulässig würde selbstverständlich eine Regelung sein, welche ausschließlich für die Gerichtsgebühren Geltung haben oder für letztere andere Sätze als für Dienstreisen in kommunalen Angelegenheiten bestimmen würde. A. A. Art. II Nr. 3.

Der § 14 der Gebühren-Ordn. für Zeugen und Sachverständige v. 20. V. 1898 (R. G. Bl. S. 369, 691), dem die auf Grund gesetzlicher Bestimmungen erlassenen Reglements der Kommunalverbände zu Grunde zu legen sind, lautet:

„Oeffentliche Beamte erhalten Tagegelder und Erstattung von Reisekosten nach Maßgabe der für Dienstreisen geltenden Vorschriften, falls sie zugezogen werden:

1. als Zeugen über Umstände, von denen sie in Ausübung ihres Amtes Kenntnis erhalten haben;

2. als Sachverständige, wenn sie aus Veranlassung ihres Amtes zugezogen werden und die Ausübung der Wissenschaft, der Kunst oder des Gewerbes, deren Kenntnis Voraussetzung der Begutachtung ist, zu den Pflichten des von ihnen versehenen Amtes gehört.

Werden nach den Vorschriften dieses Paragraphen Tagegelder und Reisekosten gewährt, so findet eine weitere Vergütung an den Zeugen oder Sachverständigen nicht statt."

Anm. 11. Die Aufsichtsbehörde muß sie formell aufheben. Vgl. A. A. Art. II Ziffer 3 a. E.: „Die Aufsichtsbehörde hat, nachdem sie gegebenenfalls die Vorschriften erlassen hat, dieselben wieder aufzuheben, sobald anderweite Bestimmungen seitens der Kommunalverbände getroffen sind", vorausgesetzt, daß letztere auch thatsächlich dem Bedürfnisse entsprechen. Vergl. Anm. 8.

II. Nach Beendigung des Dienstverhältnisses.

Der Anspruch auf Lebensunterhalt erlischt bei den unmittelbaren Staatsbeamten nicht mit Beendigung des Dienstverhältnisses. Er besteht vielmehr, wenn letztere ohne Verschulden des Beamten eintritt, in verändertem Umfange als Pensionsanspruch (§ 16) fort, er lebt noch nach dem Tode des Beamten in der

Gnadenbesoldung (§ 17) und der Wittwen= und Waisenversorgung (§ 18) fort.

Ein gleiches galt schon vor Inkrafttreten des K. B. G. in der Regel für Kommunalbeamte.

§ 16.

1. Pension und Pensionierung.

a. Städtische Gemeindebeamte.

I. Bezüglich des vor Inkrafttreten des K. B. G. maßgebenden Rechtszustandes bestimmt § 65 der Oe. St. O.:

„Den Bürgermeistern und besoldeten Mitgliedern des Magistrats sind, sofern nicht mit Genehmigung der Regierung eine Vereinbarung wegen der Pension getroffen ist, bei eintretender Dienstunfähigkeit, oder wenn sie nach abgelaufener Wahlperiode nicht wieder gewählt werden, folgende Pensionen zu gewähren:

$^1/_4$ des Gehalts nach 6jähriger Dienstzeit,
$^1/_2$ „ „ „ 12 „ „
$^2/_3$ „ „ „ 24 „ „

Die auf Lebenszeit angestellten besoldeten Gemeindebeamten erhalten, insofern nicht mit dem Beamten ein Anderes verabredet worden ist, bei eintretender Dienstunfähigkeit Pension nach denselben Grundsätzen, welche bei den unmittelbaren Staatsbeamten zur Anwendung kommen.

Ueber die Pensionsansprüche der Bürgermeister, der besoldeten Magistratsmitglieder und übrigen besoldeten Gemeindebeamten entscheidet in streitigen Fällen die Regierung. Gegen den Beschluß der Regierung, soweit derselbe sich nicht auf die Thatsache der Dienstunfähigkeit oder darauf bezieht, welcher Teil des Diensteinkommens als Gehalt anzusehen sei, findet die Berufung auf richterliche Entscheidung statt. Ungeachtet der Berufung sind die festgesetzten Beträge vorläufig zu zahlen.

Die Pension fällt fort oder ruht insoweit, als der Pensionierte durch anderweitige Anstellung im Staats= oder Gemeindedienste ein Einkommen oder eine neue Pension erwirbt, welche mit Zurechnung der ersten Pension sein früheres Einkommen übersteigen."

Wörtlich oder doch im Wesentlichen gleichlautend sind die entsprechenden Vorschriften im § 65 der Westf. St. O. im § 59 der Rh. St. O., im § 78 der Schl. H. St. O., im § 72 des Gem. Verf. Ges. für die Stadt Frankfurt a. M. und in den §§ 71, 72 H. N. St. O., in der letzteren jedoch mit der wesentlichen Modifikation, daß die Vereinbarung der Genehmigung des Bezirksausschusses bedarf.

Nach § 67 der Hann. St. O. gelangen bei der Pensionierung der auf Lebenszeit und der auf Kündigung angestellten Gemeinde=

beamten die Bestimmungen des Gesetzes über die Verhältnisse der Königlichen Diener v. 24. VI. 1858 (Hann. G. S. S. 119) mit der Maßgabe zur Anwendung, daß in Ermangelung einer entgegenstehenden Vereinbarung als Dienstzeit nur die Zeit des der Stadt geleisteten Dienstes gerechnet wird. Die St. O. kennt also keine Vereinbarung, wonach der Anspruch auf Pension in Fortfall kommt oder dem Betrage nach ermäßigt wird.

War hiernach, besonders in der Provinz Hannover für die Pension der städtischen Beamten im allgemeinen gesorgt, so bestanden doch manche Lücken, deren Ergänzung, zugleich im Sinne einer einheitlichen Gestaltung dieses Teiles des Beamtenrechtes, dringend erwünscht war. So besaßen die auf Widerruf oder Kündigung angestellten Beamten, abgesehen von Hannover, keine Pensionsberechtigung. Die Anrechnung der Militärdienstzeit erschien trotz der E. R. G. v. 27. II. 1896 (E. in Civ. Bd. XXXVII S. 235 und v. 25. II. 1897 (Pr. V. Bl. Bd. XIX S. 193) immer noch zweifelhaft (vgl. z. B. E. d. Bez. Aussch. Arnsberg v. 21. IX. 1898 Pr. V. Bl. Bd. XX S. 103). Endlich aber erschien es unzulässig, die — ebenfalls abgesehen von Hannover sowie von Hessen-Nassau — mögliche Vereinbarung ohne Erfordernis der Genehmigung über Fortfall oder Ermäßigung der Pension noch weiter zu gestatten, da sie geeignet war, den Wert der Pensionsberechtigung erheblich in Frage zu stellen.

Dabei mußte freilich zur Herbeiführung eines einheitlichen Rechtszustandes auch das bisherige Recht der Hann. St. O., wonach bisher bei der Pensionierung der städtischen Beamten die den Beamten in mehrfacher Beziehung günstigeren Bestimmungen des Ges. über die Verhältnisse der Königlichen Diener v. 24. VI. 1858 (Hann. G. S. S. 119) zur Anwendung gelangten, geändert werden. Dies kann aber vom Standpunkte der städtischen Beamten nicht als Unbilligkeit erachtet werden, da das K. B. G. in seinen Bestimmungen über die Reliktenversorgung den Beamten mehr wie Ausgleichung gewährt.

II. Nach diesen Gesichtspunkten ist nunmehr im K. B. G. ein einheitliches Pensionsrecht für die städtischen Beamten geschaffen. Die betr. Bestimmungen sind folgende:

§ 12. K. B. G.

„Die städtischen Beamten[1]) erhalten bei eintretender Dienstunfähigkeit[2]) — sofern nicht mit Genehmigung[3]) des Bezirksausschusses[4]) ein Anderes festgesetzt ist[5]) — Pension nach den für die Pensionierung der unmittelbaren Staatsbeamten geltenden Grundsätzen,[6]) wobei Art. III des Gesetzes vom 31. März

1882, betreffend die Abänderung des Pensionsgesetzes vom 27. März 1872 (G. S. 1882 S. 133), insoweit er nicht durch das Gesetz vom 1. März 1891 (G. S. S. 19) abgeändert ist, unberührt bleibt. [7])

Als pensionsfähige Dienstzeit wird, unbeschadet der über die Anrechnung der Militärdienstzeit [8]) **bei Militäranwärtern** [9]) **und forstversorgungsberechtigten Personen des Jägerkorps** [10]) **geltenden Bestimmungen und in Ermangelung anderweiter Festsetzungen** [11]) **nur die Zeit gerechnet, welche der Beamte in dem Dienste der betreffenden Gemeinde zugebracht hat.** [12])

Die Bestimmungen des Gesetzes vom 31. März 1882, betreffend die Abänderung des Pensionsgesetzes vom 27. März 1872 (G. S. 1882 S. 133) inbetreff der Beamten, welche das fünfundsechzigste Lebensjahr vollendet haben, können durch Ortsstatut auch für Kommunalbeamte in Kraft gesetzt werden." [13])

A. A. Art. IV 2: „Durch § 12 wird die Pensionsberechtigung der lebenslänglich angestellten städtischen Beamten auf die sämtlichen städtischen Beamten, insbesondere also die auf Kündigung angestellten ausgedehnt, welche letztere Pension erhalten, sofern sie nach Zurücklegung der erforderlichen Dienstjahre, ohne vorher eine Kündigung erfahren zu haben, dauernd dienstunfähig werden.

Eine weitere Neuerung enthält § 12 al. 1 insofern, als er eine von der gesetzlichen Pensionsregelung abweichende Festsetzung der Genehmigung des Bezirksausschusses unterwirft. Die Kgl. Regierungs-Präsidenten werden als Vorsitzende der Bezirksausschüsse ihren Einfluß dahin geltend zu machen haben, daß im Allgemeinen nur günstigere Abweichungen im Interesse der Beamten die Genehmigung erhalten. Andere Abweichungen werden sich nur dann zur Genehmigung eignen, wenn der betreffende Beamte, sei es, weil er schon aus einer früheren Dienststellung eine Pension bezieht, sei es aus anderen Gründen, größeren Wert auf Anstellung überhaupt als auf Gewährung der regelmäßigen Pension legt. Nachdem das R. G. durch Entsch. v. 27. II. 1896 (E. in Civ. Bd. XXXVII S. 235) dahin erkannt hat, daß gemäß § 107 des Militärpensionsges. v. 27. VI. 1871 in der Fassung des Reichsges. v. 22. V. 1893 bei der Pensionierung der im preußischen Kommunaldienst angestellten Militäranwärter die Militärdienstzeit als pensionsfähige Dienstzeit in Anrechnung zu bringen sei, werden diejenigen Festsetzungen einer Genehmigung unfähig sein, mittelst deren eine Stadtgemeinde die Anrechnungsfähigkeit der bezeichneten Dienstjahre einzuschränken oder aufzuheben strebt, sofern nicht auch hier das Interesse des Militäranwärters ausnahmsweise die Genehmigung angezeigt erscheinen läßt. (Vgl. bezüglich der Gemeindeforstbeamten Artikel VII a. E.)" [14])

Neben der Bezugnahme auf die eben erörterte reichsgesetzliche Bestimmung enthält der zweite Abs. des § 12 die Vorschrift, daß als pensionsfähige Dienstzeit im Uebrigen „in Ermangelung anderweiter Festsetzungen" „nur die Zeit gerechnet wird, welche der Beamte in dem Dienste der betreffenden Gemeinde zugebracht hat". Wenn auch hierdurch lediglich der Gedanke hat zum Ausdruck gebracht werden sollen, daß bei Uebertragung der im ersten Abs. bezogenen pensionsrechtlichen Gesetze auf die mittelbaren Staatsbeamten diejenigen Dienstjahre nicht anrechnungsfähig sein können, welche einem anderen Verbande als dem ruhegehaltspflichtigen Kommunalverbande gewidmet worden sind, wenn demnach der zweite Absatz die Vorschrift des ersten nur in einem Einzelpunkte klarzustellen bestimmt ist, so sollen doch die von der Kommission des H. H. beschlossenen Worte des zweiten Abs.: „in Ermangelung anderweiter Festsetzungen" nach den Kommissionsverhandlungen die Bedeutung haben, daß eine etwa beschlossene oder vereinbarte Anrechnung auch auswärtiger Dienstjahre im Gegensatze zu sonstigen günstigeren Pensionsbestimmungen, welche nach Abs. 1 der Genehmigung des Bezirksausschusses unterliegen, einer solchen Genehmigung nicht bedürfe. (Komm. Ber., Drucks. d. H. H. 1899 Nr. 63 S. 20.)

Die anderweitigen Festsetzungen in Abs. 1 und 2 begreifen übrigens in formeller Hinsicht ebensowohl die generellen Bestimmungen als die Vereinbarungen.

Durch § 12 werden auch die von dem Gemeindevorstand gegen Besoldung angestellten besonderen städtischen Standesbeamten, welche gemäß § 4 Abs. 4 des Personenstandges. v. 6. II. 1875 Gemeindebeamte sind, pensionsberechtigt, sofern sie nach erreichtem pensionsfähigen Dienstalter dauernd dienstunfähig werden und vorher ein Widerruf der zu ihrer Bestallung erforderlichen Genehmigung nicht ergangen ist (§ 5 a. a. O.)

Die Regelvorschrift des § 12 bezieht sich ihrem Wortlaut nach nicht etwa bloß auf die nach Inkrafttreten des Ges. zur Anstellung kommenden, sondern auch auf die zu jenem Zeitpunkt bereits im Amt befindlichen Beamten, soweit sie nicht dem Gemeindevorstande angehören (§ 14).

Sind hinsichtlich der Pensionierung der Beamten in einer Stadtgemeinde Ortsstatute oder Regulative in Geltung, welche andere als die in § 12 enthaltenen Bestimmungen enthalten, so werden sie gemäß § 25 al. 1 insoweit rechtsungiltig. Daher werden die Stadtgemeinden diese Bestimmungen einer baldigen Revision und gegebenen Falls einer Umarbeitung zu unterziehen und die Genehmigung der Bezirksausschüsse noch vor dem 1. IV. 1900 einzuholen haben. Die letzteren werden, da die Geltung dieser neuen Festsetzungen vom Inkrafttreten des Gesetzes an datieren wird, kein Bedenken tragen können, die Genehmigung nach Maßgabe des neuen Gesetzes schon vor der Inkraftsetzung desselben zu erteilen."

Die städtischen Beamten: Das sind also alle, die als solche angestellt sind, lebenslänglich oder auf Kündigung, mit Ausschluß der im § 2 Abs. 1 des K. B. G. erwähnten, in den § 12 nicht ausdrücklich einbezogenen, auf Probe, zu vorübergehenden Dienstleistungen, oder zur Vorbereitung angestellten Beamten, und unbeschadet anderweitiger und genehmigter Vereinbarungen. Anm. 1.

Pensionsberechtigt sind hiernach insonderheit auch die städtischen Standesbeamten, vgl. oben A. A. Art. IV 2 Abs. 5.

Hierdurch wird ein wohlthätiger Umschwung in den Verhältnissen dieser Beamten herbeigeführt werden, die bei der bisherigen Beschränkung der Pensionsberechtigung auf lebenslänglich angestellte Beamte deshalb von einer solchen ausgeschlossen waren, weil der reichsgesetzliche Vorbehalt des Widerrufes mit einer lebenslänglichen Anstellung nicht vereinbar erschien (Min. Erl. v. 20. XII. 1895 — M. Bl. S. 258 —, Erk. R. G. v. 29. III. 1897 — E. in Civ. Bd. XXXIX S. 261 und Ztschrft. „Der Standesbeamte" 1897 S. 137 —). Begr. zu §§ 12, 14.

Bei eintretender Dienstunfähigkeit — darüber, ob dieser Fall bei einem Beamten, der seine Versetzung in den Ruhestand nachsucht, vorliegt, entscheidet gemäß § 20 des Pensionsges. v. 27. III. 72 zunächst die vorgesetzte Dienstbehörde. Dies ist der gemäß § 56[6] der (St. O. v. 30. V. 53) die Dienstaufsicht führende Magistrat, bezw. in Städten ohne kollegialischen Gemeindevorstand der Bürgermeister. Die Stadtverordneten haben hierbei keine beschließende Mitwirkung und können also die von dem Magistrate ausgesprochene Dienstunfähigkeit auch ihrerseits nicht bezweifeln. Vgl. E. O. V. Bd. XXIII S. 60. Widerspricht der Beamte der Erklärung, so ist der Streitfall, sofern es sich nicht um Gemeindebeamte handelt, die das 65. Lebensjahr überschritten haben, in dem im § 20 Zust. Ges. vorgeschriebenen Verfahren zu entscheiden. Vgl. Näheres bei der unfreiwilligen Versetzung in den Ruhestand, weiter unten im Abschnitt IV. Anm. 2.

Der ordentliche Rechtsweg ist bezüglich der Frage, ob ein Staatsdiener wegen einer während der Dienstzeit entstandenen dauernden Dienstunfähigkeit in den Ruhestand zu versetzen sei, ausgeschlossen. Vgl. Erk. Komp. G. H. v. 13. II. 1859 (J. M. Bl. S. 205) und v. 10. V. 1884 (M. Bl. S. 192). Nach dem für die Pensionierung der unmittelbaren Staatsbeamten maßgebenden Min. Erl. v. 29. VII. 1884 (M. Bl. S. 194) Nr. 1 ist nicht die absolute Dienstunfähigkeit erforderlich, sondern nur relative Unfähigkeit zur Weiterführung des bekleideten, oder eines ihm im Range und Einkommen gleichstehenden Amtes.

Genehmigung — sie ist vorgesehen, um einem Mißbrauche der zulässigen anderweitigen Festsetzungen vorzubeugen. Denn es steht grundsätzlich nichts im Wege, Beschränkungen oder gar einen vollständigen Ausschluß der Pensionsberechtigung zu vereinbaren und diese im öffentlichen Interesse notwendige Forderung dadurch illusorisch zu machen. Vgl. oben Ausf. Anw. Art. IV 2 Abs. 2. Anm. 3.

In **Berlin** des Oberpräsidenten, § 43 L. V. G. Anm. 4.

Diese **Festsetzungen** können sowohl für den einzelnen Fall, als auch allgemein durch Reglements oder Ortsstatuten erfolgen. Anm. 5.

S. das **Ges. v. 27. III. 1872 (G. S. S. 268)** weiter unten. Anm. 6.

Diese nicht gerade sonderlich klare Vorschrift ist folgendermaßen zu verstehen: Anm. 7.

Nach dem Art. I des Ges. v. 31. III. 1882 verschiedene Bestimmungen

des Pensionsges. v. 27. III. 1872, insbesondere die §§ 8 und 16, abgeändert hat, bestimmt Art. III daselbst:

„Die Vorschriften dieses Gesetzes finden ausschließlich Anwendung auf unmittelbare Staatsbeamte und die in dem zweiten Absatz des § 6 des Pensionsgesetzes vom 27. März 1872 genannten Lehrer und Beamten."

Art. III ist dann wiederum teilweise aufgehoben worden durch Ges. v. 1. III. 1891 (G. S. S. 19) betr. die Ausdehnung einiger Bestimmungen des Pensionsgesetzes.

„Art. I. Die Grundsätze der §§ 8 und 16 des Gesetzes, betreffend die Pensionierung der unmittelbaren Staatsbeamten rc., vom 27. März 1872 finden in der durch das Ges. vom 31. März 1882 diesen Paragraphen gegebenen Fassung auf diejenigen mittelbaren Staatsbeamten Anwendung, welche bei eintretender Dienstunfähigkeit auch im übrigen nach den für die unmittelbaren Staatsbeamten bestehenden Grundsätzen zu pensionieren sind.

Art. II. Ist die nach Maßgabe dieses Gesetzes bemessene Pension geringer, als die Pension, welche dem Beamten hätte gewährt werden müssen, wenn er am 31. März 1891 nach den bis dahin für ihn geltenden Bestimmungen pensioniert worden wäre, so wird diese letztere Pension an Stelle der ersteren bewilligt."

Art. III ist aber unberührt geblieben, insoweit das Ges. v. 31. III. 1882 die §§ 1 Abs. 3 und 30 Abs. 1 des Pensionsges. v. 27. III. 1872 abgeändert hat. Diese, die Versetzung in den Ruhestand der über 65 Jahre alten Beamten zum Gegenstande habenden Vorschriften, hatten bisher keine Geltung für städtische Beamte und sollen diese grundsätzlich (vgl. § 12 Abs. 1 des K. B. Ges.) auch in Zukunft für Kommunalbeamte nicht haben.

Abs. 3 des § 12 enthält eine Ausnahme von der im Abs. 1 ausgesprochenen Regel.

Anm. 8. **Militärdienstzeit.** — Zum aktiven Militärdienste gehört auch die Dienstzeit als Einjährig-Freiwilliger, sowie die dreijährige Dienstzeit, Sten. Ber. A. H. 1871/72 Anl. Bd. II S. 1089. Kontinuität des Dienstes ist nicht erforderlich. Nicht angerechnet wird die Zeit des Beurlaubtenstandes.

Die aktive Dienstzeit in einem Großherzogl. Hess. Truppenteile gelangt allgemein in gleicher Weise, wie die Dienstzeit in einem Truppenteile der für ihr gesamtes Gebiet dem Norddeutschen Bunde beigetretenen Staaten vom 1. VII. 1867 als dem Tage des Inkrafttretens der Bundesverfassung ab zur Anrechnung. Min. Erl. v. 10. IV. 1883 (Min. Bl. S. 54) Nr. 10.

Wegen Berechnung der Militärdienstzeit in den im Jahre 1866 neu erworbenen Provinzen siehe die Verfügungen v. 21. V. 1874, 6. I. 1875 unter Nr. 4 und 3. VI. 1878 (M. Bl. 1874 S. 166, 1875 S. 67 und 1878 S. 116). Min. Erl. v. 10. IV. 83 (M. Bl. S. 54) Nr. 12. Wegen der Militärzeit der Konskribierten im vormaligen Königreich Hannover und ihrer Anrechnung vgl. Min. Erl. v. 24. IX. 1874 (M. Bl. S. 249); ihnen ist nur die Zeit ihres aktiven Militärdienstes (18 Monate, später 2 Jahre — die übrige Zeit waren sie beurlaubt —) anzurechnen.

Auch der von unmittelbar aus den Truppenteilen herangezogenen Militäranwärtern abgeleistete Probedienst soll als Militärdienst angesehen werden, Min. Erl. v. 6. I. 1875 (M. Bl. S. 66.)

Anm. 9. **Militäranwärtern** — vgl. oben Art. IV 2 Abs. 2.

§ 107 des Mil. Pens. Ges. v. 27. VI. 1871, R. G. Bl. S. 275 in der Fass. des Ges. v. 22. V. 1893 (R. G. Bl. S. 171) lautet:

„Den im Civilstaatsdienst, sowie im Kommunal- und Institutendienst rc. angestellten Militäranwärtern und forstversorgungsberechtigten Personen des Jägerkorps wird nach Maßgabe der Bestimmungen in den §§ 48 ff. des

Reichsbeamtengesetzes vom 31. März 1873 die Militärdienstzeit bei Ermittelung der Pension als pensionsfähige Dienstzeit in Anrechnung gebracht, wenn und insoweit nach Landesrecht eine Anrechnung der Zeit stattfindet, welche im Civildienst vor Erlangung einer festen, mit Anspruch oder Aussicht auf Pension verbundenen Anstellung verbracht wurde.

Landesrechtliche Bestimmungen, welche hinsichtlich der Anrechnung der Militärdienstzeit günstiger sind, bleiben unberührt."

Die in Frage kommenden §§ 48—50 des Reichsbeamtenges. v. 31. III. 1873 entsprechen im Allgemeinen den mit den zugehörigen Erläuterungen weiter unten abgedruckten §§ 16—18 des Pensionsges. v. 27. III. 1872.

Nach dem Wortlaute des § 107 („bei Ermittelung der Pension") und nach dem des § 12 Abs. 2 K. B. G. (als **pensionsfähige** Dienstzeit") ist übrigens zu folgern, daß die Militärdienstzeit nicht nur bei Berechnung des Pensions**betrages**, sondern auch bei der Frage nach dem Erwerbe der Pensions**berechtigung** anzurechnen. Ausgeschlossen ist dagegen die Anrechnung der Militärdienstzeit bei denjenigen Gemeindebeamten, die eine im früheren Reichs-, Staats- oder Gemeindedienste erdiente Civilpension beziehen, bei deren Ermittelung die Militärdienstzeit bereits angerechnet ist, z. B. bei pensionierten Gendarmen, Schutzleuten u. s. w., die in den Gemeindedienst übertreten und in diesem noch eine Pension erdienen können. Denn dann würde die Militärdienstzeit doppelt angerechnet werden.

Wegen der Anrechnung einer erdienten Militärpension auf die Civilpension vgl. § 108 des Ges. v. 22. V. 1893 (R. G. Bl. S. 171):

„Erdient ein Militär-Pensionär im Reichsdienst eine Civil-Pension, so erhält derselbe an Stelle dieser Civil-Pension die gesetzliche Invaliden-Pension aus Militärfonds und daneben den etwaigen Mehrbetrag der Civil-Pension aus dem betreffenden Civil-Pensionsfonds.

Gleiches gilt für die Militär-Pensionäre, welche im Staats-, Kommunal- oder Institutendienst eine Civil-Pension erdienen, sofern dieselbe denjenigen Betrag erreicht, welchen der Pensionär zu beanspruchen haben würde, wenn seine Pensionierung nach Maßgabe der für die Reichsbeamten geltenden Vorschriften unter Zugrundelegung seiner Gesamtdienstzeit erfolgte.

Erreicht die Civil-Pension diesen Betrag nicht, so ist den Pensionären bis zur Erreichung desselben die gesetzliche Invaliden-Pension neben der Civil-Pension zu gewähren.

Die Pensions- und Verstümmelungszulagen (§§ 71 und 72) bleiben bei diesen Berechnungen außer Betracht und werden unter allen Umständen aus Militärfonds bestritten."

Forstversorgungsberechtigte Personen des Jägerkorps — in der Kommission des H. H. (Drucks. 1899 Nr. 63 S. 19/20) wurde die Frage der Anrechnung der Dienstzeit der Forstversorgungsberechtigten zur Sprache gebracht und in deren Beantwortung von dem Vertreter des Ministeriums für Landwirtschaft, Domänen und Forsten folgende Erklärung abgegeben: Anm. 10.

„Im Falle des Zustandekommens des Gesetzentwurfs würden die Gemeindeforstbeamten, soweit sie Anwärter aus dem Jägerkorps seien, inbezug auf die Anrechnung der Militärdienstzeit bei der Pensionierung nach § 107 des Militär-Pensionsges. v. 22. V. 1893 (R. G. Bl. S. 171ff. — ebenso behandelt werden, wie die aus dem Jägerkorps hervorgegangenen staatlichen Forstbeamten. Diesen werde die aktive Militärdienstzeit und die in der verpflichteten Reserve des Jägerkorps zugebrachte Zeit als Dienstzeit angerechnet. Vorbehalten seien diesen Anwärtern aus dem Jägerkorps ebenso wie im Staatsdienst, auch im Gemeindedienst diejenigen Forstschutzbeamtenstellen, die ein Jahreseinkommen von mindestens 750 Mark einschließlich des Wertes sämtlicher Nebeneinnahmen gewähren."

Es wurde hieraus Veranlassung genommen, einen Zusatz bezüglich der Forstversorgungsberechtigten in Antrag zu bringen.

Anm. 11. **Anderweite Festsetzungen** — für diese, die ebenfalls allgemein oder für den Einzelfall getroffen werden können, ist eine Genehmigung nicht vorgesehen, da sie, im Gegensatze zu Abs. 1 des § 12, nur den Beamten günstigere Bestimmungen enthalten können, indem sie die gänzliche oder teilweise Anrechnung einer nicht im Dienste der Anstellungsgemeinde zugebrachten Dienstzeit gestatten. Vgl. oben A. A. Art. IV 2 Abs. 3.

Anm. 12. Daß als Dienstzeit **nur die Zeit des der Stadt geleisteten Dienstes zur** Anrechnung gelangt[1]) ist in den bisherigen Städteordnungen — außer im § 78 der Schl. Hlst. St. O. — zwar nicht ausdrücklich angeordnet, entspricht jedoch den bestehenden, in der Rechtsprechung gebilligten Verwaltungsgrundsätzen.

Einzurechnen ist die im Dienste derselben Gemeinde abgeleistete Vorbereitungs- und Probedienstzeit Erk. R. G. v. 27. II. 1896 (E. i. Civ. Bd. XXXVII S. 235, 239). Dagegen ist die Militärdienstzeit anderen Beamten als Militäranwärtern und Forstversorgungsberechtigten nicht anzurechnen.

Anm. 13. Abs. 3, betr. die **Zulässigkeit ortsstatutarischer Ausdehnung** der für unmittelbare Staatsbeamte über 65 Jahre geltenden Bestimmungen wurde, nicht ohne Widerspruch der Staatsregierung, vom Herrenhause eingefügt, weil verschiedene Gemeinden, z. B. Köln, Kiel und Liegnitz, eine solche ortsstatutarische Bestimmung bereits besaßen, diese aber inbezug auf ihre Rechtsgiltigkeit angefochten worden wäre. Abs. 3 soll nunmehr für solche Ortsstatute eine sichere rechtliche Grundlage abgeben. Vgl. §§ 1, 30 des Pensionsges. v. 27. III. 1872 weiter unten.

Der allgemeine Grundsatz, daß Kommunalbeamte nur im Wege des Disziplinarverfahrens aus ihrem Amte entfernt werden können, ist damit durchbrochen.

Anm. 14. Der betr. Satz lautet: „Hinsichtlich der Anwendung des § 12 auf Gemeindeforstbeamte ist noch zu bemerken, daß diese, soweit die Anwärter aus dem Jägerkorps sind, in Bezug auf die Anrechnung der Militärdienstzeit bei der Pensionierung ebenso zu behandeln sind wie die aus dem Jägerkorps hervorgegangenen staatlichen Forstbeamten, welchen die aktive Militärdienstzeit und die in der verpflichteten Reserve des Jägerkorps zugebrachte Zeit als Dienstzeit angerechnet wird."

---

§ 13. K. B. G.

„Das Recht auf den Bezug der Pension (§ 12) ruht, wenn und so lange ein Pensionär im Staats-[1]) oder Kommunaldienst ein Diensteinkommen oder eine neue Pension bezieht, insoweit als der Betrag des neuen Einkommens unter Hinzurechnung der zuvor erdienten Pension den Betrag des von dem Beamten vor der Pensionierung bezogenen Diensteinkommens übersteigt." [2])

A. A. Art. IV 2 vorl. Abs.: „§ 13 wiederholt eine schon aus dem bisherigen Recht bekannte Vorschrift, zu welcher an der Hand einer neuerlich ergangenen Entsch. des R. G. (v. 12. V. 1899, IV. Sen.) nur zu bemerken ist, daß unter „Staatsdienst" auch der Dienst in einem nichtpreußischen deutschen Bundesstaat zu verstehen ist."

Anm. 1. Der Reichsdienst ist nicht erwähnt, da § 13 ganz den für die Pensionierung von Magistratsmitgliedern geltenden Vorschriften nachgebildet und eine Abweichung in dieser Beziehung nicht angezeigt erschienen ist. Vgl. § 72 der H. R. St. O.

Anm. 2. Vgl. § 27² des Pensionsges. v. 27. III. 1872 weiter unten.

---

§ 14. K. B. G.

„Betreffs der . . . . Pensionierung der Mitglieder des kollegialischen Gemeindevorstandes (Magistrats), sowie in Städten ohne kollegialischen Gemeindevorstand der Bürgermeister und dessen Stellvertreter (zweiter Bürgermeister, Beigeordnete), bewendet es bei den bestehenden Bestimmungen[1]) mit der Aenderung, daß die Pension vom vollendeten 12. Dienstjahre ab bis zum 24. Dienstjahre alljährlich um $^1/_{60}$ steigt.

In der Provinz Hannover findet, unter entsprechender Aufhebung der Vorschrift des § 64 Abs. 2 der revidierten Städteordnung vom 24. Juni 1858 (Hannov. G. S. S. 141), auch auf die im Abs. 1 gedachten Beamten die Berechnung der Pension nach Maßgabe des § 8 des Gesetzes vom 31. März 1882, betreffend die Abänderung des Pensionsgesetzes vom 27. März 1872 (G. S. 1882 S. 133) Anwendung.[2]) [3])"

A. A. Art. IV 2 letzter Abs.

„§ 14 enthält, abgesehen von der in Abs. 2 für die Provinz Hannover getroffenen Bestimmung, die Neuerung, daß die Pension der (auf Amtsperioden gewählten) Mitglieder des Gemeindevorstandes vom vollendeten 12. Dienstjahre ab bis zum 24. Dienstjahre alljährlich um $^1/_{60}$ steigt. Da nach 12 Dienstjahren eine Pension von $^{30}/_{60}$ erreicht wird, steigt nach dieser Vorschrift die Pension mit dem 24. Dienstjahre auf $^{42}/_{60}$, d. i. um $^2/_{60}$ höher als bisher, wo nur ein Pensionssatz von $^2/_3 = {}^{40}/_{60}$ erreicht wurde."[4])

Anm. 1. Vgl. Oe. und Westf. St. O. §§ 65, 84; Rh. St. O. §§ 59, 90; Schl. Holst. St. O. §§ 78--79, 99; Frkf. Gem. Verf. Ges. §§ 72, 86; Hann. St. O. §§ 64—70; H. R. St. O. §§ 70, 72, 74, 75, 99; s. auch oben S. 33, 100.

Anm. 2. Die Ausdrucksweise ist ungenau. Das Ges. v. 31. III. 1882 hat Artikel und nicht Paragraphen. Es hätte heißen müssen: „nach Maßgabe des § 8 des Ges. v. 27. III. 1872 in der Fassung des Art. I des Ges. v. 31. III. 1882 . . . .".

Anm. 3. **Abs. 2** ist von der H. H. Kommission unter folgender Begründung eingefügt worden:

„Dieser Antrag wurde damit begründet, daß in der Provinz Hannover auf Grund der §§ 64 und 67 der rev. St. O. die Pensionen der sämtlichen städtischen Beamten, sowohl derjenigen, deren Verhältnisse durch den gegenwärtigen Gesetzentwurf geregelt werden sollten, als auch der nach § 14 von demselben ausgenommenen, gleichmäßig bemessen seien und zwar nach Maßgabe des Hannoverschen Gesetzes über die Königlichen Diener. Nach diesem Gesetze steige, abweichend von dem Preußischen Pensionsgesetze, die Pension nicht nach Sechzigsteln, sondern nach Hundertsteln; sie fange etwas höher an, sei vom 18.—42. Jahre an etwas niedriger und steige von da an bis zu 80% des Gehalts, während die Preußische Pension nur bis zu $^{45}/_{60}$=75% steige. Da die Dienstjahre der meisten in Pension gehenden Beamten zwischen 18 und 42 liegen werden, so werde man im Allgemeinen annehmen dürfen, daß die Preußischen Pensionssätze für die Beamten etwas günstiger seien als die Hannoverschen, obwohl in einzelnen Fällen auch das Gegenteil eintreten könne. Mit Recht sei in der dem § 14 beigegebenen Begründung des Gesetzentwurfes darauf hingewiesen, daß es sich empfehle, bei der jetzigen allgemeinen gesetzlichen Regelung auch für die Hannoverschen städtischen Beamten die Preußischen Pensionssätze zur Anwendung zu bringen und nicht es bei den Hannoverschen bewenden zu lassen.

Dagegen würde es allerdings unerwünscht sein, wenn dieses nun lediglich bezüglich eines Teils der städtischen Beamten geschehe, während bezüglich der übrigen, nämlich der im § 14 des Entwurfs gedachten Beamten, die bisherigen Sätze bestehen blieben. Ein innerer Grund dafür, zwischen diesen beiden bisher gleichmäßig behandelten Arten von Beamten eine Ungleichheit in der Höhe der Pension zu schaffen, liege nicht vor; es werde das daher nur zur Unzufriedenheit führen. In den übrigen Preußischen Provinzen liege in dieser Beziehung die Sache anders, weil dort schon jetzt die Pensionssätze bei den beiden gedachten Arten von Beamten verschieden seien und daher kein zwingender Grund vorliege, wenn die Verhältnisse der im § 14 gedachten Beamten überhaupt durch diesen Gesetzentwurf nicht geregelt werden sollten, lediglich eine Regelung der Höhe der Pensionssätze vorzunehmen.

Uebrigens werde, abgesehen von der Höhe der Pensionssätze, es einstweilen bei den jetzt geltenden Bestimmungen über die Pensionierung der in § 14 gedachten Hannoverschen städtischen Beamten bewenden bleiben müssen, da dieselben teilweise mit der nach der Hannoverschen Städteordnung denselben angewiesenen Stellung, welche durch den jetzigen Entwurf nicht berührt würden, zusammenhängen. Es sei daher in dem vorgeschlagenen Absatz 2 ausdrücklich gesagt worden, daß nur „die Berechnung der Pension" nach dem Preußischen Pensionsgesetze stattfinden, und daß nur eine „entsprechende" Aufhebung der Vorschrift des § 64 Abs. 2 der revidierten Städte-Ordnung stattfinden solle.

Der Minister des Innern erklärte, daß er gegen obigen Antrag keine Einwendungen zu erheben habe, und er wurde einstimmig angenommen.

Sten. Ber. H. H., Anl. Nr. 63 S. 22, 23.

Anm. 4. Hierdurch soll die in den bisherigen Bestimmungen liegende Härte beseitigt werden, daß die Pension der Bürgermeister, Beigeordneten und Magistratsmitglieder vom 13. bis 24. Dienstjahre nicht steigt.

---

§ 24. K. B. G.

„Ist die nach Maßgabe dieses Gesetzes zu bemessende Pension eines Beamten geringer als die Pension, welche ihm hätte gewährt werden müssen, wenn er am 31. März 1900[1]) nach den bis dahin für ihn geltenden Bestimmungen pensioniert worden wäre,[2]) so wird diese letztere Pension

an Stelle der ersteren bewilligt,[3]) jedoch unbeschadet der Feststellung des Witwen- und Waisengeldes nach Maßgabe dieses Gesetzes, soweit nicht auch in dieser Beziehung bereits erworbene Rechte bestehen."[4])

A. A. Art. VIII: 1. „Wie die zur Zeit noch nicht erledigten Zweifel über die rechtliche Natur des Dienstverhältnisses oder die Dauer der Anstellung bereits im Kommunaldienste stehender Bediensteter zu beseitigen sein werden, ist unter Art. I Nr. 6 und Art. III Nr. 3 ausgeführt worden. Unter Art. IV Nr. 2 und 3 ist weiterhin festgestellt worden, daß die jetzt in Städten geltenden Pensions- und Reliktenversorgungs-Regulative oder -Statuten, welche andere Bestimmungen erhalten, als solche durch §§ 12 ff. erlassen sind, mit der Inkraftsetzung dieses Gesetzes rechtsungiltig werden. Als eine Maßgabe dieser Konsequenz enthält der erste Satzteil des § 24 die schon aus den Ges. v. 31. III. 1882 und 1. III. 1891 bekannte Bestimmung, daß, sofern die nach Maßgabe dieses Ges., d. i. nach Maßgabe entweder der ausdrücklichen Vorschriften desselben oder der durch § 12 zugelassenen anderweiten Festsetzungen, zu bemessende Pension geringer ist als die Pension, welche dem Beamten hätte gewährt werden müssen, wenn er am 31. III. 1900 nach den bis dahin für ihn geltenden Bestimmungen pensioniert worden wäre, diese letztere Pension an Stelle der ersteren bewilligt wird. Für die Berechnung der Hinterbliebenenversorgung soll indessen in diesem Falle — unbeschadet wohlerworbener Rechte — nach dem zweiten Satzteil des § 24 diejenige Pension zu Grunde gelegt werden, welche nach Maßgabe des vorliegenden Ges. geschuldet wird. Die Vorschrift des ersten Satzteils wird übrigens auch für die Beamten der Provinz Hannover praktische Bedeutung haben. Da voraussichtlich diejenigen Städte, welche schon jetzt Festsetzungen über Pensionierung und Hinterbliebenenversorgung getroffen haben, die den Beamten günstiger als die durch das Gesetz gewährleisteten Rechte sind, Wert auf eine weitere Aufrechterhaltung derselben legen werden, so werden dieselben, wie dies in Art. IV Nr. 2 und 3 vorgesehen ist, alsbald das Weitere zur Revision und zur Erlangung der Genehmigung der Bezirksausschüsse bezüglich jener Regulative u. s. f. zu veranlassen haben. Auf diesem Wege werden etwaige Uebergangsschwierigkeiten im Gebiete der Beamtenversorgung unschwer zu beseitigen sein.

2. Der alsbaldige Erlaß der ebengedachten Festsetzungen wie auch der übrigen im Ges. vorgesehenen ortsgesetzlichen oder administrativen Regelungen, insbesondere der etwa gemäß § 9 städtischerseits zu beschließenden Abweichungen von dem Prinzipe lebenslänglicher Beamtenanstellung, wird seitens der Aufsichtsbehörden mit Nachdruck zu betreiben sein. Das Gleiche gilt für die Kreiskorporationen, die rheinischen Bürgermeistereien und die westfälischen Aemter (§§ 19, 21) sowie im Bedürfnisfalle für die Landgemeinden, Amtsbezirke rc. (§ 18). Daß die mit der Geneh-

migung der zu erlassenden Vorschriften befaßten Selbstverwaltungsbeschlußbehörden schon vor dem 1. IV. 1900 die Genehmigung solcher mit diesem Zeitpunkt in Geltung tretender Bestimmungen zu erteilen in der Lage sind, ist unter Art. IV Nr. 2 und 3 ausgeführt worden.

Spätestens mit dem Zeitpunkt des Inkrafttretens des Ges. wird Erlaß und Genehmigung der zu beschließenden Ortsstatute oder Regulative beendet sein müssen."

Anm. 1. Die Dienstjahre nach dem 1. IV. 1900 kommen also bei der Pensionierung nach dem früheren Rechte nicht inbetracht.

Anm. 2. **pensioniert worden wäre** —, nicht etwa vor dem 1. IV. 1900 bereits pensioniert oder sonst ausgeschieden ist.

Anm. 3. Die hiernach berechnete Pension stellt **nur den gesetzlichen Mindestbetrag** dessen dar, was die Gemeinden gewähren müssen. Es ist den Kommunalverbänden unverwehrt, auf Grund freier Beschlußfassung (ohne aufsichtsbehördliche Genehmigung) darüber hinauszugehen.

Vgl. A. A. Art. VIII. Auch die darnach berechneten Witwen- und Waisengelder stellen lediglich einen, von den Kommunalverbänden frei überschreitbaren Mindestbetrag dar.

In der Kommission des H. H. (Sten. Ber. H. H. 1898/99 Anl. Nr. 63 S. 28) wurde auf die Schwierigkeiten hingewiesen, die dadurch entstehen würden, daß zur Zeit in vielen Gemeinden auf Grund von Verträgen mit Provinzialkassen Zusicherungen inbetreff von Hinterbliebenen-Versorgung gegeben seien, die in manchen Beziehungen von den staatlichen nunmehr durch dieses Ges. (§ 15) auch für die Kommunalbeamten einzuführenden Bestimmungen abwichen. Eine vertragsmäßige Neuregelung dieser Verhältnisse sei dringend erwünscht, um nicht lang dauernde und Unzufriedenheit verursachende Verschiedenheiten eintreten zu lassen.

Ein in dieser Richtung, in erster Lesung gestellter, zugleich auch die oben unter 1 und 2 erörterten Punkte umfassender Antrag, hinter § 24 folgenden neuen Paragraphen einzuschalten:

> „Die Kommunalverbände sind berechtigt, mit den Beamten, welche vor dem Inkrafttreten dieses Gesetzes angestellt sind, Verabredungen darüber zu treffen, inwieweit dessen Bestimmungen inbezug auf die Anstellungs-, Besoldungs- und Ruhegehaltsverhältnisse, sowie die Versorgung ihrer Hinterbliebenen, soweit sie nicht ohne Weiteres in Geltung treten, auf sie Anwendung finden sollen."

wurde indessen abgelehnt.

In zweiter Lesung kam die Erörterung nochmals auf diese Frage zurück, und es wurde dabei unter Zustimmung der Herren Vertreter der Königlichen Staatsregierung festgestellt, daß zur Hebung etwaiger Schwierigkeiten in den im § 15 zugelassenen besonderen Festsetzungen bereits ein durchaus geebneter Weg gegeben sei, wobei selbstverständlich, soweit erworbene Rechte in Frage kommen, die Zustimmung der Beteiligten eingeholt werden müsse. Es wurde daher von Abänderungsanträgen Abstand genommen.

III. **Die für die Pensionierung der unmittelbaren Staatsdiener geltenden,** gemäß § 12 Abs. 1 auch für die städtischen Beamten maßgebenden Grundsätze sind in nachfolgenden gesetzlichen Bestimmungen enthalten:

Gesetz, betr. die Pensionierung der unmittelbaren Staatsbeamten, sowie der Lehrer und Beamten an den höheren Unterrichtsanstalten mit Ausschluß der Universitäten.

Vom 27. III. 1872 (G. S. S. 268)[1])

Das Gesetz ist durch die Ges. v. 31. III. 1882 (G. S. S. 133), 30. IV. 1884 (G. S. S. 126), 20. III. 1890 (G. S. S. 43) und 25. IV. 1896 (G. S. S. 87) teilweise abgeändert worden und nachstehend in seiner gegenwärtigen Fassung wiedergegeben. Anm. 1.

Nur die „Grundsätze" des Ges. (vgl. §§ 1, 8—13, 16, 24, 25, 27, 31) sind gemäß § 12 des K. B. G. mangels anderweitiger, vom Bezirksausschusse genehmigter Festsetzung für die Pensionierung der Kommunalbeamten maßgebend. Dennoch ist das Gesetz zu seinem besseren Verständnisse ganz abgedruckt worden, während sich die Erläuterungen lediglich auf die für Kommunalbeamte wesentlichen Punkte beschränken.

§ 1. „Jeder mittelbare Staatsbeamte, welcher sein Diensteinkommen aus der Staatskasse bezieht, erhält aus derselben eine lebenslängliche Pension, wenn er nach einer Dienstzeit von wenigstens zehn Jahren infolge eines körperlichen Gebrechens oder wegen Schwäche seiner körperlichen oder geistigen Kräfte zu der Erfüllung seiner Amtspflichten dauernd unfähig ist und deshalb in den Ruhestand versetzt wird.

Ist die Dienstunfähigkeit die Folge einer Krankheit, Verwundung oder sonstigen Beschädigung, welche der Beamte bei Ausübung des Dienstes oder aus Veranlassung desselben ohne eigene Verschuldung sich zugezogen hat, so tritt Pensionsberechtigung auch bei kürzerer als zehnjähriger Dienstzeit ein.

Bei Staatsministern, welche aus dem Staatsdienst ausscheiden, ist eingetretene Dienstunfähigkeit nicht Vorbedingung des Anspruchs auf Pension. Diese Bestimmung findet gleichfalls Anwendung auf diejenigen Beamten, welche das fünfundsechzigste Lebensjahr vollendet haben."[1])

Abs. 3 Satz 2 ist eingefügt durch Ges. v. 31. III. 1882. Der 65jährige Beamte kann hiernach die Pensionierung als sein Recht in Anspruch nehmen. Im Rechtswege kann dies Recht aber nicht erstritten werden, es steht darüber nur der Beschwerdeweg offen. Anm. 1.

§ 2. „Die unter dem Vorbehalte des Widerrufs oder der Kündigung angestellten Beamten haben einen Anspruch auf Pension nach Maßgabe dieses Gesetzes nur dann, wenn sie eine in dem Besoldungsetat aufgeführte Stelle bekleiden.

Es kann ihnen jedoch, wenn sie eine solche Stelle nicht bekleiden, bei ihrer Versetzung in den Ruhestand eine Pension bis auf Höhe der durch dieses Gesetz bestimmten Sätze bewilligt werden.

§ 3. Die bei den Auseinandersetzungsbehörden beschäftigten Oekonomiekommissarien und Feldmesser, sowie die bei Landesmeliorationen beschäftigten Wiesenbautechniker und Wiesenbaumeister haben nur insoweit einen Anspruch auf Pension, als ihnen ein solcher durch den Departementschef besonders beigelegt worden ist.

Wie vielen dieser Beamten und nach welchen Diensteinkommensätzen die Pensionsberechtigung beigelegt werden darf, wird durch den Staatshaushalts-Etat bestimmt. Für jetzt bewendet es bei den hierüber durch Königliche Erlasse gegebenen Vorschriften.

§ 4. Das gegenwärtige Gesetz findet auch auf die Oberwachtmeister und Gendarmen der Landgendarmerie Anwendung; dagegen erfolgt die Pensionierung der Offiziere der Landgendarmerie nach den für die Offiziere des Reichsheeres geltenden Vorschriften.

§ 5. Beamte, deren Zeit und Kräfte durch die ihnen übertragenen Geschäfte nur nebenbei in Anspruch genommen, oder welche ausdrücklich nur auf eine bestimmte Zeit oder für ein seiner Natur nach vorübergehendes Geschäft angenommen werden, erwerben keinen Anspruch auf Pension nach den Bestimmungen dieses Gesetzes.

Darüber, ob eine Dienststellung eine solche ist, daß sie die Zeit und Kräfte eines Beamten nur nebenbei in Anspruch nimmt, entscheidet mit Ausschluß des Rechtsweges die dem Beamten vorgesetzte Dienstbehörde.

§ 6. Auf die Lehrer an den Universitäten ist dieses Gesetz nicht anwendbar.

Dagegen sind die Bestimmungen desselben anzuwenden auf alle Lehrer und Beamten an Gymnasien, Progymnasien, Realschulen, Schullehrer-Seminarien, Taubstummen- und Blindenanstalten, Kunst- und höheren Bürgerschulen. Wegen Aufbringung der Pension für die Lehrer und Beamten an denjenigen vorbezeichneten Schulen, welche nicht vom Staate allein zu unterhalten sind, bleiben die bestehenden Vorschriften, insbesondere die §§ 4—9 und 16—18 der Verordnung vom 28. Mai 1846 (G. S. S. 214), mit der aus dem Wegfall der Pensionsbeiträge der unmittelbaren Staatsbeamten sich ergebenden Maßgabe in Kraft. Desgleichen finden die Vorschriften des § 13 der Verordnung auf die zur Zeit des Inkrafttretens des gegenwärtigen Gesetzes an den vom Staate allein zu unterhaltenden Unterrichtsanstalten angestellten Lehrer und Beamten auch ferner Anwendung. Im Uebrigen treten die Bestimmungen der Verordnung mit der Maßgabe außer Kraft, daß Zusicherungen einer Anrechnung von Dienstzeiten, soweit sie für die Betreffenden günstiger sind, in Geltung bleiben." [1])

Anm. 1. Eingefügt durch Art. I des Gesetzes v. 25. IV. 1896. Vgl. auch Art. IV dieses Ges.

§ 7. „Wird außer dem im zweiten Absatz des § 1 bezeichneten Falle ein Beamter vor Vollendung des zehnten Dienstjahres dienstunfähig und deshalb in den Ruhestand versetzt, so kann demselben bei vorhandener Bedürftigkeit mit Königlicher Genehmigung eine Pension entweder auf bestimmte Zeit oder lebenslänglich bewilligt werden.

§ 8. (In der Fassung des Ges. v. 31. III. 1882). Die Pension beträgt, wenn die Versetzung in den Ruhestand nach vollendetem elften

Dienstjahre eintritt $^{15}/_{60}$ und steigt von da ab mit jedem weiter zurückgelegten Dienstjahre um $^{1}/_{60}$ des in den §§ 10—12 bestimmten Diensteinkommens.

Ueber den Betrag von $^{45}/_{60}$ dieses Einkommens hinaus findet eine Steigerung nicht statt.

In dem im § 1 Abs. 2 erwähnten Falle beträgt die Pension $^{15}/_{60}$, in dem Falle des § 7 höchstens $^{15}/_{60}$ des vorbezeichneten Diensteinkommens."

Es kommen also nur volle Dienstjahre zur Anrechnung, es darf kein Tag daran fehlen. Anm. 1.

§ 9. „Bei jeder Pension werden überschießende Thalerbrüche auf volle Thaler abgerundet." [1])

Eine Umwandlung in Markbrüche und volle Mark ist vom Landtage abgelehnt worden, um die bisherige Berechnungsweise nicht ungünstiger zu gestalten, Sten. Ber. A. H. 1883/84 Anl. Bd. II Nr. 68, Bd. III Nr. 140, Bd. IV Nr. 72; Verh. Bd. III S. 1803 ff.; Sten. Ber. H. H. 1883/84 Bd. I und II S. 127, 128, Anl. Nr. 61. Anm. 1.

§ 10. „Der Berechnung der Pension wird das von dem Beamten zuletzt bezogene gesamte Diensteinkommen[1]), soweit es nicht zur Bestreitung von Repräsentations- oder Dienstaufwandskosten gewährt wird, nach Maßgabe der folgenden näheren Bestimmungen zu Grunde gelegt:

1. Feststehende Dienstemolumente, namentlich freie Dienstwohnung, sowie die anstatt derselben gewährte Mietsentschädigung, Feuerungs- und Erleuchtungsmaterial, Naturalbezüge an Getreide, Winterfutter u. s. w., sowie der Ertrag von Dienstgrundstücken kommen nur insoweit zur Anrechnung, als deren Wert in den Besoldungsetats auf die Geldbesoldung des Beamten in Rechnung gestellt, oder zu einem bestimmten Geldbetrage als anrechnungsfähig bezeichnet ist.
2. (In der Fassung des Ges. v. 30. IV. 1884). Dienstemolumente, welche ihrer Natur nach steigend und fallend sind, werden nach den in den Besoldungsetats oder sonst bei Verleihung des Rechts auf diese Emolumente deshalb getroffenen Festsetzungen und in Ermangelung solcher Festsetzungen nach ihrem durchschnittlichen Betrage während der drei letzten Etatsjahre vor dem Etatsjahre, in welchem die Pension festgesetzt wird, zur Anrechnung gebracht.
3. Bloß zufällige Diensteinkünfte, wie widerrufliche Tantieme, Kommissionsgebühren, außerordentliche Remunerationen, Gratifikationen und dergleichen kommen nicht in Berechnung[2]).
4. Das gesamte zur Berechnung zu ziehende Diensteinkommen einer Stelle darf den Betrag des höchsten Normalgehalts derjenigen Dienstkategorie, zu welcher die Stelle gehört, nicht übersteigen.

   Ohne diese Beschränkung kommen jedoch solche Gehaltsteile oder Besoldungszulagen, welche zur Ausgleichung eines von dem betreffenden Beamten in früherer Stellung bezogenen Diensteinkommens demselben mit Pensionsberechtigung gewährt sind, zur vollen Anrechnung.

5) **Wenn das nach den Bestimmungen dieses Paragraphen ermittelte Einkommen eines Beamten insgesamt mehr als 4000 Thaler beträgt, wird von dem überschießenden Betrag nur die Hälfte in Anrechnung gebracht."**

Anm. 1. D. h. bis zu der bekannt gegebenen Verfügung über die Versetzung in den Ruhestand.

Anm. 2. Hierzu gehören auch

a) Ortszulagen, sofern solche bei Kommunalbeamten vorkommen, falls sie nicht ausdrücklich als pensionsfähig bezeichnet oder gewährt sind,

b) Stellenzulagen, die für besondere amtliche Verrichtungen über das etatsmäßige Diensteinkommen gewährt werden und mit dem Fortfalle dieser Verrichtungen wieder in Wegfall kommen,

c) Dienstaufwands-Entschädigungen, die für die einem Beamten in einem bestimmten Amte erwachsenden Diensteinkommen gewährt werden und mit Versetzung in eine andere Stelle von selbst wieder in Fortfall kommen.

§ 11. „Ein Beamter, welcher früher[1]) ein mit einem höheren Diensteinkommen verbundenes Amt bekleidet und dieses Einkommen wenigstens Ein Jahr lang bezogen hat, erhält, sofern der Eintritt oder die Versetzung in ein Amt von geringerem Diensteinkommen nicht lediglich auf seinen im eigenen Interesse gestellten Antrag erfolgt oder als Strafe auf Grund des § 16 des Gesetzes, betreffend die Dienstvergehen der nicht richterlichen Beamten u. s. w., v. 21. VII. 1852 (Ges. Samml. S. 465), oder des § 1 des Gesetzes, betreffend einige Abänderungen des Gesetzes über die Dienstvergehen der Richter v. 7. V. 1851 u. s. w., v. 22. III. 1856 (Ges. Samml. S. 201) gegen ihn verhängt ist, bei seiner Versetzung in den Ruhestand eine nach Maßgabe des früheren höheren Diensteinkommens unter Berücksichtigung der gesamten Dienstzeit berechnete Pension; jedoch soll die gesamte Pension das letzte pensionsberechtigte Diensteinkommen nicht übersteigen."[2])

Anm. 1. Gleichbedeutend mit „**bisher**", die Aktivität darf nicht unterbrochen sein, z. B. durch Entlassung oder Pensionierung.

Anm. 2. Diese Bestimmung will verhüten, daß ein Beamter als Pensionär ein höheres Einkommen verzehrt, als er am Ende seiner Aktivität bezog; Sten. Ber. A. H. 1871/72 Bd. II S. 1067.

§ 12. „Das mit Nebenämtern oder Nebengeschäften verbundene Einkommen begründet nur dann einen Anspruch auf Pension, wenn eine etatsmäßige Stelle als Nebenamt bleibend verliehen ist.

§ 13. Die Dienstzeit wird vom Tage der Ableistung des Diensteides gerechnet. Kann jedoch ein Beamter nachweisen, daß seine Vereidigung erst nach dem Zeitpunkte seines Eintritts in den Staatsdienst stattgefunden hat, so wird die Dienstzeit von diesem Zeitpunkte an gerechnet."[1])

Anm. 1. Vgl. Erk. R. G. v. 23. II. 1881 (E. i. Civ. Bd. XXVIII. S. 197): Wenn gegen einen Beamten vor dem gewöhnlichen Strafrichter auf eine Freiheitsstrafe von längerer, als einjähriger Dauer, auf eine schwere Strafe, auf Verlust der bürgerlichen Ehre, auf zeitige Untersagung der Ausübung der bürgerlichen Ehrenrechte, auf immerwährende oder zeitige Unfähigkeit zu öffentlichen Aemtern oder auf Stellung unter Polizeiaufsicht oder im Disziplinarverfahren auf Dienstentlassung erkannt ist (§§ 7 und 16 Nr. 1 des Disziplinarges. v. 21. VII. 1852), und er demnächst wieder eingestellt wird, so darf ihm beim Eintritt seiner Pensionierung diejenige Zeit, die er im Dienste vor jenem Erkenntnisse zugebracht hat, bei Berechnung der Pension nicht angerechnet werden, da der Verlust des Amtes nach § 16 Nr. 2 a. a. O. den Verlust des Pensionsanspruches von selbst nach sich zieht.

§ 14.[1]) „Bei Berechnung der Dienstzeit kommt auch die Zeit in Anrechnung, während welcher ein Beamter:

1. unter Bezug von Wartegeld im einstweiligen Ruhestand nach Maßgabe der Vorschriften des Gesetzes vom 21. Juli 1852 § 87 Nr. 2 (Gesetz-Samml. S. 465), der Erlasse vom 14. Juni 1848 (Gesetz-Samml. S. 153) und 24. Oktober 1848 (Gesetz-Samml. S. 338) und der Verordnung vom 23. September 1867 § 1 Nr. 4 (Gesetz-Samml. S. 1619), oder
2. im Dienste des Norddeutschen Bundes oder des Deutschen Reiches sich befunden hat, oder
3. als anstellungsberechtigte ehemalige Militärperson nur vorläufig oder auf Probe im Civildienste des Staats, des Norddeutschen Bundes oder des Deutschen Reichs beschäftigt worden ist, oder
4. eine praktische Beschäftigung außerhalb des Staatsdienstes ausübte, insofern und insoweit diese Beschäftigung vor Erlangung der Anstellung in einem unmittelbaren Staatsamte behufs der technischen Ausbildung in den Prüfungsvorschriften ausdrücklich angeordnet ist, oder
5. als Lehrer (§ 6 Abs. 2) der vorgeschriebenen praktischen Ausbildung sich unterzogen hat. Dabei wird ein vorschriftsmäßig zurückgelegtes Ausbildungsjahr stets zu zwölf Monaten gerechnet."

Wegen der Berechnung der pensionsfähigen Dienstzeit der Kommunalbeamten vgl. § 12 Abs. 2 des K. B. Ges. und Erläuterungen dazu. Anm. 1.

§ 15. „Der Civildienstzeit wird die Zeit des aktiven Militärdienstes hinzugerechnet."[1])

S. o. S. 124 Anm. 8 zu § 12 des K. B. G. Anm. 1.

§ 16. „Die Dienstzeit, welche vor den Beginn des einundzwanzigsten[1]) Lebensjahres fällt, bleibt außer Berechnung.

Nur die in die Dauer eines Krieges fallende und bei einem mobilen oder Ersatztruppenteile[2]) abgeleistete Militärdienstzeit kommt ohne Rücksicht auf das Lebensalter zur Anrechnung.

Als Kriegszeit gilt in dieser Beziehung die Zeit vom Tage einer angeordneten Mobilmachung, auf welche ein Krieg folgt, bis zum Tage der Demobilmachung."

Früher „achtzehnten"; geändert durch Ges. v. 31. III. 1882. Anm. 1.

Zu den **Ersatztruppenteilen** im Sinne des Abs. 2 gehören auch die Unteroffizierschulen. Es gilt:

a) für 1866 für die Unteroffizierschulen Potsdam und Jülich der 5. V. 1866 als Mobilmachungstag und der 21. X. 1866 als Demobilmachungstag,

b) für 1870/71 für die Unteroffizierschulen Potsdam, Jülich, Biebrich, Weißenfels und Ettlingen der 16. VII. 1870 als Mobilmachungstag und der 20. V. 1871 als Demobilmachungstag.

c) 1864 kommt nicht in Betracht, da damals nur Teile von Armeekorps mobilisiert wurden. Min. Erl. v. 23. X. 1898 (M. Bl. 1900 S. 85).

§ 17. „Für jeden Feldzug, an welchem ein Beamter im Preußischen oder im Reichsheer oder in der Preußischen oder Kaiserlichen Marine derart teilgenommen hat, daß er wirklich vor den Feind gekommen oder in dienstlicher Stellung den mobilen Truppen in das Feld gefolgt ist,[1]) wird demselben zu der wirklichen Dauer der Dienstzeit Ein Jahr zugerechnet.[2])

Ob eine militärische Unternehmung in dieser Beziehung als ein Feldzug anzusehen ist, und inwiefern bei Kriegen von längerer Dauer mehrere Kriegsjahre in Anrechnung kommen sollen, dafür ist die nach § 23 des Reichsgesetzes v. 27. VI. 1871 (Reichsgesetzblatt S. 275) in jedem Falle ergehende Bestimmung des Kaisers maßgebend.[3])

Für die Vergangenheit bewendet es bei den hierüber durch Königliche Erlasse gegebenen Vorschriften."

Anm. 1. **Voraussetzung** ist aber, daß der Beamte als solcher im Heere oder in dessen Verbande am Feldzuge teilgenommen hat. Es genügt nicht eine bloße Beschäftigung im Feindeslande in einer durch Civilverwaltungsbedürfnisse veranlaßten Beamtenstellung. E. R. G. v. 21. III. 1883 (Jur. W. Schr. S. 246).

Dagegen ist der besondere Nachweis der Teilnahme des einzelnen Individuums an einem Gefechte nicht erforderlich. Es genügt, wenn nachgewiesen wird, daß der betr. Truppenteil am Kampfe beteiligt gewesen ist. Erl. d. Kriegsm. v. 20. II. 1881 Nr. I 941.

Anm. 2. Die Frage, ob die Pensionsberechtigung eines Beamten bereits dann anzunehmen sei, wenn sich für ihn, ohne daß er wirklich zehn Jahre im Dienst gewesen, durch die **Anrechnung von Kriegsjahren** eine zehn- oder mehrjährige Dienstzeit ergeben, ist zu bejahen. Min. Erl. v. 11. IV. 84 M. d. J. II. 3344.

Anm. 3. 1. Nach den ergangenen Allerhöchsten Anordnungen ist der Dienstzeit ein **Kriegsjahr in folgenden Fällen zuzurechnen:**

a) für die Teilnahme an Gefechten der Feldzüge in Schleswig-Holstein bezw. in Jütland in jedem der Jahre 48, 49 und 50, in den Kämpfen des Jahres 48 in dem Großherzogtum Posen und des Jahres 49 in der Pfalz, sowie in dem Großherzogtum Baden und in Dresden, desgleichen für die Teilnahme an dem Gefecht des Dampfschiffes „Preußischer Adler" am 27. VII. 49 mit der dänischen Kriegsbrigg St. Croix.

Der Besitz der unter dem 23. VIII. 51 gestifteten Denkmünze für wirkliche Kombattanten ist für sich allein nicht ausreichend, den Nachweis der Teilnahme an einem Gefecht zu begründen.

Die Teilnahme der Beamten an Gefechten ist als erfolgt zu erachten, wenn sie zum Verbande der kämpfendeu Truppen gehört und sich in deren Gefolge ihrer Berufspflicht gemäß während des Gefechtes thatsächlich befunden haben. (Vgl. A. E. v. 20. XI. 48 M. Bl. S. 395; v. 13. II. und 6. XI. 49 M. Bl. S. 54 292; v. 19. I. 50 M. Bl. S. 87; v. 6. V. 58 M. Bl. S. 149 und v. 7. II. 67 M. Bl. S. 51.)

b) Für die Teilnahme an dem Feldzuge des Jahres 1864 gegen Dänemark.

Für die Beteiligung ist der statutengemäße Besitz des durch K. O. v. 10. XI. 64 (G. S. S. 641) gestifteten Kriegsdenkmünze maßgebend (vgl. A. E. v. 18. XII. 64, M. Bl. 1865 S. 21).

c) Für die Beteiligung an dem Feldzuge des Jahres 66.

Für die Beteiligung ist der statutengemäße Besitz des durch K. O. v. 20. IX. 66 (G. S. S. 556) gestifteten Erinnerungskreuzes maßgebend. Die Anrechnung dieses Feldzuges als Kriegsjahr soll auch für diejenigen Offiziere, Beamten und Mannschaften der Truppen außerpreußischer deutscher Staaten erfolgen, die einer Preußen feindlichen Armee angehört haben, sofern sie an einem Gefechte teilgenommen haben oder behufs Ausführung von Operationen zu kriegerischen Zwecken die Grenze ihrer damaligen Heimatländer überschritten haben (vgl. A. E. v. 6. XI. 66. Just. M. Bl. 1871 S. 150 und v. 11. II. 75, M. Bl. S. 154).

d) Für den Feldzug gegen Frankreich in den Jahren 70 und 71 nach der A. O. v. 16. V. 71 (M. Bl. 1871 S. 159):

„Ich bestimme, daß der Feldzug gegen Frankreich von 70/71 den an solchem Beteiligten bei Berechnung ihrer Dienstzeit nach folgenden Grundsätzen als Kriegsdienstzeit in Anrechnung zu bringen ist:

1. Denjenigen Beteiligten, welche in jedem der beiden vorbezeichneten Jahre an einer Schlacht, einem Gefecht resp. einer Belagerung teilgenommen haben, oder welche je zwei Monate in dienstlicher Veranlassung in Frankreich zugebracht haben, kommen zwei Kriegsjahre in Anrechnung.
2. Denjenigen dagegen, welche diese Bedingungen nur in einem der Jahre 70 oder 71 erfüllt, sowie denjenigen, welche, ohne an einem Kampfe teilzunehmen, nur in beiden Jahren zusammen zwei Monate fortlaufender Zeit aus dienstlicher Veranlassung in Frankreich zugebracht haben, ist nur ein Kriegsjahr in Anrechnung zu bringen.

Die Anrechnung des Jahres 71 als Kriegsjahr für diejenigen, welche in diesem Jahre nicht an einem Kampfe beteiligt gewesen, findet jedoch überhaupt nur in dem Falle statt, wenn die Betreffenden bis zum 2. März dieses Jahres mindestens zwei Monate aus dienstlicher Veranlassung in Frankreich anwesend waren."

„Als Grenze Frankreichs im Sinne der Ordre ist die Grenze zu verstehen, wie sie vor Ausbruch des Krieges bestand. Min. Erl. v. 10. IV. 83 (M. Bl. S. 54) Nr. 13.

Für die Vergangenheit bewendet es bei den hierüber in den einzelnen Bundesstaaten erlassenen Vorschriften. R. Ges. v. 27. VI. 71 § 73 Abs. 3.

2. Wegen der militärischen Aktionen in den **Schutzgebieten**, die als Feldzüge gelten, vgl. folgende im Mar. Vd. Bl. veröffentlichte Kaiserliche Erlasse:

a) Samoainseln: v. 19. XI. 89.
b) Kamerun: v. 4. VII. 85, 5. IX. 92, 17. IV. 93, 5. und 7. IX. 95, 17. IX. 95, 18. VII. 96, 31. VIII. 99.
c) Ostafrika: v. 19. XI. 89, 24. X. 91, 5. XII. 92, 17. IV. 93, 2. VIII. 94, 5. IX. 95, 18. VII. 96.

d) Südwestafrika: v. 5. und 7. IX. 95, 17. IX. 95, 31. VIII. 99.

3. Die **Doppelrechnung** gewisser Dienstzeiten in der kaiserlichen Marine, sowie im Civildienste des Norddeutschen Bundes oder des Deutschen Reiches (§ 50 des Militär-Pensionsges. v. 27. VI. 71 R. G. Bl. S. 275, § 51 des Reichsbeamtenges. v. 31. III. 73 R. G. Bl. S. 61 und das Ges. v. 30. III. 80 R. G. Bl. S. 99) ist mit der Beschränkung des § 8 Abs. 1 dieses Ges. für die Berechnung der Dienstzeit maßgebend. Min. Erl. v. 10. IV. 83 (M. Bl. S. 54) Nr. 11.

§ 18. „Die Zeit

a) eines Festungsarrestes von einjähriger und längerer Dauer, sowie

b) der Kriegsgefangenschaft[1])

kann nur unter besonderen Umständen[2]) mit Königlicher Genehmigung angerechnet werden."

Anm. 1. Die Kab. O. v. 18. V. 1871 (M. Bl. S. 159) bestimmt hinsichtlich des Feldzuges gegen Frankreich, daß den in **französische Kriegsgefangenschaft** geratenen Offizieren, Beamten und Mannschaften, denen in Gemäßheit der Kab. O. v. 11. V. 1871 das zuständige Gehalt, bezw. die chargenmäßige Löhnung für die Zeit der Gefangenschaft gezahlt ist, auch bei der Pensionierung die Zeit der Gefangenschaft als Dienstzeit angerechnet werden darf.

Anm. 2. **Besondere Umstände** liegen z. B. vor, wenn die Gefangenschaft die Folge einer schweren Verwundung war. Kab. O. v. 10. I. 1828 (v. Kamptz Ann. Bd. XII S. 38).

§ 19.[1]) „Mit Königlicher Genehmigung kann zukünftig bei der Anstellung nach Maßgabe der Bestimmungen in den §§ 13 bis 18 angerechnet werden:

1. die Zeit, während welcher ein Beamter
   a) sei es im Inlande oder Auslande als Sachwalter oder Notar fungiert, im Gemeinde-, Kirchen- oder Schuldienste, im ständischen Dienste oder im Dienste einer landesherrlichen Haus- oder Hofverwaltung sich befunden, oder
   b) im Dienste eines fremden Staates gestanden hat;
2. die Zeit praktischer Beschäftigung außerhalb des Staatsdienstes,[2]) insofern und insoweit die Beschäftigung vor Erlangung der Anstellung in einem unmittelbaren Staatsamte herkömmlich war.

Die Anrechnung der unter 1 erwähnten Beschäftigung muß erfolgen bei denjenigen Beamten, welche mit den im Jahre 1866 erworbenen Landesteilen in den unmittelbaren Staatsdienst übernommen worden sind, sofern dieselben auf diese Anrechnung nach den bis dahin für sie maßgebenden Pensionsvorschriften einen Rechtsanspruch hatten."

Anm. 1. Abs. 1 in der Fassung des Ges. v. 20. III. 1890 (G. S. S. 43). § 19 ist für die Kommunalbeamten nicht anwendbar, vgl. § 12 Abs. 2 des K. B. G. oben S. 121.

§ 19a. „Bei der Berechnung der Dienstzeit eines in den Ruhestand zu versetzenden Lehrers an einer im § 6 Abs. 2 bezeichneten Unterrichtsanstalt muß mit der im § 29a bestimmten Maßgabe die gesamte Zeit angerechnet werden, während welcher der Lehrer innerhalb Preußens oder eines von Preußen erworbenen Landesteils im öffentlichen Schuldienst gestanden hat."[1])

Eingefügt durch Ges. v. 25. IV. 1896 (G. S. S. 87); für Kommunalbeamte ohne Bedeutung. Anm. 1.

§ 20. „Zum Erweise der Dienstunfähigkeit eines seine Versetzung in den Ruhestand nachsuchenden Beamten ist die Erklärung der demselben unmittelbar vorgesetzten Dienstbehörde[1]) erforderlich, daß sie nach pflichtmäßigem Ermessen den Beamten für unfähig halte, seine Amtspflichten ferner zu erfüllen.

Inwieweit noch andere Beweismittel zu erfordern, oder der Erklärung der unmittelbar vorgesetzten Behörde entgegen für ausreichend zu erachten sind, hängt von dem Ermessen der über die Versetzung in den Ruhestand entscheidenden Behörde ab."[2])

Vgl. oben S. 123. Anm. 2 zu § 12 des K. B. G. Anm. 1.

Der Beibringung anderer Beweismittel bedarf es nur in besonderen Fällen und stets nur auf Erfordern der über die Versetzung in den Ruhestand entscheidenden Behörde. Demgemäß sind den um ihre Pensionierung nachsuchenden und von der unmittelbar vorgesetzten Dienstbehörde als dienstunfähig anerkannten Beamten die Beibringung eines Kreisphysikatsattestes über ihre Dienstunfähigkeit und andere derartige, mit Kosten verbundene Weiterungen zu ersparen. Min. Erl. v. 24. VII. 1872 (M. Bl. 1873 S. 2). Anm. 2.

§ 21.[1]) „Die Bestimmung darüber, ob und zu welchem Zeitpunkte[2]) dem Antrage eines Beamten auf Versetzung in den Ruhestand stattzugeben ist, erfolgt durch den Departementschef.[3])

Bei denjenigen Beamten, welche durch den König zu ihren Aemtern ernannt worden sind, ist die Genehmigung des Königs zur Versetzung in den Ruhestand erforderlich.

Für die Beamten derjenigen Kategorien, deren Anstellung durch eine dem Departementschef nachgeordnete Behörde erfolgt, kann der Departementschef letzterer oder der ihr vorgesetzten Behörde die Bestimmung über den Antrag auf Versetzung in den Ruhestand übertragen."

Abs. 3 in der Fassung des Ges. v. 30. IV. 1884. Anm. 1.

Während des Laufes eines **straf- oder disziplinargerichtlichen Verfahrens** darf einem Antrage auf Pensionierung nicht stattgegeben, ebenso soll ein bereits eingeleitetes Pensionierungsverfahren ausgesetzt werden, sobald gegen den Beamten eine straf- oder disziplinargerichtliche Untersuchung eröffnet wird. Vgl. Min. Erl. v. 29. VII. 1884 Nr. 2 (M. Bl. S. 194). Anm. 2.

Die Entscheidung der Frage, ob ein Beamter dienstunfähig und deshalb in den Ruhestand zu versetzen sei, ist eine unerläßliche Voraussetzung für den Pensionsanspruch, und diese Vorfrage ist lediglich von den Verwaltungsbehörden unter Ausschluß des Rechtsweges zu entscheiden. Die Entscheidung der Gerichte über die Frage, ob und ev. eine wie hohe Pension dem Betreffenden zustehe, tritt nur erst dann ein, wenn jene Vorfrage von den Verwaltungsbehörden entschieden ist. E. R. G. v. 10. V. 1884 (M. Bl. S. 192). Anm. 3.

Persönlichen Wünschen des Beamten soll nur insoweit Rechnung getragen werden, als darunter weder das dienstliche, noch das finanzielle

Interesse des Staates pp. leidet. Muß unbedingt auf die weitere Thätigkeit des Beamten verzichtet werden, so soll auch dessen Zurruhesetzung erfolgen.

§ 22. „Die Entscheidung darüber, ob und welche Pension einem Beamten bei seiner Versetzung in den Ruhestand zusteht, erfolgt durch den Departementschef in Gemeinschaft mit dem Finanzminister.

Dieselben können die Befugnis zu dieser Entscheidung derjenigen dem Departementschef nachgeordneten Behörde übertragen, welcher die Bestimmung über die Versetzung des Beamten in den Ruhestand zusteht (§ 21 Abs. 3)." [1])

Anm. 1. Abs. 2 in der Fassung des Ges. v. 30. IV. 1884.

§ 23. [1]) „Die Beschreitung des Rechtsweges gegen die Entscheidung[2]) darüber, ob und welche Pension einem Beamten bei seiner Versetzung in den Ruhestand zu gewähren ist, steht dem Beamten offen, doch muß die Entscheidung des Departementschefs und des Finanzministers der Klage vorhergehen, und letztere sodann bei Verlust des Klagerechts innerhalb sechs Monaten, nachdem dem Beamten diese Entscheidung bekannt gemacht ist, erhoben werden. Der Verlust des Klagerechts tritt auch dann ein, wenn nicht von dem Beamten, über dessen Anspruch auf Pension die dem Departementschef nachgeordnete Behörde Entscheidung getroffen hat (§ 22 Abs. 2), gegen diese Entscheidung binnen gleicher Frist die Beschwerde an den Departementschef und den Finanzminister erhoben ist."

Anm. 1. In der Fassung des Ges. v. 30. IV. 1884.

Anm. 2. Darunter ist diejenige Anordnung zu verstehen, die über das für den Pensionsfall eintretende Verhältnis keinerlei Zweifel mehr läßt und es endgültig ordnet, sich also nicht als eine vorläufige, nach weiter in Aussicht genommenen Ermittelungen zu ändernde Verfügung darstellt. E. O. Trib. v. 31. V. 1869 (Strieth. Arch. Bd. LXXV S. 64).

§ 24. [1]) „Die Versetzung in den Ruhestand tritt, sofern nicht auf den Antrag oder mit ausdrücklicher Zustimmung des Beamten ein früherer Zeitpunkt festgesetzt wird, mit dem Ablauf des Vierteljahres ein, welches auf den Monat folgt, in welchem dem Beamten die Entscheidung über seine Versetzung in den Ruhestand und die Höhe der ihm etwa zustehenden Pension (§ 22) bekannt gemacht worden ist." [1])

Anm. 1. Der § 24 findet auch Anwendung bei unfreiwilliger Dienstentlassung der auf Widerruf oder auf Kündigung angestellten Beamten, sofern sie nach §§ 1 und 2 des Pensionsges. Anspruch auf Gewährung einer Pension haben. Min. Erl. v. 23. und 12. XI. 1873 (M. Bl. 1874 S. 7 und 23).

Wird ein Beamter vor dem im § 24 bezeichneten Zeitpunkte rechtskräftig zu einer Strafe verurteilt, die den Verlust des Amtes von Rechtswegen nach sich zieht, so geht mit diesem bis dahin noch besessenen Amte auch der daraus abgeleitete Pensionsanspruch verloren. Der Beamte kann alsdann nicht in den Genuß der Pension gelangen, E. R. G. v. 11. II. 1887 (E. in Civ. Bd. XVII S. 242).

§ 25. „Die Pensionen werden monatlich im voraus gezahlt.

§ 26. Das Recht auf den Bezug der Pension kann weder abgetreten noch verpfändet werden.

In Ansehung der Beschlagnahme der Pensionen bleiben die bestehenden Bestimmungen in Kraft." [1])

Vgl. C. P. O. v. 30. I. 1877 in der Fassung des Ges. v. 17. V. 1898 (R. G. Bl. S. 369) §§ 811[8], 850[8] und Abs. 2 (vgl. unten §§ 23 u. 24). Anm. 1.

§ 27. „Das Recht auf den Bezug der Pension ruht:[1])

1) wenn ein Pensionär das Deutsche Indigenat[2]) verliert, bis zu etwaiger Wiedererlangung desselben:

2) wenn und so lange ein Pensionär im Reichs- oder Staatsdienste ein Diensteinkommen bezieht, insoweit als der Betrag dieses neuen Diensteinkommens unter Hinzurechnung der Pension den Betrag des von dem Beamten vor der Pensionierung bezogenen Diensteinkommens übersteigt." [2])

Abs. 2 ist durch § 13 des K. B. Ges. ersetzt worden.

Das Diensteinkommen muß neu erworben sein. Ist ein Beamter nur aus dem Hauptamte pensioniert, aber in einem besoldeten Nebenamte verblieben, so bleibt dieser Bezug seines Diensteinkommens samt allen späteren Erhöhungen auf den Bezug der Pension aus dem Hauptamte ohne Einfluß. Min. Erl. v. 5. VI. 1894 (M. Bl. S. 101). Anm. 2.

Im übrigen ist auf das neue Einkommen alles anzurechnen, was das neue Amt an wiederkehrenden Einnahmen bringt, seien es feste Besoldungsbeträge oder veränderliche Emolumente, z. B. Auktions- und Kalkulaturgebühren (M. Bl. 1853 S. 135), Notariatseinnahmen (M. Bl. 1853 S. 310). Dagegen sind die Einnahmen aus der kein Amt darstellenden Rechtsanwaltschaft, Tagegelder für vorübergehende Dienste oder Pensionen aus der Staatskasse auf die Pension aus Kommunalmitteln ohne Einfluß.

Nicht anzurechnen sind Repräsentations- oder Dienstaufwandskosten des neuen Amtes, auch wenn daran erspart wird.

§ 27 kennt nur ein Ruhen des Pensionsrechtes. Dagegen kann es als Anspruch auf wohlverdientes Ruhegehalt niemals verloren gehen oder abgesprochen werden, auch nicht bei Verurteilung zur Zuchthausstrafe, mag auch die bestrafte Handlung noch in die Amtszeit zurückreichen. Ebensowenig könnte einer solchen Verurteilung noch ein Disziplinarverfahren auf Verlust der Pension nachfolgen, da der Pensionär der Dienstdisziplin nicht mehr untersteht. Vgl. E. R. G. v. 11. II. 1887 (E. Civ. Bd. XVII S. 240) und 9 X 1888 (E. Civ. Bd. XXI S. 186). Anm. 1.

Das deutsche, gemäß § 3 der Reichsverf. v. 16. IV. 1871 für ganz Deutschland gemeinsame Indigenat, die Bundesangehörigkeit, wird nach § 1 des Reichsges. v. 1. VI. 70 (R. G. Bl. S. 355) über die Erwerbung und den Verlust der Bundes- und Staatsangehörigkeit durch die Staatsangehörigkeit in einem Bundesstaate erworben und erlischt mit deren Verlust. Vgl. hierüber §§ 13, 14 ff. 20—22 dieses Ges. Anm. 2.

§ 28. „Ein Pensionär, welcher in eine an sich zur Pension berechtigende Stellung des unmittelbaren Staatsdienstes wieder eingetreten ist (§ 27 Nr. 2), erwirbt für den Fall des Zurücktretens in den Ruhestand den Anspruch auf Gewährung einer nach Maßgabe seiner nunmehrigen verlängerten Dienstzeit und des in der neuen Stellung bezogenen Diensteinkommens berechneten Pension nur dann, wenn die neu hinzutretende Dienstzeit wenigstens ein Jahr betragen hat.

Mit der Gewährung einer hiernach neu berechneten Pension fällt bis auf Höhe des Betrages derselben das Recht auf den Bezug der früher bezogenen Pension hinweg.

Dasselbe gilt, wenn ein Pensionär im Deutschen Reichsdienste eine Pension erdient.

§ 29. Die Einziehung, Kürzung oder Wiedergewährung der Pension auf Grund der Bestimmungen in den §§ 27 und 28 tritt mit dem Beginn desjenigen Monats ein, welcher auf das, eine solche Veränderung nach sich ziehende Ereignis folgt. [1]) [2])

Im Falle vorübergehender Beschäftigung [3]) im Reichs- oder im Staatsdienste gegen Tagegelder [4]) oder eine anderweite Entschädigung wird die Pension für die ersten sechs Monate dieser Beschäftigung unverkürzt, dagegen vom siebenten Monate ab nur zu dem nach den vorstehenden Bestimmungen zulässigen Betrage gewährt."

Anm. 1. Fällt dieses Ereignis mit dem Beginne des Monates zusammen, so ist bereits für diesen Monat die Einziehung, Kürzung oder Wiedergewährung der Pension herbeizuführen. Anderenfalls tritt eine solche Wirkung erst mit dem Beginne des nächsten Monates ein, da erst dieser vollständig auf jenes Ereignis folgt. Der Fall, daß eine Wiederbeschäftigung der gedachten Art im Laufe des Monates aufhört, wird nicht häufig vorkommen. Eventuell wird dem Pensionär nicht versagt werden können, gegen Verzicht auf das Diensteinkommen für die einzelnen Tage des letzten Monates seiner Wiederbeschäftigung das Recht auf den Bezug der vollen Pension bereits vom Beginne des Monates ab zu erwerben. Min. Erl. v. 4. IX. 1875 (M. Bl. S. 264); vgl. Min. Erl. v. 17. VII. 1876 (M. Bl. S. 189) Nr. 6.

Anm. 2. Die Wiederbeschäftigung muß eine amtliche sein. Jeder außeramtliche, auf privatrechtlichen Titel zurückzuführende Erwerb aus Arbeitsleistungen für den Staatsdienst pp. bleibt, wie jeder andere Privaterwerb, auf den Pensionsbezug ohne Einfluß. Vgl. Min. Erl. v. 9. IV. 1895 (M. Bl. S. 88) und E. R. G. v. 17. IX. 1891 (E. in Civ. XXVIII. 80).

Anm. 3. Vorübergehend ist eine Beschäftigung nur dann, wenn dafür bloß Tagegelder oder eine ähnliche Entschädigung (Gebühren, Naturalien, Kopialien rc.) gezahlt würden, und wenn sie außerdem von vornherein als eine bloß vorübergehende beabsichtigt, für ein seiner Natur nach zeitlich beschränktes Bedürfnis bestimmt war, nicht aber dann, wenn sie, wenn auch zunächst probeweise angetreten, doch als eine dauernde in Aussicht genommene und nur, weil der Beamte sich nicht bewährt, durch Kündigung oder Widerruf hinterher zu einer vorübergehenden wird. Vgl. Min. Erl. v. 28. II. 1875 (M. Bl. S. 81), 17. VII. 1876 Nr. 1 und 6 (M. Bl. S. 189) und 9. IV. 1895 (M. Bl. S. 89).

Anm. 4. Ueber die Berechnung eines Tagegeldereinkommens, wenn es im Laufe eines Jahres sich verändert oder unterbrochen wird, vgl. Min. Erl. v. 3. II. 1894 (M. Bl. S. 26).

1. Ist ein Pensionär während eines vollen Etatsjahres ohne Unterbrechung gegen einen und denselben Tagegeldersatz wieder beschäftigt gewesen, so ist bei Regelung seiner Bezüge der Jahresbetrag der Tagegelder zu Grunde zu legen.

Im Falle einer Aenderung des Tagegeldersatzes im Laufe des Etatsjahres ist eine besondere Berechnung für jeden der in Betracht kommenden Zeitabschnitte vorzunehmen.

2. Ist der Pensionär nicht während des ganzen Etatsjahres, sondern nur in kürzeren Zeiträumen, oder mit Unterbrechungen, gegen Tagegelder wieder beschäftigt gewesen, so ist der Regelung der Bezüge dieses Pensionärs der Monatsbetrag seines neuen Einkommens zu Grunde zu legen.

Auch in den Fällen zu 2 hat die Schlußabrechnung und die endgültige Regelung der betreffenden Pensionsbezüge erst am Jahresschlusse oder beim Aufhören der Wiederbeschäftigung zu erfolgen.

§ 29a. „Die in dem § 27 Nr. 2 sowie in den §§ 28 und 29 für den Fall des Wiedereintritts eines Pensionärs in den Reichs- oder Staatsdienst getroffenen Vorschriften finden auf diejenigen unter die Vorschriften des § 6 fallenden pensionierten Lehrer und Beamten, deren Pension nicht aus der Staatskasse zu zahlen ist, nur dann sinngemäße Anwendung, wenn sie im Dienste der zur Aufbringung ihrer Pension ganz oder teilweise verpflichteten Gemeinde oder Stiftung oder des betreffenden Kommunalverbandes wieder angestellt oder beschäftigt werden.

Ist ein unter die Vorschriften des § 6 fallender Pensionär, dessen Pension nicht aus der Staatskasse zu zahlen ist, in ein zur Pension berechtigendes Amt des unmittelbaren Staatsdienstes oder an einer der im § 6 Abs. 2 bezeichneten Unterrichtsanstalten, deren Unterhaltung anderen, als den zur Aufbringung seiner Pension Verpflichteten obliegt, wieder eingetreten, so bleibt für den Fall des Zurücktretens in den Ruhestand bei der Entscheidung über eine ihm zu gewährende neue Pension die Dienstzeit vor seiner früheren Versetzung in den Ruhestand außer Anrechnung.

Diese Bestimmung findet auf diejenigen Pensionäre, deren Pension aus der Staatskasse zu zahlen ist, alsdann gleichfalls Anwendung, wenn sie in ein zu Pension berechtigendes Amt an einer der im § 6 Abs. 2 bezeichneten Unterrichtsanstalten, welche nicht vom Staate allein zu unterhalten sind, wieder eingetreten sind.“ [1])

Eingefügt durch Ges. v. 25. IV. 1896 (G. S. S. 87) Art. V. Anm. 1.

§ 30. [1]) „Sucht ein nicht richterlicher Beamter, welcher das fünfundsechzigste Lebensjahr vollendet hat, seine Versetzung in den Ruhestand nicht nach, so kann diese nach Anhörung des Beamten unter Beobachtung der Vorschriften der §§ 20 ff. dieses Gesetzes in der nämlichen Weise verfügt werden, wie wenn der Beamte seine Pensionierung selbst beantragt hätte. [2])

Im Uebrigen behält es in Ansehung der unfreiwilligen Versetzung in den Ruhestand und des dabei stattfindenden Verfahrens bei den Bestimmungen in den §§ 56—64 des Gesetzes, betreffend die Dienstvergehen der Richter und die unfreiwillige Versetzung derselben auf eine andere Stelle oder in den Ruhestand, vom 7. Mai 1851 (G. S. S. 218) und in den §§ 88—93 des Gesetzes, betreffend die Dienstvergehen der nicht richterlichen Beamten, die

Versetzung derselben auf eine andere Stelle oder in den Ruhestand, vom 21. Juli 1852 (G. S. S. 465) sein Bewenden.

Wird hiernach gemäß § 90 des letzterwähnten Gesetzes von dem Rechtsmittel des Rekurses an das Staatsministerium Gebrauch gemacht, so läuft die sechsmonatliche Frist zur Anstellung der Klage wegen unrichtiger Festsetzung des Pensionsbetrages (§ 2 des Gesetzes, betreffend die Erweiterung des Rechtsweges, vom 24. V. 1861 G. S. S. 241) erst von dem Tage, an welchem dem Beamten die Entscheidung des Staatsministeriums bekannt gemacht ist.

Die Bestimmungen der §§ 88 bis 93 des Gesetzes vom 21. VII. 1852 (G. S. S. 465) finden auch auf die Lehrer und Beamten derjenigen im § 6 Abs. 2 genannten Anstalten Anwendung, welche nicht vom Staate allein zu unterhalten sind."

Anm. 1. In der Fassung des Ges. v. 31. III. 1882; Abs. 4 ist eingefügt durch Ges. v. 25. IV. 1896.

Anm. 2. Bei unfreiwilliger Pensionierung der unter dem Vorbehalt des Widerrufes oder der Kündigung in etatsmäßigen Stellen angestellten Beamten findet der § 30 keine Anwendung. Ihnen ist, sobald der Fall ihrer Versetzung in den Ruhestand eintritt, hiervon Kenntnis zu geben und gleichzeitig der, vorbehaltlich der höheren Genehmigung ihnen voraussichtlich zu gewährende Pensionsbetrag mitzuteilen, auch ihre etwaige Gegenerklärung entgegenzunehmen. Demnächst ist der Antrag auf Versetzung in den Ruhestand unter Vorlegung der bezüglichen Verhandlungen dem Ministerium einzureichen und nach ergangener Entscheidung die in § 24 des Pensionsgesetzes vorgeschriebene Bekanntmachung bei gleichzeitiger Kündigung schleunigst zu bewirken. Min. Erl. v. 12. XI. 1873 (M. Bl. 1874 S. 23).

§ 31. „Hinterläßt ein Pensionär eine Witwe oder eheliche Nachkommen [1]) so wird die Pension [2]) noch für den auf dem Sterbemonat folgenden Monat gezahlt.

An wen die Zahlung erfolgt, bestimmt die Provinzialbehörde, auf deren Etat die Pension übernommen war.

Die Zahlung der Pension für den auf den Sterbemonat folgenden Monat kann auf Verfügung dieser Behörde auch dann stattfinden, wenn der Verstorbene Eltern, Geschwister, Geschwisterkinder oder Pflegekinder, deren Ernährer er gewesen ist, in Bedürftigkeit hinterläßt, oder wenn der Nachlaß nicht ausreicht, um die Kosten der letzten Krankheit und der Beerdigung zu decken.

Der über den Sterbemonat hinaus gewährte einmonatliche Betrag der Pension kann nicht Gegenstand einer Beschlagnahme sein."

Anm. 1. **Adoptivkinder** sind den Pflegekindern eines verstorbenen Pensionärs gleichzuachten, Min. Erl. v. 1. II. 1895 (M. Bl. S. 86).

Anm. 2. Die für Beamten-Witwen und Waisen sowie für pensionierte Beamte angewiesenen laufenden Beihilfen, deren Bewilligung in der Eigenschaft einer Unterstützung und nicht einer Pension stattgefunden hat, ist bezüglich der Gnadenzeit nicht mit Pensionen gleich zu behandeln, und bleibt die Zahlung des Gnadenmonatsbetrages von dergleichen laufenden Unterstützungen stets von der (nur in besonders dringenden Fällen zu beantragenden) Genehmigung des Ministers des Innern abhängig, Min. Erl. v. 2. V. 1874 (M. Bl. S. 120).

Gnadenmonatsbeträge sind auch von allen denjenigen Unterstützungen zu gewähren, die auf Grund des § 16,, v. 21. VII. 1852 (G. S. S. 465) den entlassenen Beamten auf Lebenszeit oder gewisse Jahre zuerkannt sind. Bei Zeitbewilligungen muß jedoch der Tod des entlassenen Beamten noch in die Bewilligungsfrist fallen. Sie sind nicht zu gewähren von Unterstützungen, auf deren Gewährung ein Rechtsanspruch nicht besteht und deren Bewilligung auch nicht auf sonstiger spezieller Bestimmung beruht. Ausgenommen sind solche Unterstützungen, die an Staatsdiener ohne Rechtsanspruch im Gnadenwege als Ruhegehalt bewilligt sind. Ebenso findet gemäß Min. Erl. 4. VI. 1847 § 31 Anwendung auf laufende Unterstützungen, die im Gnadenwege aus dem unter Kap. 97 Tit. 7 des Etats der Verwaltung des Innern ausgebrachten Fonds zu Pensionen und Unterstützungen für Witwen und verwaiste Töchter von Staatsbeamten und Offizieren im Allgemeinen bewilligt und als Stiftspensionen bezeichnet sind, Min. Erl. v. 30. V. 1891 (J. M. Bl. S. 165).

§ 32. „Ist die nach Maßgabe dieses Gesetzes bemessene Pension geringer als die Pension, welche dem Beamten hätte gewährt werden müssen, wenn er am 31. März 1872 nach den bis dahin für ihn geltenden Bestimmungen pensioniert worden wäre, so wird diese letztere Pension an Stelle der ersteren bewilligt.

§ 33. Den in Folge der Aufhebung der Patrimonialgerichtsbarkeit aus dem Privatgerichtsdienst in den unmittelbaren Staatsdienst übernommenen oder bereits vor dieser Aufhebung in den unmittelbaren Staatsdienst übergegangenen Beamten wird die Zeit des Privatgerichtsdienstes nach Maßgabe der Bestimmungen des gegenwärtigen Gesetzes angerechnet.

Den vormals Schleswig-Holsteinischen Beamten wird die Zeit, welche sie als beeidigte Sekretäre oder Volontäre bei den Oberbeamten zugebracht haben, bei Feststellung ihrer Dienstzeit mit angerechnet.

§ 34. Die Zeit, während welcher ein Beamter in den neu erworbenen Landesteilen oder ein mit einem solchen Landesteile übernommener Beamter auch in einem anderen Teile des Landes, welchem seine Heimat vor der Vereinigung mit Preußen angehört hat, im unmittelbaren Dienste der damaligen Landesherrschaft gestanden hat, wird in allen Fällen bei der Pensionierung nach Maßgabe des gegenwärtigen Gesetzes in Anrechnung gebracht.

§ 35. Hinsichtlich der Hohenzollerschen, in den Preußischen Staatsdienst übernommenen Beamten bleiben die Bestimmungen unter Nr. 2 und 3 des Erlasses vom 26. August 1854 (Gesetz-Samml. 1855 S. 33) in Kraft.

§ 36. Zusicherungen, welche in Bezug auf dereinstige Bewilligung von Pensionen an einzelne Beamte oder Kategorien von Beamten durch den König oder einen der Minister gemacht worden sind, bleiben in Kraft.

Doch finden auf Beamte, hinsichtlich deren durch Staatsverträge die Bewilligung von Pensionen nach den Grundsätzen fremdländischer Pensionsbestimmungen zugesichert worden ist, die Vorschriften des gegenwärtigen Gesetzes in so weit Anwendung, als sie für die Beamten günstiger sind.

§ 37. Die im § 79 des Gesetzes, betreffend die Verfassung und Verwaltung der Städte und Flecken in der Provinz Schleswig-Holstein, vom 14. April 1869 (Gesetz-Samml. S. 589) festgestellte Verpflichtung der Staatskasse zur anteiligen Uebernahme der Pensionen städtischer Beamten wird durch das gegenwärtige Gesetz nicht berührt.

§ 38. Das gegenwärtige Gesetz tritt mit dem 1. April 1872 in Kraft. Mit diesem Zeitpunkte treten, soweit nicht durch § 32 Ausnahmen bedingt werden, alle den Vorschriften dieses Gesetzes entgegenstehenden Bestimmungen, insbesondere das Pensionsreglement für die Civil-Staatsdiener vom 30. April 1825 und die dasselbe ergänzenden, erläuternden und abändernden Bestimmungen außer Kraft. Wo in den bestehenden Gesetzen und Verordnungen auf dieselben Bezug genommen wird, kommen die Bestimmungen des gegenwärtigen Gesetzes zur Anwendung."

b) Landbürgermeistereien, Aemter, Beamte der Landgemeinden, Amtsbezirke und Zweckverbände.

Bezüglich der Pensionierung der auf Grund des § 117 der Oe. L. G. O. angestellten besoldeten Beamten für einzelne Dienstzweige oder Dienstverrichtungen bestimmte § 118 a. a. O. folgendes:

§ 118. „Ueber die Pensionsverhältnisse dieser Beamten kann durch Ortsstatut Bestimmung getroffen werden.

. . . .

Ueber streitige Pensionsansprüche der besoldeten Gemeindebeamten beschließt der Kreisausschuß, und zwar, soweit der Beschluß sich darauf erstreckt, welcher Teil des Diensteinkommens bei Feststellung der Pensionsansprüche als Gehalt anzusehen ist, vorbehaltlich der den Beteiligten gegen einander zustehenden Klage im Verwaltungsstreitverfahren, im übrigen vorbehaltlich des ordentlichen Rechtsweges. Der Beschluß ist vorläufig vollstreckbar."

Derselbe Rechtszustand bestand in Schleswig-Holstein (§ 118 Schl. Holst. L. G. O.) und in Hessen-Nassau (§ 81 H. N. L. G. O.). Doch enthält die letztere Ordnung in ihren §§ 84—88 weitere Bestimmungen über die Pensionierung und Versorgung der Hinterbliebenen der Gemeindebeamten, die den entsprechenden Vorschriften der H. N. St. O. nachgebildet sind.

In Westfalen bestanden folgende Bestimmungen:

a) Hinsichtlich der Gemeindeeinnehmer (§ 44 der W. L. G. O. Abs. 4—6):

„Der Gemeinde-Einnehmer erhält, insofern nicht mit demselben ein Anderes verabredet worden ist, bei eintretender Dienstunfähigkeit Pension nach denselben Grundsätzen, welche bei den unmittelbaren Staatsbeamten zur Anwendung kommen.

Ueber streitige Pensionsansprüche der besoldeten Gemeindebeamten beschließt, soweit nach den Gemeindeverfassungsgesetzen die Beschlußfassung der Aufsichtsbehörde zusteht, der Kreisausschuß, und zwar, soweit der Beschluß sich darauf erstreckt, welcher Teil des Diensteinkommens bei Feststellung der Pensionsansprüche als Gehalt anzusehen ist, vorbehaltlich der den Beteiligten gegen einander zustehenden Klage im Verwaltungsstreitverfahren, im übrigen vorbehaltlich des ordentlichen Rechtsweges. Der Beschluß ist vorläufig vollstreckbar.

Die Pension fällt fort oder ruht insoweit, als der Pensionierte durch anderweitige Anstellung im Staats- oder Gemeindedienste ein Einkommen oder eine neue Pension erwirbt, welche, mit Zurechnung der ersten Pension, sein früheres Einkommen übersteigen."

Diese Bestimmungen sind auch für Amtseinnehmer maßgebend (§ 73 a. a. O.)

b) Hinsichtlich der besoldeten Amtmänner:

„Den mit Gehalt definitiv angestellten Amtmännern sind bei eintretender Dienstunfähigkeit von den Aemtern Pensionen nach denselben Grundsätzen zu gewähren, welche bei den unmittelbaren Staatsbeamten zur Anwendung kommen." § 72 a. a. O. Abs. 1.

Ferner Zust. Ges. § 36 Abs. 3 und Westf. L. G. O. § 72 Abs. 3, die den Bestimmungen des § 44 Abs. 5 und 6 entsprechen.

c) Hinsichtlich beider zu a und b genannten Beamtenkategorien (§ 28 W. Kr. O.):

„Im Falle der Pensionierung der besoldeten Beamten der Amtsverbände und Landgemeinden kommt bei der Berechnung der Dienstzeit auch die Zeit in Anrechnung, während welcher der zu pensionierende Beamte bei anderen Amtsverbänden oder Landgemeinden der Provinz angestellt gewesen ist.

Die Amtsverbände und Landgemeinden der Provinz werden zu einem Kassenverbande vereinigt, welchem es obliegt, den in Ruhestand versetzten besoldeten Beamten der Amtsverbände und Landgemeinden die ihnen zustehenden Pensionen zu zahlen.

Die zur Bestreitung der Pensionszahlungen erforderlichen Beiträge werden von den Amtsverbänden und Landgemeinden nach Verhältnis des jeweiligen Betrags des pensionsberechtigten Diensteinkommens der Beamten aufgebracht.

Die Pensionskasse wird durch Organe des Provinzialverbandes unter Aufsicht des Provinzialausschusses verwaltet. Im übrigen werden die Verhältnisse der Kasse durch ein nach Anhörung des Provinziallandtags von dem Minister des Innern zu erlassendes Regulativ geordnet.

Die Provinzialverwaltung ist ermächtigt, einen Teil der gemäß § 1 Nr. 2 des Gesetzes vom 30. April 1873 (Ges.=Samml. S. 187) und § 26 des Gesetzes vom 8. Juli 1875 (Ges.=Samml. S. 497) zur Bestreitung der Kosten der Amtsversammlung aus der Staatskasse jährlich zur Verfügung gestellten Summe an die Pensionskasse zu überweisen."

In der Rheinprovinz bestimmt hinsichtlich der besoldeten Landbürgermeister das Ges. v. 21. VII. 1891 (G. S. S. 339):

Artikel I.

„Die mit Besoldung angestellten Bürgermeister der Landbürgermeistereien in der Rheinprovinz erhalten, sofern nicht mit Genehmigung der Aufsichtsbehörde eine Vereinbarung wegen der Pension getroffen ist, bei eintretender Dienstunfähigkeit Pension nach denselben Grundsätzen, welche bei den unmittelbaren Staatsbeamten zur Anwendung kommen. Der Artikel 25 des Gemeindeverfassungsgesetzes für die Rheinprovinz vom 15. Mai 1856 (G. S. S. 435) wird dementsprechend abgeändert.

Unberührt bleiben:

1. der § 27 der Kreisordnung für die Rheinprovinz vom 30. Mai 1887 (G. S. S. 209);
2. der Artikel III des Gesetzes vom 31. März 1882, insoweit derselbe nicht durch das Gesetz, betreffend die Ausdehnung einiger Bestimmungen des Gesetzes vom 31. März 1882 wegen Abänderung des Pensionsgesetzes vom 27. März 1872 auf mittelbare Staatsbeamte, vom 1. März 1891 (G. S. S. 19) abgeändert ist."

Hierzu kommt § 27 Rh. Kr. O.:

„Im Falle der Pensionierung des Bürgermeisters einer Landbürgermeisterei kommt bei der Berechnung der Dienstzeit auch die Zeit in Anrechnung, während welcher der zu pensionierende Beamte bei anderen Landbürgermeistereien der Provinz als Bürgermeister angestellt gewesen ist.

Die Landbürgermeistereien und Landgemeinden der Provinz werden zu einem Kassenverbande vereinigt, welchem es obliegt, den in Ruhestand versetzten besoldeten Beamten der Landbürgermeistereien und Landgemeinden die ihnen zustehenden Pensionen zu zahlen.

Die zur Bestreitung der Pensionszahlungen erforderlichen Beiträge werden von den Landbürgermeistereien und Landgemeinden nach Verhältnis des jeweiligen Betrags des pensionsberechtigten Diensteinkommens der Beamten aufgebracht. Diejenigen Landbürgermeistereien, welche im Ehrenamte verwaltet werden, haben hierzu nach Maßgabe eines von dem Kassenvorstande festzusetzenden fingierten Diensteinkommens beizutragen. Gegen den Festsetzungsbeschluß findet innerhalb zwei Wochen die Beschwerde an den Bezirksausschuß statt.

Die Pensionskasse wird durch Organe des Provinzialverbandes unter

Aufsicht des Provinzialausschusses verwaltet. Im übrigen werden die Verhältnisse der Kasse durch ein nach Anhörung des Provinziallandtages von dem Minister des Innern zu erlassendes Regulativ geordnet.

Die Provinzialvertretung ist ermächtigt, einen Teil der gemäß § 1 Nr. 2 des Gesetzes vom 30. April 1873 (Gesetz-Samml. S. 187) und § 26 des Gesetzes v. 8. Juli 1875 (Gesetz-Samml. S. 497) aus der Staatskasse jährlich zur Verfügung gestellten Summe an die Pensionskasse zu überweisen.

Im Falle einem definitiv angestellten Bürgermeister auf Grund der Vorschriften des vierten Absatzes des § 24 der Kr. O. die widerrufliche Verwaltung einer oder mehrerer Landbürgermeistereien übertragen wird, ist derselbe mit dem von den letzteren bezogenen Diensteinkommen pensionsberechtigt.

Das Ruhegehalt der pensionierten Bürgermeister und sonstigen Beamten der Landbürgermeistereien und Landgemeinden fällt fort, oder ruht, insoweit als der Pensionierte durch anderweitige Anstellung im Staats- oder Kommunaldienste ein Einkommen oder eine Pension erwirbt, welche mit Hinzurechnung der ersten Pension sein früheres Einkommen übersteigen."

Für die hannöverschen Gemeindebeamten, für die Beamten der Zweckverbände auf Grund der §§ 128 ff. der der Oe. L. G. O., sowie der entsprechenden Bestimmungen der Schl. Holst. und der H. N. L. G. O. und für die Beamten der Amtsbezirke (§§ 47 ff. der Oe. Kr. O.) fehlt es an ähnlichen Bestimmungen.

Wie weit es daneben noch zulässig war, in Einzelfällen die Anstellung besoldeter Beamten zu beschließen und ihnen Pensionsberechtigung einzuräumen, mag hier ununtersucht bleiben.

Das K. B. G. schafft auch in dieser Beziehung im wesentlichen einheitliches Recht. Es verordnet:

K. B. G. § 18.

„Die . . . . Pensionsverhältnisse der Beamten der Landgemeinden, sowie die Ansprüche der Hinterbliebenen dieser Beamten auf Witwen- und Waisengeld können[1]) durch Ortsstatut[2]) geregelt werden. Hierbei gelangt für die Rheinprovinz und die Provinz Westfalen § 19 Nr. 2 zur Anwendung.[3])

Kommt ein derartiges Statut in größeren Landgemeinden, für welche nach ihren besonderen örtlichen Verhältnissen ein Bedürfnis[4]) ortsstatutarischer Regelung (Abs. 1) besteht, insbesondere städtischen Vororten, Industrieorten, Badeorten u. s. w. nicht zu Stande, so kann auf Antrag der Aufsichtsbehörde[5]) der Kreisausschuß beschließen[6]) ob und inwieweit die Bestimmungen der §§ 8—10 und 12—15 dieses Gesetzes auf die Beamten oder einzelne Klassen der Beamten derselben entsprechende Anwendung zu finden haben. Bei Anwendung der vorgedachten Bestimmungen tritt an die Stelle des Bezirksausschusses der Kreisausschuß. Der Beschluß des Kreisausschusses bleibt solange in Geltung bis durch Ortsstatut (Abs. 1) eine anderweite Regelung getroffen ist.

Auf Antrag der Beteiligten oder der Aufsichtsbehörde beschließt der Kreisausschuß über die Festsetzung der Besoldungen und sonstigen Dienstbezüge der Landgemeindebeamten.

Die vorstehenden Bestimmungen gelten auch für die Beamten der Amtsbezirke und der auf Grund der §§ 128 ff. der Landgemeindeordnung für die sieben östlichen Provinzen am 3. VII. 1891 (G. S. S. 233), §§ 128 ff. der Landgemeindeordnung für die Provinz Schleswig-Holstein vom 4. VII. 1892 (G. S. S. 155) §§ 100 ff., der Landgemeindeordnung für die Provinz Hessen-Nassau vom 4. VIII. 1897 (G. S. S. 301) gebildeten Zweckverbände."

A. A. Art. V Nr. 1.

„1. § 18 Absatz 2 und 4 geben den Kreisausschüssen die Befugniß, in größeren Landgemeinden, ländlichen Zweckverbänden und Amtsbezirken, für welche nach ihren örtlichen Verhältnissen ein Bedürfniß ortsstatutarischer Regelung der Anstellung und Besoldung ihrer Beamten besteht, diese Regelung nach den für städtische Beamte geltenden Bestimmungen auch gegen den Willen der Verbände auf Antrag der Aufsichtsbehörde herbeizuführen. Für die Ausführung dieser Bestimmung werden diejenigen Landgemeinden und ländlichen Verbände in Betracht kommen, welche, wie gewisse städtische Vororte, Industrie-, Badeorte u. s. f. durch Einwohnerzahl und Bedeutung den Stadtgemeinden gleich- oder nahekommen. Die Höhe der Einwohnerzahl wird nicht in mechanischer Weise zu bestimmen, vielmehr werden für die Anwendbarkeit der Bestimmung die Verhältnisse des Einzelfalls sowohl im Hinblick auf die Gesamtlage des ländlichen Kommunalverbandes als auch auf die Beziehungen desselben zu den Stadtgemeinden der betreffenden Gegend maßgebend sein müssen.

Das Ges. überläßt es der Beschlußfassung des Kreisausschusses, inwieweit die Bestimmungen der §§ 8—10 und 12—15 auf die Beamten oder einzelne Klassen derselben entsprechende Anwendung finden sollen. Es wird deshalb zulässig sein, die für städtische Beamte geltenden Anstellungs- und Verordnungsgrundsätze nach Maßgabe des Bedürfnisses nur in einem näher begrenzten Umfange auf den ländlichen Verband zu übertragen. Da nur eine „entsprechende" Anwendung der bezogenen Gesetzesparagraphen stattfinden soll, wird z. B. die Bestimmung in § 14 mangels einer Analogie der Grundlagen von der Uebertragung auf den ländlichen Verband auszuschließen sein; das Gleiche gilt von den entsprechenden Bezugnahmen in §§ 19, 21 und 23. Die über die Besoldungsfeststellung handelnde Vorschrift des § 11 ist deshalb von einer Uebertragung auf die ländlichen Beamten ausgenommen worden, weil es nicht in der Absicht liegt, die weitergreifende, für alle dem Gesetze unterliegenden Landgemeindebeamten gedachte Bestimmung des dritten Absatzes des § 18 im Falle der Statutoktroyierung für die davon betroffene Beamtenklasse auszuschließen."

können — Die fakultative Regelung (wegen des obligatorischen Anspruches der Beamten der Landgemeinden in Hessen-Nassau, vgl. unten S. 153 Anm. 5 zu § 25 K. B. G.) ist gewählt worden, weil in der überwiegenden Anzahl der Landgemeinden Bedürfnis und Leistungsfähigkeit nicht vorhanden sein dürften. Anm. 1.

Andererseits durfte nicht verkannt werden, daß für diejenigen größeren Landgemeinden, die als städtische Vororte, Industrie-, Badeorte u. s. f. Verhältnisse aufweisen, welche den städtischen gleich- oder nahestehen, eine lediglich fakultative Regelung dieser wichtigsten wirtschaftlichen Beamtenverhältnisse diesem Bedürfnis nicht genügen würde. Eine Ausschließung der Beamten solcher Vororte u. s. f. von der Pensionsberechtigung oder der Reliktenfürsorge würde, wie dies teilweise schon der Fall war, zu unliebsamen Vergleichungen dieser Beamten mit den Verhältnissen der Kollegen in den benachbarten Städten führen und damit das politische und dienstliche Interesse schädigen.

Von diesem Gesichtspunkte aus hat Abs. 2 eine Intervention der Aufsichtsbehörde zur Durchsetzung einer angemessenen ortsstatutarischen Regelung, wo eine solche nicht aus freier Entschließung der ländlichen Kommunalverbände zu Stande kommt, vorgesehen.

Ortsstatut —, dieses bedarf der Bestätigung durch den Kreisausschuß, Zust. Ges. § 31 Abs. 1, Oe. L. G. § 6 u. s. w. Anm. 2.

Vgl. Ausf. A. A. V Nr. 2 zu § 19. Satz 2 war in § 18 Abs. 1 nötig, da § 19 sich nur auf Aemter und Landbürgermeistereien, nicht auf Landgemeinden bezieht. Er enthält eine Beschränkung der fakultativen Befugnis. Anm. 3.

Bedürfnis —, ob ein solches besteht, ist Thatfrage des Einzelfalles. Es befinden hierüber in erster Linie der betr. Kommunalverband, in zweiter die antragsberechtigte Aufsichtsbehörde, entscheidend aber die Beschlußbehörde. Anm. 4.

Aufsichtsbehörde — d. i. in erster Instanz der Landrat als Vorsitzender des Kreisausschusses, in höherer und letzter Instanz der Regierungspräsident. Zust. Ges. § 24. Anm. 5.

Gegen den Beschluß ist die binnen 14 Tagen beim Kreisausschusse einzulegende Beschwerde an den Bezirksausschuß zulässig, der endgültig entscheidet. L. B. G. § 121. Anm. 6.

Die Ausdehnung der Vorschriften des § 18 auf Amtsbezirke und Zweckverbände empfahl sich mit Rücksicht auf die Verwandtschaft der darin obwaltenden Verhältnisse mit denen der Landgemeinden. Anm. 7.

K. B. G. § 19.

„Die Vorschriften der §§ 8—15 dieses Gesetzes finden auf die Beamten der Bürgermeistereien in der Rheinprovinz und der Aemter in der Provinz Westfalen,[1]) sowie im Umfange der §§ 12—15 auch auf die **Gemeindeeinnehmer**[2]) in diesen Provinzen mit folgenden Maßgaben sinnentsprechende Anwendung:

1. die Anstellung der Bürgermeister und Amtmänner, sowie die Festsetzung der Besoldung und Dienstunkostenentschädigung für diese Beamten und die Gemeindeeinnehmer (Amtseinnehmer) erfolgt nach den bisherigen Vorschriften;
2. im Falle der Pensionierung kommt bei der Berechnung der Dienstzeit auch die Zeit in Anrechnung, während welcher der zu pensionierende Beamte bei anderen Bürgermeistereien (Amtsverbänden) oder Landgemeinden innerhalb der betreffenden Provinz angestellt gewesen ist;[3])
3. an Stelle des Bezirksausschusses tritt überall der Kreisausschuß."

A. A. Art. V Nr. 2: „Die Anrechnung der in anderen ländlichen Kommunalverbänden der Provinz verbrachten Dienstzeit bei den pensionsberechtigten Beamten der rheinischen und westfälischen Landgemeinden, Landbürgermeistereien und Aemtern (§ 18 al. 1 Satz 2, § 19 Nr. 2, § 23 Nr. 3) ist bedingt durch das Bestehen der provinziellen Pensionskassenverbände in der Rheinprovinz und Westfalen (§ 25 al. 2 Nr. 1)."

Anm. 1. Die **Rechtsverhältnisse dieser Beamten** werden im § 19 besonders geregelt, weil deren Leistungsfähigkeit zur Befriedigung der für städtische Beamte vorgesehenen Versorgungsansprüche nach dem Urteil der beteiligten Provinzialbehörden um so unbedenklicher angenommen werden kann, als die durch die Rh. und die W. Kr. O. begründeten Provinzialkassen für die Aufbringung der Ruhegehälter der ländlichen Beamten dieser Provinzen einen großen Teil dieser neuen Lasten übernehmen werden. Aber auch abgesehen hiervon verleiht diesen Verbänden die regelmäßige Zusammensetzung aus mehreren Gemeinden, namentlich im Vergleich mit kleinen Städten, eine genügende Leistungsfähigkeit.

Anm. 2. **Gemeindeeinnehmer** —, diese bedurften einer besonderen Hervorhebung für diejenigen Fälle, in denen sie nur für eine oder mehrere Landgemeinden bestellt sind. Sie stehen nunmehr den städtischen Beamten bezüglich der Pension und Reliktenversorgung völlig gleich.

Anm. 3. S. Art. V Nr. 2 der Ausf. Anw. oben.

K. B. G. § 25.

„Die diesem Gesetze entgegenstehenden Bestimmungen treten außer Kraft. Insbesondere gilt dieses auch von den §§ 41 Abs. 3 und 47 der Hannoverschen Städteordnung v. 24. VI. 1858 (Hannoversche Ges.-Samml. S. 141).

Unberührt bleiben:

1. § 28 Abs. 2—5 der Kreisordnung für die Provinz Westfalen v. 31. VII. 1886 (Ges.-Samml. S. 217)[1]) und § 27 Abs. 2—6 der Kreisordnung für die Rheinprovinz v. 30. V.

1887 (Ges.-Samml. S. 209),[2]) jedoch mit der Maßgabe, daß die Zahlungspflicht der Kassenverbände sich auch auf die den Beamten nach § 18 zustehenden Pensionen erstreckt.

Im übrigen kann in den beiden genannten Provinzen durch Beschluß des Provinziallandtages mit Genehmigung des Ministers des Innern der Kassenverband verpflichtet werden:

a) auch diejenigen Pensionen von Beamten der Amtsverbände (Bürgermeistereien) und Landgemeinden zu zahlen, welche diesen im Wege der Einzelvereinbarung, unter Beachtung der in den §§ 12 Abs. 1, 19 Nr. 2, 23 Nr. 3 oder 25 Abs. 2 Nr. 1b festgestellten Grundsätze gewährt werden,[3])

b) bei Zahlung der Pensionen auch diejenigen Beträge zu übernehmen, welche sich aus einer Anrechnung der von den Beamten im Reichs-, insbesondere im Militärdienste, im Staatsdienst oder im Dienste eines deutschen Kommunalverbandes oder einer anderen öffentlichen Korporation[4]) verbrachten Zeit ergeben.

2. §§ 81—87 der Landgemeindeordnung, für die Provinz Hessen-Nassau v. 4. VIII. 1897 (Ges.-Samml. S. 301),[5]) § 84 indessen mit der Aenderung, daß die Pension vom vollendeten 12. Dienstjahre ab bis zum 24. Dienstjahre alljährlich um $^1/_{60}$ steigt."

S. o. S. 147. Anm. 1.

S. o. S. 148. Anm. 2.

D. h. — es muß die Einzelvereinbarung entweder die gesetzlichen Ansprüche gewähren, oder, falls sie davon abweicht, genehmigt sein. Anm. 3.

Korporation. Hierher werden nur diejenigen Korporationen gehören, deren Beamte mittelbare Staatsbeamte sind, d. h. solche, die organisch in die Verfassung des Staates eingreifen, Zwecke zu erfüllen haben, die in direkter Beziehung zu den Aufgaben des Staates stehen, oder die mit den sie vertretenden Organen sich als in die Verfassung des Staates organisch eingreifende, staatlichen Aufgaben näherstehende Behörden darstellen. Vgl. A. L. R. II 10 § 69 und E. O. V. Bd. XX S. 39. Anm. 4.

Die §§ 81—87 cit. sind aufrecht erhalten worden, weil sie für die Beamten der Landgemeinden günstiger sind, als die Bestimmungen des K. B. G. Sie haben teilweise einen obligatorischen Anspruch auf Pension und Reliktenversorgung, während er in den übrigen Provinzen von ortsstatutarischer Regelung abhängt. Anm. 5.

Die §§ 81—87 lauten:

„**§ 81.** Die Landgemeinden sind befugt, die Anstellung besoldeter Gemeindebeamten für einzelne Dienstzweige oder Dienstverrichtungen zu beschließen.

Ueber die Besoldungs- und Pensionsverhältnisse dieser Beamten kann durch Ortsstatut Bestimmung getroffen werden.

§ 82. Hat eine Gemeinde die Wahl eines besoldeten Bürgermeisters beschlossen (§ 46 Abs. 2), so kann die Aufsichtsbehörde verlangen, daß die zu einer zweckmäßigen Verwaltung angemessenen Besoldungsbeträge bewilligt werden.

§ 83. Auf Antrag der Beteiligten oder der Aufsichtsbehörde beschließt der Kreisausschuß über die Festsetzung der Besoldungen und Dienstbezüge der Bürgermeister und sonstigen Gemeindebeamten.

§ 84. Den besoldeten Bürgermeistern sind, sofern nicht mit Genehmigung des Kreisausschusses eine Vereinbarung wegen der Pension getroffen ist, bei eintretender Dienstunfähigkeit, oder wenn sie nach abgelaufener Wahlperiode nicht wiedergewählt werden, folgende Pensionen zu gewähren:

ein Viertel der Besoldung nach sechsjähriger Dienstzeit,
die Hälfte der Besoldung nach zwölfjähriger Dienstzeit,
zwei Drittel der Besoldung nach vierundzwanzigjähriger Dienstzeit.*)

§ 85. Die auf Lebenszeit angestellten besoldeten Gemeindebeamten erhalten, sofern nicht mit Genehmigung des Kreisausschusses ein Anderes vereinbart worden ist, bei eintretender Dienstunfähigkeit Pension nach den für die unmittelbaren Staatsbeamten geltenden Grundsätzen.

Unberührt bleibt der Artikel III des Gesetzes vom 31. März 1882 (G. S. S. 133), soweit er nicht durch das Gesetz, betreffend die Ausdehnung einiger Bestimmungen des Gesetzes vom 31. März 1882 wegen Abänderung des Pensionsgesetzes vom 27. März 1872 auf mittelbare Staatsbeamte, von 1. März 1891 (G. S. S. 19) abgeändert ist.

§ 86. Die Pension fällt fort oder ruht insoweit, als der Pensionierte durch anderweitige Anstellung im Staats- oder Gemeindedienste ein Einkommen oder eine neue Pension erwirbt, welche mit Zurechnung der ersten Pension sein früheres Einkommen übersteigen.

§ 87. Die Witwen und Waisen der besoldeten Bürgermeister, sowie derjenigen Gemeindebeamten, welche mit Pensionsberechtigung angestellt gewesen sind, erhalten, falls nicht ein Anderes mit Genehmigung des Kreisausschusses vereinbart worden ist, Witwen- und Waisengeld nach den für die Witwen und Waisen der unmittelbaren Staatsbeamten geltenden Vorschriften unter Zugrundelegung des von dem Beamten im Augenblicke des Todes erdienten Pensionsbetrages.

Auf das Witwen- und Waisengeld kommen diejenigen Bezüge in Anrechnung, welche von öffentlichen Witwen- und Waisenanstalten gezahlt werden, insoweit die Gemeinde die Einkaufsgelder und Beiträge gezahlt hat."

c. Gemeindeforstbeamte.

Bis zum Inkrafttreten des K. B. G. waren, abgesehen von dem Ges., betr. die Forstschutzbeamten der Gemeinden und öffentlichen Anstalten im Regierungsbezirk Wiesbaden u. s. f. v. 12. X. 1897 (G. S. S. 411) hinsichtlich der Fragen der Versorgung der Gemeindeforstbeamten, ebenso wie hinsichtlich derjenigen der Anstellung drei Gruppen von Spezialgesetzen zu unterscheiden:

1. das Ges., betr. die Verwaltung der den Gemeinden und öffent-

*) Abgeändert durch § 25² des K. B. G.

lichen Anstalten gehörigen Holzungen in den Provinzen Preußen, Brandenburg, Pommern, Posen, Schlesien und Sachsen v. 14. VII. 1876 (G. S. S. 373) — §§ 7 und 10 —,

2. die Vd. betr. die Verwaltung der den Gemeinden und öffentlichen Anstalten gehörigen Forsten in den Provinzen [Sachsen: für diese Provinz aufgehoben durch § 15 des Ges. unter 1] Westfalen, Cleve, Berg und Niederrhein v. 24. XII. 1816 (G. S. 1817 S. 57) — §§ 3, 6, 7 —,

3. die Vd., betr. die Organisation der Forstverwaltung in den neu erworbenen Gebietsteilen, v. 4. VII. 1867 (G. S. S. 1129) — § 2 —.

Für die Rheinprovinz kam weiter neben der zu 2 gedachten Vd. das Ges., betr. die Pensionsberechtigung der Gemeindeforstbeamten in der Rheinprovinz v. 11. IX. 1865 (G. S. S. 989 ff)., das Ges., betr. die Abänderung einiger Bestimmungen wegen der Pensionierung der Gemeindebeamten in den Landgemeinden der Rheinprovinz, v. 21. VII. 1891 (G. S. S. 330), sowie die auf Grund der Vd. v. 24. XII. 1816 ergangene Instr. des Oberpräsidenten der Rheinprovinz v. 31. VIII. 1839 über die Verwaltung der Gemeinde- und Institutenwaldungen in den Regierungsbezirken Coblenz und Trier, — für Westfalen die Instr. des Oberpräsidenten dieser Provinz v. 19. V. 1857, betr. die Verwaltung der Waldungen der Gemeinden und öffentlichen Anstalten in den Regierungsbezirken Arnsberg und Minden, in Betracht.

Hiernach war der Rechtszustand folgender:

a) In den zu 1 und 3 genannten Gebietsteilen bestanden besondere Bestimmungen über eine Pensionsberechtigung der Gemeindeforstbeamten nicht.

b) Im Geltungsgebiete der Vd. v. 24. XII. 1816 war entsprechend der erhöhten Bedeutung der Gemeindewaldungen dieser Provinzen den lebenslänglich angestellten Forstbeamten durch die auf Grund dieser Vd. ergangenen oben gedachten instruktionellen und gesetzlichen Bestimmungen die Pensionsberechtigung und zwar auch gegenüber den Landgemeinden, gewährt.

c) In der Rheinprovinz galten außerdem noch das Ges. v. 11. IX. 1865 (G. S. S. 989), betr. die Pensionsberechtigung der Gemeindeforstbeamten in der Rheinprovinz und das Ges. v. 21. VII. 1891 (G. S. S. 330), betr. die Abänderung einiger Bestimmungen wegen der Pensionierung der Gemeindebeamten in den Landgemeinden der Rheinprovinz. Beide Ges. sind durch § 23[3] des K. B. G. ersetzt worden.

d) Im Regierungsbezirke Wiesbaden mit Anschluß

des vormals Landgräflich Hessen-Homburgischen Gebietes und des Stadtkreises Frankfurt a. M. gelten für städtische und ländliche Gemeindeforstbeamte folgende Bestimmungen des Ges. v. 12. X. 1897:

„**§ 7.** Die auf Lebenszeit angestellten Forstschutzbeamten erhalten bei eintretender Dienstunfähigkeit Pension nach den für die unmittelbaren Staatsbeamten geltenden Grundsätzen.

Bei der Berechnung der Dienstzeit zwecks Festsetzung der Pension kommt auch die Zeit in Anrechnung, während welcher der zu pensionierende Forstschutzbeamte als solcher bei anderen Gemeinden oder öffentlichen Anstalten innerhalb des Geltungsbereichs dieses Gesetzes angestellt gewesen ist.

§ 8. Die Pension fällt fort oder ruht insoweit, als der Pensionierte durch anderweite Anstellung im Staats-, Gemeinde- oder Anstaltsdienste ein Einkommen oder eine neue Pension erwirbt, welche mit Zurechnung der ersten Pension sein früheres Einkommen übersteigen.

§ 9. Die Witwen und Waisen der auf Lebenszeit angestellten Forstschutzbeamten erhalten Witwen- und Waisengeld nach den für die Witwen und Waisen der unmittelbaren Staatsbeamten geltenden Vorschriften unter Zugrundelegung des von dem Beamten im Augenblicke des Todes erdienten Pensionsbetrages.

§ 10. Ueber streitige Pensionsansprüche der Forstschutzbeamten, sowie über streitige Ansprüche der Hinterbliebenen dieser Beamten beschließt, wenn Stadtgemeinden beteiligt sind, der Bezirksausschuß, in allen anderen Fällen der Kreisausschuß, und zwar soweit sich der Beschluß darauf erstreckt, welcher Teil des Diensteinkommens bei Feststellung der Pensionsansprüche als Besoldung anzusehen ist, vorbehaltlich der den Beteiligten gegen einander zustehenden Klage im Verwaltungsstreitverfahren, im übrigen vorbehaltlich des ordentlichen Rechtsweges.

Der Beschluß ist vorläufig vollstreckbar.

§ 11. Ueber die Thatsache der Dienstunfähigkeit ist entstehendenfalls in dem bezüglich der Entfernung aus dem Amte vorgeschriebenen Verfahren Entscheidung zu treffen, und zwar, wenn Stadtgemeinden beteiligt sind, gemäß § 91 Absatz 1 Nr. 2 der Städteordnung für die Provinz Hessen-Nassau vom 4. August 1897 (Gesetz-Samml. S. 254), in allen anderen Fällen gemäß § 115 Nr. 3 der Landgemeindeordnung für die Provinz Hessen-Nassau vom 4. August 1897 (Gesetz-Samml. S. 301).

§ 12. Sämtliche Gemeinden und öffentliche Anstalten, welche für ihre Waldungen nach den vorstehenden Bestimmungen pensionsberechtigte Schutzbeamte angestellt haben, werden zu einem Kassenverbande vereinigt, welchem es obliegt, den in Ruhestand versetzten Forstschutzbeamten und den Hinterbliebenen von Forstschutzbeamten die ihnen zustehenden Pensionen und Witwen- und Waisengelder zu zahlen.

Gehören zu einem gemeinschaftlichen Schutzbezirke fiskalische Waldgrundstücke, so hat der Forstfiskus für diese Flächen dem Kassenverbande beizutreten.

Die zur Bestreitung der Zahlungen von Pensionen und Witwen- und Waisengeldern erforderlichen Beiträge werden von den zum Verbande gehörigen Waldeigentümern nach Verhältnis des jeweiligen pensionsberechtigten Diensteinkommens aufgebracht.

Die Beiträge werden von dem Vorstande des Kassenverbandes festgesetzt. Gegen den Feststellungsbeschluß findet innerhalb zwei Wochen die Beschwerde an den Bezirksausschuß statt.

Im übrigen werden die Verhältnisse der Kasse durch ein nach Anhörung des Kommunallandtages des Regierungsbezirkes Wiesbaden von dem Minister des Innern zu erlassendes Regulativ geordnet.

§ 13. Von der Errichtung des Kassenverbandes (§ 12) kann abgesehen werden, so lange die auf Grund des Beschlusses des Kommunallandtages vom 18. April 1896 und der landesherrlichen Genehmigung vom 12. Juli 1896 begründeten Ruhegehaltskasse und Witwen- und Waisenkasse für die Kommunalbeamten des Regierungsbezirkes Wiesbaden bestehen und die Zahlung der nach diesem Gesetze an Forstschutzbeamte und deren Hinterbliebene zu gewährenden Pensionen und Witwen- und Waisengelder übernehmen.

§ 14. Denjenigen Gemeinden, welche anderweit ausreichend für die Pensionierung ihrer Forstschutzbeamten und die Versorgung von deren Witwen und Waisen gesorgt haben, kann von dem Regierungspräsidenten das Fernbleiben von dem Kassenverbande oder der Wiederaustritt aus demselben gestattet werden, sofern dadurch die Interessen des Kassenverbandes nicht verletzt werden."

Diesen Rechtszustand ergänzt das **K. B. G.** in folgender Weise:

K. B. G. § 23.

„Die Rechtsverhältnisse der Gemeindeforstbeamten unterliegen der Regelung durch das vorliegende Gesetz mit folgenden Maßgaben:

1. die §§ 8—10 bleiben außer Anwendung;
2. die Verordnung, betreffend die Verwaltung der den Gemeinden und öffentlichen Anstalten gehörigen Forsten in den Provinzen Westfalen, Cleve, Berg und Niederrhein, vom 24. Dezember 1816 (G. S. 1817 S. 57), § 15 des Gesetzes vom 14. August 1876 (G. S. S. 373) und das Gesetz, betreffend die Forstschutzbeamten der Gemeinden und öffentlichen Anstalten im Regierungsbezirk Wiesbaden u. s. f. vom 12. Oktober 1897 (G. S. S. 411) bleiben unberührt;
3. die Forstbeamten der Landgemeinden in der Rheinprovinz und

in der Provinz Westfalen erhalten Pension und deren Witwen und Waisen Hinterbliebenenversorgung nach den Vorschriften der §§ 12—15[1]); dabei tritt an Stelle des Bezirksausschusses der Kreisausschuß und kommt im Falle der Pensionierung auch diejenige Zeit in Anrechnung, während deren der Beamte bei einer anderen Landgemeinde innerhalb der betreffenden Provinz als Forstbeamter angestellt gewesen ist." [2])

A. A. Art. VII.

„1. Die Gemeindeforstbeamten werden durch das Gesetz prinzipiell den übrigen Gemeindebeamten gleichgestellt; es erlangen also auch für sie die allgemeinen Bestimmungen und die für die Beamten der einzelnen Kommunalverbände gegebenen besonderen Bestimmungen Geltung. Indessen findet diese Gleichstellung nur mit den aus folgenden Nummern ersichtlichen Maßgaben statt:

. . . .

4. Für die ländlichen Gemeindeforstbeamten der Provinzen Rheinland und Westfalen bringt das Gesetz durch § 23 Nr. 3 die Ergänzung des schon bestehenden Pensionsrechts gemäß § 12 und die obligatorische Witwen- und Waisenversorgung gemäß § 15.

5. Für die Forstschutzbeamten im Regierungsbezirke Wiesbaden bewendet es bei dem Gesetze vom 12. Oktober 1897.

Hinsichtlich der Anwendung des § 12 auf Gemeindeforstbeamte ist noch zu bemerken, daß diese, soweit sie Anwärter aus dem Jägerkorps sind, in Bezug auf die Anrechnung der Militärdienstzeit bei der Pensionierung ebenso zu behandeln sind wie die aus dem Jägerkorps hervorgegangenen staatlichen Forstbeamten, welchen die aktive Militärdienstzeit und die in der verpflichteten Reserve des Jägerkorps zugebrachte Zeit als Dienstzeit angerechnet wird."

Anm. 1. Das Zitat ist ungenau; es müßte lauten: §§ 12, 13 und 15.

Anm. 2. Diese Bestimmung ist veranlaßt und ermöglicht durch das Bestehen der Provinzialpensionskassen in Rheinland und Westfalen. Vgl. Rh. Kr. O. § 27 Abs. 2 und W. Kr. O. § 28 Abs. 2, oben S. 148, 149. Das Gleiche galt schon früher gemäß Art. II des Ges. v. 21. VII. 1891 (G. S. S. 330) in der Rheinprovinz und gemäß § 28 Abs. 1 der W. Kr. O. in Westfalen. Es galt und gilt ferner gemäß § 7 des Ges. v. 12. X. 1897 im Reg. Bez. Wiesbaden.

Hiernach besteht heute folgender Rechtszustand:

Bei eintretender Dienstunfähigkeit erhalten Pension, sofern nicht mit Genehmigung des Bezirksausschusses bei städtischen, des Kreisausschusses bei ländlichen Forstbeamten ein Anderes vereinbart ist,

1. die städtischen Forstbeamten des ganzen Staates gemäß K. B. G. § 12;
2. die Forstbeamten der Landgemeinden in Rheinland und Westfalen gemäß K. B. G. § 23[3];

3. die Forstbeamten der Landgemeinden des Reg. Bez. Wiesbaden gemäß §§ 7, 8 des Ges. v. 12. X. 1897 in Verbindung mit K. B. G. § 23[2];
4. die Forstbeamten der Landgemeinden des Reg. Bez. Kassel gemäß §§ 85, 86 der H. N. L. G. O. (s. oben S. 154) in Verbindung mit K. B. G. § 25[2].

Die Forstbeamten der Landgemeinden in den anderen Provinzen erhalten nur dann Pension, wenn gemäß K. B. G. § 18 die Pensionsverhältnisse durch Ortsstatut pp. geregelt sind.

d. Kreiskommunalbeamte.

Gesetzliche Vorschriften über Pensionsberechtigung und Pensionierung der Kreiskommunalbeamten bestanden bis zum Inkrafttreten des K. B. G. nicht. Etwaige Ansprüche auf Pension richteten sich lediglich nach den besonderen, bei der Anstellung getroffenen Festsetzungen.

Das K. B. G. hat im § 21 (s. oben S. 66) die über die städtischen Beamten gegebenen Vorschriften auf die Kreiskommunalbeamten ausgedehnt, um den Kreisen ein dem städtischen gleichwertiges Beamtenmaterial zu sichern. Nur tritt an Stelle ortsstatutarischer Regelung, da Kreisstatuten landesherrlicher Genehmigung bedürfen, aus Zweckmäßigkeitsgründen die der Genehmigung des Bezirksausschusses unterliegende Beschlußfassung des Kreistages. Gegen den Beschluß des Bezirksausschusses ist gemäß L. V. G. § 121 die Beschwerde an den Provinzialrat gegeben.

e. Provinzialbeamte.

Nach den §§ 96, 120 Abs. 3 der Oe. Pr. O., mit denen die entsprechenden Vorschriften der H. Pr. O., W. Pr. O., Rh. Pr. O. und Schl. Holst. Pr. O. übereinstimmen, werden die Verhältnisse der Provinzialbeamten und nach §§ 69, 93 Abs. 3 der H. N. Pr. O. die der Provinzialbeamten und der Beamten der Kommunalverbände der Regierungsbezirke Kassel und Wiesbaden durch ein der Genehmigung des Ministers des Innern unterliegendes Provinzial-Reglement geregelt. Dasselbe gilt für die Provinz Posen auf Grund des Ges. v. 19. V. 1889 (G. S. S. 108) Art. V[4] und der Vd. v. 5. XI. 1889 (G. S. S. 177) §§ 30, 42.

An diesen, auch für die Pensionsverhältnisse maßgebenden Vorschriften hat § 22 des K. B. G. (s. oben S. 67) nichts geändert. Den Provinzialbeamten stehen die Beamten des Lauenburgischen Landes-Kommunalverbandes gleich. Vgl. Lauenb. Ges. v. 7. XII.

1872 (Off. Woch. Bl. S. 325) § 20 Abs. 2 und Bd. v. 24. VIII. 1882 (G. S. S. 348) Art. V.

§ 17.

2. Gnadenbesoldungen.

I. Allgemeine gesetzliche Bestimmungen über Gnadenbesoldungen haben für Kommunalbeamte bisher nicht bestanden. Es war Sache freier Vereinbarung oder von Ortsstatuten oder Reglements die für unmittelbare Staatsbeamten geltenden Vorschriften auf Kommunalbeamte anwendbar zu erklären.

II. Nunmehr regelt **§ 4 K. B. G.** diesen Gegenstand.

„Die Hinterbliebenen[1]) eines Kommunalbeamten[2]) erhalten für das auf den Sterbemonat[3]) folgende Vierteljahr noch die volle Besoldung des Verstorbenen (Gnadenquartal); war der Verstorbene pensioniert, so gebührt ihnen die Pension noch für den auf den Sterbemonat folgenden Monat (Gnadenmonat). Dabei finden die für die unmittelbaren Staatsbeamten geltenden Bestimmungen[4]) mit der Maßgabe Anwendung, daß an Stelle der Genehmigung des Verwaltungschefs und der Provinzialbehörde, auf deren Etat die Pension übernommen war, die Genehmigung der Kommunalverwaltungsbehörde[5]) tritt.[6—8])"

Anm. 1. **„Hinterbliebene".** Welche Personen darunter zu verstehen sind, ergiebt die Anm. 4.

Anm. 2. Der § 4 findet auf alle Kommunalbeamten mit Ausnahme der im § 2 genannten, auf Probe, zu vorübergehenden Dienstleistungen oder zur Vorbereitung Angestellten Anwendung, da der § 4 seine Anwendbarkeit auf diese Beamten nicht vorsieht.

Anm. 3. Das **Gnadenquartal** bilden die auf den Sterbemonat folgenden drei Kalendermonate. Ist das Gehalt nach § 3 schon am Quartalsersten im Voraus gezahlt, so beträgt die Nachzahlung für das Gnadenquartal, wenn der Beamte im ersten Quartalsmonat stirbt, nur einen Monat, wenn er im zweiten stirbt, zwei Monat und erst wenn er im dritten stirbt, ein volles Quartal. Nur das, war für diese ein, zwei oder drei Monate über das fällige Gehalt gezahlt wird, ist Gnadenkompetenz. Denn das Gehalt eines Beamten, der es in vierteljährlichen Teilzahlungen bezieht, ist verdient, wenn er nur den ersten Tag des Vierteljahres erlebt hat. Dieses Gehalt gehört zum Nachlasse, die Erben haben einen Rechtsanspruch darauf und sind zu keiner Rückzahlung verpflichtet. Es macht auch keinen Unterschied, ob das Gehalt bei Lebezeiten des Beamten oder erst nach seinem Tode an die Erben ausgezahlt worden ist. Vgl. Oertel S. 533. Dies ist wichtig hinsichtlich der Ansprüche der Gläubiger.

Anm. 4. Diese Bestimmungen sind enthalten:

a) Hinsichtlich des **Gnadenquartals**.

1. In der Kab. O. v. 15. XI. 1819 (G. S. 1820) S. 45.

„Auf den Bericht des Staatsministeriums vom 3. d. M. setze Ich zur

Deklaration meiner Ordre v. 27. IV. 1816*) hierdurch fest, daß nur dasjenige, was die Hinterbliebenen eines Beamten, der bemerkten Ordre gemäß, an Besoldung außer dem Sterbequartale erhalten, für dieselben Gnadenbewilligung ist, — daß auf Letztere kein Gläubiger des Verstorbenen Anspruch hat, daß solche der Regel nach nur der Witwe, den Kindern und Enkeln, ohne Rücksicht, ob sie dessen Erben sind oder nicht, zusteht; daß aber den Ministern freigelassen ist, im Falle der Erblasser der Ernährer armer Eltern, Geschwister, Geschwisterkinder oder Pflegekinder gewesen ist, ausnahmsweise denselben das Gnadengehalt anzuweisen, und die Minister jedenfalls befugt sein sollen, die Verteilung desselben unter die Hinterbliebenen zu regulieren und dessen Verwendung zu bestimmen. Zugleich genehmige Ich, daß diese Bestimmungen wegen des Gnadengehaltes auch auf den Gnadenmonat, welcher den Hinterbliebenen des Pensionärs außer dem Sterbemonat bewilligt ist, angewendet werden."

2. in dem Ges. v. 6. II. 1881 betr. die Zahlung der Beamtengehälter und Bestimmungen über das Gnadenquartal. (G. S. S. 17.)

„§ 1. Die unmittelbaren Staatsbeamten, welche eine etatsmäßige Stelle bekleiden, erhalten ihre Besoldung aus der Staatskasse vierteljährlich[1]) im voraus.

§ 2. Die Hinterbliebenen der im § 1 bezeichneten Beamten erhalten für das auf den Sterbemonat folgende Vierteljahr noch die volle Besoldung des Verstorbenen (Gnadenquartal) nach Maßgabe der Kabinettsordre vom 15. November 1819 (G. S. 1820 S. 45), auch wenn derselbe nicht in kollegialischen Verhältnissen gestanden hat.

§ 3. Hat ein verstorbener Beamter (§ 2) eine Witwe oder eheliche Nachkommen nicht hinterlassen, so kann mit Genehmigung des Verwaltungschefs das Gnadenquartal außer den in der Kabinettsordre vom 15. November 1819 erwähnten auch solchen Personen, welche die Kosten der letzten Krankheit und der Beerdigung bestritten haben, für den Fall gewährt werden, daß der Nachlaß zu deren Deckung nicht ausreicht.

§ 4. Die Bestimmungen dieses Gesetzes finden auch auf die zur Disposition stehenden Beamten und Wartegeldempfänger sowie auf deren Hinterbliebene Anwendung.

§ 5. Dieses Gesetz tritt mit dem 1. April 1881 in Kraft."

Die in der nachfolgenden Kab. O. v. 18. IV. 1855 (M. Bl. S. 113) ausgesprochenen Grundsätze werden ebenfalls Anwendung zu finden haben.

„Auf den Bericht vom 15. d. M. genehmige Ich, daß die Ordres v. 27. IV. 1816 und 15. XI. 1819 auch auf die Hinterbliebenen derjenigen Beamten angewendet werden, welche nur zu den dauernd beschäftigten Hilfsarbeitern oder Hilfsschreibern gehören und aus den dazu bestimmten Fonds fixierte Remunerationen oder Diäten erhalten, dergestalt, daß den Hinterbliebenen solcher Beamten die in der Ordre v. 27. IV. 1816 genannte Gnadenbewilligung wie den Hinterbliebenen der in etatsmäßigen Stellen fungierenden Beamten anzuweisen ist."

b) hinsichtlich des **Gnadenmonats** im § 31 des Pens. Ges. v. 27. III. 1872 (G. S. S. 268), der oben S. 144 mit Erläuterungen abgedruckt ist.

---

*) Diese ist in Nr. 1 u. 2 durch das nachfolgende Ges. v. 6. II. 1881, Nr. 3 jetzt für Kommunalbeamte durch § 5 K. B. G. (vergl. unten III) ersetzt.

War die Pensionierung eines Beamten von einem bestimmten Zeitpunkte an bereits verfügt, aber noch nicht eingetreten, weil der Beamte vor Eintritt dieses Zeitpunktes starb, so ist nach der Kab. O. v. 30. III. 1842 (J. M. Bl. S. 206; M. Bl. S. 245) nicht der Gnadenmonat, sondern das Gnadenquartal zu zahlen, und zwar auch dann, wenn die Stelle vom Zeitpunkte der Pensionierung ab bereits einem anderen Beamten verliehen worden war.

Anm. 5. Als Kommunal-Verwaltungsbehörde im Sinne dieses Paragraphen sind der Provinzial-Ausschuß, Kreis-Ausschuß, Magistrat und die sonstigen Gemeindevorstände zu verstehen. A. A. Art. II Nr. 2. Die Zustimmung der Stadtverordneten, Gemeindevertretungen u. s. w. ist nicht erforderlich.

Anm. 6. Durch die Vorschrift des § 4 sollen günstigere Festsetzungen einzelner Kommunalverbände nicht ausgeschlossen werden. A. A. Art. II Nr. 2.

Nachdem in der H. H. Kommission darauf hingewiesen war, daß in einzelnen Gemeinden zur Zeit teilweise günstigere Bestimmungen bestehen, daß z. B. in Frankfurt a. M. auch die Hinterbliebenen von Pensionären ein Gnadenquartal erhalten, wurde allseitig unter Zustimmung der Herren Vertreter der Königlichen Staatsregierung festgestellt, daß hier, wie auch an anderen Stellen (z. B. § 24) nur der Mindestbetrag von Leistungen gesetzlich vorgeschrieben sei, die Freiheit der Gemeinden aber in Bezug auf Erlaß günstigerer Bestimmungen unbeschränkt bleibe. Komm. Ber. H. H. S. 6.

Anm. 7. Da die geschiedene Ehefrau nach Nr. 20 der Ausf. Best. v. 5. VI. 1882 (M. Bl. S. 100) nicht als Witwe im Sinne des Ges. betr. die Fürsorge für die Witwen und Waisen der unmittelbaren Staatsbeamten v. 20. V. 1882 (G. S. S. 298) anzusehen ist und auf Witwengeld keinen Anspruch hat, so gilt sie auch nicht als hinterbliebene Witwe im Sinne des § 4 dieses Ges. und hat keinen Anspruch auf Gnadenquartal und Gnadenmonat. Die Kommunalverbände können indessen durch Ortsstatut der geschiedenen Ehefrau einen Anspruch geben, z. B. für Fälle, in denen die Ehe auf ihren Antrag getrennt oder sie nicht für den schuldigen Teil erklärt worden ist.

Anm. 8. Ist ein Beamter während der im Disziplinarwege erfolgten Amtssuspension vor rechtskräftiger Entscheidung verstorben, so haben, — da er die Eigenschaft als Beamter nur „durch wirklich erfolgte Entlassung oder durch die in einem rechtskräftig gewordenen Erkenntnisse ausgesprochene Amtsentsetzung“ verliert — die Hinterbliebenen in gleicher Art, wie diejenigen anderer Beamten Anspruch auf das volle Gehalt der Gnadenmonate.

Hinsichtlich des Sterbemonates haben sie Anspruch auf dasjenige Einkommen, das der Verstorbene während der Suspension thatsächlich bezogen hat. Vgl. § 51 Diszipl.-Ges.

Die dem suspendierten Beamten zur Last fallenden Vertretungskosten kommen daher auch den Hinterbliebenen gegenüber bis zum Todestage in Betracht; von diesem Zeitpunkte jedoch, da „mit dem Tode des Beamten die Folgen seiner Schuld aufhören“, nicht mehr. Min. Erl. v. 26. V. 1841 (M. Bl. S. 159).

Den Erben gegenüber gilt auch diese letztere Bestimmung nicht, ihnen wird die während der Suspension des Erblassers vom Amt nach § 51 Diszipl.-Ges. einbehaltene Hälfte des Diensteinkommens nachgezahlt. Min. Erl. v. 3. V. 1876 (M. Bl. S. 123).

Dieselben Grundsätze sind analog auf den Fall angewendet worden, wenn ein Beamter wegen Krankheit vor seinem Tode sich gegen Abtretung eines Teiles seines Einkommens in seinen Amtsgeschäften vertreten lassen mußte. Auch dann sollen die Hinterbliebenen für den Sterbemonat nur den Betrag des wirklichen Einkommens, für die Gnadenmonate jedoch das volle Einkommen, wie es vor der Vertretung bestand, erhalten. Von letzterem können nur solche Kosten abgezogen werden, welche auch schon vor der Vertretung bei Berechnung des reinen Diensteinkommens abgezogen werden konnten. (Kosten für etatsmäßige von dem Verstorbenen zu besoldende Hilfsarbeiter, Anschaffungskosten für Büreauutensilien, Schreibmaterialien 2c.) Min. Erl. v. 5. V. 1843 (M. Bl. S. 231).

III. Eine Bestimmung, wie zu verfahren sei, wenn der verstorbene Beamte im Besitz einer **Dienstwohnung** gewesen war, enthielt Nr. 3 der Kab. O. v. 27. IV. 1816. (G. S. S. 134); Nunmehr gilt:

§ 5.[1]) K. B. G.

„In dem Genusse der von dem verstorbenen Beamten bewohnten Dienstwohnung ist die hinterbliebene Familie[2]) in Ermangelung anderweiter Festsetzungen[3]) nach Ablauf des Sterbemonats noch drei fernere Monate zu belassen. Hinterläßt der Beamte keine Familie, so ist denjenigen, auf welche sein Nachlaß übergeht,[4]) unter der gleichen Voraussetzung eine vom Todestage an zu rechnende einmonatliche Frist zur Räumung der Dienstwohnung zu gewähren.

In jedem Falle müssen Arbeits- und Sitzungszimmer, sowie sonstige für den amtlichen Gebrauch bestimmte Räumlichkeiten sofort geräumt werden.“

Die Bestimmungen schließen sich an § 24 des Ges. betr. das Diensteinkommen der Lehrer und Lehrerinnen an den öffentlichen Volksschulen v. 3. III. 1897 (G. S. S. 25), bezw. an § 9 des Reichsbeamtenges. v. 31. III. 1873 (R. G. Bl. S. 61) an. Anm. 1.

Das sind alle Familienglieder, die zu dem Hausstande des Verstorbenen gehört haben, einschließlich derjenigen Verwandten, denen der Verstorbene auf Grund einer gesetzlichen oder sonstigen, wenn auch nur moralischen Verbindlichkeit ein dauerndes Unterkommen in seinem Haushalte gewährt hat. Anm. 2.

Diese können sowohl im Einzelfalle durch Vereinbarungen, wie allgemein durch Gemeindebeschluß oder Reglement, oder auch durch Statut geregelt werden. Anm. 3.

Das ist aber nur der Erbe in den ganzen Nachlaß, bezw. der Erbschaftskäufer, überhaupt jeder Universalnachfolger. Die einmonatliche Frist läuft gemäß § 188 B. G. B. bis zu dem dem Todestage entsprechenden Datum des nächsten Monates. Anm. 4.

§ 18.

3. Witwen- und Waisenversorgung.

Der Anspruch eines Beamten auf Lebensunterhalt findet seine notwendige Fortsetzung und Erweiterung nicht nur in dem Anspruche auf Pension für den Beamten selbst, sondern auch in dem Anspruche auf Witwen- und Waisengeld, der nach dem Tode des

Beamten den Hinterbliebenen zusteht. Diesem Anspruche war vor Inkrafttreten des K. B. G. gesetzlich nur ganz vereinzelt durch besondere Bestimmungen Rechnung getragen worden.

a. Städtische Beamte.

I. § 73 der H. R. St. O. bestimmt Folgendes:

„Die Witwen und Waisen der besoldeten Bürgermeister, Beigeordneten und übrigen Magistratsmitglieder, sowie derjenigen Gemeindebeamten, welche mit Pensionsberechtigung angestellt gewesen sind, erhalten, falls nicht ein anderes mit Genehmigung des Bezirksausschusses vereinbart worden ist, Witwen- und Waisengeld nach den für die Witwen und Waisen der unmittelbaren Staatsbeamten geltenden Vorschriften unter Zugrundelegung des von dem Beamten im Augenblicke des Todes erdienten Pensionsbetrages.

Auf das Witwen- und Waisengeld kommen diejenigen Bezüge in Anrechnung, welche von öffentlichen Witwen- und Waisenanstalten gezahlt werden, insoweit die Stadtgemeinde die Einkaufsgelder und Beiträge geleistet hat."

In sämtlichen übrigen Städte-Ordnungen und städtischen Gemeindeverfassungsgesetzen hatte die Frage der Versorgung der Hinterbliebenen eine **gesetzliche** Regelung nicht erfahren. Diesem, den eigenen Interessen der Städte und dem Grunde der Billigkeit widersprechenden Rechtszustande wird durch das K. B. G. ein Ziel gesetzt.

Dadurch haben auch die bisher in großer Zahl bestehenden Witwen- und Waisenkassen der Kommunalbeamten viel von ihrer Bedeutung eingebüßt. Wegen ihrer Genehmigung (auch der von Pensions- und Sterbekassen) bestimmt der Min. Erl. v. 4. VII. 1898 (M. Bl. S. 140), daß die von Kommunalbeamten errichteten und ausschließlich durch Beiträge der Beamten unterhaltenen Kassen stets ministerieller Genehmigung auf Grund der Kab. O. v. 29. IX. 1833 (G. S. S. 121) bedürfen. Das gleiche gilt von solchen Kassen, an denen sich zwar die Kommunen mit bestimmt bemessenen Zuschüssen beteiligen, ohne jedoch eine uneingeschränkte Verpflichtung zur Deckung etwaiger Fehlbeträge zu übernehmen. Dagegen bedürfen solche Kassen der Genehmigung nicht, die von den Beamten eines bestimmten Kommunalverbandes errichtet sind, sobald dieser sich zur Zahlung der durch die Beiträge der Beamten und andere Einnahmen nicht gedeckten Beträge vorbehaltlos verpflichtet. Das gleiche gilt von Kassen, die von den Kommunalverbänden selbst für ihre Beamten errichtet werden, auch wenn letztere zur Zahlung von Beiträgen verpflichtet werden. Inwieweit bei der Errichtung derartiger Kassen die Genehmigung der kommunalen Aufsichtsbehörde notwendig ist, richtet sich nach den Vorschriften der Gemeinde pp. -Verfassungsgesetze.

II. K. B. G. § 15.[1])

„Die Witwen und Waisen der pensionsberechtigten[2]) Beamten der Stadtgemeinden, einschließlich der im § 14 aufgeführten Beamten[3]) erhalten — sofern nicht mit Genehmigung des Bezirksausschusses[4]) ein anderes[5]) festgesetzt ist — Witwen- und Waisengeld nach den für die Witwen und Waisen der unmittelbaren Staatsbeamten geltenden Vorschriften[6]) unter Zugrundelegung des von dem Beamten im Augenblick des Todes erdienten Pensionsbetrages;[7]) dabei tritt an die Stelle der für das Witwengeld bei unmittelbaren Staatsbeamten vorgeschriebenen Höchstsätze der Höchstsatz von 2000 Mark.[8])

Auf das Witwen- und Waisengeld kommen die Bezüge, welche von öffentlichen Witwen- und Waisenanstalten oder von Privatgesellschaften gezahlt werden, in demselben Verhältnisse in Anrechnung, in welchem die Stadtgemeinde sich an den vertraglichen Gegenleistungen beteiligt hat.[9]) Als Beteiligung der Stadtgemeinde wird es auch, soweit die Zeit vor dem Inkrafttreten des Gesetzes in Betracht kommt, angesehen, wenn die Gegenleistung seitens der Beamten auf Grund ausdrücklicher, bei der Anstellung übernommener Verpflichtung oder anderweiter Festsetzungen erfolgt ist.“ [10])

A. A. Art. IV 3. „Die Vorschrift des § 15 räumt allen besoldeten städtischen Beamten mit alleiniger Ausnahme der in § 2 des Ges. genannten, also auch den Mitgliedern des Gemeindevorstandes und den nicht auf Lebenszeit angestellten sonstigen Beamten den Anspruch auf Witwen- und Waisenversorgung nach Maßgabe der für die unmittelbaren Staatsbeamten geltenden Bestimmungen, insbesondere also auch der Novelle v. 1. VI. 1897, ein, sofern nicht etwa ihre Pensionsberechtigung ausnahmsweise ausgeschlossen ist. Auch hier werden die in Abs. 1 vorbehaltenen Abweichungen im allgemeinen und abgesehen von Ausnahmefällen, wie sie unter Nr. 2 oben berührt worden sind, nur dann die Genehmigung der Bezirksausschüsse finden können, wenn sie dem Beamten günstiger sind, insbesondere wird grundsätzlich solchen abweichenden Festsetzungen, welche Reliktenbeiträge des Beamten vorsehen, die Genehmigung zu versagen sein. Auch hinsichtlich der bereits in Stadtgemeinden geltenden statutarischen oder reglementarischen Bestimmungen, ihrer Revision und Umarbeitung, sowie der Genehmigung der Neufeststellungen durch die Bezirksausschüsse gelten die bezüglich der Pensionierung unter Nr. 2 gemachten Ausführungen. Unter dem Ausdruck „festgesetzt“ subsumiert das Gesetz auch hier die generelle Festsetzung und die konkrete Vereinbarung.

Die Vorschrift des zweiten Abs. sieht zu Gunsten der Stadtgemeinden vor, daß auf das Witwen- und Waisengeld die Versicherungsgelder, welche von öffentlichen Witwen- und Waisenanstalten — z. B. von Provinzial-Witwen- und Waisenkassen — oder von Privatgesellschaften gezahlt werden, in demselben Verhältnisse in Anrechnung kommen sollen, in welchem die Städte sich an den vertraglichen Gegenleistungen beteiligt haben, mögen diese Gegenleistungen in Einkaufsgeldern oder in Beiträgen bestanden haben. Der letzte Satz des Abs. 2 stellt für die Vergangenheit den Leistungen der Stadtgemeinden diejenigen Zahlungen gleich, welche zwar seitens der Beamten, aber auf Grund ausdrücklicher, bei der Anstellung übernommener Verpflichtung oder anderweiter Festsetzungen erfolgt sind, um namentlich denjenigen Fällen Rechnung zu tragen, in welchen Stadtgemeinden die Beamten wegen der ihnen obliegenden Versicherungsbeiträge in anderer Weise, insbesondere durch höhere Gehaltsfestsetzungen, bisher schadlos gehalten haben."

Anm. 1. Eine analoge Bestimmung enthielt bisher nur § 73 der H. R. St. O. Alle übrigen St. O. kannten eine obligatorische Reliktenversorgung nicht.

Anm. 2. Pensionsberechtigte Beamte —; vgl. Anm. 1 zu § 12 S. 123.

Anm. 3. Das sind Bürgermeister, Beigeordnete und Magistratsmitglieder.

Anm. 4. In Berlin des Oberpräsidenten, L. V. G. § 43 Abs. 3.

Anm. 5. Vgl. A. A. Art. IV 3 Abs. 1. Grundsätzlich wären auch ungünstigere Festsetzungen, ja selbst der völlige Ausschluß der Reliktenversorgung nach dem Wortlaute des Gesetzes möglich.

Anm. 6. S. Ges. v. 20. V. 1882 weiter unten. (S. 167.)

Anm. 7. Erdienten Pensionsbetrages —, vgl. § 8 des Ges. v. 20. V. 1882 in der Fassung des Ges. v. 1. VI. 1897 weiter unten. (S. 167.)

Anm. 8. An Stelle der in der Novelle vom 1. VI. 1897 für die Witwen der unmittelbaren Staatsbeamten je nach dem Beamtenrange festgestellten Höchstsätze von 2000, 2500, 3000 Mk. ist mit Rücksicht auf den Mangel einer Rangeinteilung, bei den Kommunalbeamten der einheitliche Höchstsatz von 2000 Mk. als Norm hingestellt worden. Begr. zu § 15.

Anm. 9. Vgl. A. A. Art. IV 3 Abs. 2 Satz 1.

Anm. 10. Vgl. A. A. Art. IV 3 Abs. 2 Satz 2.
Die im Plenum des H. H. eingefügten Worte „oder anderweiter Festsetzungen" sollen die Anwendbarkeit des § 15 Abs. 2 letzter Satz auch für diejenigen Fälle festlegen, wo Verpflichtungen vorliegen, die ein Beamter erst nach seiner Anstellung übernommen hat, oder wo die Anstellung der Beamten auf Grund eines solche Verpflichtungen statuierenden Ortsstatutes während dessen Gültigkeit erfolgt ist, ohne daß eine ausdrückliche schriftliche Abmachung getroffen wurde, auf Grund deren sich die Beamten dem Ortsstatute unterwerfen. Sten. Ber. H. H. 1898/99 S. 155.

Wegen der Uebergangsbestimmungen s. § 24 des Ges. oben S. 128.

III. Die für die Witwen- und Waisenversorgung der

unmittelbaren Staatsdiener geltenden, gemäß K. B. G. § 15 Abs. 1 auch für die städtischen Beamten maßgebenden Grundsätze sind in nachfolgenden gesetzlichen Bestimmungen enthalten:

Gesetz betreffend die Fürsorge für die Witwen und Waisen der unmittelbaren Staatsbeamten.

Vom 20. Mai 1882 (G. S. S. 298).[1])

Bestimmungen zur Ausführung des Ges. v. 5. VI., 7. VII. und 27. IX. 1882 (M. Bl. S. 100, 171, 248, J. M. Bl. S. 159 und 1886 S. 123), und 10. 23. IV. 1883 (M. Bl. S. 54, 59, J. M. Bl. S. 139), 30. XII. 1884 (M. Bl. 1885 S. 7), betr. die Abänderung der Nr. 3 Abs. 2 der Ausf. Best. und v. 1. IX. 1898 (M. Bl. S. 224.) Anm. 1.

§§ 1—6. (Die Verpflichtung der Staatsbeamten, Witwen- und Waisengeldbeträge zu entrichten, ist durch das Gesetz vom 28. März 1888 (G. S. S. 48) vom 1. April 1888 ab aufgehoben worden.)

§ 7. „Die Witwe und die hinterbliebenen ehelichen oder durch nachgefolgter Ehe legitimierten Kinder eines zur Zeit seines Todes zur Entrichtung von Witwen- und Waisengeldbeiträgen verpflichteten Beamten erhalten aus der Staatskasse Witwen- und Waisengeld nach Maßgabe der nachfolgenden Bestimmungen.

§ 8.[1]) Das Witwengeld besteht in vierzig vom Hundert derjenigen Pension, zu welcher der Verstorbene berechtigt gewesen ist oder berechtigt gewesen sein würde, wenn er am Todestage in den Ruhestand versetzt wäre.[2])

Das Witwengeld soll jedoch, vorbehaltlich der im § 10 verordneten Beschränkung, mindestens zweihundert nnd sechzehn Mark betragen und für Witwen der Staatsminister und Beamten der ersten Rangklasse dreitausend Mark, für Witwen der Beamten der zweiten und dritten Rangklasse zweitausendfünfhundert Mark und für Witwen der übrigen Beamten zweitausend Mark nicht übersteigen.

Ueber die Zugehörigkeit zu einer Rangklasse entscheiden die Bestimmungen des § 2 Absatz 1 bis 3 des Gesetzes, betreffend die Gewährung von Wohnungsgeldzuschüssen an die unmittelbaren Staatsbeamten, vom 12. Mai 1873 (Gesetz-Samml. S. 209)."

In der Fassung des Ges. v. 21. VI. 1897 (G. S. S. 193). Anm. 1.

Ist die Ehe eines Beamten durch Scheidung aufgelöst, so ist die vormalige Ehefrau nach dem Tode des Beamten als Witwe nicht anzusehen und hat daher auch auf Witwengeld keinen Anspruch, Best. v. 5. VI. 1882 Nr. 20. Anm. 2.

§ 9. „Das Waisengeld beträgt:

1. für Kinder, deren Mutter lebt und zur Zeit des Todes des Beamten zum Bezuge von Witwengeld berechtigt war, ein Fünftel des Witwengeldes für jedes Kind;

2. für Kinder, deren Mutter nicht mehr lebt oder zur Zeit des Todes

des Beamten zum Bezuge von Witwengeld nicht berechtigt war, ein Drittel des Witwengeldes für jedes Kind.

§ 10. Witwen- und Waisengeld dürfen weder einzeln noch zusammen den Betrag der Pension übersteigen, zu welcher der Verstorbene berechtigt gewesen ist oder berechtigt gewesen sein würde, wenn er am Todestage in den Ruhestand versetzt wäre.

Bei Anwendung dieser Beschränkung werden das Witwen- und das Waisengeld verhältnißmäßig gekürzt.

§ 11. Bei dem Ausscheiden eines Witwen- und Waisengeldberechtigten erhöht sich das Witwen- und Waisengeld der verbleibenden Berechtigten von dem nächstfolgenden Monat an insoweit, als sie sich noch nicht im vollen Genuß der ihnen nach den §§ 8 bis 10 gebührenden Beträge befinden.

§ 12. War die Witwe mehr als 15 Jahre jünger als der Verstorbene, so wird das nach Maßgabe der §§ 8 und 10 berechnete Witwengeld für jedes angefangene Jahr des Altersunterschieds über 15 bis einschließlich 25 Jahre um $^1/_{20}$ gekürzt.

Auf den nach § 9 zu berechnenden Betrag des Waisengeldes sind diese Kürzungen des Witwengeldes ohne Einfluß.

Nach fünfjähriger Dauer der Ehe wird für jedes angefangene Jahr ihrer weiteren Dauer dem gekürzten Betrage $^1/_{20}$ des nach Maßgabe der §§ 8 und 10 zu berechnenden Witwengeldes so lange hinzugesetzt, bis der volle Betrag wieder erreicht ist." [1])

Anm. 1. Abs. 3 ist eingefügt durch Ges. v. 1. VI. 1897 (G. S. S. 169).

§ 13. „Keinen Anspruch auf Witwengeld hat die Witwe, wenn die Ehe mit dem verstorbenen Beamten innerhalb dreier Monate vor seinem Ableben geschlossen und die Eheschließung zu dem Zwecke erfolgt ist, um der Witwe den Bezug des Witwengeldes zu verschaffen.

Keinen Anspruch auf Witwen- und Waisengeld haben die Witwe und die hinterbliebenen Kinder eines pensionierten Beamten aus solcher Ehe, welche erst nach der Versetzung des Beamten in den Ruhestand geschlossen ist.

§ 14. Stirbt ein zur Entrichtung von Witwen- nnd Waisengeldbeiträgen verpflichteter Beamter, welchem, wenn er am Todestage in den Ruhestand versetzt wäre, auf Grund des § 7 des Pensionsgesetzes vom 27. März 1872 eine Pension hätte bewilligt werden können, so kann der Witwe und den Waisen desselben von dem Departementschef in Gemeinschaft mit dem Finanzminister Witwen- und Waisengeld bewilligt werden.

Stirbt ein zur Entrichtung von Witwen- und Waisengeldbeiträgen verpflichteter Beamter, welchem nach den §§ 18 und 19 des Pensionsgesetzes vom 27. März 1872 im Falle seiner Versetzung in den Ruhestand die Anrechnung gewisser Zeiten auf die in Betracht kommende Dienstzeit hätte bewilligt werden können, so ist der Departementschef in Gemeinschaft mit dem

Finanzminister befugt, eine solche Anrechnung auch bei Festsetzung des Witwen- und Waisengeldes zuzulassen." [1])

In die zu erstattenden Berichte über eine beantragte Anwendung der Vorschriften des § 14 des Witwen-Pensionsges. sind eingehende Mitteilungen über die Dienstführung des verstorbenen Beamten, sowie über die Würdigkeit und Bedürftigkeit seiner Hinterbliebenen aufzunehmen; namentlich ist anzuzeigen, ob und event. welcher Anspruch den letzteren an den Bezug einer Pension oder eines Kapitals aus einer Versorgungsanstalt zusteht. Min. Erl. v. 10. IV. 1883 (M. Bl. S. 54). Anm. 1.

§ 15. „Die Zahlung des Witwen- und Waisengeldes beginnt mit dem Ablauf des Gnadenquartals oder des Gnadenmonats.

§ 16. Das Witwen- und Waisengeld wird monatlich im voraus gezahlt. An wen die Zahlung gültig zu leisten ist, bestimmt der Departementschef, welcher die Befugnis zu solcher Bestimmung auf die Provinzialbehörde übertragen kann.

Nicht abgehobene Teilbeiträge des Witwen- und Waisengeldes verjähren binnen vier Jahren, vom Tage ihrer Fälligkeit an gerechnet, zum Vorteile der Staatskasse.

§ 17. Das Witwen- und Waisengeld kann mit rechtlicher Wirkung weder abgetreten noch verpfändet oder sonst übertragen werden.

§ 18. Das Recht auf den Bezug des Witwen- und Waisengeldes erlischt:

1. für jeden Berechtigten mit Ablauf des Monats, in welchem er sich verheiratet oder stirbt;
2. für jede Waise außerdem mit Ablauf des Monats, in welchem sie das 18. Lebensjahr vollendet.

§ 19. Das Recht auf den Bezug des Witwen- und Waisengeldes ruht, wenn der Berechtigte das deutsche Indigenat verliert, bis zur etwaigen Wiedererlangung desselben.

§ 20. Mit den aus § 14 sich ergebenden Maßgaben erfolgt die Bestimmung darüber, ob und welches Witwen- und Waisengeld der Witwe und den Waisen eines Beamten zusteht, durch den Departementschef, welcher die Befugnis zu solcher Bestimmung auf die Provinzialbehörde übertragen kann.

Die Beschreitung des Rechtsweges steht den Beteiligten offen, doch muß die Entscheidung des Departementschefs der Klage vorhergehen und letztere sodann bei Verlust des Klagerechts innerhalb sechs Monaten, nachdem den Beteiligten die Entscheidung des Departementschefs bekannt gemacht worden, erhoben werden."

Die §§ 21—24 sind, weil ohne jedes Interesse für die Kommunalbeamten und zum Verständnisse des Gesetzes nicht erforderlich, nicht abgedruckt.

b. Beamte der Landgemeinden, Landbürgermeistereien, Aemter, Amtsbezirke und Zweckverbände.

Besondere gesetzliche Vorschriften für die Versorgung der Hinterbliebenen dieser Beamtenkategorien enthielt lediglich § 87 der H. N. L. G. O. Dieser lautet:

§ 87. „Die Witwen und Waisen der besoldeten Bürgermeister, sowie derjenigen Gemeindebeamten, welche mit Pensionsberechtigung angestellt gewesen sind, erhalten, falls nicht ein anderes mit Genehmigung des Kreisausschusses vereinbart worden ist, Witwen- und Waisengeld nach den für die Witwen und Waisen der unmittelbaren Staatsbeamten geltenden Vorschriften unter Zugrundelegung des von dem Beamten im Augenblicke des Todes erdienten Pensionsbetrages.

Auf das Witwen- und Waisengeld kommen diejenigen Bezüge in Anrechnung, welche von öffentlichen Witwen- und Waisenanstalten gezahlt werden, insoweit die Gemeinde die Einkaufsgelder und Beiträge geleistet hat."

Da er durch K. B. G. § 25² aufrecht erhalten worden ist, so besteht für die pensionsberechtigten Gemeindebeamten in Hessen-Nassau im Gegensatze zu den Beamten der Landgemeinden anderer Provinzen insofern ein obligatorischer Anspruch auf Witwen- und Waisenversorgung.

Derselbe Rechtszustand ist durch K. B. G. § 19 in Verbindung mit § 15 (s. oben S. 165) für die Beamten der Bürgermeistereien in der Rheinprovinz und der Aemter in der Provinz Westfalen, sowie für die Gemeindeeinnehmer in diesen Provinzen geschaffen worden, indem jene Bestimmungen sie hinsichtlich der Reliktenversorgung den städtischen Beamten gleichstellen.

Für die Beamten der Amtsbezirke, der Zweckverbände und der Landgemeinden aller Provinzen außer Hessen-Nassau ist durch K. B. G. § 18 (s. oben S. 149) die Möglichkeit ortsstatutarischer Regelung der Witwen- und Waisenfürsorge vorgesehen.

c. Gemeindeforstbeamte.

Ein gesetzlicher Anspruch auf Witwen- und Waisenversorgung stand vor dem Inkrafttreten des K. B. G. nur den Hinterbliebenen der städtischen und ländlichen, auf Lebenszeit angestellten Gemeindeforstbeamten im Regierungsbezirke Wiesbaden gemäß § 9 des Ges. v. 12. X. 1897 zu. Außerdem konnte er sich für die Forstbeamten in Hessen-Nassau, soweit sie pensionsberechtigte Gemeindebeamte waren, aus H. N. St. O. § 73 oder H. N. L. G. O. § 87 ergeben.

Dieser Rechtszustand ist durch K. B. G. § 23 in gleicher Weise wie hinsichtlich der Pensionsverhältnisse, ergänzt worden.

Die Gewährung von Witwen- und Waisengeld an die Hinterbliebenen verstorbener Kommunalforstbeamten erfolgt nach denselben Regeln, wie die Gewährung von Pension. Es kann daher auf die wegen der letzteren (oben S. 154 ff.) gemachten Ausführungen verwiesen werden.

d. Kreis- und Provinzialbeamte.

Bezüglich der Fürsorge für die Witwen und Waisen von Kreis- und Provinzialbeamten kann ebenfalls auf die hinsichtlich ihrer Pensionsverhältnisse gemachten Ausführungen in allen Punkten verwiesen werden. S. oben S. 159.

§ 19.

III. Die Fürsorge für Beamte infolge von Betriebsunfällen und sonstige vermögensrechtliche Ansprüche aus den Reichs-Versicherungsgesetzen.

1. Für die unmittelbaren Staatsbeamten ist die Fürsorge infolge von Betriebsunfällen durch das Ges. v. 18. VI. 1887 (G. S. S. 282)*) geregelt:

§ 1. „Unmittelbare Staatsbeamte, welche in reichsgesetzlich der Unfallversicherung unterliegenden Betrieben beschäftigt sind, erhalten, wenn sie infolge eines im Dienste erlittenen Betriebsunfalls dauernd dienstunfähig werden, als Pension $66^{2}/_{3}$ Prozent ihres jährlichen Diensteinkommens, soweit ihnen nicht nach anderweiter gesetzlicher Vorschrift ein höherer Betrag zusteht.

Personen der vorbezeichneten Art erhalten, wenn sie infolge eines im Dienste erlittenen Betriebsunfalles nicht dauernd dienstunfähig geworden, aber in ihrer Erwerbsfähigkeit beeinträchtigt worden sind, bei ihrer Entlassung aus dem Dienst als Pension:

1. im Falle völliger Erwerbsunfähigkeit für die Dauer derselben den im ersten Absatz bezeichneten Betrag,
2. im Falle teilweiser Erwerbsunfähigkeit für die Dauer derselben einen Bruchteil der vorstehend bezeichneten Pension, welche nach dem Maße der vorbetriebenen Erwerbsfähigkeit zu bemessen ist.

Steht solchen Personen nach anderweiter gesetzlicher Vorschrift ein höherer Betrag zu, so erhalten sie diesen.

*) Das Ges. bildet einen erweiterten Zusatz zu dem Pensionsges. v. 27. III. 1872 in dem Falle, wo die Dienstunfähigkeit oder der Tod eines Beamten durch einen Betriebsunfall eingetreten ist. Die Zulässigkeit des Rechtsweges über die Ansprüche daraus unterliegt daher für die unmittelbaren Staasbeamten den in den §§ 22, 23 des Pensionsges. v. 30. IV. 1884 enthaltenen Einschänkungen. Vgl. E. R. G. in Civ. Bd. XXXIX S. 354. Für die Kommunalbeamten wird also § 7 K. B. G. anzuwenden sein.

Nach dem Wegfall des Diensteinkommens sind den Verletzten außerdem die noch erwachsenen Kosten des Heilverfahrens zu ersetzen.

§ 2. Die Hinterbliebenen solcher im § 1 bezeichneten Personen, welche in Folge eines im Dienste erlittenen Betriebsunfalls gestorben sind, erhalten:

1. als Sterbegeld, sofern ihnen nicht nach anderweiter Bestimmung Anspruch auf Gnadenquartal oder Gnadenmonat zusteht, den Betrag des einmonatlichen Diensteinkommens beziehungsweise der einmonatlichen Pension des Verstorbenen, jedoch mindestens 30 Mark;
2. eine Rente. Dieselbe beträgt:
   a) für die Witwe bis zu deren Tode oder Wiederverheiratung zwanzig Prozent des jährlichen Diensteinkommens des Verstorbenen, jedoch nicht unter 160 Mark und nicht mehr als 1600 Mark;
   b) für jedes Kind bis zur Vollendung des achtzehnten Lebensjahres oder bis zur etwaigen früheren Verheiratung, sofern die Mutter lebt, fünfundsiebenzig Prozent der Witwenrente und sofern die Mutter nicht lebt, die volle Witwenrente;
   c) für Aszendenten des Verstorbenen, wenn dieser ihr einziger Ernährer war, für die Zeit bis zu ihrem Tode oder bis zum Wegfall der Bedürftigkeit zwanzig Prozent des Diensteinkommens des Verstorbenen, jedoch nicht unter 160 Mark und nicht mehr als 1600 Mark; sind mehrere derartig Berechtigte vorhanden, so wird die Rente den Eltern vor den Großeltern gewährt.

Die Renten dürfen zusammen sechzig Prozent des Diensteinkommens nicht übersteigen. Ergiebt sich ein höherer Betrag, so haben die Aszendenten nur insoweit einen Anspruch, als durch die Renten der Witwe und der Kinder der Höchstbetrag der Rente nicht erreicht wird. Soweit die Renten der Witwe und Kinder den zulässigen Höchstbetrag überschreiten, werden die einzelnen Renten in gleichem Verhältnisse gekürzt.

Steht nach anderweiter gesetzlicher Vorschrift den Hinterbliebenen ein höherer Betrag zu, so erhalten sie diesen.

Der Anspruch der Witwe ist ausgeschlossen, wenn die Ehe erst nach dem Unfall geschlossen worden ist.

§ 3. Erreicht das Diensteinkommen nicht den von der höheren Verwaltungsbehörde nach Anhörung der Gemeindebehörde für Erwachsene festgesetzten ortsüblichen Tagelohn gewöhnlicher Tagearbeiter (§ 8 Krankenversicherungs-Gesetzes vom $\frac{\text{15. Juni 1883}}{\text{10. April 1892}}$, R. G. Bl. S. 417), so ist der letztere der Berechtigung zu Grunde zu legen.

Bleibt bei den nicht mit Pensionsberechtigung angestellten Beamten (§ 1) die nach vorstehenden Bestimmungen der Berechnung zugrunde zu legende Summe unter dem niedrigsten Diensteinkommen derjenigen Stellen, in welchen solche Beamte nach den bestehenden Grundsätzen zuerst mit Pensionsberechtigung angestellt werden können, so ist der letztere Betrag der Berechnung zu Grunde zu legen.

§ 4. Der Bezug der Pension beginnt mit dem Wegfall des Diensteinkommens, der Bezug der Witwen- und Waisenrente mit dem Ablauf des Gnadenquartals oder Gnadenmonats, oder, soweit solche nicht gewährt werden, mit dem auf den Todestag des Verunglückten folgenden Tage.

Gehört der Verletzte auf Grund gesetzlicher oder statutarischer Verpflichtung einer Krankenkasse oder der Gemeindekrankenversicherung an, so wird bis zum Ablauf der dreizehnten Woche nach dem Eintritt des Unfalls die Pension und der Ersatz der Kosten des Heilverfahrens um den Betrag der von der Krankenkasse oder der Gemeindekrankenversicherung geleisteten Krankenunterstützung gekürzt. Der Anspruch auf das Sterbegeld (§ 2 Abs. 1 Ziff. 1), und vom Beginn der vierzehnten Woche ab auch der Anspruch auf die Pension und auf den Ersatz der Kosten des Heilverfahrens (§ 1) geht bis zum Betrage des von der Krankenkasse gezahlten Sterbegeldes beziehungsweise bis zum Betrage der von dieser gewährten weiteren Krankenunterstützung auf die Krankenkasse über. Als Wert der freien ärztlichen Behandlung, der Arznei und der Heilmittel (§ 6 Abs. 1 Ziff. 1 des Krankenversicherungsgesetzes-Gesetzes) gilt die Hälfte des gesetzlichen Mindestbetrages des Krankengeldes.

§ 5. Ein Anspruch auf die in den §§ 1 und 2 bezeichneten Bezüge besteht nicht, wenn der Verletzte den Unfall (§ 1) vorsätzlich oder durch ein Verschulden herbeigeführt hat, wegen dessen auf Dienstentlassung oder auf Verlust des Titels und Pensionsanspruchs gegen ihn erkannt oder wegen dessen ihm die Fähigkeit zur Beschäftigung in einem öffentlichen Dienstzweige aberkannt worden ist.

§ 6. Ansprüche auf Grund dieses Gesetzes sind, soweit deren Feststellung nicht von Amtswegen erfolgt, bei Vermeidung des Ausschlusses vor Ablauf von zwei Jahren nach dem Eintritt des Unfalls bei der dem Verletzten unmittelbar vorgesetzten Dienstbehörde anzumelden.

Nach Ablauf dieser Frist ist der Anmeldung nur dann Folge zu geben, wenn zugleich glaubhaft bescheinigt wird, daß die Folgen des Unfalls erst später bemerkbar geworden sind, oder daß der Berechtigte von der Verfolgung seines Anspruchs durch außerhalb seines Willens liegende Verhältnisse abgehalten worden ist.

Jeder Unfall, welcher von Amtswegen oder durch Anmeldung der Beteiligten einer vorgesetzten Dienstbehörde bekannt wird, ist sofort zu untersuchen. Den Beteiligten ist Gelegenheit zu geben, selbst oder durch Vertreter ihre Interessen bei der Untersuchung zu wahren.

§ 7. Soweit vorstehend nichts anderes bestimmt ist, finden auf die nach § 1, und hinsichtlich der Berechnung des Diensteinkommens auch auf die nach § 2 zu gewährenden Bezüge die für die Beteiligten geltenden Bestimmungen über Pension, auf die nach § 2 zu gewährenden Renten im übrigen die Vorschriften über die Fürsorge für die Witwen und Waisen der unmittelbaren Staatsbeamten Anwendung.

Die nach § 1 beziehungsweise 2 dieses Gesetzes zu gewährenden Pensionen beziehungsweise Renten treten an die Stelle derjenigen Pension beziehungsweise derjenigen Witwen- und Waisengelder, welche den Beteiligten auf Grund anderweiter gesetzlicher Vorschrift zustehen, soweit nicht die letzteren Beträge die nach Maßgabe dieses Gesetzes zu gewährenden Bezüge übersteigen (§ 1 Abs. 1 und § 2 Abs. 3).

§ 8. Die in den §§ 1 u. 2 bezeichneten Personen können einen Anspruch auf Ersatz des durch den Unfall § 1 erlittenen Schadens gegen den Staat überhaupt nicht und gegen die Betriebsleiter, Bevollmächtigten oder Repräsentanten, Betriebs- oder Arbeiteraufseher derjenigen Betriebsverwaltung, in deren Dienst sie den Unfall erlitten haben, nur dann geltend machen, wenn durch strafgerichtliches Urteil festgestellt worden ist, daß diese den Unfall vorsätzlich herbeigeführt haben.

Der hiernach zulässige Anspruch geht in Höhe der den Entschädigungsberechtigten auf Grund des gegenwärtigen Gesetzes oder anderweiter gesetzlicher Vorschrift (§§ 1 und 2) vom Staat zu zahlenden Beträge auf letzteren über.

§ 9. Die in dem § 8 bezeichneten Ansprüche können, auch ohne daß die daselbst vorgesehene Feststellung durch strafgerichtliches Urteil stattgefunden hat, geltend gemacht werden, falls diese Feststellung wegen des Todes oder der Abwesenheit des Betreffenden oder aus einem anderen in der Person desselben liegenden Grunde nicht erfolgen kann.

§ 10. Die Haftung anderer in dem § 8 nicht bezeichneten Personen, welche den Unfall vorsätzlich herbeigeführt oder durch Verschulden verursacht haben, bestimmt sich nach den bestehenden gesetzlichen Vorschriften. Der hiernach zulässige Anspruch geht in Höhe der den Entschädigungsberechtigten auf Grund des gegenwärtigen Gesetzes oder anderweiter gesetzlicher Vorschrift vom Staat zu zahlenden Beträge auf letzteren über.

§ 11. Kommunalbeamten und ihren Hinterbliebenen, für welche durch statutarische Festsetzung gegen die Folgen eines im Dienste erlittenen Betriebsunfalls eine den Vorschriften der §§ 1 bis 5 mindestens gleichkommende Fürsorge getroffen ist, stehen gegen den Kommunalverband, in dessen Dienst der Unfall erlitten ist, weitergehende Ansprüche nicht zu.

§ 12. Gegen das Reich stehen den in den §§ 1, 2 und 11 bezeichneten Personen aus Preußischen Landesgesetzen weitergehende Ansprüche als auf die gedachten Bezüge nicht zu.

Derselben Beschränkung unterliegen die Ansprüche dieser Personen gegen andere Bundesstaaten und gegen Kommunalverbände, sofern für deren Beamte durch die Landesgesetzgebung beziehungsweise durch statutarische Festsetzung gegen die Folgen eines im Dienst erlittenen Betriebsunfalls eine den

Vorschriften der §§ 1 bis 5 mindestens gleichkommende Fürsorge getroffen ist und durch die Gesetzgebung des bezüglichen Bundesstaats weitergehende Ansprüche der Beamten und ihrer Hinterbliebenen aus den Landesgesetzen gegenüber dem Reich, sowie den Bundesstaaten und Kommunalverbänden ausgeschlossen sind.

§ 13. Die in den §§ 1 und 2 des Reichsgesetzes, betreffend die Fürsorge für Beamte und Personen des Soldatenstandes infolge von Betriebsunfällen, vom 15. März 1886 (R. G. Bl. S. 53) aufgeführten Personen, desgleichen die Beamten anderer Bundesstaaten und der Deutschen Kommunalverbände, sowie deren Hinterbliebene, für welche durch die Landesgesetzgebung beziehungsweise durch statutarische Festsetzung gegen die Folgen eines im Dienst erlittenen Betriebsunfalls eine den Vorschriften der §§ 1 bis 5 mindestens gleichkommende Fürsorge getroffen ist, haben wegen eines Unfalls (§ 1) aus Preußischen Landesgesetzen einen Anspruch auf Ersatz des durch den Unfall erlittenen Schadens nur in Höhe der ihnen danach zukommenden Bezüge sowohl gegen das Reich und den Preußischen Staat, wie gegen diejenigen Preußischen Kommunalverbände, welche für ihre Beamten die Unfallfürsorge in dem vorgedachten Umfange getroffen haben. Derselben Beschränkung unterliegen die Ansprüche dieser Personen gegen andere Bundesstaaten außer Preußen und die nicht Preußischen Kommunalverbände unter der Voraussetzung, daß nach den Landesgesetzen des betreffenden Bundesstaats den durch entsprechende Unfallfürsorge sichergestellten Reichs-, Staats- und Kommunalbeamten, sowie deren Hinterbliebenen weitergehende Ansprüche gegen das Reich, die Bundesstaaten und Kommunalverbände nicht zustehen.

§ 14. Im Uebrigen finden auf die Ansprüche der in den §§ 11 bis 13 bezeichneten Personen die Bestimmungen der §§ 8 bis 10 entsprechende Anwendung.

§ 15. Dieses Gesetz tritt mit dem Tage der Verkündung in Kraft."

2. Nach § 11 des vorstehenden Ges. ist den Kommunalverbänden die Möglichkeit gegeben, durch statutarische Bestimmungen eine den Vorschriften der §§ 1—5 mindestens gleichkommende Fürsorge gegen die Folgen eines im Dienst erlittenen Betriebsunfalles zu gewährleisten. Ist dies der Fall, so stehen den Kommunalbeamten und ihren Hinterbliebenen nach § 11 weitergehende Ansprüche gegen den Kommunalverband, in dessen Dienst der Unfall erlitten ist, nicht zu, insbesondere kein Anspruch auf reichsgesetzliche Unfallrente. Hat der Kommunalverband jedoch keine derartige statutarische Bestimmung getroffen, so hängt die Beantwortung der Frage, ob der Beamte Anspruch auf Unfallrente hat, davon ab, ob er unfallversicherungspflichtig ist.

§ 4 des Entwurfes der Novelle zum Unfallversicherungsges. v. 6. VII. 1884 (R. G. Bl. S. 69), der sich mit § 4 des land-

wirtschaftlichen Unfallversicherungsges. v. 5. V. 1886 (R. G. Bl. S. 132) inhaltlich deckt — bestimmt darüber folgendes:

§ 4. „Auf die im § 1[1]) des Gesetzes, betreffend die Fürsorge für Beamte und Personen des Soldatenstandes infolge von Betriebsunfällen, vom 15. März 1886 (Reichs-Gesetzbl. S. 53) bezeichneten Personen, auf Beamte, welche in Betriebsverwaltungen eines Bundesstaats oder eines Kommunalverbandes mit festem Gehalt und Pensionsberechtigung[2]) angestellt sind, sowie auf andere Beamte eines Bundesstaats oder Kommunalverbandes, für welche die im § 12 a. a. O. vorgesehene Fürsorge in Kraft getreten ist, findet dieses Gesetz keine Anwendung."

Anm. 1. Der § 1 hat denselben Inhalt wie § 1 des unter I abgedruckten Preußischen Ges.

Anm. 2. Ueber den Begriff der Pensionsberechtigung hat sich das Reichs-Versicherungsamt in mehrfachen Entscheidungen (Amtl. Nachr. J. u. A. V. 1892 S. 82. R. E. Nr. 151; 1893 S. 86. R. E. Nr. 239) ausgesprochen und zwischen dieser und der Pensionsanwartschaft d. h. der Karenzzeit bis zu dem Zeitpunkt, von dem ab erst der Beamte jederzeit das Recht hat, im Falle seiner Dienstunfähigkeit eine Pension zu erhalten, unterschieden. Während der Pensionsanwartschaft besteht hiernach Versicherungspflicht, erst mit dem Zeitpunkte des Eintritts der Pensionsberechtigung im engeren Sinn hört sie auf. Hervorzuheben ist hierbei, daß bei Militäranwärtern infolge der Anrechnung der Militärdienstzeit der Zeitpunkt der thatsächlichen Pensionsberechtigung schon mit der Anstellung zusammenfallen kann. Sind daher Kommunalbeamte in Betrieben des Kommunalverbandes mit festem Gehalte und Pensionsberechtigung angestellt, so haben sie keinen Anspruch auf Unfallrente. Der Anspruch muß sich aber gegen den Kommunalverband selbst, nicht etwa gegen eine von ihm subventionierte Kasse richten. Vgl. E. R. G. in Civ. Bd. XXVI S. 32. Fehlt der Pensionsanspruch z. B. bei den auf Probe zu vorübergehenden Dienstleistungen &c. angestellten Beamten, so sind sie, sofern die übrigen Voraussetzungen der Versicherungspflicht gegeben sind, auch unfallrentenberechtigt.

In diesem Falle trifft auch § 95 U. V. G. zu:

„Die nach Maßgabe dieses Gesetzes versicherten Personen und deren Hinterbliebene können einen Anspruch auf Ersatz des infolge eines Unfalls erlittenen Schadens nur gegen diejenigen Betriebsunternehmer, Bevollmächtigten oder Repräsentanten, Betriebs- oder Arbeitsaufseher geltend machen, gegen welche durch strafgerichtliches Urteil festgestellt worden ist, daß sie den Unfall vorsätzlich herbeigeführt haben.

In diesem Falle beschränkt sich der Anspruch auf den Betrag, um welchen die den Berechtigten nach den bestehenden gesetzlichen Vorschriften gebührende Entschädigung diejenige übersteigt, auf welche sie nach dem Gesetz Anspruch haben."

Fehlt hingegen den obenbezeichneten Beamten nicht nur der Pensionsanspruch, sondern auch die Voraussetzung der Versicherungspflicht, so steht ihnen gegen den Kommunalverband nur ein privater Schadensersatzanspruch zu und zwar entweder auf Grund des Reichshaftpflichtges. v. 7. VI. 1871 (R. G. Bl. S. 207), wenn sie bei dem Betriebe der unter dieses Ges. fallenden Anlagen einen Unfall erleiden, oder nach Maßgabe der nachfolgenden Bestimmungen des B. G. B.

Fünfundzwanzigster Titel. — Unerlaubte Handlungen.

§ 823. „Wer vorsätzlich oder fahrlässig das Leben, den Körper, die Gesundheit, die Freiheit, das Eigentum oder ein sonstiges Recht eines Anderen widerrechtlich verletzt, ist dem Anderen zum Ersatze des daraus entstehenden Schadens verpflichtet.

Die gleiche Verpflichtung trifft denjenigen, welcher gegen ein den Schutz eines Anderen bezweckendes Gesetz verstößt. Ist nach dem Inhalte des Gesetzes ein Verstoß gegen dieses auch ohne Verschulden möglich, so tritt die Ersatzpflicht nur im Falle des Verschuldens ein.

§ 842. Die Verpflichtung zum Schadensersatze wegen einer gegen die Person gerichteten unerlaubten Handlung erstreckt sich auf die Nachteile, welche die Handlung für den Erwerb oder das Fortkommen des Verletzten herbeiführt.

§ 843. Wird infolge einer Verletzung des Körpers oder der Gesundheit die Erwerbsfähigkeit des Verletzten aufgehoben oder gemindert oder tritt eine Vermehrung seiner Bedürfnisse ein, so ist dem Verletzten durch Entrichtung einer Geldrente Schadensersatz zu leisten.

Auf die Rente finden die Vorschriften des § 760[1]) Anwendung. Ob, in welcher Art und für welchen Betrag der Ersatzpflichtige Sicherheit zu leisten hat, bestimmt sich nach den Umständen.

Statt der Rente kann der Verletzte eine Abfindung in Kapital verlangen, wenn ein wichtiger Grund vorliegt.

Der Anspruch wird nicht dadurch ausgeschlossen, daß ein Anderer dem Verletzten Unterhalt zu gewähren hat."

§ 760 lautet: Anm. 1.

„Die Leibrente ist im Voraus zu entrichten.

Eine Geldrente ist für drei Monate vorauszuzahlen; bei einer anderen Rente bestimmt sich der Zeitabschnitt, für den sie im voraus zu entrichten ist, nach der Beschaffenheit und dem Zwecke der Rente. Hat der Gläubiger den Beginn des Zeitabschnitts erlebt, für den die Rente im voraus zu entrichten ist, so gebührt ihm der volle auf den Zeitabschnitt entfallende Betrag."

§ 844. „Im Falle der Tötung hat der Ersatzpflichtige die Kosten der Beerdigung demjenigen zu ersetzen, welchem die Verpflichtung obliegt, diese Kosten zu tragen.

Stand der Getötete zur Zeit der Verletzung zu einem Dritten in einem Verhältnisse, vermöge dessen er diesem gegenüber kraft Gesetzes unterhaltspflichtig war oder unterhaltspflichtig werden konnte, und ist dem Dritten infolge der Tötung das Recht auf den Unterhalt entzogen, so hat der Ersatzpflichtige dem Dritten durch Entrichtung einer Geldrente insoweit Schadensersatz zu leisten, als der Getötete während der mutmaßlichen Dauer seines Lebens zur Gewährung des Unterhalts verpflichtet gewesen sein würde. Die

Vorschriften des § 843 Absatz 2 bis 4 finden entsprechende Anwendung. Die Ersatzpflicht tritt auch dann ein, wenn der Dritte zur Zeit der Verletzung erzeugt, aber noch nicht geboren war.

§ 845. Im Falle der Tötung, der Verletzung des Körpers oder der Gesundheit, sowie im Falle der Freiheitsentziehung, hat der Ersatzpflichtige, wenn der Verletzte kraft Gesetzes einem Dritten zur Leistung von Diensten in dessen Hauswesen oder Gewerbe verpflichtet war, dem Dritten für die entgehenden Dienste durch Entrichtung einer Geldrente Ersatz zu leisten. Die Vorschriften des § 843 Abs. 2 bis 4 finden entsprechende Anwendung."

§ 846. Hat in den Fällen der §§ 844, 845 bei der Entstehung des Schadens, den der Dritte erleidet, ein Verschulden des Verletzten mitgewirkt, so finden auf den Anspruch des Dritten die Vorschriften des § 254 [1]) Anwendung."

Anm. 1. § 254 lautet:

„Hat bei der Entstehung des Schadens ein Verschulden des Beschädigten mitgewirkt, so hängt die Verpflichtung zum Ersatze, sowie der Umfang des zu leistenden Ersatzes von den Umständen, insbesondere davon ab, inwieweit der Schaden vorwiegend von dem einen oder dem anderen Teile verursacht worden ist.

Dies gilt auch dann, wenn sich das Verschulden des Beschädigten darauf beschränkt, daß er unterlassen hat, den Schuldner auf die Gefahr eines ungewöhnlich hohen Schadens aufmerksam zu machen, die der Schuldner weder kannte noch kennen mußte oder, daß er unterlassen hat, den Schaden abzuwenden oder zu vermindern. Die Vorschrift des § 278 findet entsprechende Anwendung."

§ 847 Abs. 1. „Im Falle der Verletzung des Körpers oder der Gesundheit, sowie im Falle der Freiheitsentziehung kann der Verletzte auch wegen des Schadens, der nicht Vermögensschaden ist, eine billige Entschädigung in Geld verlangen. Der Anspruch ist nicht übertragbar und geht nicht auf die Erben über, es sei denn, daß er durch Vertrag anerkannt oder daß er rechtshängig geworden ist.

§ 852. Der Anspruch auf Ersatz des aus einer unerlaubten Handlung entstandenen Schadens verjährt in drei Jahren von dem Zeitpunkt an, in welchem der Verletzte von dem Schaden und der Person des Ersatzpflichtigen Kenntnis erlangt, ohne Rücksicht auf diese Kenntnis in dreißig Jahren von der Begehung der Handlung an.

Hat der Ersatzpflichtige durch die unerlaubte Handlung auf Kosten des Verletzten etwas erlangt, so ist er auch nach der Vollendung der Verjährung zur Herausgabe nach den Vorschriften über die Herausgabe einer ungerechtfertigten Bereicherung verpflichtet.

§ 853. Erlangt jemand durch eine von ihm begangene unerlaubte Handlung eine Forderung gegen den Verletzten, so kann der Verletzte die

Erfüllung auch dann verweigern, wenn der Anspruch auf Aufhebung der Forderung verjährt ist."

3. Vermögensrechtliche Ansprüche aus dem Kranken- und Invalidenversicherungsgesetz.

Alle Personen, die gegen Gehalt oder Lohn in den im § 1 des Krankenvers. Ges. v. 10. IV. 1892 (R. G. Bl. S. 417) bezeichneten Gewerbebetrieben der Gemeinden beschäftigt sind, unterliegen der allgemeinen gesetzlichen Krankenversicherungspflicht. Ausgenommen sind nach § 2b Abs. 1 a. a. O. Betriebsbeamte, Werkmeister und Techniker, die entweder mehr als $6^2/_3$ Mk. für den Arbeitstag oder mehr als 2000 Mk. für das Jahr Lohn oder Gehalt haben, und nach § 3 a. a. O. diejenigen Angestellten der Gemeinden, denen in Krankheitsfällen ein Anspruch auf Fortzahlung des Gehaltes oder Lohnes mindestens für 13 Wochen nach der Erkrankung oder auf eine den Bestimmungen des § 6 a. a. O. entsprechende Unterstützung zusteht. Durch Gemeindestatut kann die Versicherungspflicht auf alle im Kommunaldienste oder in kommunalen Betrieben beschäftigten Personen mit Ausnahme der mit mehr als 2000 Mk. jährlich besoldeten Beamten ausgedehnt werden. §§ 2 Abs. 1 Nr. 2, 2a und b, 3 a. a. O.

§ 6 a. a. O. lautet:

„Als Krankenunterstützung[1]) ist zu gewähren:

1. vom Beginn der Krankheit ab freie ärztliche Behandlung, Arznei, sowie Brillen, Bruchbänder und ähnliche Heilmittel;
2. im Falle der Erwerbsunfähigkeit[2]) vom dritten Tage[3]) nach dem Tage der Erkrankung ab für jeden Arbeitstag ein Krankengeld in Höhe der Hälfte des ortsüblichen Tagelohnes gewöhnlicher Tagearbeiter.

Die Krankenunterstützung endet spätestens mit dem Ablauf der dreizehnten Woche nach Beginn der Krankheit, im Falle der Erwerbsunfähigkeit spätestens mit dem Ablauf der dreizehnten Woche nach dem Beginn des Krankengeldbezuges.[4]) Endet der Bezug des Krankengeldes erst nach Ablauf der dreizehnten Woche nach dem Beginn der Krankheit, so endet mit dem Bezuge des Krankengeldes zugleich auch der Anspruch auf die im Abs. 1 unter Ziff. 1 bezeichneten Leistungen.

Das Krankengeld ist nach Ablauf jeder Woche zu zahlen."

Die Krankenunterstützung besteht in zweierlei: Anm. 1.

a) Freie ärztliche Behandlung pp. findet in allen Fällen statt, wo Krankenunterstützung gewährt werden muß und zwar im allgemeinen vom Beginn der Krankheit ab;

b) das Krankengeld hingegen wird nur für den Fall der Erwerbsunfähigkeit und vom dritten Tage ab gewährt.

Erwerbsunfähigkeit liegt vor, wenn jemand infolge Krankheit körperlich nicht fähig ist, in seinem Beruf der Erwerbsthätigkeit nachzugehen. Anm. 2.

Nach E. O. V. Bd. XVIII S. 355 soll Erwerbsunfähigkeit schon dann vorliegen, wenn jemand durch Fortsetzung der Arbeit sein — im Entstehen begriffenes — Leiden verschlimmert, wenn also die Unmöglichkeit vorliegt, der Erwerbsthätigkeit ohne Verschlimmerung der Krankheit nachgehen zu können.

Anm. 3. Die Karenzzeit umfaßt auch Sonn- und Feiertage. Krankengeld ist jedoch für diese Tage nicht zu gewähren, wenn z. B. das Ende der Karenzzeit auf einen Sonnabend fällt; es beginnt dann das Krankengeld erst für den nächsten Arbeitstag.

Anm. 4. Das kann für diejenigen Erkrankten, die erst später (in der dreizehnten Woche nach Beginn der Krankheit) erwerbsunfähig werden, der Ablauf von 25 Wochen und 6 Tagen nach Beginn der Erkrankung sein. Vgl. E. O. V. Bd. XXX S. 353.

b) Aus dem Invalidenversicherungsges. v. 13. VII. 1899 (R. G. Bl. S. 463) sind folgende Bestimmungen hervorzuheben.

α) Handelt es sich zunächst um im Sinne das § 1 K. B. G. angestellte Beamte, so kommt § 5 in Betracht:

„Beamte ...... der Kommunalverbände ..... unterliegen der Versicherungspflicht nicht, solange sie lediglich zur Ausbildung für ihren zukünftigen Beruf beschäftigt werden [1]) oder sofern ihnen eine Anwartschaft auf Pension im Mindestbetrage der Invalidenrente nach den Sätzen der ersten Lohnklasse gewährleistet ist.“ [2])

Anm. 1. „Solange sie lediglich zur Ausbildung für ihren künftigen Beruf beschäftigt werden“ — dies ist dahin auszulegen, daß für die zeitweilige Beschäftigung dieser Beamten nicht das Bedürfnis der Dienststelle nach Erledigung der ihnen aufzutragenden Arbeiten, sondern die von dem Beschäftigten zu erstrebende Ausbildung den Anlaß giebt.

Findet die Beschäftigung mit Erledigung amtlicher Arbeiten zur Befriedigung eines dauernden Bedürfnisses der Dienststelle statt, so kann von einem Beschäftigtsein lediglich zur Ausbildung für den zukünftigen Beruf keine Rede sein.

Anm. 2. Der Charakter als angestellter Kommunalbeamter allein befreit aber noch nicht von der Versicherungspflicht, es muß die Pensionsanwartschaft im Mindestbetrage der Invalidenrente (116 Mk.) hinzutreten.

Hierüber und über den Begriff der Pensionsanwartschaft spricht sich die Anleitung des Reichs-Versicherungsamtes betr. den Kreis der versicherungspflichtigen Personen vom 19. XII. 1899 (Amtl. Nachr. 1900 S. 277 ff.) unter Ziffer 9 wie folgt aus:

„Befreiung kraft Gesetzes. Kraft Gesetzes unterliegen der Vers.-Pflicht nicht Beamte des Reichs, der Bundesstaaten und der Kommunalverbände, sofern ihnen eine Anwartschaft auf Ruhegehalt im Mindestbetrage der Inv.-Rente nach den Sätzen der Lohnkl. I (116 Mark) gewährleistet ist. Ob eine im Reichs-, Staats- oder Kommunaldienst beschäftigte Person „Beamter“ ist, bestimmt sich nach den für seine dienstliche Stellung maßgebenden gesetzlichen oder sonstigen Normen der Dienstpragmatik (zu vgl. Rev. E. 717, 719, 751, 752 A. N. 1899 S. 433, 435, 586, 588 und die dortigen Verweisungen; die Befreiung ist also insbesondere nicht etwa auf Beamtenehefrauen, die eine Anwartschaft auf

Witwengeld haben, auszudehnen — vgl. aber auch Z. 10 Abs. 2). Auch für Reichs- und Staatsbeamte bildet im Gegensatz zum bisherigen Recht ihre Eigenschaft als Beamte nicht mehr die einzige Voraussetzung der Befreiung. Hinzutreten muß vielmehr, ebenso wie bei den Kommunalbeamten, der Besitz der Ruhegehaltsanwartschaft. Dies Erfordernis ist jedoch ein abgeschwächtes im Vergleich mit dem bisherigen der „Pensionsberechtigung" bei Kommunalbeamten (zu vgl. Rev. E. 151 und 239 A. N. J. u. A. V. 1892 S. 82, 1893 S. 86); befreit ist nicht nur ein Beamter, der im Falle seiner Dienstuntauglichkeit sofort ein Ruhegehalt zu fordern haben würde, der also allen sonstigen Anforderungen, insbesondere hinsichtlich der vorgeschriebenen Dienstzeit, bereits genügt hat, sondern jedenfalls auch ein Beamter, der in eine an sich mit Ruhegehaltsberechtigung ausgestattete Stelle eingerückt ist, wenngleich er den gesicherten Anspruch auf Ruhegehalt erst durch Zurücklegung einer längeren Dienstzeit erwerben muß. Aber auch vor der Erlangung einer solchen (also im allgemeinen einer etatsmäßigen) Stelle wird ein Beamter eine Anwartschaft im Sinne des Ges. regelmäßig bereits dann besitzen, wenn ihm nach dem Abschluß seiner Ausbildung — wozu u. a. auch eine sogenannte Probezeit gerechnet werden kann — eine Stellung (z. B. als Diätar) übertragen wird, die nach den bestehenden Verwaltungsgrundsätzen den allgemein üblichen Uebergang zu einer Anstellung mit späterer Ruhegehaltsberechtigung bildet. Wollte man dies nicht annehmen, so würde sich zwischen die kraft Ges. versicherungsfreie Ausbildungszeit und die ebenso versicherungsfreie Dienstzeit in einer etatsmäßigen Stelle in zahlreichen Fällen eine Zeit der Vers.-Pflicht einschieben, was augenscheinlich zweckwidrig sein würde und daher nicht wohl beabsichtigt sein kann. Für diese Auffassung spricht es auch, daß eine Uebergangszeit der bezeichneten Art sehr häufig bei der Prüfung der Ruhegehaltsberechtigung und der Berechnung des Ruhegehaltsbetrages mit als Dienstzeit in Ansatz kommt.

Dagegen reicht es freilich zur Annahme einer Anwartschaft nicht aus, wenn nur eine unbestimmte Hoffnung auf die dereinstige Erlangung einer mit Ruhegehaltsrecht verbundenen Stelle vorhanden ist, wenn sich also noch nicht übersehen läßt, wie sich die Laufbahn eines jungen Beamten voraussichtlich gestalten wird (z. B. jemand ist nur zur Aushilfe beschäftigt, es kommt aber vor, daß die Anstellungsbehörde Beamte dieser Klasse dauernd übernimmt).

Im übrigen liegt sowohl in den Ausdrücken „Anwartschaft" und „gewährleistet" als auch, nach der bisherigen Spruchübung des R. V. Amts in dem Pensionsbegriff — zumal hier nicht „ähnliche Bezüge" der Pension gleichgestellt sind — das Erfordernis, daß es sich um rechtlich geregelte Bezüge handeln muß. Die Vers.-Pflicht wird also da nicht ausgeschlossen, wo es lediglich in dem, wenn auch durch Rücksichten auf Bedürftigkeit und Würdigkeit bestimmten, Ermessen der vorgesetzten Dienstbehörde steht, ob ein Ruhegehalt gewährt oder ein bewilligtes weitergezahlt wird (zu vgl. die, zunächst zur Auslegung des § 34 Ziffer 2 des J. u. A. V. G. ergangenen, Rev. E. 34, 256, 615 A. N. J. u. A. V. 1891 S. 150, 1893 S. 103, 1897 S. 589). Nicht notwendig ist es, daß das Ruhegehalt unmittelbar vom Reich u. s. w. zu leisten ist, jedoch bedarf es andernfalls der Prüfung, ob der Anspruch (z. B. wenn es sich um eine besondere Beamtenpensionskasse handelt) „gewährleistet" ist."

Die Gewährleistung kann durch Festsetzung im Einzelfalle oder allgemein durch Ortsstatut erfolgen.

β. Haben die angestellten Beamten aber keine die Versicherungspflicht ausschließende Ruhegehaltsanwartschaft im obigen Sinne, so richtet sich die Beantwortung der Frage nach ihrer Versicherungspflicht nach § 1 Nr. 2 des Ges.

Handelt es sich hingegen überhaupt nicht um angestellte Beamte, sondern um sonst bei einer Behörde beschäftigte Personen, so kann nur der Gehilfenbegriff des § 1 Nr. 1 des Ges. in Frage kommen.

Der § 1 des Ges. v. 13. VII. 1899 lautet:

„Nach Maßgabe der Bestimmungen dieses Gesetzes werden vom vollendeten sechszehnten Lebensjahr ab versichert:

1. Personen, welche als Arbeiter, Gehilfen,[1]) Gesellen, Lehrlinge oder Dienstboten gegen Lohn oder Gehalt beschäftigt werden;

2. Betriebsbeamte,[2]) Werkmeister und Techniker, Handlungsgehilfen und Lehrlinge (ausschließlich der in Apotheken beschäftigten Gehilfen und Lehrlinge), sonstige Angestellte,[3]) deren dienstliche Beschäftigung ihren Hauptberuf bildet;[4]) sowie Lehrer und Erzieher, sämtlich sofern sie Lohn oder Gehalt beziehen, ihr regelmäßiger Jahresarbeitsverdienst aber zweitausend Mark nicht übersteigt, sowie

3. . . . .“

Anm 1. Der Begriff des **Gehilfen** ist nicht nur in dem Sinne des Gewerbegehilfen (z. B. Kellner, Kontrolleur eines Vergnügungslokals, Bademeister, Maurerpolier), sondern in der weiteren Bedeutung eines Arbeitsgehilfen im allgemeinen zu verstehen, er umfaßt alle Hilfspersonen eines Arbeitgebers, deren Thätigkeit in wirtschaftlicher und sozialer Hinsicht derjenigen des Arbeiters, Gesellen oder Dienstboten im wesentlichen gleichwertig ist. Die Abgrenzung dieses Personenkreises nach oben ist gegenüber dem bisherigen Rechtszustande zum Teil dadurch geändert worden, daß der Gesetzgeber für zahlreiche Bedienstete mittlerer Stufe, auch soweit auf sie bisher der Gehilfenbegriff des J. u. A. V. G angewendet werden mußte, eine besondere Klasse Versicherter, die der „Angestellten“ geschaffen hat. Der Vers.-Pflicht als Gehilfen unterliegen hiernach zunächst die bei Reichs-, Staats-, Gemeinde- und sonstigen Behörden oder in büreaumäßig gestalteten Geschäftsbetrieben — der Rechtsanwälte, Notare, Patentanwälte, Gerichtsvollzieher, Auktionatoren, Berufsgenossenschaften u. s. w. — thätigen niederen Bediensteten, also z. B. Schreiber, Kanzlisten, Kassenboten, Kanzleidiener, Polizeidiener, Gefangenenaufseher (Rev. E. 62 A. N. J. u. A. V. 1891 S. 168), Gemeindediener (Rev. E. 239 a. a. O. 1893 S. 86), Nachtwächter (Rev. E. 89, 715 bis 717 A. N. J. u. A. V. 1892 S. 3, 1899 S. 230ff.), Flur- und Feldhüter (Rev. E. 90 A. N. J. u. A. V. 1892 S. 3), Feuerwehrleute, Meß- und Marktwächter und dgl. mehr. (Anl. des R. Vers. Amtes Ziffer 19.)

Diese Personen unterliegen somit der Versicherungspflicht grundsätzlich. Ob ihre Dienstleistungen sich etwa als vorübergehende darstellen und als solche von der Versicherungspflicht befreit erscheinen, richtet sich nach den näheren Bestimmungen des Bundesratsbeschlusses v. 27. XII. 1899 (R. G. Bl. S. 725).“

„Der Begriff des **Betriebsbeamten** erfordert das Vorhandensein eines Betriebes und eine gewisse Stellung innerhalb dieses Betriebes. Anm. 2.

Ein Betrieb ist ein Inbegriff fortdauernder wirtschaftlicher Thätigkeiten; unter wirtschaftlichen sind dabei die auf Erwerb, d. h. die Erzeugung von Gütern gerichteten Thätigkeiten zu verstehen (Rev. E. 63 und 100 A. N. J. u. A. B. 1891 S. 169, 1892 S. 15).“ . . . .

. . . . .

„Um wirtschaftliche Thätigkeit handelt es sich nicht bei der Ausübung obrigkeitlicher Befugnisse. Demgemäß sind die lediglich bei den sogenannten regiminellen Aufgaben der Kommunalverwaltung beschäftigten Personen nicht Betriebsbeamte (Rev. E. 63, 104, 152, 241, 551 A. N. J. u. A. B. 1891 S. 169, 1892 S. 20, 83, 1893 S. 88, 1897 S. 271), und zwar auch dann nicht, wenn sich ihrer eigentlichen Amtsverwaltung als deren untrennbares Zubehör eine wirtschaftliche Thätigkeit z. B. auf dem Gebiet der Land- oder Forstwirtschaft oder des Bauwesens hinzugesellt (Rev. E. 240 A. N. J. u. A. B. 1893 S. 87).

Soweit aber der Staat oder die Kommunalverbände Träger eines besonderen auf Erwerb gerichteten Unternehmens sind, wie bei staatlichen Fabriken, Verkehrsverwaltungen, Berg- und Hüttenwerken, einem Gemeindeschlachthaus, einer städtischen Brauerei, Gasanstalt, bei Gemeindeforsten u. s. w., ist auch ein Betrieb im Sinne des Gesetzes gegeben. Unter diesem Gesichtspunkt ist u. a. der Rendant, Kontrolleur oder Rechnungsführer einer städtischen Sparkasse als Betriebsbeamter anzusehen (Rev. E. 150 A. N. J. u. A. B. 1892 S. 81). Aehnlich liegt der Fall der Rev. E. 325 (A. N. J. u. A. B. 1894 S. 37 — Distriktsbautechniker).“ Anl. d. R. Vers. Amtes Nr. 20.

„Die Klasse **„sonstige Angestellte, deren dienstliche Beschäftigung ihren Hauptberuf** bildet“, ist nach der Entstehungsgeschichte des Ges. hinzugefügt worden, um Ungleichheiten zu beseitigen, welche dadurch erwuchsen, daß Personen in zwar abhängiger Stellung, aber doch die der eigentlichen Arbeiter u. s. w. überragender Stellung versicherungsrechtlich verschieden beurteilt werden mußten, je nachdem, ob sie einem „Betriebe“ in dem unter Ziffer 20 erörterten Sinne angehörten oder nicht. Der Grund hiervon aber lag wesentlich darin, daß für den Begriff des Betriebes das Merkmal der Richtung auf den Erwerb aufzustellen war. Beachtet man ferner den namentlich auf das Wort „Betrieb“ zurückweisenden Zusatz „sonstige“ zu „Angestellte“ (ein früherer Vorschlag lautete: Betriebs-, Haus- und sonstige Beamte) sowie den herkömmlichen Sinn des Ausdrucks „dienstlich“, so gelangt man zu dem Ergebnis, daß als Angestellter nicht etwa zu gelten hat jeder, der eine „Anstellung“ irgend welcher Art besitzt — also z. B. ein Geistlicher, ein Syndikus, ein Anstaltsarzt, ein Kreistierarzt, ein Assistent an einem wissenschaftlichen Institut, ein Schauspieler oder Sänger, eine Bezirkshebamme u. s. w. —, sondern, daß nur solche Personen getroffen werden sollen, die innerhalb eines nicht unter die Bezeichnung Betrieb fallenden oder ähnlich gearteten Inbegriffs von Geschäften eine von dessen Leitung abhängige und durch sie näher bestimmte Stellung einnehmen, gleichwohl nach der Art ihrer Thätigkeit nicht mehr zur Klasse der niederen, lediglich ausführenden Hilfsarbeiter gezählt werden können. Hierher gehören somit hauptsächlich die Beamten mittlerer Stufe in öffentlichen oder privaten Verwaltungen und Geschäftsbetrieben jeder Art sowie im Haushalt, also in ersterer Beziehung das eigentliche Büreaupersonal (Expedienten, Registratoren, Kalkulatoren), die Gemeindeschreiber, Gemeinderechner, Kirchenrechner, Anm. 3.

Küster, Kassenbeamten, Erheber, Fleischbeschauer in einem städtischen Fleischschauamt, Sekretäre u. s. w. der Berufsgenossenschaften, Kreiskassen, Versicherungsanstalten, der Rechtsanwälte und Notare, *Verwalter* bei gemeinnützigen Stiftungen, *Hausväter* von Wohltätigkeitsanstalten, Rettungshäusern u. s. w., in letzterer Beziehung (s. auch § 622 des Bürgerl. Gesetzbuchs) Privatsekretäre, Gesellschafterinnen, Repräsentantinnen, Hausdamen. Diese und ähnlich beschäftigte Personen werden insbesondere auch dann künftig als „Angestellte“ zu behandeln sein, wenn sie bisher als „Gehilfen“ für versicherungspflichtig angesehen worden sind (zu vgl. oben Ziff. 19 und Rev. E. 64 A. N. J. u. A. B. 1891 S. 170 — Stadtschreiber, Rev. E. 384 a. a. O. 1894 S. 155 — Gemeindeschreiber, Rev. E. 95 a. a. O. 1892 S. 11 — Stadtrechner, Rev. E. 243 a. a. O. 1893 S. 90 — Hofrechnungsführer, Rev. E. 242 a. a. O. 1893 S. 89 — Hilfsarbeiter eines städtischen Büreaus, Rev. E. 241 a. a. O. 1893 S. 88 — Fleischbeschauer in einem städtischen Fleischschauamt, Besch. 3 sowie R. E. 54 und 153 a. a. O. 1891 S. 53, 162, 1892 S. 84 — Küster, Rev. E. 72 a. a. O. 1891 S. 177 — Landratsgehilfe ohne Beamteneigenschaft).“ Anl. d. R. Vers. Amtes Ziffer 23.

Ausgeschlossen sind von der Versicherung nach Ziffer 25 der Anl. *die in leitender Stellung mit selbständiger Verantwortlichkeit befindlichen Personen*, wie z. B. Bürgermeister, Gemeindevorsteher oder in ähnlicher Weise bei ihrer Dienstführung unabhängige Einzelbeamte.

Anm. 4. „Durch die Beifügung der Worte „*deren dienstliche Beschäftigung ihren Hauptberuf bildet*“ soll die Anwendung des Ges. in weiterem Umfange, als es vermöge der Bundesratsvorschriften über vorübergehende Dienstleistungen geschehen könnte, für solche Angestellte ausgeschlossen werden, die ihre Stellung nur nebenamtlich versehen (z. B. Gewerbetreibende, die nebenbei die Geschäfte des Gemeindeschreibers wahrnehmen). Inwieweit bei Angestellten, die Beamte sind, die Ruhegehaltsanwartschaft die Versicherungspflicht beseitigt, s. unter Z. 9. Anl. d. R. Vers. Amtes (Ziffer 23 a. E.)

§ 6 des Ges. lautet:

„Auf ihren Antrag sind von der Versicherungspflicht zu befreien Personen, welchen von . . . . . . einem Kommunalverband . . . . . . Pensionen oder ähnliche Bezüge[1]) im Mindestbetrage der Invalidenrente nach den Sätzen der ersten Lohnklasse bewilligt sind. . . . .

. . . . . . Ueber den Antrag entscheidet die untere Verwaltungsbehörde des Beschäftigungsorts. Gegen den Bescheid derselben ist die Beschwerde an die zunächst vorgesetzte Behörde zulässig, welche endgültig entscheidet. Bei Zurücknahme des Antrages tritt die Versicherungspflicht wieder in Kraft.“

Anm. 1. Nach Ziffer 10 der Anl. des R. V. A. „besagt der Ausdruck „*ähnliche Bezüge*“, daß beispielsweise *auch als „Unterstützungen“* und dergl. *bezeichnete oder nicht* unmittelbar vom Reich u. s. w. geschuldete *Leistungen* nach Lage der Umstände als einem eigentlichen Ruhegehalt gleichwertig gelten dürfen. Der über den Befreiungsantrag befindenden Behörde liegt es ob, im einzelnen Falle zu prüfen, ob ein solcher Bezug hinsichtlich der Bedingungen seiner Fortdauer, sowie in Ansehung der Sicherstellung die nötige Gewähr bietet (zu vgl. Besch. 40. A. N. J. u. A. B. 1891 S. 153 — Gnadenunterstützung aus dem Kaiserlichen Dispositionsfonds keine Pension —, sowie die Fälle der Rev. E. 103, 586, 754, 755 A. N. J. u.

A. B. 1892 S. 18. A. R. 1897 S. 355. 1899 S. 590, 591, die künftig nicht durchweg in derselben Weise zu entscheiden sein würden).

Zu den „Pensionen“ oder „ähnlichen Bezügen“ gehört auch das Witwengeld der Beamtenwitwen (Rev. E. 756 A. R. 1899 S. 592).

δ. Nach § 48 Ziffer 2 des Gesetzes ruht das Recht auf den Bezug der Invaliden- oder Altersrente für die in den zu α und γ besprochenen §§ 5 und 6 bezeichneten Beamten und Personen solange und soweit die ihnen gewährten Pensionen und ähnlichen Bezüge unter Hinzurechnung der Invaliden- oder Altersrente den siebeneinhalbfachen Grundbetrag der Invalidenrente übersteigen. Diese Grenzbeträge für das Ruhen, bis zu denen also Rente und Pension ꝛc. nebeneinander zur Auszahlung kommen können, betragen in den Lohnklassen I bis V: 450 Mk., 525 Mk., 600 Mk., 675 Mk., 750 Mk.

§ 20.

IV. Verfolgung vermögensrechtlicher Ansprüche aus dem Beamtenverhältnis.

I. Bisheriger Rechtszustand.

a. Für die Provinzial- und Kreisbeamten bestanden gesetzliche Schranken für die Verfolgung der sich aus ihrem Dienstverhältnis ergebenden Ansprüche auf Diensteinkommen, Pension und Witwen- und Waisengelder im ordentlichen Rechtswege nicht.

Indes haben die auf Grund der Provinzialordnungen erlassenen Reglements betreffend die Pensionierung und die Fürsorge für die Witwen und Waisen Aenderungen in der Zuständigkeit festgesetzt. Diese regelte sich z. B. bei streitigen Pensionsansprüchen der Provinzialbeamten in der Weise, daß über sie der Provinzialausschuß beschloß und zwar über die Thatsache der Dienstunfähigkeit und die Frage, welcher Teil des Diensteinkommens bei Feststellung der Pensionsansprüche als Gehalt anzusehen sei, mit Ausschluß des Rechtsweges, während im übrigen den Beteiligten der ordentliche Rechtsweg offen stand.

Auch war dem Provinzialausschusse die Entscheidung darüber, ob und welches Witwen- und Waisengeld zu zahlen sei, übertragen und gegen seine Entscheidung der Rekurs an den Provinziallandtag den betreffenden Hinterbliebenen gegeben, die diese beiden Instanzen aber erst angegangen sein mußten, bevor sie im Wege der Klage den ordentlichen Rechtsweg beschritten.

b. **Für die Gemeindebeamten** stand wegen ihrer aus dem Dienstverhältnisse sich ergebenden Ansprüche auf Diensteinkommen und Witwen- und Waisenversorgung der Rechtsweg unbeschränkt offen. Wegen der streitigen Pensionsansprüche war hingegen das Verfahren durch die §§ 20 Abs. 4, 36 Abs. 3 Zust. Ges. und 121 L. V. G. anders geregelt. Für die Entscheidung in diesen Angelegenheiten waren zunächst die Bezirks- bzw. Kreisausschüsse zuständig, gegen deren Beschlüsse Beschwerde an den Provinzialrat, bzw. Bezirksausschuß gegeben war, soweit gegen den Beschluß die Klage im ordentlichen Rechtsweg offenstand. Soweit dies nicht der Fall war — nämlich soweit sich die Beschlüsse auf Entscheidung der Frage erstreckten, welcher Teil des Diensteinkommens bei Feststellung der Pensionsansprüche als Gehalt anzusehen war — war gegen die Beschlüsse nur die Klage im Verwaltungsstreitverfahren gegeben.

Soweit der Rechtsweg zugelassen war, war für die Gemeindebeamten im Gegensatze zu den unmittelbaren Staatsbeamten (Ges. v. 24. V. 1861 G. S. S. 242, § 2), **einerseits keine Erschöpfung der Beschwerdeinstanzen** (Provinzialrat, Bezirksausschuß) vorgeschrieben, **andererseits** die Erhebuug der Klage im ordentlichen Rechtswege **an keine Frist** gebunden.

II. Nunmehr regelt diesen Gegenstand einheitlich K. B. G. § 7.[1])

„§ 7. Der Bezirksausschuß beschließt über streitige vermögensrechtliche Ansprüche der Kommunalbeamten einschließlich der in § 2 Abs. 1[2]) erwähnten Beamten aus ihrem Dienstverhältnisse, insbesondere über Ansprüche auf Besoldung[3]), Reisekostenentschädigung[4]), Pension[5]) sowie über streitige Ansprüche der Hinterbliebenen der Beamten auf Gnadenbezüge oder Witwen- und Waisengeld.[6]) Die Beschlußfassung erfolgt, soweit sie sich auf die Frage erstreckt, welcher Teil des Diensteinkommens bei Feststellung der Pensionsansprüche als Gehalt[7]) anzusehen ist, vorbehaltlich der den Beteiligten[8]) innerhalb zwei Wochen bei dem Bezirksausschusse[9]) gegen einander zustehenden Klage[10]) im Verwaltungsstreitverfahren.[11]) Im Uebrigen findet gegen den in erster oder auf Beschwerde[12]) in zweiter Instanz ergangenen Beschluß binnen einer Ausschlußfrist[13]) von sechs Monaten nach Zustellung desselben die Klage im ordentlichen Rechtswege statt.[14]) Die Beschüsse sind vorläufig vollstreckbar.

Bei den in §§ 18 bis 20 erwähnten ländlichen Kommunal-

verbänden tritt an die Stelle des Bezirksausschusses sowohl für das Beschluß- [15]) als auch für das Verwaltungsstreitverfahren [16]) der Kreisausschuß." [17])

A. A. Art. II. Nr. 4: „§ 7 bringt eine neue und einheitliche Regelung der Verfolgung vermögensrechtlicher Ansprüche der Kommunalbeamten aus ihrem Dienstverhältnisse. Zu dem vorletzten Satze des ersten Abs. ist zu bemerken, daß gegen den Beschluß des Bezirks-Ausschusses die Beschwerde oder die Klage im ordentlichen Rechtswege offensteht, und daß die Klage auch noch gegen den Beschluß des Provinzialrats, sofern Beschwerde an denselben erhoben war, zulässig ist."

§ 7 ist eine Erweiterung der §§ 20 Abs. 4, 36 Abs. 3 Zust. G. und schafft in mehrfacher Beziehung Einheitlichkeit. Einerseits gilt er für alle Kommunalbeamten des Ges., andererseits betrifft er nicht nur streitige Pensionsansprüche, sondern alle aus dem Dienstverhältnisse entstehenden vermögensrechtlichen Ansprüche. Anm. 1.

Das sind: die auf Probe, zu vorübergehenden Dienstleistungen oder zur Vorbereitung angestellten Beamten. Anm. 2.

Besoldung — siehe oben § 12. Hierher gehören auch etwaige Ansprüche über Umzugskosten, Dienstwohnungen und Wohnungsgeldzuschüsse (oben § 14). Die Besoldung umfaßt auch Alterszulagen. Doch kann in Dienstverträgen (Normalbesoldungs-Etats, Besoldungsordnungen) ein im Rechtswege verfolgbarer Anspruch auf Bewilligung von Alterszulagen ausgeschlossen werden. Aber auch in solchem Falle würde der Rechtsweg eröffnet sein, sobald die einzelne Alterszulage bereits förmlich bewilligt ist. Anm. 3.

Reisekostenentschädigung — siehe oben § 15. Anm. 4.

Pension — siehe oben § 16. Anm. 5.

Gnadenbesoldungen — siehe oben § 17; Witwen- und Waisenversorgung — oben § 18. Anm. 6.

Siehe das nähere unter Pension, oben § 16. Anm. 7.

Beteiligte: die Kommunalbeamten resp. deren Hinterbliebene. Anm. 8.

Begr. zu § 7. Für die Stadt Berlin tritt an die Stelle der Beschlußfassung des Bezirksausschusses gemäß § 43 Abs. 3 L. V. G. diejenige des Oberpräsidenten. Gegen den Beschluß findet die Klage bei dem Bezirksausschusse statt. Anm. 9.

Vgl. § 63 ff. L. V. G. Anm. 10.

Nach § 83 L. V. G. steht gegen die Entscheidung des Bezirksausschusses das Rechtsmittel der Berufung an das Oberverwaltungsgericht zu. Die Frist zur Einlegung beträgt 2 Wochen (§ 95 L. V. G.) Anm. 11.

Die Beschwerde geht an den Provinzialrat, bei ländlichen Kommunalbeamten an den Bezirksausschuß. Die Frist zur Einlegung beträgt 2 Wochen. Es ist aber nicht erforderlich, daß diese Beschwerdeinstanzen vor Beschreitung des ordentlichen Rechtsweges erschöpft werden. Anm. 12.

Der Entwurf zu § 7 hatte diese Frist zur Erhebung der Klage nicht. Die Kommission des H. H. (s. Bericht S. 7) hielt es indessen angezeigt, das Recht der Kommunalbeamten dem der Reichs- und Staatsbeamten gleich zu gestalten, d. h. das Recht der Klageanstellung auch für sie an eine sechsmonatliche Frist von Zustellung des anzufechtenden Beschlusses zu binden. Anm. 13.

Anm. 14. **Vgl. unten Anm. 17 unter III.**

Anm. 15. **Die Beschwerde geht an den Bezirksausschuß; die Frist beträgt 2 Wochen, § 121 L. V. G.; vgl. Anm. 12.**

Anm. 16. **Nach §§ 82, 93 L. V. G. ist gegen die Entscheidung des Kreisausschusses Berufung an den Bezirksausschuß, gegen dessen Entscheidung Revision an das O. V. G. gegeben. Die Frist beträgt 2 Wochen (§ 95 L. V. G.).**

Anm. 17. **Den jetzt maßgebenden Instanzenzug veranschaulicht die nachfolgende Uebersicht:**

I. Beschlußverfahren.

Erste Instanz:	Für städtische, Kreiskommunal- und Provinzialbeamte:	Bezirksausschuß.
„ „	Für die Stadt Berlin:	Oberpräsident § 43 Abs. 3 L. V. G.
„ „	Für ländliche pp. Beamte (§§ 18 bis 20):	Kreisausschuß.
Zweite Instanz:	Für städtische pp. Beamte:	Provinzialrat § 121 L. V. G.
„ „	Für die Stadt Berlin:	Minister des Innern § 43 Abs. 1 L. V. G.
„ „	Für ländliche pp. Beamte:	Bezirksausschuß.

Die Frist zur Einlegung der Beschwerde beträgt 2 Wochen nach Bekanntgabe.

II. Verwaltungsstreitverfahren.

Betrifft der Beschluß die Frage, welcher Teil des Diensteinkommens bei Feststellung der Pensionsansprüche als Gehalt anzusehen ist, dann ist insoweit gegen ihn die — schriftlich einzureichende (§ 63 L. V. G.) — Klage im Verwaltungsstreitverfahren zulässig.

Erste Instanz:	Für städt. pp. Beamte auch für die Stadt Berlin:	Bezirksausschuß.
„ „	Für ländliche pp. Beamte:	Kreisausschuß.
Zweite Instanz:	(Frist zur Einlegung der Berufung 2 Wochen § 85 L. V. G.)	
„ „	Für städtische Beamte:	Oberverwaltungsgericht zu Berlin.
„ „	Für ländliche pp. Beamte:	Bezirksausschuß (§§ 82, 83 L. V. G.)
Dritte Instanz:	Für ländliche Beamte mittels Revision; Frist 2 Wochen § 93 L. V. G.	Oberverwaltungsgericht.

III. Der ordentliche Rechtsweg findet in allen übrigen streitigen vermögensrechtlichen Fällen (auch dann, wenn es sich um die Fragen handelt, ob überhaupt und von wem die Pension zu gewähren ist, ob Militärzeiten anzurechnen sind rc.) statt; jedoch muß hier das Beschlußverfahren zu I vorhergegangen sein (der Instanzenzug braucht indes nicht erschöpft zu sein), widrigenfalls der Klage die prozeßhindernde Einrede der Unzulässigkeit des Rechtsweges im Sinne des § 274 C. P. O. entgegengesetzt werden könnte.

Für die Klagen sind die Amts- und Landgerichte (Civilkammer) je nach Höhe des Streitgegenstandes zuständig. § 23 Abs. 1 Ziff. 1, § 70 Abs. 1 G. V. G.

Die ausschließliche Zuständigkeit der Civilkammern der Landgerichte nach § 70 Abs. 3 G. V. G. § 39 A. G. zum G. V. G. bezieht sich nur auf unmittelbare Staatsbeamte.

Als Rechtsmittel sind die Berufung gegen die erstinstanzlichen Urteile des Amts- bezw. Landgerichtes, an das Landgericht bezw. das Oberlandesgericht, sowie die Revision gegen die in der Berufsinstanz von den Oberlandesgerichten erlassenen Endurteile an das Reichsgericht gegeben, die Revision nur dann, wenn der Wert des Beschwerdegegenstandes den Betrag von 1500 Mark übersteigt. §§ 71, 123 Nr. 1, 135 G. V. G. §§ 511, 545, 546 C. P. O.

III. **Dieser durch § 7 K. B. G. geschaffene Rechtszustand ist durch das B. G. B. nicht beeinflußt; die landesgesetzlichen Bestimmungen sind durch Art. 80, E. G. zum B. G. B. aufrecht erhalten:**

Dieser lautet:

„Unberührt bleiben, soweit nicht in dem Bürgerlichen Gesetzbuch eine besondere Bestimmung getroffen ist, die landesgesetzlichen Vorschriften über die vermögensrechtlichen Ansprüche und Verbindlichkeiten der Beamten ...... aus dem Amts- oder Dienstverhältnisse, mit Einschluß der Ansprüche der Hinterbliebenen."

Solche besondere Bestimmungen enthält das B. G. B. in den §§ 197, 198, 201 (über die Verjährung der Gehaltsansprüche) in § 411 (über die Benachrichtigung an die das Gehalt auszahlende Kasse durch Zustellung einer von dem Beamten auszustellenden, öffentlich beglaubigten Urkunde von der Abtretung des Gehaltes) und den in den §§ 394, 400 (Zulässigkeit der Aufrechnung und Abtretung der Gehaltsansprüche). Näheres unten in §§ 24, 25.

§ 21.

V. Staatsbürgerliche Rechte der Kommunalbeamten.

I. Allgemeines.

Unter dem Staatsbürgerrecht versteht man das für alle Staatsangehörigen unter bestimmten Voraussetzungen grundsätzlich gleiche Recht der aktiven Teilnahme am Staatsleben.

Die eigentlichen staatsbürgerlichen oder politischen Rechte, diejenigen, die sich auf die unmittelbare Teilnahme am Staats- und Gemeindeleben beziehen, sind das aktive und passive Wahlrecht, die Fähigkeit zu öffentlichen Aemtern, insbesondere auch den Aemtern der Selbstverwaltung und die Befugnis, als Geschworener bezw. Schöffe zu fungieren.

Die Kommunalbeamten sind dadurch, daß sie Beamte sind, in keiner Weise an der **Ausübung** ihrer staatsbürgerlichen Rechte gehindert. Sie sind insbesondere zum Reichs- und Landtage wahlberechtigt und können selbst gewählt werden. Ob hinsichtlich des letzteren Rechtes die Anstellung eines Kommunal-

beamten davon abhängig gemacht werden kann, daß er Mandate als Abgeordneter nicht annimmt, ist streitig (vgl. das nähere unter Urlaub u. Stellvertretung unter § 32).

Der zum Abgeordneten gewählte Kommunalbeamte würde, wie bei jeder Unterbrechung seiner Dienstgeschäfte und der damit verbundenen Entfernung vom Amt, während der Ausübung seines Mandates des Urlaubes bedürfen. Damit jedoch nicht durch eine — in das Ermessen der vorgesetzte Behörde gestellte — unberechtigte Urlaubsverweigerung, die Ausübung des staatsbürgerlichen Rechtes geschmälert werde, enthalten die Verfassungen des deutschen Reichs in Art. 21 und des Preußischen Staates in Art. 78 die Bestimmung, daß Beamte zum Eintritte in den Reichstag oder in die Kammer (Abgeordnetenhaus) keines Urlaubes bedürfen. Dagegen müssen sie selbstverständlich eine vorschriftsmäßige Anzeige über ihre Entfernung einreichen.

Die Kommunalbeamten werden als Abgeordnete auch des Schutzes des § 11 R. St. G. teilhaftig.

§ 11. „Kein Mitglied eines Landtags oder einer Kammer[1]) eines zum Reich gehörigen Staats darf außerhalb der Versammlung, zu welcher das Mitglied gehört, wegen seiner Abstimmung oder wegen der in Ausübung seines Berufes gethanen Aeußerung zur Verantwortung gezogen werden."

Anm. 1. § 11 findet auf Provinziallandtage keine Anwendung.

Zur Ablehnung sind die Kommunalbeamten unbedingt hinsichtlich der Mandate zum Reichs- und Landtag berechtigt; nicht ohne weiteres hinsichtlich der Aemter auf dem Gebiete der Selbstverwaltung und der Aemter als Schöffe und Geschworener. (Siehe das nähere unter II 1. d. u. 2.)

II. Ueber die **Voraussetzungen zur Ausübung der einzelnen staatsbürgerlichen Rechte** gilt folgendes:

1. Wahlrecht und Wählbarkeit.

a) zum **Reichstag:**

Nach § 1 des Wahlges. v. 31. V. 1869 (B. G. Bl. 1869 S. 145) ist Wähler für den deutschen Reichstag jeder Deutsche, der das 25. Lebensjahr zurückgelegt hat, in dem Bundesstaate, wo er seinen Wohnsitz hat.

Wählbar ist er nach § 4 zum Reichstagsabgeordneten, wenn er das 25. Lebensjahr zurückgelegt und einem Bundesstaate seit mindestens einem Jahre angehört hat.

Der Kommunalbeamte kann auch die Funktion der Vorsteher, Beisitzer und Protokollführer bei der Wahlhandlung in den Wahlbezirken und der Beisitzer bei der Ermittelung des Wahlergebnisses in den Wahlkreisen ausüben, da deren Ausübung nur für unmittelbare Staatsbeamte verboten ist. § 9.

b) zum **Abgeordnetenhaus:**

Nach § 8 der Wahlordnung v. 30. V. 1849 (G. S. S. 205) ist jeder selbständige Preuße, der das 24. Lebensjahr vollendet hat, in der Gemeinde, worin er seit sechs Monaten seinen Wohnsitz hat, stimmberechtigter Urwähler. Gewählt werden kann er, wenn er das 30. Lebensjahr vollendet hat und bereits ein Jahr lang dem preußischen Staatsverbande angehört (§ 29).

Zu a und b gilt folgende gemeinsame Bestimmung:

Wenn ein Mitglied des Reichstages oder ein Kammermitglied ein besoldetes Staatsamt annimmt, oder im Staatsdienste in ein Amt tritt, mit dem (ein höherer Rang oder) ein höheres Gehalt verbunden ist, so verliert es nach Art. 21 Reichs-Verf. u. Art. 78 Preuß. Verf. Sitz und Stimme im Reichstag beziehentlich in der Kammer und kann seine Stelle nur durch neue Wahl wieder erlangen.

Nach den Wahlgesetzen gilt ferner als gemeinsame Voraussetzung für den Wähler und Gewählten, daß sie selbständig sind und sich im Besitz der bürgerlichen Ehrenrechte befinden.

c) Wegen des Eintrittes in das **Herrenhaus** gilt folgendes:

Nach der Vd. wegen Bildung der Ersten Kammer v. 12. X. 1854 (G. S. S. 541) werden als Mitglieder auf Lebenszeit in das Herrenhaus berufen Personen, die von den Städten, denen das Präsentationsrecht durch den König beigelegt ist, präsentiert werden. Diese Personen werden in den Städten vom Magistrate oder in Ermangelung eines kollegialischen Vorstandes von den übrigen kommunalverfassungsmäßigen Vertretern der Stadt aus der Zahl der Magistrats-Mitglieder erwählt (§§ 3—5).

d) Die Wählbarkeit eines Kommunalbeamten zum Mitglied von Kreis-, Bezirks- oder Provinzialausschuß, Provinzialrat, zum unbesoldeten Magistrats- oder Gemeindemitglied, zur Stadtverordneten- oder Gemeindeversammlung, zum Kreistag, Provinziallandtag, zum Mitgliede von Organen der kirchlichen Selbstverwaltung, zu dem nach Art. 77, § 1 A. G. B. G. B. als Gemeindeamt bezeichneten Waisenrat rc. ist — abgesehen von Ausnahmen, wie sie z. B. § 47 Pr. O. (der die Wählbarkeit der eigenen Provinzialbeamten zum Provinzialausschuß verneint —) § 17 ö. St. O. (— der welcher hinsichtlich der Stadtverordneten-Versammlung dasselbe über die eigenen besoldeten

Beamten enthält —) und andere Einzelvorschriften vorsehen, an sich ungehindert.

Die **Kommunalbeamten** sind als solche, als **Beamte**, nur nach den Städteordnungen mit Ausnahme der Hannöverschen (§ 31) und nach der Landgemeindeordnung von Westfalen zur Ablehnung dieser Wahlen berechtigt, denn nach diesen gesetzlichen Bestimmungen ist die Verwaltung eines öffentlichen Amtes ein Grund zur Ablehnung einer unbesoldeten Stelle in der Gemeindeverwaltung oder Vertretung (§ 74 östl. St. O., § 74 Westf. St. O., § 79 Rh. St. O., § 85 H. N. St. O., § 79 Frankf. St. O., § 10 Schl. Hol. St. O., § 78 West. L. G.).

Die übrigen Landgemeinde-, Kreis- und Provinzialordnungen geben Kommunalbeamten kein Recht zur Ablehnung (§ 65 öst. L. G., § 65 Schl. H., § 36 H. N., § 20 Rh., § 32 Hann. L. G. O.) (§ 8 Oe. Kr., § 8 Rh., § 8 Hann. Kr. O. rc.).

Eine Genehmigung der vorgesetzten Behörde zur Annahme des Amtes ist nicht erforderlich (im Gegensatz zu unmittelbaren Staatsbeamten). Wohl aber wird die vorgesetzte Behörde berechtigt sein, eine Ablehnung oder Niederlegung aus den in den Gemeindeordnungen zugelassenen „besonderen Verhältnissen" herbeizuführen, wenn die Interessen des öffentlichen Dienstes unter Erfüllung der Gemeindepflichten leiden würden. (Min. Erl. v. 15. VII. 1874. S. 198.)

Jedenfalls liegt dem Kommunalbeamten ob, rechtzeitig seiner vorgesetzten Behörde von seiner Behinderung in Ausübung seines Dienstes Kenntnis zu geben, damit für Stellvertretung gesorgt werden kann.

2. **Kommunalbeamte als Schöffen und Geschworene.**

a. Zur Uebernahme des Ehrenamtes als **Schöffe** und **Geschworener** seitens eines Kommunalbeamten ist eine **Genehmigung** seiner vorgesetzten Behörde **nicht erforderlich**. Er muß ihr rechtzeitig von seiner Einberufung zu den Sitzungstagen Nachricht geben, damit für Stellvertretung gesorgt werden kann.

b. Der Kommunalbeamte kann die **Uebernahme** des Amtes als Schöffe oder Geschworener an sich **nicht ablehnen**. Indes stehen ihm einerseits gesetzliche Ablehnungsgründe zur Seite, andererseits finden auch von den Gründen, aus denen nach dem Gesetze zum Amt eines Schöffen resp. Geschworenen gewisse Personen nicht berufen werden sollen, einige auf die Kommunalbeamten Anwendung.

α. **Zur Ablehnung des Amtes als Schöffe** ist der

Kommunalbeamte nach § 35 G. V. G. nur befugt, wenn er im letzten Geschäftsjahre die Verpflichtung eines Geschworenen oder an wenigstens fünf Sitzungstagen die Verpflichtung eines Schöffen erfüllt hat (Nr. 2). Nach Nr. 5 ist er zur Ablehnung ferner befugt, wenn er das 65. Lebensjahr z. Zt. der Aufstellung der Urliste vollendet hat oder es bis zum Ablauf des Geschäftsjahres vollenden würde.

β. Von den Gründen, aus denen Personen zum Amt eines Schöffen nicht berufen werden sollen, finden die Bestimmungen der §§ 33 Nr. 1 u. 2 und 34 Nr. 6 G. V. G. auf Kommunalbeamte Anwendung.

§ 33 G. V. G. „Zum Amt eines Schöffen sollen nicht berufen werden:

1. Personen, welche zur Zeit der Aufstellung der Urliste das dreißigste Lebensjahr noch nicht vollendet haben.
2. Personen, welche zur Zeit der Aufstellung der Urliste den Wohnsitz in der Gemeinde noch nicht zwei volle Jahre haben."

. . . .

§ 34 G. V. G. „Zu dem Amt eines Schöffen sollen ferner nicht berufen werden:

. . . .

6. . . . . . . polizeiliche Vollstreckungsbeamte."

γ. Nach den §§ 85 u. 96 G. V. G. und den §§ 44, 45 A. G. zum G. V. G. finden diese Bestimmungen auch auf die Geschworenen Anwendung.

Nach § 97 soll niemand Geschworener und Schöffe zugleich in einem Geschäftsjahre sein. Er hat nur das Amt zu übernehmen, zu dem er zuerst einberufen war.

VI. Rechtswohlthaten.

1. Steuerprivileg.

§ 22.

I. Bezüglich der **Heranziehung der Kommunalbeamten zu allen direkten und indirekten Staatssteuern** bestehen besondere Steuerprivilegien zu ihren Gunsten nicht. Sie sind gleich allen sonstigen Steuerpflichtigen den für die einzelne Steuerart maßgebenden gesetzlichen Vorschriften unterworfen. Das gilt insonderheit von der Veranlagung zu den Realsteuern. Es würde dem Grundsatze der Gleichheit aller Steuerpflichtigen vor dem Gesetze widersprechen, wenn der Grundbesitz, der Gewerbebetrieb eines Beamten anders veranlagt werden sollte, als bei dem Grundbesitzer, bei dem Gewerbetreibenden selbst.

Was die Heranziehung zur Staatseinkommensteuer anlangt, so enthält das Ges. v. 24. VI. 1891 (G. S. S. 175) für alle Beamten zahlreiche Sondervorschriften, die sich aus der Natur ihrer Einkommensbezüge ergeben. Gemäß §§ 10, 15 dieses Ges. und Art. 21—23 der Ausf. Anw. dazu sind die Besoldungen der Beamten als Einkommen aus gewinnbringender Beschäftigung steuerpflichtig, und zwar feste Bezüge nach bestimmten Jahres-, Monats- rc. Sätzen gemäß Art. 5[1] der Ausf. Anw. ihrem Betrage nach, unbestimmte Bezüge aus Gebühren, Tantièmen rc. gemäß Art. 5[2] nach dem Durchschnitte der drei der Veranlagung unmittelbar vorangegangenen Jahre.

Steuerpflichtig ist die gesamte Besoldung, und zwar regelmäßig mit dem für das Steuerjahr feststehenden Betrage. Mit dem 1. April eintretende Gehaltserhöhungen müssen also vor dem 1. April zugesichert sein, um steuerpflichtig zu werden. Vgl. E. O. V. in St. Bd. I S. 113, 273; Bd. II S. 78, 131, 412.

Im übrigen gilt es gleich, unter welcher Bezeichnung (Gehalt, Remuneration, Tagegelder, Wohnungsgeldzuschuß pp.) die Besoldung gewährt wird, und ob sie etatsmäßig und bei der Pensionierung anrechnungsfähig ist oder nicht, ob sie aus einem Haupt- oder einem Nebenamte stammt.

Sie muß nur eine dem Beamten für seine Thätigkeit ausdrücklich oder stillschweigend zugesicherte oder thatsächlich gewährte Gegenleistung darstellen. Erfolgen solche Zuwendungen ohne Beziehung auf bestimmte dienstliche Leistungen (als Remunerationen, Gratifikationen, Unterstützungen rc.), so läßt sich eine allgemeine Regel nicht aufstellen. Vielmehr ist nach den Umständen des einzelnen Falles zu beurteilen, ob die Bezüge als Vergütung für die dienstliche Thätigkeit anzusehen und demgemäß als steuerpflichtiges Einkommen zu erachten sind. Letzteres ist der Regel nach anzunehmen, wenn es sich um solche Zuwendungen handelt, die in dem betr. Verwaltungszweige zu bestimmten Zeiten, wie z. B. am Jahresschlusse oder zu Weihnachten, an gewisse Beamte der Beamtenklassen herkömmlich gewährt werden. Vgl. Verf. v. 20. III. 1893 (Mitt. d. Verw. d. dir. St. Heft 26 S. 1); E. O. V. in St. Bd. II S. 98. Ihre Erzwingbarkeit im Rechtswege ist nicht erforderlich; es genügt die thatsächliche, in gewißer Stetigkeit wiederholte, in Anerkennung geleisteter oder zu leistender Dienste gewährte Zuwendung. E. O. V. in St. Bd. I S. 240.

Insbesondere gehören hierher:

Die nicht bar ausgezahlten, sondern zur Bildung von Sicherheitsfonds zurückbehaltenen Jahrestantiemen von Kassenbeamten,

E. O. V. in St. Bd. III S. 70; die in barem Gelde gezahlte Mietsentschädigung eines Beamten, der Anspruch auf freie Dienstwohnung hat, und zwar mit dem vollen Betrage, E. O. V. in St. Bd. III S. 148; der Wert der den Beamten neben ihrem baren Gehalte gewährten Dienstkleidung, E. O. V. in St. Bd. I S. 125; Teuerungs- und Stellenzulagen, E. O. V. in St. Bd. IV S. 98.

Außer den baren Einnahmen ist auch der Geldwert der etwaigen Naturalbezüge einschließlich des Mietwertes der freien Wohnung zu berücksichtigen.

Dienstwohnungen und Dienstländereien der Beamten, für die ein Abzug an der Besoldung stattfindet, sind dem steuerpflichtigen Einkommen nicht hinzuzurechnen, ebensowenig aber der als Miet- beziehungsweise Pachtzins geltende Besoldungsabzug vom Einkommen abzurechnen. Einem Besoldungsabzuge gilt es gleich, wenn Beamte den Wohnungsgeldzuschuß, zu dessen Bezuge sie an sich berechtigt sind, nur deshalb nicht erhalten, weil ihnen eine Dienstwohnung gewährt ist. Es tritt dann der volle Betrag des Wohnungsgeldzuschusses dem steuerpflichtigen Einkommen hinzu, und zwar ohne Rücksicht darauf, ob die Wohnung mehr oder weniger wert ist, als der Wohnungsgeldzuschuß. E. O. V. in St. Bd. I S. 111 und Verf. v. 8. II. 1897 (Mitt. aus d. Verw. d. dir. St. Heft 34 S. 4).

Findet ein solcher Abzug an der Besoldung nicht statt, hat der Beamte vielmehr freie Dienstwohnung, so ist das Einkommen aus Dienstwohnungen nach dem ortsüblichen Mietwerte, jedoch nicht höher, als mit fünfzehn vom Hundert des baren Gehaltes des Berechtigten in Ansatz zu bringen. Soweit Dienstwohnungen vermietet sind, ist der Mietzins nach Maßgabe der Bestimmungen in Ausf. Anw. Art. 16, II. anzurechnen.

Hierbei wird vorausgesetzt, daß in der betr. Kommunalverwaltung für bestimmte Beamtenkategorien tarifmäßig fixierte Wohnungsgeldzuschüsse als Teile der Besoldung gewährt werden, die gegen Naturalgewährung von Dienstwohnungen in Abzug kommen. E. O. V. in St. Bd. III S. 207.

Nicht zum steuerpflichtigen Einkommen gehört der zur Bestreitung des Dienstaufwandes bestimmte Teil des Diensteinkommens der Beamten, der ausdrücklich zu diesem Zwecke bewilligt oder in den Etats berechnet wird. Indessen bleibt dieser und nur dieser Betrag von der Besteuerung frei, ohne daß eine Untersuchung darüber stattfindet, ob der Beamte an diesem Betrage oder diesem bestimmten Anteile des Diensteinkommens etwa Ersparnisse macht, oder noch einen Teil seines sonstigen Einkommens zum Dienstaufwande verausgabt.

Eine besondere Berechnung und Abrechnung der Dienstaufwandskosten findet nur dann statt, wenn das Diensteinkommen ohne ausdrückliche Bestimmung des Betrages oder des Teiles zugleich die Entschädigung für den Dienstaufwand getroffener Vereinbarung gemäß mit enthält. Dies ist bei öffentlichen Beamten nach dem Inhalt der maßgebenden Etats und den Anordnungen der zuständigen Behörden zu beurteilen und es erübrigt dann nur der Abzug auf Grund einer Durchschnittsberechnung nach § 10 des Eink. St. Ges.; E. O. V. in St. Bd. I S. 320.

Ob der Dienstaufwand zur Bestreitung sämtlicher oder, wie z. B. die Mankogelder von Kassenbeamten, nur zur Deckung bestimmter Arten von Dienstunkosten gewährt wird, macht für die Freilassung von der Besteuerung keinen Unterschied. Wesentlich ist aber die ausdrückliche und ausschließliche Bestimmung der fraglichen Geldbeträge zur Deckung bestimmter Unkosten, die unmittelbar durch das Amt oder den Dienst verursacht werden. (Fuisting, die direkten Steuern, Bd. I S. 174.) Dem Dienstaufwande werden gleichgeachtet und daher bei der Besteuerung ebenfalls freigelassen:

1. Die ausdrücklich als Repräsentationskosten gewährten Bezüge.

   Doch ist ein Beitrag zu Repräsentationskosten eines Kommunalbeamten nur dann als zur Bestreitung von Dienstaufwand bestimmter Teil des Diensteinkommens anzuerkennen, wenn er ausdrücklich als Entschädigung dafür gewährt wird, daß der Beamte diesen Betrag an Repräsentationskosten aufzuwenden genötigt ist. Ist lediglich dem Censiten persönlich in Anerkennung seiner dienstlichen Leistungen ein Betrag bis auf Weiteres bewilligt, um ihm zugleich seine Repräsentationspflichten zu erleichtern, so liegt darin keine Entschädigung für den mit einer bestimmten Stelle notwendig verbundenen gesellschaftlichen Mehraufwand. E. O. V. in St. Bd. VI S. 156.
2. Reisekostenvergütungen und solche Tagegelder oder Remunerationen die an die Beamten für Dienstreisen und für die Dauer ihrer vorübergehenden Beschäftigung außerhalb ihres Wohnortes gewährt werden;
3. die aus öffentlichen Kassen als Entschädigung für die mit der Erfüllung staatsbürgerlicher Pflichten verbundenen Aufwendungen gewährten Tagegelder und Reisekosten. Hierher gehörigen insbesondere die den Mitgliedern des Hauses der Abgeordneten und anderer Körperschaften, den Mitgliedern der Gebäude-, Gewerbe- und Einkommensteuer-Kommissionen zustehenden Bezüge der gedachten Art.

Die Pensionen der Beamten, sowie die Witwen- und Waisengelder gelten als steuerpflichtiges Einkommen aus Rechten auf periodische Hebungen. Dagegen werden einmalige Zuwendungen dem steuerpflichtigen Einkommen nicht hinzugerechnet. Dahin gehören auch die den Hinterbliebenen der mittelbaren Staatsbeamten, Lehrer und Geistlichen zustehenden Gnadenbezüge, soweit die Dauer dieser Bezüge nicht im einzelnen Falle die für die Hinterbliebenen der unmittelbaren Staatsbeamten maßgebende Gnadenzeit übersteigt.

Nach diesen Sondervorschriften und unter Beachtung der sonstigen für alle Steuerpflichtigen geltenden gesetzlichen Vorschriften hat die Veranlagung der Kommunalbeamten am Orte ihres Wohnsitzes. bzw. Aufenthaltes zu erfolgen. Bezüglich der zulässigen Abzüge vom steuerpflichtigen Einkommen mag noch bemerkt werden, daß die Ausgaben für Dienstkleidung und für Fachlitteratur nicht abzugsfähig sind. Näheres bei Fuisting a. a. O. S. 93.

Auch bezüglich der Heranziehung zur Ergänzungssteuer nach dem Ges. v. 14. VII. 93 (G. S. S. 134) bestehen besondere Vorzugsvorschriften für die Kommunalbeamten nicht.

Zu bemerken ist nur, daß entgegen dem § 4 I 1 des Ges. Nießbrauchsrechte der Beamten an Dienstwohnungen und Dienstländereien steuerbares Vermögen im Sinne des Ges. nicht bilden. Denn der Nießbrauch bildet auch in solchen Fällen nur einen Teil der Besoldung, die hierdurch ihren Charakter als Arbeitseinkommen nicht verliert, während nur das fundierte Einkommen von der Ergänzungssteuer getroffen werden soll. Vgl. E. O. V. in St. Bd. V S. 309. Aus demselben Grunde scheiden auch alle Ansprüche an Gehalt, Besoldung, Wartegelder, Pensionen, Witwen- und Waisengelder pp. von der Besteuerung aus.

II. Die Heranziehung der Kommunalbeamten zu den Gemeindekosten.

1. Alle Beamten, also auch die Kommunalbeamten, nehmen hinsichtlich der Heranziehung zu den Gemeindelasten unter anderen Einwohnern der Gemeinden insofern eine besondere Stellung ein, als sie besondere Privilegien besitzen:

a) Bei der Veranlagung ihres Diensteinkommens zu direkten Gemeindesteuern;

b) bei der Heranziehung zu Naturaldiensten;

c) bei der Heranziehung zur Zahlung des Bürgerrechtsgeldes.

a) Die Veranlagung des Diensteinkommens zu direkten Gemeindesteuern.

Die besondere Behandlung des Diensteinkommens der Beamten hatte früher besonders darin ihren Grund, daß man befürchtete, der Beamte werde bei Besteuerung nach gleichem Prozentsatze von seinem ganzen, ziffernmäßig klar feststehenden Diensteinkommen im Durchschnitte stärker belastet werden, als die übrigen Einwohner, deren Einkommen nicht so genau bekannt sei. Außerdem zog man in Betracht, daß der Beamte nicht, wie andere Steuerpflichtige, in der Lage ist, sich seinen Wohnort selbst zu wählen und durch Wechsel des Wohnsitzes sich dem übermäßigen Steuerdrucke in einer Gemeinde zu entziehen.

Nachdem durch das neue Einkommensteuerges. v. 24. VI. 1891 die Selbsteinschätzung eingeführt worden ist, nachdem auch bei der Kommunalbesteuerung durch die Verpflichtung zur Auskunfterteilung die Heranziehung des vollen Einkommens auch bei Nichtbeamten im allgemeinen gewährleistet ist, kann der erstere Grund nicht mehr zutreffen. Dennoch hat das Komm. Abg. Ges. v. 14. VII. 1893 (G. S. S. 152), vornehmlich in Rücksicht auf die Unzulänglichkeit der Beamtenbesoldungen an dem bestehenden Rechtszustande nichts geändert und bestimmt folgendes:

§ 41. „Die Heranziehung der unmittelbaren und mittelbaren Staatsbeamten, Beamten des Königlichen Hofes, der Geistlichen, Kirchendiener und Elementarschullehrer, sowie der Witwen und Waisen dieser Personen zu Einkommen- und Aufwandssteuern (§ 23) wird durch besonderes Gesetz geregelt. Bis zum Erlasse dieses Gesetzes kommen die Bestimmungen der Verordnung, betreffend die Heranziehung der Staatsdiener zu den Kommunalauflagen in den neu erworbenen Landesteilen, vom 23. X. 1867 (G. S. S. 1648) mit der Maßgabe zur Anwendung, daß das notwendige Domizil außer Berücksichtigung bleibt."

Die Ausf. Anw. v. 10. V. 1894 bestimmt hierzu:

Artikel 26. **Staatsbeamte.**

§ 41. „Wegen der Heranziehung der unmittelbaren und mittelbaren Staatsbeamten, der Beamten des Königlichen Hofes, der Geistlichen, Kirchendiener und Elementarschullehrer, sowie der Witwen und Waisen dieser Personen zu den Kommunal-Einkommen- und Aufwandssteuern sollen die Bestimmungen der Verordnung, betreffend die Heranziehung der Staatsdiener in den neu erworbenen Landesteilen, vom 23. X. 1867 (G. S. S. 1648) mit der Maßgabe zur Anwendung kommen, daß, wie schon im § 12 des Kommunalabgabengesetzes vom 27. VII. 1885 vorgeschrieben ist, das notwendige Domizil außer Berücksichtigung bleibt.

Danach bewendet es bis auf weiteres — soweit Einkommen- und Aufwandssteuern inbetracht kommen — lediglich bei dem bisherigen Rechte.

In den alten Landesteilen gelten zwar gegenwärtig das Gesetz vom 11. VII. 1822 (G. S. S. 184), die Deklaration vom 21. I. 1829 (G. S. S. 9) und die Allerhöchste Ordre vom 14. V. 1832 (G. S. S. 145), aber die an deren Stelle tretende Verordnung vom 23. IX. 1867 enthält nur eine Zusammenfassung des in den alten Landesteilen bestehenden Rechts nach seiner grundsätzlichen Bedeutung.

Der im § 10 der Verordnung vom 23. IX. 1867 vorgesehenen Regelung der Kommunaldienste entspricht die Bestimmung im § 68 Abs. 6 des Kommunalabgabengesetzes."

Zu erläutern ist also an dieser Stelle lediglich die

Verordnung, betr. die Heranziehung der Staatsdiener zu Kommunal-Auflagen in den neu erworbenen Landesteilen.

Vom 23. Sept. 1867 (G. S. S. 1648).[1])

§ 1. „Von allen direkten Kommunalauflagen, sowohl der einzelnen bürgerlichen[2]) Stadt- und Landgemeinden, als der weiteren kommunalen Körperschaften (Amtsbezirke, Distriktsgemeinden, Armendistrikte, Wegeverbände u. s. w.) und der kreis-, kommunal- und provinzialständischen Verbände, sind vollständig befreit:

1. die servisberechtigten Militärpersonen des aktiven Dienststandes[3]) [sowohl] hinsichtlich ihres dienstlichen [als sonstigen][4]) Einkommens; nur zu den auf den Grundbesitz oder das stehende Gewerbe, oder auf das aus diesen Quellen fließende Einkommen gelegten Kommunallasten müssen auch sie beitragen, wenn sie in den Kommunalbezirk Grundbesitz haben oder ein stehendes Gewerbe betreiben.

   Militärärzte genießen rücksichtlich ihres Einkommens aus einer Civilpraxis die Befreiung nicht;
2. [die auf Inaktivitätsgehalt gesetzten oder mit Pension zur Disposition gestellten Offiziere hinsichtlich ihrer Gehalts- und sonstigen dienstlichen Bezüge;[5])]
3. die Geistlichen und Elementarlehrer hinsichtlich ihrer Besoldungen und Emolumente, einschließlich der Ruhegehälter ingleichen die unteren Kirchendiener wo und soweit den letzteren eine derartige Befreiung seither rechtsgültig zugestanden hat;
4. die verabschiedeten Beamten und nicht zu der Kategorie unter Nr. 2 gehörigen Militärpersonen hinsichts ihrer aus Staatsfonds oder sonstigen öffentlichen Kassen zahlbaren Pensionen[6]) und laufenden Unterstützungsbezüge, ebenso die Beamten hinsichts ihrer Wartegelder, sofern der jährliche Betrag solcher Bezüge für Einen Empfänger die Summe von 750 Mark nicht erreicht;
5. die hinterbliebenen Witwen und Waisen der unter 1—4 genannten Personen[7]) hinsichts ihrer aus Staatsfonds oder aus einer öffentlichen Versorgungskasse zahlbaren Pensionen und laufenden Unterstützungen;

6. die Sterbe- und Gnadenmonate;
7. alle diejenigen Dienst-Emolumente, welche bloß als Ersatz barer Auslagen zu betrachten sind." [8])

Anm. 1. Die Eingangsworte lauteten:

Wir Wilhelm rc. rc. verordnen für die durch die Gesetze vom 20. IX. und 24. XII. 1866 mit Unserer Monarchie vereinigten Landesteile, mit Ausnahme des Gemeindegebietes der Stadt Frankfurt a. M., um die Staatsdiener in diesen Landesteilen bezüglich ihrer Beitragspflicht zu den Kommunalbedürfnissen den Staatsdienern in der übrigen Monarchie nach Maßgabe der Grundsätze des Gesetzes vom 11. VII. 1822 gleichzustellen, auf den Antrag Unseres Staatsministeriums, was folgt.

Die Ausnahme wegen der Stadt Frankfurt a. M. hatte darin ihren Grund, daß die bezüglichen Vorschriften (s. Art. 26 der Ausf. Anw. Abs. 3 oben S. 199) bereits durch § 11 der Gem. Verf. Ges. vom 25. III. 1867 in Frankfurt a. M. Geltung bekommen hatten. Seit dem Inkrafttreten des Komm. Abg. Ges. gilt auch hier die Vd. v. 23. IX. 1867.

Anm. 2. Nicht also der Kirchen- und Schulgemeinden bezw. Schulsozietäten. Hat dagegen eine bürgerliche Gemeinde Kirchen- oder Schullasten auf ihren Etat übernommen, so sind diese dadurch zu Lasten der bürgerlichen Gemeinde geworden und unterliegen allen für letztere maßgebenden Vorschriften.

Anm. 3. Wer zum aktiven Heere gehört, besagt § 38 des Reichsmil. Ges. v. 2. V. 1874 (R. G. Bl. S. 45), während die Servisberechtigten in der Beilage II zum Reichsges. v. 26. VII. 1897 (R. G. Bl. S. 619) aufgeführt sind. Zu letzteren gehören auch die zur Probeleistung bei den Civilbehörden kommandierten Inhaber von Civilversorgungsscheinen, E. O. V. Bd. XVIII S. 109.

Anm. 4. Die eingeklammerten Worte sind insofern außer Kraft gesetzt, als durch die Ges. v. 29. VI. 1886 (G. S. S. 181), und v. 22. IV. 1892 (G. S. S. 101), betr. die Heranziehung von Militärpersonen zu Abgaben für Gemeindezwecke, auch das außer aus Grundbesitz und Gewerbebetrieb den im Offiziersrange stehenden Militärpersonen des Friedensstandes zufließende außerdienstliche Einkommen der Gemeindebesteuerung unterworfen worden ist.

Anm. 5. Vgl. jetzt § 9 des Ges. v. 29. VI. 1886. Eine Verabschiedung mit Inaktivitätsgehalt findet nicht mehr statt.

Die auf Grund der §§ 13, 56, 72, 89—93 des Ges. v. 27. VI. 1871 (R. G. Bl. S. 275) gewährten Verstümmelungszulagen bleiben gemäß Art. 18 des Ges. v. 22. V. 1893 (G. S. S. 171) bei der Veranlagung zu den Steuern pp. außer Ansatz.

Anm. 6. Auch der Militär-Invalidenpensionen, E. O. V. v. 21. VI. 1884 (Kunze und Kautz Bd. I S. 437).

Anm. 7. Selbstverständlich auch die Witwen und Waisen der aktiven Beamten, obwohl diese unter Nr. 1—4 nicht aufgeführt sind. Die Fassung der Nr. 5 ist nicht glücklich.

Anm. 8. Hierher gehören z. B. die Tagegelder der außerhalb ihres Wohnortes beschäftigten Beamten, E. O. V. Bd. XIV. S. 145; Bd. XXI S. 89.

§ 2. „Zu den Beamten im Sinne dieser Verordnung gehören alle, in unmittelbaren Diensten des Staats oder der demselben untergeordneten

Obrigkeiten, Kollegien, kommunalen und ständischen Korporationen stehende,[1]) mit fester Besoldung angestellte,[2]) beziehentlich in Ruhestand getretene öffentliche[3]) Beamte, einschließlich der Militär- und Hofbeamten; dagegen nicht diejenigen, welche nur als außerordentliche Gehilfen vorübergehend im öffentlichen Dienst beschäftigt werden."[4])

Wegen des Begriffes der Kommunalbeamten s. oben S. 4 ff. Anm. 1.

Als mittelbare Staatsbeamte im Sinne des § 2 waren in der bisherigen Rechtsprechung u. a. anerkannt:

Lehrer, die etatsmäßige Lehrerstellen an der Landwirtschaftsschule kommissarisch verwalten, E. O. V. Bd. VI S. 132;

Die städtischen Markthalleninspektoren, E. O. V. v. 9. V. 1896 (Kunze und Kautz Bd. I S. 426); die Lehrer an den gewerblichen Fortbildungsschulen, E. O. V. Bd. XXX S. 437; die Büreaudiätarien in der Verwaltung der Stadt Berlin (nicht aber die Büreauhilfsarbeiter), E. O. V. v. 4. V. 1898 Nr. II 737; der Leiter einer städtischen Gasanstalt, dem nach der Absicht der Beteiligten die Leitung als eine Funktion mit dem Charakter öffentlicher Amtsthätigkeit übertragen worden ist, E. R. G. v. 14. XI. 1893 (Pr. V. Bl. Bd. XV S. 180); ein Provinzialbeamter der Provinz Posen, der zufolge eines zwischen der Provinz und der für sie errichteten Invaliditäts- und Altersversicherungsanstalt getroffenen Abkommens auf Anordnung der Organe des Verbandes Geschäfte der Versicherungsanstalt erledigt, E. O. V. v. 9. III. 1895 Nr. II 365.

Mittelbare Staatsbeamte sind nicht:

Der Direktor der städtischen Webeschule zu Berlin, E. O. V. v. 26. IX. 1894 Nr. II 1279; die besoldeten stellvertretenden Gutsvorsteher, E. O. V. Bd. VI S. 119; Amtssekretäre, die vom Amtsvorsteher auf Grund eines Privatvertrages angestellt sind und von ihm bezahlt werden, ebenda; das Personal eines städtischen wirtschaftlichen Unternehmens (Gasanstalt &c.), wenn die Anstellung auf einem Privatvertrage beruht und ein wirkliches Beamtenverhältnis nicht begründet ist, E. O. V. Bd. XXII S. 67; die Impfärzte als solche und solange ihnen die Beamtenqualität in dieser ihrer Eigenschaft nicht beigelegt ist, E. O. V. Bd. XXVI S. 131; die bei der Berliner Feuerwehr angestellten Spritzenmänner nach ihrem das Beamtenverhältnis ausdrücklich ausschließenden Dienstvertrage, trotz ihrer Pensionsberechtigung, E. O. V. v. 17. X. 96 (Kunze und Kautz Erg. Bd. 1899 S. 81).

Ob jemand ein Beamter im Sinne des § 2 ist, ist übrigens eine Rechtsfrage, für deren freie Prüfung aus der Natur des Rechtsmittels der Revision ein Hindernis nicht erwächst, E. O. V. Bd. XI S. 71.

1. Unter **Besoldung** begreift der gemeine Sprachgebrauch, wie der der Gesetze, schlechthin das Diensteinkommen eines Beamten, und zwar nicht das Diensteinkommen einer etatsmäßigen Stelle, sondern jedes fixierte, nicht lediglich nach dem Umfange der Dienstleistung bemessene Diensteinkommen. E. O. V. Bd. XVI S. 136. Anm. 2.

Auch das Einkommen eines Beamten aus einem im amtlichen Auftrage übernommenen Nebengeschäfte gehört zu seinem Diensteinkommen, E. O. V. v. 29. IX. 97 (Kunze und Kautz Erg. Bd. 1899 S. 82).

Es ist unter „fester Besoldung" der, wenn auch vielleicht seinem Betrage nach schwankende und bei einem nicht dauernden Dienstverhältnisse künftig vielleicht wieder wegfallende, so doch mit Rücksicht auf das gesamte Dienstverhältnis und für dessen

Dauer zugesicherte, in diesem Sinne feste Gehalt im Gegensatze zu dem reinen Stücklohne, z. B. der Rechtsanwälte, Notarien ꝛc. verstanden. E. O. V. Bd. XVII S. 259.

2. Dadurch, daß die feste Besoldung nur einen Teil des Diensteinkommens ausmacht, der Rest dagegen aus anderen, nicht festen Beträgen besteht, wird, wie sich aus § 4 Abs. 3 der Vd. ohne Weiteres ergiebt, der Thatbestand der Anstellung mit fester Besoldung nicht ausgeschlossen, E. O. V. v. 11. X. 1887 Nr. II 910.

3. Bezieht jemand fixierte, von dem Umfange der jeweiligen Arbeitsleistung unabhängige Tagegelder, so ist diesen der Charakter einer festen Besoldung nicht deshalb schon abzusprechen, weil sie im Falle der Unterbrechung der dienstlichen Thätigkeit durch Krankheit oder Urlaub nicht gezahlt werden, E. O. V. v. 26. I. 97 Nr. I 155.

4. Tantiemen, die jemand nach Maßgabe seiner Anstellungsbedingungen bezieht, gehören dann nicht zur festen Besoldung, sondern stellen Stücklohn dar, wenn zwischen ihnen und den Einzelleistungen des Beamten überall oder doch vorwiegend eine Beziehung besteht. Anders ist es dagegen, wenn dem auf Tantieme angestellten Beamten ein Mindestbetrag an Tantieme garantiert ist. E. O. V. v. 20. VI. 94 und 28. XI. 94 (Kunze und Kautz, Bd. I S. 419) und E. O. V. Bd. XVIII S. 106.

Anm. 3. Die **Eigenschaft eines öffentlichen Beamten** ist also Bedingung. Fehlt diese, so berechtigt selbst eine dauernde Beschäftigung und eine feste Besoldung nicht zum Genusse des Steuerprivilegs, E. O. V. v. 15. I. 97 (Kunze und Kautz Erg. Bd. 1899 S. 82.)

Anm. 4. 1. Die **Möglichkeit der jederzeitigen Entlassung** eines Beamten wegen pflichtwidrigen Verhaltens in oder außer dem Dienste, oder einer Beendigung des Dienstverhältnisses durch Kündigung und den Vorbehalt der Regelung der Pensionsverhältnisse durch Entschließung der anstellenden Behörde unter Ausschluß des Rechtsweges können der an sich auf die Dauer berechneten festen Anstellung diesen Charakter nicht entziehen. E. O. V. v. 23. I. 91 (Kunze und Kautz Bd. I S. 415).

2. Zu den **„Außerordentlichen Gehilfen"** gehören anerkannte öffentliche Beamte überhaupt niemals, auch wenn sie nur vorübergehend im öffentlichen Dienste beschäftigt werden. Vgl. E. O. V. Bd. XVII. S. 264 und vom 17. V. 1887 (Kunze und Kautz Bd. I S. 415).

§ 3. „Die Beamten (§ 2) können von ihrem Diensteinkommen[1]) einschließlich der Warte- und Ruhegehälter, ebenso die Militärpersonen von ihren Pensionen — wenn nicht ein Fall der gänzlichen Befreiung nach § 1 vorliegt — zu direkten Kommunal-Auflagen (§ 1) nur insoweit herangezogen werden, als diese von allen Pflichtigen nach dem Maßstabe des persönlichen Einkommens erhoben werden." [2])

Anm. 1. Die dem stellvertretenden Gutsvorsteher von dem Besitzer des Gutes gewährte Entschädigung gilt nicht als Diensteinkommen, E. O. V. Bd. VI. S. 119.

Anm. 2. Bleibt nach Ausscheiden der Hälfte des Diensteinkommens weniger übrig, als der Betrag, bei dem die Steuerpflicht in der Gemeinde beginnt, so steht der Beamte sowohl inbezug auf die Anwendung der Tarifstufe als auch inbezug auf die Steuerfreiheit denjenigen Censiten gleich, die ein Einkommen in Höhe des halben Diensteinkommens der Beamten haben. Fällt also der in einer Gemeinde steuerpflichtige Teil des Diensteinkommens noch innerhalb der Grenze, bis zu welcher das Einkommen der

Bürger steuerfrei gelassen wird, so kann auch von diesem Beamten eine Steuer nicht gefordert werden. E. O. V. v. 13. V. 1890 Nr. II 469, v. 15. V. 1891 (Kunze und Kautz Bd. I S. 414), v. 31. X. 1896 Nr. II 2136.

Im übrigen darf auf das Diensteinkommen von Beamten eine Gemeindesteuer nur dann gelegt werden, wenn eine solche auch auf das Einkommen der übrigen Abgabepflichtigen gelegt wird. Diese Vorschrift bezieht sich nur auf solche Steuern, die auf das Einkommen gelegt, d. h. nach dem Maßstabe des Einkommens abgestuft sind. Dagegen hat eine Befreiung der Beamten von allen auf sonstige Besteuerungsobjekte, z. B. Grund- oder Hausbesitz, Gewerbe- oder Pachtbetrieb, Halten von Luxusgegenständen (Hunden) rc. gelangten direkten Abgaben damit nicht ausgesprochen werden sollen. E. O. V. v. 23. V. 91 (Kunze und Kautz Bd. I S. 414).

§ 4. „Das Diensteinkommen wird in solchen Fällen nur halb so hoch, als anderes gleich hohes, persönliches Einkommen [1]) der Steuerpflichtigen veranlagt. [2])

Wenn die Veranlagung nicht unmittelbar den Einkommensbetrag zur Grundlage hat, [2]) so ist unter Genehmigung der Aufsichtsbehörde des besteuernden kommunalen Verbandes das Einschätzungsverfahren dergestalt besonders zu regeln, daß der vorstehende Grundsatz analog zur Anwendung kommt.

Das Diensteinkommen von zufälligen Emolumenten wird gleich dem festen Gehalte besteuert; zu diesem Behufe wird nötigenfalls der Betrag derselben in runder Summe durch die vorgesetzte Dienstbehörde festgestellt."

Halbiert wird also nicht der vom ganzen Diensteinkommen zu berechnende Steuersatz, sondern **das der Besteuerung zu Grunde zu legende Diensteinkommen,** um den Prinzipalsteuersatz zu erhalten. Vergl. E. O. Trib. v. 7. III. und 5. IX. 1872 (Entsch. Bd. LXVI S. 339, Bd. LXII S. 311); Min. Erl. v. 21. V. 1854 (M. Bl. S. 111), v. 25. XII. 1864 und v. 4. XII. 1867 (M. Bl. 1868 S. 62). Anm. 1.

Bezieht der Beamte auch außerordentliches Einkommen, so ist das aus dem kommunalsteuerpflichtigen Teile der Dienstbezüge und aus sonstigen Einnahmen sich zusammensetzende Einkommen als Gesamteinkommen zu behandeln, und nicht etwa der auf das Diensteinkommen fallende Gemeindesteuerbetrag durch besondere Einschätzung festzustellen, Min. Erl. v. 2. III. 1885 (M. Bl. S. 64), E. O. V. v. 13. XII. 1890 (Kunze und Kautz Bd. I S. 413).

Veranlagt: Anm. 2.

1. Da die Beamten zu den Gemeindesteuern nicht wie zu der Staatseinkommensteuer mit ihrem vollen Diensteinkommen herangezogen werden dürfen, so kann ihre Veranlagung zur Staatssteuer, durch die überhaupt nur die Steuerstufe, nach der sie heranzuziehen sind, festgestellt wird, an und für sich nicht die Grundlage für die Heranziehung zur Gemeindeeinkommensteuer bilden. Es muß vielmehr unter allen Umständen eine besondere Einschätzung der Beamten behufs deren Veranlagung zu der Gemeindeeinkommensteuer stattfinden, Min. Erl. v. 3. III. 1888 (M. Bl. S. 49).

Dies ist um so notwendiger, wenn Dienst- und Privateinkommen zusammenkommen. Daraus, daß die das Gesamteinkommen treffende Veranlagung zur Staatseinkommensteuer richtig ist, folgt noch nicht, daß es auch in seinen Teilbeträgen — Dienst- und Privateinkommen — angenommen wurde. Letzteres ist aber für die Kommunalbesteuerung unentbehrlich, Min. Erl. v. 4. XII. 1884 (M. Bl. 1885 S. 10).

2. Bei der Veranlagung kommen den Steuerpflichtigen neben den Privilegien dieser Vd. auch die Steuervorrechte des Eink. St. Ges. v. 24. VI. 1891 zu gute, soweit sie sich als Einschätzungsgrundsätze zur Staatseinkommensteuer darstellen. Hierher gehören auch die Vorschrift im § 18 dieses Ges. wegen Berücksichtigung von Familiengliedern unter 14 Jahren und im § 19 wegen Berücksichtigung besonderer, die Leistungsfähigkeit der Steuerpflichtigen wesentlich beeinträchtigender, wirtschaftlicher Verhältnisse durch Ermäßigung um höchstens drei Steuerstufen. Vgl. E. O. V. Bd. XXIV S. 54, 63.

Für den letztgenannten Fall bietet E. O. V. v. 10. VI. 1896 (Pr. V. Bl. Bd. XVIII S. 29) folgendes Beispiel:

Diensteinkommen (gleichzeitig Gesamteinkommen) = 4380 Mk. — Lebensversicherungsprämie von 500 Mk. = 3880 Mk. Hiervon steuerpflichtig $^1/_2$ = 1940 Mk. nach einem Steuersatze von 31 Mk.; Ermäßigung auf Grund des § 19 um eine Stufe auf 26 Mk.; hiervon Gemeindeeinkommensteuer bei 85 Prozent Zuschlag 22,10 Mk.

Anm. 3. Z. B. wenn an Stelle oder neben der Einkommensteuer eine Mietsteuer erhoben wird. Diese würde, falls das Einkommen des Beamten lediglich Diensteinkommen ist, nur von der Hälfte des Mietszinses zu berechnen sein.

§ 5. „An kommunalen Auflagen aller Art[1]) (§ 1) dürfen äußerstenfalls im Gesamtbetrage, bei Besoldungen (§ 3) unter 250 Thaler nicht mehr als ein Prozent,[2]) bei Besoldungen von 250 bis 500 Thaler ausschließlich nicht mehr als anderthalb Prozent[2]) und bei höheren Besoldungen nicht mehr als zwei Prozent[2]) des gesamten Diensteinkommens jährlich gefordert werden.

Die hiernach etwa nötige Ermäßigung der nach § 4 berechneten Steuerbeträge trifft, im Fall der Konkurrenz mehrerer kommunaler Verbände, die zuletzt zur Hebung gestellte Forderung, mehrere noch nicht entrichtete Forderungen aber nach Verhältnis ihrer Höhe."

Anm. 1. Zu diesen gehört, entgegen dem Min. Erl. v. 8. III. 1871 (M. Bl. S. 110) die **Einquartierungslast** nicht. Denn sie ist keine Gemeindelast, sondern eine Last des Reiches, für die die Gemeinden gemäß § 5 des Ges. v. 25. VI. 1868 (B. G. Bl. S. 523) nur Verteilungsbezirke bilden. E. O. V. Bd. V. S. 108. Wenn aber eine Gemeinde die ihr als solcher in Mobilmachungszeiten obliegende Einquartierungslast durch Ausschreibung von Naturalleistungen auf die Gemeindeangehörigen abzuwälzen beschließt, so findet die Vd. v. 23. IX. 1867 ebenfalls Anwendung.

Anm. 2. Und zwar des **gesamten Diensteinkommens**, nicht etwa der nach § 4 Abs. 1 steuerpflichtigen Hälfte. E. O. V. Bd. XI S. 67 und vom 10. IX. 1885 (Pr. V. Bl. Bd. VII S. 4).

Das Gehalt des Beamten, von dem der zulässige Maximalbetrag der von ihm zu erhebenden Gemeinde- und Kreisabgaben zu berechnen ist, ist das effektive Gehalt, nicht derjenige Minderbetrag, mit dem der Beamte etwa in Berücksichtigung besonderer wirtschaftlicher Verhältnisse zur Staatssteuer veranlagt ist. E. O. V. v. 28. II. 1890 und v. 15. XII. 1894 (Kunze und Kautz Bd. I S. 413f.).

2. Auch die Lebensversicherungsprämie darf hier nicht in Abzug gebracht werden, E. O. V. v. 26. VI. 1896 (Pr. V. Bl. Bd. XVIII S. 149).

Gemäß § 18 der Kr. Ordn. v. 13. XII. 1872 und entsprechenden Vorschriften der übrigen Kreisordnungen gehen bei einer Konkurrenz zwischen Gemeinde- und Kreissteuern die ersteren vor. Anm. 3.

§ 6. „Auf Staatssteuern und Staatslasten, welche gemeindeweise abgetragen werden, finden die Bestimmungen dieser Verordnung keine Anwendung.

§ 7. Die gemäß §§ 3—5 den Staatsdienern obliegende Beitragspflicht zu den Kommunalabgaben erstreckt sich auf alle diejenigen Beträge der letzteren, welche innerhalb der Zeit, da der Pflichtige dem betreffenden kommunalen Verbande angehört, auf ihn verteilt und auch fällig werden, nicht aber auf später fällige."[1])

§ 7 ist nicht anwendbar, wenn ein Steuerpflichtiger innerhalb des Steuerjahres Beamter wird oder es zu sein aufhört. In beiden Fällen bewendet es bei der stattgehabten Veranlagung, E. O. V. Bd. XII S. 70. Die einem Beamten gegenüber auf einen, den Zeitraum von drei Monaten überschreitenden Aufenthalt gestützte Gemeindeabgabenpflicht kann nicht mit der Behauptung abgelehnt werden, jener Aufenthalt sei durch einen dienstlichen Auftrag veranlaßt (E. O. V. Bd. XIII S. 115). Vgl. § 8 Freizügigkeitsges. v. 1. XI. 1867. Anm. 1.

§ 8. „[Jeder Beamte ist bezüglich der Kommunalbesteuerung seines Diensteinkommens als Einwohner desjenigen Gemeindebezirks zu betrachten, in welchem die Behörde, der er angehört, ihren Sitz hat."][1])

§ 8 und das in ihm vorgesehene notwendige Steuerdomizil der Beamten gelten nicht mehr. Vgl. § 41 des Komm. Abg. Ges. oben S. 198. Anm. 1.

§ 9. „Von ihrem etwaigen besonderen Vermögen haben auch die nach § 3 begünstigten Staatsdiener, ebenso die Offiziere der unter § 1 bezeichneten Kategorie, die Geistlichen und Elementarlehrer, ihre Beiträge zu den Kommunallasten gleich anderen Angehörigen der betreffenden Verbände zu entrichten." [1]) [2])

1. Nach Ermittelung der Steuerstufe durch Zusammenrechnung des privaten und der Hälfte des dienstlichen Einkommens ist die so gefundene Abgabe auf das halbe Diensteinkommen und auf das Privatvermögen nach Verhältnis beider Beträge zu verteilen, und der auf das Erstere entfallende Abgabenteil, sofern der für direkte Beiträge zugelassene höchste Prozentsatz des vollen Diensteinkommens überschritten wird, entsprechend herabzusetzen, E. O. V. Bd. XI S. 67. Anm. 1.

Beispiel: Diensteinkommen 10000 M., Privateinkommen 3000 M.; steuerpflichtiges Gesamteinkommen $\left(\frac{10{,}000}{2}\right) = 5000 + 3000 = 8000$ M.; Steuersatz hiervon 212 M., bei 400 Prozent Zuschlägen 848 M. Davon entfallen auf die steuerpflichtige Hälfte des Diensteinkommens (8000 : 5000 = 848 : x) 530 M. Von dem gesamten Diensteinkommen dürfen jedoch höchstens 2 Prozent = 200 M. an Einkommensteuer erhoben werden. Daher sind von 848 M. (530—200) = 330 M. in Abzug zu bringen und es verbleibt eine Jahressteuer von (848—330) = 518 M. (Vgl. Nöll, Komm. Abg. Ges. 3. Aufl. S. 286.)

2. Wenn ein Beamter neben dem dienstlichen auch nichtdienstliches Einkommen bezieht und zwar zum Teil aus außerhalb des Bezirkes der Wohnsitzgemeinde belegenem Grundeigentum rc., so kommen bei der Berechnung seiner Kommunaleinkommensteuer die §§ 49 und 50 des Komm. Abg. Ges. zur Anwendung. Die hierbei entstehende Frage, ob die hiernach vorzunehmende Herabsetzung des „so ermittelten Steuerbetrages" auf der Grundlage des zur Wahrung der Beamtenvorrechte bereits herabgeminderten oder auf der des noch nicht voll herabgeminderten Steuerbetrages zu erfolgen hat, ist im ersteren Sinne zu entscheiden, d. h. erst, nachdem die Beamtenvorrechte voll zur Geltung gelangt sind, kann die Verteilung des das Gesamteinkommen treffenden Steuerbetrages auf Wohnsitz- und Forensalgemeinde erfolgen. Es ist also zunächst von der Thatsache, daß eine ganze Forensalgemeinde konkurriert, ganz abzusehen. Beispiel: Ein Beamter bezieht an Diensteinkommen 5472 Mk., an Forensaleinkommen 4771 Mk. und an sonstigem Privateinkommen 21400 Mk. = 28907 Mk. Der einfache Steuersatz hiervon beträgt 864 Mk.; 180 Prozent Zuschläge = 1555,20 Mk., die sich, da von dem Diensteinkommen nicht mehr als 2 Prozent gefordert werden dürfen, auf (1555,20—37,74) = 1517,46 Mk. ermäßigen. Dieser Betrag stellt den Faktor dar, der in der nach § 49 aufzumachenden Proportion Aufnahme zu finden hat. Die Wohnsitzgemeinde hat demgemäß 1517,46 Mk. — (28907 : 4771 = 1517,46 : x) = 250,45 Mk. = 1266,69 Mk. zu fordern. E. O. V. Bd. XVI S. 144. Vgl. Min. Erl. v. 29. X. 1887 (M. Bl. S. 241.)

Anm. 2. Bezüglich der **Abzüge vom Einkommen** sind folgende Entscheidungen von Bedeutung:

1. Setzt sich das Gesamteinkommen aus steuerpflichtigem und steuerfreiem Einkommen zusammen, so sind die an sich abzugsfähigen Ausgaben nach dem Verhältnis beider Einkommen zu verteilen und nur in dem darnach auf das steuerpflichtige Einkommen entfallenden Betrage dort abzusetzen, es sei denn, daß sie wirtschaftlich in besonderer Beziehung zu einer einzelnen pflichtigen Quelle stehen und in dem Einkommen aus ihr Deckung finden, E. O. V. Bd. XXIII S. 30.

2. Handelt es sich neben kleinen Abzügen aus § 9 I [7]) um Abzüge aus § 18 des Eink. St. Ges., so gelten diese Abzüge als eine auf dem Gesamteinkommen des Beamten ruhende Last, die, sofern neben dem Diensteinkommen ein Privateinkommen vorhanden ist, folgerichtig auf beide zu verteilen ist.

Nach diesem Grundsatze stellt sich das gemeindesteuerliche Einkommen eines Beamten mit einem Diensteinkommen von 2900 M. neben 31,50 M. Privateinkommen nach Berücksichtigung von 261,74 M. Abzüge wie folgt:

Dientsteinkommen zus.	2900,— M.
Privateinkommen	31,50 „
Auf der Gesamtsumme von	2931,50 M.
haften Abzüge von insgesammt . . .	261,74 „

Diese sind zunächst nach dem Verhältnis von 31,50 : 2900 M. zu teilen und es ergiebt sich daraus, daß

das Diensteinkommen mit	258,93 M.
das Privateinkommen „	2,81 „

belastet ist. Um diese Beträge sind die beiden Positionen zu reduzieren. Es kommt daher das

Privateinkommen zum Ansatz nur mit .	28,69 M.
das Diensteinkommen nur mit $\frac{2641,07}{2}$ M. =	1320,53 „
das Steuerobjekt beträgt mithin . .	1349,22 M.

E. O. B. Bd. XXIV S. 54; E. O. B. v. 15. VI. 1898 Nr. II 975.

3. Die Mietsteuer ist eine Art Einkommensteuer, lastet auf dem Einkommen, und zwar auf demjenigen Teile des Einkommens, der zur Befriedigung des Wohnungsbedürfnisses verwendet wird, und giebt den Beamten kein Vorrecht, soweit es sich um Privateinkommen handelt. Das Gesamteinkommen ist die Quelle, aus der alle Bedürfnisse des Lebens befriedigt werden, und jede notwendige Ausgabe lastet in diesem Sinne auf dem Gesamteinkommen, da es an jeder gesetzlichen oder auch nur wirtschaftlichen Regel dafür fehlt, aus welchem Einkommensteile dies oder jenes Lebensbedürfnis seine Deckung finden soll. Die Mietsteuer haftet ähnlich also wie die Schuldenzinsen auf dem Gesamtvermögen in allen seinen Teilen, also auch auf dem steuerfreien und ist demgemäßig bei Einkommen aus Pension und Privatvermögen über beide verhältnismäßig zu verteilen. Hierdurch kann allerdings der seltsame Fall eintreten, daß z. B. zwei Beamte, die dasselbe Diensteinkommen beziehen und dieselbe Miete bezahlen, gleichwohl eine sehr verschiedene Mietsteuer entrichten, je nachdem der eine von ihnen Privatvermögen besitzt oder nicht. Denn es gilt als zu besteuernde Miete diejenige, die sich ergiebt aus dem vollen Betrage des auf das Privateinkommen fallenden Anteiles und dem halben Betrage des auf das Diensteinkommen fallende Anteiles. E. O. B. Bd. XXIV S. 82.

Einem Beamten gegenüber, der neben dem Diensteinkommen nur Zinsen von als Kaution hinterlegten Wertpapieren bezieht, sind die höheren Zinsen, die er für ein zur Anschaffung dieser Papiere aufgenommenes Darlehn zu entrichten hat, zunächst, als auf dem Zinseinkommen haftend, auf diesem, und erst mit dem Ueberreste von dem Diensteinkommen abzuziehen, E. O. B. Bd. XXVIII S. 62.

5. Ziemlich verwickelt liegt folgender Fall:

Witwenkassenbeiträge, die nicht auf gesetzlicher Verpflichtung, sondern auf dem freien Willen des Beamten beruhen, sind nicht ausschließlich vom Dienst-, sondern — wie alle das Gesamteinkommen belastenden Abzüge — anteilig von dem vollen Dienst- und dem Privateinkommen abzusetzen.

Ebenso ist bei der Wohnungssteuer, hinsichtlich derer den Beamten ebenfalls die Wohlthaten der Bd. v. 23. IX. 1867 zukommen, die Miete anteilig auf beide Einkommen zu verteilen.

Das zu besteuernde Objekt besteht bei der Einkommensteuer aus der Summe des vollen Privat- und des halben Diensteinkommens und bei der Wohnungssteuer aus der Summe der auf jedes von beiden anteilig entfallenden Quoten der Miete, sodaß die auf die andere Hälfte entfallende Mietquote steuerfrei bleibt.

Der vom Diensteinkommen zu entrichtende Gesamtbetrag beider Steuern darf 2 Prozent des vollen Diensteinkommens nicht übersteigen; wieviel auf letzteres entfällt, ist nach dem Verhältnisse des steuerpflichtigen Gesamt-Einkommens zu dem steuerpflichtigen d. i. halben Diensteinkommen zu berechnen.

Beispiel: Jemand bezieht an Diensteinkommen 4447 Mk., an Privateinkommmen 542 Mk. = 4989 Mk. und hat an Miete 500 Mk., an Witwenkassenbeitrag 60 Mk. zu zahlen. Es werden in der Gemeinde erhoben 188 Prozent Zuschläge zur Einkommensteuer und bei Mieten von 200 bis 1000 Mk. $2^1/_2$ Prozent Mietsteuer. Die 60 Mk. Witwenkassenbeitrag verteilen sich auf Diensteinkommen mit 53,48 Mk., auf Privateinkommen mit 6,52 Mk., sodaß an Diensteinkommen 4393,52 Mk., an Privateinkommen 535,48 Mk. = 4929 Mk. verbleiben. Dem steuerpflichtigen Gesamteinkommen von $\left(\frac{4393,52}{2}\right) = 2196,76 + 535,48 = 2732,24$ Mk. entspricht ein Staatssteuersatz von 52 Mk., hiervon 188 Prozent Zuschlag = 97,76 Mk.

Von der Miete entfallen nach den Verhältnissen von 4393,52 : 535,48 auf das Diensteinkommen 445,68 auf das Privateinkommen 54,32 Mk. Die Mietsteuer berechnet sich somit nach dem Ansatze $100 : 2\,^1/_2 = \left(\frac{445,68}{2} + 54,32 =\right)$ 277 Mk. : x auf 6,93 Mk.

97,76 + 6,93 = 104,69 Mk. Hiervon entfallen nach dem Ansatze 2732,24 : 2196,76 = 104,69 : x auf das Diensteinkommen 84,17 Mk., folglich weniger als 2 Prozent des Diensteinkommens (= 88,94 Mk). An Gemeindesteuer sind somit 104,69 Mk. zu zahlen. E. O. V. Bd. XXXIII S. 23 ff. (Vgl. Nöll S. 287).

6. Ein Beamter bezieht an Ruhegehalt 3782 Mk., an Privateinkommen 2101 Mk. = 5883 Mk. Von dem Witwenkassenbeitrage von 487 Mk. entfallen nach dem Verhältnisse von 3782:2101 auf das Privateinkommen 173,92 Mk. Nach § 1[3] der Vd. scheidet das Ruhegehalt als steuerfrei aus, es verbleiben daher als steuerpflichtig 2101—173,92 = 1927,08 Mk. E. O. V. v. 23. IX. 1896 (Pr. V. Bl. Bd. XVIII S. 127).

§ 10. „[Durch die nach den vorstehenden Bestimmungen zu bemessenden Geldbeiträge sind die Pflichtigen zugleich von persönlichen Kommunaldiensten frei. Sind sie jedoch Besitzer von Grundstücken, oder betreiben sie ein stehendes Gewerbe, so müssen sie die mit diesem Grundbesitz oder Gewerbe verbundenen persönlichen Dienste entweder selbst oder durch Sellvertreter leisten.

Geistliche oder Elementarlehrer bleiben von allen persönlichen Gemeindediensten, soweit dieselben nicht auf ihnen gehörigen Grundstücken lasten, befreit; untere Kirchendiener soweit, als ihnen diese Befreiung seither rechtsgültig zustand."][1])

Anm. 1. § 10 ist durch § 68 Abs. 6 des Komm. Abg. Ges. aufgehoben; s. u. bei dem Abschnitte „Die Heranziehung der Kommunalbeamten zu Naturaldiensten."

§ 11. „Zu den indirekten Gemeindeabgaben müssen auch die nach §§ 1—5 begünstigten Personen gleich anderen Gemeinde-Einwohnern beitragen. Sie sind nicht befugt, was sie hierauf entrichten, bei ihren direkten Kommunalbeiträgen in Anrechnung zu bringen.

. . . .

§ 12. Alle entgegenstehenden gesetzlichen Bestimmungen werden aufgehoben.

Wo jedoch weitergehende Immunitäten für Beamte, Militärs, Geistliche oder Lehrer nach statutarischem Recht oder besonderen Privilegien bestehen, soll in denselben hierdurch nichts geändert werden."

b) Die Heranziehung der Kommunalbeamten zu Naturaldiensten.

Naturaldienste sind persönliche Dienstleistungen der Pflichtigen zur Befriedigung wirtschaftlicher Bedürfnisse der Gemeinde, die gleich den Steuern ohne besondere Gegenleistung zu leisten sind, jedoch nicht das Vermögen, sondern die physischen Kräfte des Pflichtigen in Anspruch nehmen. Sie zerfallen in Hand- und Spanndienste und schließen kunst- oder handwerksmäßige Dienste oder Dienste aus polizeilichen Gründen, z. B. bei gemeiner Gefahr, Feuersbrunst, Ueberschwemmung aus. Es gehören hierher Wegebaudienste, Wachtdienste, Transportdienste, Feuerlöschdienste 2c.

Das Komm. Abg. Ges. v. 14. VII. 1893 (G. S. S. 152) bestimmt im § 68 Abs. 6:

„Die in §§ 40, 41, 42 aufgeführten Personen sind von Naturaldiensten, soweit diese nicht auf den ihnen gehörigen Grundstücken lasten, befreit; untere Kirchendiener insoweit, als ihnen diese Befreiung seither rechtsgültig zustand."

Diese Bestimmung schließt sich im Wesentlichen dem bestehenden Rechte an; vgl. § 10 der Vd. v. 23. IX. 1867, oben S. 208.

Daraus, daß § 68 auf § 41 des Komm. Abg. Ges. Bezug nimmt, geht hervor, daß nur die Beamten im Sinne der Vd. v. 23. IX. 1867 befreit sind. E. O. V. v. 17. VI. 1896 (Pr. V. Bl. Bd. XVIII S. 21).

c) Bürgerrechtsgeld.

Das Bürgerrechtsgeld kommt in der Regel nur in Stadtgemeinden vor. Da, wo seine Erhebung beim Erwerbe des Bürgerrechtes (oder richtiger vor dessen Ausübung, E. O. V. Bd. XXV S. 14), gesetzlich zulässig ist, sind die Kommunalbeamten, die mittelbare Staatsbeamte sind, von der Zahlung des Bürgerrechtsgeldes befreit, sofern sie gemäß dienstlicher Verpflichtung ihren Wohnsitz in der Stadt nehmen müssen. Vgl. für die alten Provinzen Ges. v. 14. V. 1860 (G. S. S. 237) §§ 5, 7; für Hessen-Nassau St. O. v. 4. VIII. 1897 (G. S. S. 254) § 58 Abs. 3; für Frankfurt a. M. Gem. Verf. Ges. v. 25. III. 1867 (G. S. S. 401) § 16.

Ebenso kann in der Provinz Hannover für die von der Stadt Angestellten ein ermäßigtes Bürgergewinngeld oder auch die gänzliche Freilassung von ihm vorgeschrieben werden. Hann. St. Ordn. v. 24. VI. 1858 (Hann. G. S. S. 141) § 28.

In Schleswig-Holstein ist die Erhebung eines Bürgerrechtsgeldes überhaupt verboten und nur die Erhebung einer angemessenen Ausfertigungsgebühr für Erteilung des Bürgerbriefes zugelassen. Schl. Holst. St. O. v. 14. IV. 1869 (G. S. S. 589).

III. Die Heranziehung der Kommunalbeamten zu den Kreissteuern.

Hinsichtlich der Kreissteuern folgen für die Kommunalbeamten gewisse Steuervorrechte aus § 18 der Kr. Ordn.

v. 13. XII. 1872 (G. S. 1881 S. 179) und den entsprechenden Vorschriften der übrigen Kreisordnungen. Darnach sind in Rücksicht auf die Person des eventuell Abgabenpflichtigen unbedingt befreit die im § 10 des Ges. v. 11. VII. 1822 (G. S. S. 184), bzw. für die neuen Provinzen in § 1 der Vd. v. 23. IX. 1867 aufgeführten Bezüge. Sodann darf das Diensteinkommen der Kommunalbeamten (mittelbaren Staatsbeamten) nur nach Maßgabe der in dem Ges. v. 11. VII. 1822, bzw. der Vd. v. 23. IX. 1867 getroffenen Bestimmungen zu den Kreisabgaben herangezogen werden, und zwar nur soweit, als die in jenen festgesetzten Maximalgrenzen für die Besteuerung des Diensteinkommens nicht schon durch die Gemeindebesteuerung erreicht werden. Mit anderen Worten: Bei einer Konkurrenz von Kreisen und Gemeinden in der Besteuerung des Diensteinkommens eines Beamten gehen letztere unbedingt vor. Sie können das Diensteinkommen mit ihren Steuern bis zum Höchstbetrage von 1, $1^1/_2$ oder 2 Proz. belasten, und nur, sofern dieser nicht voll von ihnen in Anspruch genommen wird, tritt für den offen gelassenen Rest die Kreisbesteuerung ein. S. oben S. 205.

§ 23.

2. Zwangsvollstreckung.

Außer auf dem Gebiete des Steuerwesens genießen die Kommunalbeamten auf dem Gebiete der Zwangsvollstreckung gewisse allen Beamten zur Seite stehenden Vorrechte, auf die sie rechtswirksam nicht verzichten können, weil das Diensteinkommen neben dem Charakter als Entgelt für die Dienstthätigkeit auch den standesgemäßen Unterhalt sichern soll.

Diese Vorrechte sind folgende:

a) Ueber unpfändbare Ansprüche bestimmt § 850 C. P. O.

(I.) „Der **Pfändung** sind nicht unterworfen:

. . . .

7. Die Pensionen der Witwen und Waisen [1]) und die denselben aus Witwen- und Waisenkassen zukommenden Bezüge, die Erziehungsgelder und die Studienstipendien, sowie die Pensionen invalider Arbeiter.

8. Das Diensteinkommen [2]) der Offiziere, Militärärzte und Deckoffiziere, der Beamten, [2]) der Geistlichen, sowie der Aerzte und Lehrer an öffentlichen Anstalten; die Pension [3]) dieser Personen nach deren Versetzung in den einstweiligen oder dauernden Ruhestand, sowie der nach ihrem Tode den Hinterbliebenen zu gewährende Sterbe- oder Gnadengehalt. [4])

(II.) Uebersteigen in den Fällen Nr. 7 und 8 das Diensteinkommen, die Pension oder die sonstigen Bezüge die Summe von fünfzehnhundert Mark für das Jahr, so ist der dritte Teil des Mehrbetrages der Pfändung unterworfen.[5])

(III.) Die nach § 843[6]) des Bürgerlichen Gesetzbuches wegen einer Verletzung des Körpers oder der Gesundheit zu entrichtende Geldrente ist nur soweit der Pfändung unterworfen, als der Gesamtbetrag die Summe von fünfzehnhundert Mark nicht übersteigt.[7])

(IV.)[7]) In den Fällen der beiden vorhergehenden Absätze ist die Pfändung ohne Rücksicht auf den Betrag zulässig, wenn sie wegen der den Verwandten, dem Ehegatten und dem früheren Ehegatten für die Zeit nach Erhebung der Klage und für das diesem Zeitpunkt vorausgehende letzte Vierteljahr kraft Gesetzes zu entrichtenden Unterhaltungsbeiträge beantragt wird. Das gleiche gilt in Ansehung der zu gunsten eines unehelichen Kindes von dem Vater für den bezeichneten Zeitraum kraft Gesetzes zu entrichtenden Unterhaltungsbeiträge diese Vorschrift findet jedoch insoweit keine Anwendung, als der Schuldner zur Bestreitung seines notdürftigen Unterhalts und zur Erfüllung der ihm seinen Verwandten, seiner Ehefrau und seiner früheren Ehefrau gegenüber gesetzlich obliegenden Unterhaltungspflicht der Bezüge bedarf. Hierbei werden ausschließlich die Leistungen berücksichtigt, welche vermöge einer solchen Unterhaltungspflicht für den nämlichen Zeitraum oder, falls die Klage zu gunsten des unehelichen Kindes nach der Klage eines Unterhaltungsberechtigten erhoben ist, für die Zeit von dem Beginne des der Klage dieses Berechtigten vorausgehenden letzten Vierteljahrs ab zu entrichten sind.

(V.)[8]) Die Einkünfte, welche zur Bestreitung eines Dienstaufwandes bestimmt sind, und der Servis der Offiziere, Militärärzte und Militärbeamten sind weder der Pfändung unterworfen noch bei der Ermittelung, ob und zu welchem Betrage ein Diensteinkommen der Pfändung unterliege, zu berechnen."

„Witwen- und Waisengelder" vgl. oben § 18. Anm. 1.

„Diensteinkommen" vgl. oben §§ 11—13. Der Wohnungsgeldzuschuß gilt als Teil der Besoldung, Min. Erl. v. 19. VII. 1873. (M. Bl. S. 207.) Anm. 2.

„Pension" vgl. oben § 16. Anm. 3.

„Gnadenbesoldungen" vgl. oben § 17. Anm. 4.

Dieser Absatz und die Ziffern 7 und 8 sind gleichlautend mit Abs. 2 und Ziffer 6 u. 7 des Abs. 1 des § 46 der Vd. betr. das Verwaltungszwangsverfahren wegen Beitreibung von Geldbeträgen v. 15. XI. 1899. (G. S. S. 545 ff.) Auch nach dieser Vd. sind die genannten Forderungen der Pfändung nicht unterworfen. Der Absatz 3 des § 46 der Vd. enthält hiervon jedoch eine Ausnahme: Anm. 5.

„Bei der Einziehung von kurrenten öffentlichen Abgaben, von Disziplinarstrafen und von solchen Zwangsstrafen, welche durch die vorgesetzte Dienstbehörde festgesetzt sind, finden die Vorschriften der Nr. 7 rücksichtlich des Diensteinkommens und der Pension der Civilbeamten, der Geistlichen, sowie der Aerzte und Lehrer an öffentlichen Anstalten nicht Anwendung."

Anm. 6. Wegen des § 843 B. G. B.'s vgl. oben § 19 Ziff. 2.

Anm. 7. Abs. 4 des § 46 der Vd. v. 15. XI. 1899 (vgl. Anm. 2.) entspricht diesem Abs. 3. Den folgenden Abs. 4 enthält jedoch die Vd. nicht.

Anm. 8. Diesem Absatz entspricht Abs. 5 der Vd. v. 15. XI. 1899 vgl. Anm. 2.

b) Ueber **unpfändbare Sachen** bestimmt § 811 C. P. O.

„Folgende Sachen[1])[2]) sind der Pfändung nicht unterworfen:

. . . .

7. bei Offizieren, Deckoffizieren, Beamten, Geistlichen, Lehrern an öffentlichen Unterrichtsanstalten, Rechtsanwälten, Notaren, sowie Aerzten und Hebammen, die zur Verwaltung des Dienstes oder Ausübung des Berufs erforderlichen Gegenstände, sowie anständige Kleidung.

8. bei Offizieren, Militärärzten, Deckoffizieren, Beamten, Geistlichen, bei Aerzten und Lehrern an öffentlichen Anstalten ein Geldbetrag, welcher dem der Pfändung nicht unterworfenen Teile des Diensteinkommens oder der Pension für die Zeit von der Pfändung bis zum nächsten Termine der Gehalts- oder Pensionszahlung gleichkommt."

Anm. 1. Nach 25 der Vd. v. 15. XI. 1899 (G. S. S. 545) sind dieselben Sachen der Pfändung im Verwaltungszwangsverfahren wegen Beitreibung von Geldbeträgen entzogen.

Anm. 2. Das gleiche gilt hinsichtlich des Pfandrechtes des Vermieters. Nach § 559 B. G. B.'s erstreckt es sich nicht auf die der Pfändung nicht unterworfenen Sachen. Dies galt in Preußen schon bisher nach dem Ges. v. 12. VI. 1894 (G. S. S. 113).

c) Durch die Pfändung wird ein **Pfandrecht** begründet; über dessen Wirkung sagen §§ 832, 833 C. P. O:

§ 832. „Das Pfandrecht, welches durch die Pfändung einer Gehaltsforderung[1]) oder einer ähnlichen in fortlaufenden Bezügen bestehenden Forderung erworben wird, erstreckt sich auch auf die nach der Pfändung fällig werdenden Beträge."

§ 833. „Durch die Pfändung eines Diensteinkommens[2]) wird auch dasjenige Einkommen betroffen, welches der Schuldner infolge der Versetzung in ein anderes Amt, der Uebertragung eines neuen Amtes oder einer Gehaltserhöhung zu beziehen hat.

Diese Bestimmnng findet auf den Fall der Aenderung des Dienstherrn keine Anwendung."

Anm. 1. Vgl. die unter a erörterten Ziff. 7 u. 8 u. Abs. 2 u. 4 des § 850 C. P. O.

Anm. 2. Vgl. Ziffer 8 u. Abs. 2 u. 4 des § 850 C. P. O.

§ 24.

3. Abtretung und Verpfändung vermögensrechtlicher Ansprüche, sowie Aufrechnung gegen sie.

Aehnlich, wie der Pfändung, sind auch der Abtretung und der Verpfändung der vermögensrechtlichen Ansprüche der Beamten, sowie der Aufrechnung gegen solche Ansprüche bestimmte Grenzen gezogen.

Das Bürgerliche Gesetzbuch enthält darüber keine Bestimmungen, wohl aber bestimmt Art. 81 E. G. B. G. B. über diesen Gegenstand folgendes:

„Unberührt bleiben die landesgesetzlichen[1]) Vorschriften, welche die Uebertragbarkeit[3]) der Ansprüche der im Artikel 80 Abs. 1 bezeichneten Personen[2]) auf Besoldung,[3]) Wartegeld, Ruhegehalt,[4]) Witwen- und Waisengeld[4]) beschränken, sowie die landesgesetzlichen Vorschriften, welche die Aufrechnung[5]) gegen solche Ansprüche abweichend von der Vorschrift des § 394 des Bürgerlichen Gesetzbuchs zulassen."

Hervorzuheben ist, daß nur landesgesetzliche Vorschriften hinsichtlich der Beschränkung der Uebertragbarkeit der Ansprüche in Betracht kommen können. Als landesgesetzliche Vorschriften sind die Statuten und Reglements, wie sie bezüglich der Gemeindebeamten und Provinzialbeamten bestehen, nicht anzusehen. Da, wo landesgesetzliche Vorschriften nicht vorhanden sind, greifen die allgemeinen Bestimmungen des B. G. B. (§ 400 ff.) über Abtretung von Forderungen Platz. Anm. 1.

„Personen" von diesen interessieren hier nur die Beamten. Anm. 2.

„Uebertragbarkeit": Verpfändung und Abtretung. Die Verpfändung und Abtretung fixierter Besoldungen und Emolumente ist nach Anh. §§ 161, 163 zu I. 24 § 108 Allg. Ger. Ord. v. 6. VII. 1793 rechtsunwirksam. Auf das Gebiet des rheinischen Rechtes ist diese Bestimmung durch Kab. O. v. 23. V. 1826 (G. S. S. 54) ausgedehnt (vgl. auch R. G. Bd. IV S. 142, J. M. Bl. 1882 S. 15). § 14 E. G. C. P. O. hat diese Bestimmungen der Anh. §§ 161, 163 nicht beseitigt (R. G. Straff. Bd. VIII S. 95). Die Preuß. Beamten derjenigen Gebietsteile, in denen diese Bestimmungen gelten, können daher überhaupt keinen Teil ihres Diensteinkommens rechtswirksam übertragen. Anm. 3.

Anders verhält es sich in den neuen Provinzen. Der § 104 der Vd. v. 24. VI. 1867 (G. S. S. 885) dehnt die Bestimmungen des Preuß. Rechtes nur hinsichtlich der Zulässigkeit der Beschlagnahme auf die neuen Provinzen aus, woraus geschlossen worden ist, daß das Verbot des Anh. § 163 bezüglich Verpfändung und freiwilliger Abtretung für die neuen Provinzen nicht gilt. Für die Preuß. Beamten dieser Provinzen würde daher die Frage nach der Zulässigkeit der Abtretung und Verpfändung des Diensteinkommens sich nach den Bestimmungen des B. G. B. richten. Nach § 400 B. G. B. kann eine Forderung nicht abgetreten werden, soweit sie der Pfändung nicht unterworfen ist und, soweit sie nicht übertragbar ist, kann sie nach §§ 1274 Abs. 2 1279 B. G. B. auch nicht verpfändet werden. Für diese Preuß. Beamten gilt auch der § 411 B. G. B., der für die erstgenannten keine Bedeutung besitzt:

„Tritt eine Militärperson, ein Beamter, ein Geistlicher oder ein Lehrer an einer öffentlichen Unterrichtsanstalt den übertragbaren Teil des Diensteinkommens, des Wartegeldes oder des Ruhegehalts ab, so ist die auszahlende Kasse durch Aushändignng einer von dem bisherigen Gläubiger ausgestellten öffentlich beglaubigten Urkunde von der Abtretung zu benachrichtigen. Bis zur Benachrichtigung gilt die Abtretung als der Kasse nicht bekannt."

Eine Abtretung oder Verpfändung der **Pension** und des **Witwen- und Waisengeldes** ist für diejenigen Beamten, auf die das Pensions- Anm. 4.

gef. v. 27. III. 1872 und das Ges. betr. Fürsorge für Witwen und Waisen v. 20. V. 1882 Anwendung findet durch die §§ 26 bezw. 17 ausdrücklich verboten (vgl. oben §§ 16, 18, sodaß also auch der der Pfändung nach § 880[8]) und Abs. 2 C. P. O. nicht unterworfene Teil nicht freiwillig abgetreten werden darf.

Anm. 5. Landesgesetzliche Vorschriften, die die Aufrechnung gegen die im Art. 81 bezeichneten Ansprüche abweichend von § 394 B. G. G. zulassen, bestanden und bestehen in Preußen nicht, denn einerseits haben keine öffentlichrechtlichen Vorschriften bestanden, die die Aufrechnung gegenüber Gehaltsansprüchen zuließen, andererseits sind aber die allgemeinen Vorschriften des Allgem. Landrechts I 10 §§ 300—377 und das code civil Art. 1289—1299, wenn man diese auch gegen Gehaltsansprüche verwenden wollte, durch Art. 89 Ziffer 1b und 2 des A. G. B. G. B. aufgehoben.

Es greift deshalb § 394 B. G. B. Platz:

„Soweit eine Forderung der Pfändung nicht unterworfen ist, findet eine Aufrechnung gegen die Forderung nicht statt."

A. M. Ledermannn S. 48.

§ 25.

4. Verjährung.

I. Nach bisherigem Rechte verjährten die Forderungen wegen rückständiger Besoldungen, Pensionen, Witwen- und Waisengelder im Gebiete des Allgem. Landrechtes innerhalb vier Jahren nach Ablauf des Fälligkeitsjahres. § 2 Nr. 5 des Ges. v. 31. III. 1838 (G. S. S. 249). Diese Bestimmung war durch Vd. v. 15. IV. 1842 (G. S. S. 114), Vd. v. 6. VII. 1845 (G. S. S. 483), Ges. v. 12. III. 1860 (G. S. S. 97), Ges. v. 6. II. 1869 und 13. III. 1869 (G. S. S. 341, 484) ausgedehnt und für die Gebiete des allgemeinen Rechtes, Hohenzollern, Schleswig-Holstein und Frankfurt a. M. eingeführt.

Im Gebiete des code civil trat diese Verjährung binnen fünf Jahren nach Fälligkeit ein. (Art. 2277).

II. Jetzt wird dieser Gegenstand durch folgende Bestimmungen des B. G. B. geregelt:

a) **§ 197.** „In vier Jahren verjähren die Ansprüche auf .... Rückstände von .... Besoldungen, Wartegeldern, Ruhegehältern, Unterhaltungsbeiträgen und anderen regelmäßig wiederkehrenden Leistungen."

b) Ueber den Beginn der Verjährung bestimmt § 201 B. G. B.:

„Die Verjährung der in den §§ ..... 197 bezeichneten Ansprüche beginnt mit dem Schlusse des Jahres, in welchem der nach den §§ 198[1]) .... maßgebende Zeitpunkt eintritt. ...."

Anm. 1. **§ 198.** lautet: „Die Verjährung beginnt mit der Entstehung des Anspruches." Diese allgemeine Bestimmung ist also bezüglich der Besoldungs- zc. Ansprüche durch § 201 abgeändert. Der Anspruch auf das Gehalt des ersten Quartals z. B. des Jahres 1901 verjährt hiernach erst mit 31. Dezember 1905.

c) **Ueber Unterbrechung der Verjährung seitens des Verpflichteten und des Berechtigten bestimmen die §§ 208 und 209 B. G. B. Die Unterbrechung der Verjährung bewirkt, daß die bis zur Unterbrechung abgelaufene Zeit einer begonnenen Verjährung nicht mehr inbetracht kommt, sondern, daß eine neue Verjährungsfrist nach beendigter Unterbrechung ihren Lauf beginnt.**

§ 208. „Die Verjährung wird unterbrochen, wenn der Verpflichtete dem Berechtigten gegenüber den Anspruch durch Abschlagszahlung, Zinszahlung, Sicherheitsleistung oder in anderer Weise anerkannt.“ [1])

Es bedarf hierzu keines ausdrücklichen Anerkennungsvertrages. Es genügt jede ausdrückliche oder stillschweigende Kundgebung, die aber dem Berechtigten selbst gegenüber erfolgen und aus der hervorgehen muß, daß der Verpflichtete überzeugt ist, daß ein Anspruch des Berechtigten zu Recht besteht. Anm. 1.

§ 209. „Die Verjährung wird unterbrochen, wenn der Berechtigte auf Befriedigung oder auf Feststellung des Anspruchs, auf Erteilung der Vollstreckungsklausel oder auf Erlassung des Vollstreckungsurteils Klage erhebt.[1])

Der Erhebung der Klage stehen gleich:

1. Die Zustellung eines Zahlungsbefehls im Mahnverfahren;
2. die Anmeldung im Konkurse;
3. die Geltendmachung der Aufrechnung des Anspruchs im Prozesse;
4. die Streitverkündung in dem Prozesse, von dessen Ausgang der Anspruch abhängt;
5. die Vornahme einer Vollstreckungshandlung und, soweit die Zwangsvollstreckung den Gerichten oder anderen Behörden zugewiesen ist, die Stellung des Antrags auf Zwangsvollstreckung.“

(Außergerichtliche Mahnung genügt nicht.) Anm. 1.

d) **§ 210.** „Hängt die Zulässigkeit des Rechtswegs von der Vorentscheidung einer Behörde[1]) ab oder hat die Bestimmung des zuständigen Gerichts durch ein höheres Gericht zu erfolgen, so wird die Verjährung durch die Einreichung des Gesuchs an die Behörde oder das höhere Gericht in gleicher Weise, wie durch Klageerhebung unterbrochen, wenn die Klage binnen drei Monaten nach der Erledigung des Gesuchs erhoben wird.“

„Vorentscheidung einer Behörde“ z. B. einer Verwaltungsbehörde (§ 220 B. G. B.). Vgl. im übrigen das nähere oben in § 20 „Verfolgung vermögensrechtlicher Ansprüche.“ Anm. 1.

§ 26.

5. Recht zur Kündigung des Mietvertrages bei Versetzung.

Für den Fall der Versetzung eines Beamten giebt ihm

das Gesetz in Bezug auf die Befugnis, den Mietvertrag aufzulösen, in § 570 B. G. B. ein besonderes Vorrecht:

„Militärpersonen, Beamte, Geistliche und Lehrer an öffentlichen Unterrichtsanstalten können im Falle der Versetzung[1]) nach einem anderen Orte das Mietverhältnis in Ansehung der Räume, welche sie für sich oder ihre Familie an dem bisherigen Garnison- oder Wohnorte gemietet haben, unter Einhaltung der gesetzlichen Frist[2]) kündigen. Diese Kündigung kann nur für den ersten Termin erfolgen, für den sie zulässig ist."

Anm. 1. Ob die Versetzung mit oder ohne Willen des Beamten erfolgt, wird sich dabei gleichbleiben.

Anm. 2. Ueber diese gesetzliche Frist bestimmt das Nähere § 565 B. G. B.

„Bei Grundstücken*) ist die Kündigung nur für den Schluß eines Kalendervierteljahrs zulässig; sie hat spätestens am dritten Werktage des Vierteljahrs zu erfolgen.**) Ist der Mietzins nach Monaten bemessen, so ist die Kündigung nur für den Schluß eines Kalendermonats zulässig; sie hat spätestens am fünfzehnten des Monats zu erfolgen. Ist der Mietzins nach Wochen bemessen, so ist die Kündigung nur für den Schluß einer Kalenderwoche zulässig; sie hat spätestens am ersten Werktage der Woche zu erfolgen.
. . . ."

§ 27.

6. Begriff und Schutz der Amtsbefugnisse.

I. Wenn ein Beamter sich in rechtmäßiger Wahrnehmung und Ausübung der ihm vermöge seines Amtes obliegenden Befugnisse befindet, muß ihm als Beauftragten der Staatsgewalt und seinen Anordnungen Gehorsam geleistet werden.†) Wird dieser verweigert, so steht dem Beamten ein besonderer Schutz zur Seite.

II. Dieser Schutz besteht nicht nur darin, daß der Beamte in den Stand gesetzt wird, seine Anordnungen, ev. mit Waffengewalt zu erzwingen, sondern auch, daß seine Autorität strafrechtlich, insbesondere gegen Angriffe, in erhöhtem Maße sichergestellt wird.

---

*) Nach § 580 B. G. B. gelten die Vorschriften über die Miete von Grundstücken auch für die Miete von Wohnräumen und anderen Räumen.

**) Wird z. B. ein Beamter am 15. Januar versetzt, so kann er bis spätestens am dritten Werktage des April zum 30. Juni kündigen. Thut er dies nicht, so bleibt es bei der vertragsmäßigen Dauer, weil das im § 570 B. G. B. gegebene Recht nur zum ersten zulässigen Kündigungstermin ausgeübt werden kann.

†) § 16. II 13 A. L. R.

„Soweit die Besorgung gewisser zu den Rechten und Pflichten des Staats gehörender Angelegenheiten und Geschäfte den Beamten des Staats vermöge ihres Amtes obliegt, (§ 7) muß diesen, innerhalb der Grenzen ihres Auftrages eben so, wie dem Landesherrn selbst, Folge geleistet werden."

a) **Hinsichtlich des Schutzes durch Zwangs-Befugnisse kommen die Bestimmungen der §§ 132 ff. L. V. G. in betracht.**

§ 132. „Der Regierungspräsident, der Landrat, die Ortspolizeibehörde und der Gemeinde- (Guts-) Vorsteher (-Vorstand) sind berechtigt, die von ihnen in Ausübung der obrigkeitlichen Gewalt getroffenen, durch ihre gesetzlichen Befugnisse gerechtfertigten Anordnungen durch Anwendung folgender Zwangsmittel durchzusetzen:

1. Die Behörde hat, sofern es thunlich[1]) ist, die zu erzwingende Handlung durch einen Dritten ausführen zu lassen und den vorläufig zu bestimmenden Kostenbetrag im Zwangswege von den Verpflichteten einzuziehen.
2. Kann die zu erzwingende Handlung nicht durch einen Dritten geleistet werden, — oder steht es fest, daß der Verpflichtete nicht im Stande ist, die aus der Ausführung durch einen Dritten entstehenden Kosten zu tragen, — oder soll eine Unterlassung erzwungen werden, so sind die Behörden berechtigt, Geldstrafen[2]) anzudrohen[3]) und festzusetzen und zwar:
   a) die Gemeinde- (Guts-) Vorsteher bis zur Höhe von fünf Mark;
   b) die Ortspolizeibehörden und städtischen Gemeinde-Vorsteher (-Vorstände) in einem Landkreise bis zur Höhe von sechzig Mark;
   c) die Landräte, sowie die Polizeibehörden und Gemeinde-Vorsteher (-Vorstände) in einem Stadtkreise bis zur Höhe von einhundertfünfzig Mark;
   d) der Regierungspräsident bis zur Höhe von dreihundert Mark.

   Gleichzeitig ist nach Maßgabe der §§ 28, 29 des Str. G. B. für das Deutsche Reich die Dauer der Haft festzusetzen, welche für den Fall des Unvermögens an die Stelle der Geldstrafen treten soll.

   Der Höchstbetrag dieser Haft ist
   in den Fällen zu a = Ein Tag,
   " " " " b = Eine Woche,
   " " " " c = Zwei Wochen,
   " " " " d = Vier Wochen.

   Der Ausführung durch einen Dritten (Nr. 1), sowie der Festsetzung einer Strafe (Nr. 2) muß immer eine schriftliche Androhung vorhergehen; in dieser ist, sofern eine Handlung erzwungen werden soll, die Frist zu bestimmen, innerhalb welcher die Ausführung gefordert wird.
3. Unmittelbarer Zwang darf nur angewendet werden, wenn die Anordnung ohne einen solchen unausführbar ist."

D. h. es kommt nicht bloß darauf an, ob die Ausführung durch einen Dritten absolut unmöglich ist, sondern es soll auch auf die Angemessenheit der Ausführung durch einen Dritten Rücksicht genommen werden, E. O. V. Bd. VII S. 341. Anm. 1.

Anm. 2. Die Strafe kann wiederholt angedroht und festgesetzt werden, wenn auch die Frist zur Anfechtung der ersten Strafandrohung noch nicht abgelaufen oder im Falle rechtzeitiger Anfechtung über das eingelegte Rechtsmittel noch nicht rechtskräftig entschieden ist, E. O. V. Bd. VII S. 388. Auch darf der Gesamtbetrag der wiederholt angedrohten und festgesetzten Strafen den im Gesetze angegebenen Maximalbetrag überschreiten, die Grenze des letzteren gilt nur für den einzelnen Strafakt, E. O. V. Bd. VII. S. 388. Die zulässige Anordnung und Festsetzung von Exekutiv-Geldstrafen zur Erzwingung einer Unterlassung ist unabhängig von den Normen, die das Gesetz für den Gebrauch von Zwangsmitteln zur Erzwingung von Handlungen vorschreibt, und erscheint auch in den Fällen anwendbar, wenn die Unterlassung thatsächlich die Vornahme von Handlungen, auch von Handlungen dritter Personen zur Voraussetzung hat (der Hauseigentümer haftet für den Mieter), E. O. V. v. 21. IV. 1888 (M. Bl. S. 180).

Kann die Handlung, die erzwungen werden soll, nicht mehr geleistet werden, so ist eine Festsetzung der angedrohten Strafe unzulässig, E. O. V. Bd. II S. 382, 414, Bd. VII S. 347. Bei der Vollstreckung einer gemäß § 132² festgesetzten Geldstrafe bedarf es einer vorgängigen Mahnung des Schuldners nicht, Min. Erl. v. 15. III. 1888 (Min. Bl. S. 90).

Wenn eine Handlung oder Unterlassung bereits durch eine allgemeine Polizeivorschrift (Gesetz, Polizeiverordnung ꝛc.) mit Strafe bedroht ist, so ist die Androhung und Festsetzung einer Strafe nach § 132 Nr. 2 unstatthaft, E. O. V. Bd. V S. 278 v. 12. IV. 1878 (M. Bl. S. 125), Bd. XXIII S. 384. Vgl. Min. Erl. v. 25. XI. 1884 (M. Bl. S. 262).

Sofern es sich um die Androhung eines polizeilichen Zwangsmittels, insbesondere eine Geld- oder Haftstrafe handelt, hat der Verwaltungsrichter lediglich zu prüfen, ob die Strafandrohung sich innerhalb der gesetzlichen Grenzen hält. Dagegen hat die Nachprüfung im Verwaltungsstreitverfahren sich nicht auch darauf zu erstrecken, ob die Abmessung der Strafandrohung, welche an sich die Grenzen der gesetzlichen Zuständigkeit nicht überschreitet, eine den Umständen des Einzelfalles entsprechende und angemessene gewesen ist, E. O. V. G. v. 26. IX. 1889.

Anm. 3. Die Androhung der Ausführung durch einen Dritten und der Geldstrafe muß schriftlich geschehen. Androhung zu Protokoll genügt nicht E. O. V. Bd. I S. 394; Bd. IV S. 394; ebensowenig Vorzeigen einer wieder an sich genommenen Verfügung, wonach jemand unter Strafandrohung zu seiner Vernehmung vorgeladen wird (M. R. 13. II. 1896 (M. Bl. S. 42.) Entgegen E. O. V. Bd. XVI S. 284 ist neuerdings von dem unmittelbaren Zwange angenommen worden, daß die vorgängige Androhung nicht unterbleiben darf. (E. O. V. 1. III. 1875 I. 296.) Vgl. E. O. V. Bd. XXII S. 409.

§ 133. „Gegen die Androhung eines Zwangsmittels finden dieselben[1]) Rechtsmittel statt, wie gegen die Anordnungen, um deren Durchsetzung es sich handelt. Die Rechtsmittel erstrecken sich zugleich auf die Anordnungen, sofern dieselben nicht bereits Gegenstand eines besonderen Beschwerde- oder Verwaltungsstreitverfahrens geworden sind[2]).

Gegen die Festsetzung und Ausführung eines Zwangsmittels[3]) findet in allen Fällen nur die Beschwerde im Aufsichtswege[4]) innerhalb zwei Wochen statt.

Haftstrafen, welche an Stelle einer Geldstrafe nach § 132 Nr. 2 festgesetzt sind, dürfen vor ergangener endgültiger Beschlußfassung oder rechtskräftiger Entscheidung auf das eingelegte Rechtsmittel beziehungsweise vor Ablauf der zur Einlegung desselben bestimmten Frist nicht vollstreckt werden."

Also: Anm. 1.

a) Beschwerde oder Klage nach §§ 127—129, wenn es sich um die Durchsetzung einer polizeilichen Anordnung der Orts- oder Kreis-Polizeibehörde handelt;

b) Beschwerde mit darauf folgender Klage nach § 130, wenn es sich um die Durchführung einer polizeilichen Anordnung des Regierungspräsidenten handelt;

c) Einspruch an die verfügende Polizeibehörde mit darauf folgender Klage wenn es sich um die Durchsetzung einer wegebaupolizeilichen bezw. wasserpolizeilichen Anordnung gemäß §§ 56, 57 66 des Zust. Ges. handelt:

d) soweit keine besonderen Rechtsmittel gegen die Anordnung vorgesehen sind, Beschwerde, wie gegen die Anordnung.

Das will sagen, daß jeder an sich zulässige und rechtzeitige Angriff auf die Androhung des Zwangsmittels auch darauf gestützt werden kann, daß die im Zwangsverfahren getroffene Anordnung gesetzlich unzulässig ist, E. O. V. Bd. X S. 352. Anm. 2.

Ueber den Gegensatz zwischen „Festsetzung und Ausführung eines Zwangsmittels" einerseits und der „Androhung", sowie der „Anordnung" selbst andererseits vgl. E. O. V. Bd. IX S. 385. Anm. 3.

Unter der Beschwerde im Aufsichtswege ist hier nicht die Beschwerde an die ordentlichen Beschwerdeinstanzen zu verstehen, sondern die Beschwerde an die Aufsichtsinstanzen. So ist Aufsichtsinstanz für die Polizeiverwaltungen der kreisangehörigen Städte mit mehr als 10,000 Einwohnern der Landrat, Beschwerdeinstanz dagegen der Regierungspräsident; Aufsichtsinstanz für das Polizeipräsidium in Berlin der zuständige Minister, Beschwerdeinstanz dagegen der Regel nach der Oberpräsident von Berlin. Anm. 4.

b) Hinsichtlich des Schutzes durch Anwendung des Waffengebrauches kann auf die Ausführungen oben in § 10 verwiesen werden, wo dargelegt ist, wer zum Waffengebrauche befugt ist und in welchen Fällen von dieser Befugnis Gebrauch zu machen ist.

Einer mißbräuchlichen Anwendung des Rechts zum Waffengebrauche hat sich der Beamte zu enthalten, da er bei Ueberschreitung seiner Befugnisse nicht nur eine Rüge seiner vorgesetzen bezw. Aufsichtsbehörde zu gewärtigen hat, sondern sich auch strafbar machen kann.

Er unterfällt dann nicht nur den allgemeinen Bestimmungen der §§ 211ff. (Verbrechen und Vergehen wider das Leben) und § 223 (Körperverletzung) des R. Str. G. B.'s, sondern es finden auf den Beamten auch die besonderen Bestimmungen der §§ 222 Abs. 2, 230 Abs. 2, 232 Abs. 1 und 340 R. Str. G. B. Anwendung.

Diese lauten:

„§ 222. Wer durch Fahrlässigkeit den Tod eines Menschen verursacht, wird mit Gefängnis bis zu drei Jahren bestraft.

Wenn der Thäter zu der Aufmerksamkeit, welche er aus den Augen setzte, vermöge[2]) seines Amtes,[1]) Berufes oder Gewerbes besonders verpflichtet[3]) war, so kann die Strafe bis auf fünf Jahre Gefängnis erhöht werden."

Anm. 1. Unter dem Amte, das dem Thäter übertragen sein muß, ist ein öffentliches Amt zu verstehen (a. M. R. G. Bd. IV S. 26.)

Anm. 2. „vermöge seines Amtes." Nicht bloß diejenigen Handlungen, die der Thäter in seinem Amte, in dessen Ausübung vornimmt, sondern alle Handlungen, die überhaupt in den Kreis der Amtshandlungen fallen, werden betroffen.

Anm. 3. „Verpflichtet." Der Thäter muß zu der Aufmerksamkeit, die er außer Acht ließ, besonders verpflichtet sein, d. h. ihm muß eine besondere durch sein Amt erhöhte Verpflichtung zur Aufmerksamkeit auferlegt sein.

„§ 230. Wer durch Fahrlässigkeit die Körperverletzung eines Anderen verursacht, wird mit Geldstrafe bis zu neunhundert Mark oder mit Gefängnis bis zu zwei Jahren bestraft.

War der Thäter zu der Aufmerksamkeit, welche er aus den Augen setzte, vermöge[2]) seines Amtes,[1]) Berufes oder Gewerbes besonders verpflichtet,[3]) so kann die Strafe auf drei Jahre Gefängnis erhöht werden."

Anm. 1—3. Vgl. die obigen Anm. 1—3 zu § 222.

„§ 232. Die Verfolgung leichter vorsätzlicher, sowie aller durch Fahrlässigkeit verursachter Körperverletzungen (§§ 223, 230) tritt nur auf Antrag ein, insofern nicht die Körperverletzung mit Uebertretung[1]) einer Amts-, Berufs- oder Gewerbspflicht begangen worden ist.

Ist das Vergehen gegen einen Angehörigen verübt, so ist die Zurücknahme des Antrages zulässig.

Die in den §§ 195, 196 und 198 enthaltenen Vorschriften finden auch hier Anwendung."

Anm. 1. Die Uebertretung einer solchen Pflicht fällt bei Fahrlässigkeit mit der Außerachtlassung der Aufmerksamkeit, zu der der Thäter vermöge seines Amtes verpflichtet war, zusammen. § 230. Die fahrlässige Körperverletzung ist hier nicht Antragsvergehen.

„§ 340. Ein Beamter,[1]) welcher in Ausübung oder in Veranlassung der Ausführung seines Amtes vorsätzlich[2]) eine Körperverletzung begeht oder begehen[3]) läßt, wird mit Gefängnis nicht unter drei Monaten bestraft. Sind mildernde Umstände vorhanden, so kann die Strafe bis auf einen Tag Gefängnis ermäßigt oder auf Geldstrafe bis zu neunhundert Mark erkannt werden.

Ist die Körperverletzung eine schwere, so ist auf Zuchthaus nicht unter zwei Jahren zu erkennen. Sind mildernde Umstände vorhanden, so tritt Gefängnisstrafe nicht unter drei Monaten ein."

Subjekt des Vergehens ist jeder Beamte im Sinne des § 359 R. St. G. B. Anm. 1.

Der Ausdruck „vorsätzlich“ bezeichnet das Bewußtsein der Rechtswidrigkeit. Hat der Beamte seine Amtsbefugnisse nur aus Irrtum überschritten, so findet nicht gerichtliche Verfolgung, sondern Disziplinarbestrafung statt, und zwar auch dann, wenn ein Beamter durch Mißbrauch seiner Amtsgewalt jemand zu einer Handlung, Duldung oder Unterlassung widerrechtlich nötigt (§ 339), E. O. Trib. v. 12. I. 1856 (M. Bl. S. 114). Anm. 2.

D. h. wenn er die Handlung eines Anderen herbeiführt, nicht schon, wenn er sie geschehen läßt. Anm. 3.

c) Der besondere den Beamten gewährte strafrechtliche Schutz ist in folgenden Bestimmungen des R. St. G. B.'s enthalten:

Sechster Abschnitt. Widerstand gegen die Staatsgewalt.

„**§ 113.** Wer einen Beamten,[1]) welcher zur Vollstreckung[2]) von Gesetzen,[3]) von Befehlen und Anordnungen der Verwaltungsbehörden oder von Urteilen und Verfügungen der Gerichte berufen[4]) ist, in der rechtmäßigen[6]) Ausübung[5]) seines Amtes durch Gewalt oder durch Bedrohung mit Gewalt Widerstand[7]) leistet, oder wer einen solchen Beamten während der rechtmäßigen Ausübung seines Amtes thätlich angreift, wird mit Gefängnis von vierzehn Tagen bis zu zwei Jahren bestraft.

Sind mildernde Umstände vorhanden, so tritt Gefängnisstrafe bis zu einem Jahre oder Geldstrafe bis zu eintausend Mark ein.

Dieselben Strafvorschriften treten ein, wenn die Handlung gegen Personen, welche zur Unterstützung[8]) des Beamten zugezogen waren, oder gegen Mannschaften der bewaffneten Macht oder gegen Mannschaften einer Gemeinde-, Schutz- oder Bürgerwehr in Ausübung des Dienstes begangen wird.“

Beamte, die zur Vollstreckung berufen sind, sind alle diejenigen Beamten, die die staatliche Exekutivgewalt direkt zur Anwendung bringen. Sie brauchen keine sog. Exekutivbeamte im eigentlichen Sinne zu sein. Anm. 1.

„**Vollstreckung**“ ist eine nötigenfalls zwangsweise durchzuführende Verwirklichung einer durch ein zuständiges staatliches Organ festgestellten und kundgegebenen Maßregel (Olshausen S. 449). Anm. 2.

Von **Gesetzen**, nicht ohne weiteres jedes amtlichen Auftrages. Anm. 3.

„**Berufen**“ ist der Beamte, wenn er aus seiner amtlichen Stellung das Recht und die Pflicht hat, selbständig zwecks Aufrechterhaltung eines gesetzlichen Zustandes einzuschreiten. Hierher gehören u. a. die Polizeibeamten, die Gemeinde-Nachtwächter, Förster, Feldhüter. Anm. 4.

„Amtsausübung“. Es muß eine Ausübung des Amtes, nicht die Verfolgung privatrechtlicher Interessen vorliegen. Anm. 5.

„Rechtmäßigkeit“. Der Beamte muß sachlich und örtlich zuständig sein und die für Vornahme von Vollstreckungshandlungen wesentlichen Voraussetzungen und Förmlichkeiten beobachten. Anm. 6.

Ingleichen muß der Beamte die Handlung nach seinem pflichtmäßigen Ermessen für richtig halten. Rechtsirrtümlich darf seine Handlung jedoch nicht sein, auch nicht gegen ein Verbotsgesetz verstoßen.

Anm. 7. Wer Widerstand leistet, muß wissen, daß der andere ein Beamter ist und in Ausübung seines Amtes begriffen ist; nicht ist erforderlich, daß er die Ausübung für rechtmäßig hält. Der Widerstand muß sich gegen die Thätigkeit des Beamten richten, er muß mit Gewalt verbunden sein, um die Thätigkeit zu erschweren oder zu vereiteln.

Anm. 8. Die Zuziehung muß durch den Beamten selbst resp. durch seinen Vorgesetzten veranlaßt sein.

§ 114. „Wer es unternimmt, durch Gewalt oder Drohung eine Behörde oder einen Beamten zur Vornahme oder Unterlassung einer Amtshandlung zu nötigen, wird mit Gefängnis nicht unter drei Monaten bestraft.

Sind mildernde Umstände vorhanden, so tritt Gefängnisstrafe bis zu zwei Jahren ein."

§ 116. „Wird eine auf öffentlichen Wegen, Straßen oder Plätzen versammelte Menschenmenge von dem zuständigen Beamten oder Befehlshaber der bewaffneten Macht aufgefordert,[1]) sich zu entfernen, so wird jeder der Versammelten, welcher nach der dritten Aufforderung sich nicht entfernt, wegen Auflaufs mit Gefängnis bis zu drei Monaten oder mit Geldstrafe bis zu eintausendfünfhundert Mark bestraft.

Ist bei einem Auflaufe gegen die Beamten oder die bewaffnete Macht mit vereinten Kräften thätlicher Widerstand geleistet oder Gewalt verübt worden, so treten gegen diejenigen, welche an diesen Handlungen Teil genommen haben, die Strafen des Aufruhrs ein."

Anm. 1. Ob ein Polizei-Sergeant oder ein sonstiger dem eigentlichen Träger der örtlichen Polizeigewalt untergeordneter Polizeibediensteter im Sinne des § 116 als **„zuständiger"** Beamter bezeichnet werden darf, wird in Ermangelung besonderer Bestimmungen der Regel nach davon abhängig zu machen sein, ob er thatsächlich so viel Selbständigkeit in der Ausübung seiner amtlichen Funktionen besitzt, um unter eigener Verantwortlichkeit die für die Aufrechterhaltung der öffentlichen Ruhe und Ordnung unmittelbar erforderlichen Anordungen treffen zu dürfen, R. G. St. B. VI. S. 91. Dasselbe gilt von Schutzmännern, R. G. St. Bd. XII S. 428.

§ 117. „Wer einem Forst- oder Jagdbeamten, einem Waldeigentümer, Forst- oder Jagdberechtigten, oder einem von diesen bestellten Aufseher in der rechtmäßigen[1]) Ausübung seines Amtes oder Rechtes durch Gewalt oder durch Bedrohung mit Gewalt[2]) Widerstand leistet, oder wer eine dieser Personen während der Ausübung ihres Amtes oder Rechtes thätlich angreift, wird mit Gefängnis von vierzehn Tagen bis zu drei Jahren bestraft.

Ist der Widerstand oder der Angriff unter Drohung mit Schießgewehr,[3]) Aexten oder anderen gefährlichen Werkzeugen erfolgt, oder mit Gewalt an der Person begangen worden, so tritt Gefängnisstrafe nicht unter drei Monaten ein.

Sind mildernde Umstände vorhanden, so tritt in den Fällen des Absatz 1 Gefängnisstrafe bis zu einem Jahre, in den Fällen des Abs. 2 Gefängnisstrafe nicht unter einem Monat ein."

Der gewaltsame ꝛc. Widerstand gegen einen Forstaufseher ist nur dann, wenn der Letztere vom Waldeigenthümer, dem Forst- oder Jagdberechtigten selbst oder in seinem Auftrage, nicht auch, wenn er nur von einem (Privat-) Förster bestellt war, aus § 117 zu bestrafen. — Damit der thätliche Angriff gegen einen Forstaufseher die Strafe des § 117 nach sich ziehe, bedarf es der Feststellung, daß er sich in der rechtmäßigen Ausübung seines Amtes ꝛc. befunden habe, Erk. O. Trib. v. 19. IX. 1872 (J. M. Bl. S. 283). Anm. 1.

Der Widerstand gegen einen Forstbeamten ꝛc. fällt unter den § 117 nur dann, wenn der Vorfall sich in dem zu beaufsichtigenden Forste oder bei Verfolgung eines Frevlers aus dem letzteren ereignet. — Ein Forstbeamter, der eine Haussuchung vornimmt, befindet sich nur dann in der rechtmäßigen Ausübung seines Amtes, wenn dabei die Vorschriften über Mitwirkung der Kommunal- oder der Ortspolizeibehörde beobachtet worden sind. — Der Forstbeamte ist nicht berechtigt, das von ihm gepfändete, angeblich gefrevelte Holz sofort zu verkaufen. — Die Beleidigung eines amtlich thätigen Beamten wird dadurch nicht straflos, daß dieser nicht in gesetzlicher Weise zu Werke gegangen war, Erk. O. Trib. v. 13. IX. 1872 (J. M. Bl. S. 290). Wegen Mißhandlung von Beamten, die nicht in der rechtmäßigen Ausübung ihres Amtes begriffen sind vgl. auch Erk. O. Trib. v. 4. I. 1872 (J. M. Bl. S. 86).

Ein Forstbeamter befindet sich in der rechtmäßigen Ausübung seines Amtes, wenn er außerhalb des seiner Obhut anvertrauten Waldes einen Menschen unter Umständen antrifft, welche auf einen von ihm unmittelbar vorher im Walde verübten Frevel hindeuten, und wenn er dieserhalb gegen ihn (z. B. im Wege der Pfändung) einschreitet, Erk. O. Trib. v. 14. XI. 1867 bei Opp. Anm. 18 zu § 113.

Unter den Thatbestand des in § 117 vorgesehenen Vergehens fällt auch derjenige Widerstand, der den Berechtigten bei Ausübung ihres Jagdrechtes entgegengesetzt wird, R. G. St. B. II S. 170.

Die Gewalt braucht nicht gegen die Person des Beamten verübt zu sein, Erk. O. Trib. v. 6. I. 1875, es genügt das gewaltsame Festhalten der Gegenstände, welche der Beamten mit Beschlag belegen will, Erk. v. 8. IX. 1869, Opp. Anm. 12 zu § 117. Anm. 2.

Die obige Vorschrift kommt zur Anwendung, auch wenn das Gewehr nicht geladen war, R. G. St. B. IX S. 176. Anm. 3.

§ 118. „Ist durch den Widerstand oder den Angriff eine Körperverletzung dessen, gegen welchen die Handlung begangen ist, verursacht worden, so ist auf Zuchthaus bis zu zehn Jahren zu erkennen.

Sind mildernde Umstände vorhanden, so tritt Gefängnisstrafe nicht unter drei Monaten ein.“

§ 119. „Wenn eine der in den §§ 117 und 118 bezeichneten Handlungen von mehreren gemeinschaftlich begangen worden ist, so kann die Strafe bis um die Hälfte des angedrohten Höchstbetrages, die Gefängnisstrafe jedoch nicht über fünf Jahre erhöht werden.“

§ 120. „Wer einen Gefangenen [1]) aus der Gefangenenanstalt oder aus der Gewalt der bewaffneten Macht, des Beamten oder desjenigen, unter dessen Beaufsichtigung, Begleitung oder Bewachung er sich befindet, vorsätzlich befreit oder ihm zur Selbstbefreiung vorsätzlich behülflich ist, wird mit Gefängnis bis zu drei Jahren bestraft.

Der Versuch ist strafbar."

Anm. 1. Unter Gefangenen sind nicht bloß verhaftete und vorläufig festgenommene, sondern alle diejenigen Personen zu verstehen, denen in gesetzlich gebilligter Form die persönliche Freiheit entzogen ist und die sich zufolge dieser Freiheitsentziehung in der Gewalt der zuständigen Behörde befinden (R. G. St. Bd. XII S. 162).

Auch Personen, die behufs Feststellung ihres Namens sistiert werden sollen, sind Gefangene im Sinne des § 120 (R. G. Str. Bd. XII S. 426). Selbstbefreiung eines Gefangenen ist straflos, nicht aber Anstiftung dazu, R. G. St. Bd. III 140.

Hinsichtlich der **Beleidigung von Beamten** finden die allgemeinen Bestimmungen des 14. Abschn. R. Str. G. B.'s über Beleidigung (§ 185 ff.) Anwendung; eine Besonderheit hinsichtlich der Antragstellung enthält:

§ 196. „Wenn die Beleidigung gegen eine Behörde, einen Beamten,[1]) einen Religionsdiener oder ein Mitglied der bewaffneten Macht, während sie in der Ausübung ihres Berufes[2]) begriffen sind, oder in Beziehung auf ihren Beruf begangen ist, so haben außer den unmittelbar Beteiligten auch deren amtliche Vorgesetzte[3]) das Recht, den Strafantrag zu stellen."

Anm. 1. Nicht gegen einen verabschiedeten Beamten, auch wenn die Beleidigung sich auf dessen frühere amtliche Thätigkeit bezieht.

Anm. 2. Berufsausübung. Die Beleidigung muß sich auf die amtliche Thätigkeit, nicht auf außeramtliche Handlungen beziehen, die den Beleidigten als seiner Berufsstellung unwürdig erscheinen zu lassen geeignet wären.

Anm. 3. Jeder, nicht bloß der unmittelbare Vorgesetzte.

Abschnitt III.

Die Pflichten der Kommunalbeamten.

I. Pflicht der Treue und des Gehorsames.

§ 28.

1. Gegen König und Regierung.

Nach § 2 II. 10. A. L. R.'s sind die Beamten „außer den allgemeinen Unterthanenpflichten dem Oberhaupte des Staates besondere Treue und Gehorsam schuldig." Diese Pflicht der Treue und des Gehorsames gegen den König wird verstärkt durch den Diensteid, dessen Formel diese Pflicht besonders betont (vgl. oben § 6). Die Pflicht der Treue und des Gehorsames hat der Beamte aber nicht nur dem Könige, sondern auch der in seinem Auftrage die Staatsgeschäfte leitenden Regierung zu bezeigen. Er hat sein amtliches und außeramtliches Verhalten mit dieser Pflicht, deren Verletzung einen Verstoß gegen § 2 des Disziplinarges. v. 21. VII. 1852 (vgl. unten § 37) darstellen könnte, in Einklang zu bringen.

Nach dieser Richtung hin sind einige allgemeine Grundsätze durch folgende Kundgebungen (Erlasse und Entscheidungen) gekennzeichnet worden. Sie bewegen sich in der Richtung, daß es der Pflicht der Treue gegen den König entspreche, die Politik des Königs und seiner Regierung zu stützen, ihr insbesondere nicht entgegenzuarbeiten, sich vielmehr jeder Agitation gegen die Regierung, auch bei den Wahlen zu enthalten.

a) Der Allerh. Erl. v. 4. I. 1882 (Seydel S. 53) führt folgendes aus:

„Das Recht des Königs, die Regierung und die Politik Preußens nach eigenem Ermessen zu leiten, ist durch die Verfassung eingeschränkt, aber nicht aufgehoben. Die Regierungsakte des Königs bedürfen der Gegenzeichnung eines Ministers und sind, wie dies auch vor Erlaß der Verfassung geschah, von den Ministern des Königs zu vertreten, aber sie bleiben Regierungsakte des Königs, aus dessen Entschließungen sie hervorgehen und der seine Willensmeinung durch sie verfassungsmäßig ausdrückt. Es ist deshalb nicht zulässig und führt zur Verdunkelung der verfassungsmäßigen Königsrechte, wenn deren Ausübung so dargestellt wird, als ob sie von den dafür verantwortlichen jedesmaligen Ministern, und nicht von dem Könige selbst ausginge. Die Verfassung Preußens ist der Ausdruck der monarchischen Tradition dieses Landes, dessen Entwickelung auf den lebendigen Beziehungen seiner Könige zum Volk beruht. Diese Beziehungen lassen sich auf die vom Könige ernannten Minister nicht übertragen, denn sie knüpfen sich an die Person des Königs. Ihre Erhaltung ist eine staatliche Notwendigkeit für Preußen. Es ist deshalb Mein Wille, daß sowohl in Preußen, wie in gesetzgebenden Körpern des Reiches über Mein und Meiner Nachfolger verfassungmäßiges Recht zur persönlichen Leitung der Politik Meiner Regierung kein Zweifel gelassen und der Meinung stets widersprochen werde, als ob die in Preußen jederzeit bestandene und durch Artikel 43 der Verfassung ausgesprochene Unverletzlichkeit der Person des Königs oder die Notwendigkeit verantwortlicher Gegenzeichnung, Meinen Regierungsakten die Natur selbständiger Kgl. Entschließungen benommen hätte. Es ist die Aufgabe Meiner Minister Meine verfassungsmäßigen Rechte durch Verwahrungen gegen Zweifel und Verdunkelung zu vertreten. Das Gleiche erwarte Ich von allen Beamten, welche Mir den Amtseid geleistet haben. Mir liegt es fern, die Freiheit der Wahlen zu beeinträchtigen, aber für diejenigen Beamten, welche mit der Ausführung Meiner Regierungsakte betraut sind, und deshalb ihres Dienstes nach dem Disziplinarges. enthoben werden können, erstreckt sich die durch den Diensteid beschworene Pflicht auf Vertretung der Politik Meiner Regierung auch bei den Wahlen. Die treue Erfüllung dieser Pflicht werde Ich mit Dank erkennen und von allen Beamten erwarten, daß sie sich im Hinblicke auf ihren Eid der Treue von jeder Agitation gegen Meine Regierung auch bei den Wahlen fern halten."

b) Die Entsch. des Ob. Trib. v. 14. IX. 1863. (M. Bl. S. 181, J. M. Bl. S. 243) führt aus:

„Auch in seinem außerdienstlichen Verhalten insbesondere auch bei Wahrnehmung seiner politischen Rechte muß der Beamte der Rücksichten eingedenk sein, welche er infolge seiner amtlichen Stellung als Staatsdiener der Staatsregierung schuldig ist. Zu der schuldigen Rücksicht aber gehört, von öffentlichen Kundgebungen und Aufreizungen gegen die bestehende Regierung sich fern zu halten. Das Festhalten an der eigenen politischen Ueberzeugung wird von der Beteiligung an öffentlichen Parteikundgebungen weder berührt, noch bedingt."

Weiter wird ausgeführt, daß die politische Beteiligung des Beamten ihre Grenze durch sein Dienstverhältnis und dessen Disziplinarbestimmungen finde und vom Gesichtspunkte der besonderen Dienstpflichten zu betrachten sei. Es sei daher unzulässig, wenn ein mit der guten Ordnung des Staates betrauter

Beamter sich an Demonstrationen oder Parteiumtrieben, die das Volk gegen die Regierung beeinflussen, beteilige.

c) In demselben Sinne haben sich zwei fernere Entscheidungen des Ob. Trib. v. 3. X. 1864 und 6. XI. 1865 (Rönne Bd. I S. 460) ausgesprochen; der Beamte darf sich mit den von der Staatsregierung vertretenen Anschauungen und Auffassungen nicht in Widerspruch setzen und keine Thätigkeit entwickeln, die darauf zielt, Mißstimmungen und Widerstreben im Volk gegen die Intentionen der Regierung zu erregen oder ihre Maßregeln zu hindern.

d) Diese Grundsätze sind vom O. V. G. (E. O. V. Bd. XIV. S. 404) anerkannt worden. Auch dies geht davon aus, daß zwar sämtliche Staatsbeamte zur Teilnahme am politischen Leben berufen sind, daß kein Gesetz, keine Norm der Dienstpragmatik sie grundsätzlich davon ausschließe, daß sie aber auch in ihrer politischen Thätigkeit als Staatsbürger nicht von den ihnen durch ihr Staatsamt auferlegten Pflichten entbunden sind.*)

e) In gleicher Richtung bewegt sich der Erlaß der Staatsregierung v. 31. VIII. 1899. (Deutscher Reichs-Anz. No. 205).

„Die Königliche Staatsregierung hat zu ihrem lebhaften Bedauern die Wahrnehmung machen müssen, daß ein Teil der Beamten, welchen die Vertretung der Politik Seiner Majestät des Königs und die Durchführung und Förderung der Maßnahmen der Regierung Seiner Majestät obliegt, sich dieser Pflicht nicht in vollem Maße bewußt ist.

Nicht nur die höheren politischen Beamten, sondern auch die Königlichen Landräte dürfen sich in ihrer amtlichen Thätigkeit nicht durch die Stimmungen ihrer Kreise und die Meinungen der Bevölkerung über die Maßnahmen der Regierung Seiner Majestät beirren lassen; sie sind berufen und verpflichtet, die ihnen bekannten Anschauungen derselben zu vertreten und die Durchführung ihrer Politik, insbesondere in wichtigen Fragen, zu erleichtern und das Verständnis für dieselben in der Bevölkerung zu erwecken und zu pflegen. In allen Beziehungen, in welche sie durch ihre amtliche Stellung mit dem öffentlichen Leben gebracht werden, haben sie sich gegenwärtig zu halten, daß sie die Träger der Politik der Regierung Seiner Majestät sind und den Standpunkt derselben wirksam zu vertreten haben, unter keinen Umständen aber auf Grund ihrer persönlichen Meinungen die Aktion der Regierung zu erschweren berechtigt sind. Sie würden im andern Falle durch ihr Verhalten

*) Vgl. weitere Entscheidungen unten zu § 2 des Disziplinarges. v. 21. VII. 1852.

die Autorität der Staatsregierung schwächen, die Einheitlichkeit der Staatsverwaltung gefährden, ihre Kraft lähmen und Verwirrung in den Gemütern hervorrufen.

Ein solches Verhalten steht mit allen Traditionen der preußischen Verwaltung im Widerspruch und kann nicht geduldet werden.

Wir vertrauen, daß es genügen wird, die politischen Beamten hierauf mit Ernst und Bestimmtheit hinzuweisen, und hoffen, daß nicht wieder ein Anlaß geboten werden wird, weitergehende Maßregeln zu treffen."

Von ähnlichen Gesichtspunkten müssen die Beamten sich hinsichtlich der **Beteiligung an Vereinen** leiten lassen.

Hierüber spricht sich

f) der Min. Erl. v. 11. V. 1850 (M. Bl. S. 122), wie folgt, aus:

„So wenig auch den Beamten die Teilnahme an Vereinen, welche die Einwirkung auf öffentliche Angelegenheiten bezwecken, beschränkt ist, so dürfen sie doch dieses Recht nur mit derjenigen Vorsicht und innerhalb derjenigen Grenze gebrauchen, welche ihnen durch ihre amtliche Stellung vorgeschrieben ist. . . . .

Beteiligen sie sich an Vereinen, welche statutenmäßig oder faktisch eine der Staatsregierung feindselige Tendenz verfolgen, eine systematische Opposition gegen dieselbe unterhalten, den bestehenden verfassungsmäßigen Zustand zu untergraben suchen, die Pflicht der Treue gegen den König gering achten und anstatt die Regierung zu unterstützen, ihr hemmend entgegenzutreten bemüht sind, so gefährden und verletzen sie nicht nur ihre eigentliche Dienstpflicht, indem sie neben der Teilnahme an dem Wirken solcher Vereine gegen die Staatsregiernng in dem amtlichen Wirken für dieselbe gelähmt werden müssen, und den von der Staatsregierung eingeschlagenen Weg unmöglich mit voller Gewissenhaftigkeit innehalten, unmöglich das zu einer ersprießlichen Amtsthätigkeit erforderliche Ansehen und Vertrauen sich bewahren können, sondern sie verletzen offenbar auch die ihnen für ihr außeramtliches Leben obliegenden besonderen Pflichten und rauben sich selbst die öffentliche Achtung, indem man einen Mann verachten wird und verachten muß, der, was er zu fördern berufen ist und zu fördern eidlich gelobt hat, zu lähmen und zu untergraben sucht."

Dasselbe, was hinsichtlich der Beteiligung an Vereinen gesagt ist, gilt auch hinsichtlich derjenigen an **politischen Parteien** (vgl. E. O. V. v. 29. I. 1897 M. Bl. S. 92 u. a.; siehe unten § 37, Anm. zu § 2 Diszipl. Ges.).

Inwiefern die Verletzung der Pflichten gegen König und Regierung ein Disziplinarvergehen darstellt, vgl. unten § 37, Anm. zu § 2 Diszipl. Ges.

§ 29.

2. Gegen die vorgesetzte Dienstbehörde und im Amt.

a) Bei den Kommunalbeamten greift der Inhalt der im § 28 erörterten Treuepflicht weiter, als dort ausgeführt worden ist. Der Beamte ist auch seinem besonderen **Dienstherrn** gegenüber zur Treue verpflichtet, er hat stets auch dessen Interessen zu vertreten und darf ihnen nicht entgegenhandeln.

b) Er ist ferner seinen Dienstvorgesetzten gegenüber zum Gehorsame, zur Ehrerbietung und rücksichtsvollen Achtung verpflichtet. Er hat den Anordnungen seiner Vorgesetzten, soweit sie nicht ungesetzlich sind, Folge zu leisten, wobei ihm unbenommen ist, Zweifel und Bedenken, die in ihm entstehen, in geziemender Weise zum Ausdrucke zu bringen. Die für die östlichen Provinzen ergangene Instr. der Magisträte v. 25. V. 1835 (v. Kamptz Annalen Bd. XIX S. 733) bestimmt, daß die Mitglieder des Magistrates, sowie alle Unterbeamten verpflichtet sind, dem Bürgermeister in den in sein Amtsbereich fallenden Angelegenheiten Folge zu leisten. Dem Magistrate, seinen Mitgliedern, insbesondere dem Dirigenten sind die Unterbeamten Achtung und Folgsamkeit schuldig. § 25.

Die Pflicht, den Vorgesetzten Achtung und Zuvorkommenheit zu zeigen, besteht sowohl in, wie außer dem Amte. Inwiefern eine Verletzung dieser Pflicht sich als Verstoß gegen § 2 Diszipl. Ges. darstellt, siehe unten § 37 Anm. zu § 5 des Diszipl. Ges.

c) Pflicht der **Treue im Berufe.***)

Der Beamte hat die ihm übertragenen Geschäfte und

---

*) Folgende noch in Giltigkeit befindliche Bestimmungen des Allgem. Landrechtes seien im Anschlusse hieran erwähnt:

A. L. R. T. II Tit. 10:

„§ 72. Wer sich durch Bestechungen oder andere unerlaubte Wege in ein Amt eindrängt, soll desselben sofort wieder entsetzt werden.

§ 73. Alle Verträge und Versprechungen, wodurch Jemandem, gegen Zuwendung eines Amtes Privatvorteile zugesagt oder wirklich eingeräumt worden, sind null und nichtig.

§ 74. Auch Verabredungen zwischen einem abgehenden Beamten und dessen Nachfolger, wodurch dem Ersteren von den Einkünften des Amtes etwas vorbehalten werden soll, sind nur so weit gültig, als sie von der vorgesetzten Behörde ausdrücklich genehmigt worden.

§ 75. Wer wissentlich eine Bedienung einer dazu nicht tauglichen Person anvertraut, muß dem Staat und den einzelnen Bürgern desselben für allen durch die Unwissenheit und Untauglichkeit eines solchen Bedienten entstandenen Nachteil gerecht werden (Tit. 20 Abschn. 8).

amtlichen Aufträge pflichtgemäß mit genauester Aufmerksamkeit (§ 88 II. 10. A. L. R.'s) zu erfüllen. Hiermit stimmt auch das Gelöbnis des Diensteides überein. Die pflichtmäßige Führung bedingt einerseits, daß der Beamte „sein Amt nicht zur Beleidigung oder Bevorteilung anderer mißbrauchen" soll (§ 86 II. 10. A. L. R.'s), andererseits, daß er die ihm zur Erledigung übertragenen Geschäfte nicht anderen eigenmächtig an seiner Statt übertrage*) (§§ 41 A. L. R. I 13). Er muß sein Amt selbst

---

§ 76. Niemand soll sich eigenmächtig die Verwaltung eines Amtes anmaßen, wozu er von der vorgesetzten Behörde nicht angewiesen worden.

§ 77. Wer dieses thut, und vermöge eines solchen Amtes Handlungen vornimmt, zu welchen er nach den Gesetzen überhaupt nicht qualifiziert ist, dessen Handlungen sind unkräftig.

§ 78. Mangelt es ihm nicht an den erforderlichen Eigenschaften zu Handlungen dieser Art überhaupt: so können zwar seine Handlungen, zum Nachteil der Parteien, in der Regel, und wo nicht besondere Gesetze ein anderes vorschreiben, für nichtig nicht angesehen werden.

§ 79. Er hat aber, auch in diesem Falle nach Verhältnis des Grades seiner Schuld bei der ungebührlichen Anmaßung des Amtes, seiner aus den Umständen sich ergebenden unerlaubten Absicht dabei, und der aus der Anmaßung entstandenen schädlichen Folgen, wenn nicht besondere Gesetze die Ahndung näher bestimmen, willkürliche Geld- oder Gefängnisstrafe verwirkt.

§ 80. Alles, was der unbefugte Anmaßer bei Gelegenheit der von ihm unternommenen Amtshandlungen empfangen hat, muß er zurückgeben.

§ 81. Niemand soll, bei zehn bis dreihundert Thalern fiskalischer Geldstrafe, sich ein Amt anmaßen, welches ihm nicht auf eine der angeführten Ordnung gemäße Art übergeben worden.

§ 82. Allen Schaden, welcher aus solchen ungebührlichen Anmaßungen für den Staat oder einen Dritten entsteht, muß er ersetzen."

*) Die §§ 41—45 I 13 A. L. R. lauten:

„§ 41. Geschäfte eines öffentlichen Amtes soll niemand eigenmächtig einem anderen an seiner Statt auftragen.

§ 42. Ist es dennoch geschehen, so sind die Handlungen des Substituten nichtig und er sowohl, als sein Machtgeber haften, einer für beide und beide für einen, wegen alles daraus entstandenen Schadens.

§ 43. War jedoch der Substitut zur Verrichtung von Amtshandlungen dieser Art an sich qualifiziert, so wird zwar dadurch, daß der, welchem das Geschäft eigentlich oblag, ihn dazu eigenmächtig substituiert hat, die Handlung selbst noch nicht ungültig.

§ 44. Derjenige aber, welcher sich eine solche eigenmächtige Substitution angemaßt hat, soll nach Bewandnis der Umstände mit verhältnismäßiger Geld- oder Gefängnisstrafe belegt werden.

§ 45. Auch von dieser Strafe bleibt ein Beamter frei, welcher durch Krankheit oder anderen Zufall, die Geschäfte seines Amts zu verwalten, auf eine Zeitlang außer Stand gesetzt worden, und auf so lange, bis von seinem Vorgesetzten wegen einstweiliger Versehung desselben Anstalten getroffen worden, solche Amtshandlungen, die keinen Aufschub leiden, anderen, welche zu Geschäften von gleicher Art, öffentlich bestellt und verpflichtet sind, aufgetragen hat."

verwalten. Daraus, daß der Beamte nicht nur einzelne Amtsgeschäfte zu erledigen, sondern ein Amt zu führen hat, folgt, daß er entsprechend den Anordnungen seiner Vorgesetzten bei Geschäftserweiterung, sowie bei notwendig werdenden Vertretungen erkrankter Beamten, auch fernere in den Kreis seiner Amtsthätigkeit fallende Geschäfte zu erledigen hat und zwar ohne Anspruch auf Erhöhung des Gehaltes oder Zahlung sonstiger Entschädigungen.

Der Beamte hat sich ferner seinem Amte ganz zu widmen und darin seine Lebensaufgabe zu finden. Er ist daher in der Annahme von Nebenämtern und Nebengeschäften beschränkt (vgl. unten § 33).

In Zusammenhang mit der pflichtmäßigen Ausübung des Amtes steht auch, daß der Beamte den ihm zur Ausübung seines Amtes angewiesenen **Wohnort** ohne Vorwissen und Genehmigung seiner Vorgesetzten nicht verlassen darf. (§ 92 II. 10. A. L. R.'s) (über Urlaub vgl. unten § 32.)

Ueber Verletzung dieser Pflichten vgl. unten § 37. Anm. zu § 2 des Disziplinarges.

§ 30.

II. Die Pflicht der Amtsverschwiegenheit.

1. Als eine besondere Art der Treuepflicht stellt sich die Pflicht der Beamten zur **Amtsverschwiegenheit** dar, d. h. der Pflicht, über alle amtlichen Gegenstände, über die sie vermöge ihres Amtes Kenntnis erhalten, Stillschweigen zu beobachten; die Pflicht besteht allerdings nur soweit, als ein Stillscheigen durch das amtliche Interesse geboten ist.
2. Ueber diese Pflicht spricht sich näher die nachfolgende Kab. O. v. 21. XI. 1835 (G. S. S. 237) aus:

„Obgleich Gesetze und Dienstinstruktionen den öffentlichen Beamten Verschwiegenheit über Gegenstände ihres Amtes zur Pflicht machen, so habe Ich doch mißfällig in Erfahrung gebracht, daß diese Pflicht aus den Augen gesetzt, über dergleichen Gegenstände ohne amtliche Veranlassung mündliche oder schriftliche Mitteilung gemacht und solche selbst zur Publicität gebracht worden. Eine solche Verletzung der gesetzlichen Vorschriften ist nicht länger zu dulden; das Staatsministerium hat daher diese Mißbräuche abzustellen und zu veranlassen, daß die Departements-Chefs nicht nur ihren untergeordneten Behörden und Beamten die im Interesse des Dienstes unerläßliche Verschwiegenheit wiederholend und ernstlich einschärfen, sondern auch die geeigneten Anordnungen treffen, um die genaue Beobachtung derselben zu sichern und die Propagation amtlicher Verhandlung zu verhindern. Die Departements-Chefs haben auf die Befolgung dieser für die Beamten aller Kategorien geltenden Vorschrift mit Ernst und Sorgfalt zu halten, die Beamten, welche dieselbe verletzen, unnachsichtig zur Verantwortung und Bestrafung zu ziehen und Mir anzuzeigen, damit sie, dem Befinden nach, neben der verwirkten Strafe, ohne Pension aus dem Dienst entfernt werden."

In demselben Sinne hatte sich bereits die Kab. O. v. 31. XII. 1825 (G. S. S. 1826 S. 5) unter Ziffer D. X. Satz 2 und 3 ausgesprochen:

„Es darf kein Beamter über das, was amtlich zu seiner Kenntnis kommt, an dritte Personen Mitteilung oder gar etwas öffentlich bekannt machen. Thut er dies, so begeht er eine Pflichtverletzung, die nach der Größe derselben mit verhältnismäßiger Geldstrafe oder mit Entfernung aus dem Dienste im Disziplinarwege geahndet werden soll."

Einen besonderen Fall von Amtsverschwiegenheit enthalten das Einkommensteuerges. v. 24. VI. 1891 (G. S. S. 175) § 69, das Gewerbesteuerges. v. 24. VI. 1891 (G. S. S. 205) § 72 und das Ergänzungssteuerges. v. 14. VII. 1893 (G. S. S. 134) § 46, wonach die unbefugte Offenbarung der zur Kenntnis der bei der Steuerveranlagung beteiligten Beamten, sowie der Mitglieder der verschiedenen Steuerkomissionen gekommenen Erwerbs-, Vermögens- oder Einkommens-Verhältnisse oder Geschäftsgeheimnisse oder des Inhaltes einer Steuererklärung, sowie der darüber gepflogenen Verhandlungen mit Geldstrafe bis 1500 Mark oder mit Gefängnis bis zu 3 Monaten bestraft werden.

Zu den bei der Steuerveranlagung (einschließlich des Rechtsmittelverfahrens) beteiligten Beamten gehören aber Registraturbeamte, Kanzlisten, Boten und ähnliche Beamte nicht. Doch kann gegen sie, wie gegen alle Beamte, im Falle der Verletzung der Amtsverschwiegenheit ohne Rücksicht auf die Strafbarkeit aus § 69 des Einkommensteuerges. u. s. w. disziplinarisch eingeschritten werden.

Unbefugt ist auch eine nur fahrlässige Offenbarung, z. B. in Folge vorschriftswidriger Aufbewahrung der Steuererklärungen. Dagegen gehören zu den unbefugten Offenbarungen nicht die nach Lage der Sache erforderlichen amtlichen Mitteilungen an den Steuerpflichtigen selbst. Die lediglich zum Schutze der Steuerpflichtigen erlassenen Bestimmungen in § 69 u. s. w. dürfen nicht zu ihrem Nachteile verwendet werden. Vgl. E. O. V. in St. Bd. V S. 110.

3. Inwieweit die Verletzungen der Pflicht der Amtsverschwiegenheit sich als ein Disziplinarvergehen darstellt, vgl. unten § 37 Anm. zu § 2 des Disziplinarges.

4. In Verbindung mit der Pflicht zur Amtsverschwiegenheit stehen die folgenden Vorschriften der C. P. O. u. St. Pr. O.

§ 376 C. P. O. u. § 53 St. P. O. lauten:

„Oeffentliche Beamte, auch wenn sie nicht mehr im Dienste sind, dürfen über Umstände, auf welche sich ihre Pflicht zur Amtsverschwiegenheit bezieht,[1] [2] als Zeugen nur mit Genehmigung ihrer vorgesetzten Dienstbehörde oder der ihnen zuletzt vorgesetzt gewesenen Dienstbehörde vernommen werden. Für den Reichskanzler bedarf es der Genehmigung des Kaisers, für die Minister der Genehmigung des Landesherrn, für die Mitglieder der Senate der freien Hansestädte der Genehmigung des Senats.

Die Genehmigung darf nur versagt werden, wenn die Ablegung des Zeugnisses dem Wohle des Reiches oder eines Bundesstaates Nachteil bereiten würde."

[§ 376 C. P. O. Abs. 3.] „Die Genehmigung ist durch das Prozeßgericht einzuholen und dem Zeugen bekannt zu machen."

Ob die Umstände solche sind, entscheidet im Zweifelsfalle die vorgesetzte Behörde, deren Ausspruch in dieser Beziehung für die Richter maßgebend ist, R. G. Str. Bd. VII S. 74. Anm. 1.

Ueber die Ladung öffentlicher Beamten als Zeugen und Sachverständige vergl. St. M. B. v. 6. IV. 1883 (M. Bl. S. 80), Min. Erl. v. 17. V. 1883 (J. M. Bl. S. 155), v. 28. VII. 1886 (M. Bl. S. 181, J. M. Bl. S. 137).

Nach § 383 Ziffer 5 C. P. O. können die Beamten auch schon vor Einholung der Genehmigung ihr Zeugnis inbetreff der Thatsachen verweigern, die ihnen kraft ihres Amtes anvertraut sind und deren Geheimhaltung durch ihre Natur oder durch gesetzliche Vorschrift geboten ist. Anm. 2.

§ 408 C. P. O. u. § 76 St. P. O. lauten:

§ 76. „Dieselben Gründe, welche einen Zeugen berechtigen, das Zeugnis zu verweigern, berechtigen einen Sachverständigen zur Verweigerung des Gutachtens. Auch aus anderen Gründen kann ein Sachverständiger von der Verpflichtung zur Erstattung des Gutachtens entbunden werden.

Die Vernehmung eines öffentlichen Beamten als Sachverständigen findet nicht statt, wenn die vorgesetzte Behörde des Beamten erklärt, daß die Vernehmung den dienstlichen Interessen Nachteile bereiten würde".

§ 31.

III. Pflicht des achtungswürdigen Verhaltens.

Nach § 2 des Diszip. Ges. darf sich der Beamte durch sein Verhalten in oder außer dem Amte der Achtung, des Ansehens oder des Vertrauens, die sein Beruf erfordert, nicht unwürdig zeigen. Die Verletzung der hieraus folgenden Pflicht stellt ein Disziplinarvergehen dar. Vgl. hierzu unten § 37 Anm. zu § 2 des Disziplinarges.

Ueber die Pflicht zu einem achtungswürdigen Verhalten sind olgende für unmittelbare Staatsbeamte ergangene, aber auf Kommunalbeamte entsprechend anzuwendende Kundgebungen zu erwähnen.

1. § 38 der Reg. Instr. v. 23. X. 1817 (G. S. S. 248 Nr. 440.) lautet:

„c) Wegen Behandlung der Beamten.

„Gegen Beamte, welche lau in Erfüllung ihrer Pflichten sind, sie vernachlässigen oder gar absichtlich verletzen, oder ihr Amt dazu mißbrauchen, um ihren Eigennutz oder andere Privatleidenschaften und Nebenrücksichten zu befriedigen, muß ohne die geringste Nachsicht, ohne den mindesten Unterschied, wes Standes und Ranges sie sind, mit aller Energie und Strenge verfahren, und ebensowenig müssen Subjekte in öffentlichen Bedienungen gelitten werden, die durch ihr Privatleben Gleichgültigkeit gegen Religion und Moralität an den Tag legen oder sich sonsten durch ihren Wandel verächtlich machen, wozu auch Trunkenheit und Spiel gehört. Sie entehren das Vertrauen, welches der Staat in sie bei ihrer Wahl gesetzt hat und sind unwert, der öffentlichen Sache zu dienen."

(Vgl. hierzu ferner Min. Erl. v. 21. IV. 1845 M. Bl. S. 114, 115).

Zu vorstehender Bestimmung bemerkt erläuternd die Kab. O. v. 31. XII. 1825, (G. S. 1826 S. 5) in Ziffer D. X. Satz 1.

„Zu den in der Instruktion vom Jahre 1817 § 38 bemerkten Handlungen der Beamten, welche ohne Nachsicht gerügt werden sollen, gehören auch Verschwendung, leichtsinnige Verschuldung und verletzte Amtsverschwiegenheit."

2. Eine Pflichtverletzung liegt nach der Kab. O. v. 24. XII. 1836 (v. Kamptz Ann. 1837 Bd. 21 S. 13) vor, wenn der Beamte sich der **Trunkenheit in oder außer dem Dienste** schuldig macht.

Die Kab. lautet:

„ . . . . Ich . . . . . . setze hierdurch fest, daß jeder Staatsbeamte, der sich des Lasters der Trunkenheit schuldig macht, im Wege der Disziplinaruntersuchung seines Dienstes ohne Pension entlassen werden soll, wenn ein Vorgesetzter desselben und seine Mitarbeiter auf ihren Amtseid versichern, daß er sich zu wiederholten Malen betrunken im Dienst habe betreten lassen, sowie auch, wenn durch die eidliche Versicherung zweier unverwerflicher Zeugen dargethan wird, daß der Beamte zu wiederholten Malen auf der Straße oder an einem öffentlichen Orte im Zustande der Trunkenheit gesehen worden."

Nach dem Min. Erl. v. 30. IX. 1840 (M. Bl. S. 341) findet diese Kab. O. auch gegen mittelbare Staatsbeamte Anwendung.

3. Ueber die Verletzung der Pflicht achtungswürdigen Verhaltens durch **Schuldenmachen** rc. bestimmen:

a) Kab. O. v. 12. V. 1841 (als Auszug zu dem Min. Erl. v. gleichen Tage; M. Bl. S. 202).

„Dabei kann Ich es aber nicht dulden, daß Beamte den ihnen von ihren Gläubigern, insbesondere von Handwerkern gegebenen Kredit mißbrauchen und sich bei der Exekution durch das Privilegium der Abzugsfreiheit ihres Gehaltes schützen. Ich will vielmehr, daß gegen solche Beamte die Bestimmungen im §§ 8ff. der Vd. v. 28. II. 1806 mit aller Strenge zur Anwendung gebracht und dieselben Mir angezeigt werden sollen, um nach Bewandtnis der Umstände die Entlassung derselben zu verfügen."

b) Die in a angezogenen §§ 8 ff. der Vd. v. 28. II. 1806*) (M. Bl. 1841 S. 203) lauten:

§ 8. „Wenn sich aus den gegen einen Civilbedienten und Pensionisten eingereichten Klagen oder bei Einleitung derselben ergiebt, daß selbige ihre Gläubiger durch falsche Vorspiegelungen zum Kreditgeben verleitet, sich sonst betrügerische Mittel zur Bewirkung dieses Kredits erlaubt haben oder ihnen sonst in Hinsicht desselben gemeine Verbrechen zur Last fallen, welche ihnen die zu ihrem Amt nötige Achtung entziehen, oder sie des nötigen Vertrauens dazu oder der Pension, welche sie genießen, unwürdig machen, so ist die gerichtliche Behörde, bei welcher der Rechtsstreit obwaltet, verpflichtet, und zwar, wenn sie ein Untergericht ist, durch das ihr vorgesetzte Landes-Justiz-Kollegium dem Departements-Chef des Offizianten oder dem Chef der Kasse, aus welcher der Pensionist seine Pension bezieht, davon ausführliche Anzeige zu thun, sowie dann auch dem Gläubiger, welcher durch solche Mittel zum Kreditgeben verleitet worden, eine solche Anzeige demselben einzureichen unbenommen bleibt.

§ 9. Der Departements-Chef verfügt demnächst die Untersuchung durch die bei dem Departement angestellten Justizbedienten oder resp. demselben untergeordneten Justiz-Kollegien, welchen auch die Abfassung des Erkenntnisses obliegt.

§ 10. Wird der Beamte oder Pensionist dabei der § 8 genannten Vergehungen überwiesen, so hat derselbe außer der sonst ihn betreffenden gesetzlichen Strafe, die Kassation und resp. Verlust der Pension verwirkt.

§ 11. Wenn inzwischen in einem solchen Falle unterlassen worden, auf Amtsentsetzung oder Verlust der Pension zu erkennen, so ist dennoch der vorgesetzte Departementschef, auch wenn der Beamte wegen eines solchen Vergehens garnicht bestraft, sondern nur vorläufig freigesprochen worden wäre, befugt und verpflichtet, bei Unserer Allerhöchsten Person auf dessen Versetzung an einen anderen Ort, oder in ein anderes Amt, wenn sie auch mit

---

*) Diese Bestimmungen finden natürlich nur noch insoweit Anwendung, als sie in den Rahmen der veränderten Gesetzgebung passen.

Veränderung seines Einkommens verbunden sein sollte, oder auch auf Dienstentlassung oder resp. Verlust und Entziehung der Pension anzutragen.

§ 12. Wird der Antrag auf Dienstentlassung oder Verlust der Pension genehmigt oder auch eins oder das andere durch rechtskräftiges Erkenntnis festgesetzt, so wird alsdann den Rechten der Gläubiger gegen den entlassenen oder seines Amtes entsetzten Offizianten oder den seiner Pension verlustig erklärten Pensionisten nach den Vorschriften der Allgemeinen Gerichtsordnung freier Lauf gelassen."

c) Ueber die Bedeutung und Wirkung der Kab. O. v. 12. V. 1841 (vgl. zu a) spricht sich der Min. Erl. v. 24. IX. 1841 (M. Bl. S. 262) aus:

„Der von der Königl. Regierung in dem Berichte vom 26. v. M. geäußerten Ansicht stimmen wir dahin bei, daß durch die Allerhöchste Kabinetts-Ordre vom 12. Mai cr. der Anhang zu § 160 der Allg. Gerichtsordnung (§ 1 der Verordnung vom 28. Februar 1806) keineswegs als beseitigt anzusehen, vielmehr darin nur eine Verschärfung des § 8 der eben gedachten Verordnung enthalten ist, daß Beamte schon dann Allerh. Orts zur Entlassung angezeigt werden sollen, wenn sie ihren Kredit durch unverhältnismäßigen Aufwand, unmotiviertes und liederliches Schuldenmachen mißbrauchen, ohne daß gerade eine betrügerische Verleitung der Gläubiger im strengen Sinne des Worts, dabei vorwaltet."

4. Ueber das „Verbot des Spekulierens" enthält der Min. Erl. v. 26. V. 1827 (v. Kamptz Ann. Bd. XI S. 363) folgende Vorschriften:

„Es hat sich bei einzelnen Untersuchungen über Kassendefekte in neuerer Zeit ergeben, daß solche zum Teil dadurch mit veranlaßt worden, daß die Defektanten sich in Papier-Spekulationen und andere kaufmännische Geschäfte eingelassen haben. Es widerspricht schon an sich selbst dem Interesse des Dienstes, daß öffentliche Beamte sich mit dergleichen Spekulationen und Geschäften abgeben, indem sie dadurch von ihrer eigentlichen Bestimmung abgezogen werden und in Verwickelungen geraten können, die dem Dienste nachteilig werden. Es wird daher auch dieser Gegenstand bei der jetzt in Werke stehenden Revision des Allgemeinen Landrechts näher erwogen werden, um in Hinsicht desselben das Interesse des öffentlichen Dienstes mehr sicher zu stellen. Des Königs Majestät haben indessen mittelst Allerhöchster Kabinetts-Ordre vom 30. Dezember v. J. schon folgendes festzusetzen geruht:

sämtlichen Kassen-Beamten (worunter auch die Verwalter Königl. Magazine und Naturalien begriffen sind), ingleichen sämtlichen bei Geld-Instituten angestellten Beamten ohne Unterschied, soll untersagt sein, in Papieren oder Waren zu spekulieren, d. h. selbige zum Wiederverkauf anzukaufen und diejenigen Beamten, welche sich dasselbe dennoch beikommen lassen, sollen ohne Nachsicht auf dem durch die Allerhöchste Kabinetts-Ordre vom

21. Februar 1823 (G. S. No. 783) vorgeschriebenen Wege, sofort aus dem Dienst entlassen werden, wobei es sich von selbst versteht, daß, wenn dem betreffenden Beamten außer der unerlaubten Spekulation auch anderweite Dienstwidrigkeiten zur Last fallen, derselbe dafür noch besonders zur Untersuchung und Bestrafung gezogen werden soll. Sämtliche Verwaltungs-Chefs und Vorgesetzte sollen darauf sehen, daß von den ihnen untergeordneten Beamten dieser Allerhöchsten Willensmeinung nicht entgegen gehandelt werde, und, wenn es geschieht, die betreffenden Beamten sogleich vom Amt suspendieren und das weitere Verfahren einleiten.

Dies soll um so unerläßlicher geschehen, wenn der betreffende Beamte selbst zu den Dienstvorgesetzten gehört.

Des Königs Majestät haben jedoch dabei zu erklären geruht, daß Allerhöchstdero Absicht nicht sei, einzelnen Beamten die Gelegenheit zu nehmen, ihr Vermögen in Staats- oder anderen öffentlichen Papieren anzulegen, daß vielmehr den vorgedachten Beamten der Ankauf derartiger Papiere gestattet bleiben kann, wenn sie darin bloß ihr Vermögen zinsbar unterbringen wollen. Es bleibt den vorgesetzten Behörden überlassen, in jedem einzelnen zu ihrer Kenntnis kommenden Falle zu beurteilen, ob der Beamte bei dem Ankaufe eine verbotene Spekulation beabsichtigt, oder bloß sein Vermögen hat anlegen wollen und ob sonach eine Veranlassung zu einer Untersuchung vorhanden ist oder nicht."

§ 32.

IV. Ueber Urlaub und Stellvertretung.

A) Urlaub.

1. Allgemeines.

Wie bereits oben im § 30 zu a) am Schlusse hervorgehoben worden ist, darf nach § 92 II. 10. A. L. R's „kein Beamter den ihm zur Ausübung seines Amtes angewiesenen Wohnort ohne Vorwissen und Genehmigung seiner Vorgesetzten verlassen."

Verletzt der Beamte diese Pflicht, so unterfällt er den Bestimmungen der §§ 8 ff. des Disziplinarges. Vgl. hierzu unten § 37, Disziplinarges. §§ 8 ff. 51, 53 nebst Anmerkungen.

In welchen Fällen[1]) **und unter welchen Bedingungen Urlaub** zu erteilen ist und wann eine Urlaubsbewilligung nicht zu erfolgen hat, darüber bestehen **keine allgemeinen**,[2]) wohl aber verschiedene Sonder-Vorschriften.

Urlaubserteilungen sind stempelfrei. § 4 b des Ges. v. 31. VII. 1895 (G. S. S. 413) und § 2 i des Ges. v. 26. III. 1873 (G. S. S. 131.) Anm. 1.

A. L. R. II. 10. § 93. „Inwiefern, zu bloßen Reisen und Entfernungen auf eine Zeitlang, die Erlaubnis der unmittelbaren oder höheren Vorgesetzten erforderlich ist, ist nach den einer jeden Klasse von Beamten vorgeschriebenen besonderen Gesetzen und Amtsinstruktionen zu bestimmen." Anm. 2.

2. Fälle der Urlaubserteilung.

a) Für Provinzial= und Kreiskommunalbeamte können hierüber Provinzial= bezw. Kreistage Bestimmungen treffen. Hinsichtlich der Provinzialbeamten enthalten solche Bestimmungen die auf Grund des § 96 der öst. Pr. O. und der entsprechenden Paragraphen der übrigen Prov. Ordgn. erlassenen Reglements über die dienstlichen Verhältnisse. Hiernach darf z. B. der Landeshauptmann sich außerdienstlich bis zu 8 Tagen von seinem Amtssitze entfernen, muß aber dem Vorsitzenden des Provinzialausschusses und seinem Stellvertreter Nachricht geben. Bis zu sechs Wochen bedarf er des Urlaubes seitens des ersteren, darüber hinaus seitens des Provinzialausschusses. Der letztere erteilt den Urlaub auch den übrigen Provinzialbeamten, wenn er die Dauer von sechs Wochen übersteigen soll, während bis zur Dauer von sechs Wochen die Urlaubserteilung Sache des Landeshauptmannes ist.

b) Hinsichtlich der Städte, die nach den Städte=Ordnungen für die östlichen Provinzen, Westfalen und Rheinprovinz, verwaltet werden, bestimmt

α) ein Min. Erl. v. 5. XII. 1867 A. 6741; (M. Bl. 1899 S. 12) folgendes:

„1. Die Oberbürgermeister und Bürgermeister (die Beigeordneten beziehentlich die zweiten Bürgermeister nur, während sie vertretungsweise die Funktionen des dirigierenden Bürgermeisters ausüben) haben von einer längeren als dreitägigen, jedoch den Zeitraum von 8 Tagen nicht übersteigenden Abwesenheit vom Amte dem vorgesetzten Regierungspräsidenten Anzeige zu machen. Zu einer längeren als achttägigen Abwesenheit bedürfen sie des Urlaubs des Regierungspräsidenten.

2. Das nämliche gilt, falls eine andere Magistratsperson als der Bürgermeister mit der Handhabung der Polizei in der Stadt beauftragt ist, für den betreffenden Beamten."

3. Die nach Bestimmung 1 und 2 an den Regierungspräsidenten zu richtenden Anzeigen und Urlausgesuche sind — sofern die Stadt einem landrätlichen Kreisverbande angehört und die Ortspolizei nicht einer besonderen Königlichen Behörde übertragen ist — durch den Landrat an den Regierungspräsidenten einzureichen, die Bescheide der letzteren auf gleichem Wege zurückzubefördern.

In dem oben sub 2 erwähnten Falle ist die betreffende Anzeige, bezüglich das Urlaubsgesuch, zunächst dem dirigierenden Bürgermeister zur Weiterbeförderung zuzustellen.

4. Zugleich mit der Anzeige oder dem Urlaubsgesuche (zu 1 und 2) ist

der Regierungspräsident jedesmal von den wegen Versehung des Dienstes während der Abwesenheit vom Amte getroffenen oder zu treffenden Anordnungen in Kenntnis zu setzen.

5. Die übrigen Magistratsmitglieder und die Beigeordneten (zweiten Bürgermeister), auf welche die Bestimmungen zu 1 und 2 nicht Anwendung finden, haben den Urlaub ohne Unterschied der Dauer und ob sie besoldet sind oder nicht, bei dem dirigierenden Bürgermeister zu nehmen. Letzterer hat indes dergleichen Beurlaubungen, sofern sie auf länger als 4 Wochen erfolgen, dem Regierungspräsidenten anzuzeigen.

6. Alle hiervon abweichenden reglementarischen Bestimmungen, insbesondere der Geschäftsinstruktion für den Magistrat zu Berlin v. 14. VII. 1834, für die Magisträte in den sechs östlichen Provinzen 25. V. 1835, sowie der zu der Westfälischen und Rheinischen Städteordnung ergangenen Ministerial-Instruktionen, v. 9. V. resp. 18. VI. 1856 u. s. w. werden hierdurch außer Kraft gesetzt.

Hinsichts der nicht zu den Magistratspersonen gehörenden Gemeinde-Beamten bleiben die bisherigen Vorschriften 1) ungeändert."

Diese sind enthalten in der Instruktion für die Stadt-Magisträte der sieben östlichen Provinzen v. 25. V. 1835 (v. Kamptz, Annalen Bd. XIX S. 744.) Anm. 1.

„§ 20. Der Bürgermeister. . . . .

9. ist befugt . . . . den Unterbeamten des Kollegii bis auf vier Wochen . . . . . . Urlaub zu erteilen. Längerer Urlaub muß . . . . . . für die Unterbeamten aber beim Magistrats-Kollegio nachgesucht werden . . .

„Er hat dafür zu sorgen, daß die Magistrats-Mitglieder, sowie die Unterbeamten, ihrer Verpflichtung gemäß, bei vorkommenden Reisen sämtliche in die magistratualischen und in die Deputationsgeschäfte einschlagenden, in ihrem Gewahrsam befindlichen Akten in die Registratur abliefern; wenn letzteres nicht geschieht, so hat er anzuordnen, daß dieselben durch einen, mit den nötigen Instruktionen zu versehenden Beamten nötigenfalls auf exekutivischem Wege, herbeigeschafft werden."

Dieser Erlaß wird durch Min. Erl. v. 10. X. 1898 (M. Bl. 1899 S. 4) ausdrücklich aufrecht erhalten und mit folgenden Ausführungen veröffentlicht:

„Die mit der Handhabung der Polizei in Städten betrauten Magistratspersonen bedürfen in denjenigen Fällen, in welchen sie nach dem unten abgedruckten Cirkularerlasse v. 5. XII. 1867 Urlaub von dem Regierungs-Präsidenten zu nehmen haben, neben diesem Urlaub eines Dispenses oder einer förmlichen Beurlaubung von den ihnen außer den polizeilichen übertragenen Magistratsgeschäften durch den Magistratsdirigenten nicht.

Ein solches selbständiges Beurlaubungsrecht des Letzteren neben demjenigen des ihm vorgesetzten Regierungspräsidenten würde den allgemeinen Regeln der Beamtendisziplin widersprechen und ist deshalb nicht anzuerkennen.

Andererseits hat die Bestimmung des Cirkularerlasses v. 5. XII. 1867, welche den zu Polizeiverwaltern bestellten Magistratspersonen ausdrücklich vorschreibt, daß sie, ebenso wie die Anzeigen über eine mehr als drei- und weniger als achttägige Abwesenheit, auch ihre Urlaubsgesuche stets „zunächst dem dirigierenden Bürgermeister zur Weiterbeförderung zuzustellen“ haben, doch mehr als eine nur formelle Bedeutung. Sie soll dem Magistrats-dirigenten Gelegenheit geben, sich entweder mit der Erteilung des erbetenen Urlaubs einverstanden zu erklären oder seinen etwaigen Bedenken gegen die Beurlaubung vor der Bewilligung des Urlaubs dem Regierungspräsidenten vorzutragen. Dieser wird, wenn gegen die Beurlaubung aus der Lage der von dem Polizeiverwalter mitverwalteten Magistratsgeschäfte wesentliche und gerechtfertigte Bedenken erhoben werden, die sich auf andere Weise nicht beseitigen lassen, den Urlaub versagen müssen. In dieser Beziehung beruht der Cirkularerlaß vom 5. XII. 1867 ganz auf derselben Auffassung, aus welcher heraus in dem Erlasse v. 10. V. 1872 (M. Bl. S. 137) der Grundsatz ausgesprochen ist, daß die „Pflichten, welche ein bestimmtes Amt dem Inhaber desselben auferlegt“, dadurch „keine Minderung erleiden“ können, „daß die betreffende Person ein anderes, in irgend einer Beziehung mit geringeren Verpflichtungen verknüpftes Amt übernimmt“.

Aus demselben Grundsatze folgt, daß auch die Frage zu bejahen ist, ob die Polizeiverwalter, welchen zugleich Magistratsgeschäfte obliegen, in denjenigen Fällen, in welchen sie wegen der kurzen Dauer der beabsichtigten Entfernung vom Amte als Polizeiverwalter einer Beurlaubung durch den Regierungspräsidenten nicht bedürfen, gleichwohl auch nach dem Cirkularerlasse vom 5. XII. 1867 verpflichtet seien, Urlaub von dem dirigierenden Bürgermeister zu erbitten. Die Entscheidung auf die ihm durch die Hand des dirigierenden Bürgermeisters vorgelegten Urlaubsgesuche wird der Regierungspräsident in der Regel auf dem gleichen Wege den Antragstellern zugehen zu lassen, und, wo er eine direkte Benachrichtung vorzieht, jedenfalls gleichzeitig dem Bürgermeister von der Urlaubsbewilligung Mitteilung zu machen haben. Findet sich dabei Anlaß zu sonstigen für den Magistrat bestimmten Anordnungen oder Benachrichtigungen, so sind diese an den dirigierenden Bürgermeister zu richten.

β) Der bereits vorstehend in den Min. Erl. v. 10. XII. 1898 berührte Min. Erl. v. 10. V. 1872 (M. Bl. S. 137), betreffend Beurlaubung der Stadtbürgermeister, die zugleich eine Landbürgermeisterei verwalten, lautet:

„Mit der von dem Kgl. Ober-Präsidium allegierten, durch den Erlaß meines Amtsvorgängers v. 30. XI. 1862 in einem Spezialfalle getroffenen Entscheidung kann ich mich nur einverstanden erklären. Die Pflichten, welche ein bestimmtes Amt dem Inhaber desselben auferlegt, können offenbar dadurch keine Milderung erleiden, daß die betreffende Person ein anderes, in irgend einer Beziehung mit geringeren Pflichten verknüpftes Amt übernimmt. Andererseits will ich jedoch die Uebelstände nicht verkennen, welche in den hier in Rede stehenden Fällen aus einer strikten Anwendung des, die Beurlaubung der Stadtbürgermeister allein regelnden Cirkular-Erlasses v. 5. XII. 1867 hervorgehen können. In Ergänzung dieses Cirkular-Erlasses bestimme ich daher hierdurch, daß die Vorschriften desselben auch dann zur Anwendung kommen sollen, wenn der Bürgermeister einer Stadtgemeinde gleichzeitig eine Landbürgermeisterei verwaltet. Die von solchen Bürgermeistern gemäß dem gedachten Cirkular-Erlaß an den Regierungspräsidenten zu richtenden Anzeigen und Urlaubsgesuche sind jedoch dem Regierungspräsidenten in allen Fällen durch den Kreis-Landrat einzureichen."

c) Im Gebiet der Landgemeindeordnungen sind besondere Bestimmungen über Urlaubserteilungen nicht vorhanden. Sie können jedoch reglementarisch oder ortsstatutarisch eingeführt werden.

3) Fälle, in denen es der Urlaubserteilung nicht bedarf.

a) Zum Eintritte des Beamten in den Reichs- oder Landtag bedarf er nach Art. 21 der Reichsverfassung und Art. 78 Abs. 2 der Preußischen Verfassungsurkunde keines Urlaubes. (Vgl. im übrigen oben § 21).

b) Das Gleiche gilt von Krankheitsfällen oder von Fällen notwendiger Erfüllung öffentlicher staatsbürgerlicher Pflichten, wie Militärdienst, Kontrolversammlung, bei Vorladung vor Gericht und anderen Behörden, bei Einberufung als Geschworener und Schöffe u. s. w.

Allen diesen Fällen ist jedoch gemeinsam, daß der Beamte rechtzeitig seiner vorgesetzten Behörde von seiner Verhinderung Anzeige machen muß, damit sie für Vertretung sorgen und die Dauer der Verhinderung kontrolieren kann. Vgl. E. O. V. Bd. XVI S. 398).

B) Stellvertretung und Kosten der Stellvertretung.

Allgemeine Vorschriften, wie sie für unmittelbare Staatsbeamte durch die Kab. O. vom 15. VI. 1863 (M. Bl. S. 137)*)

*) 1. „bei der Beurlaubung eines Beamten wird auf die ersten $1\frac{1}{2}$ Monate des Urlaubs das Gehalt unverkürzt gezahlt, für weitere $4\frac{1}{2}$ Monate tritt ein Gehaltsabzug zum Betrage der Hälfte des Gehalts des betreffenden Beamten ein, während bei fernerem Urlaub kein Gehalt zu gewähren ist,
2. bei Beurlaubungen wegen Krankheit und zur Herstellung der Gesundheit findet auch für die über $1\frac{1}{2}$ Monate hinausgehende Zeit der unumgänglich notwendigen Abwesenheit des Beamten kein Abzug vom Gehalte statt."

festgesetzt sind, gelten für Kommunalbeamte nicht. Wie aber nach einem Min. Erl. v. 9. IV. 1837 (v. Kamptz, Ann. 1837 S. 346) für die Vertretung eines erkrankten Gemeindebeamten die Stadtgemeinde selbst zu sorgen hat, so erscheinen auch die Kommunalverbände analog der Kab. O. v. 15. VI. 1863, bzw. der Kab. O. v. 4. VIII. 1863 (J. M. Bl. S. 1891) verpflichtet, die Vertretungskosten bei Beurlaubungen der Beamten zur Wiederherstellung ihrer Gesundheit ohne Beschränkung auf eine bestimmte Zeitfrist zu tragen, ohne daß ein Abzug vom Gehalte stattfinden darf.

Außerdem kommen folgende Sonderfälle in Betracht:

1. Nach dem Min. Erl. v. 26. IX. 1827 (v. Kamptz Ann. 1827 S. 874) müssen Beamte, die zu militärischen Uebungen einberufen werden, in der Regel von ihren Kollegen in der Arbeit vertreten werden, es ist nur ausnahmsweise zulässig, für ihre Vertretung Kosten in Ansatz zu bringen.

Nach § 65 des Reichsmilitärges. v. 2. V. 1874 (R. G. Bl. S. 45), 6. V. 1880 (R. G. Bl. S. 103) sollen Kommunalbeamte für den Fall einer Mobilmachung oder notwendigen Verstärkung des Heeres hinter den ältesten Jahrgang der Landwehr zurückgestellt werden, wenn ihre Stellen selbst vorübergehend nicht offen gelassen werden können und eine geeignete Vertretung nicht zu ermöglichen ist.

§ 66 bestimmt sodann:

„Kommunalbeamte sollen durch ihre Einberufung zum Militärdienst in ihren bürgerlichen Dienstverhältnissen keinen Nachteil erleiden.

Ihre Stellen, ihr persönliches Diensteinkommen aus denselben und ihre Anciennität, sowie alle sich daraus ergebenden Ansprüche bleiben ihnen in der Zeit der Einberufung zum Militärdienst gewahrt.

Erhalten dieselben Offiziersbesoldung, so soll ihnen der reine Betrag derselben auf die Civilbesoldung angerechnet werden; denjenigen, welche einen eigenen Hausstand mit Frau oder Kind haben, beim Verlassen ihres Wohnortes jedoch nur, wenn und soweit das reine Civileinkommen und Militärgehalt zusammen den Betrag von 3600 Mark jährlich übersteigen."

Nach denselben Grundsätzen sind pensionierte oder auf Wartegeld stehende Civilbeamte hinsichtlich ihrer Pensionen und Wartegelder zu behandeln, wenn sie bei einer Mobilmachung in den Kriegsdienst eintreten.

Obige Vergünstigungen kommen nach ausgesprochener Mobilmachung auch denjenigen in ihren Civilstellungen abkömmlichen . . . . . . Staatsbeamten zu gute, welche sich freiwillig in das Heer aufnehmen lassen.

Die näheren Bestimmungen bleiben den einzelnen Bundesregierungen*) überlassen."

2. Die Frage, wer die Kosten der Stellvertretung für einen als Abgeordneten berufenen, sein Mandat ausübenden Beamten zu tragen hat, der Beamte oder der Kommunalverband, ist streitig. Die Beantwortung dieser Frage hängt mit Beantwortung derjenigen, ob die Anstellung eines Kommunalbeamten davon abhängig gemacht werden kann, daß er sich verpflichtet, ein Mandat als Abgeordneter nicht anzunehmen, zusammen.

Die Bejahung dieser Frage wird damit begründet, daß es keine positive Bestimmung gäbe, die ein Verbot einer solchen Bedingung enthielte. Die Kommunalverbände seien gezwungen, diese Bedingungen zu stellen, weil sie viel schwieriger in der Lage seien, als die unmittelbare Staatsverwaltung, sich Vertreter zu beschaffen. Aus diesen Erwägungen heraus und, weil es an einer positiven Bestimmung mangelt, die den Kommunalverbänden die Stellvertretungskosten auferlegt, ist man auch der Ansicht, daß diese Kosten dem Beamten selbst zur Last fallen.

Diese Anschauung, die noch das Ob. Trib. (Bd. LII. S. 320) teilte, ist indessen unrichtig.

Die Verfassungen gewähren nicht nur allen Staatsbeamten das Recht, sich wählen zu lassen, sondern enthalten in den Art. 21 bezw. 78 sogar die weitere Bestimmung, daß Beamte nicht einmal des Urlaubes zum Eintritt in den Reichs- und Landtag bedürfen, somit dem Einflusse oder der Genehmigung ihrer vorgesetzten Behörden hierin nicht unterliegen.

Als eine Beeinträchtigung verfassungsmäßig verbriefter Rechte muß daher eine bei der Wahl resp. Anstellung von Kommunalbeamten gestellte Bedingung, Mandate nicht anzunehmen, als unzulässig erachtet werden.**)

*) Für Preußen vgl. Min. Erl. v. 17. VII. 1888 (M. Bl. S. 121).

**) A. M. Oertel S. 220, der seine entgegengesetzte Meinung damit begründet, daß die Verfassung ja die Ablehnung eines Mandates nicht verbiete und daß daher auch ein Verzicht, binnen bestimmter Frist ein politisches Recht nicht auszuüben, als rechtsverbindlich erachtet werden müsse, da er weder eine Verletzung der staatsbürgerlichen Pflicht darstelle, noch gegen Recht oder Sittengesetz verstoße. Diese Ansicht erscheint nicht zutreffend, wenngleich zugegeben werden mag, daß unter Umständen sogar ein Verdienst darin liegen kann, daß jemand ein Mandat ablehnt und seine vollen Kräfte dem Gemeinwesen widmet, das ihn angestellt hat. Ein guter Kommunalbeamter mag durch solche Gründe freiwillig zur Ablehnung geführt werden, dagegen unterliegt er einem direkten oder indirekten Zwange nicht.

Hieraus folgt, daß in analoger Anwendung des § 14 des Reichsbeamtenges. v. 31. III. 1873 (R. G. Bl. S. 61) und des Preuß. St. M. B. v. 28. X. 1869 (M. Bl. S. 276), auch die Frage nach den **Kosten der Stellvertretung** dahin beantwortet worden, daß sie **dem Kommunalverbande zur Last fallen**, da anderenfalls dem Beamten die Ausübung seines verfassungsmäßig verbrieften Rechtes unmöglich gemacht werden könnte (vergl. v. Rönne I S. 316 ff., Laband I S. 296 u. 312, v. Gerber S. 136).

3. **Beamte, die zu einer Freiheitsstrafe verurteilt sind**, haben nach dem Min. Erl. v. 16. XII. 1846 (M. Bl. 1847 S. 2) in jedem Falle die Kosten der Stellvertretung, die während der Strafverbüßung nötig wird, zu tragen und beziehen, wenn die Gefängnisstrafe länger als vier Wochen dauert, nur das halbe Gehalt während der ganzen Dauer der Strafe. Vgl. Min. Erl. v. 6. II. 1831, 16. XII. 1846 (M. Bl. 1847 S. 2), 2. XII. 1863 (M. Bl. 1864 S. 27).

§ 33.

V. Nebenämter und Nebengeschäfte.

A) Allgemeines.

1. Da der Beamte sich seinem Amte ganz und ausschließlich zu widmen verpflichtet ist, so folgt für ihn daraus die Pflicht, **die Uebernahme von Nebenämtern und Nebenbeschäftigungen**, deren Besorgung ihn an der ordnungsgemäßen Ausübung seines Amtes hindert, zu vermeiden. Der Begriff „**Nebenamt**" ist hierbei im weitesten Sinne zu verstehen und auf eine feste verwaltende Thätigkeit im Dienste von Korporationen unter allen Umständen mit zu beziehen. (Min. Erl. v. 21. II. 1886 M. Bl. 1887 S. 92).

Da die vorgesetzte Dienst= bzw. Aufsichtsbehörde eines Beamten über die ordnungsgemäße Besorgung seines Amtes zu wachen hat, so hat sie an der Uebernahme oder Nichtübernahme von Nebenämtern oder Nebenbeschäftigungen seitens des Beamten ein großes Interesse.

Dieses hat dazu geführt, daß sich — für die unmittelbaren und mittelbaren Staatsbeamten verschiedene — Grundsätze zur Bethätigung des Aufsichtsrechtes gebildet haben.

2. Während die Kab. O. v. 13. VII. 1839 (G. S. S. 235) für **unmittelbare Staatsbeamte** vorschrieb, daß **kein Nebenamt und keine Nebenbeschäftigung**, mit der eine **fort=**

laufende Remuneration verbunden ist, ohne vorgängige ausdrückliche Genehmigung der vorgesetzten Centralbehörde übernommen werden dürfe, bestehen für mittelbare Staatsbeamte derartige allgemeine Vorschriften nicht.

Mittelbare Staatsbeamte werden diesen Vorschriften nur dann unterliegen, wenn sie, wie die mit den örtlichen Geschäften der Staatsverwaltung, insbesondere der Polizeiverwaltung betrauten Gemeindevorstände*), gleichzeitig in unmittelbarem Staatsdienste stehen. Insoweit werden die für unmittelbare Staatsbeamte geltenden Vorschriften über Einholung der Genehmigung zur Uebernahme von Nebenämtern und Nebengeschäften auch auf mittelbare Staatsbeamte anzuwenden sein. (Min. Erl. v. 28. VI. 1840 M. Bl. S. 211).

3. Besondere Vorschriften für Kommunalbeamte über die Einholung einer Genehmigung können gesetzlich oder statutarisch festgesetzt werden.

a) Gesetzlich ist eine besondere Genehmigung nur nach Hann. St. O. § 57 vorgeschrieben.

„§ 57. Die besoldeten stimmführenden Mitglieder des Magistrats, die Stadtsekretäre, sowie der Kämmerer dürfen ohne Genehmigung des Magistrats und der Bürgervorsteher weder einen anderen Erwerbszweig oder ein Nebengeschäft betreiben, noch andere Staatsdienste neben ihren städtischen Aemtern bekleiden. Inwiefern ein solcher Nebenerwerb den Unterbedienten zu gestatten, bleibt der Bestimmung des Ortsstatuts überlassen."

b) Ferner kann der Kommunalverband allgemein durch Ortsstatut oder Reglement, — wie dies z. B. bei den Provinzialbeamten auf Grund der Reglements über die dienstlichen Verhältnisse (§ 96 öst. Prov. O. u. s. w.) vielfach der Fall ist — oder im Einzelfalle bei der Wahl oder Anstellung die vorherige Einholung der Genehmigung zur Uebernahme von Nebenämtern oder Nebengeschäften zur Bedingung machen. Dies Recht darf aber nicht soweit ausgedehnt werden, daß die Wahl eines Beamten von der Verpflichtung zur Nichtübernahme irgend welcher Nebenämter abhängig gemacht wird. Es kann, wie ein Min. Erl. v. 10. III. 1838 (v. Kamptz, Ann. Bd. XXII S. 124) hervorhebt, im eigenen Interesse der Gemeinden liegen, wenn Magistratspersonen Nebenämter oder Nebengeschäfte, die mit ihren Gemeindeämtern vereinbar sind,

---

*) v. Rönne Bd. I S. 423.

übernehmen. (Vgl. auch Min. Erl. v. 31. XII. 1845 (M. Bl. 1846 S. 3.)

4. **Macht der Kommunalverband von dem Rechte zu b) Gebrauch, so ist die zuständige Stelle für Erteilung der Genehmigung** bei Provinzialbeamten der Provinzialausschuß, für die Kreiskommunalbeamten der Kreisausschuß, für die ländlichen Beamten der Landrat und der Gemeindevorstand, für städtische Magistratsbeamte der Regierungspräsident (bzw. in Berlin der Oberpräsident), für die anderen städtischen Beamten der Magistrat.

Die **Stadtverordnetenversammlung** hat bei städtischen Beamten im Allgemeinen nicht mitzusprechen.

In einem Min. Erl. v. 31. XII. 1845 (M. Bl. 1846 S. 3) heißt es:

„Allerdings steht der Stadtverordnetenversammlung die Wahl der Magistratsmitglieder zu und sie muß für die Mittel zur Berichtigung der Besoldung derselben sorgen. Aus der Annahme der Wahl erwächst jedoch für dieselben gegen die Kommune nur die Verpflichtung gegen den Genuß der Besoldung allen Pflichten des Amts zu genügen, keineswegs aber eine Beschränkung hinsichtlich der Anwendung der Zeit, welche dem Beamten nach ordnungsmäßiger Erfüllung seiner Amtsobliegenheiten übrig bleibt; vielmehr unterliegen die Kommunalbeamten in Bezug hierauf — sofern nicht etwa mit Genehmigung der Behörde bei der Wahl besondere Verabredungen in dieser Hinsicht getroffen worden — nur derselben Aufsicht und denselben Beschränkungen, wie die unmittelbaren Staatsbeamten, und sie bedürfen daher zur Uebernahme von Nebenämtern nur der Genehmigung der Dienstbehörde, welche die Vereinbarkeit dieser Aemter mit dem Hauptamte zu prüfen und zu beurteilen hat.

Diese Dienstbehörde aber ist nicht die Stadtverordnetenversammlung, sondern für die Kommunalunterbeamten der Magistrat, für Magistratsmitglieder die Königl. Regierung, welche sich deshalb im vorliegenden Fall mit Recht der Prüfung unterzogen hat. Da sich hierbei zur Zeit keine Bedenken ergeben, den von den Stadtverordneten für die Folge angeregten Besorgnissen, aber durch den dem dortigen Syndikus N. bei der Genehmigung der Annahme einer Nebenfunktion gemachten Vorbehalt (des Widerrufs nämlich, sobald sich später eine Unvereinbarkeit der letzteren mit dem von dem pp. N. verwalteten Stadtamte herausstellen sollte) genügend vorgesehen ist, so fehlt es an jedem zureichenden Grunde zu einer Abänderung jener Entscheidung, aus welcher übrigens keineswegs gefolgert werden kann, daß die Uebernahme von Nebenämtern ganz von dem Belieben der Kommunalbeamten abhänge, wie denn solches auch in der Art nach dem Angeführten nicht der Fall ist.“

Die Stadtverordnetenversammlung hat hiernach nicht das Recht, die freie Zeit der Beamten zu prüfen und Nebenämter zu beanstanden, es sei denn, daß sie bei der Wahl ein Genehmigungsrecht ausdrücklich vorbehalten hat.

Ein solcher Vorbehalt ist, da er sich nicht mit Vorschriften des öffentlichen Rechtes in Widerspruch setzt, zulässig.

5. Soweit Vorschriften über die Einholung der vorherigen Genehmigung für Kommunalbeamte nicht bestehen, hat aber die Aufsichtsbehörde dennoch das Recht des Eingreifens gegenüber der Fortführung von Nebenämtern und Nebenbeschäftigungen.

Für die Kommunalbeamten folgt aus dem Aufsichtsrechte der leitende Grundsatz, daß die Aufsichtsbehörde befugt und verpflichtet ist, zu prüfen, ob die ihrer Aufsicht unterstellten Beamten nicht Nebenämter oder Nebenbeschäftigungen versehen, die mit ihren Kommunalämtern nicht vereinbar sind. Ist letzteres der Fall, so hat die Aufsichtsbehörde jederzeit das Recht, die Fortführung des Nebenamtes zu untersagen. Die Nichtbefolgung dieses Verbotes kann die Einleitung des Disziplinarverfahrens zur Folge haben. Min. Erl. v. 21. I. 1882 (M. Bl. S. 47).*)

Ein Entschädigungsanspruch wegen der Untersagung kann nicht entstehen.

B) Einzelbestimmungen.

1. Fälle von Nebenämtern und Nebenbeschäftigungen, in denen eine besondere Genehmigung teils erforderlich, teils nicht erforderlich ist.

a) Beteiligung bei Aktiengesellschaften pp.

Das Gesetz v. 10. VI. 1874 (G. S. S. 244), das die Mitgliedschaft des Vorstandes, Aufsichts- oder Verwaltungsrates von Aktien-, Kommandit-, Bau-, Kredit-, oder Bergwerks-Gesellschaften und den Eintritt in Komités zur Gründung solcher Gesellschaften von vorheriger dienstlicher Genehmigung abhängig macht, sowie die Mitgliedschaft dann gänzlich verbietet, wenn sie mittelbar oder unmittelbar mit einer Remuneration oder mit einem anderen Vermögensvorteile verbunden ist, gilt nur für unmittelbare Staatsbeamte und ist auf Kommunalbeamte analog nicht anzuwenden. Dagegen hat auch hier wie oben zu A 4 ausgeführt, die Aufsichtsbehörde eventuell ein Recht zum Einschreiten.

---

*) Vgl. unten § 37 Anm. zu § 2 Disz. Ges.

b) Gewerbebetrieb.

Nach § 12 R. G. O. v. $\frac{\text{21. VI. 1869}}{\text{1. VII. 1883}}$ (R. G. Bl. 1883 S. 177) werden durch die Gew. O. diejenigen Beschränkungen, die inbetreff des Gewerbetriebes für Personen des Beamtenstandes, sowie deren Angehörige bestehen, nicht berührt.

Solche Beschränkungen enthielt § 19 der Allg. Gewerbeord. v. 17. I. 1845 (G. S. S. 41).*)

„. . . . . alle . . . . . . mittelbaren Staatsbeamten, auch solche, die ihr Amt unentgeltlich verwalten, bedürfen zu dem Betriebe eines Gewerbes der Erlaubnis ihrer vorgesetzten Dienstbehörde, sofern nicht das Gewerbe mit der Bewirtschaftung eines ihnen gehörigen ländlichen Grundstücks verbunden oder sonst durch besondere gesetzliche Bestimmungen ein Anderes angeordnet ist.

Diese Erlaubnis muß auch zu dem Gewerbebetriebe ihrer Ehefrauen, der in ihrer väterlichen Gewalt stehenden Kinder, ihrer Dienstboten und anderer Mitglieder ihres Hausstandes eingeholt werden."

c) Redaktion oder Herausgabe von Zeitungen und Zeitschriften.

Nach § 22 des alten Preuß. Preßges. v. 22. V. 1851 (G. S. S. 273) war für Redaktion oder Herausgabe kautionspflichtiger Zeitungen oder Zeitschriften für alle unmittelbaren und mittelbaren Staatsbeamten die Genehmigung der vorgesetzten Dienstbehörde erforderlich. Das Reichspreßges. v. 7. V. 1874 (R. G. Bl. S. 65) hat diese Vorschrift nicht übernommen, bestimmt jedoch im § 4 Abs. 2:

„Im übrigen sind für den Betrieb der Preßgewerbe die Bestimmungen der Gewerbeordnung maßgebend."

Hiernach gelangen in diesem Falle die bereits zu c erörterten Bestimmungen der § 12 Abs. 2 der R. Gew. O. und § 19 der Allg. Gew. Ord. v. 17. I. 1845, sowie der Verord. v. 23. IX. 1867 hinsichtlich der Genehmigung zur Anwendung.

d) Vormundschaft.

§ 1784 B. G. B. bestimmt:

„Ein Beamter oder Religionsdiener, der nach den Landesgesetzen [1]) einer besonderen Erlaubnis zur Uebernahme einer Vormundschaft bedarf, soll nicht ohne die vorgeschriebene Erlaubnis zum Vormunde [2]) bestellt werden."

Anm. 1. Nach Art. 72 A. G. B. G. B. bedarf derjenige, der ein besoldetes Amt in der Kommunalverwaltung bekleidet, zur Uebernahme oder zur

*) Diese Bestimmung findet gemäß § 1 Nr. 5 der Vd. v. 23. IX. 1867 (G. S. S. 1619) auch in den neuen Provinzen Anwendung.

Fortführung einer vor dem Eintritte in das Amt übernommenen **Vormundschaft, Gegenvormundschaft, Pflegschaft oder der Eigenschaft als Beistand** der Erlaubnis der zunächst vorgesetzten Behörde. Diese Erlaubnis kann zurückgenommen werden.

Nach § 1888 B. G. B. ist im Falle der Versagung oder Zurücknahme der erforderlichen Erlaubnis der zum Vormund pp. bestellte Beamte vom Vormundschaftsgerichte zu entlassen.

Nach §§ 1792, 1915 u. 1694 finden auf die Berufung und Bestellung des Gegenvormundes, Pflegers resp. Beistandes die **für den Vormund maßgebenden** Bestimmungen Anwendung. Anm. 2.

e) **Schiedmannsamt und andere öffentliche Aemter.**

Nach § 2 Abs. 2 der Schiedsmannsordn. v. 29. III. 1879 (G. S. S. 321) bedürfen Beamte der Kommunalverwaltung zur Uebernahme des Schiedsmannsamtes der Genehmigung der zunächst vorgesetzten Behörde.

Hinsichtlich der Annahme **anderer öffentlicher Aemter**, zu der eine Genehmigung nicht erforderlich ist, vgl. oben § 21.

2. **Fälle, in denen die Fortführung des Nebenamtes oder der Nebenbeschäftigung zulässig oder unzulässig ist:**

a) **gesetzliche Bestimmungen** finden sich in § 30 östl., § 30 W., § 29 Rh. St. O.

„Personen, welche die in dem Gesetze vom 7. II. 1835 (G. S. S. 18) bezeichneten Gewerbe treiben, können nicht Bürgermeister sein."

Die Gewerbe sind **Gast- und Schankwirtschaft.**

§ 30 H. N. St. O. u. § 46 H. N. L. G. bestimmen dasselbe

„die Aufsichtsbehörde ist befugt, hiervon Ausnahmen zuzulassen."

§ 39 W. L. G. O. bestimmt dasselbe hinsichtlich der Gemeindevorsteher.

b) **In der Praxis sind folgende Fälle zur Entscheidung gelangt:**

α) **Bürgermeister als Polizeiverwalter** und alle mit **der polizeilichen Kontrole über das Versicherungswesen betrauten Beamten** sind (in der Regel) nicht als **Agenten von Versicherungsgesellschaften**, die der polizeilichen Aufsicht unterstellt sind, zu konzessionieren. (Min. Erl. v. 29. VI. 1854 M. Bl. S. 146; v. 21. VI. 1861 M. Bl. S. 141; v. 26. VI. 1872 M. Bl. S. 272.)

β) Der **Uebernahme von Kreiskommunalkassen** durch den **Bürgermeister** steht nach dem Min. Erl. v. 8. III. 1838 (v. Kamptz Ann. Bd. XX S. 131) **kein Bedenken** entgegen. Hingegen soll der Bürgermeister nicht Einnehmer direkter Steuern sein. (Min. Erl. v. 28. IV. 1836 v. Kamptz Ann. Bd. XX S. 366.)

γ) Die Verbindung der städtischen Rendantur mit dem Amte eines Syndikus ist nicht zulässig; (Min. Erl. v. 21. I. 1836 v. Kamptz, Ann. Bd. XX S. 32), wohl aber kann der Bürgermeister Syndikus sein (Min. Erl. v. 31. XII. 1845 M. Bl. 1846 S. 3).

δ) An kleinen Orten, wo die Polizeidiener nur wenig durch Dienst in Anspruch genommen werden, ist es unbedenklich, ihnen den Betrieb eines Nebengewerbes zu gestatten. (Min. Erl. v. 7. III. 1840 M. Bl. S. 98.)

Den Steuer- und Gemeinde-Empfängern darf kein Handel als Nebengeschäft gestattet werden. (Min. Erl. v. 29. II. 1840 M. Bl. S. 114.)

Den Privatgehilfen von Ortspolizeibehörden, die allerdings keine Kommunalbeamten sind, ist die Uebernahme von Agenturgeschäften für Privatfeuerversicherungsgesellschaften nicht zu gestatten. (Min. Erl. v. 21. VI. 1861 M. Bl. S. 141.)

ε) Der Debit von Kalendern und das Subscribentensammeln dafür ist den Beamten nicht zu gestatten. (Min. Erl. v. 20. I. 1853 M. Bl. S. 74.)

ζ) Der Betrieb der Schankwirtschaft ist einem Beamten niemals zu gestatten. Min. Erl. v. 25. IV. 1842 (M. Bl. S. 229).

η) Wegen des Musikmachens der Beamten in öffentlichen Lokalen vgl. Min. Erl. v. 19. V. 1879 (M. Bl. S. 158).

Darnach soll „es zunächst auf die besonderen Umstände des Falles ankommen, ob und inwieweit das Musikmachen der Beamten als die Ausübung eines Gewerbes, zu welcher die ausdrückliche Genehmigung der vorgesetzten Dienstbehörde (§ 19 der allgemeinen Gewerbeordn. v. 17. I. 1845, § 12 al. 2 der Gewerbe-Ordn. v. 21. VI. 1869) erforderlich sein würde, anzusehen ist. Soweit letzteres der Fall ist, namentlich also, wenn das Musikmachen nicht bloß gelegentlich, sondern fortgesetzt in bestimmten Lokalen gegen zugesichertes Entgeld stattfindet, erscheint es nach den bestehenden Grundsätzen als nicht unzulässig, einzelnen Beamten auf spezielles Ansuchen mittelst der erforderlichen ausdrücklichen Genehmigung das Musikmachen zu gestatten; selbstverständlich darf dies jedoch nur unter Vorbehalt jederzeitigen Widerrufes und nur insoweit geschehen, als jede Benachteiligung der dienstlichen Obliegenheiten des betreffenden Beamten vermieden wird, und als mit Rücksicht auf die Dienststellung desselben überhaupt und auf den Ort, an welchem das Musikgewerbe betrieben wird, Bedenken hieraus nicht entstehen können. In letzterer Beziehung müssen namentlich gewöhnliche Tabagieen und solche Tanz-

und Wirtschaftslokale, in denen ein nicht durchweg anständiges Publikum verkehrt, unbedingt ausgeschlossen bleiben. In anderen Fällen, wo in der Art des Musizierens die Kriterien eines eigentlichen Gewerbebetriebes nicht vorliegen, wird zwar von einer ausdrücklichen Erlaubnis-Erteilung abzusehen und zunächst der Erwägung der Beamten selbst zu überlassen sein, ob und inwieweit sie das Musizieren mit einer strengen Erfüllung ihrer dienstlichen Pflichten und mit dem Ansehen ihrer Amtsstellung in Einklang zu bringen und zu erhalten im stande sind; es wird jedoch seitens der vorgesetzten Behörde das Verhalten der Beamten in dieser Beziehung stets einer sorgfältigen Ueberwachung zu unterziehen sein, damit sofort eingeschritten werde, sobald sich Unzuträglichkeiten ergeben. Bei den Beamten der exekutiven Polizei wird auch in Fällen der letzteren Art, wegen der besonderen Natur ihrer Stellung dem Publikum und dem Verkehre in Vergnügungslokalen gegenüber, die ausdrückliche Erteilung oder Versagung, resp. Beschränkung der Erlaubnis den Vorzug verdienen. Sobald aber in Fällen der ausdrücklichen, wie der stillschweigenden Gestattung, ein Beamter sich etwa in Folge des Musizierens dienstliche Vernachlässigungen oder Verstöße gegen die Rücksichten, welche seine Amtsstellung erfordert, zu Schulden kommen lassen sollte, wird nicht allein gegen denselben mit Strenge im Disziplinarwege vorzugehen, sondern auch die Erlaubnis, wo eine solche erteilt war, zurückzunehmen, bzw. für künftig ausdrücklich zu versagen sein."

VI. Die Haftung der Kommunalbeamten.

§ 34.

A) Allgemeines.

Verletzt der Kommunalbeamte seine Amtspflichten, so kann er nach drei Richtungen hin haftbar werden, nämlich civilrechtlich, strafrechtlich und disziplinarisch.

Während in letzterer Beziehung der Kommunalverband unbeschadet eines in dem Aufsichtsrechte begründeten Eingreifens der Aufsichtsbehörde als Dienstherr nach eigenem Ermessen darüber entscheidet, inwieweit er den Beamten im Disziplinarwege zur Rechenschaft ziehen will, steht ihm, wenn der Beamte civil- oder strafrechtlich zur Verantwortung gezogen wird, nur insofern ein Recht des Eingreifens zu, als er, wenn seiner Meinung nach dem Beamten eine Verletzung seiner Amtspflichten nicht zur Last gelegt werden kann, den Konflikt erheben, d. h. in einem besonderen Verfahren das Vorhandensein oder Nichtvorhandensein dieser Thatsache feststellen lassen kann. Nachdem Art. 97 der Verf. Urk. ein Gesetz in Aussicht gestellt hatte, das die Bedingungen bestimmen sollte,

„unter welchen öffentliche Beamte wegen durch Ueberschreitung ihrer Amtsbefugnisse verübter Rechtsverletzungen gerichtlich in Anspruch genommen werden könnten, wobei indes eine vorgängige Genehmigung der vorgesetzten Dienstbehörde nicht verlangt werden dürfe,"

ist dieses Ges. am 13. II. 1854 ergangen.

Der § 11 Einf. Ges. zum Ger. Verf. Ges. v. 27. I. 1877 hat es in einigen Beziehungen abgeändert: die Vorentscheidung, die auf Verlangen der vorgesetzten Behörde zu fällen ist, hat sich auf die Feststellung zu beschränken, ob der Beamte sich objektiv einer Ueberschreitung seiner Amtsbefugnisse oder der Unterlassung einer ihm obliegenden Amtshandlung schuldig gemacht habe. Ferner soll diese Vorentscheidung von dem obersten Verwaltungsgerichtshofe getroffen werden. Infolge der letzten Bestimmung ist an die Stelle des nach dem Ges. von 1854 zuständigen Gerichtshofes zur Entscheidung der Kompetenzkonflikte gemäß § 114 L. V. G. das Oberverwaltungsgericht getreten.

Mit diesen Abänderungen lautet das Ges. v. 13. II. 1854 betr. die Konflikte bei gerichtlichen Verfolgungen wegen Amts- und Diensthandlungen (G. S. S. 86)[1]) wie folgt:

Anm. 1. Das Ges. findet in den im Jahre 1866 erworbenen neuen Landesteilen Anwendung, Art. IV. Vd. v. 16. IX. 1867 (G. S. 1516), desgl. in Lauenburg, § 3 des Ges. v. 25. II. 1878 (G. S. S. 78) und in Helgoland, Vd. v. 22. III. 1891 (G. S. S. 39).

§ 1. „Wenn gegen einen Civil- oder Militärbeamten[1]) wegen einer in Ausübung oder in Veranlassung der Ausübung seines Amtes vorgenommenen Handlung oder wegen Unterlassung einer Amtshandlung eine gerichtliche Verfolgung im Wege des Civil- oder Strafprozesses eingeleitet worden ist,[2]) so steht der vorgesetzten Provinzial- oder Centralbehörde[3]) des Beamten, falls sie glaubt, daß demselben eine . . . . Ueberschreitung[4])[5]) seiner Amtsbefugnisse oder Unterlassung einer ihm obliegenden Amtshandlung nicht zur Last fällt, die Befugnis zu, den Konflikt[1]) zu erheben.[2])

Auf einen solchen Konflikt finden die Vorschriften des Gesetzes v. 8. IV. 1847 (G. S. 1847 S. 170) und des § 11 des Einführungsgesetzes zum Gerichtsverfassungsgesetze v. 27. I. 1877 (R. G. Bl. S. 77), sowie des § 114 des Landesverwaltungsgesetzes Anwendung."

Anm. 1. Das Ges. findet nach § 5 auch auf mittelbare Staatsbeamte Anwendung. Voraussetzung für die Konfliktserhebung ist, daß der Beamte persönlich, nicht etwa nur als gesetzlicher Vertreter einer Korporation verklagt wird (E. O. V. Bd. XXV S. 425). Die Konfliktserhebung ist auch gegen den Willen des Beamten zulässig (E. O. V. Bd. XI S. 412).

Unerheblich ist, ob der Kläger selbst die seinem Anspruche zu Grunde liegende Handlung als eine Amtshandlung ansieht oder nicht. E. O. V.

Bd. XI S. 405, Bd. XII S. 415 und v. 8. XI. 1884 (P. V. Bl. Bd. VI S. 108).

Dies liegt im Civilprozesse vor, mit Zustellung der Klage (E. O. V. Bd. XVI S. 418, Bd. XXV S. 428) im Strafprozesse mit dem ersten gerichtsseitig im Vorbereitungsverfahren gegen den Beschuldigten ergriffenen Schritte, im Privatklageverfahren mit der gerichtsseitigen Mitteilung der Klage an den Privatbeklagten (E. O. V. Bd. XVI S. 418, Bd. XXXII S. 451). Anm. 2.

Die Konfliktserhebung ist zulässig bis zur rechtskräftigen Entscheidung in der Hauptsache, auch nach einem die Zulässigkeit des Rechtsweges rechtskräftig feststellenden Zwischenurteile. Nur wenn eine Verwaltungsbehörde als Partei beteiligt ist, macht § 2 Satz 2 des Ges. v. 8. IV. 1847 (G. S. S. 170) eine Ausnahme (E. O. V. Bd. XXIV S. 415).

Regierungspräsident, Oberpräsident, Minister des Innern. Der Landesdirektor ist nicht zur Konfliktserhebung befugt (E. O. V. v. 24. IV. 1880, M. Bl. S. 162). Hier würde der Oberpräsident als Aufsichtsbehörde der zuständige Beamte sein. Zur Konfliktserhebung zuständig ist nicht nur diejenige Provinzialbehörde, die zur Zeit der den Gegenstand gerichtlicher Verfolgung bildenden Amtshandlung vorgesetzte Provinzialbehörde des Angeschuldigten war, sondern auch diejenige, die es erst zur Zeit der Konfliktserhebung war. E. O. V. v. 17. XII. 1890 (Nr. I 1299) u. v. 11. III. 1891 (Nr. I 284.) Anm. 3.

Bei den Hilfsbeamten der Staatsanwaltschaft ist nicht der Oberstaatsanwalt, sondern die ihnen im Hauptamte vorgesetzte Provinzialbehörde zur Erhebung des Konfliktes zuständig. E. O. V. v. 12. III. 1892 (Nr. I 286).

Das frühere Recht, darüber zu befinden, ob die Sache zur gerichtlichen Verfolgung geeignet sei, ist durch die Bestimmungen des § 11 E. G. G. V. G. (vgl. oben) als beseitigt anzusehen. Die Entscheidung dieser Frage gebührt lediglich dem ordentlichen Richter. Vgl. R. G. in Civ. Bd. XX S. 300; E. O. V. Bd. VIII S. 413; Bd. IX S. 437, 440; Bd. X S. 375; Bd. XI S. 411; Bd. XIV S. 420, 427; Bd. XVI 410, 415. Anm. 4.

Der Konflikt kann nicht darauf gestützt werden, daß der beteiligte Beamte durch einen entschuldbaren Irrtum über seine Befugnis oder Verpflichtung zum amtlichen Einschreiten verleitet worden sei, seine amtlichen Befugnisse zu überschreiten, denn die betreffenden Handlungen des Beamten hören deshalb nicht auf, Amtsüberschreitungen zu sein. (E. O. V. Bd. XIV S. 431; Bd. XV S. 450; Bd. XIX S. 449; Bd. XXIII S. 422). Dagegen ist eine aus Irrtum in der Feststellung und Beurteilung thatsächlicher Verhältnisse vorgenommene Handlung eines Beamten keine Ueberschreitung der Amtsbefugnisse (E. O. V. Bd. VIII S. 414, 421; Bd. XIV S. 425; Bd. XV S. 448). Anm. 5.

Dementsprechend ist es für die Beurteilung eines erhobenen Konfliktes unerheblich, ob Notwehr vorliegt oder nicht, oder ob eine erlaubte Erwiderung einer thätlichen Beleidigung anzunehmen ist (E. O. V. Bd. X S. 375, 379). Kein Beamter ist zu wörtlichen oder thätlichen Beleidigungen befugt (E. O. V. Bd. VIII S. 403).

Auch in der Ueberschreitung von Dienstinstruktionen oder amtlichen Anweisungen liegt eine Amtsüberschreitung (E. O. V. Bd. VIII S. 417; Bd. XV S. 414, 453; Bd. XVI S. 408, 412; Bd. XIX S. 415). Wiederum rechtfertigt selbst ein amtlicher Auftrag eines Vorgesetzten die Amtsüberschreitung dann nicht, wenn das Gesetz die Handlung direkt verbietet, da kein Beamter zu blindem Gehorsam verpflichtet ist (E. O. V. v. 10. I. 1883, Pr. V. Bl. Bd. IV S. 192). Er hat aber als Untergebener nur die formelle Rechtmäßigkeit des ihm erteilten Befehles zu prüfen, d. h. die Frage, ob der Vorgesetzte zu dem Befehle zuständig, ob er selbst zu der befohlenen Handlung zuständig und ob die Form des Befehles vorschriftsmäßig ist.

§ 2. „Erachtet das Oberverwaltungsgericht vor Fällung seines Urteils noch thatsächliche Ermittelungen für erforderlich, so ist es befugt, solche durch die Verwaltungs- oder durch die Gerichtsbehörden zu veranlassen, insbesondere die Fortsetzung der gerichtlichen Instruktion oder Untersuchung bis zu einem zu bestimmenden Ziele anzuordnen.

Das Oberverwaltungsgericht entscheidet über den erhobenen Konflikt auf Grund der schriftlichen Erklärungen der Behörden und nach Anhörung der Parteien in mündlicher Verhandlung unter entsprechender Anwendung der Vorschriften über das Verwaltungsstreitverfahren.“ [1])

Anm. 1. Vgl. Einf. Ges. zum Ger. Verf. Ges. § 11 Nr. 2 und §§ 113, 114, L. V. G's. Die Bestimmungen des Verwaltungsstreitverfahren sind aber nicht ausnahmslos auf das Konfliktsverfahren übertragbar. So findet das Wiederaufnahmeverfahren bei Konfliktsbeschlüssen keine Anwendung. (E. O. V. Bd. XXV S. 420).

§ 3. „Befindet das Oberverwaltungsgericht (§ 2), daß dem Beamten eine Ueberschreitung seiner Amtsbefugnisse oder Unterlassung einer ihm obliegenden Amtshandlung nicht zur Last fällt, so entscheidet es, daß der Rechtsweg gegen den Beamten unzulässig [1]) sei, im entgegengesetzten Falle aber, daß derselbe zulässig sei. Ein Urteil der letzteren Art präjudiziert weder dem Beamten in seiner weiteren Verteidigung vor dem Gerichte, noch dem Gerichte in seiner rechtlichen Entscheidung der Sache.“ [2])

Anm. 1. Wird diese Entscheidung getroffen, so ist jede weitere Verfolgung unzulässig.

Anm. 2. Wenn in dem gegen einen Beamten wegen Vornahme einer Amtshandlung angestrengten Entschädigungsprozesse der Konflikt erhoben werden soll, so muß vor allen Dingen feststehen, daß eine Handlung von dem betreffenden Beamten in der Absicht und mit dem Bewußtsein einer Pflicht zu genügen, vorgenommen worden ist. (Erk. v. 14. XI. 1873, M. Bl. 1874 S. 2.) Wenn die Thatsachen, um die es sich handelt, nicht unzweifelhaft feststehen, so hat die betreffende Behörde den Konflikt erst in zweiter Instanz zu erheben. Min. Erl. v. 5. X. 1860 (M. Bl. S. 197). Ein Konflikt ist nur dann begründet, wenn die thatsächlichen Voraussetzungen, unter denen eine angefochtene Amtshandlung rechtlich zulässig erscheint, außer Zweifel gestellt sind. In zweifelhaften Fällen soll der Rechtsweg zugelassen werden, womit dem Beamten der Nachweis seiner Schuldlosigkeit nicht beschränkt wird. (E. O. V. Bd. IX S. 438; B. X S. 375).

§ 4. „Vorstehende Bestimmungen sind auch anwendbar, wenn eine gerichtliche Verfolgung wegen Amtshandlungen (§ 1) gegen einen aus dem Dienst bereits ausgeschiedenen Beamten oder gegen die Erben eines Beamten anhängig wird.“

§ 5. Unter den Beamten (§ 1) sind auch diejenigen, welche in mittelbarem Staatsdienst stehen, einbegriffen.“

. . . .

§ 35.

B) In civilrechtlicher Beziehung.

Ist ein Konflikt (vgl. § 34) nicht erhoben oder der erhobene abgelehnt worden, so ist der Beamte civilrechtlich haftbar für den Vermögensnachteil, der dadurch entsteht, daß er seine Amtsbefugnisse überschreitet oder pflichtwidrig eine Amtshandlung unterläßt.

Diese Haftbarkeit besteht sowohl Dritten, wie seinem Dienstherren — dem Kommunalverband gegenüber, die ihre Ansprüche auf Schadensersatz im Falle des Bestreitens seitens des Beamten im ordentlichen Rechtswege durch Erhebung der Klage zur Feststellung bringen müssen. Eine Ausnahme hiervon ist bei dem sogenannten Defektenverfahren zugelassen.

Im einzelnen gestaltet sich die Haftbarkeit wie folgt:

I. Die civilrechtliche Haftbarkeit Dritten gegenüber.

1. Eigene Haftbarkeit des Beamten.

Nach Art. 80 E. G. B. G. B. bleiben, soweit nicht in dem Bürgerlichen Gesetzbuche eine besondere Bestimmung getroffen ist, die landesgesetzlichen Vorschriften über die vermögensrechtlichen Verbindlichkeiten der Beamten aus dem Amts- und Dienstverhältnisse unberührt.

Besondere Bestimmungen trifft das B. G. B. abgesehen von der aus der allgemeinen Vorschrift des § 823 hervorgehenden Haftung aus einem Verstoße gegen das Strafgesetz oder einem widerrechtlichen Eingriffe in die Rechte eines anderen, im § 839.*) Dieser lautet:

„Verletzt ein Beamter vorsätzlich[1]) oder fahrlässig[2]) die ihm einem Dritten gegenüber obliegende Amtspflicht, so hat er dem Dritten den daraus entstehenden Schaden[3]) zu ersetzen. Fällt dem Beamten nur Fahrlässigkeit zur Last, so kann er nur dann in Anspruch genommen werden, wenn der Verletzte nicht auf andere Weise Ersatz zu erlangen vermag.

Verletzt ein Beamter[4]) bei dem Urteil[5]) in einer Rechtssache seine Amtspflicht, so ist er für den daraus entstehenden Schaden nur dann verantwortlich, wenn die Pflichtverletzung mit einer im Wege des gerichtlichen Strafverfahrens zu verhängenden öffentlichen Strafe[6]) bedroht ist. Auf eine pflichtwidrige Verweigerung oder Verzögerung der Ausübung des Amtes findet diese Vorschrift keine Anwendung.

Die Ersatzpflicht tritt nicht ein,[7]) wenn der Verletzte vorsätzlich oder fahrlässig unterlassen hat, den Schaden durch Gebrauch eines Rechtsmittels abzuwenden." [8]) [9])

---

*) Durch diesen Paragraphen ist die civilrechtliche Haftung Dritten gegenüber erschöpfend geregelt; die §§ 88, 89 II 10 A. L. R's. sind hierdurch aufgehoben.

Anm. 1. Der Beamte haftet bei Vorsatz in erster Stelle, dagegen nur subsidiär bei Fahrlässigkeit, vgl. Satz 2.

Anm. 2. § 276. Satz 2 B. G. B. „Fahrlässig handelt, wer die im Verkehr erforderliche Sorgfalt außer acht läßt."

Anm. 3. § 252 B. G. B. „Der zu ersetzende Schade umfaßt auch den entgangenen Gewinn. Als entgangen gilt der Gewinn, welcher nach dem gewöhnlichen Laufe der Dinge oder nach den besonderen Umständen, insbesondere nach den getroffenen Anstalten und Vorkehrungen, mit Wahrscheinlichkeit erwartet werden konnte."

Anm. 4. Hierher gehört auch der im Verwaltungsstreitverfahren urteilende Richter. Die Haftbarkeit im Absatz 2 ist eine beschränkte.

Anm. 5. Nur der Spruchrichter, der die Entscheidung fällt, ist betroffen.

Anm. 6. § 336. R. St. G B's. „Ein Beamter oder Schiedsrichter, welcher sich bei der Leitung oder Entscheidung einer Rechtssache vorsätzlich zu Gunsten oder zum Nachteil einer Partei einer Beugung des Rechtes schuldig macht, wird mit Zuchthaus bis zu fünf Jahren bestraft." Die Vorschrift des Abs. 2 greift nicht Platz, wenn es sich nur um disziplinare Ahndung handelt.

Anm. 7 Ueber das konkurrierende Verschulden des Beschädigten bestimmt ferner § 254 Abs. 1 B. G. B.:

„Hat bei der Entstehung des Schadens ein Verschulden des Beschädigten mitgewirkt, so hängt die Verpflichtung zum Ersatz, sowie der Umfang des zu leistenden Ersatzes von den Umständen, insbesondere davon ab, inwieweit der Schaden vorwiegend von dem einen oder dem anderen Teile verursacht worden ist."

Dem Beamten liegt die Beweislast ob.

Anm. 8 Wird der Schade nicht nur von einem Einzelbeamten, sondern von einem Kollegium verursacht, so kommen nicht mehr die Bestimmungen des A. L. R.'s II 10 §§ 127 ff. zur Anwendung, sondern § 840 B. G. B., wonach mehrere, die nebeneinander für den aus einer unerlaubten Handlung entstehenden Schaden verantwortlich sind, als Gesamtschuldner haften. Dies trifft nur dann zu, wenn sie wirklich „nebeneinander" haften, d. h. wenn die Schuld nicht einen Beamten des Kollegiums allein trifft.

Anm. 9. Einen besonderen Fall der Haftbarkeit wegen verletzter Aufsichtspflicht enthält § 841 B. G. B.

„Ist ein Beamter, der vermöge seiner Amtspflicht einen Anderen zur Geschäftsführung für einen Dritten zu bestellen oder eine solche Geschäftsführung zu beaufsichtigen oder durch Genehmigung von Rechtsgeschäften bei ihr mitzuwirken hat, wegen Verletzung dieser Pflichten neben dem Anderen für den von ihm verursachten Schaden verantwortlich, so ist in ihrem Verhältnisse zu einander der andere allein verantwortlich."

Im Verhältnis zu dem Dritten haften beide als Gesamtschuldner.

2. Haftung für Stellvertreter und Gehilfen.

Nach Artikel 78 E. G. B. G. B. bleiben die landesgesetzlichen Vorschriften, wonach die Beamten für die von ihnen angenommenen Stellvertreter und Gehilfen in weiterem Umfange, als nach dem Bürgerlichen Gesetzbuche haften, unberührt.

a) Nach dem B. G. B. kommt hinsichtlich dieser Haftung in Betracht:

§ 831. Wer einen Anderen zu einer Verrichtung bestellt, ist zum Ersatze des Schadens verpflichtet, den der Andere in Ausführung der Verrichtungen einem dritten widerrechtlich zufügt. Die Ersatzpflicht tritt nicht ein, wenn der Geschäftsherr[1]) bei der Auswahl der bestellten Person und, sofern er Vorrichtungen oder Gerätschaften zu beschaffen oder die Ausführung der Verrichtung zu leiten hat, bei der Beschaffung oder der Leitung die im Verkehr erforderliche Sorgfalt beobachtet oder wenn der Schaden auch bei Anwendung dieser Sorgfalt entstanden sein würde.

Die gleiche Verantwortlichkeit trifft denjenigen, welcher für den Geschäftsherren die Besorgung eines der im Abs. 1 Satz 2 bezeichneten Geschäfte durch Vertrag übernimmt."

Ihm liegt der **Beweis der Nichtschuld** ob. Anm. 1.

b) Von weitergehenden landesgesetzlichen Vorschriften kommen die folgenden Bestimmungen des A. L. R.'s, die auch, soweit öffentliches Recht in Frage kommt — nach § 89 A. G. B. G. B. — nicht aufgehoben sind, in Betracht.

A. L. R. I. 13. § 41. „Geschäfte eines öffentlichen Amtes soll niemand eigenmächtig einem Anderen an seiner Statt auftragen."

§ 42. „Ist es dennoch geschehen, so sind die Handlungen des Substituten nichtig und er sowohl, als sein Machtgeber haften, Einer für Beide und Beide für Einen, wegen alles daraus entstandenen Schadens."

A. L. R. II. 10. § 90. „Vorgesetzte, welche durch vorschriftsmäßige Aufmerksamkeit die Amtsvergehungen ihrer Untergebenen hätten hindern können, sind für den aus Vernachlässigung dessen entstandenen Schaden sowohl dem Staat als einzelnen Privatpersonen, welche darunter leiden, verhaftet."

§ 91. „Doch findet . . . . die Vertretung nur alsdann statt, wenn kein anderes gesetzmäßiges Mittel, wodurch den nachteiligen Folgen eines solchen Versehens abgeholfen werden könnte, mehr übrig ist."

A. L. R. I. 6. § 45. „Wer den Befehl dessen, dem er zu gehorchen schuldig ist, vollzieht, kann in der Regel zu keinem Schadensersatz angehalten werden."

§ 46. „Er muß aber dafür haften, wenn die befohlene Handlung in den Gesetzen ausdrücklich verboten ist."

§ 47. „Wer vermöge seines Standes oder Amtes die Befehle seiner Vorgesetzten ohne Einschränkung zu befolgen verpflichtet ist, von dem kann nicht gefordert werden, daß er einen in Dienstgeschäften ihm geschehenen Auftrag seiner Oberen prüfe."

§ 48. „Dem, der aus Unwissenheit einen gesetzwidrigen Befehl ausgerichtet hat, bleibt der Regreß gegen den Befehlenden vorbehalten."

§ 49. „Wer die Grenzen des erhaltenen Befehls überschreitet, macht sich allemal zum Ersatz des dadurch entstandenen Schadens verantwortlich."

§ 58. „Wer eine unerlaubte Handlung befiehlt, haftet hauptsächlich für den daraus entstandenen Schaden."

II. Die Haftbarkeit des Beamten dem Kommunalverbande gegenüber und die Haftung des letzteren.

Der Kommunalbeamte haftet nicht nur dem beschädigten Dritten, sondern auch seinem Dienstherrn gegenüber; dies jedoch nur dann, wenn der Kommunalverband selbst aus den Handlungen seiner Beamten haftbar gemacht werden kann.

Hier ist zu unterscheiden, ob die Handlungen des Beamten in Ausübung der ihm anvertrauten öffentlichen Gewalt erfolgen, oder ob sie die aus dem Privatrechte fließenden Verbindlichkeiten des Kommunalverbandes betreffen.

a) Ist ersteres der Fall so gilt nach Art. 77 E. G. B. G. B. folgendes:

„Unberührt bleiben die landesgesetzlichen Vorschriften über die Haftung des Staates, der Gemeinden und anderer Kommunalverbände (Provinzial-, Kreis-, Amtsverbände) für den von ihren Beamten in Ausübung der diesen anvertrauten öffentlichen Gewalt zugefügten Schaden, sowie die landesgesetzlichen Vorschriften, welche das Recht des Beschädigten, von dem Beamten den Ersatz eines solchen Schadens zu erlangen, insoweit ausschließen, als der Staat oder der Kommunalverband haftet."

Das B. G. B. selbst enthält über diese Haftung keine Bestimmung.

Nach Preußischem Landrechte gelten Allgemeine Bestimmungen für die Haftung des Staates nach dieser Richtung nicht (vgl. R. G. Bd. XXVIII S. 340). Doch haben die Kommunalverbände einzutreten, wenn ihre Organe durch Ausübung von Hoheitsrechten den Inhalt privatrechtlicher, von der Gemeinde abgeschlossener Verträge verletzen. (Vgl. R. G. in Civ. Bd. VIII S. 298.)

Wohl aber bestanden solche Vorschriften nach dem Art. 1384 Code civil, der durch Art. 89 [2] A. G. B. G. B. „soweit er auf die Haftung des Staates, der Gemeinden und anderer Kommunalverbände für den von ihren Beamten in Ausübung der diesen anvertrauten öffentlichen Gewalt zugefügten Schaden Anwendung findet" aufrecht erhalten ist.

Art. 1384 lautet:

Abs. 1. „Man ist nicht nur für den Schaden verantwortlich, den man durch seine eigene Handlung verursacht, sondern auch für denjenigen, der aus einer Handlung der Personen, für welche man zu haften hat . . . . entsteht."

Eine Haftung des Kommunalverbandes ist selbstverständlich nur dann gegeben, wenn die Amtshandlung rechtswidrig ist, nicht, wenn sie rechtmäßig ist und einen Schaden zur Folge hat.

b) **Wenn hingegen die Kommunalbeamten** nicht in Ausübung der ihnen anvertrauten öffentlichen Gewalt, sondern **als Vertreter ihres Dienstherrn auf privatrechtlichem Gebiete** jemanden einen Schaden zufügen, so haften die Kommunalverbände, wie jede Privatperson.

Hinsichtlich der Schäden aus außerkontraktlichem Verschulden hat es bisher nach Preußischem Rechte positive Vorschriften über eine Haftung der Kommunalverbände für ihre Beamten nicht gegeben, während in der Praxis eine solche Haftung anerkannt war. Vgl. R. G. in Civ. Bd. VIII S. 236.

Das B. G. B. hat den Grundsatz von der Haftpflicht der juristischen Personen für die schuldhaften Handlungen ihrer Organe zur allgemeinen Geltung gebracht. Nach § 89 B. G. B. findet auf die Kommunalverbände nunmehr die Bestimmung des § 31 B. G. B. Anwendung.

§ 31 lautet:

„Der Verein ist für den Schaden verantwortlich, den der Vorstand, ein Mitglied des Vorstandes oder ein anderer verfassungsmäßig berufener Vertreter[1]) durch eine in Ausführung der ihm zustehenden Verrichtungen begangene, zum Schadensersatze verpflichtende Handlung einem Dritten zufügt.“[2])

Der Schade muß von einem „berufenen“ Vertreter und in Ausübung seiner amtlichen Funktionen verursacht sein, d. h. es müssen die schädigende Handlung und die Amtshandlung in Zusammenhang stehen, es muß der schuldhafte Beamte ein die Gemeinde vertretendes Willensorgan sein, und es muß die schuldhafte Handlung oder Unterlassung innerhalb des dem Vertreter zugewiesenen Geschäftskreises liegen. Das Versehen muß ein solches des Kommunalverbandes selbst sein und kann also nur in dem fehlerhaften Verschulden seiner Willensorgane bestehen. Anm. 1.

Der Beweis des Dienstherrn, er habe die erforderliche Sorgfalt gemäß § 831 B. G. B. angewendet, befreit ihn hier nicht. Dienstherr und Beamter haften solidarisch; der Beschädigte kann ersteren sofort in Anspruch nehmen. Anm. 2.

Ueber Verjährung der Ansprüche auf Schadensersatz bestimmt § 852 B. G. B.:

„Der Anspruch auf Ersatz des aus einer unerlaubten Handlung entstandenen Schadens verjährt in drei Jahren von dem Zeitpunkt an, in welchem der Verletzte von dem Schaden und der Person des Ersatzpflichtigen Kenntnis erlangt, ohne Rücksicht auf diese Kenntnis in dreißig Jahren von der Begehung der Handlung an.

Hat der Ersatzpflichtige durch die unerlaubte Handlung auf Kosten des Verletzten etwas erlangt, so ist er auch nach der Vollendung der Verjährung zur Herausgabe nach den Vorschriften über die Herausgabe einer ungerechtfertigten Bereicherung verpflichtet.“

III. Das Defektenverfahren.

Die Regel, daß der Kommunalverband seine Schadensersatzansprüche seinen Beamten gegenüber gegebenenfalls im Wege der Klage geltend machen muß, findet eine Ausnahme hinsichtlich der Defekte. Für diese ist ein administratives Verfahren vorgesehen, wobei die Feststellung der Defekte durch einen — gegebenenfalls im Wege des Verwaltungszwangsverfahrens vollstreckbaren — Beschluß erfolgt, gegen den der Beamte seinerseits den Rechtsweg beschreiten kann. Dieses Verfahren bezweckt einerseits, daß auf kürzestem Wege Ersatz für die entstandenen Defekte geschafft wird und andererseits, daß auch dem Beamten die Kosten eines gerichtlichen Verfahrens erspart werden können.

Das Verfahren findet Anwendung auf die Feststellung aller Defekte, die bei öffentlichen Kassen oder anderen öffentlichen Verwaltungen entdeckt werden, greift also auch bei allen Kommunalverbänden Platz. Des Verfahren regelt die Vd. über die Festsetzung und den Ersatz der bei Kassen und anderen Verwaltungen vorkommenden Defekte v. 24. I. 1844 (G. S. S. 52).[1])

Anm. 1. Die Vd. ist durch § 82 A. G. G. V. G. aufrecht erhalten und gilt auch für die neuen Landesteile (§ 1 Nr. 8 der Vd. v. 23. IX. 1867, G. S. S. 1619), desgl. für Lauenburg (§ 1 Nr. 7 Ges. v. 25. II. 1878, G. S. S. 98) und Helgoland (Vd. v. 22. III. 1891, G. S. S. 39).

Die Vd. findet auch auf die Kommunalbeamten Anwendung. Vgl. § 18 das. und Min. Erl. v. 17. IV. 1844 (M. Bl. S. 122); ingleichen auf ausgeschiedene Beamte, sowie, soweit die Einziehung des Defektes oder die Sicherstellung des Ersatzes in Frage kommt, gegen den Nachlaß des betr. Beamten, denn es handelt sich nicht um Disziplinarmaßregeln gegen die Person, sondern lediglich um Verfügungen gegen das Vermögen des Beamten zur Sicherung der Kasse; Min. Erl. v. 20. VIII. 1845 (M. Bl. S. 305).

§ 1. „Die Feststellung der Defekte[1]) an öffentlichem oder Privatvermögen, welche bei öffentlichen Kassen oder anderen öffentlichen Verwaltungen entdeckt werden, ist zunächst von derjenigen Behörde zu bewirken, zu deren Geschäftskreise die unmittelbare Aufsicht über die Kasse oder andere Verwaltung gehört."

Anm. 1. Ein **Kassendefekt** liegt vor, wenn der thatsächliche Istbestand der Kasse sich mit dem Sollbestand, den die Kasse rechnungsmäßig aufweisen soll, nicht deckt.

Die Vd. kommt nicht zur Anwendung, wenn dem zur Verfügung über die Kasse befugten Beamten die Anweisung von Zahlungen zur Last gelegt wird, die auf die Kasse nicht hätten angewiesen werden dürfen, wenn also nicht die Richtigkeit der Kasse an sich, sondern die Rechtmäßigkeit der Amtsführung bemängelt wird, oder wenn der Streit lediglich den Betrag des einem Kassenbeamten zustehenden, aus den Mitteln der Kasse zu bestreitenden Diensteinkommens betrifft.

Die Feststellung der Defekte im Beschlußwege erfolgt ferner nur dann, wenn es sich um durch Schuld des Beamten — nicht etwa durch Zufall — hervorgerufene, noch nicht gedeckte Kassendefekte handelt. Eine gerichtlich oder disziplinarisch strafbare Handlung braucht nicht vorzuliegen. Vgl. E. O. Trib. v. 4. II. 1858 (Strieth. Arch. Bd. XXIX S. 65).

§ 2. „Von dieser Behörde ist zugleich festzustellen, wer nach den Vorschriften der gegenwärtigen Verordnung für den Defekt zu haften hat, und bei einem Defekt an Materialien, auf wie hoch die zu erstattende Summe in Geld zu berechnen ist."

§ 3. „Ebenso (§§ 1 und 2) hat die unmittelbar vorgesetzte Behörde die Defekte an solchem öffentlichen oder Privatvermögen festzustellen, welches, ohne zu einer öffentlichen Kasse oder anderen öffentlichen Verwaltung gebracht zu sein, vermöge besonderer amtlicher Anordnung in den Gewahrsam eines Beamten gekommen ist."

§ 4. „Ueber den Betrag des Defektes, die Person des zum Ersatz Verpflichteten und den Grund seiner Verpflichtung ist von der in den §§ 1 und 3 bezeichneten Behörde ein motivierter Beschluß abzufassen."

§ 5.[1]) „Hat diese Behörde die Eigenschaft einer Central- oder Provinzialbehörde, so ist der Beschluß ohne weiteres vollstreckbar."

§ 6. „In allen anderen Fällen unterliegt der Beschluß der Prüfung der vorgesetzten Provinzialbehörde, und wird erst nach deren Genehmigung vollstreckbar."

§ 7. „Der vorgesetzten Centralbehörde bleibt jedoch in allen Fällen unbenommen, einzuschreiten und den Beschluß selbst abzufassen oder zu berichtigen."

Die über Zuständigkeit handelnden §§ 5—7 finden nur auf Provinzialbeamte Anwendung. Bei den übrigen Beamten treten an ihre Stelle folgende Bestimmungen: Anm. 1.

Die beschließende Behörde ist

a) bei Kreiskommunalbeamten der Bezirksausschuß, § 128a östl. Kr. O., § 73 west. u. rhein. Kr. O., § 85 Hann. Kr. O., § 86 Hess. Nass. Kr. O., § 116 Schl. Holst. Kr. O.

b) bei Stadtgemeinden der Bezirksausschuß, § 17[b] Zust. Ges.

c) bei Landgemeinden, Amtsverbänden und selbständigen Gutsbezirken der Kreisausschuß, § 32 Ziffer 5 Zust. Ges.

Der Beschluß ist vorbehaltlich des ordentlichen Rechtsweges endgiltig und ohne weiteres vollstreckbar.

§ 8. „Nach Befinden der Umstände kann die Behörde auch mehrere Beschlüsse abfassen, wenn ein Teil des Defekts sofort klar ist, der andere Teil aber noch weitere Ermittelungen notwendig macht, ingleichen, wenn unter mehreren Personen die Verpflichtung der einen feststeht, die der andern noch zweifelhaft ist."

§ 9. „In dem abzufassenden Beschlusse ist zugleich zu bestimmen, ob der Beamte zum Ersatz des Defekts oder nur zur Sicherstellung anzuhalten, und im ersten Falle, ob die Exekution unbedingt oder mit welchen näher zu bestimmenden Modifikationen zu vollstrecken."

§ 10. „Der abzufassende Beschluß kann auf die unmittelbare Verpflichtung zum Ersatz gerichtet werden:

1. sofern der Defekt nach dem Ermessen der Behörde durch Vorsatz[1]) bewirkt worden, gegen jeden Beamten, welcher der Unterschlagung oder Veruntreuung als Urheber oder Teilnehmer geständig ist oder für überführt erachtet wird,
2. sofern der Defekt nach dem Ermessen der Behörde durch grobes Versehen[1]) entstanden ist,
   a) gegen diejenigen, welchen die Kasse u. s. w. zur Verwaltung übergeben war, auf Höhe des ganzen Defekts,
   b) gegen jeden andern Beamten, der an der Einnahme oder Ausgabe, der Erhebung, der Ablieferung oder dem Transport von Kassengeldern oder anderen Gegenständen vermöge seiner dienstlichen Stellung teilzunehmen hatte, nur auf Höhe des in seinen Gewahrsam gekommenen Betrages.

Eben dies gilt gegen die § 3 genannten Beamten in den daselbst bezeichneten Fällen."

Anm. 1. Bei mäßigem oder geringem Versehen ist kein Defektenbeschluß zu erlassen. Die Schadensersatzpflicht wird im ordentlichen Rechtswege festgestellt.

§ 11. „Der abzufassende Beschluß kann ferner auf Beschlagnahme des Vermögens oder Gehalts zur Sicherung des demnächst im Wege des Rechtens auszuführenden Anspruchs,[1]) sofern der Defekt aus dem Vermögen der § 10 genannten zunächst verantwortlichen Beamten und deren Dienstkaution nicht zu decken sein sollte, gerichtet werden:

gegen diejenigen, welche zwar die defektierten Gelder oder andern Gegenstände nicht in ihrem Gewahrsam gehabt, aber an deren Vereinnahmung, Verausgabung oder Verschlusse in der Weise unmittelbar teilzunehmen hatten, daß der Defekt ohne ihr grobes Verschulden nicht hätte entstehen können."

Anm. 1. Der die Beamten nur zur Sicherheitsleistung verurteilende Beschluß ist mit denselben Mitteln, wie ein gerichtlich eingelegter Arrest anfechtbar. Vgl. §§ 804 ff. C. P. O.

§ 12. „Sind Beamte, gegen welche die exekutivische Einziehung des Defekts zulässig ist, in der Verwaltung ihres Amtes, wofür sie eine Amtskaution bestellt haben, belassen worden, so ist die Exekution nicht zunächst in diese Kaution, sondern in das übrige Vermögen zu vollstrecken, jedoch so weit die bestellte Kaution reicht, nur auf Sicherstellung eines gleichen Betrages zu richten." [1])

Anm. 1. Auch in den Nachlaß. Vgl. Anm. 1 zur Ueberschrift oben S. 260 und Erk. Komp. G. H. v. 17. IV. 1858 (M. Bl. 1859 S. 74), sowie R. G. Bd. II S. 188). Die Vollstreckung des Defektenbeschlusses den Erben gegenüber ist nur angängig, wenn ihre Erbeneigenschaft feststeht, oder im Falle des Bestreitens im Rechtswege festgestellt worden ist (R. G. Bd. VII S. 335).

§ 13. „Bei Gefahr im Verzuge kann die unmittelbar vorgesetzte Behörde, auch wenn sie nicht die Eigenschaft einer Provinzialbehörde hat, oder der unmittelbar vorgesetzte Beamte vorläufig Sicherheitsmaßregeln durch Beschlagnahme des Vermögens oder Gehalts[1]) gegen die nach § 10 der Exekution unterworfenen Beamten ergreifen,[2]) es muß aber davon der vorgesetzten Provinzialbehörde ungesäumt Anzeige gemacht und deren Genehmigung eingeholt werden."

Die Beschlagnahme des Gehaltes kann nur in den Grenzen des § 850 C. P. O. erfolgen (vgl. oben § 23). Ein Beschluß im Sinne des § 4 der Vd. braucht im Falle des § 13 nicht vorhergegangen zu sein. Anm. 1.

Zuständig hierzu ist bei den Provinzialbeamten der Landeshauptmann (Landesdirektor), bei städtischen Beamten der Magistrat bezw. Bürgermeister, wo kein kollegialischer Magistrat besteht, bei Kreisbeamten der Landrat, bei Beamten der Amtsverbände der Amtsvorsteher, bei Beamten der Landgemeinden pp. nach § 57 II 7 A. L. R.'s der Gemeindevorsteher, falls ein besonderer kassenführender Beamter besteht, sonst der Landrat als Vorsitzender des Kreisausschusses. Dem Oberpräsidenten, dem Bezirks-, bezw. Kreisausschusse ist Anzeige zu machen. Anm. 2.

§ 14. „Die Verwaltungsbehörde kann den zur Vollstreckung geeigneten Beschluß selbst zur Ausführung bringen, soweit dieselbe nach den bestehenden Gesetzen Exekution zu verfügen befugt ist. Außerdem ist das betreffende Gericht dieserhalb zu requirieren." [1])

Die Vollstreckung des Beschlusses, sowie die Anordnung von Sicherheitsmaßregeln gemäß §§ 13ff. können nur gegen das eigene Vermögen des Beamten gerichtet werden. Gegen dritte, die als Bürgen oder Besitzer eines zur Kaution gestellten Grundstückes verhaftet sind, muß Klage im ordentlichen Rechtswege erhoben werden; desgl. gegen Erben, soweit es sich um ihr persönliches Vermögen handelt, mögen sie sich auch bereit erklärt haben, mit ihrem Vermögen für den Defekt aufzukommen. Anm. 1.

§ 15. „Die Gerichte und Hypothekenbehörden sind verpflichtet, den an sie ergehenden Requisitionen zu genügen, die Exekution gegen die benannten Personen ohne vorgängiges Zahlungsmandat schleunig zu vollstrecken, die Beschlagnahme der zur Deckung des Defekts erforderlichen Vermögensstücke zu verfügen und die in Antrag gebrachten Eintragungen, wenn sonst kein Anstand obwaltet, im Hypothekenbuche zu veranlassen, ohne auf eine Beurteilung der Rechtsmäßigkeit einzugehen."

§ 16. „Gegen den Beschluß, wodurch ein Beamter zur Erstattung eines Defekts für verpflichtet erklärt wird (§ 10), steht demselben sowohl hinsichtlich des Betrages als hinsichtlich der Ersatzverbindlichkeit, ... die Berufung auf rechtliches Gehör zu.[1])

Von dieser Befugnis muß jedoch innerhalb eines Jahres, vom Tage der dem Verpflichteten geschehenen Bekanntmachung des vollstreckbaren Beschlusses, oder wenn der Verpflichtete ausgetreten ist, vom Tage des abgefaßten Beschlusses an Gebrauch gemacht werden. Die Exekution behält, des eingeschlagenen Rechtsweges ungeachtet, bis zur rechtskräftigen Entscheidung nach Maßgabe des Beschlusses ihren Fortgang, wenn nicht von der Verwaltung davon Abstand genommen wird.

In der etwa eingeleiteten Untersuchung bleiben dem Verpflichteten, insofern es auf die Bestrafung ankommt, seine Einreden gegen den abgefaßten Beschluß auch nach Ablauf des Jahres, wenngleich sie im Civilprozeß nicht mehr geltend gemacht werden können, vorbehalten."

Anm. 1. Durch Erhebung der Klage, die auch den Erben und anderen an die Stelle des Beamten getretenen Personen zusteht, z. B. dem Konkursverwalter.

Doch bildet die administrative Feststellung bei der Erörterung über das Vorhandensein und den Betrag des Defektes die Grundlage, und es liegt deshalb demjenigen, gegen den der Beschluß der Verwaltung auf Erstattung des Defekts ergangen ist, ob, seine Einwendungen wider den Beschluß vorzubringen und erforderlichen Falles zu beweisen.

Die zu Gunsten des Beamten ergehende Entscheidung hat nur die Bedeutung, daß mangels der Voraussetzung eines groben Verschuldens der Defektenbeschluß ihm gegenüber nicht zu Recht besteht. Das schließt aber nicht aus, daß die Behörde ihren Erstattungsanspruch auf Grund der gesetzlichen Vorschriften über die Verantwortlichkeit der Beamten im ordentlichen Rechtswege geltend macht.

§ 17. „Gegen einen Beschluß, wodurch die Beschlagnahme des Vermögens oder Gehalts nach § 11 angeordnet worden, steht dem Beamten die Berufung auf rechtliches Gehör in derselben Weise zu, wie dies gegen einen gerichtlich angelegten Arrest[1]) zulässig ist."

Anm. 1. Nach Maßgabe der §§ 916—934 C. P. O. gemäß § 924 C. P. O. findet Widerspruch statt.

§ 18. „Das gegenwärtige Gesetz findet auf sämtliche öffentliche Kassen und Verwaltungen und deren Beamte . . . . Anwendung.

§ 36.

C) In strafrechtlicher Beziehung.

Der Beamte kann durch die Verletzung seiner Amtspflichten sich auch strafrechtlich strafbar machen, indem er dadurch Handlungen oder Unterlassungen begeht, die das Reichs-Strafgesetzbuch mit Strafe bedroht. Das letztere unterscheidet zwischen solchen Delikten, die nur von Beamten begangen werden können, „Verbrechen und Vergehen im Amte" (achtundzwanzigster Abschnitt §§ 331—359) und solchen, die allgemein begangen werden können, jedoch mit erhöhter Strafe bedroht sind, wenn sie von einem Beamten im Amte begangen werden (eigentliche und uneigentliche Amtsvergehen).

I. Eigentliche Amtsvergehen.

Achtundzwanzigster Abschnitt des R. Str. G. B.

„Verbrechen und Vergehen im Amte."

§ 331. „Ein Beamter,[1]) welcher für eine in sein Amt einschlagende, an sich nicht pflichtwidrige[2]) Handlung[3]) Geschenke oder andere Vorteile[4]) annimmt,[4]) fordert oder sich versprechen läßt, wird mit Geldstrafe bis zu 500 Mark oder mit Gefängnis bis zu 6 Monaten bestraft.[5]) [6])"

Der Begriff des Beamten ergiebt sich aus § 359; s. unten S. 272. Anm. 1.

Handlung umfaßt auch Unterlassungen. Anm. 2.

Ist die Handlung pflichtwidrig, so findet § 332 Anwendung. Anm. 3.

Eine nachträgliche (nicht sofortige) Zurückgabe des Empfangenen, einmal Angenommenen schließt die Strafbarkeit nicht aus. Wie die Annahme erfolgt, ist gleichgültig. Es ist auch nicht nötig, daß der Zweck der Geschenke bei der Annahme ausdrücklich ausgesprochen wird, sofern er nur aus den Umständen erkennbar ist. R. G. in Straff. Bd. IX S. 219. Anm. 4.

Nach § 358 kann neben der Gefängnisstrafe (überhaupt — auch unter 3 Monaten —) auf Verlust der Fähigkeit zur Bekleidung öffentlicher Aemter auf die Dauer von einem bis zu fünf Jahren erkannt werden. Anm. 5.

Nach § 335 ist in dem Urteile das Empfangene oder sein Wert für dem Staate verfallen zu erklären. Anm. 6.

§ 332. „Ein Beamter, welcher für eine Handlung,[1]) die eine Verletzung einer Amts- oder Dienstpflicht enthält, Geschenke oder andere Vorteile annimmt[2]), fordert oder sich versprechen läßt, wird wegen Bestechung mit Zuchthaus bis zu fünf Jahren bestraft.

Sind mildernde Umstände[3]) vorhanden, so tritt Gefängnisstrafe[3]) ein.[4])"

Vgl. § 331 Anm. 2. Anm. 1.

Das Vergehen ist durch die Annahme vollendet; es braucht die Handlung nicht nachzufolgen; folgt diese pflichtwidrige Handlung aber nach und verletzt auch sie das Strafgesetz, so liegt Realkonkurrenz vor. Anm. 2.

Erreicht sie drei Monate, so kann auf Verlust der bürgerlichen Ehrenrechte und auf Unfähigkeit zur Bekleidung öffentlicher Aemter erkannt werden. §§ 32, 35 R. Str. G. B's. Anm. 3.

Auch hier gilt § 335 vgl. Anm. 6 zu § 331. Anm. 4.

§ 333. „Wer einem Beamten oder einem Mitglied der bewaffneten Macht Geschenke oder andere Vorteile anbietet,[1]) verspricht oder gewährt, um ihn zu einer Handlung, die eine Verletzung einer Amts- oder Dienstpflicht enthält, zu bestimmen, wird wegen Bestechung mit Gefängnis bestraft; auch kann auf Verlust der bürgerlichen Ehrenrechte erkannt werden.[2]) [3])

Sind mildernde Umstände vorhanden, so kann auf Geldstrafe bis zu 1500 Mark erkannt werden."

Gleichgültig ist, ob das Anerbieten dem Beamten gegenüber unmittelbar oder nur mittelbar erfolgt. Anm. 1.

Es giebt auch eine mittelbare Bestechung, die darin besteht, daß Angehörigen des Beamten Geschenke oder andere Vorteile angeboten, gewährt oder versprochen werden, um ihn hierdurch zu einer pflichtwidrigen Handlung zu bestimmen. Voraussetzung hierbei ist, daß der Beamte auch Kenntnis von dem Vorteile erlangt hat und daß die Erlangung dieser Kenntnis seitens des Beamten auch von dem Thäter beabsichtigt war, sowie daß der Thäter nicht etwa nur die Fürsprache der Mittelsperson hat erkaufen wollen. R. G. Straff. Bd. XIII S. 396.

Das Vergehen ist mit dem Anbieten vollendet; geschieht das Anbieten nur mittelbar, so ist das Vergehen vollendet, wenn der Beamte Kenntnis davon erhält. Ob der Beamte das Anerbieten ausschlägt oder nicht, ist für den Thatbestand des § 333 unerheblich. Nimmt der Beamte an, so findet § 332 auf ihn Anwendung.

Anm. 2. Aber nur dann, wenn die Gefängnisstrafe 3 Monate erreicht. (§§ 32, 35.)

Anm. 3. Auch hier gilt § 335. Vgl. Anm. 6 zu § 331.

§ 334. „Ein Richter, Schiedsrichter, Geschworener oder Schöffe, welcher Geschenke oder andere Vorteile fordert, annimmmt[1]) oder sich versprechen läßt, um eine Rechtssache, deren Leitung oder Entscheidung ihm obliegt, zu Gunsten oder zum Nachteile eines Beteiligten zu leiten oder zu entscheiden, wird mit Zuchthaus bestraft.

Derjenige, welcher einem Richter, Schiedsrichter, Geschworenen oder Schöffen zu dem vorbezeichneten Zwecke Geschenke oder andere Vorteile anbietet, verspricht oder gewährt, wird mit Zuchthaus bestraft. Sind mildernde Umstände[2]) vorhanden, so tritt Gefängnisstrafe ein.[2]) [3])“

Anm. 1. Der Annehmende muß z. Zt. der That Richter, Schöffe oder Geschworener sein. Ueber „Annahme“ vgl. Anm. 4 zu §§ 335. Das Vergehen ist mit der Annahme vollendet, gleichgültig, ob die bezweckte Handlung zu Gunsten oder zum Nachteile eines Beteiligten nachfolgt. Ist dies außerdem der Fall, so findet auf den Richter § 336 Anwendung.

Anm. 2. Vgl. Anm. 3 zu § 332.

Anm. 3. § 335 findet Anwendung. Vgl. Anm. 6 zu § 331.

§ 335. „In den Fällen der §§ 331 bis 334 ist im Urteile das Empfangene oder der Wert desselben für dem Staate verfallen zu erklären.

§ 336. Ein Beamter oder Schiedsrichter, welcher sich bei der Leitung oder Entscheidung einer Rechtssache vorsätzlich zu Gunsten oder zum Nachteile einer Partei einer Beugung[1]) des Rechtes schuldig macht, wird mit Zuchthaus bis zu fünf Jahren bestraft.“

Anm. 1. Das Recht beugt, wer bewußtermaßen gegen bessere Ueberzeugung das Recht des einen zu Gunsten eines anderen Beteiligten verletzt.

§ 337 ist aufgehoben durch § 67 des Ges. v. 6. II. 1875 über die Beurkundung des Personenstandes und der Eheschließung (R. G. Bl. S. 23).

Vgl. hierzu auch den § 69 a. a. O. „Ein Standesbeamter, welcher unter Außerachtlassung der in diesem Gesetze und in dem bürgerlichen Gesetzbuche[1]) gegebenen Vorschriften eine Eheschließung vollzieht, wird mit Geldstrafe bis zu 600 Mark bestraft.“

§ 338. „Ein Religionsdiener oder Personenstandsbeamter, welcher wissend, daß eine Person verheiratet ist, eine neue Ehe derselben schließt, wird mit Zuchthaus bis zu fünf Jahren bestraft.“

Anm. 1. Die Worte „und in dem B. G. B.“ sind eingefügt durch Art. 46 Ziffer IV E. G. B. G. B.

§ 339. „Ein Beamter[1]), welcher durch Mißbrauch[1]) seiner Amtsgewalt[2]) oder durch Androhung eines bestimmten Mißbrauchs derselben jemand zu einer Handlung, Duldung oder Unterlassung widerrechtlich nötigt, wird mit Gefängnis bestraft.[3])

Der Versuch ist strafbar.

In den Fällen der §§ 106, 107, 167 und 253[4]) tritt die daselbst angedrohte Strafe ein, wenn die Handlung von einem Beamten, wenn auch ohne Gewalt oder Drohung, aber durch Mißbrauch seiner Amtsgewalt oder Androhung eines bestimmten Mißbrauchs derselben begangen ist."

§ 86 II 10 A. L. R.'s. Anm. 1.

„Niemand soll sein Amt zur Beleidigung oder Bevorteilung anderer mißbrauchen." § 339 ist übrigens nicht auf Exekutiv-Beamten beschränkt. (R. G. Str. Bd. IX S. 228.)

Ueber Amtsgewalt vgl. oben § 27. Der Beamte muß das Bewußtsein haben, daß er eine Nötigung begeht, zu der er kein Recht hat, daß er ferner seine Amtsgewalt mißbrauche. Hat er seine Amtsbefugnisse nur aus Irrtum überschritten, so findet nicht gerichtliche Verfolgung, sondern Disziplinarbestrafung statt, und zwar auch dann, wenn ein Beamter durch Mißbrauch seiner Amtsgewalt jemand zu einer Handlung, Duldung oder Unterlassung widerrechtlich nötigt (§ 339), E. O. Trib. 12. I. 1856 (M. Bl. S. 114). Anm. 2.

§ 358 findet Anwendung. Vgl. Anm. 5 zu § 331. Anm. 3.

§§ 106 und 107 betreffen Verbrechen und Vergehen in Beziehung auf die Ausübung staatsbürgerlicher Rechte, § 167 betrifft Verbrechen, die sich auf die Religion beziehen, § 253 Erpressung, wenn der Beamte in der Absicht handelt, sich oder einem Dritten einen rechtswidrigen Vermögensvorteil zu verschaffen. Anm. 4.

§ 340. Siehe oben § 27.

§ 341. „Ein Beamter, welcher vorsätzlich, ohne hierzu berechtigt zu sein, eine Verhaftung oder vorläufige Ergreifung und Festnahme oder Zwangsgestellung vornimmt oder vornehmen läßt, oder die Dauer einer Freiheitsentziehung verlängert, wird nach Vorschrift des § 239,[1]) jedoch mindestens mit Gefängnis von drei Monaten bestraft.[2])[3])"

§ 239 lautet: Anm. 1.

„Wer vorsätzlich und widerrechtlich einen Menschen einsperrt, oder auf andere Weise des Gebrauches der persönlichen Freiheit beraubt, wird mit Gefängnis bestraft.

Wenn die Freiheitsentziehung über eine Woche gedauert hat, oder wenn eine schwere Körperverletzung des der Freiheit Beraubten durch die Freiheitsentziehung oder die ihm während derselben widerfahrene Behandlung verursacht worden ist, so ist auf Zuchthaus bis zu 10 Jahren zu erkennen.

Sind mildernde Umstände vorhanden, so tritt Gefängnisstrafe nicht unter einem Monat ein.

Ist der Tod des der Freiheit Beraubten durch die Freiheitsentziehung oder die ihm während derselben widerfahrene Behandlung verursacht worden, so ist auf Zuchthaus nicht unter 3 Jahren zu erkennen. Sind mildernde Umstände vorhanden, so tritt Gefängnisstrafe nicht unter 3 Monaten ein."

Der § 341 erfordert zu seiner Anwendung das Bewußtsein des betreffenden Beamten, daß er zur Verhaftung, Festnahme rc., die er vornimmt, nicht berechtigt sei. In dieser Beziehung hat das Reichsstrafgesetzbuch den Standpunkt des Preußischen Strafgesetzbuches (§ 317), wie aus den Motiven Anm. 2.

hervorgeht, nicht verlassen wollen. Der § 317 des Pr. Strafgesetzbuches spricht aber von demjenigen Beamten, der „mit Vorsatz eine rechtswidrige Verhaftung x. vornimmt oder die Dauer der Haft verlängert“ und schließt schon durch diesen Wortlaut jeden Zweifel daran aus, daß der Vorsatz sich auch auf das Moment der Rechtswidrigkeit beziehen muß. Der Beamte muß also das Bewußtsein haben, die Grenzen seiner Befugnis zu überschreiten. (R. G. Str. Bd. VII S. 104).

Ist die unrechtmäßige Verhaftung als Strafvollstreckung aufzufassen, so kommt event. § 345 zur Anwendung.

Anm. 3. § 358 findet Anwendung. Vgl. Anm. 5 zu § 331.

§ 342. „Ein Beamter, der in Ausübung oder in Veranlassung der Ausübung seines Amtes einen Hausfriedensbruch[1]) (§ 123) begeht, wird mit Gefängnis bis zu Einem Jahre oder mit Geldstrafe bis zu neunhundert Mark bestraft.“

Anm. 1. Die Handlung des Beamten muß bewußt rechtswidrig sein.

§ 343. „Ein Beamter, welcher in einer Untersuchung[1]) Zwangsmittel anwendet oder anwenden läßt, um Geständnisse oder Aussagen zu erpressen, wird mit Zuchthaus bis zu fünf Jahren bestraft.“

Anm. 1. Nicht bloß in gerichtlichen, sondern auch in Verwaltungs- oder Disziplinaruntersuchungen.

§ 344. „Ein Beamter, welcher vorsätzlich zum Nachteile einer Person, deren Unschuld ihm bekannt ist, die Eröffnung oder Fortsetzung einer Untersuchung[1]) beantragt oder beschließt, wird mit Zuchthaus bestraft.“

Anm. 1. Vgl. Anm. 1 zu § 343.

§ 345. „Gleiche Strafe trifft den Beamten, welcher vorsätzlich eine Strafe[1]) vollstrecken läßt, von der er weiß, daß sie überhaupt nicht oder nicht der Art oder dem Maße nach vollstreckt werden darf.

Ist die Handlung aus Fahrlässigkeit[2]) begangen, so tritt Gefängnisstrafe oder Festungshaft bis zu Einem Jahre oder Geldstrafe bis zu neunhundert Mark ein.“

Anm. 1. Nicht bloß eine gerichtliche Strafe, sondern auch Ordnungs- und Disziplinarstrafen.

Anm. 2. Der Absatz 2 umfaßt auch diejenigen Fälle, in denen der Thäter die Gesetzlichkeit der Strafvollziehung nicht mit der erforderlichen Aufmerksamkeit geprüft hat und die Fahrlässigkeit aus verschuldeter Unkenntnis der Rechtmäßigkeit oder Gesetzlichkeit des inkriminierten Handelns hervorgegangen ist, Erk. O. Trib. 19. II. 1874 (E. Bd. LXXII S. 372 und R. G. Str. Bd. V S. 332).

§ 346. „Ein Beamter, welcher vermöge seines Amtes bei Ausübung der Strafgewalt oder bei Vollstreckung der Strafe mitzuwirken hat,[1]) wird mit Zuchthaus bis zu 5 Jahren bestraft, wenn er in der Absicht, jemand der gesetzlichen Strafe rechtswidrig zu entziehen, die Verfolgung einer strafbaren Handlung unterläßt, oder eine Handlung begeht, welche geeignet ist, eine Freisprechung oder eine dem Gesetze nicht entsprechende Bestrafung zu bewirken, oder die Vollstreckung der ausgesprochenen Strafe nicht betreibt, oder eine gelindere als die anerkannte Strafe zur Vollstreckung bringt.

Sind mildernde Umstände[2]) vorhanden, so tritt Gefängnisstrafe[2]) nicht unter einem Monat ein."

Da nach § 161 Str. Pr. O. die Behörden und Beamten des Polizei- und Sicherheitsdienstes strafbare Handlungen zu erforschen und alle keinen Aufschub gestattenden Anordnungen zu treffen haben, um die Verdunkelung der Sache zu verhüten, so sind sie im Sinne des § 346 Str. G. B. als Beamte anzusehen, die vermöge ihres Amtes bei Ausübung der Staatsgewalt oder bei Vollstreckung der Strafe mitzuwirken haben, und verfallen deshalb, wenn sie in der Absicht, jemand der gesetzlichen Strafe zu entziehen, die Verfolgung einer strafbaren Handlung unterlassen oder eine Handlung begehen, die geeignet ist, eine Freisprechung oder eine dem Gesetze nicht entsprechende Bestrafung zu bewirken, oder die Vollstreckung der ausgesprochenen Strafe nicht betreiben, der in § 346 angedrohten Strafe. Gleichgültig ist dabei, ob die strafbare Handlung nach dem Strafgesetzbuch oder nach irgend einem andern im Inlande gültigen Strafgesetze unter Strafe gestellt ist. (R. G. Str. Bd. XII S. 161.) Anm. 1.

Zu den strafbaren Handlungen gehören auch Uebertretungen, nicht — aber Disziplinarvergehen.

Vgl. Anm. 3 zu § 332. Anm. 2.

§ 347. „Ein Beamter, welcher einen Gefangenen, dessen Beaufsichtigung, Begleitung oder Bewachung ihm anvertraut[1]) ist, vorsätzlich entweichen läßt oder dessen Befreiung vorsätzlich bewirkt oder befördert, wird mit Zuchthaus bis zu fünf Jahren bestraft. Sind mildernde Umstände[2]) vorhanden, so tritt Gefängnisstrafe[2]) nicht unter einem Monat ein.

Ist die Entweichung durch Fahrlässigkeit[3]) befördert oder erleichtert worden, so tritt Gefängnisstrafe bis zu sechs Monaten oder Geldstrafe bis zu sechshundert Mark ein."

Der von einer Privatperson auf Grund des § 127 Abs. 1 der Str. Pr. O. vorläufig Festgenommene ist nicht als Gefangener im Sinne des § 347 anzusehen. Dadurch, daß er von der festnehmenden Person dem zuständigen Ortsschulzen zugeführt wird, ist diesem Beamten seine Beaufsichtigung und Bewachung nicht im Sinne des § 347 „anvertraut" (R. G. Str. Bd. XIII S. 254). Anm. 1.

Vgl. Anm. 3 zu § 332. Anm. 2.

Die in § 347 Abs. 2 für Fahrlässigkeit angedrohte Strafe findet auch Anwendung, wenn ein Gefangenwärter einen ihm zur Ueberwachung des Strafvollzuges übergebenen Gefangenen, in der irrtümlichen Ansicht, daß dessen Strafzeit bereits abgelaufen sei, aus der Haft entläßt, (R. G. Str. Bd. V S. 324). Anm. 3.

§ 348. „Ein Beamter, welcher, zu Aufnahme öffentlicher[1]) Urkunden befugt, innerhalb seiner Zuständigkeit vorsätzlich eine rechtlich erhebliche[2]) Thatsache falsch[3]) beurkundet oder in öffentliche Register oder Bücher falsch einträgt, wird mit Gefängnis nicht unter einem Monat bestraft.

Dieselbe Strafe trifft einen Beamten, welcher eine ihm amtlich anvertraute oder zugängliche Urkunde vorsätzlich vernichtet, bei Seite schafft, beschädigt oder verfälscht."[4])

Bücher und Register, die ein Beamter gemäß seiner Dienstinstruktion Anm. 1.

zur Kontrolierung der von ihm gemachten Einnahmen und Ausgaben zu führen hat, fallen nicht unter den Begriff der öffentlichen Urkunde nach § 348 (R. G. Str. Bd. I S. 42 und 312; vgl. R. G. Str. Bd. VII S. 373).

Anm. 2. Die beurkundete Thatsache muß für ein Recht oder ein Rechtsverhältnis erheblich sein.

Anm. 3. Ein Standesbeamter, der bei einer über eine Leiche erstatteten Anzeige der Beteiligten, die standesamtliche Urkunde durch einen Schreibgehilfen aufnehmen läßt, der Errichtung des Aktes aber nicht selbst beiwohnt und nur nachträglich die Urkunde unterzeichnet, macht sich einer falschen Beurkundung schuldig (R. G. Str. B. XIII S. 116); desgl. der Schiedsmann, der im Protokollbuche und demnächst in dem ausstellten Atteste bezeugt hat, daß der Beklagte nicht erschienen sei, während er selbst den Termin garnicht wahrgenommen hat, Goltdammers Archiv, Bd. XL S. 34.

Anm. 4. § 348 Abs. 2 findet auf alle Beamte, ob zur Aufnahme öffentlicher Urkunden befugt, oder nicht, und auf jede Art von Urkunden, Anwendung, R. G. Str. Bd. I S. 162; Bd. XVII S. 169; Bd. XXIII S. 321.

§ 349. „Wird eine der im § 348 bezeichneten Handlungen in der Absicht begangen, sich oder einem Anderen einen Vermögensvorteil zu verschaffen oder einem Anderen Schaden zuzufügen, so ist auf Zuchthaus bis zu zehn Jahren und zugleich auf Geldstrafe von einhundertfünzig bis zu dreitausend Mark zu erkennen."

§ 350. „Ein Beamter, welcher Geld oder andere Sachen, die er in amtlicher Eigenschaft empfangen oder in Gewahrsam hat, unterschlägt, wird mit Gefängnis nicht unter drei Monaten bestraft; auch kann auf Verlust der bürgerlichen Ehrenrechte[2]) erkannt werden. Der Versuch ist strafbar."

Anm. 1. „In amtlicher Eigenschaft." Auch wenn die Zahlung dem Beamten mit Bezug auf seine amtliche Stellung geleistet worden ist, trifft § 350 zu. Im übrigen vgl. über die Frage, unter welchen Umständen ein Beamter Geld in amtlicher Eigenschaft erhalten bezw. unterschlagen hat, das er anzunehmen dienstlich nicht verpflichtet oder ermächtigt war, R. G. Str. Bd. I S. 153. Zuständigkeit des Beamten ist nicht erforderlich, doch muß der Empfang in unmittelbarem Zusammenhange mit der Amtsthätigkeit, nicht etwa gelegentlich einer Amtsausübung geschehen sein. R. G. in Strafs. Bd. XXI S. 52.

Anm. 2. An Stelle dessen auf Verlust der Fähigkeit zur Bekleidung öffentlicher Aemter, § 35 R. Str. G. B.

§ 351. „Hat der Beamte in Beziehung auf die Unterschlagung die zur Eintragung oder Kontrole der Einnahmen oder Ausgaben bestimmten Rechnungen, Register oder Bücher unrichtig geführt, verfälscht oder unterdrückt, oder unrichtige Abschlüsse oder Auszüge aus diesen Rechnungen, Registern oder Büchern, oder unrichtige Beläge zu denselben vorgelegt, oder ist in Beziehung auf die Unterschlagung auf Fässern, Beuteln oder Paketen der Geldinhalt fälschlich bezeichnet, so ist auf Zuchthaus bis zu zehn Jahren zu erkennen.[1])

Sind mildernde Umstände[2]) vorhanden, so tritt Gefängnisstrafe[2]) nicht unter sechs Monaten ein.

Diese Bestimmung bezieht sich nicht nur auf Kassenbeamte. Anm. 1.

Vgl. Anm. 3 zu § 332. Anm. 2.

§ 352. „Ein Beamter, Advokat, Anwalt oder sonstiger Rechtsbeistand, welcher Gebühren oder andere Vergütungen für amtliche Verrichtungen zu seinem Vorteile zu erheben hat, wird, wenn er Gebühren oder Vergütungen erhebt,[1]) von denen er weiß, daß der Zahlende sie überhaupt nicht oder nur in geringerem Betrage verschuldet, mit Geldstrafe bis zu dreihundert Mark oder mit Gefängnis[2]) bis zu einem Jahre bestraft. Der Versuch ist strafbar."

Für den dolus genügt es, wenn der Beamte das Bewußtsein hat, er habe die betreffenden Gebühren nicht zu beanspruchen. Die Absicht der Verschaffung rechtswidrigen Vermögensvorteils ist nicht erforderlich. „Vergütungen" sind namentlich tarifmäßig bestimmte Entschädigungen für präsumtive Auslagen, R. G. Str. Bd. XIX S. 62. Anm. 1.

§ 358 ist anwendbar. Vgl. Anm. 5 zu § 331. Anm. 2.

§ 353. „Ein Beamter, welcher Steuern, Gebühren oder andere Abgaben für eine öffentliche Kasse zu erheben hat, wird, wenn er Abgaben, von denen er weiß,[1]) daß der Zahlende sie überhaupt nicht oder nur in geringerem Betrage verschuldet, erhebt, und das rechtswidrig Erhobene ganz oder zum Teil nicht zur Kasse bringt, mit Gefängnis[2]) nicht unter drei Monaten bestraft.

Gleiche Strafe trifft den Beamten, welcher bei amtlichen Ausgaben an Geld oder Naturalien dem Empfänger vorsätzlich und rechtswidrig Abzüge macht und die Ausgaben als vollständig geleistet in Rechnung stellt."

Vgl. Anm. 1 zu § 352. Anm. 1.

Vgl. Anm. 2 zu § 352. Anm. 2.

§ 357. „Ein Amtsvorgesetzter, welcher seine Untergebenen zu einer strafbaren Handlung im Amte[1]) vorsätzlich verleitet[2]) oder zu verleiten unternimmt, oder eine solche strafbare Handlung seiner Untergebenen wissentlich geschehen[3]) läßt, hat die auf diese strafbare Handlung angedrohte Strafe verwirkt.

Dieselbe Bestimmung findet auf einen Beamten Anwendung, welchem eine Aufsicht oder Kontrole über die Amtsgeschäfte eines anderen Beamten übertragen ist, sofern die von diesem letzteren Beamten begangene strafbare Handlung die zur Aufsicht oder Kontrole gehörenden Geschäfte betrifft."

Das sind die in den §§ 331 ff. bezeichneten Handlungen. Anm. 1.

Die Verleitung ist besonders Delikt, sie fällt nicht unter § 48: „Anstiftung". Anm. 2.

D. h. „nicht hindert". Anm. 3.

§ 358. „Neben der nach Vorschrift der §§ 331, 339 bis 341, 352 bis 355 und 357 erkannten Gefängnisstrafe kann auf Verlust der Fähigkeit zur Bekleidung öffentlicher Aemter[1]) auf die Dauer von einem bis zu fünf Jahren erkannt werden."

Anm. 1. Auf Grund des § 358 darf in den darin bezeichneten Fällen auf den Verlust der Fähigkeit zur Bekleidung öffentlicher Aemter auf Zeit neben einer Gefängnisstrafe auch dann erkannt werden, wenn die Gefängnisstrafe, oder, sofern bei vorhandener Realkonkurrenz eine Gesamtgefängnisstrafe verhängt wird, die betreffende Einzelstrafe drei Monate nicht erreicht, Erk. O. Trib. v. 15. II. 1877 (Entsch. O. Trib. Bd. LXXIX S. 319).

§ 359.[1]) „Unter Beamten[2]) im Sinne dieses Strafgesetzes sind zu verstehen alle im Dienste des Reichs oder in unmittelbarem oder mittelbarem Dienste eines Bundesstaats auf Lebenszeit, auf Zeit oder nur vorläufig angestellte Personen, ohne Unterschied, ob sie einen Diensteid geleistet haben oder nicht, ingleichen Notare, nicht aber Advokaten und Anwälte."

Anm. 1. Vgl. Anm. 2 zu § 31 oben § 2 S. 9.

Anm. 2. Im Sinne des § 359 ist angestellt jeder, der von zuständiger Stelle mit Ausübung amtlicher Funktionen beauftragt worden ist, R. G. Str. B. XXI S. 311. Gleichgültig ist, ob eine Verpflichtung (Beeidigung) stattgefunden hat, R. G. Str. Bd. XXIV S. 24, falls die Vornahme oder rechtliche Bedeutung gewisser Amtshandlungen nicht davon abhängig ist, R. G. Str. Bd. XIX S. 180.

II. Uneigentliche Amtsvergehen.

Ueber die §§ 222, 230, 232 St. G. B. vgl. oben § 27. S. 220. Es kommen noch in Betracht:

§ 128. „Die Teilnahme an einer Verbindung,[1]) deren Dasein, Verfassung oder Zweck vor der Staatsregierung geheim gehalten werden soll, oder in welcher gegen unbekannte Obere Gehorsam oder gegen bekannte Obere unbedingter Gehorsam versprochen wird, ist an den Mitgliedern mit Gefängnis bis zu sechs Monaten, an den Stiftern und Vorstehern der Verbindung mit Gefängnis von einem Monat bis zu einem Jahre zu bestrafen.

Gegen Beamte kann auf Verlust der Fähigkeit zur Bekleidung öffentlicher Aemter auf die Dauer von einem bis zu fünf Jahren erkannt werden."

Anm. 1. Unter einer geheimen oder staatsfeindlichen Verbindung im Sinne der §§ 128, 129 ist eine gewisse Organisation und eine Vereinigung auf längere Dauer als Gegensatz des bloß zeitweiligen Zusammentretens mehrerer zu verstehen. Die Teilnahme an einer solchen Verbindung ist nur an den Mitgliedern, Stiftern und Vorstehern zu bestrafen, nicht aber an sonstigen Personen, die ohne eine Unterordnung ihres Willens unter denjenigen der Verbindung nur vorübergehend einmal oder vereinzelte Male für die Tendenz der Verbindung sich interessieren, beispielsweise durch Beziehen von Druckschriften der Verbindung und Verteilen einzelner derselben an Gesinnungsgenossen. Vgl. R. G. Str. Bd. XXIV S. 329.

§ 129. „Die Teilnahme an einer Verbindung, zu deren Zwecken oder Beschäftigungen gehört, Maßregeln der Verwaltung oder die Vollziehung von Gesetzen durch ungesetzliche Mittel zu verhindern oder zu entkräften, ist an den Mitgliedern mit Gefängnis bis zu einem Jahre, an den Stiftern und Vorstehern der Verbindung mit Gefängnis von drei Monaten bis zu zwei Jahren zu bestrafen.

Gegen Beamte kann auf Verlust der Fähigkeit zur Bekleidung öffentlicher Ämter auf die Dauer von einem bis zu fünf Jahren erkannt werden.“

§ 174. „Mit Zuchthaus bis zu fünf Jahren werden bestraft:

. . . .

3. Beamte . . . ., welche in Gefängnissen oder in öffentlichen, zur Pflege von Kranken, Armen oder anderen Hilflosen bestimmten Anstalten beschäftigt oder angestellt sind, wenn sie mit den in das Gefängnis oder in die Anstalt aufgenommenen Personen unzüchtige Handlungen vornehmen.

Sind mildernde Umstände vorhanden, so tritt Gefängnisstrafe nicht unter 6 Monaten ein.“

§ 37.

D) In disziplinarer Beziehung.

Neben der strafrechtlichen Verantwortlichkeit des Beamten im Falle eines Bruches der öffentlichen Rechtsordnung macht sich der Beamte disziplinarisch verantwortlich, wenn er die für ihn bestehenden Dienstpflichten verletzt. Die Verletzung kann bestehen in einem Bruche der Amts- und Dienstpflichten selbst, oder darin, daß das allgemeine Verhalten des Beamten in oder außer seinem Amte ihn für letzteres nicht würdig genug erscheinen läßt.

Die Disziplinarstrafgewalt steht aber nicht allein dem Staate, sondern, als ein Bestandteil der dienstherrlichen Gewalt, auch anderen Gemeinschaften zu. Diese besitzen zur Erfüllung ihrer Aufgaben und ihres Zweckes eine entsprechende Macht über ihre Organe, ohne die eine geordnete und zielbewußte Verwaltung nicht möglich ist. Die Ausübung dieser Macht ist jedoch zur Verhütung ihres Mißbrauches und zum Schutze des Beamten gegen willkürliche Entziehung von Amt und Einkommen fest begrenzt, nicht nur für den Staat als unmittelbaren Dienstherrn, sondern auch für die Selbstverwaltungsgemeinschaften, deren Verwaltung nichts anderes als dezentralisierte Staatsverwaltung ist. Die berechtigten Interessen des Beamten sind gesetzlich gewahrt durch Feststellung der Gründe, die zum disziplinaren Einschreiten gegen ihn vorliegen müssen, und durch ein für dieses Einschreiten geordnetes Verfahren. Die Grundlagen hierfür enthält das nachfolgend erläuterte Ges. v. 21. VII. 1852, das nach Umgestaltung der Organisation der allgemeinen Landesverwaltung in Preußen auf der Grundlage der Selbstverwaltung überall grundsätzlich auf die den Selbstverwaltungskörpern angehörigen mittelbaren Staatsbeamten für anwendbar erklärt worden ist, wenn auch die anderweitige Regelung der Zuständigkeit, sowie die eigentümliche Stellung jener Beamten in Ansehung einzelner Bestimmungen des Gesetzes Aenderungen notwendig gemacht haben. Das Nähere ergeben die nachfolgenden Erläuterungen.

Gesetz, betr. die Dienstvergehen der nicht richterlichen Beamten und die Versetzung derselben auf eine andere Stelle oder in den Ruhestand.

Vom 21. Juli 1852 (G. S. S. 465).

Anm. 1. Das Ges. gilt in der ganzen preußischen Monarchie, nachdem es durch Vd. v. 23. IX. 1867 (G. S. S. 1613) in den Erwerbungen des Jahres 1866, durch Ges. v. 23. III. 1873 (G. S. S. 119) im Jahdegebiet, durch Ges. v. 25. II. 1878 (G. S. S. 97) in Lauenburg und durch Ges. vom 22. III. 1891 (G. S. S. 39) in Helgoland eingeführt worden ist.

Wir Friedrich Wilhelm, von Gottes Gnaden König von Preußen 2c. 2c.

verordnen, mit Zustimmung der Kammern, was folgt:

„§ 1. Das gegenwärtige Gesetz findet unter darin ausdrücklich gemachten Beschränkungen auf alle in unmittelbarem oder mittelbarem [1]) Staatsdienste stehenden [2]) Beamten Anwendung, die nicht unter die Bestimmungen des die Richter betreffenden Gesetzes vom 7. Mai 1851 fallen."

Anm. 1. Also auch auf alle Kommunalbeamten im Sinne des K. B. G. v. 30. VII. 1899, vgl. oben S. 4.

Anm. 2. 1. **Voraussetzung** ist also, daß sie sich noch wirklich im Dienste befinden. Gegen bereits ausgeschiedene oder pensionierte Beamte ist die Einleitung des Disziplinarverfahrens nicht mehr zulässig. Näh. in Anm. 5 zu § 16.

2. Kommunalbeamte, die das Kommunalamt als Nebenamt bekleiden und im Hauptamte unmittelbare Staatsbeamte sind, unterliegen in jener ihrer Eigenschaft der Disziplinargewalt derjenigen Organe, die zur Uebung der Disziplin über die Kommunalbeamten auch sonst zuständig sind. Der Umstand, daß sie zugleich mittelbare Staatsbeamte sind, ist nicht geeignet, sie der Disziplinargewalt dieser Organe zu entziehen. E. O. V. Bd. V S. 41, Bd. XXV S. 414.

3. Bekleiden Kommunalbeamte mehrere Kommunalämter im Haupt- und Nebenamte und sind sie daher verschiedenen Behörden untergeordnet, so unterliegen sie der Disziplinargewalt einer jeden dieser Behörden. E. O. V. v. 10. XII. 1897 Nr. I 1865.

4. Ein Polizeibeamter, der Hilfsbeamter der Staatsanwaltschaft ist, unterliegt disziplinarisch deshalb doch der Disziplinarbehörde seines Amtes als Polizeibeamter. Dadurch, daß den Behörden der Staatsanwaltschaft gegenüber den Beamten des Polizei- und Sicherheitsdienstes, die Hülfsbeamte der Staatsanwaltschaft sind, eine Disziplinargewalt verliehen ist (vgl. § 16 des Ges., betr. Abänderung von Bestimmungen der Disziplinargesetze vom 9. IV. 1879 und §§ 57, 58, 63 des Disz. Ges.) ist den sonstigen Vorgesetzten der betr. Beamten die ihnen zustehende Disziplinargewalt nicht etwa für dasselbe Gebiet entzogen. Deren Fortdauer ist durch Min. Erl. v. 7. X. 1879 (M. Bl. 1880 S. 2) dadurch anerkannt worden, daß bestimmt ist, die Beamten der Staatsanwaltschaft sollten ihre Disziplinarstrafgewalt erst dann anwenden, nachdem die den Hülfsbeamten im Hauptamte vorgesetzte Behörde vergeblich um Abhülfe ersucht worden ist. Dies gilt bei Entfernungen aus dem Amte, wie bei Ordnungsstrafen. E. O. V. v. 10. XII. 1897 Nr. I 1865.

Erster Abschnitt.

Allgemeine Bestimmungen über Dienstvergehen¹) und deren Bestrafung.

„§ 2. Ein Beamter, welcher

1. die Pflichten verletzt, die ihm sein Amt²) auferlegt,³) oder
2. sich durch sein Verhalten in oder außer dem Amte²) der Achtung, des Ansehens oder des Vertrauens, die sein Beruf erfordert, unwürdig zeigt,³)

unterliegt den Vorschriften dieses Gesetzes."

Es bilden also, abgesehen von dem Falle der unerlaubten Entfernung vom Amte (§§ 8 ff.), **nur Dienstvergehen den Gegenstand disziplinarer Ahndung.** Im Disziplinarverfahren ist daher lediglich das Verhalten des Angeschuldigten unter dem Gesichtspunkte der ihm zur Last gelegten Pflichtverletzungen und Verfehlungen zu prüfen, nicht aber die Dienstunfähigkeit auf Grund eines beigebrachten ärztlichen Attestes mit Rücksicht auf die Notwendigkeit der Pensionierung. E. O. V. v. 14. XII. 1891 Nr. D 156. Vgl. E. O. V. Bd. XVIII S. 429. Anm. 1.

2. Was ein Dienstvergehen im einzelnen bildet, erörtert das Gesetz nicht näher. Es beschränkt sich auf die allgemeinen Vorschriften im § 2 und überläßt die Beurteilung der Frage, ob ein Beamter gegen den § 2¹ oder ² verstoßen hat, dem vernünftigen Ermessen der zuständigen Disziplinarbehörde. Diese wird sich in der Hauptsache davon leiten zu lassen haben, ob der Beamte gegen die Würde seines Amtes verstoßen hat, und im Uebrigen größere oder geringere Wichtigkeit der Verfehlung, Zusammentreffen mehrerer Fälle oder vereinzelte Pflichtverletzung, böse Absicht oder Fahrlässigkeit, Wiederholungsfälle, sonstige Führung in und außer dem Amte und ähnliches inbetracht zu ziehen haben.

Pflichtverletzungen pp. im Amte sind für strafbar erklärt —, daraus geht hervor, daß Handlungen, die vor dem Eintritte in das Beamtenverhältnis begangen worden sind, zum Gegenstande selbständiger disziplinarer Ahndung nicht gemacht werden können. Gegenstand des Disziplinarverfahrens ist lediglich die Anwendung der in den §§ 14—16 des Ges. bestimmten Disziplinarstrafen. Diese finden nach § 17 nur statt wegen Dienstvergehen, also wie § 3 ergiebt, wegen der im § 2 bezeichneten Handlungen, und solche können nur von einem Beamten begangen werden. Dienstvergehen sind Verfehlungen gegen die dem Beamten neben den allgemeinen Menschen- und Staatsbürgerpflichten noch obliegenden besonderen Pflichten, die lediglich aus der Uebernahme eines öffentlichen Amtes entspringen. Es würde darnach ein Widerspruch in sich selbst sein, daß jemand durch seine Handlungen zu einer Zeit, wo er noch nicht Beamter war, diejenigen Pflichten verletzt haben sollte, die er nur als Beamter überkommen konnte. E. O. V. v. 7. VII. 1896 Nr. D 104. Ebenso E. O. V. Bd. XXII S. 423. A. M. Seydel S. 42 ff. Anm. 2.

Dasselbe gilt von Handlungen, die ein Kommunalbeamter zu einer Zeit begangen, wo er zwar schon im Kommunaldienste beschäftigt, aber noch nicht als Beamter angestellt war. E. O. V. v. 31. III. 1896 Nr. D 46.

3. Dagegen ist bei einem eintretenden Wechsel im Amte die Disziplinarbehörde des späteren Amtes zum disziplinaren Einschreiten auch wegen der von dem Beamten in dem früheren Amte begangenen Dienstvergehen berechtigt. Dabei ist es gleichgültig, ob sich mit dem Wechsel des Amtes zugleich ein Uebergang vom unmittelbaren zum mittelbaren Staatsdienste vollzogen hat. E. O. V. v. 29. IX. 1899 Nr. D

168. Dieselbe Anschauung hatte schon das Ob. Tribunal in einem Einzelfalle, in dem es sich um ein von einem Rechtsanwalte in seinem früheren Amte als Richter begangenes Dienstvergehen handelte. E. v. 15. V. 1865 (J. M. Bl. S. 146).

Anm. 3. Einzelvorschriften wegen der unter § 2 Nr. 1 und 2 fallenden Dienstvergehen enthält das Ges. nicht. Es gehören daher alle solche älteren oder neueren Vorschriften hierher, die mit dem Ges. nicht im Widerspruche stehen. Diese sind im Einzelnen bereits oben in den §§ 28 ff. aufgeführt. Es gehören hierher folgende Dienstpflichten:

a) Besondere Treue und Gehorsam gegen das Oberhaupt des Staates (A. L. R. II. 10 § 2);

b) Verpflichtung zu besonderen Diensten an den Staat je nach der Beschaffenheit des Amtes und dem Inhalte der Dienstanweisung (A. L. R. II. 10. § 3);

c) Gehorsam, Ehrerbietung und rücksichtsvolle Achtung gegen Vorgesetzte. Der Beamte ist jedoch nicht zum sog. blinden Gehorsam verpflichtet. Es liegt ihm sogar ob, Anordnungen des Vorgesetzten, die gegen die Verbotsgesetze verstoßen, unbefolgt zu lassen; und er darf unter Umständen auch anderen Anordnungen, wenn sie auf Rechtswidrigkeit beruhen oder außerhalb des Geschäftskreises des Beamten liegen, die Befolgung versagen. Nur muß in allen Fällen die Art und Weise, in die sich die Weigerung des Untergebenen kleidet, nicht selbst wieder disziplinwidrig sein.

Des strafwürdigen Ungehorsams macht sich der Beamte jedenfalls dann schuldig, wenn er eine rechtmäßige Anordnung des Vorgesetzten, insbesondere nach vorangegangener Belehrung unbefolgt läßt. E. O. V. v. 28. VI. 1893 Nr. D 102. Ebenso E. O. V. Bd. XXVI S. 412.

Selbst die Nichtbefolgung eines amtlichen Auftrages kann daher wegen Mangels jeden dienstlichen Interesses ausnahmsweise nicht strafbar sein. E. O. V. Bd. XXVIII S. 406: Auf der anderen Seite schließt unter Umständen die Art und Weise, wie einer Verfügung der Aufsichtsbehörde, auch wenn sie unzulässig ist, Ungehorsam entgegengesetzt wird, ein disziplinarisch zu ahnendes Dienstvergehen in sich. E. O. V. Bd. XII S. 423.

Strafwürdig ist z. B. der Beschluß eines Magistrates, durch den in ungesetzlicher Weise ein gewaltsamer Eingriff in den durch eine polizeiliche Verfügung des Regierungspräsidenten geschaffenen vorläufigen Rechtszustand bezweckt wird. Der Regierungspräsident wird mit Recht gegen die Magistratsmitglieder wegen Verletzung ihrer Dienstpflichten disziplinarisch einschreiten. E. O. V. v. 19. XII. 1885 (Pr. V. Bl. 85/86 S. 160).

Einen entgegengesetzten Fall behandelt E. O. V. Bd. XXI S. 424: Die Befugnis der Disziplinarbehörden zur Strafandrohung gegen Gemeinderatsmitglieder findet ihre rechtliche Schranke in der gleichen Befugnis des Gemeinderates, über Gemeindeangelegenheiten nach selbständiger freier Ueberzeugung zu befinden. Unter Strafandrohung kann daher verlangt werden, daß über eine Gemeindeangelegenheit überhaupt formell Beschluß gefaßt wird, nicht aber auch, welcher materielle Inhalt dem zu fassenden Beschlusse zu geben sein möchte. Eine Androhung dieser Art würde den Gemeinderatsmitgliedern die Pflichtwidrigkeit zumuten, über die Gemeindeangelegenheiten nicht nach ihrem eigenen pflichtmäßigen Ermessen, sondern nach dem ihrer vorgesetzten Dienstbehörde zu beschließen. Die Zuwiderhandlung gegen eine solche Anweisung stellt sich daher an sich nicht als strafbarer Ungehorsam dar.

Eine Verletzung der schuldigen Ehrerbietung liegt z. B. in der Vorenthaltung des Grußes in der üblichen Form gegenüber dem Dienstvorgesetzten, auch durch Abbiegen vom Wege. Vgl. E. O. V. v. 16. IV. 1890 (Pr. V. Bl. 89/90 S. 360, 407).

Die Erhebung einer Privatklage gegen den Vorgesetzten ist an sich kein Dienstvergehen. Nach § 193 R. Str. G. B. kann sich der Vorgesetzte, wenn auch sonst seine Vorhaltungen gegenüber dem nachgeordneten Beamten mangels der Rechtswidrigkeit nicht Gegenstand der strafrechtlichen Ahndung sein sollen, dann durch Aeußerungen gegenüber dem nachgeordneten Beamten verantwortlich machen, wenn das Vorhandensein einer Beleidigung aus der Form der Aeußerung oder aus den Umständen, unter denen sie geschah, hervorgeht. Die Strafverfolgung ist in solchem Falle an keine besondere Voraussetzung geknüpft, insbesondere nicht davon abhängig, daß zunächst der Beschwerdeweg beschritten werden muß. Die bloße Möglichkeit, daß die Autorität des Vorgesetzten und die Disziplin durch die Erhebung der Privatklage Einbuße erleiden könnten, reicht nicht aus, um das staatsbürgerliche Recht des Untergebenen, für eine ihm vermeintlich widerfahrene Kränkung seiner Ehre gerichtliche Genugthuung zu verlangen, auszuschließen. Doch muß bei der Ausübung des Klagerechtes rücksichtsvolle Achtung gegenüber dem Vorgesetzten gewahrt werden. E. O. V. v. 12. XI. 1897 Nr. D 198.

d) Rücksichtsvolle Achtung gegen alle übrigen Träger öffentlicher Aemter in und außer Dienst. Diese Pflicht verletzt derjenige Beamte, der gegen einen anderen Beamten Anschuldigungen erhebt, ohne Beweise dafür bereit zu halten. Daran ändert nichts, daß er sich in der Stellung des Angegriffenen befindet und seine Anschuldigung zur Verteidigung vorbringt. E. O. V. v. 26. X. 1897 Nr. D 185.

e) Durch das Amt gebotene Zurückhaltung:

α) in der Ausübung des durch § 32 der Verf. Urkunde gewährleisteten Petitionsrechtes. Dieses findet seine Grenzen in den besonderen Pflichten jedes Beamten und darf z. B. nicht dazu benutzt werden, um den dienstlichen Anordnungen der Vorgesetzten entgegenzuwirken oder in einer mit den dienstlichen oder Staatsinteressen unvereinbaren Weise gegen Regierung oder Vorgesetzte zu agitieren.

β) in der Ausübung des Rechtes der freien Meinungsäußerung. An und für sich erleidet zwar der Kommunalbeamte in dieser seiner Eigenschaft keinen Abbruch bei Ausübung jenes Rechtes z. B. durch die Presse. Andererseits untersteht er dem Disziplinarges. und hat sich auch außerhalb des Amtes so zu verhalten, daß er nicht seines Amtes unwürdig wird. Bei Ausübung jenes Rechtes steckt das bestehende Recht ihm also nicht bloß die durch das Strafgesetz jedermann gezogenen Grenzen, sondern es legt ihm noch besondere Pflichten auf, deren Erfüllung sein Amt von ihm erheischt.

Ganz besonders vorsichtig müssen die Kommunalbeamten bei der Ausübung des Rechtes der freien Meinungsäußerung über Kommunalangelegenheiten in der Presse oder in öffentlichen Versammlungen sein. Ein Mitglied der Gemeindeverwaltung von der Teilnahme an dem den Interessen des Gemeindewesens in der Regel förderlichen Meinungsaustausche nur deshalb auszuschließen, weil es der Gemeindeverwaltung angehört, hieße allerdings, es eines Teiles seines verfassungsmäßig feststehenden Staatsbürgerrechtes berauben. Andererseits legt das Amt Rücksichten auf, die für andere, nicht unter dem Zwange der im öffentlichen Interesse unerläßlichen Disziplin stehende Staatsbürger nicht in Betracht kommen. Vgl. E. O. V. Bd. XIV S. 407.

γ) in der Beteiligung am öffentlichen Leben. Den mittelbaren

Staatsbeamten ist zwar die Teilnahme am öffentlichen Leben, die außeramtliche politische Thätigkeit, selbst wenn diese in einer den Anschauungen der Staatsregierung wider- und denjenigen einer Oppositionspartei entsprechenden Richtung sich bewegen sollte, nicht unbedingt und nicht unter allen Umständen durch die Pflichten ihres Amtes versagt. Diese werden jedoch insbesondere dann verletzt, wenn der Beamte in dem außerdienstlichen öffentlichen Auftreten wider die amtliche Pflicht des Gehorsams und der Treue gegen das Staatsoberhaupt oder wider die Amtspflicht der rücksichtsvollen Achtung gegenüber den Behörden und Inhabern öffentlicher Aemter verstößt, oder wenn er in der öffentlichen Diskussion der politischen Fragen von einer sachlichen Erörterung zu offenbar unwahren, ungerechten Behauptungen und verletzenden persönlichen Angriffen übergeht, überhaupt sich zu Handlungen hinreißen läßt, die geeignet sind, ihm die Achtung seiner Mitbürger und deren Vertrauen in eine gerechte, unparteiische Amtsführung zu entziehen, oder endlich, wenn der Beamte die Bestrebungen einer Partei, die grundsätzlich die Grundlagen der bestehenden Staats- und Rechtsordnung angreift, bewußt unterstützt und fördert.

Als solche Parteien sind vom O. V. G. anerkannt worden:

aa) Die sozialdemokratische Partei. Diese bekämpft notorisch die Grundlagen der bestehenden Staats- und Rechtsordnung grundsätzlich. Sie würde, wofern sie die Macht zur Verwirklichung ihrer Ziele hätte, bis zu deren Erreichung auf gesetzlichem Wege schwerlich warten. Die von ihr ausgehende Gefahr ist besonders erheblich bei der ihr noch fernstehenden ländlichen Bevölkerung, unter der sie Unzufriedenheit mit ihrer Lage zu erregen und dadurch den sozialdemokratischen Ideen Eingang zu verschaffen sucht. Diesem Zwecke dienen z. B. Versammlungen, die sozialdemokratische Agitatoren auf dem Lande veranstalten. Daraus folgt, daß es einem Beamten nicht gestattet ist, derartige Versammlungen irgendwie zu unterstützen, z. B. durch Ueberlassung einer im Privateigentume des Beamten stehenden, seiner Verfügung unterliegenden Oertlichkeit zur Abhaltung der Versammlung. Auch andere Umstände, wie die Beteiligung an der Versammlung in sachlicher Diskussion, die Bezeugung der persönlichen Achtung durch Händedruck dem Agitator u. a. wird der Beamte vermeiden müssen. E. O. V. v. 29. I. 1897 Nr. D 24. (M. Bl. S. 92.)

Dasselbe gilt von der Ueberlassung einer Wohnung an einen sozialdemokratischen Agitator, wenn dadurch dessen Verbleiben in der Gegend und die Fortsetzung der Agitation ermöglicht oder erleichtert wird. Zwar braucht ein Beamter, der als Hauseigentümer Wohnungen zu vermieten hat, im Allgemeinen die politische Ansicht der Mieter nicht zu berücksichtigen. Das ist aber bei dem sozialdemokratischen Agitator anders, wenn der Beamte nach der besonderen Lage des Falles weiß oder sich sagen muß, daß er dadurch die Agitation begünstigt. Entzieht sich ein Beamter bei einer Handlung, die eine Begünstigung der sozialdemokratischen Agitation enthält, durch Gleichgültigkeit gegen deren Gefahren der Erkenntnis der Tragweite seiner Handlungen, so ist dies einer bewußten Begünstigung gleich zu achten. E. O. V. v. 11. IV. 1899 Nr. D 78.

Daß sozialdemokratische Wahlen zu politischen Körperschaften nicht zu fördern sind, weder öffentlich, noch durch private Aeußerungen, ist selbstverständlich. Dies gilt auch von engeren Wahlen, wenn bei diesen die Partei, der der Beamte angehört, nicht beteiligt ist. E. O. V. v. 8. VII. 1898 Nr. D 153.

Ueberläßt ein Bürgermeister der sozialdemokratischen Partei einen Stadtsaal zur Abhaltung einer politischen Versammlung vor Reichstagwahlen und ermöglicht oder erleichtert er dadurch die Hergabe eines geeigneten Lokales, so zeigt er sich des Vertrauens in eine den Aufgaben seines Amtes entsprechende Führung des letzteren unwürdig. E. O. V. v. 13. XII. 1895 Nr. D I 1563.

bb) **Die polnische Partei.** Es ist notorisch, daß in den ehemals polnischen Landesteilen Preußens eine Aktionspartei besteht, deren Ziele unverkennbar darauf hinauslaufen, jene Landesteile, wenn auch nicht ganz von Preußen loszureißen, so doch in ihrer staatsrechtlichen Stellung derartig zu verändern, daß dadurch die verfassungsmäßig bestehende Staats- und Rechtsordnung in ihren Grundlagen gänzlich verändert wird. Eine Förderung dieser Bestrebungen ist z. B. darin erblickt worden, daß ein Bürgermeister bei einem Feste mit Rücksicht auf die polnischen Teilnehmer das **Spielen der Nationalhymne** unterdrückte. E. O. V. v. 2. III. 1897 Nr. D 43. Dasselbe gilt von der **Wahlagitation** eines Beamten für die polnische Partei. E. O. V. Bd. XIV S. 404, v. 25. VI. 1887 (Pr. V. Bd. 86/87 S. 405) und v. 11. I. 1888 (M. Bl. S. 33).

cc) **Die deutsch=hannoversche (welfische) Partei.** Diese erstrebt die Wiederherstellung eines, zwar zum deutschen Reiche gehörigen, im Uebrigen aber selbständigen Königreiches Hannover aus der Provinz gleichen Namens und unter der Herrschaft des früheren Regentenhauses, wenn auch auf friedlichem Wege. Die Erreichung solcher Ziele läßt sich nach vernünftigem Ermessen nur von dem Zwange einer äußersten Notlage erwarten. — Die Thätigkeit der Partei stellt sich dar als die zeitige Vorbereitung der künftigen politischen Ausbeutung eines solchen staatlichen Notstandes. Jede bewußte Mitwirkung, jedes selbstthätige Eintreten für jene, dem Bestehen und Wohle des Staates zuwiderlaufende Zwecke ist mit der von dem Beamten dem Staatsoberhaupte zu gelobenden Treue und mit dessen besonderen Standes- und Berufspflichten nicht vereinbar. Dahin gehören: Ein Hoch auf den Prätendenten bei Festmahlen pp. als demonstrative Bekundung des Einverständnisses mit jenen Zielen; eine welfische Kandidatur zu den Landtags- oder Reichstagswahlen, Eintreten für letztere als Redner in Versammlungen; Verteilung von Stimmzetteln; Zahlung von Beiträgen zum welfischen Wahlfonds; agitatorische Teilnahme an Welfenvereinen u. a. mehr. Vgl. E. O. V. v. 30. IV. 1892 Nr. D 64—68; v. 5. X. 1894 Nr. D 164.

Das Gleiche wird mutatis mutandis von anderen Parteien, z. B. von der **dänischen oder der deutschen Reichspartei** (in Hessen pp.) zu gelten haben.

Hierher gehört auch ganz allgemein die **Teilnahme an Vereinen**, die statutenmäßig oder thatsächlich eine der Staatsregierung feindselige Haltung befolgen. Vgl. Min. Erl. v. 11. V. 1850 (M. Bl. S. 122) und A. E. v. 4. I. 1882 (bei Seydel S. 53); s. auch oben § 28.

f) **Amtsverschwiegenheit** —, vgl. die Kab. O. v. 21. XI. 1835 oben S. 231 ff. § 30.

Auch die **fahrlässige Amtsverschwiegenheit**, d. h. die Außerachtlassung derjenigen Aufmerksamkeit, zu der das Amt verpflichtet, ist strafbar. Dagegen besteht die Pflicht zur Amtsverschwiegenheit nicht für alle Sachen, die der Beamte amtlich in Erfahrung gebracht hat. Es giebt zahlreiche, zur Kenntnis der Beamten ausschließlich auf dienstlichem Wege gelangende amtliche Angelegenheiten, die **ihrer Natur nach für die Oeffentlichkeit** bestimmt sind oder bei denen **jedes erkennbare Dienstinteresse** an ihrer Geheimhaltung mangelt. Die Pflicht zur Amtsverschwiegenheit erstreckt sich nur auf solche Dienstgegenstände, deren Geheimhaltung ihrem Wesen nach erforderlich ist. Vgl. Reichsbeamtenges. v. 31. III. 1873 (R. G. Bl.

S. 61) § 11, Schulze, Pr. Staatsrecht Bd. I S. 321, v. Stengel, desgl. S. 146 und E. O. V. v. 30. I. 1892 Nr. D 16; R. G. Straff. Bd. XXVIII S. 136.

g) Pflichtmäßige Führung des anvertrauten Amtes, dessen Geschäfte Niemand eigenmächtig an seiner Statt einem Anderen auftragen darf. Vgl. A. L. R. I 13 § 41. Für die Führung sind die darüber ergangenen besonderen Gesetze und Dienstanweisungen maßgebend. A. L. R. II. 10. § 85.

Beamte, die ein persönliches Interesse bei einer Angelegenheit haben, sollen sich bei deren Erledigung jeglicher Amtshandlungen enthalten. E. O. V. v. 30. XI. 1892 Nr. D 246.

Vernachlässigung oder gar absichtliche Verletzung der Dienstpflichten, Mißbrauch des Amtes zur Befriedigung des Eigennutzes oder anderer Privatleidenschaften oder Nebenrücksichten sind schwere dienstliche Verfehlungen.

h) Verbot des unerlaubten Verlassens des Wohnortes —; schon nach A. L. R. II. 10. § 92 darf kein Beamter den zur Ausübung seines Amtes ihm angewiesenen Wohnort ohne Vorwissen und Genehmigung seines Vorgesetzten verlassen und seinen Aufenthalt für kürzere oder längere Dauer an einen anderen Ort verlegen, dies selbst dann nicht, wenn er an Ausübung seines Amtes thatsächlich oder rechtlich behindert ist. Vgl. §§ 8 ff. des Ges.

i) Vermeidung der Trunkenheit —; vgl. Kab. O. v. 24. XII. 1836 und Min. Erl. v. 30. IX. 1840, oben S. 234, § 31.

k) Vermeidung des Mißbrauches des Kredites und des leichtfertigen Schuldenmachens durch unverhälnitsmäßigen Aufwand, vgl. §§ 8 ff. der Vd. v. 28. II. 1806 und Kab. O. v. 12. V. 1841 (M. Bl. 1841 S. 202); Min. Erl. v. 24. IX. 1841 (M. Bl. S. 262) oben S. 235 ff. § 21 und E. O. V. v. 28. V. 1892 Nr. D 84.

l) Vermeidung von Börsenspekulationen, insbesondere für Kassen- und ähnliche Beamte; vgl. Kab. O. v. 30. XII. 1826 und Min. Erl. v. 26. V. 1827 oben S. 236, § 31.

m) Wegen der Uebernahme von Nebenämtern und Nebenbeschäftigungen und wegen des Gewerbebetriebes s. oben S. 244 ff. § 33.

2. Keine Dienstverfehlungen an sich sind Polizeiübertretungen. Diese sind daher nicht durch die Disziplinarbehörde, sondern ebenso, wie alle übrigen Polizeiübertretungen, durch die zuständige Behörde zu ahnden. Min. Erl. v. 10. XII. 1842 (M. Bl. S. 420).

„§ 3. Ist eine der unter § 2 fallenden Handlungen (Dienstvergehen) zugleich in den gemeinen Strafgesetzen [1]) vorgesehen, so können die durch dieselben angedrohten Strafen nur auf Grund des gewöhnlichen Strafverfahrens von denjenigen Gerichten ausgesprochen werden, welche für die gewöhnlichen Strafsachen zuständig sind.“

Anm. 1. Vgl. R. Str. Abschn. 28 (Verbrechen und Vergehen im Amte) §§ 331—359, oben S. 264 ff.

„§ 4. Im Laufe einer gerichtlichen Untersuchung darf gegen den Angeschuldigten ein Disziplinarverfahren wegen der nämlichen Thatsachen nicht eingeleitet werden. [1]) [2])

Wenn im Laufe eines Disziplinarverfahrens wegen der nämlichen Thatsachen eine gerichtliche Untersuchung gegen den Angeschuldigten eröffnet wird, so muß das Disziplinarverfahren bis zur rechtskräftigen Erledigung des gerichtlichen Verfahrens ausgesetzt werden.[3])[4])"

Die gerichtliche Untersuchung muß aber thatsächlich eingeleitet worden sein. Die bloße Möglichkeit einer solchen kann die Disziplinarbehörde weder berechtigen, noch verpflichten, ein disziplinarisches Einschreiten da zu unterlassen, wo es an sich geboten ist. Anm. 1.

Hat die Staatsanwaltschaft ein Einschreiten abgelehnt oder ist das gerichtliche Verfahren eingestellt worden, so hat der Disziplinarrichter die zur Erörterung gelangten Thatsachen seiner vollständig freien Beurteilung in Bezug auf das Vorliegen von Dienstvergehen zu unterziehen und kann alle erforderlichen Feststellungen treffen. E. O. V. v. 27. II. 1892 Nr. D 35 und Min. Erl. v. 23. X. 1869 (C. Bl. U. V. 1870 S. 5). Vgl. auch E. O. Trib. v. 24. III. 1862 (J. M. Bl. S. 151 ff.) und Min. Erl. v. 19. III. und 12. V. 1866 (M. Bl. S. 161).

Die Verjährung strafrechtlicher Verfolgung hindert die Disziplinarbehörde nicht, die Sache ihrerseits zum Gegenstande der Untersuchung zu machen, weil das Erlöschen der kriminellen Strafbarkeit einer Handlung diese selbst und die aus ihr zu folgernde Unwürdigkeit des Thäters unberührt läßt. Im Disziplinarges. sind Vorschriften für die Verjährung von Dienstvergehen überhaupt nicht enthalten. Die für die Strafverfolgung maßgebende Verjährungsfrist kommt hiernach für die disziplinare Ahndung des Thatbestandes nicht inbetracht. Vgl. E. O. Trib. v. 28. II. 1861 (Oppenhoff, Rechtspr. Bd. I S. 285 und E. O. V. v. 4. IV. 1890 Nr. D 63 und v. 28. II. 1894 Nr. D 42). Anm. 2.

Um die Disziplinarbehörden bezüglich der gegen die Beamten schwebenden Strafsachen auf dem Laufenden zu erhalten, ist von den Beamten der Staatsanwaltschaft von der erfolgten Einleitung der Untersuchung gegen einen Beamten, wegen eines Verbrechens oder Vergehens sofort nach Eröffnung des Hauptverfahrens, unter Mitteilung der Anklageschrift, sowie von der Verhaftung oder demnächstigen Freilassung eines Beamten, und von der Verurteilung eines solchen — im letzteren Falle unter Mitteilung der Urteilsformel — der vorgesetzten Dienstbehörde des Beamten Nachricht zu geben. Verf. des Justizmin. v. 25. VIII. 1879 (M. Bl. S. 221). Dasselbe gilt, wenn gegen einen Beamten wegen einer Privatklage das Hauptverfahren (§ 423 Str. P. O.) eröffnet ist. Verf. des Justizmin. v. 5 IV. 1882 (M. Bl. S. 81). Anm. 3.

In Uebertretungssachen unterbleibt die Anzeige wegen Eröffnung des Verfahrens; dagegen ist, sofern rechtskräftig auf Strafe erkannt worden ist, die Urteilsformel mitzuteilen.

Ingleichen haben die Militärbehörden in gerichtlichen Untersuchungssachen gegen Landwehroffiziere und verabschiedete Offiziere, die als Beamte im Staatsdienste angestellt sind, eine Abschrift des Erkenntnisses mit den Entscheidungsgründen und der Bestätigungsordre der den betreffenden Offizieren in ihrem Civildienstverhältnisse vorgesetzten Behörden zu übersenden, Kab. O. v. 11. VI. 1846 und Min. Erl. v. 17. XI. 1846 (M. Bl. S. 134). Desgleichen haben die Civilbehörden in allen Fällen, wenn Reserve= oder Landwehroffiziere, die als Beamte dienen, in den Verdacht eines unwürdigen Betragens kommen, insbesondere bei Einleitung einer Disziplinaruntersuchung, die mit der Suspension vom Amte verbunden ist und zur Entlassung führen könnte, der vorgesetzten Militärbehörde Mitteilung zu machen, Min. Erl. v. 15. und 18. I. 1839 (v. Kamptz, Ann. S. 2 und 27).

Ist ein gerichtliches Verfahren noch nicht eingeleitet, und findet die Disziplinarbehörde, daß ein ihrer Kognition unterliegender Fall sich zur strafrechtlichen Verfolgung eigne, so hat sie vor Weiterem hiervon der Staatsanwaltschaft Mitteilung zu machen. Uebernimmt diese die strafrechtliche Verfolgung, so wird das Disziplinarverfahren bis nach Erledigung des gerichtlichen Verfahrens eingestellt.

Anm. 4. Während der Dauer einer strafrechtlichen Untersuchung soll dem Antrage eines Beamten auf Versetzung in den Ruhestand keine Folge gegeben werden. Min. Erl. v. 29. VII. 1884 (M. Bl. S. 194).

„§ 5. Wenn von den gewöhnlichen Strafgerichten auf Freisprechung erkannt ist, so findet wegen derjenigen Thatsachen, welche in der gerichtlichen Untersuchung zur Erörterung gekommen sind, ein Disziplinarverfahren nur noch insofern statt, als dieselben an sich und ohne ihre Beziehung zu dem gesetzlichen Thatbestande der Uebertretung, des Vergehens oder des Verbrechens, welche den Gegenstand der Untersuchung bildeten, ein Dienstvergehen enthalten.[1])

Ist in einer gerichtlichen Untersuchung eine Verurteilung ergangen, welche den Verlust des Amtes nicht zur Folge gehabt hat, so bleibt derjenigen Behörde, welche über die Einleitung des Disziplinarverfahrens zu verfügen hat, die Entscheidung darüber vorbehalten, ob außerdem ein Disziplinarverfahren einzuleiten oder fortzusetzen sei."

Anm. 1. 1. Hiernach ist, wie sowohl aus dem Wortlaut dieser Gesetzesstelle, als auch aus dem Zusammenhange der mit den übrigen das Verhältnis des Disziplinarverfahrens zum ordentlichen Strafverfahren regelnden Vorschriften der §§ 4 und 7 a. a. O. erhellt und auch in den Materialien Bestätigung findet, die entscheidende Disziplinarbehörde an den in einer vorangegangenen gerichtlichen Untersuchung festgestellten Thatbestand nicht bloß im Falle der Freisprechung, sondern auch im Falle der Verurteilung dergestalt gebunden, daß eine selbständige Nachprüfung der Beweisaufnahme nicht stattzufinden hat.

Diese Bindung ist eine bedingungslose und läßt daher eine Einschränkung auch für den Fall nicht zu, daß der Disziplinarrichter Beweismaterial verwerten kann, das vom Strafrichter nicht gewürdigt worden ist.

Diese Ansicht hat das O. V. G. im Gegensatze zu der Auffassung des Kgl. Staatsministeriums, das im Min. Erl. v. 22. IV. 1891 (M. Bl. S. 134) den Disziplinarrichter gemäß § 38 des Ges. zur freien Beurteilung des Thatbestandes für berechtigt und verpflichtet erachtet, auch bei wiederholter Nachprüfung stets aufrecht erhalten. Es soll an der auch in disziplinarer Beziehung verbindlichen Geltung strafgerichtlicher thatsächlicher Feststellungen bis zur etwaigen Aufhebung der Verurteilung im Wiederaufnahmeverfahren sein Bewenden behalten und auf spätere Thatsachen, die einen anderen Thatbestand beweisen sollen, keine Rücksicht genommen werden.

Vgl. z. B. E. O. V. Bd. XXII S. 429; v. 1. X. 1892 Nr. D 179; v. 25. II. 1893 Nr. D 24; v. 27. IV. 1894 Nr. D 83; v. 8. VI. 1894 Nr. D 109 u. s. f. So auch schon E. O. Trib. v. 16. XI. 1872 (Oppenhoff, Rechtspr. Bd. XIII S. 606).

2. **Anders ist es mit der Konkurrenz militärischer Ehrengerichte, mit den Beamten- und Disziplinargerichten**, da das Disziplinarges. keine Bestimmungen enthält, wonach die von der einen Spruchbehörde bewirkte Feststellung der untersuchten Thatsachen oder gar deren rechtliche Würdigung auch für die später zur Entscheidung berufene Spruchbehörde bindend sein sollten. E. O. V. v. 30. IV. 1892 Nr. D 64.

3. **Der Freisprechung** im strafgerichtlichen Verfahren steht der **Beschluß des Gerichtes**, durch den der Angeklagte **außer Verfolgung** gesetzt wird, nicht gleich. Vgl. M. Bl. 1866 S. 161.

„§ 6. Spricht das Gesetz bei Dienstvergehen, welche Gegenstand eines Disziplinarverfahrens werden, die Verpflichtung zur Wiedererstattung oder zum Schadenersatze, oder eine sonstige civilrechtliche Verpflichtung aus, so gehört die Klage der Beteiligten vor das Civilgericht,[1]) jedoch vorbehaltlich der Bestimmung des § 100."

Vgl. wegen der **civilrechtlichen Haftung** der Beamten oben § 35 S. 255 ff. Anm. 1.

„§ 7. Ist von dem gewöhnlichen Strafrichter auf eine Freiheitsstrafe von längerer als einjähriger Dauer, auf eine schwerere Strafe, auf Verlust der bürgerlichen Ehre, auf zeitige Untersagung der Ausübung der bürgerlichen Ehrenrechte, auf immerwährende oder zeitige Unfähigkeit zu öffentlichen Aemtern oder auf Stellung unter Polizeiaufsicht erkannt, so zieht das Strafererkenntnis den Verlust des Amtes von selbst nach sich, ohne daß darauf besonders erkannt wird.[1])"

Vergl. §§ 31—36 R. Str. G. B. (§ 36 oben S. 264 ff), sowie §§ 315 bis 319, 331, 339, 340, 341, 352, 353, 357, 358 ebenda. Anm. 1.

§ 7 enthält keine materiell strafrechtliche Vorschrift und ist daher **durch die neuere Strafgesetzgebung nicht aufgehoben**. St. M. B. v. 15. III. 1890.

„§ 8. Ein Beamter, welcher sich ohne den vorschriftsmäßigen Urlaub von seinem Amte entfernt hält oder den erteilten Urlaub überschreitet,[1]) ist, wenn ihm nicht besondere Entschuldigungsgründe zur Seite stehen, für die Zeit der unerlaubten Entfernung seines Diensteinkommens[2]) verlustig."

1. **Ebenso derjenige, der sein Amt noch gar nicht angetreten** hat und sich über den ihm zu dessen Uebernahme gesetzten Termin ohne Urlaub vom Amte entfernt hält (Sten. Ber. H. H. 1852 S. 66), sowie derjenige, der auf Grund des § 87[1] des Ges. im Interesse des Dienstes versetzt worden ist und sich beharrlich weigert, die ihm übertragene Stelle anzutreten. Min. Erl. v. 2. I. 1868 (C. Bl. U. V. S. 226). Anm. 1.

Wegen des **Urlaubes** s. oben S. 237 ff. § 32.

2. **Dasselbe gilt ferner von den auf Probe, Kündigung oder Widerruf angestellten Beamten.** Insbesondere ist aus § 83 Abs. 2 des Ges., der die unerlaubte Entfernung vom Amte nicht berührt, das Gegenteil nicht zu entnehmen, auch dann nicht, wenn die Verfehlung gegen § 8 erst nach ausgesprochener Kündigung eintritt. Vgl. E. O. V. v. 1. XI. 1895 Nr. D 191.

3. **Auch die suspendierten Beamten unterliegen an und für sich der Strafbestimmung des** § 8, doch wird, da der § 8 in der Regel die

Versäumung eines Amtes voraussetzt, nur dann gegen sie einzuschreiten sein, falls dies aus besonderen Gründen nach Lage des Einzelfalles berechtigt erscheint. Min. Erl. v. 22. IV. 1869 und 19. I. 1874 (C. Bl. II B. S. 283 bezw. 214).

4. Ein Beamter, dessen Beamteneigenschaft streitig ist, darf ebenfalls nicht bis zur Anerkennung die Erfüllung der Amtspflichten ablehnen, braucht aber keine Geschäfte zu übernehmen, die seiner ganzen dienstlichen Stellung nicht entsprechen. E. O. B. v. 28. IV. 1899 Nr. D 92

Anm. 2. **Die einzubehaltenden Gehaltsbeträge sind als Straffestsetzungen zu betrachten und unter den Ordnungsstrafen zu verrechnen. St. M. B. v. 14. IV. 1860 (M. Bl. S. 81). Durch den Verlust des Diensteinkommens ist aber keineswegs die darin liegende Verletzung der Dienstpflichten als vollständig abgegolten anzusehen, so daß nicht deshalb noch eine andere disziplinarische Bestrafung eintreten dürfte. E. O. B. v. 22. V. 1896 Nr. I 677 (bei Kunze und Kautz, Rechtsgrundsätze des O. B. G. 3. Aufl. Erg. Bd. 1899 S. 314).**

§ 9. „Dauert die unerlaubte Entfernung länger als acht Wochen, so hat der Beamte die Dienstentlassung[1]) verwirkt. Ist der Beamte dienstlich aufgefordert worden, sein Amt anzutreten oder zu demselben zurückzukehren, so tritt die Strafe der Dienstentlassung schon nach fruchtlosem Ablauf von vier Wochen seit der ergangenen Aufforderung ein."

Anm. 1. Damit ist lediglich eine Vorschrift des materiellen Disziplinarstrafrechtes gegeben. Der Dienstentlassung muß unter allen Umständen das in §§ 11, 12, 22 vorgesehene förmliche Verfahren vorangehen, auch wenn der Sachverhalt aktenmäßig feststeht und keiner Aufklärung bedarf, E. O. B. Bd. XII S. 429.

„§ 10. Die Entziehung des Diensteinkommens (§ 8) wird von derjenigen Behörde verfügt, welche den Urlaub zu erteilen hat. Im Falle des Widerspruchs findet das förmliche Disziplinarverfahren statt.[1])"

Anm. 1. In zweiter Instanz ist hier ebenfalls der Disziplinarsenat O. B. G. zuständig. Wenn auch das Ges. v. 8. V. 1899, betr. das Disziplinarverfahren bei dem O. B. G., im § 1 dem Wortlaute nach dem Disziplinarsenat nur in denjenigen, auf Entfernung aus dem Amte gerichteten förmlichen Disziplinar-Untersuchungen, in denen die Gesetze zur Entscheidung das Plenum des O. B. G. oder das O. B. G. berufen, die letztere zuweist, so ergeben doch die weiteren Bestimmungen des Ges., insbesondere die Erwähnung der Klagen gegen Ordnungsstrafen, daß die Absicht dahin ging, die Zuständigkeit des O. B. G. in allen, auf dem Gebiete des Disziplinarstrafrechtes sich bewegenden Fällen zu regeln und die im Wege des förmlichen Disziplinarverfahrens ergehenden Entscheidungen dem Disziplinarsenate, die auf Klage im Verwaltungsstreitverfahren ergehenden dem I. Senate zu überweisen. Vgl. Drucks. A. H. 1889 Nr. 33 S. 8 und E. O. B. v. 1. XI. 1895 Nr. D 191.

„§ 11. Die Dienstentlassung kann nur im Wege des förmlichen Disziplinarverfahrens[1]) ausgesprochen werden. Sie wird nicht verhängt, wenn sich ergiebt, daß der Beamte ohne seine Schuld von seinem Amte fern gewesen ist."

Anm. 1. Auch gegen auf Kündigung angestellten Beamten, wenn die

Dienstbehörde wegen unerlaubter Entfernung vom Amte die Entziehung des Diensteinkommens verfügt hat und dagegen Widerspruch erhoben wird.

„§ 12. Die Einleitung eines Disziplinarverfahrens wegen unerlaubter Entfernung vom Amte und die Dienstentlassung vor Ablauf der Fristen (§ 9) ist nicht ausgeschlossen, wenn sie durch besonders erschwerende Umstände als gerechtfertigt erscheint.[1])"

Z. B. wenn ein Beamter, obwohl er weiß, daß eine Vertretung für ihn nicht vorhanden, und obwohl ihm deshalb der Urlaub ausdrücklich verweigert worden ist, sich dennoch vom Amte entfernt. Sten. Ber. II. Kammer 1851 Bd. III S. 97 ff. Ziffer 42. Anm. 1.

„§ 13. Die in dem § 9 erwähnte Aufforderung, sowie alle anderen Aufforderungen, Mitteilungen, Zustellungen und Vorladungen, welche nach den Bestimmungen dieses Gesetzes erfolgen, sind gültig und bewirken den Lauf der Fristen, wenn sie demjenigen, an den sie ergehen, unter Beobachtung der für gerichtliche Insinuationen [1]) vorgeschriebenen Formen in Person zugestellt, oder wenn sie in seiner letzten Wohnung an dem Orte insinuiert werden, wo er seinen letzten Wohnsitz im Inlande hatte. Die vereideten Verwaltungsbeamten haben dabei den Glauben der Gerichtsboten. [2])"

Das sind gemäß § 37 d. Str. P. O. die betr. Vorschriften der Civ. Pr. O.; vgl. die §§ 166 ff. der letzteren. Anm. 1.

Heute der Gerichtsvollzieher, bezw. Hilfsgerichtsvollzieher, da die Gerichtsboten als solche bei den Zustellungen nicht mehr mitzuwirken haben. Anm. 2.

„**§ 14.** Die Disziplinarstrafen bestehen in
Ordnungsstrafen,
Entfernung aus dem Amte.

§ 15. Ordnungsstrafen [1]) sind:
1. Warnung, 2. Verweis, 3. Geldbuße [2]),
4. gegen untere Beamte auch Arreststrafe auf die Dauer von höchstens acht Tagen, welche jedoch nur in solchen Räumen zu vollstrecken ist, die den Verhältnissen der zu bestrafenden Beamten angemessen sind [3]).

Zu dieser Beamtenklasse werden im Allgemeinen nur gerechnet: Exekutoren, Boten, Kastellane, Diener, und die zu ähnlichen, sowie die zu bloß mechanischen Funktionen bestimmten Beamten [4]). Außerdem ist das Staats-Ministerium ermächtigt, in der Steuer-, Post-, Polizei- und Eisenbahn-Verwaltung diejenigen Beamten-Kategorien speziell zu bezeichnen, gegen welche Arreststrafen verhängt werden können."

1) Diese sind wohl zu unterscheiden von den Zwangsmitteln (Exekutivstrafen) zur Durchführung obrigkeitlicher Anordnungen; vgl. § 100 des Ges. Mehrere Ordnungsstrafen, z. B. Verweis und Geldbuße, dürfen nicht neben einander festgesetzt (kumuliert) werden, E. O. V. v. 30. III. 1892 Nr. D 52. Dagegen dürfen sie aufeinander folgen, da in der jedesmaligen Aufforderung an den Beamten, seinen Verpflichtungen zu genügen und in der wiederholten Weigerung ein neues Disziplinarvergehen liegt. E. O. V. v. 4. II. 1880 Nr. I 393 und v. 29. II. 1888 Nr. I 250. Anm. 1.

Anm. 2. Sieht ein Spezialgesetz für die pflichtwidrige Handlung eines Beamten eine Geldstrafe vor, z. B. die Kab. O. v. 28. X. 1836 bei Nichtverwendung des tarifmäßigen Stempels, so ist der Dienstvorgesetzte nicht berechtigt, nur eine Warnung oder einen Verweis auszusprechen. Vgl. M. Bl. 1863 S. 227. Die bezeichnete Strafe ist überhaupt keine Ordnungsstrafe im Sinne des Disziplinarges., sondern eine außergerichtliche Stempelstrafe. Das Beschwerde- und Verwaltungsstreitverfahren nach Maßgabe des Zust. Ges. findet darauf keine Anwendung. E. O. V. Bd. XIV S. 409.

2. Die von den Kreisausschüssen festgesetzten Disziplinarstrafen fließen zur Kreiskommunalkasse, Min. Erl. v. 12. XII. 1874 (M. Bl. 1875 S. 3), die von den Landräten gegen Kommunalbeamte festgesetzten Ordnungsstrafen zur Regierungs-Hauptkasse, Min. Erl. v. 6. VIII. 1841 (M. Bl. S. 210) und 12. XII. 1874 (M. Bl. 1875, S. 3).

Den Magistraten ist die Verwendung der Ordnungs- und Disziplinarstrafen, die sie gegen ihre Unterbeamten verfügen, lediglich zu überlassen; Min. Erl. v. 20. VII. 1841 (M. Bl. S. 210).

Die gegen Beamte als Ordnungsstrafen verhängten Geldbußen dürfen, wenn der betreffende Beamte zahlungsfähig ist, nicht in Haftstrafe umgewandelt werden, St. M. B. v. 2. III. 1850 (M. Bl. S. 93).

Anm. 3. Also nicht in den gewöhnlichen Orts- oder Polizeigefängnissen, sondern in dazu bestimmten, dem Zwecke entsprechend eingerichteten Lokalen der Dienstgebäude. Min. Erl. v. 31. I. 1831 (v. Kamptz, Ann. Bd. XV S. 14).

Anm. 4. Z. B. Chausseeaufseher und -Wärter, Brückenwärter u. a., St. M. B. v. 26. XI. 1853 (M. Bl. 1854 S. 2); Polizei-Sergeanten und -Wachtmeister Nachtwächter und Nachtwachtmeister, Oberfeuermänner, Straßenreinigungsaufseher u. a., St. M. B. v. 6. X. 1853 (M. Bl. S. 263).

„§ 16. Die Entfernung aus dem Amte kann bestehen:

1. in Versetzung in ein anderes Amt von gleichem Range, jedoch mit Verminderung des Diensteinkommens und Verlust des Anspruches auf Umzugskosten, oder mit einem von beiden Nachteilen.[1])

   Diese Strafe findet nur auf Beamte im unmittelbaren Staatsdienste Anwendung;[2])

2. in Dienstentlassung.[3])

   Diese Strafe zieht den Verlust des Titels und Pensionsanspruches von selbst nach sich,[4]) es wird darauf nicht besonders erkannt, es sei denn, daß vor Beendigung des Disziplinarverfahrens aus irgend einem von dessen Ergebnis unabhängigen Grunde das Amtsverhältnis bereits aufgehört hat und daher auf Dienstentlassung nicht mehr zu erkennen ist.[5])

Gehört der Angeschuldigte zu den Beamten, welche einen Anspruch auf Pension haben und lassen besondere Umstände eine mildere Beurteilung zu,[6]) so ist die Disziplinarbehörde ermächtigt, in ihrer Entscheidung zugleich festzusetzen, daß dem Angeschuldigten ein Teil des reglementsmäßigen Pensionsbetrages auf Lebenszeit oder auf gewisse Jahre als Unterstützung zu verabreichen sei.[7])“

Anm. 2. **Die Verminderung des Diensteinkommens** kann um einen bestimmten Geldbetrag oder um eine Quote erfolgen, um welche letztere dann auch der Wohnungsgeldzuschuß zu kürzen ist. Der Betrag oder die Quote der Kürzung sind im Erkenntnisse ausdrücklich festzustellen, da die Verminderung des Diensteinkommens einen Teil der Disziplinarstrafe bildet und daher ebenso, wie letztere selbst, von dem Disziplinarrichter ihrem Umfange nach bestimmt werden muß, nicht aber der dem Angeschuldigten vorgesetzen Dienstbehörde überlassen bleiben kann, St. M. B. v. 29. V. 1874. Die Erörterung der Frage der Verminderung des Diensteinkommens muß im Termine zur mündlichen Verhandlung, unter Zuziehung des Angeschuldigten und des Vertreters der Staatsanwaltschaft erfolgen Min. Erl. v. 1. III. 1881 (M. Bl. S. 46).

Die Bestimmung des § 16 Nr. 1 findet auch auf Provinzialbeamte, mit Ausnahme des Landesdirektors, der ihm nach § 93 der östl. Pr. O. zugeordneten oberen Beamten, sowie der sonstigen im Provinzialstatute bezeichneten leitenden Beamten einzelner Verwaltungszweige, Anwendung. Oestl. Pr. O. § 98 Nr. 6. Anm. 2.

Das Diensteinkommen ist dem Beamten bis zum Ablaufe des Monates zu belassen, in dem das Erkenntnis rechtskräftig geworden ist. Min. Erl. v. 27. II. 1865 (M. Bl. S. 149), v. 9. XII. 1882 (M. Bl. 1883 S. 7) und v. 7. V. 1883 (M. Bl. S. 22). Anm. 3.

Auch in dem Falle, wenn ein Beamter gemäß § 83 des Ges. im Wege der Kündigung des Dienstverhältnisses strafweise entlassen ist. Anm. 4.

Ein solcher Grund ist z. B. der Ablauf der Zeit, für die einem Beamten das Amt übertragen ist. Eine besondere Vorschrift, daß während der Dauer eines Disziplinarverfahrens eine Amtsniederlegung etwa unstatthaft oder wirkungslos, oder daß unter allen Umständen für die Dauer jenes Verfahrens aus irgend einem von dessen Ergebnisse unabhängigen Grunde das Amtsverhältnis zu fingieren sei, besteht nicht. § 16 Nr. 2 knüpft vielmehr selbst an den Thatbestand, daß vor der Beendigung des Disziplinarverfahrens aus irgend einem von dessen Ergebnisse unabhängigen Grunde das Amtsverhältnis bereits aufgehört hat, die Folge, daß auf Dienstentlassung nicht mehr zu erkennen ist. Vgl. E. O. B. Bd. X S. 352 und 9. VII. 1895 Nr. D 132. Anm. 5.

Bei derjenigen Instanz, von der die Besetzung eines Amtes abhängt, muß auch die Entlassung davon nachgesucht werden. Die Instanz hat eventuell auch darüber zu befinden, ob die freiwillige Amtsniederlegung als eine gerechtfertigte anzusehen ist. Vgl. E. O. B. v. 1. XI. 1895 Nr. D 193. In keinem Falle darf der abgehende Beamte seinen Posten eher verlassen, als bis wegen dessen Wiederbesetzung oder einstweiliger Verwaltung Verfügung getroffen ist. Vgl. A. L. R. Th. II. Tit. 10 § 94, 97.

Zur Erläuterung dieser Vorschrift sind folgende Min. Erl. ergangen: Anm. 6.

1. Eine Unterstützung nach § 16 Nr. 2 ist als eine vom Gesetze nur ausnahmsweise zugelassene Erleichterung der Lage des zur Dienstentlassung verurteilten Beamten zu betrachten und daher namentlich überall da nicht für gerechtfertigt zu erachten, wo der letztere sich einer solchen ausnahmsweisen Rücksichtnahme unwürdig gezeigt hat. Dies wird insbesondere dann anzunehmen sein, wenn der Verurteilte durch die ihm zur Last fallenden Vergehungen einen Mangel an ehrliebender Gesinnung an den Tag gelegt hat.

Es bleibt aber ferner auch zu beachten, daß durch die angeführten Gesetzes-Bestimmung die Disziplinarbehörden nur in den Stand gesetzt werden sollen, einer etwaigen, durch die dauernde oder vorläufige Unfähigkeit des entlassenen Beamten zu anderweitigem Erwerbe seines Lebensunterhalts verursachten dringenden Hilfsbedürftigkeit Rechnung zu tragen. Hiervon ausgehend, kann es beispielsweise nicht für gerechtfertigt erachtet werden, wenn, wie es vorgekommen ist, verhältnismäßig jungen und völlig erwerbsfähigen Beamten erhebliche Bruchteile der gesetzlichen Pension mitunter sogar auf eine längere Reihe von Jahren bewilligt worden sind, Min. Erl. v. 23. XII. 1882, M. d. J. I. A. 9193.

2. Ein späterer Min. Erl. v. $\frac{21.\ III.}{14.\ IV.}$ 1889 besagt, daß die Entscheidung der Frage, ob und in welchem Umfange der durch obige Vorschrift den Disziplinarbehörden erteilen Ermächtigung Gebrauch zu machen sei, sich lediglich als ein Akt der Strafzumessung darstelle und daß die Disziplinarbehörden also nicht befugt seien, aus Erwägungen, die den zu beurteilenden Disziplinarfall nicht berühren (z. B. zu hohes Lebensalter, lange Dienstzeit, Familienverhältnisse), dem Angeschuldigten einen Teil des Pensionsbetrages als Unterstützung zu gewähren. Der mit der Funktion des Staatsanwaltes betraute Beamte habe, wenn gegen seinen Antrag dem Angeschuldigten, im Widerspruch mit vorstehender Vorschrift, ein Teil der Pension auf Lebenszeit zuerkannt, für jedesmal Berufung einzulegen (M. Bl. S. 161).

3. Darin, daß ein Beamter bis zu seiner Entlassung einen unbescholtenen Lebenswandel geführt hat, daß er wesentlich nur durch seinen nicht verschuldeten Vermögensverfall verleitet worden ist, unredlichen Gewinn zu suchen, und das, obgleich seine Leistungen bei seiner persönlichen Unfähigkeit stets mangelhaft gewesen, ihm wenigstens das Zeugnis des Fleißes und des guten Willens nicht zu versagen ist, können besondere Umstände im Sinne des § 10 Nr. 2 nicht gefunden werden, Min. Erl. v. 10. VIII. 1854 (M. Bl. S. 161).

4. Mit diesen Erlassen stimmt die Rechtsprechung des O. V. G. im Allgemeinen überein. Vgl. z. B. E. O. V. v. 25. VI. 1892, Nr. D 108, v. 28. II. 1894 Nr. D 42 und 6. IV. 1897 Nr. D 168.

In verschiedenen Entsch., z. B. in E. O. V. v. 27. II. 1900 Nr. D 45 wird als ein mildernder Umstand nicht rechtzeitige, genügende Kontrolle der Dienstführung durch die Vorgesetzten erachtet.

5. Erheblich weiter geht ein neuerer Min. Erl. v. 18. XI. 1898 (M. Bl. 1899 S. 1), der Folgendes verordnet:

a) Das Vorhandensein besonderer Umstände, welche eine mildere Beurteilung zulassen, bildet die notwendige Voraussetzung für die Anwendbarkeit der in Rede stehenden Vorschrift.

Als Umstände, welche eine mildere Beurteilung zulassen, können hierbei alle diejenigen Umstände in Betracht kommen, welche überhaupt für die Strafzumessung von Erheblichkeit sind (vgl. § 17 des Ges.) Insbesondere brauchen die zu berücksichtigenden Umstände nicht notwendig dem besonderen Thatbestande des abzuurteilenden Disziplinarfalles anzugehören, sondern es können auch andere, außerhalb dieses Thatbestandes liegende Milderungsgründe berücksichtigt werden, z. B. bisherige tadellose Führung, lange, vorwurfsfreie Dienstlaufbahn, früher erworbene besondere Verdienste, eifriges Bemühen, die Folgen der Strafthat wieder gut zu machen und dergl. Die hiervon abweichenden Bestimmungen des Erlasses unserer Amtsvorgänger v. 14. IV. 1889 (M. Bl. S. 161) treten außer Kraft.

b) Das Gesetz spricht aus, daß die in Rede stehende Bewilligung „als Unterstützung" erfolgt und giebt dadurch zu erkennen, daß nach der Absicht des Gesetzes die äußeren Verhältnisse des Angeschuldigten ebenfalls in Betracht gezogen werden sollen. Hierauf ist bereits in dem Erlasse unserer Amtsvorgänger v. 23. XII. 1883 hingewiesen und dabei hervorgehoben worden, daß es beispielsweise nicht gerechtfertigt sein würde, verhältnismäßig jungen und völlig erwerbsfähigen Beamten erhebliche Bruchteile der gesetzlichen Pension, wohl gar auf Lebenszeit zu bewilligen. Ein solches Verfahren würde, wie in dem erwähnten Erlasse ferner ausgeführt ist, die Bedeutung und die Wirkung der Dienstentlassung als des schwersten Disziplinarmittels illusorisch machen und einem unwürdigen Beamten die Vorteile der Pensionierung mittels Dienstvergehens erreichbar erscheinen lassen unter Umständen, unter denen dieselben einem würdigen und zum Rücktritt vom Staatsdienst geneigten Beamten versagt bleiben müssen. Diese Grundsätze sind auch ferner zu beachten.

c) Wie sich aus Vorstehendem ergiebt, gehört die Bedürftigkeit des Angeschuldigten begrifflich nicht zu den unter Nr. 1 erörterten besonderen Umständen, welche eine mildere Beurteilung zulassen. Vielmehr ist die Frage, ob die äußeren Verhältnisse des Angeschuldigten die Anwendung der in Rede stehenden gesetzlichen Vorschrift rechtfertigen, selbständig neben der Frage nach dem Vorhandensein der unter Nr. 1 bezeichneten Strafmilderungsgründe zu prüfen. Um Unklarheiten und Irrtümer zu vermeiden und eine sachgemäße Prüfung der getroffenen Entscheidung in der Berufungsinstanz zu ermöglichen, ist bei Anwendung der bezeichneten Gesetzesvorschrift in den Disziplinarerkenntnissen ersichtlich zu machen, in welchen Thatsachen das Gericht die besonderen Umstände erblickt hat, die eine mildere Beurteilung zulassen.

Die Unterstützung bildet einen Teil der von dem Beamten erdienten Pension und ist wie diese zu behandeln. Deshalb sind von ihr auch gemäß § 31 des Pensionsges. v. 27. III. 1872 Gnadenmonatsbeträge zu gewähren, von den auf Zeit bewilligten Unterstützungen jedoch nur dann, wenn der Tod des entlassenen Beamten noch in die Bewilligungsfrist fällt. Min. Erl. v. 30. V. 1891 (M. Bl. S. 95). Wegen Berechnung der Pension vgl. Min. Erl. v. 29. VII. 1884 (M. Bl. S. 194). Anm. 7.

Die Zeit der Amtssuspension wird bei Feststellung der Dienstzeit anzurechnen sein, da erst ein rechtskräftiges Urteil das Dienstverhältnis auflöst.

Ob der Beamte zur gegebenen Zeit pensionsberechtigt ist und ob ihm daher die Zubilligung der Unterstützung thatsächliche Vorteile zu bieten vermag, das zu prüfen ist nicht Sache des Disziplinarrichters, sondern im Streitfalle den ordentlichen Gerichten vorbehalten. E. O. V. v. 31. X. 1899 Nr. D 190. Durch ihre Zubilligung ist über die Frage, ob und welcher Pensionsbetrag dem Beamten zusteht, in keiner Weise entschieden. Es ist vielmehr nur festgesetzt, daß ihm ein Teil der Pension als Unterstützung zu gewähren ist, falls ihm ein Anspruch auf Pension zusteht. E. O. V. v. 10. I. 1894 Nr. D 3.

„**§ 17.** Welche der in den §§ 14 bis 16 bestimmten Strafen anzuwenden sei, ist nach der größeren oder geringeren Erheblichkeit des Dienstvergehens mit Rücksicht auf die sonstige Führung des Angeschuldigten zu ermessen, unbeschadet der besonderen Bestimmungen der §§ 8 und 9[1]).“

Die Beurteilung disziplinarisch strafbarer Handlungen geschieht nach völlig anderen Grundsätzen, wie die strafrechtlich strafbarer Handlungen. Während das Str. G. B. für einen bestimmten Thatbestand eine bestimmte Strafe vorsieht, sei es eine für alle Fälle fest- Anm. 1.

stehende, sei es eine innerhalb gewisser Grenzen zu bemessende, und demgemäß über das Zusammentreffen mehrerer Strafthaten in den §§ 73 ff. besondere Bestimmungen trifft, hat das Disziplinarges., abgesehen von den Fällen der §§ 8 und 9, eine Aussonderung der Dienstvergehen nach bestimmten Merkmalen aus naheliegenden Gründen nicht vorgenommen, folglich auch nicht vorgeschrieben, welche Strafe wegen eines bestimmten Dienstvergehens zu verhängen ist. Für das Ermessen der Disziplinarbehörden bezüglich der Strafanwendung enthält das Disziplinargesetz indessen nach zweifacher Richtung hin sehr wesentliche Bestimmungen. Einmal die allgemeine im § 17; daß die Festsetzung, welche der in den §§ 14 bis 16 vorgesehenen Strafen zu verhängen ist, nach der größeren oder geringeren Erheblichkeit des Dienstvergehens mit Rücksicht auf die sonstige Führung des Angeschuldigten erfolgen, zweitens die besondere im § 19, daß bei Verhängung von Geldbußen eine bestimmte Grenze eingehalten werden soll. Aus der im § 17 enthaltenen allgemeinen Weisung folgt, daß die Disziplinarbehörde das gesamte Verhalten des Angeschuldigten in Betracht ziehen muß, daß es also ihre Aufgabe ist, hierüber, soweit erforderlich, Erhebungen anzustellen, und Dienstvergehen, die sie zum Gegenstande ihrer Beurteilung machen könnte, dann nicht einem weiteren Verfahren vorbehalten darf, wenn sie auf die Art und die Höhe der zunächst auszusprechenden Strafe von Einfluß sein können. Eine Zerlegung des Verhaltens des Angeschuldigten in einzelne Teile zu dem Zwecke, daß jeder Teil für sich Gegenstand einer abgesonderten Ahndung werde, ist der Regel nach unzulässig. Liegt ausnahmsweise ein Fall so, daß das öffentliche Interesse eine sofortige Bestrafung des einen, seinem Thatbestande nach klargestellten Dienstvergehens erheischt, und aus diesem Grunde die verwickelten und zeitraubenden Erhebungen über eine andere Verfehlung einem besonderen Verfahren vorbehalten bleiben, so ist für letzteres nicht außer Betracht zu lassen, daß die Bestrafung an sich schon in dem früheren Verfahren angängig gewesen wäre, und es ist danach die neue Strafe entsprechend zu bemessen. Soweit es sich dabei um Geldstrafen handelt, ist die im § 19 vorgesehene Grenze derart inne zu halten, daß die Summe beider Geldstrafen nicht über das gesetzlich statthafte Höchstmaß hinausgeht. Wollte man einen anderen Standpunkt gelten lassen, so würde man in einen offenbaren Widerspruch mit dem Grundgedanken des § 17 geraten, nämlich das Verhalten des Angeschuldigten nicht in seiner Einheitlichkeit in Betracht ziehen, sondern in Teile zerlegen, die Gegenstand von einander unabhängiger Disziplinarmaßregeln würden. Die Unzulässigkeit einer derartigen Spaltung bezw. der Festsetzung von Geldbußen für jeden einzelnen Teil tritt am deutlichsten dann zu Tage, wenn die gemäß § 19 Abs. 7 nach dem Monatseinkommen des Angeschuldigten zu bemessende Geldbuße beim Zusammentreffen mehrerer Dienstvergehen für jedes derselben ausgesprochen würde. Denn für diesen Fall wäre der erkennbare Zweck des Gesetzes, einer Gefährdung des Privathaushalts des Beamten vorzubeugen (Entsch. des O. V. G. Bd. XXV S. 415), gewiß nicht beachtet. Deshalb darf das Höchstmaß der Geldstrafe für mehrere Dienstvergehen, die in einem und demselben Verfahren hätten verfolgt werden können, nicht überschritten werden, wenn aus besonderen Gründen ein oder das andere Vergehen einer späteren Beurteilung unterliegt. E. O. V. Bd. XXXII S. 429.

Zweiter Abschnitt. Von dem Disziplinarverfahren.

„§ 18. Jeder Dienstvorgesetzte ist zu Warnungen und Verweisungen gegen seinen Untergebenen befugt. [1]) [2])“

Eine Uebertragung der Strafbefugnis des Dienstvorgesetzten auf andere Behörden und Beamte ist unzulässig. Min. Erl. v. 21. I. 1843 (M. Bl. S. 23). Anm. 1.

Die Bürgermeister im Bereiche der Oe. St. O. u W. St. O. sind zur Verhängung von Warnungen und Verweisen gegen Magistratsmitglieder befugt. E. O. V. Bd. XVII S. 443. Im Bereiche der Hann. St. O. steht gemäß §§ 74, 75 dem Bürgermeister als dem Vorsteher des Magistrates dessen Beamten gegenüber das Ordnungsstrafrecht zu. Aber auch der Magistrat ist als Dienstvorgesetzter der städtischen Beamten befugt, gegen letztere Warnungen und Verweise zu erlassen. Vgl. E. O. V. Bd. XXIV S. 413. Anm. 2.

„§ 19. In Beziehung auf die Verhängung[1]) von Geldbußen ist die Befugnis der Dienstvorgesetzten begrenzt, wie folgt:

Die Vorsteher derjenigen Behörden, welche unter den Provinzialbehörden stehen, einschließlich der Landräte, können gegen die ihnen selbst untergebenen Beamten, sowie gegen die Beamten der ihnen untergeordneten Behörden Geldbußen bis zu drei Thalern verfügen. . . . .

Andere Vorgesetzte der unteren Beamten dürfen solche Geldbußen nur insofern verfügen, als ihnen die Befugnis zur Verhängung von Geldbußen durch besondere Gesetze oder auf Grund solcher Gesetze erlassenen Instruktionen beigelegt ist.

. . . .

Die Provinzial-Behörden sind ermächtigt, die ihnen untergeordneten Beamten mit Geldbuße bis zu dreißig Thalern zu belegen, besoldete Beamte jedoch nicht über den Betrag des einmonatlichen Diensteinkommens hinaus.[2])

Gleiche Befugnisse haben die Vorsteher der Provinzial-Behörden in Ansehung der bei letzteren angestellten unteren Beamten.[2])

Die Minister haben die Befugnis, alle ihnen unmittelbar oder mittelbar untergebenen Beamten Geldbußen bis zum Betrage des monatlichen Diensteinkommens, unbesoldeten Beamten aber bis zur Summe von dreißig Thalern aufzuerlegen.

Welche Beamten im Sinne dieses Paragraphen zu den unteren zu rechnen sind, wird durch das Staatsministerium bestimmt."

Unter dem Verhängen von Geldbußen ist das Auferlegen, nicht das Androhen solcher Strafen zu verstehen. Gegen Verfügungen, die Ordnungsstrafen nur androhen, findet daher die gegen Ordnungsstrafverfügungen zulässige Klage bei den Verwaltungsgerichten nicht statt. Ihre Aufhebung kann vielmehr nur im Aufsichtswege erfolgen. E. O. V. v. 6. II. 1886 (Pr. V. Bl. 1885/86 S. 205). Anm. 1.

Bei den im Hauptamte und im Nebenamte besoldeten Beamten nicht über den Betrag des Einkommens aus beiden Aemtern hinaus. E. O. V. Bd. XXV S. 412. Die als Disziplinarbehörden fungierenden Verwaltungsgerichte sind an die Grenzen des Abs. 5 nicht gebunden, da es sich bei ihnen um die eventuelle Festsetzung von Ordnungsstrafen im geordneten Disziplinarverfahren handelt. Dagegen haben sie die im Abs. 7 gesteckten Maximalgrenzen zu beachten, E. O. V. v. 29. XII. 1892 Nr. D 263 und v. 5. X. 1894 Nr. D 165. Anm. 2.

Anm. 3. Bezüglich der Beamten der Selbstverwaltungsverbände, soweit sie hier in Betracht kommen, also mit Ausnahme der Mitglieder des Provinzialausschusses, Provinzialrathes, Bezirksausschusses, Kreis- und Stadtausschusses, ist das Ordnungsstrafrecht, wie folgt, geregelt:

1. Gegen Provinzialbeamte:

a) Gegen den Landesdirektor (Landeshauptmann, in Hannover gegen die Mitglieder des Landesdirektoriums) und die ihm nach § 93 d. Pr. O. zugeordneten oberen Beamten, sowie die sonstigen im Provinzialstatute bezeichneten leitenden Beamten einzelner Verwaltungszweige ist die Festsetzung von Ordnungsstrafen nur in dem auf Entfernung aus dem Amte gerichteten Verfahren zulässig. Pr. O. § 98, 1 und § 41.

b) Gegen die übrigen Provinzialbeamten steht die den Ministern und den Provinzialbehörden beigelegte Befugnis zur Verhängung von Ordnungsstrafen dem Landesdirektor zu, jedoch dürfen die von ihm festzusetzenden Geldbußen den Betrag von dreißig Mark nicht übersteigen. O. Pr. O. § 98 Nr. 2. — Rechtsmittel: Klage bei dem Bezirksausschusse innerhalb 2 Wochen. Oe. Pr. O. § 98 Nr. 4. Vgl. E. O. V. Bd. XXV S. 412.

c) Den Vorstehern von Provinzialanstalten steht die Befugnis zu, gegen die ihnen nachgeordneten Anstaltsbeamten, mit Ausnahme der oberen Anstaltsbeamten, Geldbußen bis zu zehn Mark festzusetzen. Oe. Pr. O. § 98 Nr. 3. — Rechtsmittel: wie zu b.

2. Gegen Kreisbeamte beschließt im Bereiche der Oe. Kr. O. über die Verhängung von Ordnungsstrafen im Umfange des den Provinzialbehörden beigelegten Ordnungsstrafrechtes der Kreisausschuß und im Umfange des dem Minister beigelegten Ordnungsstrafrechtes der Regierungspräsident. Doch steht das Recht zur Verhängung von Ordnungsstrafen auch dem Landrate zu. Oe. Kr. O. §§ 68 [1], 134 [3]. Gegen die Disziplinarverfügungen des Landrates steht den Kreisbeamten die Klage im Verwaltungsstreitverfahren nicht offen. Auf sie findet § 21 des Disziplinarges. und das dort vorgesehene Rechtsmittel der Beschwerde im Instanzenzuge unter Ausschluß des Streitverfahrens auch jetzt noch Anwendung. E. O. V. v. 4. II. 1891 Nr. I 124.

Hinsichtlich der Dienstvergehen der Kreisbeamten in den Provinzen Hannover, Westfalen, Schleswig-Holstein, Hessen-Nassau und Rheinprovinz kommen die Bestimmungen des Zust. Ges. § 36 in Betreff der Dienstvergehen der ländlichen Gemeindebeamten zur Anwendnng. (Hann. Kr. O. § 91, W. Kr. O. § 79, H. N. Kr. O. § 92, Schl. Holst. Kr. O. § 122, H. N. Kr. O. § 79). S. unten litt. e.

3. Gegen die Bürgermeister, Beigeordneten und Magistratsmitglieder, sowie gegen die sonstigen Gemeindebeamten kann an Stelle der Bezirksregierung und innerhalb des ihr bisher zustehenden Ordnungsstrafrechtes der Regierungspräsident (in Berlin der Oberpräsident) Ordnungsstrafen festsetzen. Gegen die Strafverfügungen des Regierungspräsidenten findet innerhalb zwei Wochen die Beschwerde an den Oberpräsidenten, gegen den auf die Beschwerde ergehenden Beschluß des Oberpräsidenten findet innerhalb zwei Wochen die Klage bei dem Oberwaltungsgerichte statt. In Berlin findet gegen die Strafverfügungen des Oberpräsidenten, in den Hohenzollernschen Landen findet gegen die Strafverfügungen des Regierungspräsidenten innerhalb zwei Wochen unmittelbar die Klage bei dem Oberverwaltungsgerichte statt.

Gegen die Strafverfügungen des Bürgermeisters findet innerhalb zwei Wochen die Beschwerde an den Regierungspräsidenten (in Berlin an den Oberpräsidenten), und gegen den auf die Beschwerde ergehenden Beschluß des letzteren innerhalb zwei Wochen die Klage bei dem Oberverwaltungsgerichte statt.

Vgl. Zust. Ges. § 20, L. V. G. § 42, H. N. St. O. § 91.

Das Strafrecht des Bürgermeisters zur Erhaltung der Disziplin umfaßt:

a) nach Oe. St. O. § 58, W. St. O. § 58, H. N. St. O. § 63, Fr. Gem. Verf. Ges. § 65 gegen die Gemeindebeamten Geldbußen bis 9 Mk. und außerdem gegen die unteren Beamten Arreststrafen bis 3 Tage;

b) dasselbe folgt für die Rheinprovinz aus §§ 19, 20 des Disziplinarges.;

c) nach Schl. Holst. St. O. § 61 gegen die Gemeindeunterbeamten Geldbußen bis 9 Mk. und gegen die Beamten der untersten Klassen Arreststrafen bis 3 Tage;

d) nach Hann. St. O. § 72 ist der Magistrat befugt, den innerhalb seiner Zuständigkeit von ihm erlassenen Verfügungen durch angemessene Mittel Nachdruck und Ausführung zu geben, namentlich die zu diesem Zwecke nötigen Strafen anzudrohen und im Falle der Nichtbefolgung zu vollstrecken.

§ 20 des Zust. Ges. enthält keine erschöpfende Kodifikation des Disziplinarrechtes für die dort genannten städtischen Beamten. Vielmehr kommen daneben überall die daselbst in Bezug genommenen Bestimmungen des Disziplinarges., nur mit den im § 20 vorgesehenen Maßgaben zur Anwendung. Anlangend insbesondere die Verhängung von Ordnungsstrafen, so regelt § 20[1] ausschließlich die Befugniß des Regierungspräsidenten, solche an Stelle der Bezirksregierung festzusetzen, und die Rechtskontrole über die so ergehenden Strafverfügungen, bringt dagegen nicht zum Ausdrucke, daß der Regierungspräsident der einzige Dienstvorgesetzte der Bürgermeister rc. im Sinne des Disziplinarrechtes sein solle. Weder deutet hierauf der Wortlaut des § 20 hin, noch sein Zusammenhang mit der sonst einschlagenden Gesetzgebung, namentlich dem Disziplinarges., das sogar ausdrücklich noch andere, mit Disziplinargewalt ausgerüstete Dienstvorgesetze der städtischen Beamten, nämlich die Minister anerkennt (§ 19 Abs. 7). Der beschränkten Regelung der Zuständigkeit zur Ausübung des Ordnungsstrafrechtes durch § 20 entspricht auch die beschränkte Ordnung der Rechtsmittel daselbst. So ist die Rechtskontrole im Verwaltungsstreitverfahren nicht etwa gegen alle Ordnungsstrafverfügungen gegen städtische Beamte, sondern einzig und allein gegen die Verfügungen des Regierungspräsidenten, in Berlin des Oberpräsidenten, in einem besonders geregelten Beschwerde- und Streitverfahren gegeben. Im Uebrigen findet die im § 21 des Disziplinarges. enthaltene allgemeine Vorschrift (Beschwerde im Instanzenzuge) Anwendung. E. O. V. Bd. XVI S. 404.

Daher ist z. B. eine Klage gegen Disziplinarverfügungen, die der Landrat von Dienstaufsichtsbehörden gegen den Bürgermeister als Ortspolizeiverwalter erlassen hat, nicht zulässig. E. O. V. Bd. XX S. 445.

4. Gegen die Amtsvorsteher beschließt über die Verhängung von Ordnungsstrafen im Umfange des den Provinzialbehörden beigelegten Ordnungsstrafrechtes der Kreisausschuß und im Umfange des dem Minister beigelegten Ordnungsstrafrechtes der Regierungspräsident. Dem Landrate steht das Recht zur Verhängung von Ordnungsstrafen gegen die Amtsvorsteher nicht zu.

Gegen den Beschluß des Kreisausschusses findet innerhalb zwei Wochen die Beschwerde an den Bezirksausschuß, gegen die Strafverfügungen des

Regierungspräsidenten innerhalb gleicher Frist die Beschwerde an den Ober-Präsidenten statt.

Gegen den auf die Beschwerde ergehenden Beschluß des Bezirksausschusses beziehungsweise des Ober-Präsidenten findet innerhalb zwei Wochen die Klage bei dem Oberverwaltungsgerichte statt.

Oe. Kr. O. § 68[1], Schl. Holst. Kr. O. § 159.

5. α) Gegen die Gemeindevorsteher (Amtmänner in Westfalen, Bürgermeister in der Rheinprovinz), Schöffen, Mitglieder des kollegialischen Gemeindevorstandes, Gutsvorsteher und Verbandsvorsteher, sowie die sonstigen Beamten der Landgemeinden, Gemeindeverbände und im Geltungsgebiete der Oe. L. G. Schl. Holst. L. G. O. und H. R. L. G. O. auch der Gutsbezirke (vgl. E. O. V. Bd. XVIII S. 442) steht die Befugnis, Ordnungsstrafen zu verhängen, dem Landrate, und im Umfange des den Provinzialbehörden beigelegten Ordnungsstrafrechtes dem Regierungspräsidenten zu.

Gegen die Strafverfügungen des Landrates findet innerhalb zwei Wochen die Beschwerde an den Regierungspräsidenten, gegen die Strafverfügungen des Regierungspräsidenten innerhalb gleicher Frist die Beschwerde an den Oberpräsidenten statt.

β) Bezüglich der Ehrenamtmänner in Westfalen und der Ehrenbürgermeister in der Rheinprovinz ist die Befugnis zur Verhängung von Ordnungsstrafen dem Kreisausschusse, in der Beschwerdeinstanz dem Bezirksausschusse übertragen. (W. Kr. O. § 27, Rh. Kr. O. § 24).

γ) Gegen die von dem Amtmann in Westfalen oder von dem Bürgermeister in der Rheinprovinz auf Grund des § 83 der Westfälischen Landgemeindeordnung v. 19. III. 1856, beziehungsweise der §§ 83 und 104 der Rheinischen Gemeindeordnung v. 23. VII. 1845 gegen Unterbeamte der Gemeinden, Aemter oder Bürgermeistereien erlassenen Strafverfügungen findet innerhalb zwei Wochen die Beschwerde an den Landrat und gegen den auf die Beschwerde ergehenden Beschluß des Landrats innerhalb zwei Wochen die Beschwerde an den Regierungspräsidenten statt.

Die Strafbefugnis umfaßt bei den westfälischen Amtmännern Geldbußen bis 9 Mk. und bei den nur zu mechanischen Dienstleistungen angestellten Dienern Arreststrafen bis zu 3 Tagen, bei den rheinischen Bürgermeistern Geldbußen bis zu 9 Mk., Arreststrafen gegen die vorgenannten Diener aber nur bis zu 2 Tagen.

δ) Den Amtsvorstehern steht ein Ordnungsstrafrecht gegen die Guts- und Gemeindevorsteher nicht zu. (Oe. Kr. O. § 65, Schl. Holst. Kr. O. § 56.) Dasselbe gilt von den sog. Hilfsbeamten des Landrates in der Provinz Hannover (Hann. Kr. O. § 30 Abs. 3).

ε) Gegen den auf die Beschwerde in letzter Instanz ergehenden Beschluß des Regierungspräsidenten, beziehungsweise des Oberpräsidenten findet innerhalb zwei Wochen die Klage bei dem Oberverwaltungsgerichte statt.

In den Hohenzollernschen Landen findet gegen die Strafverfügungen des Regierungspräsidenten innerhalb zwei Wochen unmittelbar die Klage bei dem Oberverwaltungsgerichte statt. Vgl. Zust. Ges. § 36, Oe. L. G. O. und Schl. Holst. L. G. O. § 143, H. R. L. G. O. § 115.

„§ 20. Nur diejenigen Dienstvorgesetzten, welche gegen die in § 15 Nr. 5 bezeichneten Beamten Geldbuße verhängen können, sind ermächtigt, gegen dieselben Arreststrafen zu verfügen.

Diejenigen Vorgesetzten, deren Strafgewalt auf Geldbuße bis zu drei Thalern beschränkt ist, dürfen bei den Arreststrafen das Maß von drei Tagen nicht überschreiten.

§ 21. Gegen die Verfügung von Ordnungsstrafen findet nur Beschwerde im vorgeschriebenen Instanzenweg statt."

Eine Frist zur Einlegung der Beschwerde sieht das Disziplinarges. ebensowenig vor, wie eine Beschränkung des Instanzenzuges. Soweit aber die neueren Verwaltungsgesetze zur Anwendung kommen, sind auch deren Fristen und Vorschriften über den Instanzenzug maßgebend. Vgl. die Erläuterungen zu § 19. Anm. 1.

Mit derselben Beschränkung ist der St. M. B. v. 23. III. 1891 (vgl. Min. Erl. v. 22. IV. 1891 M. Bl. S. 134) anwendbar, wonach der höhere Dienstvorgesetzte befugt ist, unter Aufhebung der von der nachgeordneten Dienstbehörde getroffenen, wenn auch im Beschwerdewege unangefochten gebliebenen Disziplinarentscheidung nochmals über den Disziplinarfall selbstständig Entscheidung zu treffen.

„**§ 22.** Der Entfernung aus dem Amte muß ein förmliches Disziplinarverfahren vorhergehen. Dasselbe besteht in der von einem Kommissar zu führenden schriftlichen Voruntersuchung[1]) und in einer mündlichen Verhandlung nach den folgenden näheren Bestimmungen."

Diese bildet einen wesentlichen Bestandteil des Verfahrens und ist auch dann nicht zu entbehren, wenn etwa ein gerichtliches Strafverfahren vorangegangen ist. Der schriftlichen Voruntersuchung muß die Verfügung über die Einleitung des Disziplinarverfahrens vorhergehen. Die vor dieser gepflogenen vorläufigen Ermittelungen können die Voruntersuchung nicht ersetzen. Vgl. E. O. V. Bd. XII S. 423, Bd. XVI S. 395. Anm. 1.

Auch durch nachträgliche Beweisaufnahme in der Berufungsinstanz kann der Mangel der Voruntersuchung nicht geheilt werden. Denn es handelt sich nicht sowohl um Beseitigung von Lücken in der Beweisführung, als vielmehr erst um das Schaffen derjenigen Voraussetzungen, ohne die eine Anklageerhebung und mündliche Verhandlung in 1. Instanz nicht zulässig. Vgl. E. O. V. v. 6. IV. 1897 Nr. D 69; ferner E. O. V. Bd. XII S. 429, Bd. XVI S. 395.

„**§ 23.** Die Einleitung des Disziplinarverfahrens[1]) wird verfügt und der Untersuchungskommissar[2]) ernannt:

1. wenn die Entscheidung der Sache vor den Disziplinarhof gehört (§ 24 Nr. 1) von dem Minister, welcher dem Angeschuldigten vorgesetzt ist.

   Ist jedoch Gefahr im Verzuge, so kann diese Verfügung und Ernennung vorläufig von dem Vorsteher der Provinzialbehörde des Ressorts ausgehen. Es ist alsdann die Genehmigung des Ministers einzuholen und, sofern dieselbe versagt wird, das Verfahren einzustellen;[3])
2. in allen anderen Fällen von dem Vorsteher der Behörde, welche die entscheidende Disziplinarbehörde bildet (§ 24 Nr. 2), oder von dem vorgesetzten Minister.[4])"

Ein förmliches Disziplinarverfahren ist nur einzuleiten, wenn es sich um Pflichtwidrigkeiten oder anderweite Ungehörigkeiten handelt, Anm. 1.

die die Strafe der Entfernung aus dem Amte geboten erscheinen lassen, nicht aber um solche, die mit Warnung, Verweis oder Ordnungsstrafe zu ahnden sind und wenn die vorläufigen Verhandlungen eine sichere Unterlage für den Antrag auf Entfernung aus dem Amte gewähren. Min. Erl. v. 8. I. 1869 (M. Bl. S. 72).

Von dieser Regel giebt es zwei Ausnahmen: einmal im Falle der §§ 8, 10 des Ges. und dann behufs Festsetzung von Ordnungsstrafen gegen den Landesdirektor und die oberen Provinzialbeamten. Siehe oben Anm. 3 a α zu § 19.

Anm. 2. Dieser ist aus der Zahl der Beamten auszuwählen, die dem ernennenden Minister u. s. w. untergeben sind. Min. Erl. v. 22. X. 1849 (M. Bl. 1850 S. 2).

Anm. 3. Gleichgültig ist es, ob z. B. der Regierungspräsident bei Einleitung des Verfahrens und Ernennung des Untersuchungskommissars sich bewußt gewesen, daß er gegen einen unter §§ 24 [1], 23 [1] des Ges. fallenden Beamten nach dem zweiten Abs. der letzteren Gesetzesstelle nur vorläufige Maßregeln bei Gefahr im Verzuge anordnen dürfe, und ob diese Voraussetzung vorgelegen hat. Entscheidend ist, daß er an sich befugt war, die Einleitung und Ernennung vorbehaltlich der Genehmigung des Min. d. J. zu verfügen und daß die von ihm angeordneten Maßregeln die erforderliche Genehmigung erhalten haben. Aus der Thatsache, daß die Einholung der letzteren bis nach Abschluß der Voruntersuchung verzögert worden ist, kann nicht gefolgert werden, daß die vor der Einholung vorgenommenen Untersuchungshandlungen nichtig sind, — umsoweniger, als § 23 Abs. 2 ersichtlich voraussetzt, daß die Untersuchung in der Zwischenzeit zwischen der vorläufigen Einleitung und dem Eintreffen der Genehmigung ungehinderten Fortgang nimmt. E. O. V. v. 28. II. 1899, Nr. D 37.

Anm. 4. Die Einleitung des Disziplinarverfahrens wird verfügt und der Untersuchungskommissarius ernannt:

1. gegen Provinzialbeamte:

in dem Verfahren gegen den Landesdirektor, gegen die dem Landesdirektor nach § 93 der O. Pr. O. zugeordneten, sowie gegen die sonstigen im Provinzialstatut bezeichneten leitenden Beamten durch den Minister des Innern, Oe. Pr. O. § 51, § 98 Nr. 5, L. V. G. §§ 14, 32;

gegen die vorstehend nicht bezeichneten Provinzialbeamten durch den Landesdirektor O. Pr. O. § 98 Nr. 5;

2. gegen Kreisbeamte:

von dem Landrate oder von dem Regierungspräsidenten Oe. Kr. O. § 134 [3] u. s. w.

3. gegen Amtsvorsteher wie z. B. Oe. Kr. O. § 68, Schl. Holst. Kr. O. § 59;

4. gegen die Bürgermeister, Beigeordneten und Magistratsmitglieder, sowie gegen die sonstigen städtischen Gemeindebeamten durch den Regierungspräsidenten oder den Minister des Innern, Zust. G. § 20 Nr. 3, H. N. St. O. § 91 [2], und nicht etwa gegen die nachgeordneten Beamten durch den Bürgermeister, E. O. V. Bd. XVIII S. 432.

5. gegen Gemeindevorsteher, Amtmänner in Westfalen, Bürgermeister in der Rheinprovinz, Schöffen, Mitglieder des Gemeindevorstandes und sonstige Gemeindebeamte und Verbandsvorsteher, sowie gegen Gutsvorsteher durch den Landrat oder den Regierungspräsidenten, Oe. L. G. O. und Schl. Holst. L. G. § 143 [3], Zust. G. § 36 [4].

Auf stellvertretende Gutsvorsteher findet das förmliche Disziplinarverfahren nur dann Anwendung, wenn die Entfernung von der Aufsichtsbehörde wider den Willen desjenigen, der ihn bestellt hat, herbeigeführt werden soll. E. O. V. Bd. VII S. 183.

„**§ 24.** Die entscheidenden Disziplinarbehörden erster Instanz[1]) sind:

1. Der Disziplinarhof zu Berlin (§ 29) in Ansehung derjenigen Beamten, zu deren Anstellung nach den Bestimmungen, welche zur Zeit der verfügten Einleitung der Untersuchung gelten, eine von dem Könige oder von den Ministern ausgehende Ernennung, Bestätigung oder Genehmigung erforderlich ist;
2. die Provinzialbehörden, als die Regierungen, die Provinzial-Schulkollegien, die Provinzial-Steuer-Direktionen, die Ober-Berg-Aemter, die General-Kommissionen (die Militär-Intendanturen), das Polizei-Präsidium zu Berlin, die Eisenbahn-Kommissariate in Ansehung aller Beamten, die bei ihnen angestellt oder ihnen untergeordnet und nicht vorstehend unter 1 begriffen sind.

Den Provinzialbehörden werden in dieser Beziehung gleichgestellt die unter den Ministern stehenden Central-Verwaltungsbehörden in Dienstzweigen, für welche keine Provinzialbehörden bestehen, sowie die General-Landschafts- und Haupt-Ritterschafts-Direktionen.“

Entscheidende Disziplinarbehörden erster Instanz sind bei Kommunalbeamten: Anm. 1.

1. die Kreisausschüsse inbetreff der Gemeindevorsteher, Amtmänner in Westfalen, Bürgermeister in der Rheinprovinz, Schöffen, Mitglieder des Gemeindevorstandes und sonstigen Gemeindebeamten, sowie der Gutsvorsteher, der Amtsvorsteher L. G. O. und Schl. Holst. L. G. O. § 143, Zust. Ges. § 26 Nr. 4, Oe. Kr. O. § 68 Nr. 2 und der Kreisbeamten Oe. Kr. O. § 134 Nr. 3;
2. die Bezirksausschüsse inbetreff der Bürgermeister, Beigeordneten, Magistratsmitglieder und der sonstigen städtischen Gemeindebeamten, des Landesdirektors und der sonstigen Provinzialbeamten, Zust. Ges. § 20 Nr. 3, § 51 und Oe. Pr. O. § 98 Nr. 5.

„**§ 25.** Für diejenigen Kategorien von Beamten, welche nicht unter den im § 24 bezeichneten begriffen sind, ist die entscheidende Disziplinarbehörde die Regierung, in deren Bezirk sie fungieren und für die in Berlin oder im Auslande fungierenden die Regierung in Potsdam.“

Vgl. L. V. G. § 47: Für diejenigen Kategorien der in Berlin angestellten Beamten, bezüglich deren nicht die Zuständigkeit einer anderen Behörde in Disziplinarsachen begründet ist, behält es bei den Bestimmungen des § 25 des Gesetzes vom 21. Juli 1852 mit der Maßgabe sein Bewenden, daß die Einleitung des Disziplinarverfahrens, sowie die Ernennung des Untersuchungskommissars und des Vertreters des Staatsanwalts für die erste Instanz dem Oberpräsidenten von Berlin zusteht. Anm. 1.

„**§ 26.** Die Zuständigkeit der Provinzialbehörden kann von dem Staatsministerium auf einzelne Kategorien solcher Beamten ausgedehnt werden, welche von den Ministern ernannt oder bestätigt werden, aber nicht zu den etatsmäßigen Mitgliedern einer Provinzialbehörde gehören.

§ 27. Für den Fall, daß bei der zuständigen Disziplinarbehörde die beschlußfähige Anzahl von Mitgliedern nicht vorhanden ist, oder wenn auf den Antrag des Beamten der Staatsanwaltschaft oder des Angeschuldigten der Disziplinarhof das Vorhandensein von Gründen anerkennt, aus welchem die Unbefangenheit der zuständigen Disziplinarbehörde bezweifelt werden kann, tritt eine andere durch das Staatsministerium substituierte Disziplinarbehörde an deren Stelle.[1])"

Anm. 1. 1. Auf die zur Entscheidung im Verwaltungsstreitverfahren berufenen Behörden als entscheidende Disziplinarbehörden findet § 27 keine Anwendung. Vgl. L. V. G. §§ 61, 62:

„§ 61. Die Bestimmungen der bürgerlichen Prozeßgesetze über Ausschließung und Ablehnung der Gerichtspersonen finden für das Verwaltungsstreitverfahren sinngemäße Anwendung.

Aus der innerhalb seiner Zuständigkeit geübten amtlichen Thätigkeit des Landrats beziehungsweise des Regierungspräsidenten darf kein Grund zur Ablehnung desselben wegen Besorgnis der Befangenheit entnommen werden.

§ 62. Ueber das Ablehnungsgesuch beschließt das Gericht, welchem der Abgelehnte angehört, und wenn der Vorsitzende des Kreis- (Stadt-) oder Bezirksausschusses abgelehnt werden soll, das nächst höhere Gericht.

Der Beschluß, durch welchen das Gesuch für begründet erklärt wird, ist endgiltig. Wird das Gesuch für unbegründet erklärt, so steht der mit demselben zurückgewiesenen Partei innerhalb zwei Wochen die Beschwerde an das im Instanzenzuge zunächst höhere Gericht zu. Das Letztere entscheidet endgültig. Die Verhandlung über Ablehnung erfolgt in nicht öffentlicher Sitzung.

Das im Instanzenzuge zunächst vorgesetzte Gericht entscheidet desgleichen endgiltig und bestimmt das zuständige Gericht, wenn das Gericht, dem das ausgeschlossene oder abgelehnte Mitglied angehört, bei dessen Ausscheiden beschlußunfähig wird."

2. Unter den Bestimmungen der bürgerlichen Prozeßgesetze sind diejenigen der C. Pr. O., nicht der Str. Pr. O., zu verstehen. E. O. V. Bd. XVI S. 395.

3. Zeugen in der Voruntersuchung sind daher vom Richteramte ausgeschlossen (K. Pr. O. § 41). Haben sie nichts destoweniger bei der Entscheidung erster Instanz als Richter mitgewirkt, so ist das ein formeller Mangel. Diesem wohnt aber keine so ausschlaggebende Bedeutung bei, daß er nicht durch das Verfahren in der Berufungsinstanz geheilt werden könnte. E. O. V. v. 6. IV. 1897 Nr. D 70.

4. Aus der Thatsache, daß der Landrat die Einleitung des förmlichen Disziplinarverfahrens verfügt und dem Untersuchungskommissar die zur Erörterung zu bringenden Punkte mitgeteilt hat, folgt weder seine Ausschließung vom Richteramte, noch ein Grund zur Ablehnung wegen Befangenheit. Auch Verfehlungen dem Landrate gegenüber, z. B. Beleidigungen, begründen dessen Ausschluß nicht, da nicht Str. P. O. § 22, sondern § 41 K. Pr. O. maßgebend ist. Sie berechtigten höchstens zur Ablehnung wegen Befangenheit, die aber in erster Instanz beantragt werden muß, widrigenfalls das Recht dazu verwirkt ist. Der Referent ist ebenso, wie der Untersuchungskommissar, am Richteramte behindert, da auch

Str. Pr. O. § 23 Abs. 2 auf das Disziplinarverfahren nicht anwendbar ist. Vgl. E. O. V. Bd. XVI S. 395, v. 31. V. 1895 Nr. D 101, 30. XI. 1897 Nr. D 214 und 14. XII. 1897 Nr. D 226.

5. Unbeachtetlassung eines Ablehnungsgesuches ist kein Verstoß gegen die Verfahrensvorschriften, der für die in der Berufungsinstanz zu treffende Entscheidung von Bedeutung ist oder genügende Veranlassung zur Zurückverweisung der Sache in die Vorinstanz bietet. E. O. V. v. 27. II. 1900 Nr. D 48.

§ 28. „Streitigkeiten über die Kompetenz der Disziplinarbehörden als solcher werden von dem Staatsministerium, nach Vernehmung des Gutachtens des Disziplinarhofes, entschieden.[1])"

Auf die Verwaltungsgerichte als Disziplinarbehörden findet § 28 keine Anwendung. Diese haben gemäß L. V. G. § 113 von Amtswegen ihre Zuständigkeit wahrzunehmen. E. O. V. Bd. V. S. 41. Anm. 1.

§ 29.[1]) „Der Disziplinarhof besteht aus einem Präsidenten und zehn anderen Mitgliedern, von denen wenigstens vier zu den Mitgliedern des Obertribunals[2]) gehören müssen.

Die Mitglieder des Disziplinarhofes werden von dem Könige auf drei Jahre ernannt.

Ein Mitglied, welches im Laufe dieser Periode ernannt wird, bleibt nur bis zum Ende derselben in Thätigkeit.

Die ausscheidenden Mitglieder können wieder ernannt werden."

Auf Kommunalbeamte nicht anwendbar. S. oben Anm. 1 zu § 24 des Ges. S. 297. Anm. 1.

Ges. v. 9. IV. 1879 (G. S. S. 345), wegen Abänderung von Bestimmungen der Disziplinargesetze: § 13. „Die richterlichen Mitglieder des Disziplinarhofes für nicht richterliche Beamte müssen dem Oberlandesgericht in Berlin angehören." Anm. 2.

§ 30.[1]) „Zur Erledigung der Disziplinarsachen ist bei dem Disziplinarhofe die Teilnahme von wenigstens sieben Mitgliedern mit Einschluß des Vorsitzenden erforderlich, von denen wenigstens zwei zu den Mitgliedern des Kammergerichts[2]) gehören müssen."

Die §§ 30 und 31 sind auf Kommunalbeamte nicht anwendbar. Anm. 1.

Vgl. Anm. 1 zu § 29 des Ges. Anm. 2.

§ 31. „Bei den Provinzialbehörden werden die Disziplinarsachen in besonderen Plenarsitzungen erledigt, an welchen mindestens drei stimmberechtigte Mitglieder teilnehmen müssen. In diesen Plenarsitzungen steht, bei den Regierungen, den Mitgliedern derselben nur dasjenige Stimmrecht zu, welches ihnen durch die allgemeinen Vorschriften für Verhandlung im Plenum beigelegt ist. Bei den übrigen Provinzialbehörden nehmen an den zur Erledigung der Disziplinarsachen bestimmten Plenarsitzungen nur die etatsmäßigen Mitglieder und diejenigen teil, welche eine etatsmäßige Stelle versehen. Bei den Eisenbahn-Kommissariaten tritt zur Erledigung der Disziplinarsachen der ein- für allemal hierzu bestimmte Kommissarius der Regierung, in deren Bezirk das Eisenbahn-Kommissariat seinen Sitz hat, in Berlin der Justitiarius des Polizei-Präsidiums ein. Alle in dieser Weise zur Teilnahme Berufenen haben ein volles Stimmrecht, auch wenn die Behörde sonst kollegialische Einrichtung hat.

§ 32. In der Voruntersuchung[1]) wird der Angeschuldigte unter Mitteilung der Anschuldigungspunkte[2]) vorgeladen und, wenn er erscheint, gehört; es werden die Zeugen eidlich vernommen[3]) und die zur Aufklärung der Sache dienenden sonstigen Beweise herbeigeschafft.

Die Verrichtungen der Staatsanwaltschaft werden durch einen Beamten wahrgenommen, welchen die Behörde ernennt, von der die Einleitung des Disziplinarverfahrens verfügt wird.[3]) [4])

Bei der Vernehmung des Angeschuldigten und dem Verhöre der Zeugen ist ein vereideter Protokollführer zuzuziehen.[5])"

Anm. 1. Diese ist ein unentbehrlicher Bestandteil des Disziplinarverfahrens und muß den Thatbestand so erschöpfend feststellen, daß darnach ohne Wiederholung der Beweisaufnahme erkannt werden kann und auch eine spätere Beweisaufnahme möglichst entbehrlich bleibt. Zu diesem Zwecke ist vornehmlich auch ein von dem Angeschuldigten angetretener Entlastungsbeweis in vollem Umfange zu erheben.

Bloße informatorische Vernehmungen des Angeschuldigten ohne Zuziehung eines Protokollführers können die förmliche, schriftlich zu führende Voruntersuchung nicht ersetzen. Vgl. E. O. V. Bd. XII S. 429, XVI S. 395.

Erscheint der Angeschuldigte in der Voruntersuchung nicht, so ist diese ohne ihn zu führen. Ein Recht auf schriftliche Verteidigung innerhalb der Voruntersuchung steht ihm nicht zu. Min. Erl. v. 15. XI. 1880 (M. Bl. S. 369).

Bei der Vernehmung ist auf alle Anschuldigungspunkte genau einzugehen und der Angeschuldigte, vor allem bei unvollständigen Personalakten, recht genau ad generalia zu vernehmen. Min. Erl. v. 7. IV. 1854 (M. Bl. S. 369). Am Schlusse der Voruntersuchung ist ihm, unter eventueller Gestattung der Akteneinsicht — wozu indessen ein Zwang nicht besteht — (vgl. Str. P. O. § 347, Reichsbeamtenges. v. 31. III. 1873 § 101 Abs. 2), Gelegenheit zu geben, sich über deren gesamtes Ergebnis zu äußern und etwaige Thatsachen und Beweismittel zu seiner Entlastung anzuführen.

Anm. 2. Die Mitteilung der Anschuldigungspunkte soll dem Angeschuldigten die Vorbereitung der Verteidigung erleichtern. Unter jenen sind daher nicht von thatsächlichen Vorgängen losgelöste abstrakte Vorwürfe zu verstehen, sondern derjenige konkrete Sachverhalt, an den der Maßstab des § 2 des Disziplinarges. gelegt werden soll. In der Unterlassung der Mitteilung der Anschuldigungspunkte ist ein formeller Mangel zu finden. Dieser führt aber dann nicht zur Aufhebung der Vorentscheidung in der Berufungsinstanz, wenn dem Angeschuldigten im weiteren Verlaufe des Verfahrens genügend Gelegenheit zur Verteidigung gegeben worden ist. E. O. V. v. 30. XII. 1898 Nr. D 289.

Die Mitteilung wird z. B. dadurch ersetzt, daß der Angeschuldigte in der Voruntersuchung über alle ihm gemachten Vorwürfe verantwortlich vernommen, unter abschriftlicher Mitteilung der sämtliche Anschuldigungspunkte enthaltenden Anschuldigungsschrift zur mündlichen Verhandlung geladen und in dieser über alle Punkte gehört worden ist. Dem Rechte der Verteidigung ist dann kein Abbruch geschehen. Außerdem ist in der Berufungsinstanz alles nachholbar. E. O. V. v. 7. VI. 1898 Nr. D 130.

1. Für die Vernehmung der Zeugen und Sachverständigen, die auf Verlangen Gebühren nach Maßgabe der Gebührenordnung v. 30. VI. 1878 (R. G. Bl. S. 173) zu erhalten haben, sind die Bestimmungen der Str. P. O. §§ 51—68, 72, 79, 80 maßgebend. Doch ist die Bestimmung des § 58 Abs. 2, wonach eine Gegenüberstellung von Zeugen im Vorverfahren nur ausnahmsweise stattfinden soll, für das Disziplinarverfahren bei der viel größeren Bedeutung der Voruntersuchung nicht anwendbar. Es ist vielmehr von der Gegenüberstellung sich widersprechender Zeugen ausgiebiger Gebrauch zu machen. Vgl. Min. Erl. v. 7. IX. 1854 (V. Bl. S. 109). Ebenda ist vorgeschrieben, daß die Vereidigung der Zeugen überall, wo nicht begründete Bedenken gegen sie vorliegen, nicht unterlassen werden darf und daß ihre Vernehmung wesentlich auf Thatsachen, und nicht auf Ansichten und Vermutungen zu richten ist. Anm. 3.

2. Auch Beamte haben den Zeugeneid zu leisten. Die Richtigkeit ihrer Aussagen auf den Diensteid zu nehmen, ist unzulässig. Min. Erl. v. 20. VII. 1894 (M. Bl. S. 118).

3. Bei Vernehmungen von Zeugen im Auslande sollen der ersuchten ausländischeu Behörde keine Akten mitgeschickt werden, sondern nur eine gedrängte Darstellung des Sachverhaltes, Urkunden in beglaubigter Abschrift, in Urschrift nur dann, wenn ihre Einsicht nicht entbehrt werden kann. Min. Erl. v. 2. III. 1892 (M. Bl. S. 80).

4. Was die Zwangsmaßregeln gegen ungehorsame Zeugen anlangt, so gilt für die Verwaltungsgerichte als entscheidende Disziplinarbehörden L. V. G. 78. Dieser lautet:

„§ 78. Hinsichtlich der Verpflichtung, sich als Zeuge oder Sachverständiger vernehmen zu lassen, sowie hinsichtlich der im Falle des Ungehorsams zu verhängenden Strafen kommen die Bestimmungen der Bürgerlichen Prozeßgesetze mit der Maßgabe zur Anwendung, daß im Falle des Ungehorsams die zu erkennende Geldbuße den Betrag von Einhundertfünfzig Mark nicht übersteigen darf.

Gegen die eine Strafe oder die Nichtverpflichtung des Zeugen oder Sachverständigen aussprechende Entscheidung steht den Beteiligten innerhalb zwei Wochen die Beschwerde an das im Instanzenzuge zunächst vorgesetzte Gericht, gegen die in zweiter Instanz ergangene Entscheidung des Bezirksausschusses die weitere Beschwerde an das Oberverwaltungsgericht zu."

Die zur Anwendung kommenden bürgerlichen Prozeßgesetze sind die §§ 380 ff., 407 ff. Civ. Pr. O.

In gleicher Weise erkennt ein Min. Erl. v. 30. IV. 1895 (M. Bl. S. 110) an, daß dem Untersuchungskommissar in Disziplinarsachen gegenüber ein Zeugniszwang besteht. Die in dieser Hinsicht nicht erschöpfenden Vorschriften des Disziplinarges. sind durch die der Str. P. O. zu ergänzen. Der Untersuchungskommissar hat demgemäß die in der Str. P. O. gegebenen Strafbestimmungen selbst zu handhaben. Durch Vermittelung des Amtsgerichts dagegen ist eine solche Straffestsetzung nicht zu erreichen, soweit eine solche Vermittelung nicht für besondere Fälle, z. B. in dem Ges. über das Paßwesen ausdrücklich vorgeschrieben ist.

5. Die Vernehmung der Zeugen und das Verhör des Angeschuldigten haben nicht notwendig durch den Untersuchungs-

kommissar selbst zu geschehen, sondern können geeigneten Falles nach Analogie der Vorschriften für das gerichtliche Verfahren auf Ersuchen auch durch andere Beamte erfolgen. Vgl. Min. Erl. v. 22. X. 1849 (M. Bl. 1850 S. 2). Diesem Ersuchen müssen auch die ordentlichen Gerichte Folge leisten, mag es sich bereits um ein Disziplinarverfahren gegen einen bestimmten Beamten, oder erst um Vernehmungen zur Vorbereitung eines solchen handeln. Dem ersuchten Gerichte steht kein Recht zur Prüfung zu, ob Anlaß zur Einleitung des Disziplinarverfahrens vorliege. Vgl. Bers. O. Trib. v. 16. V. 1862 (J. M. Bl. S. 234); E. O. Trib. v. 2. XI. 1854, 10. V. 1861 und 16. XI. 1861 (Goltdammers Archiv Bd. III S. 121, Bd. IX S. 57, 487 und Bd. XIV S. 486); Beschl. K. G. v. 6. X. 1890 (Johows Jahrbücher Bd. X S. 3).

6. Haussuchungen zum Zwecke einer Beschlagnahme und Durchsuchungen sind an sich eine im Disziplinarverfahren zulässige Maßregel (E. R. G. v. 13. VI. 1884, R. G. Str. Bd. X S. 425). Doch kann sie der Untersuchungskommissar nicht selbständig vornehmen, er muß vielmehr die nach dem Gesetze zu deren Anordnung und Vornahme berufenen Organe entsprechend requirieren. Entsprechen diese seiner Requisition nicht, so steht ihm der Weg der Beschwerde offen. Vgl. § 11 des Ges. v. 12. II. 1850 (G. S. S. 45) zum Schutze der persönlichen Freiheit und Str. P. O. §§ 98, 100, 105, 110, sowie Art. 6 der Verf. Urkunde v. 31. I. 1850. Eine analoge Anwendung der Str. P. O. auf das Disziplinarverfahren ist unzulässig, zumal die Anwendbarkeit der Str. P. O. im § 3 des Einf. Ges. v. 1. II. 1877 ausdrücklich auf die vor die ordentlichen Gerichte gehörenden Strafsachen beschränkt ist.

Dagegen bedarf es bei Durchsuchungen in Diensträumen der vorgängigen Requisition des Gerichtes oder der zuständigen Polizeiorgane nicht, da ein Dienstraum keine fremde Wohnung im Sinne des Ges.

Der Untersuchungskommissar oder die dem Beamten vorgesetzte Behörde sind auch an einer selbständigen Beschlagnahme von Dienstgegenständen und amtlichem Schriftwechsel nicht behindert.

Anm. 4. § 32 Abs. 2 gilt im Allgemeinen auch in denjenigen Fällen, in denen die Verwaltungsgerichte entscheidende Disziplinarbehörden sind. Doch ist in dem Disziplinarverfahren gegen die Provinzialbeamten, dessen Einleitung der Landesdirektor verfügt, der Vertreter der Staatsanwaltschaft nicht von diesem, sondern von dem Minister des Innern zu ernennen. Oe. Pr. O. § 98[b] Abs. 2.

Als Beamter der Staatsanwaltschaft ist in der Regel ein Mitglied der erkennenden Disziplinarbehörde zu bestellen, Min. Erl. v. 8. I. 1869 (M. Bl. S. 72) und 15. V. 1873 (M. Bl. S. 286).

Anm. 5. Es genügt ein zu diesem Zwecke vereideter Protokollführer. Min. Erl. v. 2. XI. 1852 (M. Bl. S. 285). Auf der anderen Seite ist nicht etwa der jedesmalige Protokollführer noch besonders zu vereidigen, wenn er ohnehin ein vereidigter Beamter, z. B. ein Kreissekretär, ist. Die im § 32 Abs. 3 enthaltene Bestimmung hat lediglich die Bedeutung, daß dadurch die Vorschriften des ordentlichen Strafverfahrens über die Zuziehung eines beeideten Protokollführers, ohne Rücksicht auf ihren jeweiligen Inhalt, in das Disziplinarverfahren haben übernommen werden sollen. Die Str. P. O. v. 1. II. 1877 schreibt nun vor, daß in der Voruntersuchung und im Ermittelungsverfahren ein Gerichtsschreiber zuzuziehen ist (§§ 185, 166). Zur Wahrnehmung der Gerichtsschreibergeschäfte genügt nach § 9 Abs. 3 des Ges. v. 3. III. 1879 (G. S. S. 99) über die Dienstverhältnisse der Gerichtsschreiber die Ableistung des allgemeinen Diensteides. In analoger Anwendung dieser Vorschrift auf das Disziplinarverfahren muß es daher für ausreichend erachtet werden, wenn der an Stelle des Gerichtsschreibers zugedachte Ressortbeamte den allgemeinen Diensteid geleistet hat. Dieser Auffassung steht die Bestimmung des Min. Erl. v. 2. XI. 1852 (M. Bl. S. 285), daß der zugezogene Ressortbeamte durch Handschlag an Eidesstatt, sowie unter Hinweis auf seinen geleisteten Diensteid als Protokollführer zu verpflichten sei, nicht entgegen. Bei Erlaß dieser Anordnung bestanden noch die Vorschriften der Krim.=Ordnung über die besondere Beeidigung der Protokollführer. Vgl. § 43 der Vd. v. 3. I. 1849 über die Einführung des mündlichen und öffentlichen Verfahrens und §§ 34, 36, 43 der Krim.=Ord. v. 11. XII. 1805. Es genügte daher damals auch für einen Gerichtsbeamten oder Kriminalaktuar nicht die Ablegung des allgemeinen Diensteides, um ihn zum Protokollführer in einer gerichtlichen Untersuchungssache als befähigt zu erachten. Infolgedessen mußte damals die besondere Verpflichtung des als Protokollführer zugezogenen Ressortbeamten für erforderlich angesehen werden. Hierzu kommt, daß mit einer nochmaligen Verpflichtung eines Beamten, der den allgemeinen Staatsdienereid geleistet hat, die Bestimmung im § 2 der Vd. v. 6. V. 1897 (G. S. S. 715) über die Form der Diensteide im Widerspruche steht, wonach der einmal geleistete Diensteid den Schwörenden auch für alle ihm etwa später zu übertragenden Aemter verpflichtet. E. O. V. v. 30. V. 1899 Nr. D 113.

Daß überhaupt kein Protokollführer in der Voruntersuchung zugezogen worden, ist ebenso, wie die unterlassene Beeidigung der Zeugen, ein Verstoß gegen § 32. Dieser steht aber dem Fehlen einer Voruntersuchung nicht gleich und hat daher die Zurückverweisung in die erste Instanz nicht notwendig zur Folge. Soweit die Zeugenvereidigung unentbehrlich ist, kann sie noch in der zweiten Instanz nachgeholt werden und dasselbe gilt von der Wiederholung der Vernehmungen unter Zuziehung eines Protokollführers. Vgl. E. O. V. v. 30. VI. 1896 Nr. D 97 und v. 30. X. 1896 Nr. D 148.

„**§ 33.**[1]) Der dem Angeschuldigten vorgesetzte Minister ist ermächtigt, mit Rücksicht auf den Ausfall der Voruntersuchung, das fernere Verfahren einzustellen und geeigneten Falles nur eine Ordnungsstrafe zu verhängen.

Ist eine sonstige Behörde, welche die Einleitung der Untersuchung verfügt hat, der Ansicht, daß das fernere Verfahren einzustellen sei, so muß sie darüber an den Minister zu dessen Beschlußnahme berichten.

In beiden Fällen erhält der Angeschuldigte Ausfertigung des darauf bezüglichen, mit Gründen zu unterstützenden Beschlusses."

1. § 33 findet in denjenigen Fällen, wo die Verwaltungsgerichte entscheidende Disziplinarbehörden erster Instanz sind, keine Anwendung. An seine Stelle tritt die Bestimmung in L. V. G. § 157², wonach in den zur Zuständigkeit der Verwaltungsgerichte gehörenden, die Entfernung aus dem Amte, bzw. die unfreiwillige Versetzung in den Ruhestand betreffenden Streitsachen das Disziplinarverfahren mit Rücksicht auf den Ausfall der Voruntersuchung durch Beschluß der in erster Instanz zuständigen Behörde eingestellt werden kann. Anm. 1.

2. Ueber die Beschlußfassung in solchen Fällen sind in E. O. V. Bd. XXVI S. 417 in einem, einen städtischen Beamten betr. Falle folgende Grundsätze aufgestellt worden:

Dem Bezirksausschusse ist von der Doppelzuständigkeit des Ressortministers, durch Beschluß das Verfahren einzustellen und eine Ordnungsstrafe zu verhängen, durch den § 157 L. V. G. nur jene, nicht diese übertragen. Ob diese auch zur Zeit noch dem Minister ohne jene verblieben oder mit jener erloschen ist, interessiert hier nicht und ist jedenfalls diesseits nicht zu entscheiden. Falls der Bezirksausschuß nach dem Ausfalle der Voruntersuchung nicht die Freisprechung, sondern irgend welche Strafen für geboten erachtet, kann er solche nur nach vorgängiger mündlicher Verhandlung und nur durch Urteil verhängen. Erachtet er aber eine Ordnungsstrafe für geboten, so ermächtigt ihn der Ausfall der Voruntersuchung bezw. das Gesetz nicht zu dem Beschlusse auf Einstellung des Verfahrens. Denn die Einstellung des Verfahrens ist nur vor dem Eingange der Anschuldigungsschrift und auch dann nur unter der Voraussetzung statthaft, daß der Richter aus den Ergebnissen der Voruntersuchung die Ueberzeugung gewonnen hat, es falle dem Angeschuldigten überhaupt kein strafbares Versehen zur Last.

Dem Regierungspräsidenten steht nach § 20 des Zust. Ges. die Verhängung von Ordnungsstrafen nur an Stelle der Bezirksregierung und nur innerhalb der dieser bis dahin eingeräumten Befugnisse zu. Diese war aber nicht zuständig, wegen Beamtenhandlungen, bezüglich deren das förmliche Disziplinarverfahren eingeleitet gewesen war, nach dessen Einstellung Ordnungsstrafen zu verhängen. Eben diese Zuständigkeit ist daher dem Regierungspräsidenten durch das Gesetz nicht beigelegt und kann ihm noch weniger seitens des zur beschlußmäßigen Verhängung von Ordnungsstrafen gleichfalls nicht zuständigen Bezirksausschusses durch dessen Einstellungsbeschluß delegiert werden.

3. Ein Beschluß des Disziplinarsen. v. 5. X. 1894 (E. O. V. Bd. XXVI S. 425) bestimmt hinsichtlich des Verfahrens noch Folgendes: Das Gericht hat die ihm vorgelegten Voruntersuchungsakten und deren Ergebnisse in thatsächlicher und rechtlicher Beziehung zu würdigen und sich schlüssig zu machen, ob dem angeschuldigten Beamten Dienstvergehen zur Last fallen. Sollte es hierbei irren, so sind dies Mängel der materiellen Beweiswürdigung oder Rechtsanwendung, aber — da für jene Prüfung Formen nicht vorgeschrieben sind — nicht Verstöße in der Leistung des Verfahrens. — Führt die Prüfung nicht zu der Ueberzeugung, daß dem Beamten keine strafbaren Dienstvergehen zur Last fallen, so ist das Verfahren durch Anberaumung der mündlichen Verhandlung fortzuführen und demnächst durch Urteil zu beendigen; führt die Prüfung dagegen zu jener Ueberzeugung, so kann das Verfahren durch Beschluß eingestellt werden. Und die Entschließung darüber, ob das Verfahren fortzusetzen, oder einzustellen, und daher auch der Einstellungsbeschluß haben zweifellos „die Leitung des Verfahrens zum Gegenstande."

Gegen den Einstellungsbeschluß ist daher die Beschwerde aus § 110 des L. V. G. zwar nicht um deswillen zulässig, weil das Gericht in der Begründung, daß der Beamte sich eines Dienstvergehens nicht schuldig gemacht, die erhobenen Beweise nicht richtig gewürdigt oder rechtlich geirrt habe, wohl aber um deswillen, weil das Gericht das Verfahren gesetzwidrig geleitet, nämlich ohne die Feststellung, daß dem Angeschuldigten Dienstvergehen nicht zur Last fielen, oder trotz der Feststellung des Gegenteils das Verfahren eingestellt habe. Der Zulässigkeit dieser Beschwerde steht endlich auch der § 33 des Disziplinargesetzes nicht entgegen; denn die Befugnis des Ministers durch seinen eigenen Einstellungsbeschluß Ordnungsstrafen zu verhängen, hat mit einer Regelung der Rechte des Prozeßbeteiligten gegenüber Mängeln in der Prozeßleitung nichts gemein und kann daher die Anwendbarkeit des § 110 L. V. G. auf Beschwerden gegen die Einstellungsbeschlüsse des Verwaltungsgerichtes nicht ausschließen.

„§ 34. Wird das Verfahren nicht eingestellt, so wird nach Eingang[1]) einer von dem Beamten der Staatsanwaltschaft anzufertigenden Anschuldigungsschrift[2]) der Angeschuldigte unter abschriftlicher Mitteilung dieser Anschuldigungsschrift zu einer, von dem Vorsitzenden der Disziplinarbehörde zu bestimmenden Sitzung zur mündlichen Verhandlung vorgeladen[3])[4])."

Erachtet der Beamte der Staatsanwaltschaft noch eine Ergänzung der Voruntersuchung für geboten, so kann er den Untersuchungskommissar unter Angabe der der Aufklärung bedürfenden Punkte darum ersuchen. Weigert sich dieser, so entscheidet die Disziplinarbehörde. Vgl. Reichsbeamtenges. v. 31. III. 1873 § 96. Anm. 1.

Die Anschuldigungsfrist, über deren Form das Ges. keine Vorschriften enthält, ist für das Verfahren nur insofern von Bedeutung, als sie die thatsächlichen Vorgänge begrenzt, auf die sich das Straferkenntnis zu erstrecken hat. Der Inhalt der Zeugenaussagen braucht darin nicht angegeben zu werden. E. O. V. v. 30. V. 1899 Nr. D 113. Anm. 2.

Ist Gegenstand der Anschuldigungsschrift ein Verhalten des Angeschuldigten in einer Angelegenheit überhaupt, so hat das Disziplinargericht alle unter diese generelle Anschuldigung fallenden Handlungen zu prüfen und zutreffenden Falles als Verfehlung zu würdigen, auch wenn eine oder die andere dieser Handlungen dem Angeschuldigten in der Anklageschrift nicht zum besonderen Vorwurfe gemacht worden ist. E. O. V. v. 30. VI. 1896 Nr. D 97. Vgl. Min. Erl. v. 4. III. 1871 (M. Bl. S. 97). Ueberhaupt ist der an und für sich bestehende formelle Mangel, daß die Anschuldigungsschrift nicht auf Thatsachen aufgebaut ist, in der Folge noch heilbar, z. B. durch Referat in der mündlichen Verhandlung, eventuell auch noch in der Berufungsinstanz. E. O. V. v. 30. X. 1896 Nr. D 149.

Eine Vorschrift über die Frist zwischen Ladung und Termin fehlt. Die §§ 147, 216 der Str. P. O. analog anzuwenden, ist der Disziplinarrichter nicht verpflichtet. E. O. V. v. 2. IV. 1890 Nr. D 48 und v. 3. XII. 1897 Nr. D 199. Anm. 3.

Die Ablehnung eines Vertagungsantrages bildet keine Beschränkung der Verteidigung, die für die in der Berufungsinstanz zu treffende Entscheidung von Bedeutung sein oder genügende Veranlassung zur Zurückweisung der Sache in die Vorinstanz geben könnte. E. O. V. v. 27. II. 1900 Nr. D 48. Anm. 4.

„§ 35. Bei der mündlichen Verhandlung, welche in nicht öffentlicher Sitzung stattfindet, giebt zuerst ein von dem Vorsitzenden der Behörde aus der Zahl ihrer Mitglieder ernannter Referent eine Darstellung der Sache, wie sie aus den bisherigen Verhandlungen hervorgeht[1]).

Der Angeschuldigte wird vernommen.

Es wird darauf der Beamte der Staatsanwaltschaft mit seinem Vor- und Antrage[2]) und der Angeschuldigte in seiner Verteidigung gehört.

Dem Angeschuldigten steht das letzte Wort zu."

Parteien im Disziplinarverfahren sind lediglich der öffentliche Ankläger und der Angeschuldigte. E. O. V. v. 3. XII. 1897 Nr. D 99. Anm. 1.

Er ist dabei an den etwa vorher in der Anschuldigungs- Anm. 2.

schrift formulierten Strafantrag nicht in der Weise gebunden, daß er nicht zu dessen Abänderung auf Grund der mündlichen Verhandlung berechtigt wäre.

Der entgegenstehende Min. Erl. v. 28. III. 1854 (M. Bl. S. 83) — ergangen für das Ressort des damaligen Ministers für Handel, Gewerbe und öffentliche Arbeiten — wonach in allen mit der Absicht auf Entfernung aus dem Amte eingeleiteten Disziplinarfällen der Beamte der Staatsanwaltschaft, der nachträglich eine mildere Strafe für angezeigt erachtet, seinen Antrag in der mündlichen Verhandlung nur nach Einvernehmen mit dem Regierungspräsidenten entsprechend mildern darf, kann auf das Verfahren vor den Verwaltungsgerichten keine Anwendung finden.

„§ 36. Wenn die Behörde auf den Antrag des Angeschuldigten oder des Beamten der Staatsanwaltschaft, oder auch von Amtswegen die Vernehmung eines oder mehrerer Zeugen[1]), sei es durch einen Kommissar, oder mündlich vor der Behörde selbst[2]), oder die Herbeischaffung anderer Mittel zur Aufklärung der Sache für angemessen erachtet, so erläßt sie die erforderliche Verfügung und verlegt nötigen Falles die Fortsetzung der Sache auf einen anderen Tag, welcher dem Angeschuldigten bekannt zu machen ist."

Anm. 1. Zeugenvernehmungen in der mündlichen Verhandlung, ohne daß der Angeschuldigte davon in Kenntnis gesetzt worden ist, sind zulässig. Der Disziplinarrichter ist nicht gehindert, zur Aufklärung der Sache in der Voruntersuchung bereits gehörte Zeugen in der mündlichen Verhandlung nochmals zu vernehmen. Ein Anspruch des Angeschuldigten auf vorherige Benachrichtigung hiervon ist gesetzlich nicht begründet. E. O. V. v. 30. V. 1899 Nr. D 112.

Ein Verzicht des Angeschuldigten und des Vertreters der Staatsanwaltschaft auf die Vereidigung des Zeugen ist ohne Bedeutung und zur Rechtfertigung der Unterlassung der Vereidigung nicht geeignet, E. O. V. 7. V. 1890 Nr. D 113.

Anm. 2. Oder im Wege des Ersuchens durch die ordentlichen Gerichte. Vgl. oben Anm. 3[a] zu § 32 des Ges.

„§ 37. Der Angeschuldigte, welcher erscheint, kann sich des Beistandes eines Rechtsanwaltes[1]) oder Advokaten als Verteidigers bedienen. Der nicht erscheinende Angeschuldigte kann sich durch einen Rechtsanwalt oder Advokaten vertreten lassen. Der Disziplinarbehörde steht es jedoch jederzeit zu, das persönliche Erscheinen des Angeschuldigten unter der Warnung zu verordnen, daß bei seinem Ausbleiben ein Verteidiger zu seiner Vertretung nicht werde zugelassen werden."

Anm. 1. 1. Der Angeschuldigte kann sich in allen Fällen nur durch einen Rechtsanwalt, nicht durch andere Personen, verteidigen und vertreten lassen. Die Bestimmungen in § 137 ff. der Str. P. O. finden auf das Disziplinarverfahren keine analoge Anwendung. Wegen der Gebühren der Rechtsanwälte vergl. §§ 63 ff. der Geb.-Ord. v. 20. V. 1898 (R. G. Bl. S. 692) und Ausf. Ges. v. 27. IX. 1899 (G. S. S. 317).

2. Es empfiehlt sich, den mit der Verteidigung beauftragten Rechtsanwälten die Einsichtnahme der Untersuchungsakten rc., sofern nicht besondere Bedenken vorliegen, nicht zu versagen. Eine gesetzliche Verpflich-

tung hierzu (vgl. Str. P. O. § 147 und Reichsbeamtengeś. v. 31. III. 1873 § 101) ist im Disziplinarges. nicht begründet.

„§ 38. Bei der Entscheidung hat die Disziplinarbehörde, ohne an positive Beweisregeln gebunden zu sein[1]), nach ihrer freien, aus dem ganzen Inbegriffe der Verhandlungen und Beweise geschöpften Ueberzeugung zu beurteilen, in wieweit die Anschuldigung für begründet zu erachten[2])."

Die Entscheidung kann auch auf eine bloße Ordnungsstrafe lauten[3]).

Die Entscheidung, welche mit Gründen versehen sein muß[4]), wird in der Sitzung, in welcher die mündliche Verhandlung beendigt worden ist, oder in einer der nächsten Sitzungen verkündigt und eine Ausfertigung derselben dem Angeschuldigten auf sein Verlangen erteilt[5])."

Vgl. aber oben Anm. 1 zu § 5. Anm. 1.

Hierbei gilt der Grundsatz „ne bis in idem" auch für das Disziplinarverfahren. Ihm kann aber nicht die Bedeutung beigelegt werden, daß schon die Unterlassung des Einschreitens seitens der Aufsichtsbehörde der Bestrafung durch den Disziplinarrichter entgegensteht. Das Nichteinschreiten kann in zahlreichen anderen Umständen, als der Ueberzeugung von der Nichtschuld, seinen Grund haben. Der Grundsatz „ne bis in idem" bezweckt lediglich, eine und dieselbe Handlung nicht wiederholt zum Gegenstande der Strafverfolgung zu machen. E. O. V. v. 22. X. 1897 Nr. D 267. Anm. 2.

Vgl. oben Anm. 1 zu § 19 des Ges. Anm. 3.

Die mündliche Verkündigung der Gründe hat nur den Zweck, im großen und ganzen die hauptsächlichen Erwägungen, die das erkennende Gericht geleitet haben, anzugeben und schließt eine Vervollständigung und Ergänzung der Gründe bei der späteren schriftlichen Abfassung nicht aus. Die Urschrift des Urteiles braucht nicht von sämtlichen an der Entscheidung beteiligten Mitgliedern des erkennenden Verwaltungsgerichtes vollzogen zu sein. Denn es besteht für das Verwaltungsstreitverfahren keine gesetzliche Vorschrift, die die Vollziehung der Urteile regelt. Dagegen ist dies im Regulativ v. 28. II. 1884 (M. Bl. S. 41), § 15 Abs. 2, dahin geordnet, daß die Vollziehung durch den Vorsitzenden und zwei Mitglieder genügt. E. O. V. v. 27. II. 1900 Nr. D 46. Anm. 4.

An Kosten dürfen seitens der Disziplinarbehörden nur bare Auslagen liquidiert werden, weder Schreibgebühren — vgl. Min. Erl. v. 20. II. 1890 M. Bl. S. 40 — noch ein Kostenpauschquantum. — L. V. G. § 157² und E. O. V. v. 26. IV. 1896 Nr. D 48. Die Bestimmung in L. V. G. § 157² bezieht sich aber auch bezüglich der Kosten lediglich auf die im besonderen Disziplinarverfahren zu behandelnden förmlichen Disziplinaruntersuchungen und die ihm gleichgestellten Fälle der unfreiwilligen Versetzung in den Ruhestand. Anm. 5.

Auf diejenigen Fälle, in denen das Ges. gegen einfache Disziplinarverfügungen die Klage im Verwaltungsstreitverfahren giebt, die Maßgaben des § 157² zu beziehen, erscheint nicht angängig, da das Disziplinarges. für das in ihnen Platz greifende Verfahren überhaupt gar keine Bestimmung enthält, hier also auch, was das Verfahren anlangt, nicht mit Maßgaben Anwendung finden kann. Es steht deshalb den Beamten im Streitverfahren auf Klage gegen solche disziplinarischen Verfügungen Kostenfreiheit bezüglich des Kostenpauschquantums nicht zu. E. O. V. Bd. XVI S. 399.

2. Zu den baren Auslagen gehören auch die Kosten der Voruntersuchung, da diese gemäß § 22 des Ges. einen Bestandteil des Verfahrens erster Instanz bildet. Eine der Vorschrift des § 498 der Str. Pr. O. entsprechende Bestimmung ist dem Disziplinarverfahren fremd, widerspricht auch seinem Wesen, da der Disziplinarrichter nicht nur einzelne bestimmte Strafthaten, sondern das gesamte dienstliche oder außerdienstliche Verhalten des Angeschuldigten in Betracht zu ziehen hat. Es sind also nicht etwa Kosten für nicht unter Anklage gestellte Punkte auszuscheiden. E. O. V. v. 10. V. 1898 Nr. D 102.

3. Die durch Beauftragung eines auswärtigen Beamten mit den Geschäften der Staatsanwaltschaft erwachsenen Auslagen können dem verurtheilten Angeschuldigten nicht zur Last gelegt werden, E. O. V. v. 18. IX. 1889 Nr. D 26.

4. Im Falle der Freisprechung des Angeschuldigten werden die entstandenen Kosten auf die Fonds der Verwaltung übernommen. Die in solchem Falle durch die Disziplinaruntersuchung gegen einen Amtsvorsteher erwachsenen Kosten gehören, soweit sie nicht nach besonderen Vorschriften einem Dritten zur Last fallen, zu den von der Kreiskorporation gemäß §§ 70, 164 der Oe. Kr. O. zu tragenden Kosten der Kreisausschußverwaltung; es fallen also die Kosten der ersten Instanz der Kreiskommunalkasse, im übrigen der Staatskasse zur Last. Min. Erl. v. 26. III. 1880 (M. Bl. S. 167); E. O. V. v. 30. IX. 1891 Nr. D 92 und v. 29. XII. 1894 Nr. D 205.

5. Eine Verpflichtung zur Erstattung der Kosten der Verteidigung im Disziplinarverfahren besteht nicht. E. O. V. v. 28 XII. 1895 Nr. D 227.

„**§ 39.** Ueber die mündliche Verhandlung wird ein Protokoll aufgenommen, welches die Namen der Anwesenden und die wesentlichen Momente der Verhandlung enthalten muß. Das Protokoll wird von dem Vorsitzenden und dem Protokollführer[1]) unterzeichnet."

Anm. 1. Auch dieser braucht nicht als solcher besonders vereidigt zu werden. Es genügt die Zuziehung eines vereidigten Beamten. E. O. V. v. 11. I. 1888 (M. Bl. S. 33).

„**§ 40.** Das Rechtsmittel des Einspruchs (Restitution oder Opposition) findet nicht statt.[1])"

Anm. 1. Ebensowenig mangels einer entsprechenden Vorschrift des Disziplinargesetzes, das gemäß Str. Pr. O. §§ 399 ff. im ordentlichen Strafverfahren zulässige außerordentliche Rechtsmittel der Wiederaufnahme des Verfahrens.

„**§ 41.** Gegen die Entscheidung steht die Berufung an das Staatsministerium,[1]) sowohl dem Beamten der Staatsanwaltschaft[2]) als dem Angeschuldigten offen.[3])"

Anm. 1. In dem Verfahren vor den Verwaltungsgerichten an das Oberverwaltungsgericht. Vgl. L. V. G. §§ 14, 32, 39, 157[2], Zust. Ges. §§ 20, 36, Oe. Kr. O. §§ 68[2], 134[2], sowie die neueren Kreis- und Gemeindeordnungen und das Ges. v. 8. V. 1889 (G. S. S. 107), betr. das Disziplinarverfahren bei dem Oberverwaltungsgericht. Vgl. E. O. V. Bd. XXVIII S. 410.

Die Bestimmung in § 343 der Str. P. O., wonach jedes von der Staatsanwaltschaft eingelegte Rechtsmittel die Wirkung hat, daß die angefochtene Entscheidung auch zu Gunsten des Angeschuldigten abgeändert oder aufgehoben werden kann, findet im Disziplinarverfahren keine Anwendung. Ebensowenig kennt das Disziplinarges. den Anschluß an die Berufung der Gegenpartei, um auf diese Weise nachträglich eine günstigere Abänderung der Vorentscheidung zu erlangen. Eine reformatio in pejus ist ausgeschlossen E. O. V. Bd. XII. S. 431, v. 29. VI. 1894 Nr. D 124 und 31. III. 1896 Nr. D 47. Anm. 2.

Ein Verzicht auf Rechtsmittel muß, wie im ordentlichen Strafprozesse, um wirksam zu sein, dem Gerichte gegenüber erklärt werden. Beispielsweise genügt ein einen Verzicht enthaltendes Schreiben an den „Landrat" seitens eines Gemeindevorstehers nicht, da dieser nicht nur Vorsitzender des erkennenden Kreisausschusses, sondern auch Kommunalaufsichtsbehörde ist. E. O. V. v. 6. IX. 1898 Nr. D 114. Anm. 3.

„§ 42. Die Anmeldung der Berufung geschieht zu Protokoll oder schriftlich [1]) bei der Behörde, welche die anzugreifende Entscheidung erlassen hat. Von Seiten des Angeschuldigten kann sie auch durch einen Bevollmächtigten geschehen.

Die Frist zu dieser Anmeldung ist eine vierwöchentliche, welche mit dem Ablaufe des Tages, an welchem die Entscheidung verkündigt worden ist, und für den Angeschuldigten, welcher hierbei nicht zugegen war, mit dem Ablaufe des Tages beginnt, an welchem ihm die Entscheidung zugestellt worden ist. [2])"

1. Eine mündliche Anmeldung, etwa bei Verkündung des Urteils genügt also nicht. E. O. V. v. 11. IV. 1899 Nr. D 45. Anm. 1

2. In einem Gesuche um Erteilung einer Ausfertigung oder Abschrift des Urteils liegt an sich keine Anmeldung der Berufung. Jedoch genügt in Ermangelung einer Bestimmung über den Inhalt der Berufungsanmeldung jede Aeußerung des Willens, das Urteil anzufechten. Eine Eingabe mit dem Inhalte: „Behufs Anfertigung meiner Berufungsschrift gegen das Urteil pp. bitte ich um dessen Zustellung" bekundet den Willen der Berufung unzweideutig, mag sich auch der Angeschuldigte der rechtlichen Bedeutung dieser Erklärung nicht bewußt sein. Eine Aeußerung des Willens, das Urteil anzufechten, genügt auch ohne den Willen, dies zu erklären. E. O. V. v. 22. XI. 1898 Nr. D 258.

1. Auch da, wo die Verwaltungsgerichte als Disziplinarbehörden zuständig sind, gelten die in den §§ 42—44 bezeichneten Fristen. Sie werden durch Anmeldung der Berufung bei der höheren Instanz nicht gewahrt. Vgl. St. M. B. v. 15. VI. 1876 (C. Bl. d. Abg. Verw. S. 166) und L. V. G. § 86. Anm. 2.

Vier Wochen sind = 4×7 = 28 Tage. E. O. V. Bd. XII S. 431.

2. Daß sich der Angeschuldigte vor Ablauf der Berufungsfrist an einen Anwalt behufs Anmeldung gewendet hat, hindert die Fristversäumnis nicht, er kann selber Berufung einlegen. E. O. V. v. 30. VI. 1896 Nr. D 98. Ebensowenig wird die rechtliche Folge der Säumnis durch eine unrichtige Belehrung über die Rechtsmittelfrist beseitigt. Denn der Richter erster Instanz ist nicht befugt, die Rechtsmittelfrist zu verlängern, Belehrungen, die nicht vorgeschrieben sind, können nichts ändern. Ohne Einfluß ist auch, daß die Zustellung der Entscheidung erst nach Ablauf der Rechtsmittelfrist erfolgt, zumal die Erteilung einer Ausfertigung nicht

einmal unbedingt vorgeschrieben ist. Eine Wiedereinsetzung in den vorigen Stand ist im Disziplinarverfahren nicht zugelassen. E. O. V. v. 29. XI. 1895 Nr. D 208. Vgl. E. O. V. Bd. XII S. 431.

„§ 43. Zur schriftlichen Rechtfertigung der Berufung steht demjenigen, der dieselbe rechtzeitig angemeldet hat, eine fernere vierzehntägige Frist offen.[1]) Diese Frist kann auf den Antrag des Appellanten angemessen verlängert werden. Neue Thatsachen, welche die Grundlagen einer anderen[2]) Beschuldigung bilden, dürfen in zweiter Instanz nicht vorgebracht werden."

Anm 1. „Die Anmeldung der Berufung genügt zur Wahrung des Rechtsmittels und die Verabsäumung der zur Erreichung der Rechtfertigungsschrift gesetzlich bestimmten oder auf Antrag gewährten Frist, sowie das Unterlassen der Einreichung einer Rechtfertigungsschrift überhaupt hat nicht den Verlust des rechtzeitig angemeldeten Rechtsmittels zu Folge, dies ergiebt sich insbesondere aus den Worten im § 44: „Die etwa eingegangene Appellationsschrift." Min. Erl. v. 18. III. 1874 (M. Bl. S. 153).

Die Rechtfertigungsfrist beginnt nach dem Ablaufe der Anmeldungsfrist. Vgl. Reichsbeamtenges. v. 31. III. 1873 § 112.

Anm. 2. Neue Thatsachen zur Unterstützung der in der ersten Instanz erhobenen Anschuldigung dürfen also in zweiter Instanz vorgebracht werden (Sten. Ber. II. Kammer 1851 S. 1085 und 1852 S. 1034).

Im übrigen ist der Disziplinarrichter an die Beurteilung der Verfehlung durch den Vorderrichter nicht gebunden. Er hat das gesamte, den Gegenstand der Anschuldigung bildende Verhalten des Angeschuldigten darauf hin zu prüfen, ob darin Dienstvergehen im Sinne von § 2 zu erblicken sind, und dabei auch auf die vom ersten Richter ausgeschiedenen Anschuldigungspunkte einzugehen. E. O. V. v. 31. III. 1896 Nr. D 46.

„§ 44. Die Anmeldung der Berufung und die etwa eingegangene Appellationsschrift wird dem Appellaten in Abschrift zugestellt, oder dem Beamten der Staatsanwaltschaft, falls er Appellat ist, in Urschrift vorgelegt. Innerhalb vierzehn Tage nach erfolgter Zustellung oder Vorlegung kann der Appellat eine Gegenschrift einreichen. Diese Frist kann auf den Antrag des Appellaten angemessen verlängert werden.

§ 45. Nach Ablauf der in dem § 44 bestimmten Frist werden die Akten an das Staatsministerium eingesandt.[1])

Das Staatsministerium beschließt auf den Vortrag eines von dem Vorsitzenden ernannten Referenten; in Sachen jedoch, in welchen der Disziplinarhof in erster Instanz geurteilt hat, auf den Vertrag zweier von dem Vorsitzenden ernannten Referenten, von denen einer dem Justizministerium angehören muß.

Ist die Berufung von der Entscheidung einer Provinzialbehörde eingelegt, so kann das Staatsministerium keinen Beschluß fassen, bevor das Gutachten des Disziplinarhofes eingeholt worden ist.

Der Disziplinarhof kann die zur Aufklärung der Sache etwa erforderlichen Verfügungen erlassen. Er kann auch eine mündliche Verhandlung anordnen, zu welcher der Angeschuldigte vorzuladen und ein Beamter der

Staatsanwaltschaft zuzuziehen ist. Der Letztere wird in diesem Falle vom Minister des Ressorts bezeichnet."

1. In Fällen, wo die Verwaltungsgerichte entscheiden, an die Berufungsinstanz; das Gutachten des Disziplinarhofes ist hier nicht einzuholen, L. V. G. § 157[2]. Die den Angeschuldigten betreffenden Personalakten sind stets mit einzusenden. Min. Erl. v. 31. I. 1853 (M. Bl. S. 41.) Anm. 1.

2. Der Ablauf der Amtsperiode nach Verkündigung des Urteils erster Instanz rechtfertigt die Zurückweisung der Berufung nicht. Denn abgesehen davon, daß es einer materiellen Prüfung der Anschuldigungen schon behufs Regelung des Kostenpunktes bedarf, so steht auch einem in erster Instanz mit der Strafe der Dienstentlassung belegten Angeschuldigten unzweifelhaft noch nach Ablauf seiner Amtsperiode das Recht zu, in der Berufungsinstanz den Nachweis zu führen, daß er das Amt nicht pflichtwidrig verwaltet habe und ihm etwaige Ansprüche auf Fortführung des Titels vorzubehalten seien. E. O. V. v. 10. I. 1894 Nr. D 3 und v. 25. V. 1897 Nr. D 94.

3. Wenn das O. V. G. in Disziplinarsachen auf Dienstentlassung erkennt oder eine auf Dienstentlassung lautende Entscheidung bestätigt, so soll stets ohne Verzug der Behörde, die die Einleitung des Disziplinarverfahrens verfügt hat, eine beglaubigte Abschrift der Urteilsformel mitgeteilt werden, damit der betreffenden Gemeindebehörde vom Ausfall der Entscheidung alsbald Kenntnis gegeben und von dieser die Gehaltszahlung sofort eingestellt werden kann. E. O. V. v. 16. VI. 1899 (M. Bl. S. 205).

„§ 46. Lautet die Entscheidung oder das Gutachten des Disziplinarhofes auf Freisprechung des Angeschuldigten, oder nur auf Warnung oder Verweis, so kann das Staatsministerium, wenn es den Angeschuldigten strafbar findet, nicht die Strafe der Dienstentlassung, sondern nur eine geringere Disziplinarstrafe verhängen, oder die einstweilige Versetzung in den Ruhestand mit Wartegeld verfügen.[1])"

(§ 46 findet auf das Verfahren vor den Verwaltungsgerichten keine Anwendung. Anm. 1.

Dasselbe gilt von)

„§ 47. Eine jede Entscheidung der Disziplinarbehörde, gegen die kein Rechtsmittel mehr stattfindet und durch welche die Dienst-Entlassung ausgesprochen ist, bedarf der Bestätigung des Königs, wenn der Beamte vom Könige ernannt worden ist.

Dritter Abschnitt.

Vorläufige Dienstenthebung.

§ 48. Die Suspension eines Beamten vom Amte[1]) tritt kraft des Gesetzes ein:

1. wenn in dem gerichtlichen Strafverfahren[2]) seine Verhaftung beschlossen, oder gegen ihn ein noch nicht rechtskräftig gewordenes Urteil erlassen ist, welches auf den Verlust des Amtes lautet, oder diesen kraft des Gesetzes nach sich zieht;

2. wenn im Disziplinarverfahren eine noch nicht rechtskräftige Entscheidung ergangen ist, welche auf Dienstentlassung lautet."

Anm. 1. Die Amtssuspension ist keine Strafe, sondern eine einstweilige Maßregel aus dienstlichen Gründen, die mit Wiedereinsetzung in das Amt oder Dienstentlassung endigt. E. R. G. v. 11. II. 1887 (Entsch. in Civ. Bd. XVII S. 240) und v. 22. X. 1888 (das. Bd. XXII S. 39).

Sie ist auch gegen die auf Probe, Kündigung oder sonst auf Widerruf angestellten Beamten zulässig, wiewohl es im allgemeinen vorzuziehen sein wird, diese gegebenen Falles gemäß § 83 des Ges. ohne förmliches Disziplinarverfahren thunlichst bald zu entlassen. Allerdings muß ihnen dann bis zum Ablaufe der Kündigungsfrist das volle Gehalt belassen werden, und zwar auch dann, wenn sie schon vorher suspendiert gewesen sind.

Anm. 2. 1. Der Fall tritt ein, sobald die Verhaftung auf den Antrag der Staatsanwaltschaft erfolgt, auch wenn dies schon während der Voruntersuchung geschieht. Min. Erl. v. 6. VI. 1867 (M. Bl. S. 132).

Dagegen ist die Amtssuspension im Falle der Verhaftung zum Zwecke der Zwangsvollstreckung unzulässig. Abweichend Reichsbeamtenges. §§ 125, 126. Min. Erl. v. 31. III. 1877 bei Seydel S. 206.

2. Von der Einleitung der Untersuchung gegen einen Beamten, von der Verhaftung oder Freilassung oder Verurteilung ist der vorgesetzten Dienstbehörde Kenntnis zu geben. Ein Urteil ist beizufügen. Min. Erl. v. 25. VIII. 1879 (M. Bl. S. 221). Dasselbe gilt, wenn gegen einen Beamten wegen einer Privatklage das Hauptverfahren eröffnet ist, Min. Erl. v. 5. IV. 1882 (M. Bl. S. 81).

Vgl. oben Anm. 3 zu § 4 des Ges.

„§ 49. In dem im vorhergehenden Paragraphen unter Nr. 1 vorgesehenen Falle dauert die Suspension bis zum Ablauf des zehnten Tages [1]) nach Wiederaufhebung des Verhaftungsbeschlusses oder nach eingetretener Rechtskraft desjenigen Urteils höherer Instanz, durch welches der angeschuldigte Beamte zu einer anderen Strafe als der bezeichneten verurteilt wird.

Lautet das rechtskräftige Urteil auf Freiheitsstrafe, so dauert die Suspension, bis das Urteil vollstreckt ist. Wird die Vollstreckung des Urteils ohne Schuld des Verurteilten aufgehalten oder unterbrochen, so tritt für die Zeit des Aufenthalts oder der Unterbrechung eine Gehaltsverkürzung (§ 51) nicht ein. Dasselbe gilt für die im ersten Absatze dieses Paragraphen erwähnte Zeit von zehn Tagen, wenn nicht vor Ablauf derselben die Suspension vom Amte im Wege des Disziplinarverfahrens beschlossen wird.

In dem § 48 unter Nr. 2 erwähnten Falle dauert die Suspension bis zur Rechtskraft der in der Disziplinarsache ergehenden Entscheidung."

Anm. 1. Die zehntägige Frist ist vorgeschrieben, um der zuständigen Disziplinarbehörde Zeit zu geben, Beschluß darüber zu fassen, ob gegen den betreffenden Beamten noch ein Disziplinarverfahren einzuleiten und hierbei die Suspension vom Amte gemäß § 50 zu verfügen sei.

Dieser Zeitraum, während dessen die Suspension trotz Fortfalles der Voraussetzungen für ihr Eintreten kraft Gesetzes zu jenem Zwecke noch fortdauern soll, hat aber keineswegs die Bedeutung einer präklusivischen Frist, gleich als vermöge die Beschlußnahme der Disziplinarbehörde im

Falle ihres Ergehens erst nach Ablauf von 10 Tagen rechtliche Wirkung nicht mehr zu äußern. Vielmehr ist, wie nach den allgemeinen Normen der §§ 22 ff., 50 nicht dem mindesten Zweifel unterliegt, in den besonderen Fällen des § 49 die Einleitung des Disziplinarverfahrens und Anordnung der Suspension auch dann noch zulässig, wenn der hierzu von dem Gesetzgeber als in der Regel für ausreichend erachtete Zeitraum von 10 Tagen nicht hat eingehalten werden können. E. O. V. v. 25. II. 1893 Nr. D 24.

„§ 50. Die zur Einleitung der Disziplinar-Untersuchung ermächtigte Behörde kann die Suspension, sobald gegen den Beamten ein gerichtliches Strafverfahren eingeleitet, oder die Einleitung einer Disziplinar-Untersuchung verfügt wird, oder auch demnächst im ganzen Laufe des Verfahrens bis zur rechtskräftigen Entscheidung verfügen.[1])"

Dasselbe gilt von der Wiederaufhebung der Amtssuspension vor ergangener rechtskräftiger Disziplinarentscheidung. Anm. 1.

„§ 51. Der suspendierte Beamte erhält während der Suspension die Hälfte seines Diensteinkommens[1]). Auf die für Dienstunkosten besonders angesetzten Beträge ist bei Berechnung der Hälfte des Diensteinkommens keine Rücksicht zu nehmen.

Der innebehaltene Teil des Diensteinkommens ist zu den Kosten, welche durch die Stellvertretung des Angeschuldigten verursacht werden, der etwaige Rest zu den Untersuchungskosten zu verwenden. Einen weiteren Betrag zu den Stellvertretungskosten zu leisten, ist der Beamte nicht verpflichtet.[2])"

1. Die Wirkung der Suspension tritt im Falle des § 48 zugleich mit den daselbst bezeichneten Ereignissen, im Falle des § 50 erst mit der Zustellung der Suspensionsverfügung ein. Anm. 1.

2. Das Ruhen einer neben dem Gehalte zu zahlenden Pension aus einem früheren Dienstverhältnisse wird durch die Einbehaltung eines Gehaltsteiles nicht beeinflußt, Min. Erl. v. 29. XI. 1890 (M. Bl. S. 238).

3. Die Einziehung der von dem suspendierten Beamten zurückzuzahlenden Besoldungsteile ist nur im Wege des Civilprozesses möglich.

4. Gegen die Festsetzung der die Amtssuspension verfügenden Behörde darüber, wieviel Gehalt dem Beamten während der eingeleiteten Untersuchung zu belassen, ist während der Dauer der Suspension der Rechtsweg nicht zulässig, wohl aber nach beendeter Untersuchung. Vgl. E. Komp. G. H. v. 26. VI. 1849 (J. M. Bl. S. 372 und v. 17. II. 1855 (J. M. Bl. S. 145).

Dagegen haftet der verurteilte Angeschuldigte für die vollen Kosten des Disziplinarverfahrens, auch wenn sie die einbehaltene Hälfte des Diensteinkommens übersteigen, Beschd. O. V. G. v. 19. IX. 1887 Nr. I 845, Min. Erl. v. 15. V. 1873 (M. Bl. S. 286). Anm. 2.

Die Einziehung erfolgt eventuell im Verwaltungszwangsverfahren.

Zu den Kosten im Sinne des § 51 Abs. 3 gehören aber nur die Kosten des eigentlichen Untersuchungsverfahrens, nicht auch die weiteren Kosten der Strafvollstreckung. Vgl. Min. Erl. v. 30. XI. 1892 bei Seydel S. 221.

„§ 52. Der zu den Kosten (§ 51) nicht verwendete Teil des Einkommens wird dem Beamten nicht nachgezahlt, wenn das Verfahren die Entfernung aus dem Amte zur Folge hat.[1])

Erinnerungen über die Verwendung des Einkommens stehen dem Beamten nicht zu; wohl aber ist ihm auf Verlangen eine Nachweisung über diese Verwendung zu erteilen."

Anm. 1. 1. Ist gegen einen Beamten mit Rücksicht auf ein gerichtliches Strafverfahren die Amtssuspension verfügt worden und dieses endet mit der Freisprechung oder ist in dem Strafverfahren eine Verurteilung erfolgt, die den Verlust des Amtes nicht zur Folge hat, so ist dem Beamten der innebehaltene Teil des Diensteinkommens voll nachzuzahlen, wenn nach der gerichtlichen Verurteilung ein Disziplinarverfahren gegen ihn überhaupt nicht mehr eingeleitet wird, Vgl. Min. Erl. v. 8. VIII. 1895 (M. Bl. S. 193, 225).

Wenn aber demnächst gegen ihn, nach eingetretener Rechtskraft der gerichtlichen Entscheidung und auf Grund der in den gerichtlichen Verfahren erörterten Thatsachen die Disziplinaruntersuchung unter Aufrechterhaltung der Suspension verfügt wird, und zwar mit dem Erfolge einer auf Entlassung aus dem Amte lautenden Verurteilung, so hat der Beamte keinen Anspruch auf Rückzahlung der ihm während der gerichtlichen Untersuchung einbehaltenen Gehaltshälfte, E. R. G. v. 5. XI. 1883 (E. Civ. B. X S. 227).

„§ 53. Wird der Beamte freigesprochen, so muß ihm der innebehaltene Teil des Diensteinkommens vollständig nachgezahlt werden.[1])

Wird er nur mit einer Ordnungsstrafe belegt, so ist ihm der innebehaltene Teil, ohne Abzug der Stellvertretungskosten, nachzuzahlen, soweit derselbe nicht zur Deckung der Untersuchungskosten und der Ordnungsstrafe erforderlich ist."

Anm. 1. Der Freisprechung ist gleich zu erachten, wenn der Beamte der strafbaren Handlungen, wegen deren seine Verhaftung und Suspension eingetreten ist, demnächst nicht schuldig befunden wird und demgemäß das gerichtliche, bzw. Disziplinarverfahren nachträglich wieder eingestellt worden ist. Vgl. Min. Erl. v. 9. XII. 1874 (C. Bl. U. V. 1875 S. 9) und 2. V. 1892 (das. S. 542).

Als eine Freisprechung im Sinne des § 53 ist es auch anzusehen, wenn ein Beamter, der in Folge rechtskräftiger strafgerichtlicher Verurteilung sein Amt verloren hat, demnächst im Wege der Wiederaufnahme des Verfahrens freigesprochen worden ist. E. R. G. v. 22. X. 1888 (E. in Civ. Bd. XXII S. 40).

„§ 54. Wenn Gefahr im Verzuge ist, kann einem Beamten auch von solchen Vorgesetzten, die seine Suspension zu verfügen nicht ermächtigt sind, die Ausübung der Amtsverrichtungen vorläufig untersagt werden; es ist aber darüber sofort an die höhere Behörde zu berichten.[1])"

Die vorläufige Amtsenthebung steht der Suspension nicht gleich. Es treten daher auch die Folgen der letzteren erst mit dem Zeitpunkte ein, wo diese selbst verfügt wird.

„Vierter Abschnitt.

(Auszug.)

Nähere und besondere Bestimmungen inbetreff der Beamten der Justizverwaltungen.[1])"

Anm. 1. Aus diesem Abschnitte sind, in der der heutigen Justizorganisation entsprechenden Fassung, nur die auf die Polizeibeamten als Hilfsbeamte der Staatsanwaltschaft bezüglichen §§ 55, 56, 57, 58, 62, 63, wiedergegeben.

„§ 55. Hinsichtlich der Beamten der Justizverwaltung, welche kein Richteramt bekleiden, gelten die nachfolgenden näheren Bestimmungen.

§ 56. Der Justizminister kann gegen alle Beamte Ordnungsstrafen jeder Art (§§ 15, 19) verhängen, vorbehaltlich der in den §§ 66 und 68 vorbehaltenen Einschränkungen.

§ 57. Der Oberstaatsanwalt bei einem Oberlandesgerichte ist befugt, gegen alle im Bezirk des Oberlandesgerichts angestellten Beamten der Staatsanwaltschaft Warnungen und Verweise, gegen die Beamten der Staatsanwaltschaften bei den Amtsgerichten (Amtsanwälte) und gegen die Beamten der gerichtlichen Polizei[1]) Warnungen, Verweise und Geldbuße bis zu 10 Thalern zu verhängen."

1. Die in den §§ 57, 58, 63 des Ges. v. 21. VII. 1852 hinsichtlich der Beamten der gerichtlichen Polizei getroffenen Bestimmungen finden auf die Beamten des Polizei- und Sicherheitsdienstes, die Hilfsbeamte der Staatsanwaltschaft sind, mit der Maßgabe Anwendung, daß gegen solche Beamte, die ihr Amt als Ehrenamt versehen, Ordnungsstrafen von den Justizbehörden nicht festgesetzt werden dürfen. Ges. v. 9. IV. 1879 § 16. Anm. 1.

Nach § 153 des Ger. Verf. Ges. v. 27. I. 1877 (20. V. 1898) sind die Beamten des Polizei- und Sicherheitsdienstes in ihrer Eigenschaft als Hilfsbeamte der Staatsanwaltschaft verpflichtet, den Anordnungen der Staatsanwälte bei dem Landgerichte ihres Bezirkes und der diesen vorgesetzten Beamten Folge zu leisten.

Hierzu bestimmt das preußische Ausf. Ges. v. 24. IV. 1878 (G. S. S. 230):

„§ 80. In dem Rechte der Aufsicht liegt die Befugnis, gegenüber nicht richterlichen Beamten die ordnungswidrige Ausführung eines Amtsgeschäfts zu rügen und die Erledigung eines Amtsgeschäftes durch Ordnungsstrafen bis zum Gesamtbetrage von einhundert Mark zu erzwingen. Der Festsetzung der Strafe muß die Androhung derselben vorausgehen."

§ 81. Die im § 80 bezeichnete Befugnis steht ferner zu:

1. den Staatsanwaltschaften bei den Oberlandesgerichten und bei den Landgerichten hinsichtlich derjenigen Beamten des Polizei- und Sicherheitsdienstes, welche Hilfsbeamte der Staatsanwaltschaft sind, mit Ausnahme solcher Beamten, welche ihr Amt als Ehrenamt versehen.

. . . ."

Seitens der Beamten der Staatsanwaltschaft bei den Oberlandesgerichten und den Landgerichten soll aber von der ihnen nach den §§ 80 und 81 des Ausf. Ges. v. 24. IV. 1878 zum Ger. Verf. Ges. und nach § 16 des Ges. zur Abänderung von Bestimmungen der Disziplinargesetze v. 9. IV. 1879 zustehenden Befugnis zur Festsetzung von Ordnungsstrafen und Disziplinarstrafen erst Gebrauch gemacht werden, nachdem die den gedachten Hilfsbeamten im Hauptamte vorgesetzten Behörden vergeblich um Abhilfe ersucht worden sind. Min. Erl. v. 7. X. 1879 (M. Bl. 1880 S. 2).

2. Die nähere Bezeichnung der Hilfsbeamten der Staatsanwaltschaft findet sich in einem, vielfach ergänzten, Min. Erl. v. 15. IX. 1879 (M. Bl. S. 265); vgl. Illing-Kautz Bd. I S. 704 ff.

3. Soweit die Dorfgerichte gerichtliche Geschäfte auszuüben haben, stehen sie unter der Aufsicht des Landgerichtspräsidenten, der nach §§ 78[3], 79, 80 des Ausf. Ges. v. 24. IV. 1878 gegen sie Zwangsstrafen zu verhängen befugt ist. Min. Erl. v. 26. XI. 1881 (M. Bl. 1882 S. 4).

„§ 58. Der Staatsanwalt bei einem Landgerichte ist befugt, allen Beamten der Staatsanwaltschaft und der gerichtlichen Polizei im Bezirke dieses Gerichts Warnungen zu erteilen.

§ 62. Die Beschwerde gegen Ordnungsstrafe geht:

3. Von den Verfügungen eines Beamten der Staatsanwaltschaft an den höheren Beamten derselben und von dessen Verfügung an den Justizminister.

§ 63. Die Bestimmungen über die Entfernung aus dem Amte (§ 23 Nr. 1, §§ 24 ff.) finden auf die Beamten der Staatsanwaltschaft Anwendung. In Ansehung der Amtsanwälte und der Beamten der gerichtlichen Polizei ist deren sonstige amtliche Eigenschaft für die Zuständigkeit der Disziplinarbehörde maßgebend.

Fünfter Abschnitt.

Besondere Bestimmungen inbetreff der Gemeindebeamten.

§ 78.[1])

Anm. 1. (Durch Zust. Ges. §§ 20[3], 36[3] außer Kraft gesetzt. Vgl. E. O. V. Bd. XVIII S. 432.)

Sechster Abschnitt.

Besondere Bestimmungen inbetreff der Beamten der Militärverwaltung.[1])

Anm. 1. (Gehört nicht hierher und ist im übrigen auch veraltet.)

Siebenter Abschnitt.

Besondere Bestimmungen inbetreff der Entlassung von Beamten, welche auf Widerruf angestellt sind, der Referendarien u. s. w.

§ 83. Beamte, welche auf Probe, auf Kündigung oder sonst auf Widerruf angestellt sind, können ohne ein förmliches Disziplinarverfahren von der Behörde, welche ihre Anstellung verfügt hat, entlassen werden.[1])

Dem auf Grund der Kündigung entlassenen Beamten ist in allen Fällen bis zum Ablaufe der Kündigung sein volles Diensteinkommen zu gewähren.[2])"

1. Diese Entlassung nach vorhergegangener Kündigung ist eine Disziplinarmaßregel, die das an sich nicht unzulässige, aber ohne besonderen Grund nicht einzuleitende, förmliche Disziplinarverfahren ersetzen soll und regelmäßig strafbare Handlungen voraussetzt, die bei einem endgültig angestellten Beamten die Entfernung aus dem Amte zur Folge gehabt haben würden.

2. Hat ein strafweise nach Kündigung entlassener Beamter bereits einen Pensionsanspruch erdient und liegen auch die Voraussetzungen für seine Ver-

setzung in den Ruhestand bei ihm schon vor, so hindert dies die vorgesetzte Dienstbehörde nicht, ihn wegen begangener Dienstverfehlungen ohne förmliches Verfahren durch Kündigung abzuschieben. Damit hören alle Ansprüche aus dem Dienstverhältnisse, also auch der Pensionsanspruch, auf.

Der entlassene Beamte kann, auch wenn er der Ansicht ist, daß ein genügender Grund zur Kündigung nicht vorgelegen hat, vermögensrechtliche Ansprüche für die Zeit nach der Entlassung vor Gericht nicht erheben. Ihnen steht das Wesen des vorbehaltenen Kündigungsrechtes entgegen, dessen Ausübung dem pflichtmäßigen Ermessen der in § 83 bezeichneten Behörde überlassen ist. Eine richterliche Nachprüfung der Gründe zur Ausübung findet nicht statt. E. R. G. v. 9. I. 1880 (E. in Civ. Bd. I S. 34) und v. 24. XI. 1880 (das. Bd. III S. 91). Vgl. § 5 des Ges. v. 24. V. 1861, betr. die Erweiterung des Rechtsweges.

3. Eine Ausnahme besteht für den durch Kündigung gemäß § 83 nicht verloren gehenden Anspruch auf eine Pension auf Grund des Unfallges. vom 18. VI. 1887 (G. S. S. 282). Dieser besteht gemäß § 5 des letzteren Ges. nicht, wenn der Verletzte den Unfall durch ein Verschulden herbeigeführt hat, wegen dessen auf Dienstentlassung oder auf Verlust des Titels und Pensionsanspruches gegen ihn erkannt oder ihm die Fähigkeit zur Beschäftigung in einem öffentlichen Dienstzweige aberkannt worden ist. Der Anspruch kann daher nur im Wege des förmlichen Disziplinarverfahrens verloren gehen.

Gegen die die Entlassung aussprechende Verfügung steht lediglich die Beschwerde im Aufsichtswege zu. Vgl. Min. Erl. vom 23. II. 1861 (M. Bl. S. 159). Die Berufung auf richterliche Entscheidung ist unzulässig. E. Komp. G. H. v. 17. XII. 1053 (M. Bl. 1854 S. 42), v. 30. X. 1858 (J. M. Bl. 1859 S. 172) und v. 8. III. 1879 (Eis. Bd. Bl. S. 51).

Und zwar auch dann, wenn der Beamte sofort gemäß § 50 vom Dienste suspendiert worden ist oder wenn vor Ablauf der Kündigungsfrist die Suspension kraft Gesetzes eintritt, weil die Bestimmungen der §§ 48 ff. im Falle der Entlassung gemäß § 83 keine Anwendung finden können. Anm. 2.

Soll ein Beamter sofort, ohne Weiterzahlung des Gehaltes bis zum Ablaufe der Kündigungsfrist, entlassen werden, so muß der Entlassung aus dem Amte ein förmliches Disziplinarverfahren vorhergehen. Ebenso wird die mit der Suspension eintretende Zurückbehaltung der Hälfte des Diensteinkommens nur dann zu einer endgültigen, wenn im förmlichen Disziplinarverfahren auf Entfernung aus dem Amte oder im gerichtlichen Strafverfahren auf eine den Verlust des Amtes gemäß § 7 nach sich ziehende Strafe erkannt wird, weil in diesen Fällen die Entlassung nicht auf Grund der Kündigung, sondern auf Grund strafrichterlicher oder disziplinarrichterlicher Entscheidung erfolgt. Vgl. E. O. V. Bd. XXVIII S. 410 und Min. Erl. v. 26. V. 1854 bei Seydel S. 284.

§§ 84—86 sind für die Kommunalbeamten ohne Interesse.

„Achter Abschnitt.

Verfügungen im Interesse des Dienstes, welche nicht Gegenstand eines Disziplinarverfahrens sind.

§ 87. Die nachbenannten Verfügungen, welche im Interesse des

Dienstes getroffen werden können, sind nicht Gegenstand des Disziplinarverfahrens, vorbehaltlich des im § 47 vorgesehenen Falles:

1. **Versetzung in ein anderes Amt von nicht geringerem Range und etatsmäßigem Diensteinkommen, mit Vergütung der reglementsmäßigen Umzugskosten.** [1])

   Als eine Verkürzung im Einkommen ist es nicht anzusehen, wenn die Gelegenheit zur Verwaltung von Nebenämtern entzogen wird, oder die Beziehung der für die Dienstunkosten besonders ausgesetzten Einnahmen mit diesen Unkosten selbst fortfällt.

   . . . .

2. . . . .
3. Gänzliche Versetzung in den Ruhestand mit Gewährung der vorschriftsmäßigen Pension, nach Maßgabe der §§ 88 ff. dieses Gesetzes. [2])"

Anm. 1. Diese Bestimmung findet, wie aus § 94 (s. unten S. 323) hervorgeht, an und für sich auch auf mittelbare Staatsbeamte Anwendung. Letztere wird aber überall da ausgeschlossen sein, wo die Anstellung auf Grund einer vorgängigen Wahl erfolgt. § 62 der Hann. St. O. v. 24. VI. 1858 schreibt ausdrücklich vor, daß eine Versetzung wider die Mitglieder des Magistrates und dessen Beamte nicht verfügt werden kann.

Die Versetzung erfolgt durch die Anstellungsbehörde, da das Anstellungsrecht die Versetzungsbefugnis in sich schließt. Min. Erl. v. 26. II. 1848 (M. Bl. S. 33). Die Anhörung der Stadtverordneten erscheint daher nicht erforderlich.

Anm. 2. Die §§ 88ff. sind unten § 38 abgedruckt und erläutert worden.

„Neunter Abschnitt.

Allgemeine und Uebergangs-Bestimmungen.[1])"

Anm. 1. Die Uebergangsbestimmungen (also auch § 100) finden auch in den Erwerbungen von 1866 insoweit Anwendung, als sie nicht besondere Verhältnisse betreffen, die zur Zeit des Erlasses der Vd. v. 23. IX. 1867 (G. S. S. 1617) in den älteren Provinzen bestanden haben. Alle dieser Vd. entgegenstehenden Vorschriften sind aufgehoben. Vgl. Art. VII das.

„**§ 97.** Die Vorschriften des gegenwärtigen Gesetzes gelten auch in Ansehung der zur Disposition gestellten oder einstweilen in Ruhestand versetzen Beamten.

§ 98.[1])

(§§ 98 und 99 sind veraltet, ebenso § 101.)

§ 100. Alle diesem Gesetze entgegenstehenden Bestimmungen sind aufgehoben. Dagegen wird durch dasselbe in der Befugnis der Aufsichts-Behörden, im Aufsichtswege Beschwerden Abhilfe zu verschaffen, oder Beamte zur Erfüllung ihrer Pflichten in einzelnen Sachen anzuhalten und dabei alles zu thun, wozu sie nach den bestehenden Gesetzen ermächtigt sind, nichts geändert.[1])"

Anm. 1. Hierher gehören insbesondere die Zwangsmittel aus L. V. G. § 132 f.

Nach dem klaren Wortlaute des § 100 unterliegt es keinem Zweifel, daß Behörden und Beamte berechtigt sind, von der ihnen nach den bestehenden Vorschriften beiwohnenden Befugnis der Erzwingung von Handlungen oder Unterlassungen durch Zwangsstrafen, wie gegen Privatpersonen, so auch gegen Beamte zur Erzwingung der Befolgung amtlicher Weisungen Gebrauch zu machen, ohne daß sich die gegen letztere anzuwendenden Zwangs- und Strafmittel auf dem Gebiete und innerhalb der Grenzen der den Dienstvorgesetzten durch das Disziplinargesetz beigelegten Disziplinarmittel zu halten brauchen. Denn das die Befolgung der einem Beamten gegebenen bestimmten Weisung verlangende öffentliche Interesse kann in vielen Fällen von dem Interesse der Disziplin verschieden sein.

Aus § 100 rechtfertigt sich auch die Zulässigkeit sonstiger, gegen Beamte üblicher Zwangsmittel, wie portopflichtige Erinnerung, Abholung durch Boten, Leistung der geforderten Handlung durch einen Dritten auf Kosten des Säumigen. Jedoch empfiehlt es sich im Interesse der Autorität der Beamten nicht, von Geld- und Freiheitsstrafen in einer die Grenze des Disziplinarges. überschreitenden Höhe Gebrauch zu machen, sofern nicht besondere Gründe eine Ausnahme geboten erscheinen lassen. Es wird vielmehr als Regel festzuhalten sein, daß die Grenzen der einer Behörde oder einem Beamten nach dem Disziplinarges. gegebenen Strafbefugnis auch behufs der durch Geld- und Freiheitsstrafe beabsichtigten Erzwingung des Gehorsams eines untergebenen Beamten innegehalten werden, und daß eine Ueberschreitung dieser Grenzen nur dann für statthaft zu erachten ist, wenn im gegebenen Falle das öffentliche Interesse an der sofortigen Durchführung der gegebenen Weisung überwiegt und die zu erwartende oder bereits bewiesene Renitenz des Beamten ein schärferes Einschreiten erfordert. Min. Erl. v. 5. VII. 1866 (M. Bl. S. 133).

„§ 102. Dieses Gesetz tritt an die Stelle der vorläufigen Verordnung vom 11. VII. 1849."

Abschnitt IV.

§ 38.

Veränderung und Beendigung des Beamtenverhältnisses.

A. Veränderung.

Die Veränderung des Beamtenverhältnisses bei Kommunalbeamten kann bestehen in der Versetzung in ein anderes Amt und ferner in der Suspension. Die bei unmittelbaren Staatsbeamten vorkommende Stellung zur Disposition ist bei Kommunalbeamten gemäß § 94 des Disziplinargesetzes (vgl. unten B IIa) nicht anwendbar. Werden Kommunalbehörden verändert und Beamte dadurch entbehrlich, so sind sie mit vollem Gehalt in den Ruhestand zu versetzen (Min. Erl. v. 11. XI. 1872, M. Bl. 1873 S. 3).

Ueber die Versetzung in ein anderes Amt mit gleichem Range und Einkommen im Interesse des Dienstes vgl. oben § 37, Anm. zu § 87 Disz. Ges. Im Gebiete der Provinzialverwaltungen kann sie in demselben Maße, wie bei unmittelbaren Staatsbeamten, vorkommen. Bei den übrigen Kommunalbeamten wird sie sich, da im allgemeinen eine Aenderung im Amtssitze hier nicht gegeben sein wird, auf die Anweisung eines anderen Geschäftskreises beschränken.

Die Suspension tritt ein nach Maßgabe der §§ 48ff. Disz. Ges. (vgl. oben § 37, Anm. zu § 48ff.)

B. Beendigung.

Die Beendigung des Beamtenverhältnisses bei Kommunalbeamten tritt entweder von selbst ein oder im Wege der Dienstentlassung.

I. Von selbst.

a) durch den Tod des Beamten, als dessen Folge die Hinterbliebenen Ansprüche auf Gnadenbesoldung und Witwen- und Waisengeld zur Entstehung gelangen (vgl. oben §§ 17 u. 18).

Ueber Siegelungen von amtlichen Briefschaften und Geldern, die der verstorbene Beamte in Händen hatte, vgl. § 20 des Preuß. Ges. über die freiw. Gerichtsbarkeit v. 21. IX. 1899 (G. S. S. 249):

„Nach dem Tode eines Beamten hat, unbeschadet der Zuständigkeit des Nachlaßgerichts, die Behörde, welcher der Verstorbene angehörte, oder die Aufsichtsbehörde für die Sicherung der amtlichen Akten und der sonstigen Sachen, deren Herausgabe auf Grund des Dienstverhältnisses verlangt werden kann, zu sorgen, soweit hierfür ein Bedürfnis besteht.

Werden bei der Ausführung einer Maßregel, die das Gericht zur Sicherung eines Nachlasses angeordnet hat, Sachen der im Abs. 1 bezeichneten Art vorgefunden, so hat das Gericht die Behörde, welcher der Verstorbene angehörte, oder die Aufsichtsbehörde hiervon zu benachrichtigen und ihr zugleich von den Sicherungsmaßregeln, die in Ansehung dieser Sachen vorgenommen worden sind, Mitteilung zu machen. Der Behörde liegt es ob, das Weitere zu veranlassen."

b) durch **Zeitablauf.**

§ 102 II 10 A. L. R.'s bestimmt:

„Amtsverbindungen, deren Dauer durch die Natur des Geschäftes, oder durch ausdrücklichen Vorbehalt, auf eine gewisse Zeit eingeschränkt ist, erlöschen mit dem Ablauf dieser Zeit von selbst."

Dieser Beendigungsgrund greift Platz bei allen gewählten Beamten der Kommunalverbände mit dem Ablaufe der Wahlperiode; bei den auf bestimmte Zeit ohne Kündigungsfrist Angestellten (z. B. den Probisten, wenn nach Ablauf der Probezeit eine endgiltige Anstellung nicht erfolgt) mit dem Ablaufe der Zeit, auf die sie angenommen waren.

c) durch **Wegfall** der allgemeinen, bezw. der besonderen, zur Bekleidung des betreffenden Amtes bestehenden **Voraussetzungen** (z. B. §§ 30, 75 östl. St. O., §§ 49, 61 Hann. St. O.). Vgl. oben §§ 2 u. 3, S. 7—45.

d) durch **strafgerichtliches**, auf Freiheitsstrafe von mehr als einjähriger Dauer, auf Todesstrafe, Aberkennung der bürgerlichen Ehrenrechte, zeitige oder dauernde Unfähigkeit zur Bekleidung öffentlicher Aemter oder auf Stellung unter Polizeiaufsicht lautendes **Urteil** (§ 7 Disz. Ges.). Vgl. oben § 37 S. 283.

II. Im Wege der Dienstentlassung.

Die Dienstentlassung kann im Einverständnis mit dem Beamten oder ohne dieses oder endlich gegen seinen Willen erfolgen.

Die Fälle der Dienstentlassung sind im einzelnen folgende:

a) Die Versetzung des Beamten in den Ruhestand.

Sie kann freiwillig oder unfreiwillig erfolgen. Ueber die freiwillige Versetzung in den Ruhestand vgl. oben § 16 (S. 119ff.). Ueber die unfreiwillige (Zwangspensionierung) gilt folgendes:

Kommunalbeamte, die dauernd dienstunfähig geworden sind, unterliegen ebenso, wie unmittelbare Staatsbeamte, der unfreiwilligen Versetzung in den Ruhestand. Doch ist das Verfahren zum Teil abweichend geregelt.

Für unmittelbare Staatsbeamte gelten folgende, auch für Kommunalbeamte wichtige, bezw. maßgebende Bestimmungen des Disziplinarges. v. 21. VII. 1852:

„§ 88. Ein Beamter, welcher durch Blindheit, Taubheit oder ein sonstiges körperliches Gebrechen oder wegen Schwäche seiner körperlichen oder geistigen Kräfte zu der Erfüllung seiner Amtspflichten dauernd unfähig ist, soll in den Ruhestand versetzt werden[1]."

Anm. 1. Die §§ 88 ff. finden nur Anwendung auf endgiltig angestellte Beamte, die wider ihren Willen in den Ruhestand versetzt werden sollen. Sie finden keine Anwendung

a) auf Beamte, die ihre Versetzung in den Ruhestand aus eigenem Antriebe oder auf Anregung der vorgesetzten Dienstbehörde selbst beantragt haben;

b) auf Beamte, die das 65. Lebensjahr vollendet haben, falls für Kommunalbeamte von § 12 Abs. 3 des K. B. G. Gebrauch gemacht worden ist;

c) auf Beamte, die unter dem Vorbehalte des Widerrufes oder der Kündigung angestellt sind. Solche Beamten sind vielmehr gemäß § 83 des Disziplinarges. im Wege der Kündigung zu entlassen. Die Kündigung steht in diesem Falle der Versetzung in den Ruhestand gemäß §§ 88 ff. nicht gleich, weshalb die betreffenden Beamten, wenn ihnen eine Pension nicht besonders zugebilligt wird, auf das Diensteinkommen nur bis zum Ablaufe der Kündigungsfrist einen Anspruch haben. Vergl. E. R. G. v. 2. V. 1881 (Blums Annalen Bd. III S. 365).

Anm. 2. Das Vorliegen der Voraussetzungen der §§ 88 ff. wird in der Regel und abgesehen von völlig klaren Fällen durch ein amtliches Gutachten eines Medizinalbeamten festzustellen sein. Ueber dessen Form und Inhalt vgl. Min. Erl. v. 20. I. 1853 (M. Bl. S. 2) und 11. II. 1856 (M. Bl. S. 61).

„§ 89. Sucht der Beamte in einem solchen Falle seine Versetzung in den Ruhestand nicht nach, so wird ihm oder seinem nötigenfalls hierzu besonders zu bestellenden Kurator von der vorgesetzten Dienstbehörde unter Angabe des zu gewährenden Pensionsbetrages und der Gründe der Pensionierung eröffnet, daß der Fall seiner Versetzung in den Ruhestand vorliege.

§ 90. Innerhalb sechs Wochen nach einer solchen Eröffnung (§ 89) kann der Beamte seine Einwendungen bei der vorgesetzten Dienstbehörde anbringen. Ist dies geschehen, so werden die Verhandlungen an den vorgesetzten Minister eingereicht, welcher, sofern nicht der Beamte von dem Könige ernannt ist, über die Pensionierung entscheidet.

Gegen diese Entscheidung steht dem Beamten der Rekurs an das Staatsministerium binnen einer Frist von vier Wochen nach Empfang der Entscheidung zu.

Des Rekursrechtes ungeachtet kann der Beamte von dem Minister sofort der weiteren Amtsverwaltung vorläufig enthoben werden.

Ist der Beamte von dem Könige ernannt, so erfolgt die Entscheidung von dem Könige auf den Antrag des Staatsministeriums.

§ 91. Dem Beamten, dessen Versetzung in den Ruhestand verfügt ist, wird das volle Gehalt noch bis zum Ablaufe desjenigen Vierteljahres fortgezahlt, welches auf den Monat folgt, in dem ihm die schließliche Verfügung[58a]) über die erfolgte Versetzung in den Ruhestand mitgeteilt worden ist.

§ 92. Wenn der Beamte gegen die ihm gemachte Eröffnung (§ 89) innerhalb sechs Wochen keine Einwendungen erhoben hat, so wird in derselben Weise verfügt, als wenn er seine Pensionierung selbst nachgesucht hätte.

Die Zahlung des vollen Gehaltes dauert bis zu dem im § 91 bestimmten Zeitpunkte.

§ 93. Ist ein Beamter vor dem Zeitpunkte, mit welchem die Pensionsberechtigung für ihn eingetreten sein würde, dienstunfähig geworden, so kann er gegen seinen Willen nur unter Beobachtung derjenigen Formen, welche für die Disziplinaruntersuchung vorgeschrieben sind, in den Ruhestand versetzt werden.

Wird es jedoch für angemessen befunden, dem Beamten eine Pension zu dem Betrage zu bewilligen, welcher ihm bei Erreichung des vorgedachten Zeitpunktes zustehen würde, so kann die Pensionierung desselben nach den Vorschriften der §§ 88 bis 92 erfolgen.

§ 94. Die vorhandenen Bestimmungen über einstweilige und gänzliche Versetzung in den Ruhestand finden nur auf Beamte in unmittelbarem Staatsdienste Anwendung."

Hinsichtlich der unfreiwilligen Versetzung der **Kommunalbeamten** in den Ruhestand ist von § 95 des Disziplinarges. v. 21. VII. 1852 auszugehen.

Dieser lautet:

„§ 95. Inbezug auf die mittelbaren Staatsdiener bleiben die wegen Pensionierung derselben bestehenden Vorschriften in Kraft.

Wenn jedoch mittelbare Staatsdiener vor dem Zeitpunkte, mit welchem eine Pensionsberechtigung für sie eingetreten sein würde, dienstunfähig geworden, so können auch sie gegen ihren Willen nur unter den für Beamte im unmittelbaren Staatsdienste vorgeschriebenen Formen (§ 93) in den Ruhestand versetzt werden."

Hiernach sind gemäß § 95 auseinanderzuhalten einmal der Fall, daß ein Kommunalbeamter zwar wider seinen Willen, aber doch mit Pension in den Ruhestand versetzt wird: dann entscheiden die wegen seiner Pensionierung bestehenden Vorschriften; sodann der Fall, daß die Versetzung in den Ruhestand wegen mangelnder Pensionsberechtigung ohne Pension erfolgen muß: dann ist § 95 Abs. 2 des Disziplinarges. maßgebend.

Daraus ergiebt sich folgender Rechtszustand:

1. Für den Fall der unfreiwilligen Versetzung in den Ruhestand eines pensionsberechtigten Kommunalbeamten:

α) Für Provinzial- und Kreisbeamte.

Für die Pensionierung dieser Beamtenkategorien bestehen keine besonderen gesetzlichen Vorschriften. Ihre Pensionsansprüche sind von statutarischen Bestimmungen, Reglements oder bei der Anstellung getroffenen Vereinbarungen abhängig. Werden durch diese die für unmittelbare Staatsdiener oder für Gemeindebeamte geltenden gesetzlichen Bestimmungen für maßgebend erklärt, so kommen letztere zur Anwendung. Anderenfalls kann, wenn ein Kreis- oder Provinzialbeamter zu einer Zeit dienstunfähig wird, wo er Pensionsberechtigung bereits besaß, und wenn die Anstellungsbehörde hieraus Veranlassung nimmt, seine Versetzung in den Ruhestand mit der vollen, erdienten Pension zu verfügen, gegen diese Verfügung von dem Beamten, da nach § 94 des Disziplinarges. die §§ 88—93 dieses Ges. nicht anwendbar sind und auch die Voraussetzung des § 95 Abs. 2 nicht Platz greift, abgesehen vom ordentlichen Rechtswege, lediglich eine Beschwerde im Aufsichtswege nach dem gesetzlichen Instanzenzuge eingelegt werden. Vgl. Oe. Kr. O. v. 13. XII. 1872 § 177, Oe. Pr. O. v. 29. VI. 1875 § 114 und die entsprechenden Bestimmungen der übrigen provinziellen Ordnungen.

β) Für Gemeindebeamte.

Bezüglich der städtischen Gemeindebeamten ist § 95 des Disziplinarges. durch § 20 Abs. 2 des Zust. Ges. (vgl. § 75 der H. N. St. O.) zu folgendem Rechtszustande erweitert worden: Widerspricht ein Bürgermeister, Beigeordneter, Magistratsmitglied oder sonstiger städtischer Gemeindebeamter der von dem Magistrate behaupteten Dienstunfähigkeit, so ist — abgesehen von den Gemeindebeamten über 65 Jahre, falls für diese ortsstatutarische Bestimmungen gemäß § 12 Abs. 3 des K. B. G. bestehen — der Streit über die Dienstunfähigkeit in dem für die Entfernung aus dem Amte vorgeschriebenen Verfahren zu entscheiden. Entscheidende Behörde ist in erster Instanz der Bezirksausschuß, in zweiter das Oberverwaltungsgericht, während zur Einleitung des Verfahrens der Regierungspräsident oder der Minister des Innern zuständig ist. Vgl. oben S. 295 ff.

Mit der Feststellung der Thatsache der Dienstunfähigkeit ist aber die Aufgabe des Verwaltungsrichters erschöpft. Eine darüber hinausgehende Entscheidung, ob dem dienstunfähig gewordenen Beamten Pension gebührt, steht ihm in dem auf Entfernung aus dem Amte gerichteten Verfahren nicht zu, sie ist vielmehr dem im letzten Abs. des § 20 des Zust. Ges. (vgl. H. N. St. O. § 74) geordneten Verfahren vorbehalten. Dieser lautet:

„Ueber streitige Pensionsansprüche der besoldeten Gemeindebeamten beschließt, soweit nach den Gemeindeverfassungsgesetzen die Beschlußfassung der Aufsichtsbehörde zusteht, der Bezirksausschuß, und zwar, soweit der Beschluß sich darauf erstreckt, welcher Teil des Diensteinkommens bei Feststellung der Pensionsansprüche als Gehalt anzusehen ist, vorbehaltlich der den Beteiligten gegen einander zustehenden Klage im Verwaltungsstreitverfahren, im übrigen vorbehaltlich des ordentlichen Rechtsweges. Der Beschluß ist vorläufig vollstreckbar."

Vgl. E. O. V. v. 28. XII. 1895 Nr. D 228.

Die Anstellungsbehörden sind nicht verpflichtet, einen Beamten, der die Pflichten des Amtes, für das er angestellt ist, nicht mehr erfüllen kann, ein anderes, geringere Kräfte erforderndes Amt zu übertragen. Ueberhaupt ist die Annahme irrig, daß ein Beamter nur verpflichtet ist, diejenigen Dienstobliegenheiten zu erfüllen, die mit der Dienststelle, in der seine Anstellung erfolgt ist, zur Zeit seiner Anstellung verbunden waren, und daß die Anstellungsbehörde nicht berechtigt ist, ihm wider seinen Willen eine andere Dienststelle von gleicher Art zu übertragen. Auch die mittelbaren Staatsbeamten können gemäß §§ 87, 94 des Disziplinarges. im Interesse des Dienstes in ein anderes Amt von nicht geringerem Range und etatsmäßigem Diensteinkommen versetzt werden. Die Verpflichtung eines Beamten, seine volle, uneingeschränkte Thätigkeit einer Gemeinde zu widmen, in deren Dienste er angestellt worden ist, bezieht sich hiernach keineswegs nur auf dasjenige Amt, das ihm zunächst übertragen worden ist, sondern auch auf jedes andere, in das ihn seine Dienstbehörde gemäß jener gesetzlichen

Vorschrift versetzt hat. Besitzt er für dieses Amt die erforderlichen Kräfte nicht mehr, so kommt es nicht darauf an, ob sie für ein anderes Amt mit geringeren und leichteren Pflichten noch ausreichen würden. Er kann vielmehr gemäß Disziplinargesf. §§ 88 ff. und Zust. Ges. § 20 in den Ruhestand versetzt werden. Vgl. E. O. V. v. 4. X. 1898 Nr. D 214 und 6. XII. 1898 Nr. D 272.

Der ordentliche Rechtsweg ist inbetreff der Frage der Dienstunfähigkeit ausgeschlossen. E. Komp. G. H. v. 13. II. 1859 (J. M. Bl. S. 205).

Für die ländlichen Gemeindebeamten, einschließlich der Beamten der Zweckverbände, Amtsbezirke, Aemter und Landgemeinden, mit Pensionsberechtigung gilt derselbe Rechtszustand mit der Maßgabe, daß die entscheidende Behörde erster Instanz der Kreisausschuß und zur Einleitung des Verfahrens der Landrat oder Regierungspräsident zuständig ist. Vgl. Zust. Ges. § 36 Abs. 1[4], Abs. 2 und 4, Oe. L. G. O. und Schl. Holst. L. G. O. §§ 118, 143, H. N. L. G. O. §§ 88, 115 und oben S. 146 ff.

2. Für den Fall, daß ein Kommunalbeamter vor dem Zeitpunkte, mit dem für ihn eine Pensionsberechtigung eingetreten sein würde, wegen Dienstunfähigkeit in den Ruhestand versetzt werden muß und es nicht für angemessen befunden wird, ihm diejenige Pension zu bewilligen, die ihm bei Erreichung des vorgedachten Zeitpunktes zustehen würde, ist die unfreiwillige Versetzung in den Ruhestand bei allen Kategorien von Kommunalbeamten in dem für sie für die Entfernung aus dem Amte vorgeschriebenen Verfahren herbeizuführen. Die Entscheidung in diesem Verfahren ist auf die Versetzung in den Ruhestand zu beschränken. Eine Entscheidung „ohne Gewährung einer Pension" ist dabei unzulässig, da die Entscheidung, ob und welche Pension dem Beamten zusteht, gemäß § 23 des Pensionsges. v. 27. III. 1872, 30. IV. 1884 den ordentlichen Gerichten vorbehalten ist. Indessen ist die Frage der Pensionsberechtigung für die Zulässigkeit und Notwendigkeit des Verfahrens überhaupt von Bedeutung und ihre Prüfung daher von den Verwaltungsgerichten nicht zu unterlassen.

Die Frage, ob § 95 Abs. 2 des Disziplinarges. zur Anwendung zu kommen hat, wenn ein Beamter gemäß § 1 Abs. 2 des Pensionsges. v. 27. III. 1872 (s. oben S. 131) ausnahmsweise Pensionsberechtigung bei kürzerer als zehnjähriger Dienstzeit besitzt, ist zu bejahen. Denn es ist § 95 Abs. 2 dahin auszulegen, daß in Fällen, in denen Beamte vor Zurücklegung der gesetzlichen Wartezeit dienstunfähig werden, die Versetzung in den Ruhestand in dem im § 93 vorgesehenen Verfahren stattfinden soll. Den § 1 Abs. 2 cit. kann er nicht im Auge haben, einmal deswegen nicht, weil in diesem Pensionsrecht und Dienstunfähigkeit zeitlich zusammenfallen, von einer Dienstunfähigkeit „vor dem Zeitpunkte, mit dem eine Pensionsberechtigung eingetreten sein würde" also nicht die Rede sein kann. Sodann galt bei Erlaß des Disziplinarges. v. 21. VII. 1852 des Pensionsreglement v. 30. IV. 1825, das eine Pensionsberechtigung vor Zurücklegung einer bestimmten Dienstzeit überhaupt nicht kannte (§§ 1, 6 das., v. Kamptz Ann. Bd. XVI S. 843). Vgl. E. O. V. v. 7. VII. 1899 Nr. D 136.

Das Dienstverhältnis erreicht aber nicht mit der auf Versetzung in den Ruhestand lautenden Entscheidung erster Instanz sein Ende, sondern erst durch den Eintritt der Rechtskraft eines die Versetzung in den Ruhestand aussprechenden Erkenntnisses. Als Endpunkt der für den Pensionsanspruch maßgebenden Dienstzeit ist nicht der Eintritt der Dienstunfähigkeit, sondern der Zeitpunkt, mit dem das Dienstverhältnis sein Ende erreicht, anzusehen. Vollendet sich bei einem Beamten, dessen Pensionsberechtigung von der Zurücklegung einer zehnjährigen Dienstzeit abhängig ist, dieser Zeitraum während eines schwebenden, auf zwangsweise Versetzung in den Ruhestand gerichteten Verfahrens, so fällt damit die Voraussetzung weg, an die die Zulässigkeit eines solchen Verfahrens nach § 93 geknüpft ist. Vgl. E. O. V. v. 8. VII. 1898 Nr. D 150.

Eine besondere Bestimmung hinsichtlich der in Ruhestandsversetzung wider Willen enthält § 44 St. O. Hann., wonach die auf Lebenszeit gewählten Magistratsmitglieder nach Ablauf von je 12 Jahren nach der Wahl wider ihren Willen auf Antrag des Magistrats und der Bürgervorsteher in den Ruhestand versetzt werden können.

b) Die Amtsentsetzung durch Urteil des Disziplinargerichtes.

Vgl. oben § 37 S. 273 ff.

c) die Kündigung des Dienstverhältnisses seitens des Dienstherrn für die auf Kündigung angestellten Beamten.

Ueber die Voraussetzungen der Kündigung (§ 9 K. B. G.) vgl. das nähere oben § 5 S. 57 ff. Die auf Kündigung Angenommenen oder Angestellten haben selbst ein Recht, die Entlassung zu einem von ihnen zu bestimmenden Zeitraum, jedoch unter Innehaltung der Kündigungsfrist, zu verlangen. (Vgl. unten unter d.)

Gesetzliche Bestimmungen, zu welchen Zeiten Kündigung zulässig ist, enthält § 621 B. G. B.

„Ist die Vergütung nach Tagen bemessen, so ist die Kündigung an jedem Tage für den folgenden Tag zulässig.

Ist die Vergütung nach Wochen bemessen, so ist die Kündigung nur für den Schluß einer Kalenderwoche zulässig; sie hat spätestens am ersten Werktage der Woche zu erfolgen.

Ist die Vergütung nach Monaten bemessen, so ist die Kündigung nur für den Schluß eines Kalendermonats zulässig; sie hat spätestens am fünfzehnten des Monats zu erfolgen.

Ist die Vergütung nach Vierteljahren oder längeren Zeitabschnitten bemessen, so ist die Kündigung nur für den Schluß eines Kalendervierteljahres und nur unter Einhaltung einer Kündigungsfrist von sechs Wochen zulässig."

Abänderungen dieser gesetzlichen Bestimmungen können natürlich vertragsmäßig vereinbart sein.

d) Aufkündigung des Dienstverhältnisses seitens des Beamten.

Die Frage, ob ein Beamter jederzeit seine Entlassung fordern kann, ist nicht unbestritten.

Zur Entscheidung der Frage wird man von folgenden Bestimmungen der §§ 94—97 II 10 A. L. R.'s auszugehen haben.

§ 94. „Bei derjenigen Instanz, von welcher die Besetzung eines Amtes abhängt, muß auch die Entlassung davon gesucht werden."

§ 95. „Die Entlassung soll nur alsdann, wenn daraus ein erheblicher Nachteil für das gemeine Beste zu besorgen ist, versagt werden."

§ 96. „Einem Beamten, dem aus diesem Grunde die Entlassung versagt wird, steht dagegen die Berufung auf die unmittelbare landesherrliche Entscheidung offen."

§ 97. In keinem Falle aber darf der abgehende Beamte seinen Posten eher verlassen, als bis wegen Wiederbesetzung oder einstweiliger Verwaltung desselben Verfügung getroffen ist."

Nach diesen Bestimmungen dürfte die Frage zu bejahen*) sein, da die Entlassung nur aus Gründen des allgemeinen Wohles versagt werden kann. Ein anderer Grund ist nirgends anerkannt. Der Beamte hat also ein Recht auf Entlassung, sobald er alle ihm obliegenden Verbindlichkeiten aus dem Amte erfüllt hat.

---

*) Zu gleichem Ergebnisse kommen auch Schön S. 161 und v. Rönne I S. 335.

Behauptet der Dienstherr, daß aus der Entlassung ein erheblicher Nachteil für das „gemeine Beste" zu besorgen sei, so muß er dies beweisen. Gegen die Versagung wird auch den Kommunalbeamten die Berufung auf landesherrliche Entscheidung — nach Anrufung der Aufsichtsinstanzen — offen stehen. Der Rechtsweg steht dem Beamten aber, wie aus der Entstehungsgeschichte des § 96 II 10 zu entnehmen ist (vgl. Koch Allg. Landrecht 1863, Anm. zu § 96 II 10), nicht offen.

Ueber den freiwilligen Austritt zur Disziplinaruntersuchung gezogener Beamten vgl. oben § 37, S. 273 ff.

Eine gesetzliche Bestimmung, in der der Entlassung „auf Ansuchen" gedacht ist, enthält nur § 70 Hann. St. O. Die Entlassung erteilt darnach der Magistrat seinen Mitgliedern nach Anhörung der Bürgervorsteher.

Die auf Kündigung angestellten Beamten haben natürlich die Kündigungsfrist einzuhalten.

Selbstverständlich kann (z. B. durch Ortsstatut) für jeden Fall der freiwilligen Aufgabe des Amtes eine bestimmte Kündigungsfrist z. B. drei Monate festgesetzt werden.

In keinem Falle darf der Beamte seinen Posten vor dem im § 97 angegebenen Zeitpunkt verlassen. Verläßt er ihn ohne Genehmigung seiner vorgesetzten Dienstbehörde, so würde die Handlung ein Dienstvergehen im Sinne des § 2 Disziplinarges. darstellen.

Ob dem einseitig aufkündigenden Beamten Titel, Rang und sonstige aus dem Dienstverhältnis entspringende, insbesondere Vermögensrechte verbleiben, muß bei der Entlassung event. in der Entlassungsurkunde ausdrücklich festgesetzt werden; Anspruch hat er infolge der einseitigen Aufkündigung nicht darauf, wenn er nicht die Voraussetzungen des Anspruches, insbesondere die Dienstunfähigkeit, beweist.

Dienstentlassungen (Abschiede) sind stempelfrei, § 4 h Ges. v. 31. VII. 1895 (G. S. S. 413) und § 2 h Ges. v. 26. III. 1873 (G. S. S. 131).

Anhang.

Gesetz, betreffend die Anstellung und Versorgung der Kommunalbeamten,
vom 30. Juli 1899 (G. S. S. 141).

Wir Wilhelm, von Gottes Gnaden König von Preußen &c. verordnen, mit Zustimmung beider Häuser des Landtages, für den Umfang der Monarchie mit Ausschluß der Hohenzollernschen Lande, was folgt:

Allgemeine Bestimmungen:

§ 1.[1]) Als Kommunalbeamter im Sinne dieses Gesetzes gilt, wer als Beamter für den Dienst eines Kommunalverbandes (§§ 8 bis 22) gegen Besoldung angestellt ist. Die Anstellung erfolgt durch Aushändigung einer Anstellungsurkunde.

§ 2.[2]) Die Rechtsverhältnisse der auf Probe, zu vorübergehenden Dienstleistungen oder zur Vorbereitung angestellten Kommunalbeamten unterliegen den Bestimmungen dieses Gesetzes nur insoweit, als dies ausdrücklich vorgesehen ist. Die Anstellung auch dieser Beamten erfolgt nach § 1 Satz 2.

Auf Personen, welche ein Kommunalamt nur als Nebenamt oder als Nebenthätigkeit ausüben oder ein Kommunalamt führen, das seiner Art oder seinem Umfange nach nur als eine Nebenthätigkeit anzusehen ist, findet dieses Gesetz keine Anwendung.

§ 3.[3]) Die Zahlung des Gehalts an Kommunalbeamte erfolgt in Ermangelung besonderer Festsetzungen vierteljährlich im voraus.

§ 4.[4]) Die Hinterbliebenen eines Kommunalbeamten erhalten für das auf den Sterbemonat folgende Vierteljahr noch die volle Besoldung des Verstorbenen (Gnadenquartal); war der Verstorbene pensioniert, so gebührt ihnen die Pension noch für den auf den Sterbemonat folgenden Monat (Gnadenmonat). Dabei finden die für den unmittelbaren Staatsbeamten geltenden Bestimmungen mit der Maßgabe Anwendung, daß an Stelle der Genehmigung des Verwaltungschefs und der Provinzialbehörde, auf deren Etat die Pension übernommen war, die Genehmigung der Kommunalverwaltungsbehörde tritt.

§ 5.[5]) In dem Genusse der von dem verstorbenen Beamten bewohnten Dienstwohnung ist die hinterbliebene Familie in Ermangelung anderweiter Festsetzungen nach Ablauf des Sterbemonats noch drei fernere Monate zu

---

[1]) Erläuterungen oben S. 4ff., 46ff.
[2]) Erläuterungen oben S. 51f.
[3]) Erläuterungen oben S. 112f., vgl. auch die Ausführungen in §§ 12, 22—25 des Werkes.
[4]) Erläuterungen oben S. 160ff.
[5]) Erläuterungen oben S. 163; vgl. auch § 14 des Werkes.

belassen. Hinterläßt der Beamte keine Familie, so ist denjenigen, auf welche sein Nachlaß übergeht, unter der gleichen Voraussetzung eine vom Todestage an zu rechnende einmonatliche Frist zur Räumung der Dienstwohnung zu gewähren.

In jedem Falle müssen Arbeits- und Sitzungszimmer, sowie sonstige für den amtlichen Gebrauch bestimmte Räumlichkeiten sofort geräumt werden.

§ 6.[6]) Ueber die Art und Höhe der Reisekostenentschädigung, welche den Kommunalbeamten, einschließlich der im § 2 Abs. 1 erwähnten, bei Dienstreisen zugebilligt werden sollen, können die Kommunalverbände Vorschriften erlassen. Kommen solche in Fällen, in welchen ein Bedürfnis der Regelung besteht, nicht zu stande, so kann die Aufsichtsbehörde die erforderlichen Vorschriften erlassen, welche solange in Geltung bleiben, bis anderweite Bestimmungen seitens der Kommunalverbände getroffen sind.

§ 7.[7]) Der Bezirksausschuß beschließt über streitige vermögensrechtliche Ansprüche der Kommunalbeamten einschließlich der in § 2 Abs. 1 erwähnten Beamten aus ihrem Dienstverhältnisse, insbesondere über Ansprüche auf Besoldung, Reisekostenentschädigung, Pension sowie über streitige Ansprüche der Hinterbliebenen der Beamten auf Gnadenbezüge oder Witwen- und Waisengeld. Die Beschlußfassung erfolgt, soweit sie sich auf die Frage erstreckt, welcher Teil des Diensteinkommens bei Feststellung der Pensionsansprüche als Gehalt anzusehen ist, vorbehaltlich der den Beteiligten innerhalb zwei Wochen bei dem Bezirksausschusse gegen einander zustehenden Klage im Verwaltungsstreitverfahren. Im übrigen findet gegen den in erster oder auf Beschwerde in zweiter Instanz ergangenen Beschluß binnen einer Ausschlußfrist von sechs Monaten nach Zustellung desselben die Klage im ordentlichen Rechtswege statt. Die Beschlüsse sind vorläufig vollstreckbar.

Bei den in §§ 18 bis 20 erwähnten ländlichen Kommunalverbänden tritt an die Stelle des Bezirksausschusses sowohl für das Beschluß- als auch für das Verwaltungsstreitverfahren der Kreisausschuß.

Beamte der Stadtgemeinden.

§ 8.[8]) Die Anstellung der städtischen Beamten erfolgt, unbeschadet der Vorschriften in §§ 9 und 10, auf Lebenszeit.

Für die Beamten der städtischen Betriebsverwaltungen findet Abs. 1 nur insoweit Anwendung, als die Stadtgemeinden dies beschließen. Welche Verwaltungszweige zu den städtischen Betriebsverwaltungen zu rechnen sind, kann durch Ortsstatut festgesetzt werden.

§ 9.[9]) Abweichungen von dem Grundsatze der Anstellung auf

[6]) Erläuterungen oben S. 114 ff.
[7]) Erläuterungen oben S. 185 ff.
[8]) Erläuterungen oben S. 52 ff.
[9]) Erläuterungen oben S. 57 ff.

Lebenszeit (§ 8 Abs. 1) können durch Ortsstatut oder in einzelnen Fällen mit Genehmigung der Aufsichtsbehörde festgesetzt werden.

Soweit hiernach eine Anstellung auf Kündigung zulässig ist, darf die Kündigung nur auf Grund eines Beschlußes des kollegialischen Gemeindevorstandes (Magistrats) oder, wo ein solcher nicht besteht, eines aus dem Bürgermeister und den Beigeordneten (Schöffen, Ratmänner) gebildeten Kollegiums erfolgen.

§ 10.[10]) Der Anstellung kann eine Beschäftigung auf Probe vorangehen. Dieselbe darf in der Regel die Dauer von zwei Jahren nicht übersteigen. Eine Ausdehnung der probeweisen Beschäftigung ist nur mit Genehmigung der Aufsichtsbehörde zulässig.

Im übrigen hat bei Beamten, welche probeweise oder zu vorübergehenden Dienstleistungen oder zum Zwecke der Vorbereitung beschäftigt werden, die Regelung der Annahmebedingungen vor dem Antritt der Beschäftigung zu erfolgen.

Durch die vorstehenden Bestimmungen wird § 13 des Gesetzes, betreffend die Besetzung der Subaltern- und Unterbeamtenstellen der Kommunalverbände mit Militäranwärtern, vom 21. Juli 1892 (G.-S. S. 214) nicht berührt.

§ 11.[11]) Die Aufsichtsbehörde kann in Fällen eines auffälligen Mißverhältnisses zwischen der Besoldung und den amtlichen Aufgaben der Beamtenstelle verlangen, daß den städtischen Beamten die zu einer zweckmäßigen Verwaltung angemessenen und der Leistungsfähigkeit der Stadtgemeinde entsprechenden Besoldungsbeträge bewilligt werden, insoweit nicht die Besoldung der betreffenden Stelle durch Ortsstatut festgesetzt ist. Im Falle des Widerspruchs der Stadtgemeinde erfolgt die Feststellung der Besoldungsbeträge durch Beschluß des Bezirksausschusses.

Betreffs der Polizeibeamten bewendet es bei der Bestimmung im § 4 Abs. 1 Satz 1 des Gesetzes über die Polizeiverwaltung vom 11. März 1850 (G. S. S. 265) § 4 Abs. 1 der Verordnung vom 20. September 1867 (G. S. S. 1529), § 5 Abs. 1 des Lauenburgischen Gesetzes vom 7. Januar 1870 (Offizielles Wochenblatt S. 13).

§ 12.[12]) Die städtischen Beamten erhalten bei eintretender Dienstunfähigkeit — sofern nicht mit Genehmigung des Bezirksausschusses ein anderes festgesetzt ist — Pension nach den für die Pensionierung der unmittelbaren Staatsbeamten geltenden Grundsätzen, wobei Art. III des Gesetzes vom 31. Mai 1882, betreffend die Abänderung des Pensionsgesetzes vom 27. März 1872 (G. S. 1882 S. 133), insoweit er nicht durch das Gesetz vom 1. März 1891 (G. S. S. 19) abgeändert ist, unberührt bleibt.

[10]) Erläuterungen oben S. 59 f.
[11]) Erläuterungen oben S. 103 ff.
[12]) Erläuterungen oben S. 120 ff.

Als pensionsfähige Dienstzeit wird, unbeschadet der über die Anrechnung der Militärdienstzeit bei Militäranwärtern und forstversorgungsberechtigten Personen des Jägerkorps geltenden Bestimmungen und in Ermangelung anderweiter Festsetzungen nur die Zeit gerechnet, welche der Beamte in dem Dienste der betreffenden Gemeinde zugebracht hat.

Die Bestimmungen des Gesetzes vom 31. III. 1882, betreffend die Abänderung des Pensionsgesetzes vom 27. III. 1872 (G. S. 1882 S. 133), inbetreff der Beamten, welche das fünfundsechzigste Lebensjahr vollendet haben, können durch Ortsstatut auch für Kommunalbeamte in Kraft gesetzt werden.

§ 13.[13]) Das Recht auf den Bezug der Pension (§ 12) ruht, wenn und solange ein Pensionär im Staats- oder Kommunaldienst ein Diensteinkommen oder eine neue Pension bezieht, insoweit als der Betrag des neuen Einkommens unter Hinzurechnung der zuvor erdienten Pension den Betrag des von dem Beamten vor der Pensionierung bezogenen Diensteinkommens übersteigt.

§ 14.[14]) Betreffs der Anstellung, Besoldung und Pensionierung der Mitglieder des kollegialischen Gemeindevorstandes (Magistrats), sowie in Städten ohne kollegialischen Gemeindevorstand der Bürgermeister und deren Stellvertreter (zweite Bürgermeister, Beigeordnete), bewendet es bei den bestehenden Bestimmungen mit der Aenderung, daß die Pension vom vollendeten 12. Dienstjahre ab bis zum 24. Dienstjahre alljährlich um $^{1}/_{60}$ steigt.

In der Provinz Hannover findet, unter entsprechender Aufhebung der Vorschrift des § 64 Abs. 2 der revidierten Städteordnung vom 24. VI. 1858 (Hannov. G. S. S. 141), auch auf die im Abs. 1 gedachten Beamten die Berechnung der Pension nach Maßgabe des § 8 des Gesetzes vom 31. III. 1882, betreffend die Abänderung des Pensionsgesetzes vom 27. III. 1872 (G. S. 1882 S. 133), Anwendung.

§ 15.[15]) Die Witwen und Waisen der pensionsberechtigten Beamten der Stadtgemeinden, einschließlich der im § 14 aufgeführten Beamten, erhalten — sofern nicht mit Genehmigung des Bezirksausschusses ein anderes festgesetzt ist — Witwen- und Waisengeld nach den für die Witwen und Waisen der unmittelbaren Staatsbeamten geltenden Vorschriften unter Zugrundelegung des von dem Beamten im Augenblick des Todes erdienten Pensionsbetrages; dabei tritt an die Stelle der für das Witwengeld bei unmittelbaren Staatsbeamten vorgeschriebenen Höchstsätze der Höchstsatz von 2000 Mk.

Auf das Witwen- und Waisengeld kommen die Bezüge, welche von öffentlichen Witwen- und Waisenanstalten oder von Privatgesellschaften ge-

---

[13]) Erläuterungen oben S. 126 f.
[14]) Erläuterungen oben S. 61, 127 f.
[15]) Erläuterungen oben S. 165 f.

zahlt werden, in demselben Verhältnisse in Anrechnung, in welchem die Stadtgemeinde sich an den vertraglichen Gegenleistungen beteiligt hat. Als Beteiligung der Stadtgemeinde wird es auch, soweit die Zeit vor dem Inkrafttreten des Gesetzes in Betracht kommt, angesehen, wenn die Gegenleistung seitens des Beamten auf Grund ausdrücklicher, bei der Anstellung übernommener Verpflichtung oder anderweiter Festsetzungen erfolgt ist.

§ 16.[16]) **Stadtgemeinden im Sinne dieses Gesetzes** sind diejenigen Städte, welche nach einer Städteordnung verwaltet werden, einschließlich der im § 1 Abs. 2[17]) der Städteordnung für die sechs östlichen Provinzen vom 30. V. 1853 (G. S. S. 261) und der in §§ 94 ff. des Gesetzes, betreffend die Verfassung und Verwaltung der Städte und Flecken in der Provinz Schleswig-Holstein vom 14. IV. 1869 (G. S. S. 589), erwähnten Ortschaften und Flecken.

§ 17.[18]) Die in den vorstehenden Bestimmungen vorgesehenen **Ortsstatuten** unterliegen auch in den Städten von Neuvorpommern und Rügen der **Genehmigung des Bezirksausschusses**.

Beamte der Landgemeinden, der Landbürgermeistereien, Aemter, Zweckverbände und Amtsbezirke.

§ 18.[19]) Die **Anstellungs-, Besoldungs- und Pensionsverhältnisse der Beamten der Landgemeinden**, sowie die **Ansprüche der Hinterbliebenen dieser Beamten auf Witwen- und Waisengeld** können durch Ortsstatut geregelt werden. Hierbei gelangt für die Rheinprovinz und die Provinz Westfalen § 19 Nr. 2 zur Anwendung.

Kommt ein derartiges Statut in größeren Landgemeinden, für welche nach ihren besonderen örtlichen Verhältnissen ein Bedürfnis ortsstatutarischer Regelung (Abs. 1) besteht, insbesondere städtischen Vororten, Industrieorten, Badeorten u. s. w. nicht zustande, so kann auf **Antrag der Aufsichtsbehörde der Kreisausschuß** beschließen, ob und inwieweit die Bestimmungen der §§ 8—10 und 12—15 dieses Gesetzes auf die Beamten oder einzelne Klassen der Beamten derselben entsprechende Anwendung zu finden haben. Bei Anwendung der vorgedachten Bestimmungen tritt an die Stelle des Bezirksausschusses der Kreisausschuß. Der Beschluß des Kreisausschusses bleibt solange in Geltung, bis durch Ortsstatut (Absatz 1) eine anderweite Regelung getroffen ist.

---

[16]) S. oben S. 52.

[17]) **Vgl. dazu** E. O. V. Bd. XIII S. 182. Hiernach ist die Anwendbarkeit der Bestimmungen des Zust. Ges. über die Angelegenheiten der Stadtgemeinden auf Flecken nicht davon abhängig, daß ihre Verfassung thatsächlich durch ein den Vorschriften des § 1 Abs. 2 der St. O. entsprechendes Statut geregelt und daß diese Verfassung eine der städtischen analoge ist.

[18]) Erläuterungen oben S. 61.

[19]) Erläuterungen oben S. 64 ff., 108 ff., 149 ff., 170.

Auf Antrag der Beteiligten oder der Aufsichtsbehörde beschließt der Kreisausschuß über die Festsetzung der Besoldungen und sonstigen Dienstbezüge der Landgemeindebeamten.

Die vorstehenden Bestimmungen gelten auch für die Beamten der Amtsbezirke und der auf Grund der §§ 128 ff. der Landgemeindeordnung für die sieben östlichen Provinzen vom 3. VII. 1891 (G. S. S. 233), §§ 128 ff. der Landgemeindeordnung für die Provinz Schleswig-Holstein vom 4. VII. 1892 (G. S. S. 155) §§ 100 ff., der Landgemeindeordnung für die Provinz Hessen-Nassau vom 4. VIII. 1897 (G. S. S. 301) gebildeten Zweckverbände.

§ 19.[20]) Die Vorschriften der §§ 8 bis 15 dieses Gesetzes finden auf die Beamten der Bürgermeistereien in der Rheinprovinz und der Aemter in der Provinz Westfalen, sowie im Umfange der §§ 12 bis 15 auch auf die Gemeindeeinnehmer in diesen Provinzen mit folgenden Maßgaben sinnentsprechende Anwendung:

1. die Anstellung der Bürgermeister und Amtmänner, sowie die Festsetzung der Besoldung und Dienstunkostenentschädigung für diese Beamten und die Gemeindeeinnehmer (Amtseinnehmer) erfolgt nach dem bisherigen Vorschriften;
2. im Falle der Pensionierung kommt bei der Berechnung der Dienstzeit auch die Zeit in Anrechnung, während welcher der zu pensionierende Beamte bei anderen Bürgermeistereien (Amtsverbänden) oder Landgemeinden innerhalb der betreffenden Provinz angestellt gewesen ist;
3. an Stelle des Bezirksausschusses tritt überall der Kreisausschuß.

§ 20.[21]) Für die Bürgermeistereien in der Rheinprovinz und die Aemter in der Provinz Westfalen kann die Anstellung besoldeter Beigeordneter durch die Bürgermeisterei- oder Amtsversammlungen beschlossen werden. Die Art der Ernennung und die Bedingungen der Anstellung regeln sich nach den die Landbürgermeister oder Amtmänner betreffenden Bestimmungen.

Beamte der Kreis- und Provinzialverbände.

§ 21.[22]) Auf die Rechtsverhältnisse der Kreiskommunalbeamten finden die Vorschriften in §§ 8—15 entsprechende Anwendung; an Stelle der ortsstatuterischen Regelung tritt die der Genehmigung des Bezirksausschusses unterliegende Beschlußfassung des Kreistages.

§ 22.[23]) Hinsichtlich der Provinzialbeamten und der Beamten der Bezirksverbände der Regierungsbezirke Cassel und Wiesbaden, sowie der Beamten des Lauenburgischen Landes-Kommunalverbandes[24]) bewendet es,

---

[20]) Erläuterungen oben S. 61 ff., 106 f., 151 f., 170.
[21]) Erläuterungen oben S. 64, 107.
[22]) Erläuterungen oben S. 66 f., 106, 159 f., 170.
[23]) Erläuterungen oben S. 67, 159 f., 170.
[24]) Der Beamten des Lauenburgischen Landes-Kommunalverbandes —; dieser Zusatz beruht auf einem Antrage des Fürsten Bis-

unbeschadet der allgemeinen Bestimmungen dieses Gesetzes, bei den bestehenden Vorschriften.

Gemeindeforstbeamte.

§ 23.[25]) Die Rechtsverhältnisse der Gemeindeforstbeamten unterliegen der Regelung durch das vorliegende Gesetz mit folgenden Maßgaben:

1. die §§ 8 bis 10 bleiben außer Anwendung;
2. die Verordnung, betreffend die Verwaltung der den Gemeinden und öffentlichen Anstalten gehörigen Forsten in den Provinzen Westfalen, Cleve, Berg und Niederrhein, vom 24. XII. 1816 (G. S. 1817 S. 57), § 15 des Gesetzes vom 14. VIII. 1876 (G. S. S. 373) und das Gesetz, betreffend die Forstschutzbeamten der Gemeinden und öffentlichen Anstalten im Regierungsbezirk Wiesbaden u. s. f. vom 12. X. 1897 (G. S. S. 411) bleiben unberührt;
3. die Forstbeamten der Landgemeinden in der Rheinprovinz und in der Provinz Westfalen erhalten Pension und deren Witwen und Waisen Hinterbliebenenversorgung nach den Vorschriften der §§ 12 bis 15; dabei tritt an Stelle des Bezirksausschusses der Kreisausschuß, und kommt in Falle der Pensionierung auch diejenige Zeit in Anrechnung, während deren der Beamte bei einer anderen Landgemeinde innerhalb der betreffenden Provinz als Forstbeamter angestellt gewesen ist.

Schluß- und Uebergangsbestimmungen.

§ 24.[26]) Ist die nach Maßgabe dieses Gesetzes zu bemessende Pension eines Beamten geringer als die Pension, welche ihm hätte gewährt werden müssen, wenn er am 31. III. 1900 nach den bis dahin für ihn geltenden Bestimmungen pensioniert worden wäre, so wird diese letztere Pension an Stelle der ersteren bewilligt, jedoch unbeschadet der Feststellung des Witwen- und Waisengeldes nach Maßgabe dieses Gesetzes, soweit nicht auch in dieser Beziehung bereits erworbene Rechte bestehen.

§ 25.[27]) Die diesem Gesetze entgegenstehenden Bestimmungen treten außer Kraft. Insbesondere gilt dieses auch von den §§ 41 Abs. 3 und 47 der Hannoverschen Städteordnung vom 24. VI. 1858 (Hannoversche G. S. S. 141).

---

marck in der Sitzung des H. H. v. 9. V. 1899 (vgl. Sten. Ber. S. 152) und wurde damit begründet, daß der Kreis Herzogtum Lauenburg im Hinblicke auf die Verpflichtungen seiner Landeskommunalverwaltung den Provinzen gleichstehe und daß es daher angemessen erscheine, Lauenburg gleich den Bezirksverbänden von Kassel und Wiesbaden in der Kategorie der Provinzen zu belassen. Vgl. Art. V des Ges. v. 27. V. 1888 (G. S. S. 191), betr. die Einführung der Pr. O. v. 29. VI. 1875 in der Provinz Schleswig-Holstein.

[25]) Erläuterungen oben S. 44 f., 68 ff., 110 ff., 157 ff., 170 f.

[26]) Erläuterungen oben S. 128 ff.; vgl. auch S. 166.

[27]) Erläuterungen oben S. 152 ff.

Unberührt bleiben:

1. § 28 Abs. 2 bis 5 der Kreisordnung für die Provinz Westfalen vom 31. VII. 1886 (G. S. S. 217) und § 27 Abs. 2 bis 6 der Kreisordnung für die Rheinprovinz vom 30. V. 1887 (G. S. S. 209), jedoch mit der Maßgabe, daß die Zahlungspflicht der Kassenverbände sich auch auf die den Beamten nach § 18 zustehenden Pensionen erstreckt.

   Im übrigen kann in den beiden genannten Provinzen durch Beschluß des Provinziallandtages mit Genehmigung des Ministers des Innern der Kassenverband verpflichtet werden:

   a) auch diejenigen Pensionen von Beamten der Amtsverbände (Bürgermeistereien) und Landgemeinden zu zahlen, welche diesen im Wege der Einzelvereinbarung unter Beachtung der in den §§ 12 Abs. 1, 19 Nr. 2, 23 Nr. 3 oder 25 Absatz 2 Nr. 1b festgestellten Grundsätze gewährt werden;
   b) bei Zahlung der Pensionen auch diejenigen Beträge zu übernehmen, welche sich aus einer Anrechnung der von dem Beamten im Reichs-, insbesondere im Militärdienste, im Staatsdienste oder im Dienste eines deutschen Kommunalverbandes oder einer anderen öffentlichen Korporation verbrachten Zeit ergeben.

2. §§ 81 bis 87 der Landgemeindeordnung für die Provinz Hessen-Nassau vom 4. VIII. 1897 (G. S. S. 301), § 84 indessen mit der Aenderung, daß die Pension vom vollendeten 12. Dienstjahre ab bis zum 24. Dienstjahre alljährlich um $^1/_{60}$ steigt.[28])

§ 26. Das gegenwärtige Gesetz tritt am 1. April 1900 in Kraft.

§ 27. Der Minister des Innern ist mit der Ausführung dieses Gesetzes beauftragt.

Urkundlich unter Unserer Höchsteigenhändigen Unterschrift und beigedrucktem Königlichen Insiegel Gegeben Bergen, an Bord M. Y. „Hohenzollern", den 30. Juli 1899.

(L. S.) Wilhelm.

Fürst zu Hohenlohe. v. Miquel. Thielen. Bosse. Schönstedt.
Frhr. v. d. Recke. v. Goßler. Gr. v. Posadowsky.

---

[28]) Die Aufrechterhaltung der Spezialvorschriften bringt ein Sonderstellung der von ihnen betroffenen Beamten mit sich. Wie aus dem K. B. des H. H. zu § 25 hervorgeht, ging man von der Ansicht aus, daß der allmähliche Ausgleich der Verschiedenheiten der weiteren Entwickelung überlassen werden solle, vielleicht im Zusammenhange mit dem Ausbau provinzieller Pensions- und Witwenkassen. Vgl. auch S. 170 des Werkes.

Alphabetisches Sachregister.

(Die Zahlen verweisen auf die Seiten.)

Anhalt. Buchdruckerei Gutenberg, e. G. m. b. H., Dessau.

FSC
www.fsc.org
MIX
Papier | Fördert gute Waldnutzung
FSC® C083411

Kolibri 360 GmbH
Ferdinand-Jühlke-Straße 7
99095 Erfurt, Deutschland
produktsicherheit@kolibri360.de